Siegfried Haddenbrock

Soziale oder forensische Schuldfähigkeit
(Zurechnungsfähigkeit)

Soziale oder forensische Schuldfähigkeit (Zurechnungsfähigkeit)

Zwei kriminalanthropologische Grundstudien
über Determination und Freiheit im Raum humaner Zeitlichkeit
und
zur Funktion der Schuldfähigkeitsbestimmungen
im deutschen Strafrecht

von

Siegfried Haddenbrock

1992

Walter de Gruyter · Berlin · New York

♾ Gedruckt auf säurefreiem Papier,
das die US-ANSI-Norm über Haltbarkeit erfüllt.

Die Deutsche Bibliothek – CIP-Einheitsaufnahme

Haddenbrock, Siegfried:
Soziale oder forensische Schuldfähigkeit (Zurechnungsfähigkeit) : Zwei kriminalanthropologische Grundstudien über Determination und Freiheit im Raum humaner Zeitlichkeit und zur Funktion der Schuldfähigkeitsbestimmungen im deutschen Strafrecht / von Siegfried Haddenbrock. – Berlin ; New York : de Gruyter, 1992
ISBN 3-11-013611-2

Printed in Germany

Satz und Druck: Saladruck, 1000 Berlin 36
Bindearbeiten: Dieter Mikolai, 1000 Berlin 10
Umschlagentwurf: Thomas Beaufort, 2000 Hamburg 20

Dem Andenken an

Schwester Ellen
Freiin von Freytag-Loringhoven
(1898–1941)

In schwerster Zeit bis zu ihrem Tod
I. Oberin
in der ehem. Heil- und Pflegeanstalt Göttingen

Vorwort

Die hier vorgelegte Untersuchung ergab sich aus langjähriger Tätigkeit des Verf. als psychiatrisch sachverständiger Berater von Strafkammern zur Frage der forensischen Schuldfähigkeit (Zurechnungsfähigkeit) eines Angeklagten*. Bei den Untersuchten handelte es sich weit überwiegend *nicht* um i. e. S. psychisch kranke oder bewußtseinsgestörte Täter. Die meisten waren im Sinn der beiden anderen Kategorien des § 20 StGB mehr oder weniger erheblich (schwachsinnig oder/und psychopathisch-neurotisch) „seelisch abartige" Rechtsbrecher. Die Quintessenz der kasuistischen Begutachtungs- und Prozeßerfahrungen war für mich, daß weder von der forensisch angewandten psycho(patho)logischen Wissenschaft noch von der Jurisprudenz und Rechtsprechung das Problem des, wie ich es nenne, *„kriminologischen Koinzidentialparallelismus"* befriedigend gelöst ist. Will heißen: des regelmäßigen Zusammengehens von Schwere und Ungewöhnlichkeit einer Kriminaltat mit der Erheblichkeit und Ungewöhnlichkeit von biographischen, psychischen oder/und situativen Anomalien des Täters bzw. seines Tatzeitstatus oder/und der Tatumstände.

---

* Es sei hier eine biographische Anmerkung erlaubt. Nach wegen Erkrankung erfolgter Entlassung aus dem Kriegsdienst war ich als seit 1942 an der „Heimatfront" klinisch und forensisch tätiger Psychiater Zeitzeuge der Eliminierungspsychiatrie und der immer unmenschlicheren Kriminaljustiz im untergehenden Hitlerdeutschland; danach auch des mühsamen Neubeginns nach 1945 und der weiteren Entwicklung bis heute in diesen beiden kulturell sensiblen Bereichen öffentlichen Lebens. Aktiv eingebunden war ich in die Neubesinnung von Psychiatrie und Strafrecht darauf, dem Humanum von Patienten und Probanden wieder gerecht zu werden: auch schwerstgestörte psychisch Kranke sollten wieder als Menschen behandelt, gepflegt und bewahrt und nicht mehr sozialdarwinistisch als „Ballastexistenzen" selektiert und eliminiert werden; der verantwortliche Kriminaltäter sollte wieder als Mensch nach dem Maß seiner sozialen Tatschuld bestraft und nicht mehr nach dem Maß seiner Sozialgefährlichkeit als „Volksschädling" mit Methoden der Abschreckung und Ausmerzung unschädlich gemacht werden. Psychiatrie und Strafrecht trafen sich in diesem Geist persönlich im Gerichtssaal, wenn der „neue" Behandlungspsychiater als auch „neuer" Beurteilungspsychiater vom Strafrichter ersucht wurde, ihn mit einem Gutachten zur Frage der Schuldfähigkeit (als psycho-logische Voraussetzung eines Schuldurteils) zu beraten. – Daß dabei die Idee der – wie auch immer verstandenen – „Heilung" (eines Rechtsbruchs) die Richter-Arzt-Kooperation einen und leiten kann, wurde zunehmend meine Überzeugung.

Aus diesem Zusammenhang ergibt sich nämlich in der Praxis unseres — wenn „einäugig“-indeterministisch verstandenen — Schuldstrafrechts ein *„Paradox von Ideologie und Pragmatik“* (Verf., 1967). Denn: Zur Klärung der Schuldfähigkeit eines schwerkriminellen Täters wird in unserem Rechtsstaat heute eine außerordentliche kriminologische Untersuchungsintensität aufgewandt. Man geht sorgfältig allen evtl. psycho(patho)logischen Einschränkungen seiner — normativ unterstellten — Fähigkeit (Freiheit) zur Tatvermeidung, zum Andershandelnkönnen bei der Tatbegehung nach; anders gesagt: den Bestimmungen und Bedingungen seines Tatverhaltens, für die er „nichts kann“. Ebenso regelmäßig nun, wie dies genau untersucht wird, werden solche „Determinanten“ in einer mit der Untersuchungsin- und -extensität zunehmenden Dichte und Fülle aufgedeckt! Wie: Sozialisationsdefizite in der Kindheit, dyssoziale Prägungen im hierfür empfänglichen Jugendalter, ideologische Indoktrinierung, Gruppeninduktionen, zermürbende Konfliktbelastungen, evtl. Kränkungen oder Provokationen durch das Tatopfer; oder bzw. dazu auch: intellektuelle Mängel oder/und psychopathische Gemütsdefekte, neurotische Triebanomalien, pathobiologisch (z. B. durch Drogen, Alkohol, physische Erschöpfung, Schlafdefizit) bedingte abnorme Beschaffungsbedürfnisse, Reizbarkeit oder Enthemmung bei Tatbegehung.

Solche und andere von der Norm *quantitativ* abweichende Anomalien haben einzeln oder (nicht selten!) zu mehreren gebündelt, eindeutig kriminogene Bedeutung. D. h. sie beeinträchtigen entweder mehr die Fähigkeit zur Einsicht in das sozial Verwerfliche des konkretisierten kriminellen Verhaltens oder mehr die Fähigkeit, einer (noch, evtl. reduziert) gegebenen Einsicht entsprechend sein Verhalten zu steuern, d. h. den Rechtsbruch zu vermeiden.

So entsteht bei kriminologischer Intensivuntersuchung regelmäßig ein Bild von Tat- und Tätervorgeschichte und von der Verfassung des Täters zur Tatzeit als ein mit bestimmten psychodynamischen Schwerpunkten insgesamt mehrdimensionales Geschehen, das schicksalhaft zwangsläufig in die begangene Tat zu münden scheint. Diese Paradoxie nun, daß gerade Bemühungen, mit den Instrumenten moderner Humanwissenschaft Einschränkungen der „Steuerungsfähigkeit“ zur Tatvermeidung und somit die wirkliche Schuld eines Kriminaltäters genauer festzustellen (das Schuldstrafrecht zu „verfeinern“), — daß diese Untersuchungen zunehmend einen deterministischen *Aspekt* jedes konkreten menschlichen Verhaltens eröffnen, hat fatale Folgen: Es wird dann entweder der sorgfältig untersuchte Schwerkriminelle — relativ zur Schwere seiner Tat — regelmäßig milder bestraft als der (schon aus Aufwandsgründen nicht so genau zu untersuchende) Leichtkriminelle. Oder aber es setzt sich das Gericht aus kriminalpolitischen Gründen über die Determinantenbefunde (und damit über das Schuldprinzip) hinweg und bemißt die Strafe weniger nach der persönlichen Schuld als nach präventiven Notwendigkeiten. —

Die hier vorgelegte methodologische Lösung knüpft an die seit Kants anthropologischer Differenzierung des — unfrei erscheinenden — „empirischen Charakters" und des — freien, jedenfalls frei erlebten — „intelligiblen Charakters" m. E. nicht mehr zu umgehende Einsicht an, daß diesen *beiden* „komplementären" Aspekten des Humanum heute jede wertende Beurteilung menschlichen Verhaltens Rechnung tragen muß. So auch im Gerichtsalltag die einer strafrechtlichen Schuldzurechnung und -bemessung mit ihrer Voraussetzung der Zuerkennung von (evtl. „verminderter") *Schuldfähigkeit*.

Menschlicher Unfreiheit *und* Freiheit auch in foro Rechnung zu tragen, ist heute möglich, ja, wie ich meine, angesichts unseres die unauflösliche Doppelnatur, die sog. „Unbestimmtheitsrelation" (W. Heisenberg) des physischen Elementarteilchens sehenden Weltbildes auch „an der Zeit".

Anthropologisch hinzuzusehen ist allerdings auch *der Aspekt humaner „Zeitlichkeit"* (M. Heidegger und W. Marx) in ihren — determinativ differenten! — drei „Ekstasen": Gewesenheit, Gegenwart und Zukunft (und ihr je-meiniges Ende im persönlichen Tod).

Zu sehen ist, daß der — *zeitlich immer retrospektive* — Blick auf die schicksalhaften Determinationen jedes konkretisierten menschlichen Verhaltens (auch einer Straftat) die geistige Freiheit *potentieller personaler Verantwortungsfähigkeit* (= sinnverständliches Offenbarenkönnen eines bestimmten Sichverhaltenhabens, seiner Motive, Gründe, seiner Rechtfertigung oder seines Bereuens vor sich selbst und anderen Personen) nicht ausschließt. Dies gilt auch für den nicht-geisteskranken, aber zumeist unter „abartigen" inneren oder/und abnormen äußeren Bedingungen handelnden (etwa gemütskalt berechnenden oder im Affekt kurzschlüssig reagierenden) Kriminaltäter. Ebensowenig schließt der retrospektiv-determinative Aspekt aus, daß im *zeitlich prospektiven* Aspekt, in dem Menschen je-gegenwärtig leben, die geistige Freiheit (auch die ins Künftige offene Freiheit des Wollens) bei allen reifen (und nicht-geisteskranken und nicht-*hoch*abnormen) Menschen gesinnungs- und verhaltensmodifizierend normativ angesprochen werden kann; in foro konkret von Tatvorhalt, Tadel, Strafe und Strafvollzug als Appell zur Revision der Tatgesinnung, zu sozial versöhnender Straf- und Wiedergutmachungsakzeptanz, um so einen von der Tat wieder gereinigten und befreiten Zukunftsaspekt zu gewinnen (was ich *potentielle soziale Sühnefähigkeit* nenne).

Soweit die in diesem Buch explizierten Grundthesen des Verfassers.

Sie *anthropologisch* zu belegen, bemüht sich der *I. Teil* des Buchs. Im *II. Teil* wird — nach gedrängter, z. T. kritischer Darstellung früherer und heutiger strafjuristischer Konzepte des Schuldprinzips und seiner Anwendungspraxis — versucht, darzulegen, daß die *Orientierung der forensischen Schuldfähigkeitsnorm am Paradigma der „Komplementarität" menschlicher Unfreiheit und Freiheit* (anstatt an den Paradigmen eines juristischen Krankheits- und indeterministisch verstandenen Freiheitsbegriffs[A 1] theoretisch und für Richter und Sachverständige praktisch zu strafrechtsfunktional befriedigenderen Lösungen führt.

Der Aufbau des Buches ist demnach so konzipiert, daß im I. Teil anthropologische Grundfakten dargestellt werden, im II. Teil auf dieser Basis die Methodologie zur Beurteilung strafrechtlicher Schuldfähigkeit entwickelt wird.

Im *Teil I* stellen die *Kapitel 1 und 2* das humane Determinationsgefüge dar. Zunächst in seinem — um das m. E. lösbare Hirn-Seele-Problem zentrierten — organismischen Aspekt und sodann im gesamthaft abstrahierten somatopsychischen Strukturaspekt.

Die *Kapitel 3 und 4* explizieren unsere transzendentale Konstitution: das „vertikal" über den irdischen „Raum" und „horizontal" über die irdische „Zeit" hinaus denkende existenzbewußte menschliche Da-Sein.

Kapitel 5 behandelt die — vor *jedem* Schuldproblem, also auch vor dem forensischen Schuldbegriff — unumgängliche humane Freiheitsfrage. Dabei wird ausführlicher eingegangen auf die Anthropologie Kants. Hinweise auf ihr verwandte Gedanken in der philosophischen Anthropologie unseres Jahrhunderts (N. Hartmann, K. Jaspers, W. Schulz) und (als Überleitung zum II. Teil) eine Skizze des eigenen Wegs zu einem in der Freiheitsfrage „komplementären" Begriff forensischer, d. h. sozialer Schuldfähigkeit beschließen den I. Teil.

Im *II. Teil* werden in einem relativ ausführlichen *1. Kapitel* die u. E. wesentlichsten älteren und vor allem die z. Zt. diskutierten jüngeren Konzepte des strafjuristischen Schuld- und Schuldfähigkeitsbegriffs kritisch dargestellt.

Im *Kapitel 2* wird besonders auf diejenigen zeitgenössischen juristischen Autoren hingewiesen, welche Ansätze zur Anknüpfung des eigenen (Komplementaritäts-)Konzeptes bieten. Das — zentrale — *3. Kapitel* über strafrechtstheoretische Konsequenzen einer Beachtung der anthropologischen Komplementarität von Unfreiheit und Freiheit geht aus von der Krise des traditionellen Schuldstrafrechts und „seiner" forensischen Psychiatrie. Dabei findet besondere Beachtung das jüngste und in seiner fundierenden psychopathologischen Systematik geistvoll ausgearbeitete Konzept von R. Luthe. Unter 3.2 und 3.3 wird dann — hierzu antithetisch — der von mir eingenommene methodologisch-theoretische Standort durch zwei Grundpostulate gekennzeichnet.

Das *4. Kapitel* zeigt am Leitfaden des normativ-psychopathologischen Katalogs der geltenden Schuldfähigkeitsnorm (§§ 20, 21 StGB) im einzelnen

---

A 1 Die mit einem A versehenen hochgestellten Ziffern verweisen auf die Anmerkungen S. 311 ff.

die methodischen Wege einer praktischen Anwendung des Komplementaritätskonzeptes bei der kasuistischen Begutachtung. Zur positiven Individualprävention im Straf- und Maßregelvollzug werden zwei praktische Vorschläge gemacht.

In einem kurzen *5. Kapitel* erlaubt sich der Autor abschließend aus der Sicht eines forensischen Psychiaters zwei philosophisch-anthropologische Anmerkungen.

Unter 6. wird das vorgelegte Konzept theoretisch und für die Anwendungspraxis konkludiert.

Hinweis für den Leser: Wegen der relativ breiten anthropologischen Fundierung im Teil I und der eingehenden Diskussion strafjuristischer und forensisch-psychiatrischer Positionen im Teil II empfiehlt sich ein erster Überblick des vorgelegten Konzepts anhand der folgenden Abschnitte

aus Teil I: 1.4 (S. 30–33), 2.2 (S. 40–48), 3.4 (S. 59–63), 4.5 (S. 76–78), 5.4 (S. 121–127) und

aus Teil II: 1.4 (S. 188–194), 3.2 + 3.3 (S. 238–250), 4.1 Zusfassg. (S. 262–263), 4.5 (S. 291–297).

August 1992 *Siegfried Haddenbrock*

Inhaltsverzeichnis

II. Konzept und Methodologie der Schuldfähigkeitsnorm

Zur Funktion der Schuldfähigkeitsbestimmungen im deutschen Strafrecht

Literatur

(P) = Psychiatrie, Psycho(patho)logie (auch Soziologie und Kriminologie), Physio(patho)logie (Medizin), Physik, Philosophie
(J) = Strafjustiz
(H) = Historie

(P) Abele, A., und Nowack, W.: Welchen Zusammenhang haben Kontakte zu Straftätern und Opfer-Erfahrungen mit den Einstellungen gegenüber Straftätern? MschrKrim *1978*, S. 229

(J) Achenbach, H.: Individuelle Zurechnung, Verantwortlichkeit, Schuld. In: Schünemann (Hrsg.), Grundfragen des modernen Strafrechtssystems. Berlin *1984*, S. 136

(J) Albrecht, P. A.: Unsicherheitszonen des Schuldstrafrechts. GA *1983*, S. 193

(P) Auersperg; A. Prinz: Nach V. v. Weizsäcker, Der Gestaltkreis. Stuttgart, *1947*, S. 170

(P) v. Baeyer, W.: Die Freiheitsfrage in der forensischen Psychiatrie mit besonderer Berücksichtigung der Entschädigungsneurosen. Nervenarzt *1957*, S. 337

Ders.: Neurose, Psychotherapie und Gesetzgebung. In: Handbuch der Neurosenlehre und Psychotherapie. Bd. I. Berlin, München *1959*, S. 627

Ders.: Diskussionsbeitrag zur Frage der Beurteilung der Schuldfähigkeit. Nervenarzt *1961*, S. 225

Ders.: Zur Frage der strafrechtlichen Schuldfähigkeit von Psychopathen. Nervenarzt *1967*, S. 185

(J) Bauer, F.: Das Verbrechen und die Gesellschaft. München, Basel *1957*

(J) Baumann, J.: Schuld und Sühne als Grundproblem heutiger Strafrechtspflege. In: Baumann (Hrsg.), Mißlingt die Strafrechtsreform? Neuwied, Berlin *1969*, S. 12

(P) Berner, W.: Stellungnahme zur Diskussion Hartmann/Gratz. MschrKrim *1984*, S. 408

(J) Bielefeldt, H.: Strafrechtliche Gerechtigkeit als Anspruch an den endlichen Menschen. Zu Kants kritischer Begründung des Strafrechts. GA *1990*, S. 108

(P) Blankenburg, W.: Grundlagenprobleme der Psychopathologie. Nervenarzt *1978*, S. 140

Ders.: Autonomie- und Heteronomie-Konzepte in ihrer Bedeutung für die psychiatrische Praxis. In: W. Janzarik (Hrsg.), Psychopathologie und Praxis. Stuttgart *1985*, S. 29

Ders.: Suicidalität und „freie Willensbestimmung". Versicherungsmedizin *1991*, S. 9 f.

(J) Blau, G.: Die Wechselbeziehung zwischen Strafurteil und Strafvollzug. MschrKrim *1977*, S. 329

Ders. (und E. Franke): Prolegomena zur strafrechtlichen Schuldfähigkeit. Jura *1982*, S. 393

Ders.: Schuld und Gefährlichkeit des psychisch abnormen Täters. In: G. Blau und H. Kammeier (Hrsg.), Straftäter in der Psychiatrie. Stuttgart *1984*, S. 1

Ders.: Zum Thema „Quantifizierung". MschrKrim *1986*, S. 348

Ders.: Methodologische Probleme bei der Handhabung der Schuldfähigkeitsbestimmung. MschrKrim *1989*, S. 71/72

Ders.: Die Affekttat zwischen Empirie und normativer Bewertung. In: Festschrift für Herbert Tröndle. Berlin *1989*, S. 109

Ders.: Der befangene Sachverständige im Strafrecht. In: Festschrift für Günter Schewe. Heidelberg, Berlin 1991, S. 10

(J) Bockelmann, P.: Willensfreiheit und strafrechtliche Zurechnungsfähigkeit. ZStW *1963*, S. 372

Ders.: Erwiderung auf den Beitrag Schörcher. ZStW *1965*, S. 253

Ders.: Schuld, Schicksal und Verantwortung des Menschen. In: Freiheit und Determination. Würzburg *1966*, S. 91

(P) Bohr, Niels: Nach E. P. Fischer, Niels Bohr. München, Zürich *1987*, S. 60

(J) Brauneck, A.-E.: Was läßt die Kriminologie vom Strafrecht übrig? MschrKrim *1963*, S. 193

Ders.: Zum Begriff der kriminellen Anlagen. In: Festschrift für Karl Engisch. Frankfurt/M. *1969*, S. 636

(P) Bresser, P. H.: Die Behandlungsmöglichkeiten bei Triebtätern. Deutsches Ärzteblatt *1970*, S. 1373

Ders. (und Langelüddeke): Gerichtliche Psychiatrie, 4. Aufl. *1976*

Ders.: Probleme bei der Schuldfähigkeit und Schuldbeurteilung. NJW *1978*, S. 1188

Ders.: Schuldfähigkeit und Schuld — die Ambivalenzen ihrer Beurteilung. In: Festschrift für Heinz Leferenz, Heidelberg *1983*, S. 429

Ders.: Krise des Sachverständigenbeweises. Forensia-Jahrbuch, Heidelberg, Berlin *1990*, S. 38

(P) Bron, B.: Schuld und Freiheit — psychiatrisch-psychotherapeutische und anthropologische Aspekte. PPmP *1990*, S. 480

(J) Burkhardt, Bj.: Zur Möglichkeit einer utilitaristischen Rechtfertigung des Schuldprinzips. In: Baumgartner und Eser (Hrsg.), Schuld und Verantwortung. Tübingen *1983*, S. *56, 59*

Ders.: Der Wille als konstruktives Prinzip der Strafrechtsdogmatik. In: Jenseits des Rubikon. Der Wille in den Humanwissenschaften. Heidelberg, Berlin *1987*, S. 319

(J) Bussmann, K. D.: Das Konzept „Versöhnung statt Strafe". Konzepte und Praxis von Mediationsprogrammen in Kanada und USA. MschrKrim *1986*, S. 186

(H) Crankshaw, E.: Die Habsburger. Wien, München, Zürich *1971*, S. 198

(J) Dahm, G.: Gerechtigkeit und Zweckmäßigkeit im Strafrecht der Gegenwart. In: P. Bockelmann u. a., Probleme der Strafrechtserneuerung. Berlin *1944*, S. 10

(J) Dreher, E.: Die Willensfreiheit. Ein zentrales Problem mit vielen Seiten. München 1987, S. 42/43, S. 379

(P) Eccles, J. D. (und Popper, K.): Das Ich und sein Gehirn. Heidelberg, Berlin *1982*

(P) ECCLES, J.C. (und ROBINSON, D.N.): Das Wunder des Menschseins – Gehirn und Geist. München, Zürich *1985*

(P) EHRHARDT, H. (und VILLINGER, W.): Forensische und administrative Psychiatrie. In: Psychiatrie der Gegenwart. Heidelberg, Berlin *1961*

DERS.: Zur Frage der strafrechtlichen Behandlung von Psychopathen. MschrKrim *1963*, S. 272

DERS.: Zum Stand der Diskussion über die Beurteilung der strafrechtlichen Verantwortlichkeit. In: „Vitalität". Festschrift für Bürger-Prinz. Stuttgart *1968*, S. 259

DERS.: Psychiatrie. In: Handwörterbuch der Kriminologie, Bd. II *1977*, S. 373

(J) ENGISCH, K.: Die Lehre von der Willensfreiheit in der strafrechtsphilosophischen Doktrin der Gegenwart. Berlin *1963*

DERS.: Um die Charakterschuld. MschrKrim *1967*, S. 118

(P) EWALD, G.: Fetischismus und Anlage. Arch.Psychiatr. *1952*, S. 93

(J) EXNER, F.: Kriminologie. Berlin, Göttingen, Heidelberg *1949*

(P) EY, H.: La psychose et les psychotiques. Evol.psychiatr. *1975*, S. 103

(J) FEUERBACH, A.: (nach Eb. Schmidt *1947*)

(P) GIESE, H.: Die Sexualität des Menschen. Stuttgart *1968*

(P) GÖPPINGER, H.: Kriminologische Aspekte zur sogenannten verminderten Schuldfähigkeit. Festschrift für H. Leferenz. Heidelberg *1983*, S. 412

DERS.: Angewandte Kriminologie. Ein Leitfaden für die Praxis. Heidelberg, Berlin *1985*

(J) GRASNICK, W.: Rezension von R. Luthe, Forensische Psychopathologie 1988. In: GA *1990*, S. 472

DERS.: Die Freiheit, die wir meinen. (Eine Anmerkung...) JR *1991*, S. 364

(J) GRATZ, W.: Die Praxis der Unterbringung zurechnungsfähiger geistig abnormer Rechtsbrecher. Wien *1986*

(J) GRIFFEL, A.: Widersprüche um die Schuldstrafe. GA *1989*, S. 193

(P) GROTIUS, H.: (nach Eb. Schmidt, *1947*)

(P) HADDENBROCK, S.: – Zur Klinik und Theorie der Hirnpsychopathologie – Radikaltherapie durch Defrontalisation? (Kritische Bemerkungen zur Leukotomie). Med.Klin. *1949*, S. 69

DERS.: Stirnhirn und Persönlichkeit. Nervenarzt *1952*, S. 169

DERS.: Hirn-Seele-Problem und Leib-Seele-Phänomen. Arch. f. Psychiatr. u. Z.Neur. *1958*, S. 210

DERS.: „Psychochirurgie". In: Handbuch der Neurosenlehre und Psychotherapie, Bd. V, S. 34. Berlin und München *1960*

– Zur forensischen Psychiatrie –

DERS.: Zur Frage eines theoretischen oder pragmatischen Krankheitsbegriffs bei Beurteilung der Zurechnungsfähigkeit. MschrKrim *1955*, S. 183 und *1956*, S. 188

DERS.: Die Unbestimmtheitsrelation von Freiheit und Unfreiheit als methodologischer Grenzbegriff der forensischen Psychiatrie. Nervenarzt *1961*, S. 145 und S. 227

DERS.: Das Paradox von Ideologie und Pragmatik des § 51 StGB, NJW *1967*, S. 285

DERS.: Freiheit und Unfreiheit der Menschen im Aspekt der forensischen Psychiatrie. JZ *1969,* S. 121

DERS.: Strafrechtliche Handlungsfähigkeit und „Schuldfähigkeit" (Verantwortlichkeit); auch Schuldformen. In: Handbuch der forensischen Psychiatrie Bd. II. Heidelberg, Berlin *1972*

DERS.: Forensische Psychiatrie und die Zweispurigkeit unseres Kriminalrechts. NJW *1979,* S. 1235

DERS.: Anmerkungen zum Regelfall richterlicher Alleinbeurteilung und Ausnahmefall psychiatrischer Mitbeurteilung strafrechtlicher Schuldfähigkeit (Herrn Prof. G. Blau zum 70. Geburtstag). MschrKrim *1986,* S. 96

DERS.: „Strafrechtlich schuld(un)fähig": psychowissenschaftlicher Befund oder normative Bewertung? JR *1991,* S. 225

(J) HAFFKE, B.: Wird das materielle Strafrecht von dem geplanten Strafvollzugsgesetz unterlaufen? MschrKrim *1975,* S. 45

DERS.: Gibt es ein verfassungsrechtliches Besserungsverbot? MschrKrim *1975,* S. 246

DERS.: Rückfall und Strafzumessung. In: B. Schünemann (Hrsg.), Grundfragen des modernen Strafrechtssystems. Berlin *1984*

DERS.: Zur Ambivalenz des § 21 StGB. R u. P *1991,* S. 94

(P) HARTMANN, N.: Ethik. Berlin und Leipzig *1926*

(J) HASSEMER, W.: Alternativen zum Schuldprinzip. In: Baumgartner und Eser (Hrsg.), Schuld und Verantwortung. Tübingen *1983*

(P) HEIDEGGER, M.: Sein und Zeit. *1927* (3. Aufl. Halle *1931*)

DERS.: Identität und Differenz. Pfullingen *1957*

(P) HOFMANN, W.: Humanität und Strafvollzug – nicht ganz zeitgemäße Gedanken eines Betroffenen. MschrKrim *1987,* S. 43

(J) JAKOBS, G.: Schuld und Prävention. Tübingen *1976*

DERS.: Strafrechtliche Schuld ohne Willensfreiheit. In: Henrich (Hrsg.), Schriftenreihe der Universität Regensburg, Bd. 6, *1982,* S. 69

DERS.: Zum Verhältnis von psychischem Faktum und Norm bei der Schuld. In: Kriminologische Gegenwartsfragen, Bd. 15, Stuttgart *1982,* S. 127

DERS.: Strafrecht, AT. Berlin – New York *1983*

DERS.: Über die Aufgabe der subjektiven Deliktseite im Strafrecht. In: H. Witter (Hrsg.), Der psychiatrische Sachverständige im Strafrecht. Heidelberg, Berlin *1987,* S. 271, 280 f.

(P) JASPERS, K.: Allgemeine Psychopathologie, II. Aufl. Heidelberg *1920*

DERS.: Nietzsche. Berlin und Leipzig *1935*

DERS.: Der philosophische Glaube. München *1948*

(J) JESCHECK, H. H.: Lehrbuch des Strafrechts AT, 4. A. Berlin *1988,* S. 388 ff.

(P) JONAS, H.: Werkzeug, Bild und Grab. Vom Transanimalischen im Menschen. In: H. Rössner (Hrsg.), Der ganze Mensch. München *1986,* S. 67

(J) KAISER, G.: Entwicklungstendenzen des Strafrechts. In: Festschrift für R. Maurach. Karlsruhe *1972,* S. 25–39

(J) KAUFMANN, ARTH.: Dogmatische und kriminalpolitische Aspekte des Schuldgedankens im Strafrecht. JZ *1967,* S. 556

DERS.: Das Schuldprinzip. 2. Aufl. Heidelberg *1976*

DERS.: Schuldprinzip und Verhältnismäßigkeitsgrundsatz. Festschrift für R. Lange. Berlin *1976*, S. 27

DERS.: Das Problem der Abhängigkeit des Strafrichters vom medizinischen Sachverständigen. JZ *1985*, S. 1065

DERS.: Unzeitgemäße Betrachtungen zum Schuldgrundsatz im Strafrecht. Jura *1986*, S. 225

(J) KINDHÄUSER, U.: Personalität, Schuld und Vergeltung. Zur rechtsethischen Legitimation und Begrenzung der Kriminalstrafe. GA *1989*, S. 49

(P) KISKER, K. P. (und BERNSMANN, K.): § 20 StGB und die Entschuldbarkeit von Delinquenz diesseits biologisch-psycho(patho)logischer Exkulpationsmerkmale. MschrKrim *1975*, S. 325

(P) KLEIST, K.: Gehirnpathologie. Leipzig *1934*

(P) KLINKE, W.: Kant für Jedermann. Stuttgart *1962*

(P) KRAUSS, D.: Schuldzurechnung und Schuldzumessung als Probleme des Sachverständigenbeweises. In: Kriminologische Gegenwartsfragen Bd. 11. Stuttgart *1976*, S. 88

(P) KRETSCHMER, E.: Kausale und phänomenologische Begriffsbildung in der Hirnphysiologie. Nervenarzt *1951*, S. 348

(J) KRÜMPELMANN, J.: Motivation und Handlung im Affekt. In: Festschrift für H. Welzel. Berlin *1974*, S. 327

DERS.: Die Neugestaltung der Vorschriften über die Schuldfähigkeit durch das Strafrechtsreformgesetz vom 4. 7. 1969. ZStW *1976*, S. 6

DERS.: Dogmatische und empirische Probleme des sozialen Schuldbegriffes. GA *1983*, S. 337

DERS.: Schuldzurechnung unter Affekt und alkoholisch bedingter Schuldunfähigkeit. ZStW *1987*, S. 191

DERS.: Die strafrechtliche Schuldfähigkeit bei Affekttätern. R u. P *1990*, S. 150

(J) KÜHNE, H. H.: Quantifizierende Bemühungen im Strafrecht und in der Kriminologie. Forensia *1988*, S. 119

(J) LACKNER, K.: Prävention und Schuldfähigkeit. In: Festschrift für Kleinknecht. München *1985*, S. 245

(P) LANGE, J.: Verbrechen als Schicksal. Leipzig *1929*

(J) LANGE, R.: Das Rätsel Kriminalität. Frankfurt—Berlin *1970*

DERS.: Ist Schuld möglich? In: Festschrift für Paul Bockelmann, München *1979*, S. 261

DERS.: Kriminologische Krisenherde. In: Festschrift für H. Leferenz, Heidelberg *1983*, S. 25

DERS.: Neue Wege zu einer gesamten Strafrechtswissenschaft. In: Festschrift für H. H. Jescheck, Berlin *1985*, S. 73

DERS.: Humanwissenschaften und Strafrecht. In: H. Witter (Hrsg.), Der psychiatrische Sachverständige im Strafrecht. Heidelberg, Berlin *1987*, S. 231

DERS.: Auf dem Wege zur anthropologischen Kriminologie. ZStW *1988*, S. 81

(J) LAUBENTHAL, K.: Wege aus dem Maßregelvollzug im psychiatrischen Krankenhaus. In: Recht und Kriminalität. Festschrift für F. W. Krause, Köln *1990*, S. 357

(P) LEFERENZ, H.: Der Entwurf des allgemeinen Teils eines StGB in kriminologischer Sicht. ZStW *1958*, S. 25

DERS.: Der Beitrag der phänomenologischen Anthropologie zur Kriminologie. In: Festschrift für Eberhardt Schmidt. Göttingen *1961,* S. 645

DERS.: Richter und Sachverständiger. In: Kriminologische Gegenwartsfragen. Stuttgart *1962,* S. 1

DERS.: Die Neugestaltung der Vorschriften über die Schuldfähigkeit durch das 2. StrRG vom 4. 7. 1969. ZStW *1976,* S. 40

(J) LENCKNER, TH.: Strafe, Schuld und Schuldfähigkeit. In: Handbuch der forensischen Psychiatrie, Bd. I. Heidelberg, Berlin *1972*

(J) LISZT, F. VON: Die strafrechtliche Zurechnungsfähigkeit. In: Strafrechtliche Aufsätze und Vorträge II. Berlin *1905,* S. 214

(H) LUBBERS, F.: Die Geschichte der Zurechnungsfähigkeit von Carpzow bis zur Gegenwart. Dissertation Jena *1938*

(P) LUTHE, R.: Allgemeine Psychiatrie. In: Eisen (Hrsg.), Handbuch der Rechtsmedizin, Bd. II. Stuttgart *1974*

DERS.: Aktuelle Positionen in der forensischen Psychiatrie. Fortschr. Neur. Psychiatr. *1977,* S. 635

DERS.: Verantwortlichkeit, Persönlichkeit und Erleben. Heidelberg, Berlin *1981*

DERS.: Das strukturale System der Psychopathologie. Heidelberg, Berlin *1982*

DERS.: Psychologisch-psychiatrische Probleme der Schuldfähigkeit. In: Kriminologische Gegenwartsfragen. Stuttgart *1982*

DERS.: Schuldfähigkeit und Tiefenpsychologie. Forensia *1984,* S. 161

DERS.: Die strukturale Psychopathologie in der Praxis der Gerichtspsychiatrie. Heidelberg, Berlin *1985*

DERS.: Schuldfähigkeit — ein rationales Mittel sozialer Regulation? Schweiz. Z. StrR. *1986,* S. 345

DERS.: Forensische Psychopathologie. Heidelberg, Berlin *1988*

DERS. (mit H. WITTER): Über die geschlechtsspezifische Kriminoresistenz bei Frauen. In: Kerner/Kaiser, Festschrift für H. Göppinger. Heidelberg, Berlin *1990,* S. 275

DERS.: Strukturaler Ansatz und psychopathologisches Grundfaktum der forensischen Psychiatrie. In: Festschrift für G. Schewe. Heidelberg, Berlin *1991*

(P) MARQUARD, O.: Abschied vom Prinzipiellen. Stuttgart *1981*

DERS.: Über die Unvermeidlichkeit der Geisteswissenschaften. *1985*

DERS.: Apologie des Zufälligen. Reclam-Verlag, Stuttgart*1986 (a)*

DERS.: Merkende Vernunft. Betrachtungen über Vernunft und Zufall bei Menschen. In: Rössner (Hrsg.), Der ganze Mensch. München *1986 (b),* S. 247

(P) MARX, W.: Gibt es auf Erden ein Maß? Hamburg *1983*

(P) MESTER, H.: Zur Phänomenologie und Entstehungsgeschichte des Exhibitionismus. Fortschr. Neurol. Psychiatr. *1984,* S. 237

(P) MEYER, J. E.: „Die Freigabe der Vernichtung lebensunwerten Lebens" von Binding und Hoche im Spiegel der deutschen Psychiatrie vor *1933.* Nervenarzt *1988,* S. 85

(J) MEZGER, E.: Verstehen als Grundlage der Zurechnung. München *1951*

DERS.: Zu § 51 StGB. In: Leipziger Kommentar VII. und VIII. Aufl. Berlin *1954, 1957*

(P) MITTERAUER, B.: Besprechung des Buchs „Euthanasie". Heidelberg, Berlin *1984.* In: Forensia *1984,* S. 143

DERS.: Die Logik der Handlungsfreiheit. Forensia *1985*, S. 125
(P) MÖBIUS, P. J.: Nietzsche. 2. Aufl. Leipzig *1904*
(P) MOSER, T.: Repressive Kriminalpsychiatrie. Frankfurt/M. *1971*
(P) MÜLLER, F.-ST.: Behandlung und Rehabilitation im Maßregelvollzug des PLK Emmendingen. Hauszeitschrift „Forum" *1990* H. 9, S. 24
(P) MÜLLER-SUUR, H.: Das psychisch Abnorme. Berlin, Göttingen, Heidelberg *1950*
DERS.: Zur Frage der strafrechtlichen Beurteilung von Neurosen. Arch. Psychiatr. u. Z. Neur. 194, S. 368 *(1956)*
(J) NASS, G.: Über die zweifache archaische Wurzel der Strafe. MschrKrim *1957*, S. 40
(J) NAUCKE, W.: Strafrecht. Eine Einführung. Frankfurt/M. *1982*
DERS.: Literaturübersicht (Rechtsphilosophie). ZStW *1990*, S. 80
(J) NOLL, P.: Schuld und Prävention unter dem Gesichtspunkt der Rationalisierung des Strafrechts. In: Festschrift für Hellmuth Meyer, Berlin *1966*, S. 219
DERS.: Strafe ohne Metaphysik. In: Mißlingt die Strafrechtsreform? Neuwied und Berlin *1969*, S. 55
(J) NOWAKOWSKI, F.: Freiheit, Schuld, Vergeltung. In: Festschrift für Th. Rittler. Innsbruck *1957*
DERS.: Vom Schuld- zum Maßnahmenrecht. In: Kriminologische Gegenwartsfragen. Stuttgart *1972*, S. 1
(P) OCHSMANN (und HOWE): Trauer — Ontologische Konfrontation. Stuttgart *1991*
(P) PRAUSS, G.: Der Mensch als zweideutige Natur. Freiburger Universitätsblätter H. 3 *1987*, S. 107
(J) RADBRUCH, G.: Grundzüge der Rechtsphilosophie. Leipzig *1914*, S. 64–72
DERS.: Entwurf eines allgemeinen deutschen Strafgesetzbuches *1922*, Nachdruck Tübingen *1952*
DERS.: Rechtsphilosophie. 4. Aufl. Stuttgart *1950*
DERS.: Der Mensch im Recht. Göttingen *1957*
(P) RASCH, W.: Die Tötung des Intimpartners. Stuttgart *1964*
DERS.: Behandlungsvollzug oder Sozialtherapie. In: Gartner (Hrsg.), Sozialtherapie. Luchterhand-Verlag *1982*
DERS.: Angst vor der Abartigkeit. NJW *1982*, S. 177
DERS.: Forensische Psychiatrie. Stuttgart *1986*
DERS.: Sozialtherapie im Maßregelvollzug (Die psychiatrische Lösung). MschrKrim *1989*, S. 115
DERS.: Die psychiatrisch-psychologische Beurteilung der sogenannten schweren anderen seelischen Abartigkeit. Strafverteidiger *1991*, S. 126
(J) RENZIKOWSKI, I.: Forensische Psychiatrie und Strafrechtswissenschaft. NJW *1990*, S. 2905
(J) RÖSSNER, D., und WULF, R.: Opferbezogene Strafrechtspflege. Bonn *1984*
(J) ROXIN, C.: Kriminalpolitische Überlegungen zum Schuldprinzip. MschrKrim *1973*, S. 316
DERS.: Zur jüngsten Diskussion über Schuld, Prävention und Verantwortlichkeit im Strafrecht. In: Festschrift für P. Bockelmann. München *1979*, S. 279
DERS.: Wandlungen der Strafrechtswissenschaft heute. Universitas *1979*, S. 913
DERS.: Zur Problematik des Schuldstrafrechts. ZStW *1984*, S. 641

DERS.: Schuldunfähigkeit Erwachsener im Urteil des Strafrechts. In: Festschrift für W. Spann. Heidelberg, Berlin *1986*, S. 457

DERS.: Was bleibt von der Schuld im Strafrecht übrig? Schweiz. Z. f. Strafr. *1987*, S. 357

DERS.: Strafrecht, Allgemeiner Teil Bd. I. München 1992

(J) SARSTEDT, W.: Der Strafrechtler und psychiatrische Sachverständige. Die Justiz *1962*, S. 110

(P) SASS, H.: Handelt es sich bei der Beurteilung von Affektdelikten um ein psychopathologisches Problem? Fortschr. Neur. Psychiatr. *1985*, S. *55*

DERS.: Ein psychopathologisches Referenzsystem für die Beurteilung der Schuldfähigkeit. Forensia *1985*, S. 33

DERS.: Psychopathie, Soziopathie, Dissozialität. Springer-Verlag *1986*

(P) SPATZ, H.: Über die Bedeutung der basalen Rinde. Z. Neur. *1937*, S. 229

(P) SCHELER, M.: Die Stellung des Menschen im Kosmos. *1928* (Neudruck München *1947*)

(P + J) SCHEWE, G.: Strafrecht und Kriminologie. In: Grimm (Hrsg.), Rechtswissenschaft und Nachbarwissenschaften, Bd. I. München *1976*, S. 277

(J + H) SCHMIDT, EB.: Einführung in die Geschichte der deutschen Strafrechtspflege. Göttingen *1947*. 3. Aufl. *1965*

(P) SCHMIDT, H. D.: Die Frage der psychologischen Kriterien für die Beurteilung der Schuldfähigkeit. Psycholog. Rdsch. *1966*, S. 80

(P) SCHNEIDER, K.: Die Beurteilung der Zurechnungsfähigkeit. I. Aufl. Stuttgart *1948*, IV. Aufl. *1961*

DERS.: Klinische Psychopathologie. VI. Aufl. Stuttgart *1962*

(P) SCHORSCH, E. (mit BECKER, N.): Angst, Lust, Zerstörung. Sadismus als soziales und kriminelles Problem. Hamburg *1977*

DERS.: Affekttat und sexuelle Perversionstaten im psychodynamischen Vergleich. In: Pfäfflin (Hrsg.), Der Mensch in der Psychiatrie. Heidelberg, Berlin *1988*

(J) SCHREIBER, H. L.: Was heißt heute strafrechtliche Schuld und wie kann der Psychiater bei ihrer Feststellung mitwirken? Nervenarzt *1977*, S. 242

DERS.: Die Stellung des Sachverständigen im Strafprozeß. In: Anstöße, Zeitschr. d. Evang. Akad. Hofgeismar *1980*, S. 125

DERS.: Vor dem Ende des Schuldstrafrechts? In: Göttinger rechtswissenschaftliche Studien, Bd. III *1980*, S. 281

DERS.: Bedeutung und Auswirkung der neugefaßten Bestimmungen über die Schuldfähigkeit. NStZ *1981*, S. 46, 51

DERS.: Widersprüche und Brüche in heutigen Strafrechtskonzeptionen. ZStW *1982*, S. 279

DERS.: Juristische Grundlagen. In: U. Venzlaff (Hrsg.), Psychiatrische Begutachtung. Stuttgart *1986*

(J) SCHÜLER-SPRINGORUM, H.: Ehe? Verhältnis? — Oder was? Zur Beziehung zwischen Juristerei und forensischer Psychiatrie. In: H. Hippius (Hrsg.), Ausblicke auf die Psychiatrie. Heidelberg, Berlin *1984*, S. 69, 89–91

DERS.: „Benzin nach Metern", — Schuldminderung, Schuldausschluß und das Problem der Quantifizierung. In: Forensische Psychiatrie heute. Festschrift für U. Venzlaff. Heidelberg, Berlin *1986*

(J) SCHÜNEMANN, B.: Einführung in das strafrechtliche Systemdenken. Die Funktion des Schuldprinzips im Präventionsstrafrecht. In: B. Schünemann (Hrsg.), Grundfragen des modernen Strafrechtssystems. Berlin *1984*

DERS.: Die deutschsprachigen Strafrechtswissenschaften nach der Strafrechtsreform. 2. Teil: Schuld und Kriminalpolitik. GA *1986*, S. 293

(P) SCHUMACHER, W.: Gruppendynamik und Straftat. NJW *1980*, S. 1880

(P) SCHULZ, W.: Philosophie in der veränderten Welt. Pfullingen *1972*

(P) STEMMER-LÜCK: Diagnostik in der Sozialtherapie. In: M. Zielke (Hrsg.), Diagnostik in der Psychotherapie. Stuttgart *1982*, S. 179

(J) STRATENWERTH, G.: Tatschuld und Strafzumessung. Tübingen *1972*

DERS.: Die Zukunft des strafrechtlichen Schuldprinzips. Karlsruhe *1977*

DERS.: Strafrecht, AT Köln und München *1981*

DERS.: Willensfreiheit – eine staatsnotwendige Fiktion? Schweiz. Zschr. f. Strafr. *1984*, S. 225

(J) STRENG, F.: Psychoanalyse und Strafrecht. MschrKrim *1976*, S. 77, 85

DERS.: Richter und Sachverständige. Zum Zusammenwirken von Strafrecht und Psychowissenschaft bei der Bestimmung der Schuldfähigkeit (§§ 20, 21 StGB). In: Festschrift für Leferenz, Heidelberg *1983*, S. 397

DERS.: Schuld ohne Freiheit (Der funktionale Schuldbegriff auf dem Prüfstand). ZStW *1989*, S. 273

DERS.: Strafrechtliche Sanktionen. Grundlagen und Anwendung. Stuttgart 1991

(P) THOMAE, H.: Bewußtsein, Persönlichkeit und Schuld. MschrKrim *1961*, S. 114

DERS.: Verantwortungsreife und strafrechtliche Verantwortlichkeit in psychologischer Sicht. In: Universitätstage *1964*. Berlin *1964*, S. 104

(J) TIEMEYER, J.: Grundlagenprobleme des normativen Schuldbegriffs. GA *1986*, S. 203

DERS.: Zur Möglichkeit eines erfahrungswissenschaftlich gesicherten Schuldbegriffs. ZStW *1988*, S. 527

(P) UEXKÜLL, TH.: Was weiß die Medizin vom Menschen? In: H. Rössner (Hrsg.), Der ganze Mensch. München *1986*, S. 146

(P) UNDEUTSCH, U.: Schuldfähigkeit unter psychologischem Aspekt. In: Handwörterbuch der Rechtsmedizin, Bd. II. Stuttgart *1974*

(P) VENZLAFF, U.: Aktuelle Probleme der forensischen Psychiatrie. In: Psychiatrie der Gegenwart, Bd. III. Heidelberg, München *1974*

DERS.: Ist die Restaurierung eines „engen" Krankheitsbegriffs erforderlich, um kriminalpolitische Gefahren abzuwenden? ZStW *1976*, S. 57

DERS.: Methodische und praktische Probleme nach dem 2. StrRG. Nervenarzt *1977*, S. 255

DERS.: Die forensisch-psychiatrische Beurteilung affektiver Bewußtseinsstörungen. In: Festschrift für G. Blau. Berlin *1985*, S. 397

DERS.: Methodische und praktische Probleme der forensisch-psychiatrischen Begutachtung. In: U. Venzlaff (Hrsg.), Psychiatrische Begutachtung. Heidelberg, Berlin *1986*

(P) WEGENER, H.: Einführung in die forensische Psychologie. Darmstadt *1981*

(P) WEISCHEDEL, W.: Das Wesen der Verantwortung. Frankfurt/M. *1933* (unv. II. Aufl. *1958*)

(P) WEIZSÄCKER, V. VON: Der Gestaltkreis. Stuttgart *1947*

(J) Welzel, H.: Das neue Bild des Strafrechtssystems. 2. Aufl. Göttingen *1961*

Ders.: Gedanken zur „Willensfreiheit". In: Festschrift für K. Engisch. Frankfurt/M. *1969;* auch JZ *1970,* S. 174

(P) Wille, R.: Die forensisch-psychopathologische Beurteilung der Exhibitionisten, Pädophilen, Inzest- und Notzuchttäter. Kiel *1968*

(J) Winterfeld, A. von: Die Bewußtseinsstörung im Strafrecht. NJW *1975,* S. 2229

(P) Witter, H.: Psychologie, anthropologische Psychiatrie und forensische Freiheitsfrage. NJW *1959,* S. 1573

Ders.: Die Willensfähigkeit als Problem der forensischen Psychiatrie. Fortschr. Neur. Psychiatr. *1959,* S. 56

Ders.: Determinations- und Freiheitsgrad bei der rechtlichen Beurteilung von Neurosen. Nervenarzt *1959,* S. 221

Ders.: Verantwortungsfähigkeit und Zeit-Gestalt. In: Schaltenbrand (Hrsg.), Zeit in nervenärztlicher Sicht. Stuttgart *1963,* S. 39

Ders.: Die Grundlagen für die Beurteilung der Schuldfähigkeit im Strafrecht. In: H. Witter (Hrsg.), Der psychiatrische Sachverständige im Strafrecht. Heidelberg, Berlin *1987,* S. 53–56, 71–73

Ders.: Unterschiedliche Perspektiven in der allgemeinen und forensischen Psychiatrie. Heidelberg, Berlin *1990,* S. 9 f.

(J) Wulf, R.: Opferbezogene Vollzugsgestaltung — Grundzüge eines Behandlungsansatzes. ZfStrVO *1985,* S. 65–77

(P) Zutt, J.: Vom gelebten welthaften Leibe. In: J. Zutt mit C. Kulenkampf (Hrsg.), Das paranoide Syndrom in anthropologischer Sicht. Berlin, Göttingen, Heidelberg *1958,* S. 3

I. Aspekte humanen Daseins

Determination und Freiheit im Raum humaner Zeitlichkeit

Einleitung

1. Unser Zeitgeist ist stark *anthropologisch* geprägt. Aus einer heute wohl von jedem schon erfahrenen *Distanz* zur je-eigenen Lebensumwelt (eine Distanzierung, für die der sinnliche Blick des Raumfahrers auf seinen „blauen Planeten" paradigmatisch ist) überblicken wir raum-zeitlich global das nach Rassen, Stämmen, Völkern und Staaten differenzierte geschichtliche Werden und gegenwärtige Sein der Erdenpopulation. Zugleich sind die Menschen unserer Generation durch die modernen Kommunikations- und Verkehrsmittel, durch Fern-Hören, -Sehen und -Sprechen und den Tourismus in alle Winkel der Welt sowie durch die „multikulturell" werdenden westlichen Gesellschaften zueinander in nachbarliche *Nähe* gerückt. Wir wissen (und übernehmen auch) mehr und mehr vom rassisch, sprachlich und kulturell „ganz anderen" Mitmenschen. Angesichts dieser Überfülle an Informationen von und Begegnungen mit menschlichen Varianten ist das Bedürfnis gewachsen, den Menschen in seinem allen Spielarten gemeinsamen spezifischen Wesen deutlicher zu erfassen: So wie er (in zeitlich sich wandelnden Ausdrucksformen) immer war und (in regional und individuell differenzierten Manifestationsweisen) überall ist.

Die anthropologische Zeitströmung zeigt sich in der *Philosophie* im wohl bedeutendsten denkerischen Werk unserer Tage und in dessen weltweiter Resonanz. Die „Fundamentalontologie" Martin Heideggers knüpft m. W. erstmalig in der Geistesgeschichte das philosophische Fragen nach Sein und Seiendem, nach Wahrheit und Wert dort an, wo es seinen Ausgang hat: beim fragenden Menschen und seinem *konkreten* Da-Sein. Das heißt: nicht nur bei seinem Kopf, bei dessen ratio und — transzendierend ek-sistierenden — „Geist", sondern beim Menschen im Ganzen seiner in die Welt geworfenen, in ihr sich vorfindenden Befindlichkeit; seiner je-eigenen und je-weiligen Gestimmtheit; seiner vom Existenzbewußtsein getroffenen, in An-Spruch genommenen, Halt und Orientierung suchenden Angst; in seinem Zusammen-Dasein mit — seiner Für-Sorge anheimgegebenen — anderen Menschen; im Be-Sorgen der ihm zuhandenen Dinge; im Angesicht und Umgang mit nichtmenschlichen Lebewesen und der ganzen sinnlich erfahrbaren

Naturumwelt. Heidegger, der zwar ausdrücklich keine Anthropologie entwerfen wollte, mußte es dennoch (mit-)tun, denn ein fundamentalontologisches Denken hat eben kein anderes Fundamentum als das — soweit wir Menschen sehen können — einzige irdische Lebewesen, das Philosophie und — relative — Erkenntnis aufscheinen lassen und zur Sprache bringen kann: den Menschen als — zu seinesgleichen mitteilungs- und dialogfähigen — Denker.

Nicht nur die Philosophie unserer Zeit „braucht" sozusagen den konkreten Menschen als ihren archimedischen Ausgangs- und Fixpunkt. Auch die empirischen Wissenschaften bekommen zunehmend anthropologische Aspekte.

Die *theoretische Physik* kommt zur Bestimmung des materiellen Elementarteilchens (als Welle oder/und Korpuskel) nicht ohne Einführung des experimentierenden menschlichen Beobachters aus. Die technologisch *praktizierte Physik* muß die Realisierung heutiger Möglichkeiten des Machbaren immer strenger begrenzen lassen vom wahren Wert und Nutzen der Apparate und ihrer Produkte für den Menschen und „seine" Naturumwelt. Die *Humanmedizin* ist sich heute mit seit etwa 100 Jahren zunehmendem Methodenbewußtsein wissenschaftlich vertieft bewußt, daß menschliche Krankheiten andere Ursachen und andere Folgen haben als tierische — ein allerdings bei gut beobachtenden und nachdenklichen Ärzten vorwissenschaftlich seit je zu findendes Wissen. Denn bei Krankheitsentstehung, -auswirkung und -heilung ist immer der Mensch als Mensch, d. h. in seinem somato-psycho-personalen, seinem leib-seelisch-geistigen Dasein beteiligt.

Und die *Jurisprudenz,* — gehört nicht das Recht eo ipso zu den ur- und nur-anthropologischen, den „Geistes"-Wissenschaften? Rechtsordnungen sind nur vom Menschen und seiner Sozialität her konzipierbar und nur auf Menschen und menschliches Sozialleben anwendbar. Dies gilt — schon prima vista deutlich — theoretisch wie praktisch für die Bereiche staats- und völkerrechtlicher, verwaltungs-, sozial- und zivilrechtlicher Ordnungssysteme. Wie steht es aber mit der Anthropologie, der „Menschengemäßheit" im *Strafrecht?* Sind das Lohnen erwünschter und das Strafen unerwünschter Verhaltensweisen (das Konditionieren), sind das Einsperren und Töten von uns oder unseren Interessen besonders gefährlichen Lebewesen (das Eliminieren) nicht „Methoden", die auf Tiere wie auf Mitmenschen angewandt werden können und angewandt werden?

2. Mit kriminalrechtlichen Theorien und Praktiken mußte sich der ärztliche Verfasser als psychiatrisch „sachverständiger" Richtergehilfe schon deshalb näher beschäftigen, weil er — um es mit den Worten eines hohen Bundesrichters zu sagen — das Gericht in Fragen zu beraten hat, „die nur aus dem Mittelpunkt des Strafrechts gestellt werden können", wie die „nach dem eigentlichen Sinn unseres Tuns gegenüber dem Angeklagten. Haben wir überhaupt einen Menschen vor uns, den zu strafen einen vernünftigen Sinn

hat... Kann das Strafen hier die Wirkung haben, die ihm zugedacht ist? Das sind die Zweifel, die wir gelöst haben möchten, wenn wir einen Sachverständigen über den Geisteszustand des Angeklagten hören" (W. Sarstedt, 1962).

Konfrontiert mit solchen, im Kernbereich des Strafrechts liegenden Beratungsaufgaben muß sich der Sachverständige zwangsläufig fragen: Liegt der strafjuristischen Theorie und der Rechtsprechungspraxis, der ich dienen soll, auch ein Menschenbild zugrunde, das dem heute erreichten anthropologischen *Erkenntnisstand* (und damit zugleich hervorgetretenen *Erkenntnisgrenzen*) entspricht? Behandelt unser geltendes Kriminalrecht die nach Rechtsverletzungen ihm anheimgegebenen Bürger in diesem Sinne menschengemäß, d. h. menschenwürdig, oder, schlicht gesagt: menschlich? (Übrigens: Menschlich-, Human-Sein konnte wohl nur im Zeitgeist und Regime nichtmenschlicher Theorien und Praktiken seine natürliche Wortbedeutung verlieren und fast zum Synonym werden für [zu] „milde", für „weich, schlapp" bis zum herzlosen Verdikt einer „Humanitätsduselei").

Wir meinen nun, daß unser gegenwärtiges Kriminalrecht das spezifisch Menschliche nicht selten nach zwei Richtungen hin verfehlt. Jedenfalls prinzipiell, weniger in der kasuistischen Strafpraxis unserer heute zumeist im guten Sinne durchaus humanen Gerichte.

In der einen Richtung dann, wenn das Präventionsdenken mit einseitiger Herausstellung von Strafzwecken nach dem Modell der bekannten Triade von F. v. Liszt (1851–1919) — Abschreckung, Konditionierung („Besserung") und soziale Unschädlichmachung (sichernder Freiheitsentzug) — ein, der Idee nach, noch *unter-menschliches* Konzept entwickelt. Denn mit gleichen Methoden können wir auch Tiere in ihrem Sozialverhalten beeinflussen, dressieren, nützlich und unschädlich machen.

Und in der anderen Richtung wird der Rechtsbrecher als Mensch ebenfalls einseitig verfehlt, wenn der Richter sich in der Lage wähnt, ein gleichsam *über-menschliches* Schuldstrafrecht realisieren zu können: Wenn die Feststellung und Bestrafung krimineller Delinquenz noch immer so verstanden wird, daß den Täter „gerechterweise" und verdientermaßen ein personal-sittlicher Schuldvorwurf (wegen Freiheitsmißbrauchs) und die Vergeltungsstrafe hierfür trifft (jedenfalls nach Ausscheiden von Rechtfertigungs- und Entschuldigungsgründen i. S. von §§ 32–35 StGB, von Verbotsirrtum i. S. von § 17 StGB und von Schuldunfähigkeit i. S. von § 20 StGB).

3. Um sowohl unter- wie über-menschliche kriminalrechtliche Konzepte zu „falsifizieren" und um eine anthropologische Basis tragfähig zu verstärken für ein zeitgemäßes Konzept humaner und effizienter Sanktionspraxis gegenüber zurechnungsfähigen, zurechnungsbeschränkten und zurechnungsunfähigen Tätern, sollen nachfolgend ausführlicher verschiedene *heutige Aspekte unseres humanen Selbstbildes* dargestellt werden. Eine solche differenzierte Anthropologie wäre — als „model of man" des normalen kriminalrechtlichen Normenadressaten — zugleich das Bezugssystem für psycho-

pathologisch abweichende Täterpersönlichkeiten, denen eine Tat – als im Rechtssinne „schuldhaft" – nicht oder nur minder schwer zugerechnet werden soll und bei denen andere Sanktionen auf den Rechtsbruch als (nur) die gesetzlich angedrohte Strafe sinnvoll und zweckmäßig erscheinen.

Wir behandeln in diesem I., dem anthropologischen Teil des Buches den Menschen:

– Erstens in seinem *organismischen Aspekt,* weil in der Wechselwirkungseinheit von Soma und Psyche Besonderheiten, Differenzierungen und Störungen von Bau und Funktion des menschlichen Organismus (insbesondere seines nervalen Zentralorgans) mit Besonderheiten, Differenzierungen und Störungen seelischer und geistiger Bewußtseinserscheinungen und -leistungen empirisch korrelieren.
– Zweitens in seinem *somato-psychischen Strukturaspekt,* weil die körperleib-seelisch-geistige Struktur des Menschen auch abstrahiert vom materiell-morphologischen Bau und den physiologischen Funktionen des sie „tragenden" Organismus zu betrachten ist, wobei sich – ohne auf „Determinismus" hinauszulaufen – systematisch differenzierte Einblicke in Determinationsstrukturen differenter menschlicher Artungen und Haltungen, Strebungen, Gesinnungen und Verhaltensweisen ergeben.
– Drittens in seinem *transzendentalen Aspekt,* weil, soweit wir sehen, dies eine nur-menschliche Auszeichnung ist: Das sein vorgefundenes Da-Sein („Ich") in einer vorgefundenen Welt überschreitende („geistige") Existenzbewußtsein, dessen Derivate auch die kriminalforensisch relevanten bzw. problematisierten Begriffe von Freiheit und Verantwortung, Schuld und Sühne sind.
– Viertens im *Aspekt unserer Zeitlichkeit und Endlichkeit,* weil die nur-menschliche Bewußtheit unseres zeitlichen (ungewiß dauernden, gewiß endenden) persönlichen Lebens, das Sterben als Lebensprozeß Jedermanns von Geburt an, alle Menschen als „Sterbliche" fundamental solidarisiert. Diese Bewußtheit wird aktualisiert vor allem in und angesichts menschlicher Grenz- und Krisensituationen. Solche schafft exemplarisch ein Verbrechen für Opfer und Täter; vor solchen stehen dann auch die mit Verbrechen und Verbrechern befaßten Ankläger und Verteidiger, Gutachter und Richter.
– Fünftens im *Aspekt unserer Freiheit,* weil die (jahrhundertelang als Determinismus-Indeterminismus-Problem diskutierte) Freiheitsfrage durch den empirisch-anthropologischen Erkenntnisfortschritt einerseits, die philosophische und phänomenologische Anthropologie andererseits heute einen Stand erreicht hat, der ein neues Paradigma fordert. Wie ich meine, ein Paradigma, welches die kognitiv-objektiven Unfreiheitsbefunde und die phänomenal-subjektiven Freiheitserfahrungen als Komplemente im Raum der „Zeitlichkeit" humanen Daseins versteht.

1. Organismischer Aspekt

1.1 Forensisch-anthropologische Anknüpfung: die Eccles-Popper-Hypothese vom (autonomen) Ich und „seinem" Gehirn

Ein namhafter deutscher Strafjurist (R. Lange, 1987) hat sich mit Nachdruck auf einen modernen Hirnforscher, den Nobelpreisträger (1963) J. C. Eccles berufen (s. auch Teil II, S. 145 ff.), der in Zusammenarbeit mit dem philosophischen Anthropologen und Wissenschaftstheoretiker K. R. Popper ein Buch mit dem programmatischen Titel „Das Ich und sein Gehirn" (englisch 1977, deutsch 1982) veröffentlicht hat.

Der Jurist sieht in der Grundthese der Autoren, daß unser Ich, „der selbstbewußte Geist" (Eccles) über das mit ihm in Wechselwirkungsbeziehung verbundene Gehirn dominiert, oder — mit Popper gesagt — „daß das Gehirn dem Ich gehört und nicht umgekehrt", — in dieser These sieht R. Lange eine starke anthropologische Stütze seines strafrechtlichen Indeterminismus. Er hält in Wiederholung langjähriger Polemik gegen eine deterministische Kriminologie (welche menschliches Verhalten nach dem „Maschinen- und Rattenmodell" interpretiere) dieser markante Sätze von Popper entgegen. Wie z. B.: „Das aktive, psychophysische Ich ist der aktive Programmierer des Gehirns (das der Computer ist), es ist der Ausführende, dessen Instrument das Gehirn ist. Die Seele ist, wie Platon sagte, der Steuermann" (S. 156/157) und „... ich glaube, daß das Ich irgendwie auf dem Gehirn spielt, wie der Pianist auf dem Klavier..." (S. 585).

Der Hauptbeitrag von Eccles, dem australischen Hirnforscher ist die — von Popper zustimmend aufgenommene — *„dualistisch-interaktionistische Hypothese"*.

Sie besagt in Kürze, „daß der selbstbewußte Geist eine unabhängige Einheit darstellt, die aktiv mit dem Auslesen aus der Vielzahl aktiver Zentren in den Moduln der Liaison-Zentren der dominanten Großhirnhemisphäre befaßt ist". Der Geist selektiere aus diesen Zentren gemäß seiner Aufmerksamkeits- und Interessenlage und integriere diese Wahl, „um von Augenblick zu Augenblick die Einheit bewußter Erfahrung zu vermitteln" (S. 428). Diese Einheit rühre also „nicht von einer letzten Synthese in der neuronalen Maschinerie" her, sondern liege „in der integrierenden Aktion des selbstbewußten Geistes auf das, was er aus der ungeheuren Vielfalt neuronaler Aktivitäten im Liaison-Gehirn herausliest". Nur eine spezialisierte Zone der Großhirnhemisphäre (Neokortex), die Eccles „Liaison-Gehirn" nennt, befinde sich „in Liaison mit dem selbstbewußten Geist" (S. 431). — In einer anderen Publikation stellt Eccles als wichtiges Merkmal seiner Hypothese der *Hirn-Geist-Interaktion* heraus, „daß sich bei dieser Transaktion weder Gehirn noch Geist passiv verhalten. Es muß einen aktiven Informationsaustausch über die Grenze hinweg zwischen dem materiellen Gehirn — dem Liaison-Gehirn — und dem nicht-materiellen Geist (Bewußtsein) geben" (1984/85, S. 66). Aus der interaktionistischen Beziehung der bewußten Erfahrungen zu neuronalen Ereignissen im Liaison-Gehirn ergebe sich „bis zu einem gewissen Grade Korrespondenz, jedoch nicht Identität", wie es fälschlich die parallelistische Hypothese annehme (S. 435).

Daß selbstbewußter Geist effizient auf Hirnereignisse einwirkt, sei „ständige Erfahrung", am evidentesten bei der Willkürbewegung, ferner dann, wenn wir bei der Erinnerung „absichtlich Hirnereignisse evozieren" (S. 436).

In radikalem Gegensatz „zu der Passivität der bewußten Erfahrung, die im Parallelismus postuliert wird", vermutet die dualistische Hypothese von Eccles, „daß die selektierenden und integrierenden Funktionen Attribute des selbstbewußten Geistes sind, dem somit eine aktive und dominante Rolle gegeben wird" (S. 437). — Abschließend bewertet Eccles seine Hypothese ausdrücklich als wissenschaftlich, „weil sie auf empirischen Daten beruht und objektiv testbar ist", sowie „nicht durch irgendein vorhandenes Wissen widerlegt wird". Doch „das Wichtigste ist, daß sie der menschlichen Person das Empfinden für Wunder, für Mysterien und für Wert zurückgibt" (S. 451).

Soweit die dualistische Interaktionshypothese von Eccles, die weithin Beachtung fand. Sie erhielt nicht nur Zustimmung von K. Popper, dem prominenten Philosophen und Wissenschaftstheoretiker. Sie wurde, wie gesagt, von einem namhaften deutschen Strafjuristen aufgegriffen und wurde in dem zweiten, bekannteren Buch von Eccles „Das Wunder des Menschseins — Gehirn und Geist" (englisch 1984, deutsch 1985) auch von dem Psychologieordinarius der Washingtoner Universität D. N. Robinson gestützt. Wir werden unten kritisch auf diese Hypothese zurückkommen, insbesondere auf die Frage, ob sie so weit, wie Eccles meint, empirisch untermauert ist, daß sie — nach R. Lange — als starkes Argument der modernen Anthropologie für einen indeterministischen strafrechtlichen Schuldbegriff herangezogen werden kann.

Hier vorerst nur soviel: Eccles teilt eindeutig die vorherrschende, u. E. aber äußerst fragwürdige Anschauung, daß das Gehirn oder doch bestimmte Teile desselben, in einer vor allen anderen Körpergeweben und -organen unvergleichbar ausgezeichneten Weise mit dem seelisch-geistigen Leben in Beziehung stehen. In einer Weise, die sprachlich ausdrückbar sei nur als ein „Wunder" zwischen Geist (Bewußtsein) und Materie, nur als ein in einem anatomisch definierbaren Hirngewebestück („Liaison-Gehirn") materialisiertes Mysterium.

Wir halten dem entgegen, daß solche „Hirnmythologie" (wie das K. Jaspers schon 1920 kritisierte) weder durch Daten der Anatomie und Physiologie des Gehirns (1.2) noch durch neuro- und psychopathologische Symptome von Hirnerkrankungen, -verletzungen und -funktionsstörungen (1.3) gestützt wird.

1.2 Zur humanen Somatophysiologie

Um dies darzutun, ist die Beachtung der menschlichen Körperphysiologie, und zwar der *gesamt*organismischen humanen Funktionsstruktur notwendig. Förderlich erscheint ein solcher anthropo*bio*logischer Gesamtaspekt auch für das Verständnis des Bedingungsgefüges von kriminellen Verhaltensweisen, falls bei solchen abnorme oder krankhafte körperliche Zustände von (mit-)ursächlicher Bedeutung sind.

1.2.1 Die hirnzentrierte Funktionsstruktur von Organismus und Umwelt

Die Strukturelemente des menschlichen Organismus und ihre vitale Dynamik unterscheiden sich in Grundaufbau und -funktion nicht von hochentwickelten Wirbel- und Säugetieren, etwa eines Hundes oder Affen. Sie lassen sich anhand unseres ersten Leitbildes I (S. 33) kurz so beschreiben: Der lebendige Organismus (grauer Körper) ist in sich und mit seiner Umwelt funktionell zentriert um ein Kommunikations-, Differenzierungs- und Integrationsorgan, das *organismische Zentralorgan „Gehirn"* (im Schema: helle intraorganismische Kreisfigur). In ihm sind — genau gesehen — *zwei Zentren* anatomisch vereinigt.

Einmal ein Komplex von — der inneren Ordnung des Organismus vorstehenden — sogenannten vegetativen Hochzentren *(VegZ)*, welche die verschiedenen Gewebe, Organe und Organkomplexe des Leibes zu einem funktionellen Ganzen integrieren und strukturell differenzieren. Diese Zentren empfangen über afferente vegetative Nervenbahnen *(VGaff)* mit Subzentren (und auch über Blutsignale, darunter spezifisch wirksame Hormone) Informationen aus allen Geweben und inneren Organen, d. h. aus der gesamtorganismischen Peripherie. Dieser Input wird in den vegetativen Hochzentren zu einem nervalen „Bild" vom Gesamtorganismus integriert; die Bedürfnislage des Ganzen und seiner Teile wird danach ausgewertet und über efferente vegetative Nervenbahnen sowohl nach „oben" (dem animalen System) gemeldet als auch nach „unten" mit differenzierten Impulsen an die Peripherie (über *VGeff*) beantwortet. Diese steuern die einzelnen Gewebe- und Organfunktionen und stimmen sie harmonisch aufeinander ab. Wir nennen die interaktionistische Funktionseinheit (schwarzer Doppelpfeil) von organismischer Peripherie und organismischem Zentrum den *intraorganismischen Regelkreis oder* — mit einem Schlüsselbegriff von V. von Weizsäcker — *den vegetativen Gestaltkreis* (somatische Peripherie — VGaff — somatisches Zentrum [VegZ] — VGeff — somatische Peripherie).

Zum anderen laufen über afferente Nervenbahnen des sog. animalen Nervensystems *(AGaff)* von allen von der organismischen Umwelt (Globus-Symbol) in den Organismus hineinführenden Sinnesorganen (den Nahsinnen Hautschmerz-, Hauttemperatur- und -berührungsgefühl, Geruch und Geschmack, sowie den Fernsinnen Auge und Ohr) Informationen (Signale) im Gehirn zusammen. Und zwar *insgesamt im Stammhirn*, genauer hier in einem — beim Menschen etwa eigroßen — Nervenknoten, dem Thalamus (Th). Der außensinnliche Gesamt-„Input" wird hier integriert zu einem in Erregungsmustern nervaler Nervenzellnetze codierten (abstrahierten) Bild der aktuell sinnlich erfahrenen äußeren Umwelt. Derart ist, anders gesagt, die gesamte aktuell gefühlte, gerochene, geschmeckte, gehörte und gesehene Umwelt — übersetzt in nervale Muster (pattern) — im Organismus faktisch repräsentiert. (*Dispositionell* repräsentiert sind auch alle aktuell latenten, aber potentiell sinnlich erfahr*baren* Umweltgehalte.)

Nach der damit möglichen spezifisch-organismischen Auswertung der aktuellen Umweltsituation (ob sie z. B. zu- oder abträgliche Licht- oder Temperaturverhältnisse oder die Gefahr des Beuteseins oder die Aussicht des Beutehabens beinhaltet) können dann über die – koordinierenden – extrapyramidalmotorischen Stammhirnzentren (St-P) und über die – den Einzelmuskel steuernden – Exekutivneurone (E) mit ihren efferenten Nervenfasern *(AGeff)* die der Umweltsituation im Interesse des Organismus entsprechenden motorischen Verhaltensimpulse an die äußeren Bewegungsapparate (beim höheren Tier: die Skelettmuskulatur) ergehen, um auf das apperzipierte Umweltbild biologisch angemessen (z. B. durch Flucht oder Jagd) zu reagieren. Damit ist – sozusagen auf der *Basis* des vegetativen Gestaltkreises – die interaktionistische Funktionseinheit (weißer Doppelpfeil) zwischen Gesamtorganismus (als Zentrum) und seiner Umwelt (als Peripherie) konstituiert. Wir nennen sie den einen zirkulierenden Lebensstrom zwischen Organismus und Umwelt schaffenden *animalen Regel- oder Gestaltkreis* (organismische Umwelt als Peripherie – AGaff – organismisches Zentralorgan als Umweltzentrum – AGeff – organismische Umwelt).

Diesen beiden im *Stammhirn* lokalisierten und funktionell verflochtenen fundamentalen *Integrationszentren des Organismus* (in sich und mit seiner Umwelt) nochmals übergeordnet ist nun ein *beim Menschen gegenüber der höchstentwickelten Tierspezies sprunghaft* sehr viel umfangreicher gewordenes und im genauen Wortsinn jetzt *überwiegendes Oberzentrum, das Großhirn.* Dieses ist funktionsanatomisch ein gewaltiges *Differenzierungssystem* aus Milliarden von Nervenzellen, in welches vom Integrationszentrum des Stammhirns (Thalamus) her daumendicke Bündel von Erregungsmuster transportierenden Nervenfasern münden. Sie ermöglichen es, daß die nervalen Innen- und Außenweltbilder nach ihrer „Projektion" im Großhirn eine Inbeziehungsetzung mit hier im „Gedächtnis" gespeicherten Vor-Bildern, d. h. Vorerfahrungen sowie weitere und „höhere", *mit dem Stirnhirnsystem terminal begrenzte Differenzierungen* erhalten. – Damit wird in der Entwicklungsreihe der Säugetiere eine immer „intelligentere" organismusspezifische Auswertung (Situations-„Beurteilung") und motorische Beantwortung möglich.

Ein anatomisches Spezifikum des menschlichen Gehirnes ist, daß *nur vom humanen Großhirn aus* über die sog. *Pyramidenbahn (Py)* Fasern direkt zu den Exekutivzellen (E) des motorischen Verhaltensapparates laufen. Damit kann das menschliche Verhalten also gleichsam vom „Oberzentrum" aus *unmittelbar gesteuert,* d. h. bestimmt und gestaltet werden.

1.2.2 Fünf Detailfakten der Organismus-Umwelt-Struktur und ihrer Dynamik

Was vorstehend skizziert wurde, sind faseranatomische und physiodynamische Grundfakten der humanorganismischen Strukturorganisation und ihrer Funktion in der sensorisch erfahrbaren und motorisch zugänglichen Umwelt. Hierzu ist ergänzend noch auf fünf wesentliche Detailfakten hinzuweisen:

a) Der vegetative Gestaltkreis von und zur organismischen Innenwelt und der animale von und zur organismischen Umwelt sind *zwischen nervalem Zentrum und nichtnervaler Peripherie polarisierte Wechselwirkungssysteme* (im Leitbild symbolisiert durch die beiden Doppelpfeile), in denen ebenso die Zentren vom zugelieferten „Material" der Peripherie (software) abhängig sind, wie die Peripherie davon abhängig ist, *wie* ihr „Material" von den Zentralen gemäß deren Funktionsstrukturen (hardware) beantwortet wird.

b) Für die Organismus-Umwelt-Dynamik gilt dabei, daß der Organismus seinen „Input" nicht wie eine Computermaschine zentripetal-passiv empfängt, sondern sich diesen in *art- und individualgemäßer Lebensspontaneität* zentrifugal-aktiv selektierend sucht: Er sieht nicht nur, sondern schaut; er hört nicht nur, sondern horcht; er riecht nicht nur, sondern schnuppert; er fühlt nicht nur, sondern tastet. Kurz, er reagiert nicht nur, sondern agiert auch.

c) Dem Menschen und höheren Tier gemeinsam ist ferner der *circadiane Biorhythmus von Wach- und Schlafzustand,* in dem wechselnd die animalen und die vegetativen Lebensvorgänge dominieren; im Schlaf haben Tier und Mensch die gleiche, fast nur vegetative (pflanzliche) Existenz; nur im Träumen meldet sich noch ein Bezug zu der im Wachzustand erfahrenen Umwelt.

d) Im Irdischen ist ein *lebendiger animaler Organismus fundamentale Manifestationsbedingung für psychische Phänomene* (psychophysisches Grundfaktum): Ein seelenloser Leib, ein Leichnam, ist nur mehr vital geformte und wieder verfallende Materie, eine leiblose Seele ist nur eine menschliche Denkfigur, ein Engel.

e) Und für die psychosomatische Korrelation in den konkreten Lebewesen ist festzustellen, daß *dem Differenzierungs- und Plastizitätsgrad der leiblichen Organisation der Differenzierungs- und Plastizitätsgrad der psychischen Manifestationen entspricht.* Das eine ist offenbar Manifestationsbedingung des anderen. In Verbindung mit einem primitiven Organismus manifestieren sich keine differenzierten psychischen Phänomene, und wo sich solche manifestieren, ist ihr Träger ein differenzierter und zugleich plastischer, d. h. differenzierte Ausdrucksmöglichkeiten bietender Organismus (ein Affe ist leiblich und psychisch differenzierter und plastischer als ein Igel).

Ein entwicklungsgeschichtlich progredienter psychosomatischer Differenzierungs- und Liberalisierungsparallelismus ist im Leiblichen repräsentiert von einer evolutiv auf die menschliche Großhirndominanz hinlaufenden „progressiven Cerebralisation". Mit dem maximierten leiblichen Differenzierungsaggregat seines Großhirns und der maximierten Plastizität seiner Sinnes-, Ausdrucks- und Handlungswerkzeuge (z. B. von Auge und Ohr, des nur regional behaarten und dadurch sensiblen Integuments, der äußerst modulationsfähigen Extremitäten, welche aufrechten vielfach variablen Gang, wie Tanz, und diffizile Hantierungen, wie Geigenspiel, ermöglichen) ist beim Menschen verbunden die maximierte psychische Differenzierung und Plastizität (der Emotionalität und Affektivität, der instrumentellen Intelligenz und — als humanes Novum — des selbstbewußten Geistes).

1.2.3 Die spezifisch-menschliche Dominanz des Großhirns über das Stammhirn — eine qualitative organismische Manifestationsbedingung des „selbstbewußten Geistes"?

Die materiell-funktionale „Basis" auch spezifisch-menschlicher Seelenvorgänge und Geistesleistungen ist der lebendige menschliche Leib im ganzen und im besonderen sein nervales Organisationszentrum Gehirn. Prima vista ist nun dessen imposanter Entwicklungssprung im Vergleich mit dem Gehirn der höchstentwickelten Tierspezies, der Primaten, nur ein rein *quantitativer* (nach Relativgewicht zum Gesamtkörper, nach Relativgewicht des Großhirns zum Stammhirn und nach der Neuronenzahl der Großhirnrinde, des sog. Neokortex).

Eine *qualitative* Differenz — einen „Sprung" — kann man allerdings, wie erwähnt, konstatieren in dem erst und nur beim Menschen bestehenden materiell-anatomischen und damit auch funktionellen *Übergewicht des Großhirns* (als Hauptdifferenzierungs- und Speicherinstrument) *gegenüber dem Stammhirn* (als Hauptintegrationszentrale von Organismus und Umwelt). Mit dem, den sukzessiven Stufenzuwächsen in der Säugetierreihe unvergleichbaren quantitativen *Über*gewicht der menschlichen Großhirnentwicklung kommt es nun nicht mehr bloß zu einer Zunahme intellektuell-instrumentellen Raffinements der Umweltanpassung und -ausbeutung, nicht nur zu einer quantitativen Weiterentwicklung von wenigen Signallauten eines Rudeltieres zu einem differenzierteren sozialen Kommunikationsinstrument mittels nuancierten Lautgebungen. Die *neue und spezifisch-menschliche Qualität einer Dominanz des Großhirns* (jedenfalls im Status biologischer Reife und Unversehrtheit) könnte auch *eine speziell notwendige leibliche Manifestationsbedingung* sein *für das spezifisch-menschliche Daseinserleben und -bewußtsein:* d. h. für menschliches Denken und Sprechen, Fühlen und Wollen, für wissenschaftliches Erkennen und künstlerisches Formen, für die Konzeption, Normierung und Verteidigung sozialethischer Werte und nicht zuletzt für die religiösen und philosophischen Erfahrungen und Entwürfe des „selbstbewußten Geistes".

1.2.4 Der psychophysische Koinzidentialparallelismus

Wir halten fest:

a) *Auch ein höchstentwickeltes Gehirn* mit großcomputerähnlicher Struktur und Funktionalität ist ein *bioaktives materielles Organgewebe*, nicht anders, wie z. B. die Leber oder Schilddrüse.

b) Es ist *allerdings das physische Zentralorgan seines Organismus* und von dessen Umwelt; d. h. ein Organ (das einzige des Körpers!), in dem das Ganze seiner physischen Existenz einschließlich ihrer physischen Umweltbezüge neuronal codiert, differenziert und räumlich komprimiert zusammengefaßt ist.

c) Für psychische Phänomene gilt nicht nur, daß sie sich ausschließlich in Korrelation mit einem lebendigen Organismus manifestieren; *es korreliert auch das artspezifische psychische Differenzierungsniveau* (von einfachen tierischen Affektäußerungen, Lernprozessen und Intelligenzleistungen bis „hinauf" zum emotionalen und ästhetischen Feinempfinden, zu Hochintelligenz, Sprachkommunikation und reflexivem Selbstbewußtsein des geistbegabten Menschen) *mit dem artspezifischen leiblichen Differenzierungsniveau*, welches *im Gehirn*, weil leibliches Zentralorgan, konzentriert und damit *repräsentiert* ist.

d) Nur hypothetisch meinen wir, daß der entwicklungsgeschichtliche „Sprung" einer strukturellen und funktionellen Dominanzverlagerung vom Stammhirn zum Großhirn — d. h. ein lediglich *relations*funktionales Novum — die spezifisch-menschliche *leibliche Manifestationsbedingung* sein könnte *für die Emergenz spezifisch menschlicher seelisch-geistiger Leistungen*.

Wir fügen nunmehr hinzu:

Empirisch korrespondiert mit jeder Veränderung der psychischen Erlebnislage und Aktivität eine Änderung der *gesamtleiblichen* Situation und umgekehrt. Auch feine Änderungen der psychischen Stimmung sind von — z. T. nur instrumentell nachweisbaren — Änderungen der leiblichen Stimmung begleitet („Lügendetektor").

Es besteht also ein psychophysischer „Koinzidentialparallelismus" (v. Auersperg, 1936), der sich in Anlehnung an Müller-Suur (1950) nach einem Schema von Rogge formal so darstellen läßt:

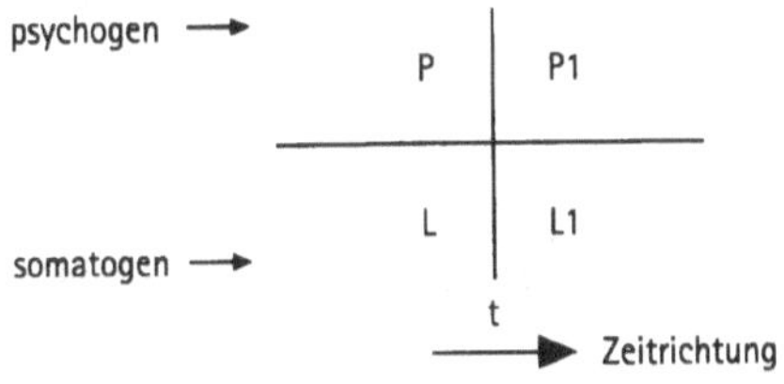

Diese schlichte „Formel" der psychophysischen Einheit besagt nichts anderes als dies: Wenn ein leiblicher Zustand L in einen anderen L 1 übergeht, geht zugleich der psychische Zustand P in P 1 über und umgekehrt ebenso (wozu jeder Kaffeetrunk ein L → L 1 Beispiel und jede Gemütsbewegung ein P → P 1 Beispiel liefert).

Es ist also nicht unser Gehirn — man müßte sagen: histomythologisch — als das „Seelenorgan" zu definieren, sondern es ist, wie schon 1928 Max Scheler richtig schrieb (S. 7): „... der ganze Körper, der heute wieder das physiologische Parallelfeld der seelischen Geschehnisse geworden ist, keineswegs nur das Gehirn".

1.2.5 Die funktionstopologische Reduktion des naturwissenschaftlichen Hirn-Seele-Problems auf das kontingente (metaphysische) Leib-Seele-Phänomen

Die Auszeichnung des Gehirns vor allen anderen Leibesorganen ist nicht eine besondere, geheimnisvolle Beziehung („Liaison") cerebraler Gewebselemente zu seelisch-geistigen Lebenserscheinungen, sondern *allein sein funktioneller Topos im Organismus:* der besondere Positionswert seines *alle Organe miteinander zu einem Organismus und diesen mit seiner Umwelt als ein individuelles Lebensganze sensomotorisch integrierenden und differenzierenden Zell- und Fasersystems.* Ein solches nervales Zentralorgan ist bei allen höheren Lebewesen* die materiell-reale Voraussetzung für die funktionelle organismische Ordnung sowie die Integration und differenzierte Entfaltung des geordneten Gesamtorganismus in seiner Umwelt.

Die bereits an seinem anatomischen Bau und seinen Faserverbindungen ablesbare Leistung des Gehirns ist die des *Zentralorgans eines umweltbezogenen Organismus,* welcher dessen biologische Ordnung garantiert: aufeinander abgestimmt funktionierende Organkomplexe und in art- und individualspezifischer Weise Lebenserhaltung, -entfaltung und -weitergabe.

Diese funktionelle Position als Zentralorgan bedingte naturgemäß, daß durch *örtlich begrenzte* Verletzungen, Erkrankungen und örtlich angreifende toxische Einflüsse *nur vom Gehirn aus ganzheitliche* Abwandlungen der somatischen Gesamtsituation und damit auch der Organismus-Umwelt-Beziehung gesetzt werden! Dies aber bedingt zugleich aufgrund des psychophysischen Koinzidentialparallelismus eine bestimmte psychische Veränderung.

---

* Auch die Lebensordnung der niederen tierischen Lebewesen, z. B. der einzelligen Infusorien, bedarf eines — in diesem Falle intrazellulären — „Zentralorgans". Als solches ist der Zellkern anzusehen, dessen Analagon beim höheren Tier und Menschen das Gehirn ist.

Gegen die Ecclessche Hypothese vom „Liaison-Gehirn“ und andere verbreitete Ansichten einer „besonderen“ (mystischen) Beziehung des Gehirns zu Seele und Geist läßt sich damit folgende Schlußfeststellung treffen:

Das Geheimnis der Hirn-Seele-Beziehung liegt nur in der Kontingenz des irreduziblen, als Metaphysikum hinzunehmenden *„Leib-Seele-Phänomens“:* daß im Irdischen ein lebendiger, mit seiner Umwelt neuronal zu einer Einheit verwobener *differenzierter Leib die fundamentale Manifestationsbedingung eines differenzierten seelisch-geistigen Lebens* und seiner kulturellen Produktionen ist. *Das Gehirn* aber ist – solange der Organismus lebt! – nicht mehr und nicht weniger als *das* – spontan und reaktiv aktive – *Zentralorgan des Leibes und seiner Umwelt.* Denn in ihm allein sind der gesamte Leib mit seiner gesamten Umwelt und seinen gesamten sinnlich aufgenommenen Lebenserfahrungen nerval codiert, konzentriert und repräsentiert.

Da sich mit dieser Erkenntnis alle empirischen psychophysiologischen und psychopathologischen Hirn-Seele-Zusammenhänge erklären lassen, ist *das Hirn-Seele-Problem* insoweit gelöst, als es ein naturwissenschaftliches ist, d. h. als es sich *reduzibel* erwiesen hat *auf das irreduzible, kontingente Leib-Seele-Phänomen* (Haddenbrock 1958, 1960).

1.2.6 Falsifizierung der Eccles-Hypothese einer präpotenten Beziehung des „selbstbewußten Geistes“ zum „Liaison-Gehirn“

Was ist nunmehr von diesem Ergebnis her zu der eingangs wiedergegebenen Hauptthese von Popper und Eccles zu sagen, daß das Ich, der individuelle „selbstbewußte Geist“ – via „Liaison-Gehirn“ – über „sein“ Gehirn als Ganzes dominierend verfüge und damit über dessen Selektieren und Agieren in der Umwelt? Diese, wie Eccles meint, naturwissenschaftlich gut gestützte indeterministische (Cerebral-)Anthropologie wurde ja, wie eingangs erwähnt, von R. Lange dezidiert als wissenschaftliche Argumentationshilfe für die – strafrechtlich relevant – beim reifen und gesunden Menschen zu unterstellende Schuldfähigkeit qua Willensfreiheit herangezogen (s. auch Teil II, S. 147–150).

Ich versuche eine erste Antwort und werde auf die Frage zurückkommen, nachdem im nächsten Abschnitt die wichtigsten Befunde der Psycho*pathologie* lokalisierter Hirnschädigungen und allgemein-körperlich bedingter Hirnfunktionsstörungen dargelegt wurden.

Schon von den vorstehend behandelten Grundverhältnissen der Gehirnanatomie und -physiologie her gesehen ist die seltsame Hypothese eines mit dem menschlichen Bewußtsein, dem „selbstbewußten Geist“ in einer *besonderen* Beziehung stehenden Hirnteils nicht akzeptabel. Denn die Annahme eines Mysteriums „Liaison-Gehirn“ ist für die Erklärung empirischer Hirn-Seele-Zusammenhänge nicht erforderlich: Das Hirn-Seele-Problem ist, wie wir zeigten, naturwissenschaftlich reduzibel auf das allgemeine, kontingente oder metaphysische (d. h. für menschliches Denken ebenso unabweisbare wie unlösbare) Leib-Seele-Phänomen. Die indeterministische Hypothese von Popper und Eccles wäre jedenfalls umzuformulieren in „Das Ich und sein *Leib*". Denn man könnte allenfalls hypostasieren, daß das Ich auf den Instrumenten seines Leibes spielt wie der Pianist auf dem Klavier, daß der „selbstbewußte Geist" das selektierende und handelnde *leibliche* Verhalten steuert wie Platons Steuermann sein Schiff.

1.2.7 Problematisierung der Eccles-Popperschen Freiheitshypothese

Die Popper-Ecclessche „dualistische Interaktionshypothese" ist darüber hinaus (d.h. bereits vor unserer Korrektur durch Reduktion des Hirn-Seele-Problems auf das Leib-Seele-Phänomen) in sich widersprüchlich. Zum einen wird nämlich eine „*Wechselwirkung*" zwischen dem Ich bzw. Bewußtsein und seinem Gehirn angenommen (so Popper 1982, S. 60 ff., S. 585) bzw. eine Liaison neuronaler Ereignisse „mit dem selbstbewußten Geist *sowohl im Geben wie auch im Empfangen*"* (so Eccles, S. 440). Zum anderen wird immer wieder die Überlegenheit, die Dominanz und Kontrolle betont, welche das Ich gegenüber den neuronalen Ereignissen auszeichne, was einer echten Wechselwirkung, die prinzipiell gleichgewichtig ist (und nur potentiell und aktuell auf beiden Seiten variabel übergewichtig), widerspricht.

Wie steht es nun zum anderen mit der korrigierten Frage nach dem Ich und „seinem" Leib? Ist das Ich der wirklich „freie" Spieler auf dem Instrument seines Leibes, ist es dessen „Steuermann"? Diese Metapher liegt ja offensichtlich auch dem bis heute bei uns konventionellen strafrechtlichen Denken zugrunde, wenn es die Endfrage nach der Schuldfähigkeit (Zurechnungsfähigkeit) eines Angeklagten dahin stellt (und — ggf. mit Sachverständigenhilfe — zu beantworten sucht), ob dessen meist in irgendeiner Weise psychisch belastetes Ich bei gegebener Einsicht in das Tatunrecht sein verbales oder pedales und manuales, immer aber *leibliches* Verhalten auch anders, normgemäß hätte „steuern" können, als es den Leib — delinquierend — gesteuert hat.

Die steuernde Herrschaft des Ich über seinen Leib erscheint im gesunden Alltagsleben evident: *Ich* kann meinen Leib als Ganzes und seine Glieder im einzelnen in den Grenzen ihres natürlichen Aktionsbereichs (und allenfalls äußerer Hindernisse) bewegen, wann, wie und wohin „ich will"; *ich* kann ihn nach meinen Plänen und Befehlen üben und zur außerordentlichen gestalterischen oder mir unmittelbar vital nützlichen Fertigkeiten zwingen (z.B. Artistik oder Geigenspiel, jagdliches oder Taschendiebgeschick). *Ich* kann mit meinem Leib ihm selbst oder anderen Organismen Lebensförderliches oder -schädliches antun, äußerstenfalls mich oder einen anderen entleiben. *Ich* kann meinen Leib auf Kosten anderer Organismen erhalten und ihm Wohlbefinden verschaffen oder mein Leibesleben oder -behagen dem

* Hervorhebung durch Ref.

von anderen opfern. In der Nahbegegnung der beiden menschlichen Geschlechter entscheidet das „Ich", ob sein Leib sich einem anderen oder einen anderen sich „einverleibt". Kurz, das reife und gesunde Ich scheint („zum Guten oder Bösen") in der Tat Herr und Steuermann seines Leibes zu sein.

Können wir aber nicht auch umgekehrt vom Leib und *seinem* Ich sprechen? Ist nicht auch umgekehrt die Artung und Haltung der Persönlichkeit, ihre Entwicklung und Prägung, ihre Ausstattung mit je-individuellen und -situativen Bewußtseinsinhalten, Bedeutungs- und Werterleben, mit bestimmten Interessenrichtungen und Verhaltensdispositionen, — ist nicht eben das, was wir in dem Begriff „Ich" oder Persönlichkeit zusammenfassen, weitgehend auch von dessen Leib abhängig? Wird nicht das Ich genetisch und biographisch von der leiblichen Konstitution und von den immer leibvermittelten Umwelteinflüssen geformt, geprägt, gesteuert?

Der Leib ist es, der irgendwann in der Zeit, irgendwo im Erdenraum „schön", unauffällig oder „häßlich" gestaltet, mit bestimmten individuellen Stärken und Schwächen seiner Glieder und Organe (darunter auch seines Zentralorgans Gehirn!) geboren, in eine bestimmte Umwelt hineingeboren wird. Der Leib bringt „sein" Ich erst in diese Welt.

Der (bereits genetisch individualisierte) Leib ist es, der in der Umwelt seiner ersten Lebensjahre Fürsorge oder Vernachlässigung, Geborgenheit und das rechte Maß an Bedürfnisbefriedigung oder übermäßige Verwöhnung bzw. Frustration erfährt; der die notwendigen Sinnesbezüge geboten erhält oder in verarmender Isolation sich selbst überlassen ist. Solche Angebote und Aktivierungen, ihr rechtes Maß, Übermaß oder Ausbleiben führen (je nach den genetisch, z. B. intellektuell, determinierten Möglichkeiten ihrer reaktiven Verwertung) zu den emotionellen, frühsprachlich-ausdrucksmäßigen und Verhaltensdifferenzierungen, welche als das heranreifende Ich, als die kindliche Persönlichkeit in Erscheinung treten.

Der Leib ist es auch, dessen Verhalten (z. B. die Blasen- und Darmentleerung, bis eine „saubere" Entleerungssituation geschaffen ist) durch leibliche Lust- und Unlustapplikationen (besser ausdrucksmäßig über Ohr und Auge als schmerzmäßig über eine geschlagene Hautregion) beim Kind dressurartig gesteuert und über den cerebralen Gedächtnisspeicher konditioniert wird. Hierdurch, so könnte man sagen, erhält der Leib ein immer größeres Repertoire von normalen (später: normativen) Reaktions- und Verhaltensdispositionen eingeprägt. Die anlagemäßig mitgebrachte leibliche Konstitution (d. h. auch die Hirnkonstitution mit biogenetisch verankerten relativ starken und schwachen Systemen), also der organismische Seinsbereich, über welchen das Ich keine eigene Verfügung hat (zumal nicht in der ganz überwiegend duldend-passiven Kindheit und frühen Jugend), bestimmt in den ersten, den Fundamentaljahren des Lebens dominant die Ich-Entwicklung.

Es gibt weiter eine Fülle von Erfahrungen des reifen Menschen, die ihn alltäglich über die Abhängigkeit des Ichs von seinem Leib belehren: Man denke an den Wandel der Stimmung und Interessenrichtung, des Gegenstandsfeldes intellektueller Aufmerksamkeit und Kombinatorik je nach dem leiblichen Zustand von Frische und Wohlbehagen oder von Durst, Hunger oder Übersättigung, von Übermüdung, Schmerz oder Atemnot. Wie jäh und tiefgreifend kann – individuell und geschlechtlich unterschiedlich – Erleben, Wollen und Verhalten umschlagen nach, d.h. durch den sexuellen leiblichen Orgasmus. „Ein ganz anderer Mensch" kann der eine oder andere danach werden, aber auch nach einer Portion Kaffee oder einigen Gläsern Sekt – damit gewiß noch nicht „persönlichkeitsverändert". Eine Frage des Anwendungsgrades, sowie der leiblichen *und* der Ich-Konstitution ist es, ob unter Folter der Leib oder das Ich siegt, im Extremfalle – außer bei Heiligen und Helden – immer der Leib. Und noch dies: Es altert nicht das Ich, sondern der Leib. Seine Glieder, Organe und Gewebe, natürlich auch sein Gehirn mit individuell unterschiedlichem Tempo und Schwerpunkten in diesem oder jenem Bereich. Der Leib ist es, dessen Schönheit und Potenz, dessen Muskelkräfte und neuronale Gehirnfunktionen vergehen, bei einem dies, beim anderen jenes voraneilend. Der Leib läßt so „böse" aggressive und sexuelle Leidenschaften versiegen, Bescheidung und schließlich Einengung auf die elementaren Bedürfnisse des Alltags aufkommen und schenkt – wo er gnädig ist mit körperlichen Beschwerden und mit einer harmonischen Reduktion der Gehirnphysis – dem Ich Alters-Befriedung und -„Weisheit".

Und der Tod endlich – ist er nicht der Endsieg des Leibes über das Ich? Es *kann* wohl auch das Ich dem Leib den Tod und damit sich selbst geben, es *muß* ihn aber unausweichlich vom Leibe hinnehmen: vita *corporis* brevis, mors *corporis* certa – hora incerta.

Soviel zur Vergegenwärtigung des Aspektes der elementaren *leiblichen* Abhängigkeiten des Ichs und seines „selbstbewußten Geistes". Dessen Selbstbewußtsein – den Begriff einmal in der konventionellen Bedeutung von „selbstsicher" und „überlegen" genommen – hat, wie wir sahen, allen Anlaß zu etwas mehr Bescheidenheit gegenüber seinem ihn tragenden, ihm seine Erscheinung gewährenden, ihn prägenden und endenden Leib. Damit soll der idealistisch-indeterministischen These von der Ich-Dominanz nicht einmal mehr die materialistisch-deterministische Antithese von der Gehirn- bzw. Leib-Dominanz entgegengestellt werden! Wir meinen vielmehr „agnostisch", daß eine Dominanz der einen oder anderen Seite in der psychophysischen Wechselwirkungsdynamik empirisch nicht auszumachen ist. Unsere menschliche Existenz im Feld leib-seelisch-geistiger Wechselwirkungen erscheint u.E. mit J. Zutt (1958, S. 3 ff.) treffender gefaßt in dem Doppelbegriff vom *Ich als Leibsein und Leibhaben:* Ich *bin* Leib, denn er ist der Träger, ein Präger und Ausdrucksfeld meiner Persönlichkeit; ich *habe* Leib, denn er ist das Handlungswerkzeug meines Ichs.

1.3 Zur humanen Somatopsychopathologie

Was lehrt die humane Körperpathologie, speziell die des Gehirns nach (mehr oder weniger ausgedehnten) örtlichen Schädigungen von bestimmten Hirnabschnitten, über die Bedeutung des nervalen Zentralorgans und seiner Teile für das seelisch-geistige Leben?

Auch diese Frage führt in den Bereich des forensischen Zurechnungsproblems. Denn zum einen ist es ja der ausgeprägte Zustand einer „krankhaften“ seelischen Störung, einer Geistes-„krankheit“, einer „Psychose“ (früher: Wahnsinn, Raserei, Blödsinn), der in allen Rechtskulturen die Zurechnungsfähigkeit ausschließt, und zwar bevor noch diffiziler nach durch solche Zustände bedingter Minderung oder Aufhebung der „freien Willensbestimmung“ bzw. der „Einsichts- und Steuerungsfähigkeit“ gefragt wird. Zum anderen galt es vor 2 Generationen fast als erwiesen und ist heute noch eine weithin herrschende Meinung, daß — nach einem lapidaren Wort von W. Griesinger (1817–1868) — „Geisteskrankheiten Gehirnkrankheiten sind“, seien es direkte des Hirngewebes oder — wie z. B. bei einer Drogenintoxikation — indirekte metabolisch-hämatogene Hirnfunktionsstörungen.

Im Rahmen dieser Studie über anthropologische Grundlagen und Grenzen menschlicher Freiheit und (strafrechtlicher) Verantwortlichkeit ist natürlich nicht die gesamte klinische Gehirnpsychopathologie darzustellen. Es gehört aber zum organismischen Aspekt des Menschen und seiner somatopsychischen Vulnerabilität, auf einige *Prägnanztypen von hirnpathologischen Psychosyndromen* hinzuweisen. Von besonderem Interesse für juristische Wert- und Strafurteile sind dabei sicher solche Hirnschäden und -funktionsstörungen, welche — ohne auffallende Mängel der gedanklichen Ordnung, der mnestisch-intellektuellen Orientierung und des formal-konventionellen Verhaltens — speziell die Persönlichkeit in ihrer Gemeinschaftsbeziehung im Sinne asozialer Verhaltensstile verschiedener Typologie verändern.

Wenn solche Veränderungen statistisch regelmäßig, d. h. mit naturwissenschaftlicher Gesetzmäßigkeit als Korrelat von örtlichen Läsionen (verschiedenster Ursache) eines bestimmten Hirngebietes auftreten, als ein sog. *hirnlokales Psychosyndrom,* wäre dies ein starkes Argument mehr für die *Abhängigkeit* des sozialen Ichs auch von „seinem“ Gehirn (genauer gesagt: vom Differenzierungsgrad und von der Integrität bestimmter Hirngebiete). Solche klinischen Befunde legen ferner den Gedanken nahe, ob nicht auch die normalerweise individuell unterschiedliche „soziale Begabung“ (wie Fähigkeit zu Empathie, Mitfühlen und Mitleid, zu kommunikativer Begegnung, zu reflexivem Überstieg von der eigenen Ansicht in die Perspektiven anderer Mitmenschen, zur Kompromißfähigkeit u. a.) eine ähnliche somatisch-konstitutionelle Verankerung hat wie z. B. die differenten mnestisch-intellektuellen Kräfte und künstlerischen Talente. Eine positive Antwort auf diese Frage würde zwar in der Freiheitsfrage zu denken geben, aber nichts besagen gegen die Förderungs-, Übungs- und damit Stärkungsmöglichkeit *aller* konstitutionell varianten Fähigkeiten, auch nichts gegen die normative Wertung und ggf. ein effizientes strafrechtliches Reagieren auf asoziale Manifestationen konstitutioneller Mängel.

Wir beschreiben im folgenden *zunächst* (anthropologisch und kriminologisch besonders aufschlußreiche) Prägnanztypen *hirnlokaler und hirndiffuser* psychopathologischer Syndrome und gehen *danach* auf einige Prägnanztypen von psychischen Störungen bei *allgemeinkörperlichen Affektionen* ein. Der Vergleich macht wahrscheinlich, daß es auch bei letzteren der hämatogene Funktionswandel in bestimmten *Hirngebieten* (z. B. bei einer Vergiftung) ist, welcher den Psychosyndromen bei körperlichen Allgemeinerkrankungen zugrunde liegt.

1.3.1 Das hirnlokale Psychosyndrom des Stirnhirns

Herdförmig begrenzte Schädigungen des menschlichen *Großhirns* (durch Verletzungen, Tumore oder Durchblutungsstörungen, durch lokale Entzündungen oder degenerative Atrophien), insbesondere solche der dominanten — in der Regel: linken — Hemisphäre, haben schon im 19. Jahrhundert und später durch intensive klinisch-anatomische Vergleichsstudien an einer großen Zahl von Kopf-Hirn-Verletzten des I. Weltkrieges (K. Kleist) etwas Grundlegendes gelehrt: Der *Ort der Großhirnschädigung* entscheidet darüber, ob bestimmte *Werkzeuge des sinnlichen Erkennens oder des motorischen Handelns* betroffen sind (Agnosie, Apraxie), ob bestimmte *Instrumente der menschlichen Sprache* (sprachliches Verstehen- oder Ausdrückenkönnen, Lesen- oder Schreibenkönnen) gestört sind (eine sog. sensorische oder motorische Aphasie, Alexie oder Agraphie besteht); oder ob bei unbeeinträchtigten Werkzeugen und Instrumenten der sensorischen, motorischen und rationalen Ich-Umweltkommunikation durch einen lokalen Hirnschaden sog. *Persönlichkeits- oder Charakterveränderungen* gesetzt werden (s. auch Legende zum Leitbild I, S. 33).

In zwei Jahrzehnten um und nach dem zweiten Weltkrieg (von Ende der 30er bis Ende der 50er Jahre) waren es dann die — uns heute ärztlich-ethisch höchst bedenklich erscheinenden und m. W. inzwischen weltweit wieder aufgegebenen — Versuche einer therapeutischen *„Psychochirurgie" durch Großhirneingriffe* (sog. Leukotomien, besser gesagt: Frontotomien), welche unsere Kenntnisse einer hirnlokalen Beeinflußbarkeit (genauer: Abbaubarkeit) speziell der höchsten menschlichen Erlebens- und Bewußtseinsvorgänge erweiterten, vertiefen und präzisierten (Näheres bei Haddenbrock, 1960, S. 46 f.).

Jeder menschliche Hirnkrankheits-, -verletzungs- und -operationsfall stellt allerdings die psychopathologisch-anatomisch vergleichende klinische Hirnforschung vor die Aufgabe, eine Gleichung mit zwei bis mehreren Unbekannten zu lösen. Denn operative Experimente an unversehrten Gehirnen gesunder Menschen haben m. W. selbst pervertierte KZ-Ärzte nicht durchgeführt, und Tierversuche entfallen natürlich zur Erforschung der speziellen Vulnerabilität von nur-menschlichen Bewußtseinsleistungen. Eine lokale Hirnverletzung im Krieg oder durch Unfall, eine durch Gefäßerkrankung bedingte Blutung oder Blutleere betreffen fast niemals nur bestimmte Hirnregionen oder -systeme. Gleiches gilt für tumoröse, entzündliche oder degenerative Gewebsprozesse, bei denen meist nur ein lokaler Schwerpunkt der Schädigung auszumachen ist. Und bei in therapeutischer Absicht gesetzten Ausschaltungen bestimmter Hirnsysteme treten die hierdurch bewirkten psychischen Ausfälle bzw. Veränderungen naturgemäß immer nur in *Interferenz mit der psychischen Grundkrankheit* in Erscheinung, wegen der operiert wurde.

Wegen dieser grundsätzlichen Schwierigkeiten bedurfte es etwa eines Jahrhunderts klinisch-anatomischer Hirnforschung mit vielen Kreuzvergleichen geeigneter Fälle, um heute doch ziemlich genau zu wissen, daß es stets Defekte bestimmter Bereiche der vorderen Teile des Großhirns, des sog. Stirnhirns (genauer: der über dem Augendach liegenden „orbitalen" oder „basalen" Stirn- und Schläfenlappenrinde, bzw. von deren großen, insbesondere fronto-thalamischen Faserverbindungen zum nervalen Gesamtorgan) sind, mit denen ein Abbau der höchsten — überintellektuellen — menschlich-geistigen Leistungen, der spezifisch-menschlichen Bewußtseinstätigkeit korreliert.

Wie stellt sich nun der so mühsam herausgearbeitete Prägnanztyp des *psychopathologischen Stirnhirnsyndroms* dar? Patienten mit einem solchen in leichter bzw. beginnender Ausprägung sind durchaus noch in der Lage, einer erlernten und routinemäßig gewohnten beruflichen Tätigkeit nachzugehen. Sie zeigen keine Intelligenz- oder Gedächtnisausfälle und sind auch familiären und gesellschaftlichen Alltagssituationen durchaus noch gewachsen. Sie fallen zunächst nur durch eine vordem nicht gezeigte Sorglosigkeit, Unbekümmertheit, Lässigkeit und eine gleichförmig unernste, später „leer" wirkende Grundstimmung auf, sowie durch eine emotionelle Reaktionsarmut sowohl auf frohe wie auch auf traurige Ereignisse. Es scheint ihnen in einer gegenüber ihrer früheren Persönlichkeit befremdlichen Weise nichts mehr eigentlich nahezugehen. Kulturelle Interessen treten zurück, die vitalen Bedürfnisse (Essen, Trinken, Bequemlichkeit sowie die — meist abgeschwächte — Sexualität) treten hervor.

In fortgeschrittenem Zustand wirkt der Patient unnatürlich euphorisch, in Gesellschaft ungeniert und taktlos, oft mit Neigung zu schlüpfrigen Witzeleien. Seine vitalen Bedürfnisse stillt er, sobald sie sich melden; er nascht und greift zu ohne Rücksicht auf die Konventionen des Wartenkönnens und der geselligen Anpassung bei gemeinsamen Mahlzeiten.

So verliert der Patient mit fortschreitender „Charakterdepravation" weitgehend die vertrauten Züge seiner biographisch kultivierten Persönlichkeit, wirkt emotionell und geistig „entleert". Sein Verhalten ist schließlich nurmehr von leeren Förmlichkeiten, aktuellen körperlichen Bedürfnissen und Trieben sowie suggestiv vom Ausdrucksverhalten der situativen Umgebung bestimmt (mit einem traurigen Tischnachbarn weint er, mit einem fröhlichen lacht er). Die instrumentelle Intelligenz, früher erworbenes berufliches Wissen und Fertigkeiten sowie das Altgedächtnis können dabei noch lange erhalten bleiben; Neues wird allerdings schon mangels Interesses kaum noch aufgenommen und gespeichert.

Wie sich dieser, *spezifisch das Stirnhirnsyndrom kennzeichnende Persönlichkeitsabbau* und der damit verbundene Verlust an sozialer Wert- und Normorientierung auch kriminell manifestieren kann, zeigt gut ein im zweiten Nachkriegsjahr von mir begutachteter Fall eines an progressiver Paralyse (der stirnhirnakzentuierten syphilitischen Hirnrindenentzündung) leidenden praktischen Arztes. (Heute, nach der weltweit erfolgreichen Syphilisbekämpfung, kommen solche Fälle kaum noch zur Beobachtung.)

Dieser Arzt hatte in gesunden Jahren als gläubiger Katholik jedes Ansinnen auf Durchführung einer Abtreibung entschieden abgelehnt. Im Anfangsstadium der schleichend einsetzenden Hirnkrankheit gab er erstmals in seltenen Einzelfällen den flehentlichen Bitten eventuell suizidgefährdeter unehelicher Mütter nach. Später genügten die bekümmerte Miene und einige „Krokodilstränen" schwangerer Patientinnen, um ihn zu veranlassen, immer unkritischer und häufiger Abtreibungen durchzuführen. Und nach weiterem Fortschreiten seiner (im übrigen Sozialverhalten noch relativ unauffälligen) Erkrankung ließ der Arzt sich leicht durch mitgebrachte nahrhafte Geschenke (es war die Notzeit vor 1948) zu dem verbotenen Eingriff „verführen", den er übrigens bis zuletzt medizinisch gekonnt und unter Einhaltung aller die Patienten hygienisch vor Komplikationen und diese wie sich selbst vor Entdeckung schützenden Vorsichtsmaßregeln durchführte.

Kriminologisch und begutachtungsmethodisch läßt sich an diesem Fall recht gut zeigen, daß eine klassische organisch-„krankhafte" seelische Störung nicht die sog. Steuerungsfähigkeit, sondern ausschließlich die — prämorbid voll gegebene — Einsichtsfähigkeit in das Unrecht der Tat stufenweise vermindern bis aufheben kann, — dies bei bis zuletzt unbeeinträchtigtem Wissen um ihr gesetzliches Verbotensein (und demgemäß voll angepaßtem — nämlich: verdeckten und vorsichtigen — Handelnkönnen).

Bemerkt sei noch, daß bei solchen Patienten auch eindringliche sozialethische oder religiös-sittliche Vorhalte, die ihnen früher zueigenen Wert- und Normvorstellungen nicht wieder zu erwecken vermögen: sie werden mit bagatellisierenden, oberflächlichen und fadenscheinigen, dem depravierten geistigen Niveau entsprechenden Argumenten abgetan.

Anthropologisch — und in den im normalphysiologischen Teil oben dargestellten somato-psychischen Kontext gebracht — läßt sich die pathogene frontale Persönlichkeitsveränderung so kennzeichnen: Durch eine materielle pathologisch-anatomische *Reduktion des terminalen (d.h. höchstmöglichen) somatischen Differenzierungsniveaus,* welches die nervalen Stirnhirnsysteme bilden (s. Leitbild I, S. 33), m.a.W. durch eine Reduktion des, wie ich es genannt habe, „Differenzierungsterminals" (Haddenbrock 1960, S. 41) wird — nach dem Gesetz des psycho-physischen Koinzidentialparallelismus — *auch das individuell höchstmögliche spezifisch-menschliche Niveau der Bewußtseinshierarchie abgebaut:* die Stufe des kritischen geistigen *Selbstbewußtseins* (mit den nur von ihm her differenziert gesehenen sozialen Pflichten gegenüber geborenen und ungeborenen Mitmenschen als aktuellen und potentiellen Trägern des gleichen Selbstbewußtseins) und die des geistigen *Existenzbewußtseins* (mit dem Menschenbewußtsein unserer „Zeitlichkeit" und ihres Daseins- und Todesernstes). Unbeeinträchtigt bleiben durch derart lokalisierte (bzw. lokal akzentuierte) Hirnerkrankungen die dem Menschen als einem animalen Lebewesen auch zueigenen „tieferen" Bewußtseinsstufen (wie Schlafbewußtsein, Unterbewußtsein, Wachbewußtsein; Bedürfnis-, Gegenstands- und Situationsbewußtsein).

Durch solche Erfahrungen der Stirnhirnpathologie ist gleichsam eine *Anthropologie im defizienten Modus* gewonnen, die klinisch phänomenologisch bemerkenswert gut beschreibbar ist *mit Negationen der* (von der existenzphilosophischen Daseinsanalytik Martin Heideggers zwar nicht intendierten, aber mitgegebenen) *anthropologischen Daseinsanalyse:* Für Stirnhirnkranke in voller Ausprägung ihrer Psychopathologie sind Angst und Sorge keine Grundbefindlichkeiten mehr. Sie sind kein Dasein mehr, das sich in seinem Sein verstehend zu diesem Sein verhält, denn religiöse und philosophische Kontemplation über das In-der-Welt-Sein liegt ihnen fern. Ihr Gespräch bleibt im „Gerede", es fehlt den Kranken „Eigentlichkeit", sie sind an das „Man", an die Umwelt „verfallen". Die — vor allem bei Leukotomierten — analysierten Mängel des Zeitbewußtseins (Freeman u. Watts, 1949–1954; M.F. Robinson, 1949; Dal Bianco, 1950) sind Mängel der „Zeitlichkeit" im existenzanalytischen Sinn. Die Zeit ist für ihr Erleben nicht mehr das transzendentale Medium, welches die persönliche Existenz nach künftiger Weise und Dauer im Ungewissen läßt und durch den sicheren Tod begrenzt. Ihrem Aktualbewußtsein fehlt ebenso der Vergangenheitsfaktor in gedanklicher Einstellung auf Unabänderlichkeiten, zu denen der Mensch geistig zurückläuft, wie auch der Zukunftsbezug auf Möglichkeiten, in die der Mensch vorläuft. Dementsprechend bleiben Stimmungen und Gefühle weitgehend aus, die einen Bezug zur existentiellen Zeit enthalten: wie Wehmut, Trauer, Reue, Freude, Stolz zur Vergangenheit hin oder Ungeduld, Ehrgeiz, Sorge, Angst, Hoffnung auf die Zukunft hin.

1.3.2 Das hirnlokale Psychosyndrom des Stammhirns

Prägnante andersartige psychische Veränderungen — die man zwar auch als „Charakter"veränderungen beschrieben hat, die aber keine personal-geistigen, d. h. keine Persönlichkeitsveränderungen sind — können bei Schädigung des sog. *Stammhirns* auftreten. Es ist dies der dem Menschen mit den höheren Wirbel- und Säugetieren gemeinsame, gewissermaßen fundamentale Hirnteil „oberhalb" des Rückenmarks und „unterhalb" des Großhirns. Von außen kommende isolierte Verletzungen dieses topographisch-anatomisch *zwischen* den Großhirnhemisphären, *unterhalb* des (nur neurologisch relevanten) Kleinhirns und *aufliegend* der starken knöchernen Schädelbasis *tief* verborgen und geschützt liegenden Hirngebietes sind ohne Mitschädigung auch anderer Hirnregionen kaum möglich. Sonstige gröbere Schädigung (etwa durch Geschwülste oder Kreislaufstörungen) sind mit dem Leben, zumindest mit einem wachbewußten Zustand meist nicht vereinbar. Für die Erforschung von psychopathologischen Folgen hier lokalisierter Schädigungen sind wir daher auf seltene Fälle von kleineren Tumoren oder von Herden bei lokaler Gefäßerkrankung, auf die Symptomatik hier akzentuierter Entzündungen und auf vorsichtige Reizversuche bei Hirnoperationen angewiesen. Dabei stellte sich bald schon heraus, daß die Stammhirnschäden zuzuordnenden Psychosyndrome nicht die geistigen und instrumentell-intellektuellen, auch nicht die sprachlichen Fähigkeiten und das Handlungsgeschick betrafen.

Sie betrafen vielmehr das Wachbewußtsein (abnorme Schlaflosigkeit oder -sucht), den allgemeinen psychischen Antrieb (abnorme Hektik oder Trägheit) oder spezielle Vitaltriebe (abnorm geringer oder übermäßiger Hunger, Durst, Sexualtrieb), ferner die affektive Grundstimmung (abnorme Depressivität oder abnorm-heitere Hyperthymie). Sie lagen also im Bereich einer dem Menschen und höheren Tieren gemeinsamen elementaren „Biopsychologie". Daher konnten die humanen stammhirnpsychopathologischen Befunde auch durch tierexperimentelle Reiz- und Ausschaltungsexperimente im Stammhirnbereich ergänzt werden.

Fundamental wichtige Einsichten in *das Wesentliche des psychopathologischen Stammhirnsyndroms* erbrachte vor allem die Beobachtung zahlreicher Fälle einer virusbedingten stammhirnakzentuierten entzündlichen Hirnerkrankung, der sog. „Kopfgrippe" (Encephalitis epidemica oder Economo-Encephalitis). Sie grassierte seuchenartig gegen Ende des I. Weltkriegs bis in die 20er Jahre hinein in Mitteleuropa, befiel vornehmlich Kinder und Jugendliche, klang dann wieder ganz ab und kommt heute glücklicherweise kaum noch vor. Während im Anfangsstadium der Krankheit Schlaf- und Antriebsstörungen das Bild beherrschen (Schlafsucht oder Schlaflosigkeit, unbändiger Bewegungs- und Betätigungsdrang oder Bewegungsarmut bis zum Stupor), kommt es in späteren Stadien oft zu einer ausgeprägten, *der prämorbiden Persönlichkeit des Patienten völlig fremden impulsiven und aggressiven Triebhaftigkeit.*

Dies äußert sich bei Kindern in einem ungebremsten Zugreifen und Wegnehmen aller Gegenstände des momentanen Anreizes oder Bedürfnisses und ebenso ungehemmtem aggressiven Reagieren auf jeden, der dem zu wehren sucht oder anderswie dem jungen Patienten im Wege ist oder ihn reizt. Aus prämorbid wohlerzogenen Kindern wurden so wieder fast reine Triebwesen, was bei älteren Jugendlichen auch den sexuellen Bereich einschloß. In ruhigeren Krankheitsphasen — die Krankheit verlief oft wechselhaft, konnte ausheilen oder nach Monaten in ein ruhigeres Stadium mit psychomotorischer Gebundenheit (Bradyphrenie) und Muskelsteife (Parkinsonismus) übergehen – zeigte sich, daß die Patienten (im Unterschied zu Stirnhirnkranken!) in ihrer Fähigkeit zur Selbstkritik und sozialsittlicher Orientierung nicht geschädigt waren: Sie konnten nachträglich ihr triebhaftes, impulsives und rücksichtslos-egoistisches Verhalten aufrichtig bereuen und ehrlich anderen Willens sein, – um bei Wiederaufflackern der krankhaften Unruhe, Enthemmung und Reizbarkeit dann doch wieder genauso triebhaft-affektiv wie vordem zu reagieren. Triebanreizungen und entsprechende Reaktionsimpulse wirken dann (krankhaft) wieder so stark, daß sich eine (rationale, wertbewußte) Impulskontrolle trotz „Einsicht in das Unerlaubte" nicht durchzusetzen vermag.

Der Kern des klinischen Gesamtsyndroms der Stammhirnpathologie läßt sich dahin zusammenfassen, daß hier lokalisierte – ausschaltende oder/und reizende – Schädigungen diejenigen Lebensfunktionen beeinträchtigen (abschwächen oder übersteigern), welche der organismischen (biologischen) Selbst- und Arterhaltung dienen: Von den fundamentalen vitalen Grundfunktionen des Bewußtseins, der rhythmischen Schlaf-Wach-Regulierung, der psychosensorischen Gestimmtheit und des psychomotorischen Antriebes (des „Biotonus" im Sinne von G. Ewald) über die Grundtriebe der Nahrungsaufnahme (Gefräßigkeit und Trinksucht, oder Appetitlosigkeit bis zu lebensbedrohlicher Abmagerung wurden beobachtet) und der Sexualität (Rückgang oder Steigerung) bis zu sozialbezogenen Affekt- und Triebanomalien in einem abnorm-kaptativen, -aggressiven oder -regressiven Gemeinschaftsverhalten. Neben dieser vital- und psychopathologischen *positiven* Symptomatik ist beim (akzentuiert) Stammhirnkranken als sozusagen *negative* Symptomatik zu konstatieren, daß sich im kommunikationsfähigen Wachzustand die Persönlichkeit der Kranken in ihrer geistigen Differenzierung als ungeschädigt erweist. Sie steht dann – nicht anders wie bei der Erkrankung eines peripheren Organs oder Körpergliedes – dem krankhaften Gestimmtsein und Erleben, ihrem abnormen Antriebs- und Triebverhalten leidend und selbstkritisch reflektierend gegenüber.

Kriminologisch lehren die Krankheitsbilder bei Stammhirnaffektionen gleichsam modellhaft, daß durch eine eindeutig somatisch-„krankhafte" seelische Störung bei unbeeinträchtigter Einsichtsfähigkeit in das Unrecht normwidrigen Handelns (z. B. des Raubens eines begehrten Gegenstandes oder einer sexuellen Bemächtigung unter Mißachtung des Selbstbestimmungsrechtes) *spezifisch die Fähigkeit, demgemäß zu handeln,* die „Steuerungsfähigkeit", infolge krankhaft defekter Hemmungsmechanismen (bzw. krankhafter Penetranz von Trieb- und Affektimpulsen) erheblich beeinträchtigt bis aufgehoben werden kann.

Wenn es auch wegen des meist krankenhauspflege- und -verwahrungsbedürftigen Gesamtzustandes von Stammhirnkranken selten ist, daß solche Patienten wegen krimineller Handlungen vor Gericht gestellt werden (ihre Verhaltensanomalien bleiben in der Regel auf geschlossenen Krankenstationen unter Kontrolle), so scheinen mir doch die von den klinischen Befunden lokalisierter Stirnhirn- und Stammhirnschäden gleichsam mitgelieferten hirnexperimentellen Modelle für strafrechtstheoretische und -dogmatische Überlegungen durchaus beachtenswert zu sein. Lassen sie doch z. B. die Differenzierung eines intellektuellen und eines voluntativen Merkmales im sog. normativen Teil der Zurechnungsnorm unserer §§ 20, 21 StGB anthropologisch wohlbegründet erscheinen. Es gibt sozusagen ein „natürliches System" von (durch nur wenige Zentimeter different lokalisierte cerebrale Krankheitsherde bedingten) Störungssyndromen human-sozialen Verhaltens insofern, als der Prototyp des Stirnhirnsyndroms die sozial-sittliche „Einsichtsfähigkeit" (bei unbeeinträchtigter Steuerungsfähigkeit) depraviert, der Prototyp des Stammhirnsyndroms dagegen die Impulskontrolle, die „Steuerungsfähigkeit" (bzw. das Hemmungsvermögen) bei unbeeinträchtigter Einsichtsfähigkeit mindert bis aufhebt.

1.3.3 Hirnlokalisation psychischer Leistungen?

Ein Wort noch zu den aus solchen klinisch-pathoanatomischen Korrelationsbeobachtungen gezogenen *hirnlokalisatorischen Schlußfolgerungen.*

Wissenschaftlich und empirisch korrekt formulierte der bedeutende Neuropathologe Hugo Spatz auf dem letzten die Gehirnpathologie behandelnden gesamtdeutschen Vorkriegskongreß (1936), daß wir „doch schon in der Lage sind, bestimmte rein *seelische Störungen mit Veränderungen* in bestimmten, umschriebenen Teilen des Gehirns *in Zusammenhang zu bringen*". Dem widerspricht nicht, daß in der gleichen Diskussion der Münchener Psychiater O. Bumke sich scharf gegen alle Versuche wandte, „einzelne seelische Fähigkeiten an bestimmte Teile des Gehirns *zu binden*". K. Kleist, der hochverdiente Nestor der deutschen Hirntraumaforschung, hielt demgegenüber noch bei seiner Abschiedsvorlesung im Juli 1950 den Schluß von seelischen Ausfällen bei umschriebenen Hirnverletzungen „auf seelische Einzel*leistungen,* die verschiedenen Formgebilden des Gehirns — der Großhirnrinde und des Hirnstammes — *zugeordnet* sind", für legitim: „Das Dasein solcher *Entsprechungen* zwischen seelischen Vorgängen und neurophysiologischen Abläufen an bestimmten Bau- und Formgebilden des Gehirns ist gesichert." O. Bumke (1942) konzidierte demgegenüber nur, „daß große Gebiete des Gehirns vielleicht mehr *Beziehungen* zu seelischen Vorgängen haben als andere" und wir nur wissen können, daß das Gehirn „mit dem Seelischen *irgendwie verbunden* sein muß".

Solche und ähnlich variierte lokalisationstheoretischen Interpretationen wurden schon 1920 von K. Jaspers als „Hirnmythologie" kritisiert. Wir halten ihnen auch hier entgegen, daß ein Blick auf die funktionelle *Gesamtstruktur* des Organismus *und* der Organismuswelt mit deren *Zentralorgan* „Gehirn" eine *funktionstopologische naturwissenschaftliche Erklärung* für die geschilderte positive und negative hirnpsychopathologische Symptomatik ermöglicht. Das strukturelle Gesamt ist differenziert in Leitbild I (S. 33) und komprimiert in nachstehender Ergänzungsskizze dargestellt.

Im Stammhirn (nach dem Zusammenfluß aller internen und externen Informationen *erstmals* an dieser einzigen Stelle unseres Körpers!) ist das sensorische Gesamtbild des Organismus und seiner Umwelt im materiellen Raum von wenigen Kubikzentimetern nervaler Zell- und Fasermassen projiziert. Das sinnlich vermittelte Gesamtbild der Außenwelt ist in dem etwa eigroßen Sammelzentrum des Thalamus (Th) mit seinen nervalen „Chips" und ihren Verbindungsfasern neuronal codiert (repräsentiert) und integriert. Dieses Bild wird über den *afferenten Input* laufend aktualisiert und über die extrapyramidalmotorischen Stammhirnzentren (St-P) und den *efferenten Output* mit permanent auf den organismischen Gesamtstatus abgestimmten motorischen Steuerungsimpulsen beantwortet. Damit bildet *das Stammhirn* — übrigens in engster räumlicher und funktioneller Verbindung mit dem

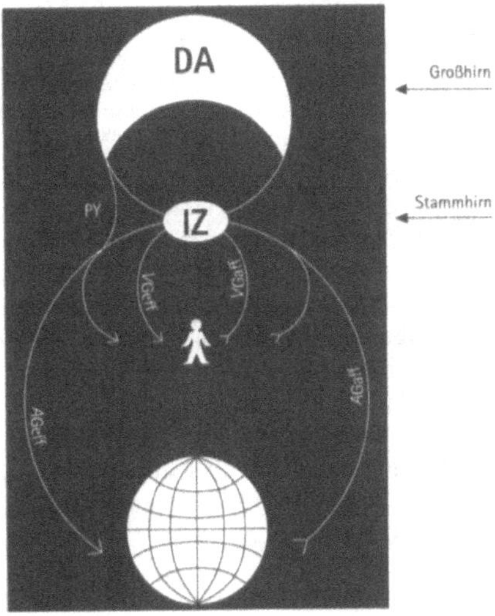

Ergänzungsskizze zum Leitbild I (S. 33):
Das funktionstopologische Verhältnis von Stammhirn als Integrationszentrale (IZ) und Großhirn als Differenzierungsaggregat (DA) des vegetativen und des animalen Gestaltkreises
VGaff-VGeff: Vegetativer Afferenz-Efferenz-Kreislauf
AGaff-AGeff: Animaler Afferenz-Efferenz-Kreislauf
Py: Pyramidenbahn

Zentralorgan des *hormonellen* Blutsignal- und -wirksystems, der *Hypophyse* — die *Integrationszentrale unseres animalisch-leiblichen Daseins* (IZ), seiner lebensnotwendigen Bedürfnisse und laufenden Anpassungserfordernisse, die sich in der allgemeinen vitalen Stimmungslage mit ihr entsprechenden Affekten (wie Durst, Hunger, Frieren, Schmerz), Antriebs- und Triebimpulsen manifestieren. Mit dieser Erkenntnis der anatomischen und Funktionstopologie des Stammhirns sind die pathologische Störbarkeit und Wandelbarkeit (Erregbarkeit und Dämpfbarkeit) menschlicher Triebe und Affekte durch *örtliche* Affektionen *nur dieses unseres vitalen „Leibeszentrums"* erklärt. Die (mystische) Vorstellung einer materiellen Verhaftung („Zuordnung") seelischer Lebenserscheinungen an ein bestimmtes Hirngebiet wird also auch durch die Erfahrungen der Stammhirnpsychopathologie weder nahegelegt, noch erscheint sie gar naturwissenschaftlich zwingend. Entsprechendes gilt, wie oben dargelegt, für die Psychopathologie des Stirnhirns.

1.3.4 Zur Psychopathologie diffuser Hirngewebsschäden

Zum organismischen Aspekt unserer — vor allem cerebral — verwundbaren Menschlichkeit gehört auch ein Blick auf die psychischen Auswirkungen *diffuser* Hirnschäden, welche theoretisch interessant, kriminologisch aber weniger bedeutsam sind (allerdings u. U. zu Fahrlässigkeits- und Unterlassungsdelikten führen).

Solche Hirnalterationen, die akut auftreten oder sich chronisch entwickeln können, betreffen in der Regel akzentuiert die *Großhirn*funktionen; einmal, weil dieser Hirnteil größer, exponierter und (als entwicklungsgeschichtlich jüngstes System) vulnerabler ist als die geschützteren, kleineren, älteren und stabileren Systeme des Stammhirns, zum anderen, weil stärkere Stammhirnschädigungen zumeist tödlich sind.

Eine diffuse *akute* Großhirnschädigung ist z. B. nicht ganz selten die Folge akuten Sauerstoffmangels der hiergegen äußerst empfindlichen Hirnrindenzellen (z. B. bei längerem Herzstillstand als Narkosezwischenfall). Das kann dann zu dem sog. *„apallischen" (= großhirnmantellosen) Syndrom* führen. Dieser Defekt läßt dem Betroffenen nurmehr eine vegetativ-leibliche Existenz, denn alle erkennbaren seelischen und geistigen Bewußtseinsvorgänge sind erloschen (wie ein am mimischen Ausdruck ablesbares Sprachverstehen, emotionaler Ausdruck überhaupt, Sprachvermögen und eine sinnhaltige Motorik). Erhalten bleiben die lebensnotwendigen vegetativ-reflektorischen Vorgänge wie Atmung, Kreislauf, Schluck- und Hustenreflexe, Blasen- und Darmausscheidung. Solche Kranken liegen mit offenen, ziellos wandernden Augen im Bett und reagieren nurmehr mit reflektorischen Bewegungen (etwa nach Schmerz- oder Kitzelreizen). Sie müssen permanent gebettet, gefüttert und sauber gehalten werden. Ihr Zustand absoluter Passivität, einer gleichsam nur noch pflanzlich lebenden Existenz ist von tiefer Tragik für die vergeblich auf ein menschliches Erwachen hoffenden und von einem Höchstmaß an pflegerischer Betreuung geforderten Angehörigen.

Ganz anders ist das Bild einer *chronisch* sich entwickelnden diffusen Großhirnschädigung, wie sie bei der sog. *senilen Demenz* oder — noch eindrucksvoller — bei der als selbständiger Degenerationsprozeß meist schon im fünften Lebensjahrzehnt schleichend einsetzenden *präsenilen Demenz oder Alzheimerschen Krankheit* auftritt. Bei dieser kommt es infolge diffuser Nervenzelldegenerationen und -ausfälle zu weit über die Altersnorm hinausgehenden Merkfähigkeits- und Gedächtnisstörungen mit entsprechenden Fehlleistungen im Beruf und Alltag, später zu örtlichen und zeitlichen Orientierungsstörungen, zu Initiativearmut, Interessenabbau und im Endstadium zu einem leeren Dahindämmern. Der sich über Jahre und Jahrzehnte hinziehende, unaufhaltsame geistige und mnestisch-intellektuelle Abbau wird im Frühstadium oft noch vom Kranken selbst als solcher empfunden, was dann verständlicherweise zu tiefen Depressionen führt, bis im weiteren Verlauf ein Abbau auch der Selbstkritik dem Kranken den Blick auf sein tragisches und bis heute therapeutisch nicht abwendbares Schicksal gnädig verschleiert.

1.3.5 Zur Psychopathologie hämatogener Hirnfunktionsstörungen

Wir vergegenwärtigen uns noch kurz das Grundsätzliche derjenigen psychopathologischen Anomalien und Krankheiten, welche als Korrelat von diffusgesamtorganismischen Alterationen, m. a. W. von „Vergiftungen" (im weiten Sinne) beobachtet werden. Der Vergleich mit den vorstehend behandelten Psychosyndromen, die auf direkten substantiellen (lokalen oder diffusen) Hirnschäden beruhen, läßt keinen Zweifel: Das Gehirn ist das hämatogene *„Erfolgsorgan"*, mit dessen Mitbetroffenheit von einer gesamtorganismischen Intoxikation die toxogene psychische Veränderung korreliert. Gelänge es, das Zentralorgan isoliert vom übrigen Blutstrom mit einwandfreiem Normalblut zu versorgen, könnte eine Vergiftung wohl durch Beeinträchtigung lebensnotwendiger anderer Organfunktionen (etwa des Herzens oder der Lunge) das Leben gefährden, würde aber nicht die psychische Normalität beeinträchtigen.

Anthropologisch belehren uns die Psychosyndrome bei gesamtorganismischer Vergiftung (klassisches Beispiel: die Alkoholintoxikation) einmal mehr darüber, daß erstens im „Koinzidentialparallelismus" mit einer Änderung des gesamtorganismischen Funktionszustandes eine solche des psychischen Zustandes (des Erlebens und Verhaltens) korreliert (s. o. S. 11–12), und daß zweitens der *Gesamt*organismus dann funktionell verändert wird, wenn ein im Blutstrom aufgenommenes toxisches Agens die Funktion seines *Zentralorgans* biochemisch abwandelt. Und zwar — je nach Art und Menge des Stoffes und spezifischer Empfindlichkeit bestimmter nervaler Systeme — mit örtlich und funktionell variantem cerebralen Schwerpunkt (woraus die große

Palette verschiedenster Wirkungen von verschiedenen „Psychopharmaka" resultiert).

Die kriminologische Bedeutung toxischer Psychosyndrome (Alkohol, Drogen, „Psychopharmaka") ist kaum zu überschätzen und allgemein bekannt. Weniger bedacht ist, daß mit der *akuten Alkoholintoxikation* höherer Grade ein Psychosyndrom korreliert, in dem sich Züge des „Stammhirnsyndroms" (Antriebssteigerung, affektive Auflockerung bis Erregbarkeit, Triebaktivierung) mit dem des „Stirnhirnsyndroms" (Reduktion des selbstkritischen Bewußtseins, der sozial-sittlichen und Normorientierung, Leichtsinn, Euphorie u. a.) in fataler Weise kombinieren. So kommt es zu einem „persönlichkeitsfremden" leichtfertig-fahrlässigen *und* enthemmten, affekt- und triebbestimmten Verhalten. — *Drogen* können psychisch ähnlich wirken, aber auch fantasievolle Träume bewirken, können euphorisieren oder deprimieren, sedieren oder stimulieren und viele andere psychische Wirkungen haben. Nicht wenige Drogen können sich *physiologisch* so adaptieren, d. h. den Körper an sich gewöhnen, daß ohne ihre Präsenz unerträglich quälende vegetative Erregungszustände („Entzugssyndrome") auftreten, d. h. der Sucht-Status i. e. S. erreicht ist. — Die große Reihe medizinisch-psychiatrisch genutzter *„Psychopharmaka"* ist hier nicht aufzuführen. Ein Wort nur zu der heute so verbreiteten Zivilisationsdrogengruppe der sog. *Tranquilizer*, der „Ruhebringer". Diese unter ärztlicher Kontrolle und Begrenzung segensreichen (weil Angst- und Spannungszustände lösenden und damit den Patienten erst psychotherapeutisch zugänglich machenden oder auch unheilbares Leiden lindernden) Medikamente können bei eigenmächtiger gewohnheitsmäßiger Dauereinnahme Konfliktbereinigungen verhindern, eine bequeme Realitätsverschleierung fördern und — da bei längerer Gewöhnung ein Freiwerden ohne das Durchstehen unangenehmer Entzugserscheinungen nicht möglich ist — den Patienten ebenfalls suchtartig abhängig machen (mit der Gefahr einer kriminellen Beschaffung des — rezeptpflichtigen! — Medikamentes). Zu denken geben sollte auch die — immerhin *in Richtung* des beschriebenen Stirnhirnsyndroms gehende — Gesinnungsdepravation, die darin liegt, daß es unter Tranquilizerwirkung z. B. leichter fällt als in „nüchternem" Zustand, unbezahlte Rechnungen ohne innere Beunruhigung in der Schublade anzuhäufen, — ein vielzitiertes Beispiel amerikanischer Autoren.

Wenig bekannt und von geringerer kriminologisch-praktischer Bedeutung sind Psychosyndrome, die gewissermaßen „endotoxisch", durch *Unter- oder Überfunktion der endokrinen Hormondrüsen* bewirkt werden. Deren System ist ähnlich dem Signal-, Auswertungs- und Impulsapparat des nervalen Systems, zentralistisch gegliedert mit der bohnengroßen, feingeweblich hochdifferenzierten Hirnanhangsdrüse (Hypophyse) an der Spitze und nachgeordneten endokrinen „Subzentren" wie der Schilddrüse, des Inselapparates, der Bauchspeicheldrüse, der Nebennieren und der Keimdrüsen (Ovar bzw. Hoden). Die Hypophyse als endokrines „Hauptzentrum" ist räumlich und funktionell engstens mit den Hochzentren des vegetativen Nervensystems im Stammhirn verwoben: nervale Impulse können so auf millimeterkurzem Weg hormonelle Sekretionsvorgänge ins Blut beeinflussen und umgekehrt können hier hormonelle Signale unmittelbar Nervenzellen und deren Synapsen erreichen und so vegetativnervale Impulse steuern. Hypophysäre Erkrankungen bringen nicht nur tiefgreifende Änderungen des gesamten Stoffwechsels und damit des allgemeinkörperlichen Zustandes (insbesondere auch der Sexualfunktionen) mit sich, sondern — dem zugeordnet — auch verschiedenartige, meist regressive psychische Veränderungen.

Medizinisch häufiger und gelegentlich auch kriminologisch von Bedeutung sind Erkrankungen der nachgeordneten Hormonsysteme.

Beispielsweise eine Über- oder Unterfunktion der *Schilddrüse,* die Hyper- oder Hypothyreose, welche im Extremfall zu den Krankheitsbildern der Basedowschen Krankheit bzw. des Myxödems führen. Hyperthyreose bewirkt eine Überaktivität des vegetativen Nervus sympathicus, welcher den Organismus auf Leistung, Streß, erhöhte Aktivität, Reagibilität, Affektivität, Angriffs- und Abwehrbereitschaft stimmt; die Hypothyreose bewirkt demgegenüber das Gegenteil: Antriebsarmut und Trägheit, Indolenz, affektive Stumpfheit und allgemeines, auch soziales Desinteresse. Hyperthyreose kann so eine Bedingungskomponente für Kurzschlußhandlungen und Affektdelikte sein, Hypothyreose eine solche für Fahrlässigkeits- und Unterlassungsdelikte. — Wenig bekannt ist ferner, daß das für den Kohlenhydratstoffwechsel so besonders wichtige *Inselzellhormon der Bauchspeicheldrüse* (Insulin) nicht nur — bei Minderproduktion — für die Zuckerkrankheit, den Diabetes mellitus verantwortlich ist, sondern bei relativer Überproduktion auch Bewußtseinsstörungen und akut-psychotische Zustände bewirken kann. Das Gehirn reagiert nämlich wegen seines relativ hohen Kohlenhydratbedarfs sehr empfindlich auf eine Absenkung des Blutzuckerspiegels, eine Hypoglykämie, sei es daß diese durch eine relative Insulinüberproduktion im morgendlichen Nüchternzustand (als Spontanhypoglykämie) eintritt, sei es durch eine übermäßige Zufuhr von außen (z. B. durch überdosierte Insulininjektionen bei Zuckerkranken). Neben Bewußtseinsstörungen (über Verwirrtheit bis zum Koma) kann Hypoglykämie dabei zu eigenartigen rauschartigen euphorisch-faxenhaften Verhaltensweisen führen mit — meist harmloser — Beleidigungs- und Belästigungsdelinquenz. — Zu erinnern ist schließlich an die bekannten Folgen einer hormonellen Insuffizienz der *Keimdrüsen,* deren Ausschaltung beim Manne zum — je nach Lebensalter mehr oder weniger einschneidenden — Kastrationssyndrom führt, bei der Frau zu den Erscheinungen des Klimakteriums. Wenig bekannt, aber doch m. E. anthropologisch sehr bemerkenswert ist, daß nach Keimdrüsenausschaltung die Libido beim Manne meist — nicht ausnahmslos! — ganz erlischt, während sie bei der Frau gegenüber einem geliebten Partner meist erhalten bleibt. Diese Beobachtung ist u. E. ein interessanter Hinweis darauf, daß bei der Frau in der sexuellen Liebesbeziehung die seelische und Zärtlichkeitskomponente mehr als beim Manne dominiert. Empirisch nicht gesichert ist die Vermutung, daß eine konstitutionelle Überproduktion der Keimdrüsenhormone zu Hypersexualität (Satyriasis, Nymphomanie) führt. Dagegen ist nicht zweifelhaft, daß die kriminologisch bedeutsame aggressive Sexualdelinquenz des Mannes (Vergewaltigungs-, sadistische, Nötigungs- und exhibitionistische Delikte) durchweg andere kriminogene Wurzeln hat als (bloße) Hypersexualität. Sexualneurotische Fehlentwicklungen nach psychischer Traumatisierung oder/und Frustrationen, konstitutionell-psychopathische Anomalien (Gemütsarmut und Bindungsunfähigkeit), Schwachsinn mit Minderwertigkeitskomplexen und Kontakthemmung, vor allem aber in Verbindung mit solchen Anomalien eine alkoholische Stimulierung und Enthemmung sind hier von wesentlich größerer kriminogener Bedeutung als eine vermeintlich die Beherrschungskräfte übersteigende hormonelle Hypersexualität.

1.4 Der Mensch und sein Leib

Kehren wir nach dieser tour d'horizon über die anthropologisch wichtigsten psychopathologischen Befunde bei hirnlokalisatorisch bzw. hirnphysiologisch definierbaren körperlichen Erkrankungen kurz zurück zu der eingangs referierten Eccles-Popperschen Hypothese vom – normalerweise – freien Ich, das über „sein" gesundes Hirn verfüge wie der Spieler über sein Klavier oder der Steuermann über sein Schiff. Wir stellen uns nochmals der Frage: Wie sieht es angesichts unseres heutigen wissenschaftlichen Wissens über die Abhängigkeit seelisch-geistiger Leistungen von der Konstitution und von der Gesundheit des menschlichen Leibes und speziell seines Zentralorgans „Gehirn", – wie sieht es in diesem organismischen Aspekt mit der menschlichen Freiheit aus? Kann man der Feststellung von Galen „Die Tiere werden durch ihre Organe belehrt" auch heute noch mit Goethe hinzufügen: Der Mensch aber „belehrt die seinigen und beherrscht sie"?

Wir meinen: die unter 1.2 dargestellte faseranatomische Organisation des nervalen Zentralorgans und seine funktionelle Topologie im Verbund von Organismus und Umwelt, *zusammen gesehen* mit den klinischen Befunden der Neuropathophysiologie (1.3) – diese Synopsis zeigt zweifelsfrei, daß das Ich *nicht* schlechthin der Herr seines Gehirns und damit seines Leibes und des durch ihn *vermittelten* Erlebens (einschließlich des Erfassens der Normforderungen an sein Sozialverhalten) ist.

Gewiß, „ich" kann meine Füße und Hände im Rahmen ihrer Kräfte, Geschicklichkeiten und äußeren Grenzen ihres „Aktionsradius" steuern, wohin und zu welchen Handlungen auch immer ich *will*. *Was* „ich" aber will, zeigt sich der Reflexion durchgehend abhängig von der je-meinigen und je-weiligen Stimmungs-, Trieb- und Interessenlage, von Gesinnung und Weltanschauung. Der objektivierende und analysierende Blick eines Beobachters (z.B. eines „Gutachters") auf das Wollen und Handeln eines Mitmenschen (z.B. eines „Täters") zeigt dessen Entscheidungsprozesse bedingt von zwar *formal* den „meinigen" gleichen (menschenartgleichen) Determinanten, *inhaltlich* aber bedingt von ganz anderer Stimmungs-, Trieb- und Interessenlage, Gesinnung und Weltanschauung einer ganz anderen „Tatzeitpersönlichkeit". Die Aufnahme, Konstanz und Wandlung der Inhalte erweist sich nicht nur von Edukation, Reflexion, Motivation und Situation abhängig, sondern auch von organismischen, insbesondere Gehirnvorgängen. Solche bestimmen beim Gesunden den individuellen und situativen *Raum und Rahmen* seelischer, mnestisch-intellektueller und geistiger Entfaltungsmöglichkeiten – nicht anders wie die Skelettmuskelsubstanz die mögliche körperliche Kraftentfaltung begrenzt. Die leibliche Begrenzung der *instrumentellen Intelligenz* durch Stoffwechsel- und Gehirnfunktionen, die „psychoorganische" Natur des mehr oder weniger von der Durchschnittsnorm abweichenden *intellektuellen Schwachsinns* ist heute bereits Allgemeinwissen. Gleiches gilt aber auch für die emotionelle und geistige Differenzierung, so daß man zutreffend auch von einem *emotionellen Schwachsinn* des gemütsarmen (und daher bindungsunfähigen) „Psychopathen" sprechen kann. Nur *im Rahmen* der intellektuellen *und* emotionellen *Anlagen* gibt es auch eine — vor biographischer Verfestigung reversible — umweltbedingt *mangelhafte Intelligenzentwicklung* (bei mangelnder intellektueller Stimulierung, Erziehung, Ausbildung und Beanspruchung in Kindheit und Jugend) und eine umweltbedingte und begrenzt reversible *emotionelle Kümmerentwicklung* (bei Mangel an „Nestwärme", an persönlicher Liebe und Fürsorge sowie an erzieherischer Pflege auch des Gemütes und der Sozialität).

Ein epochales Beispiel sei noch dafür angeführt, wie die Manifestation eines hochempfindsamen Gemütes und genialen Geistes durch zentralorganische Erkrankung depravieren kann bei Erhaltenbleiben brillanter instrumenteller Intelligenz und schriftstellerischer Darstellungskunst (so daß auch das von Krankheit gezeichnete Spätwerk Zeitgenossen und Nachfahren zu faszinieren und geistig zu verführen vermochte). FRIEDRICH NIETZSCHE litt mit hoher Wahrscheinlichkeit (Möbius 1904, K. Jaspers 1935) an der gleichen Krankheit wie der oben (S. 20) erwähnte selbstbeobachtete Fall eines paralytischen Arztes, welcher durch seine im Stirnhirn beginnende und akzentuierte luetische Encephalitis — wie Faust durch Mephisto — moralisch depraviert wurde und seine ärztliche Kunst schließlich primitiv-egoistisch mißbrauchte. Es gibt nämlich gute medizinisch-psychiatrische Gründe dafür, daß die Entartung von Nietzsches Philosophie und Zeitkritik zu einem rassistischen Biologismus und fanatisch eingeengten Antichristentum im Spätwerk (ab etwa 1885) als das geistige Korrelat eines deletären, schleichend einsetzenden, schließlich mit Wahn und einem zehnjährigen psychotischen Siechtum endenden paralytischen Hirnprozesses anzusehen ist. Es ist eine bittere Lehre der jüngsten europäischen Geschichte, daß geistig arme, nur intellektuell und suggestiv potente psychopathische Fanatiker und politische „Führer" wie Hitler und Mussolini sich — nicht ohne demagogische Erfolge — zur Bestätigung und Bekräftigung ihres menschenverachtenden und -vernichtenden rassistischen Totalitarismus auf F. Nietzsche beriefen. Viele folgten den Ausgeburten seines kranken Gehirns, ohne Kenntnis, Unterscheidungsvermögen und Sinn zu haben für das philosophische Niveau und die tiefe Humanität des *gesunden* Friedrich Nietzsche. —

Was bleibt nunmehr als *Quintessenz* unseres anthropologischen Selbstbildes im organismischen Aspekt?

Wir meinen, daß weder die indeterministische These (der Mensch, das „Ich" sei freier Herr über seinen Leib und damit „sein" Gehirn, er belehre und beherrsche seine Organe im Unterschied vom organbestimmten Tierverhalten) noch die deterministische Antithese (von der durchgehenden Kausalität alles materieverhafteten und damit auch des animalen und humanen Seins) Widerlegung oder Bestätigung durch den heutigen wissenschaftlichen Kenntnisstand der (neuro-)biologischen und medizinisch-psychiatrischen Anthropologie finden. Die – immer subjektiven – Bewußtseinserfahrungen menschlicher Entscheidungsfreiheit und Selbstverantwortlichkeit können nicht gegen die – immer objektivierenden – Erfahrungen menschlicher Determinationsstrukturen und -dynamismen ausgespielt werden und umgekehrt. Jene These und diese Antithese münden heute wie früher in diese metaphysische Synthese: Ob, wie und wieweit der Mensch „wirklich“ frei ist, bleibt ein existentielles Geheimnis, ist Wahrheit des je-meinigen Glaubens und Erleben des je-meinigen Gewissens.

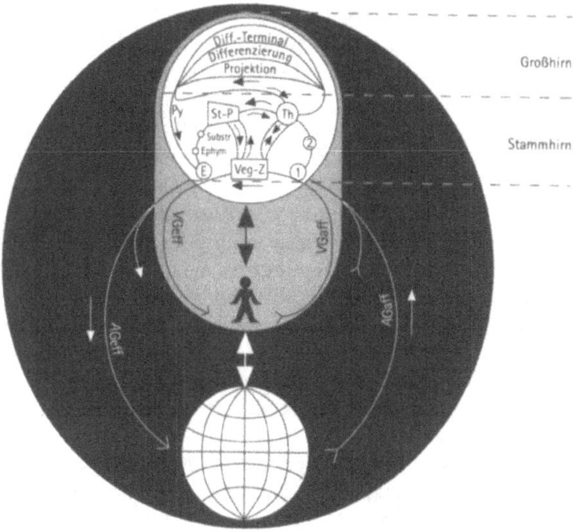

Leitbild I: Funktionsstruktur von Organismus und Außenwelt

Dunkle Sphäre: „Umgreifende" (K. Jaspers) transzendente Welt überhaupt

Helle Räume: Immanente, sensomotorisch zugängliche Ich-Umwelt: Eigener Organismus (graue Fläche) mit nervalem Zentralorgan (helle Fläche) und „seine" Außenwelt (Globus-Signatur)

VGaff ⇄ VGeff: Vegetativer, intraorganismischer Gestaltkreis (Afferenz-Efferenz-Kreislauf)

AGaff ⇄ AGeff: Animaler, extraorganismischer Gestaltkreis (Afferenz-Efferenz-Kreislauf)

VegZ: Vegetative Hochzentren
1, 2: Primäre und sekundäre sensorische Zentren
Th: Thalamus
St-P: Striopallidum, Substr. Epym: Substriäres Extrapyramidalmotorium
E: Exekutivneuron (Motorische Hirnnervenkerne, Rückenmarks-Vorderhörner)
Py: Pyramidenbahn

Hirnpathologisch erschlossene Funktionssysteme der Großhirnrinde:

Projektion — Störbarkeitsfelder für Empfinden und Bewegen
Differenzierung — Störbarkeitsfelder für Wahrnehmen und Handeln im Objektbewußtsein
} „Werkzeugstörungen"

Differenzierungsterminal — Störbarkeitsfelder für Erleben und Verhalten im Selbst- und Existenzbewußtsein — „Persönlichkeitsveränderungen"

2. Somatopsychischer Strukturaspekt

(Der Mensch als körperlich-leiblich und seelisch-geistig differenziertes, genetisch und geschichtlich individualisiertes Subjekt)

Gott schläft im Stein, träumt in der Pflanze,
wacht auf im Tier und kommt zu sich im Menschen.
Indischer Spruch

Ein anderes, ebenfalls durch Erkenntnisse moderner anthropologischer Wissenschaften gewonnenes Bild entsteht, wenn der Mensch nicht im Vergleich seines — gesunden und kranken — Organismus und dessen Vitaldynamik mit dem anderer animaler Lebewesen betrachtet wird, sondern, abstrahiert von Bau und Funktion eines Organismus, in der *besonderen somatopsychischen Funktionsstruktur seiner je-individuellen Daseinsentfaltung.* Unser Blick faßt dabei sowohl das Ganze des konkreten Menschen ins Auge wie auch die (Wechselwirkungs-)Dynamik differenzierbarer somatischer und psychischer Strukturglieder.

Dieser Aspekt erscheint von hoher praktischer Bedeutung auch und gerade für die forensische Aufklärung des Erlebens und Verhaltens eines Menschen als *„Täter"* zwecks normativer Bewertung, Sanktionierung und gegebenenfalls sozialer Behandlung. Denn nur wenn wir den Menschen im *gesamten* Bedingungsgefüge seiner konkreten Existenz erforschen, ist die individuelle Determinationsdynamik zu sehen, welche die *„Tat"* aus einem bestimmten Erleben *von* und hieraus entspringendem Verhalten *in* einer bestimmten Situation transparent macht.

Derart das Bedingungsgefüge individueller menschlicher Lebensläufe und Verhaltensakte zu erhellen, führt keineswegs zwangsläufig zur Annahme oder — vermeintlichen — Bestätigung eines wissenschaftlich verifizierbaren Determinismus! Wir meinen nur, daß über Freiheit und Verantwortlichkeit, Schuldfähigkeit und Schuld als Daseinsweisen und Daseinsmöglichkeiten des Menschen erst gesprochen werden kann, nachdem vorgängig gesehen worden sind die hereditär-angelegten, die biographisch-geprägten und die situativ-provozierten Bedingungsfelder, in denen jeder Mensch zu jeder Zeit in je-einmaliger Weise steht.

2.1 Zur Struktur und Dynamik der humanen Gesamtsituation

Es wird versucht, den anthropologischen Strukturaspekt an einem symbolischen *Leitbild II* (S. 47) zu entwickeln, als dessen Legende die folgenden Ausführungen gelesen sein wollen.

Zu 1: Der linke Ausgangs„kreis" symbolisiert die im Menschenkeim als elterliches Erbgut verankerten *somatischen und psychischen Anlagen (einschließlich evtl. erbpathologischer Strukturen).* Zwischen somatischen und psychischen Anlagen besteht im Keim noch keine Wechselwirkungsdynamik.

Sie bilden vielmehr eine konstitutionelle (Stil-)Einheit von „Körperbau“ und „Charakter“ (1).

Zu 2: Dieser „Genotypus“ entfaltet sich nachgeburtlich (im Bildsymbol: nach rechts hin, „oberirdisch“) in aktiver Wechselwirkung (Doppelpfeil 2) mit biographischen Umwelteinflüssen, welche selektiv bestimmte Anlagen provozieren bzw. fördern, andere supprimieren bzw. vernachlässigen, zum somatopsychischen *„Phänotypus“:* zur (in Spontanaktivität unter Anlage- und Umweltinduktionen) in ihrer je-einmaligen biographischen Geschichte sich individualisierenden *Persönlichkeit.* Die aktiv selektive Wechselwirkung von Anlage und Umwelt im Rahmen des — Entfaltungsmöglichkeiten limitierenden — Anlagepotentials kann man sich nicht eindringlich genug vor Augen führen. Grundsätzlich gültig ist m. E. diese „klassische“ Formulierung des Kriminologen F. Exner (1949) vor fast einem halben Jahrhundert: „Was aus der Anlage wird, hängt — innerhalb des durch sie gegebenen Spielraums — von der Umwelt ab; welche Umwelt und wie diese auf den Menschen wirkt, hängt — innerhalb des durch den äußeren Sachverhalt gegebenen Spielraums — von der Anlage ab“ (S. 31). Hinzuzufügen und zu betonen wäre nur, daß die progressive Individuation im wechselseitigen Selektionsprozeß von Anlage und Umwelt ein *aktiver* Vorgang ist: Potente Anlagen nutzen nicht nur ihnen entgegenkommende adäquate Angebote, sie suchen solche auch in der art- und individualspezifisch differenzierten Spontaneität alles Lebendigen auf. Und die Umwelt wiederum kann einmal dazu tendieren, *individuell* potente Anlagen zu fördern und schwache zu vernachlässigen; sie kann aber auch — als das gerade zeitgeschichtlich herrschende Natur- bzw. Kulturmilieu — mit ihren Angeboten *generell* auf bestimmte Anlagen unterdrückend oder fördernd gerichtet sein (was in der Naturgeschichte zum Untergang alter und Auftauchen neuer Arten führt; und in der menschlichen Kulturgeschichte z. B. zur Präponderanz der musischen oder der philosophisch-intellektuellen oder der technisch-instrumentellen Talente).

Eine Bemerkung noch *zur Individualgeschichte im Wechselspiel von Anlageentfaltung und Umweltprägung.*

An den sozial „negativen“ und sozial „positiven“ Extremgruppen zeigt sich deutlich die schicksalhaft *einander potenzierende Auswirkung von Anlage(A)- und Umwelt (U)-Faktoren:*

Ein Kind mit ererbten psychopathisch abnormen oder/und intellektuell insuffizienten Anlagen trifft in der Regel zugleich das Geschick, von gleicherweise belasteten Eltern schlecht betreut und erzogen zu werden, bis nach kritisch gewordenen familiären und Schulschwierigkeiten eine Heimunterbringung (mit ihren — trotz pädagogischer Bemühungen — oft weiteren überwiegend negativ-sozialen Prägekräften des Kollektivs) den Lebensweg zur Jugendkriminalität weiterleitet. Dies Kind ist — könnte man sagen — belastet mit einer schicksalhaft *negativen A + U-Potenzierung.*

Ein Kind mit überdurchschnittlich sozialpositiven charakterlichen und intellektuellen Anlagen stammt in der Regel aus einem gleicherweise geordneten und begabten

Elternhaus, erfährt hier eine liebevoll verständige Erziehung und kulturelle Ausbildung und hat so schicksalhaft potenziert eine elitäre Lebenschance. – Es wird in der Regel gefördert von einer *positiven A + U-Potenzierung.*

Letztendlich gilt jedenfalls dies: Die aufgefundenen, die aufgenötigten und die aus eigener gerichteter Spontaneität aufgesuchten Lebensumwelten bestimmen das Schicksal eines Menschen nicht weniger als die ererbten Anlagen in lebenslanger Auseinandersetzung mit den Umwelten.

Zu 3: An der Grundstrukturierung des nachgeburtlich (im Symbolbild rechts des schraffierten Vertikalbalkens) sich entwickelnden Menschen („Phänotyps") ist zu unterscheiden *seine somatische und seine psychische Erscheinungssphäre:* im Symbolbild die beiden „übereinander" gezeichneten Kreise mit ihren Hemisphären des materiellen Körper- und des lebendigen Leib-Seins unseres Soma (I und II) und der seelischen und geistigen Manifestationsfelder unserer Psyche (III und IV).

Die Begriffe „Geist" und „geistig" werden in diesem Buch *rein psychologisch* gebraucht als Bezeichnungen für spezifisch humane, dem Menschen *als Person* zueigene Fähigkeiten: zum selbstbewußten Wahrnehmen und Denken, zum Wissens- und Gesinnungsbilden und zum personalen Handeln aus diesem Fundus; zur transzendierenden Existenzbesinnung und Welt-Anschauung.

Der *(„intersphärische")* Doppelpfeil 3 symbolisiert hier die *somato-psychische und psycho-somatische Wechselwirkungsdynamik.* Alltägliche Beispiele der somato→psychischen Wirkungsrichtung (3 ↑) sind: die einer leiblichen Umstimmung (z. B. nach Vollsättigung, nach Coffein-, Alkohol- oder Drogenkonsum) zugeordnete seelische Umstimmung, auch geistige Aktivierung oder Inaktivierung bis zur Depravation. (Die somatogene Psychopathologie wurde in 1.3 schon ausführlicher behandelt.)

Beispiele der psycho→somatischen Wirkungsrichtung (3 ↓) sind: die einer seelischen Umstimmung (z. B. durch Freude-, Ärger- oder Angst-Erleben) zugeordnete vegetativ-leibliche Umstimmung, wie Erröten, Erblassen, Herzfrequenz- und Blutdruckänderung. (Auf die weiteren Erkenntnisse psychogener Somapathologie durch die sog. „psychosomatische Medizin" ist unter 3.3 näher einzugehen.)

Die („inter*hemi*sphärischen") Doppelpfeile sollen an die Wechselbeziehungen *im* Bereich des somatischen (materiellen und lebendig-leiblichen) Daseins (4) und des psychischen (seelischen und geistigen) Daseins (5) erinnern.

Zu 4: Die Konditionsrichtung von unserer materiellen Entität, dem „toten" Körper zum lebendigen Leib (4 ↑), kann so gesehen werden, daß der Körper das physikalisch (nach Chemismus, Größe, Volumen usw.) und morphologisch (nach Gestaltung, Haut- und Haarfarbe usw.) definierte Substrat des lebendigen Leibes ist. Als solches steht der Körper unter den Gesetzen physikalischer Kausalität und setzt dem Leib die elementarsten Bestimmungen seiner Daseinsweise (als Masse bestimmter Zusammensetzung, Ausdehnung, Gewicht, Form und Farbe). – In der Wirkrichtung vom lebendigen Leib zu seiner unbelebten Materie (4 ↓) erweist sich der vegetative Leib (nach N. Hartmanns ontologischer Schichtenlehre) als die — weil verletzlich und sterblich — vital schwächere, biodynamisch aber als die stärkere Schicht: denn es ist die Induktionskraft der anima vegetativa sive formativa des lebendigen Leibes, welche die dem Körper zugeführten Stoffe und auf ihn wirkende Kräfte zur individuellen menschlichen Leibesgestalt und ihrer biologischen Funktionalität organisiert.

Forensische Relevanz kommt der intrasomatischen Wechselwirkungsdynamik nicht zu. Man denkt nicht daran, jemandem zum Vorwurf zu machen, wenn in Wirkrichtung 4 ↑ Nahrungsmangel oder ein abnormes thermodynamisches Kräftefeld, wie abnorme Hitze oder Kälte, seine Leibesentwicklung verkümmern läßt, so daß sich die Sinnes- oder Muskelkräfte nicht zur Erfüllung sozialer Pflichten hinreichend entwickeln; oder wenn umgekehrt (4 ↓) destruktive formative Induktionen bei der Körperentwicklung zu morphologischen oder funktionellen Mißbildungen führen mit sozial behindernder Auswirkung.

Zu 5: Forensisch wichtig ist demgegenüber, sich die „intrapsychische" *Wechselwirkungsdynamik zwischen dem seelischen (emotional-trieblichen) und geistigen (cognitiv-voluntativen) Bereich* der menschlichen Psyche zu vergegenwärtigen.

Die Faktizität (und das Postulat) einer vom „höheren" Wertbewußtsein geleiteten geistigen Überformung der emotionalen und Triebsphäre (5 ↓), die vom sozialen Takt im Alltag über die beherrschte Wahrung gesetzlicher und sozialkultureller Normen bis zum Extrem freiwilligen Opfertums reicht, ist als spezifisch-menschliche Äußerungs- und Leistungsform allen Kulturen zu eigen; ja, geistige „Zucht" von Seele und Leib definiert nach A. Gehlen schlechthin Menschsein und Kulturhaben. Die umgekehrte Determinationsrichtung (5 ↑), daß geistige Haltungen und Kulturwerke, die Werte- und Glaubenswelt von emotionalen Kräften bestimmt werden, von der „Lust" zum Forschen, Erkennen und musischen Gestalten, vom „Bedürfnis" zum Sichbewähren vor irdischen und göttlichen Geboten, also vom affektiven Impulsfeld (und dieses wiederum auch von Bedürfnissen des Leibes), — dies ist wohl erst durch Nietzsche und Freud als ein empirisch-anthropologischer Sachverhalt erkannt worden. Allerdings hat Freud diese Determinationsrichtung einseitig verabsolutiert: durch Reduktion von Religion, Ideologie, Kultur und Sittlichkeit als „Über-Ich"-Produkte auf unterbewußte Triebbedürfnisse des „Es", mit deren „Sublimierung" dann dem „Ich" der zur Realitätsanpassung erforderliche Verzicht auf die Befriedigung libidinöser, vor allem sexueller Elementartriebe gelinge.

Die kriminologische und forensische Bedeutung der seelisch-geistigen Reziprozität soll an dieser Stelle nur gestreift werden: Weder die Reduktion eines von sozialen Wertnormen geleiteten Verhaltens auf unterbewußte Sublimierung von Triebbedürfnissen (einseitige Sicht der Wirkrichtung 5 ↑)

noch die These, daß allein ein von sittlichen Maximen und normativem Gehorsam beherrschtes Affekt- und Triebleben ein wahrhaft menschliches ist (einseitige Sicht der Wirkrichtung 5↓), entspricht der anthropologischen Wirklichkeit. Diese läßt sich kaum besser formulieren als mit diesen letzten Sätzen der „Klinischen Psychopathologie" von Kurt Schneider: „Ein rein triebhafter Mensch wäre noch kein Mensch, ein rein bewußter Mensch wäre kein Mensch mehr. Zwischen beiden Polen treibt der menschliche Mensch hin und her" (1962, S. 165). Denn die affektive Situation bestimmt auch die geistige (Not lehrt beten), die geistige auch die affektive (Lobgesang der Jünglinge im Feuerofen).

Zu 6: Als ein fundamentales anthropologisches Strukturglied ist noch *die individualgeschichtliche Konstituierungs- und Disponierungsdynamik* zu beachten, und zwar wiederum differenziert im körperlichen und leiblichen, im seelischen und geistigen Bereich.

Es gilt:

6*a) im körperlich-materiellen Bereich I,* daß der von der physikalischen Umwelt (Kräften und Stoffen) bestimmte je-aktuelle physische Status einerseits mitbestimmt wird von der angelegten und bereits lebensgeschichtlich erworbenen physisch-morphologischen Konstituierung (6a→), und daß andererseits das biographisch einwirkende physikalische Geschehen (z. B. Sauerstoff- oder Nahrungsmangel bzw. -überangebot) kausal diese materielle Lebensbasis mitkonstituiert (←6a).

6*b) im Bereich des lebendigen Leibes II,* daß die von der je-aktuellen Reizsituation ausgelösten leiblichen Reaktionen, wie vegetative Funktionsanpassungen und animale Reflexvorgänge (6b→), einerseits mitbestimmt werden von den angelegten und biographisch erworbenen leiblichen Funktionsdispositionen (z. B. von bestimmten Empfindlichkeiten oder Unempfindlichkeiten, von Immunitäten oder Allergien, von bedingten Reflexhemmungen oder -bahnungen). Andererseits hat die Abfolge relevanter Reizereignisse auf dem Lebensweg (z. B. absolvierte Impfungen oder Infektionskrankheiten) auf der Funktionsbasis ererbter vegetativer Resistenzen und Anfälligkeiten ebendiese physiologisch gespeicherten speziellen Dispositionen der Leibesfunktionen erst mitgeschaffen (←6b).

6*c) im seelischen Bereich III,* daß die je-aktuelle affektive bzw. triebhafte Reaktion auf einen emotionell relevanten Eindruck (6c→) einerseits mitbestimmt wird von angelegten und bereits erworbenen Dispositionen (z. B. von erlebnisbedingten emotionellen Sensibilisierungen oder von psychotraumatischen Modifikationen sexueller Triebbedürfnisse). Andererseits werden die individuellen affektiven Empfindlichkeiten und Unempfindlichkeiten, trieblichen Empfänglichkeiten und Frigiditäten, ja seelische Reaktionsbereitschaften überhaupt auf der Basis ererbter seelischer Anlagen erst durch die Geschichte aller tiefergehenden bis traumatischen Erlebnisse auf dem Lebensweg mitgeschaffen (←6c).

6 d) im geistigen Bereich IV, daß die auf einen geistigen (z. B. moralischen oder normativen) Anspruch hin in einer bestimmten persönlichen Bewertung, Entscheidung und Willenshandlung erfolgende aktuelle geistige Antwort (6 d→) einerseits mitbestimmt wird von dem biographisch (durch Erziehung, bewußte Lernprozesse, soziale Lebenserfahrungen wie Ehrung, Kritik, Ordnungs- oder Kriminalstrafe) gewachsenen geistigen Wissens-, Gewissens- und Gesinnungsfundus. Andererseits wird dieser Fundus auf der Basis ererbter geistiger Anlagen erst gebildet durch die Reihung von geistigen Erfahrungen und Entscheidungen, welche der einzelne in seinem Lebenslauf macht und vollzieht (←6 d): und zwar im je-situativen Antworten auf Ansprüche, welche die Geschichte seines Lebens aktuell an ihn heranträgt (von der alltäglichen Wert- und Forderungswelt des Elternhauses, der Schule und den Normen seiner gesellschaftlichen Gruppe bis zu rezipierten philosophischen oder religiösen Denk- und Wertwelten). —

Zu V: Nach diesem Versuch einer gesamthaften Überschau determinierender Strukturen und Dynamismen der konkreten menschlichen Person melden sich unüberhörbar die für das Verständnis judikabler Begriffe von Schuldfähigkeit und Schuld entscheidenden Fragen: Ist ein Mensch der individuellen Faktizität der ihn derart bestimmenden hereditären und Umweltstrukturen im leib-seelisch-geistigen Bereich heteronom ausgeliefert? Ist er gleichsam der Gefangene seines Anlage- und Umweltschicksals? Geschehen Lebensglück oder -unglück, hohe oder niedrige Gesinnung, soziales Verdienst oder „Verbrechen als Schicksal“ (J. Lange, 1929) ihm — genau gesehen — passiv? Ist das deterministische Konzept beim heutigen Stand der Humanwissenschaften empirisch-anthropologisch schlechthin unausweichlich geworden? Und wäre das empirisch ebenso unbezweifelbare *Erleben* autonomer Selbstbestimmung nur das „Epiphänomen“ einer, weil seiner Selbst bewußt, „geistig“ genannten Daseinsform?

Wir antworten hier vorbereitend mit dem Hinweis auf das letzte, bislang unerwähnte Strukturglied des aktuellen bzw. aktualisierbaren humanen Bewußtseins, welches in unserem Leitbild der die Lebens„kreise“ (ihre „Umkreisung“ des Subjekts!) *transzendierende Pfeil V* symbolisieren soll. Gemeint ist die nur menschlichem Daseinsbewußtsein eigene „Fähigkeit“, seine je-persönlichen Determinationen geistig zu überhöhen, sich von ihnen in sie objektivierender und reflektierender Distanzierung frei zu machen, sich mit ihnen in Akten der Besinnung auseinanderzusetzen. Im Bewußtsein solcher Freiheit (von mir selbst und meiner leib-seelisch-geistigen Existenz in der Welt) vermögen wir ja das je-eigene Da-Sein zu be-schauen, zu be-denken und von dieser Sicht her auch mich und meine Umwelt zu be-handeln, d. h. Verhaltensentscheidungen zu treffen und durchzuführen.

Damit ist ein weiterer anthropologischer Aspekt berührt: die transzendentale „Natur“ des Menschen, die im nachfolgenden Kapitel 3 genauer zu betrachten ist. Hier sollte durch den (im Leitbild II chiffrierten) Blick auf das

Gesamt unseres konkreten psychosomatischen Daseins nur vorbereitend versucht werden, das zu vergegenwärtigen, was wohl auch M. Scheler meinte, als er schrieb, die Menschwerdung stelle „... die innigste Einigung aller Wesensregionen der Natur dar. Denn der Mensch faßt alle Wesensstufen des Daseins überhaupt, insbesondere des Lebens in sich zusammen..." (1928, S. 69).

2.2 Zur Struktur und Dynamik von Prägnanztypen kriminogener Konstellationen

Der differenzierte somatopsychische Strukturaspekt menschlichen Daseins wurde hier dargestellt, um die *formale* Mehrdimensionalität des Bedingungsgefüges unseres Erlebens, Denkens und Verhaltens sinnfällig zu machen. Bedenkt man zugleich die unerschöpfliche Mannigfaltigkeit der hereditären und biographischen *Inhalte,* ihrer Schwerpunkte und Relationen, kann das Leitbild II zugleich die unermeßliche Variabilität und Komplexität *konkreter* menschlicher Daseinsweisen vor Augen führen.

Daß darüber hinaus unser Bild ein praktischer Leit*faden* sein kann, um im Einzelfall kriminellen Verhaltens die determinativen Schwerpunkte zu sehen, soll nachfolgend an drei Prägnanztypen kriminogener Konstellationen demonstriert werden.

2.2.1 Dominant somatogen induzierte Delinquenz

Am Beispielsfall eines immer primitiver motivierte Abtreibungen ausführenden paralytischen Arztes wurde bereits oben (S. 20) gezeigt, daß die als Korrelat einer *stirnhirnakzentuierten Cerebralschädigung* — über 3 ↑ des Leitbildes also — auftretende geistige Depravation (bei unbeeinträchtigter Ordnung, Erinnerungsvermögen, Wissen und instrumenteller Intelligenz des Denkens) die dominante Manifestationsbedingung eines kriminellen Verhaltens sein kann. Weiter wurde auch schon auf das Psychosyndrom von *Stammhirnerkrankungen* hingewiesen (S. 22 ff.), auf die z. B. bei der Encephalitis epidemica, der „Kopfgrippe", vor allem bei jugendlichen Patienten auftretende abnorme Triebhaftigkeit und Impulsivität mit eindeutig „krankhaftem" kaptativen, aggressiven oder/und sexuell enthemmten Handlungsverhalten. — Auch dies war ein Beispiel von somatogen induzierter Delinquenz.

Kriminologisch stehen (gegenüber diesen relativ seltenen, aber paradigmatisch wichtigen Fällen) nach Häufigkeit und praktischer Bedeutung ganz im Vordergrund die somato→psychischen Effekte des (übermäßigen) *Alkoholkonsums.* Sie sind das jedem geläufige Hauptbeispiel einer biochemischen Organismusumstimmung mit leib→seelischen und leib→geistigen (psychopathologischen) Korrelaten. Denn im psychischen Bild einer „normalen"

Alkoholintoxikation finden sich — abhängig vom Maß der Alkoholaufnahme und auch von der individuellen leiblichen, seelischen und geistigen Toleranz und Disponierung (von 6b→, 6c→, 6d→ unseres Leitbildes) — variant akzentuiert: Wachheits- und Antriebsveränderungen; seelische Erregung bis Apathie, Dysphorie bis Euphorie; Kontaktfreudigkeit, Umtriebigkeit, Triebaktivierung; Hemmungsverlust, Leichtfertigkeit; Kritik-, insbesondere Selbstkritikverluste, Haltungs- und Gesinnungsdepravation. Kurz — ein individuell variantes Gemisch von Zügen einer mehr oder weniger erheblichen Veränderung des normalen (nüchternen) Persönlichkeitsbildes.

Ob es unter einer — Willkürhandlungen noch ermöglichenden — psychischen Alkoholsymptomatik zu einem delinquenten Verhalten kommt, wird allerdings wesentlich und oft entscheidend mitbestimmt von biologischen wie *charakterlichen Anlagen und biographischer Prägung der Persönlichkeit* (also von 1 und von 2 unseres Leitbildes); sowie von der *aktuellen sozialen Situation:* von dämpfenden oder provozierenden seelischen Eindrücken (6c←) und von situativ mehr oder minder großen normativen Ansprüchen (6d←), die bei verantwortungsvoller Berufsausübung oder Kfz-Gebrauch eben höher sind als nach Feierabend allein im Haus.

Da ferner ein Grundwissen um die alkoholische Psychosymptomatik und ihre konsummaß- und toleranzabhängigen sozialen Risiken beim Normenadressaten vorausgesetzt werden kann, spielt in der Derminationsstruktur von Alkoholdelinquenz neben dem Berauschungssyndrom und der Situation immer auch die seelische und geistige *Ausgangsdisponierung* des (noch) nüchternen Probanden eine Rolle: seelische Verstimmung wird ebenso wie eine rücksichtslose Gesinnung — vor allem diese im fatalen Verein mit jener — zum einen leicht übermäßig zum Glas greifen lassen, zum anderen die Verhaltensauswirkung der Berauschung mitbestimmen.

Aus einem der Habitualpersönlichkeit und ihrer Aktualsituation mehr oder weniger adäquaten Verhalten läßt sich jedenfalls auf den *Schwerpunkt* der — wie unser Leitbild deutlich macht — immer hochkomplexen Determinationsstruktur von Alkoholdelinquenz schließen. Und der determinative Schwerpunkt ist es dann auch, nach dem sich das Maß der Verantwortungsfähigkeit und Verantwortlichkeit für ein alkoholinduziertes Delikt richtet. Näheres zur forensischen Schuldfähigkeitsbeurteilung in Teil II, 4.2, wo auch auf Parallelen und Differenzen zur Drogen(user)-Delinquenz hingewiesen wird.

2.2.2 Dominant psychogen (affektiv, triebhaft oder „neurotisch") induzierte Delinquenz

Affekttaten, die Ressentimentdelinquenz von Schwachsinnigen oder durch körperliche Entstellung oder Behinderung „Gezeichneten", ferner die sexualneurotischen und kaptativneurotischen (echt-„kleptomanen") Triebdelikte bilden die Hauptgruppen von Straftaten mit der Hauptwurzel im Bereich III unseres Leitbildes. Der determinative Schwerpunkt liegt zumeist in einer unbewältigten, unabgeschlossenen oder abnormen Verarbeitung bestimmter belastender (kränkender, verletzender), oft ins Rand- oder Unterbewußte verdrängter Vorerlebnisse. Es handelt sich also um (über die Wechselwirkungen 6c↔) erlebnisinduzierte psychodynamische Entwicklungen, die zu bestimmten normwidrigen Verhaltensweisen disponieren. Man kann das durchaus analog sehen zu abnormen, z.B. allergischen Reaktionen im leiblichen Bereich (nach einer über die Wechselwirkungsdynamik 6b↔ entstandenen spezifischen leiblichen Disponierung, d.h. Sensibilisierung durch Einwirkung biologisch effektiver Reizagentien). Auch im seelischen Bereich sprechen wir bei solchen Disponierungsvorgängen in leichten Fällen von „Sensibilisierungen" oder Erregungsbereitschaften (bzw. Desensibilisierungen oder Abstumpfungen), in schwerer durchsichtigen Fällen von „Psychoneurosen". Kurz drei Beispiele:

a) Wie bei einer leiblich-allergischen Reaktion des somatischen Vegetativums erscheint auch bei vielen *Affekttaten* die Tatschwere prima vista inadäquat sowohl zum affektauslösenden Anlaß wie auch zum vordem sichtbar gewordenen Persönlichkeitsbild des Täters. Die eindringende Untersuchung zeigt dann, daß eine spezifisch gerichtete aggressive Disponierung durch unbewältigte Vorerlebnisse, etwa schroff abweisende, demütigende, ehrrührige und andere tief verletzende Worte und Verhaltensweisen des Opfers (auf dem Weg 6c←) zunehmend aufgeladen wurde, bis das Aggressionspotential — dem Täter nur „unterbewußt" — in den Zustand einer „Tatbereitschaft" (W. Rasch) mündete, und dann ein banaler Anlaß als Zündfunke diese Disponierung (in Richtung 6c→) zur explosiven Entladung brachte, — nicht ganz selten in einen besinnungslos rasenden „overkill" am Opfer.

b) Die *Eigentumsdelinquenz von Schwachsinnigen* (oft als gefügige Mittäter intelligenter Anstifter) ist in der Regel nicht in reduzierter oder fehlender Fähigkeit zur Unrechtseinsicht begründet, sondern in einer durch von Kindheit an erfahrene Zurücksetzungs-, Spott-, Versagens- und Minderwertigkeitserlebnisse (←6c) entwickelten Ressentimenthaltung mit starkem sozialem Anerkennungs- und Aufwertungsbedürfnis. Das disponiert bei gegebenen Gelegenheiten bzw. Verführungen dazu, sich Geltung und Selbstbewußtsein durch materiellen Besitz und Geld und dieses wiederum — weil nicht möglich durch Leistung — durch imponierende delinquente Risikobereitschaft, Einsatz von Körperstärke und -ausdauer und andere, trotz Schwachsinns mögliche Kraftakte (6c→) zu beschaffen. — Ähnliches gilt für die bekannte Ressentimentdelinquenz von körperlich entstellten oder behinderten sozialen „Außenseitern".

c) Ein klassisches Beispiel schließlich für auf abnorme („neurotische") seelische Disponierung als determinativen Schwerpunkt rückführbare Delinquenz ist (neben der echten, d. h. unterbewußt-neurotisch induzierten und vor allem weiblichen „Kleptomanie") der *männliche Exhibitionismus,* diese relativ harmlose Verletzungsweise des sexuellen Selbstbestimmungsrechtes der Frau. Bei einer größeren Reihe von mir begutachteter Probanden fand sich regelmäßig die folgende psychodynamische Konstellation:

In der Vorgeschichte sexuelle Minderwertigkeitserlebnisse verbunden mit kränkenden, höhnischen, spöttischen, bloßstellenden, jedenfalls blamablen Abweisungen durch das weibliche Geschlecht, weniger durch eine bestimmte persönlich geliebte Person; sei es als weibliche Reaktion auf linkische Versuche erotischer Annäherung, sei es als Reaktion von Partnerinnen auf ein Versagen in actu. Von danach später aufkommenden exhibitionistischen Bedürfnissen selbst überrascht und ratlos solchen immer wieder vehement ausgeliefert, kommt es zu einer durch bloße Strafreaktion in der Regel unbeeinflußbaren Rückfalldelinquenz gem. § 183 a StGB. Gute gesprächstherapeutische Behandlungserfolge konnten demgegenüber erzielt werden, wenn der Proband dahin gebracht wurde, den Kompensations- und Befriedigungsmechanismus seines sexuell devianten Verhaltens selbstüberzeugt zu durchschauen: Durch die nicht nur frustrierenden und kränkenden, sondern vor allem sein männlich-sexuelles Selbstbewußtsein unterminierenden Vorerlebnisse wurde er gegenüber Frauen gleichsam „verpanzert" und unfähig zu normaler werbender Annäherung. Nur im auf zustimmende weibliche Reaktion nicht angewiesenen exhibitionistischen Akt konnte der Trieb die hemmende Verpanzerung durchbrechen und einseitig-„gewaltsam" im visuellen Bereich eine mann → weibliche Sexualkommunikation herstellen. Der männliche Exhibitionismus ist ja, genauer gesehen, ein abortiver Notzuchtsakt: der erigierte Penis dringt zwar nicht in den taktilen Nahbereich des weiblichen Genitales, aber doch in den optischen Fernbereich des weiblichen Gesichtsfeldes eigenmächtig ein. Zugleich präsentiert der Täter mit dem erigierten Glied augenfällig seine Männlichkeit, hiermit deren Abweisung bzw. deren Versagen beim voraufgehend frustran intendierten Normalverkehr psychodynamisch kompensierend. Und drittens befriedigt das in der Regel durch exhibitionistisches Verhalten ausgelöste erschreckte, beleidigte und angstvolle Reagieren der so angegangenen Frau das latente Rache- und Wiederverletzungsbedürfnis für die primär erfahrene eigene psychosexuelle Verletzung. –

H. Mester hat 1984 anhand einer Kasuistik von 40 Fällen ebenfalls die Bedeutung männlich-sexueller Selbstwertkrisen und Kontakthemmungen hervorgehoben, die (re-)aggressive Komponente, die sich im exhibitionistisch-abortiven Notzuchtsakt befriedigt, jedoch m. E. unterschätzt.

Soweit drei Beispiele des determinativen Schwerpunktes einer bestimmten kriminogenen Disponierung im Bereich III des Leitbildes (aufgrund der im Leitbild als 6 c ↔ dargestellten Wechselwirkungsdynamik). In unterbewußter Finalität kann diese Disponierung ein delinquentes Spontanverhalten oder Reagieren nach Tatinhalt und -ausführungsweise bestimmen und somit verstehbar machen. Betont sei aber nochmals, daß in der *gesamten* Determinationsstruktur neben solchen emotional-triebhaften Disponierungen immer *auch leibliche Zustände und geistige Haltungen, angelegte und erworbene*

Charakterstrukturen und -dynamismen mitbestimmend sind. Solche, aus anderen Dimensionen des konkreten menschlichen Daseins herkommende Kräfte können die Manifestation affektiv-triebhafter Disponierungen verhindern oder fördern. Schließlich sei auch daran erinnert: Wohl können wir determinative (psychodynamische, motivatorische) *Schwerpunkte* eines bestimmten menschlichen Verhaltens aufzeigen, niemals aber das unergründlich komplexe Gesamtbild einer menschlichen Persönlichkeit analysieren bzw. rekonstruieren — weder in seiner Habitual- noch in seiner Tatzeit-Verfassung.

2.2.3 Dominant noogen (lebensanschaulich, wertbewußt, gesinnungsmäßig) induzierte Delinquenz

Aus dem determinativen psychischen Schwerpunkt-„Raum" IV erfolgen *die eigentlichen menschlichen Handlungen* (und Unterlassungen = negatives Handeln). Dieser tautologische Doppelbegriff (denn nur der Mensch kann „handeln") meint Verhaltensweisen, die in zweckbewußter Finalität, d. h. getragen von einer bestimmten Gesinnung und Wertvorstellung in bestimmter Absicht (gegebenenfalls planvoll mit bestimmten zielführend gewählten Mitteln) vollzogen werden. Bei Entschluß, Planung, Vorbereitung und Durchführung ist immer — mehr oder weniger lange und differenzierte — Reflexion im Spiel. Eine Handlung (= menschliches Verhalten) kann daher im Stadium ihrer Genese und nach Versuch oder Vollzug von dem auf sie hin von anderen Menschen gefragten, zur Rede gestellten (retrospektiv-faktischen oder prospektiv-potentiellen) „Täter" in ihren affektiven, gedanklichen und willentlichen Ursprüngen geschildert, begründet, „motiviert" werden, d. h. be-antwortet, ver-antwortet werden. — Wir betrachten drei Beispiele auch dieser Gruppe.

a) Zunächst denkt man hier wohl an die von ideologisch differenziert ausgeformten religiösen oder politischen Vorstellungen, Weltanschauungen und Gesinnungen motivierten großen *Überzeugungstäter der Geschichte.* Denn die — nach Qualität und Quantität — größten Verbrechen haben ihren Ursprung nicht in persönlichen Leidenschaften, in Haß oder Begehrlichkeit (abgesehen vom Machthunger feudaler Potentaten), sondern in „Ideen", in geistigen Konzepten darüber, welche gegenwärtigen Repressionen, Glücks- und Menschenopfer notwendig seien, um für ein Volk, eine Rasse oder gar für die ganze Menschheit ein künftig besseres Dasein (diesseitig ein größtmögliches Glück der größtmöglichen Zahl oder jenseitig ein maximiertes Seelenheil) heraufzuführen und oppositionelle („ketzerische") Gefahren für die irdische oder himmlische Wohlfahrt zu bekämpfen.

Von der Christenverfolgung, den Kreuzzügen und Inquisitionsautodafés über den Dreißigjährigen Krieg und die französische Revolution bis zur stalinistischen Säuberungsorgie und hitlerfaschistischem Holocaust in meiner Generation hin reicht die Kette „noogener" Gewaltexzesse menschlicher Großkollektive, von denen die im engeren Sinne kriminellen terroristischen Gewalttaten der letzten Jahrzehnte in der Bundesrepublik, in Nordirland und Spanien allenfalls Ausläufer sind. Aber auch die bis in meine Eltern- und Großelterngeneration hinein als „Fortsetzung der Politik mit anderen Mitteln" deklarierten — sozusagen „normalen" — europäischen Kriege, z. B. der vom „eisernen Kanzler" Bismarck nach kühl politischem Kalkül initiierte preußisch-österreichische Krieg von 1866, sind solche wohlkalkulierten Inszenierungen aus heutiger Sicht nicht auch als unbegreifliche Kriegs*verbrechen* anzusehen? Man stelle sich nur das Szenario der Schlacht von Königgrätz ganz real vor Augen, bei der — nach dem englischen Historiker Edward Crankshaw (1971, S. 198) — am 3. 7. 1866 von einem preußischen Regiment mit 900 Offizieren und 3000 Soldaten nach einem Kampf Mann gegen Mann zwei Offiziere und 400 Mann übrig blieben und auf österreichischer Seite innerhalb von zwanzig Minuten 279 Offiziere und ca. 10 000 Soldaten fielen!

Der Schritt von den ideologischen Haupt- und Mittätern nationalstaatlicher Kriege zu den *terroristischen Kleingruppenaktivitäten* des heutigen Rechts- und Links-Radikalismus ist unschwer nachzuvollziehen. Der historische Unterschied ist, daß in unserer Epoche demokratischen Zeitgeistes die äußere Zufälligkeit von Kontakten mit radikalen Gruppen und die innere Anfälligkeit für deren „Ideen" aufgrund persönlicher Frustrations- und Konfliktproblematik (über die Psychodynamik 5 ↑ also) in der Kriminogenese terroristischer Ideologietäter eine erhebliche (und damit selektierende) Rolle spielen.

b) Als Gesinnungstäter, schwerpunktmäßig aus einer biographisch erworbenen geistigen Disponierung (6 d ↔), sind auch die — weniger ideell als materiell orientierten — *Gruppentäter des organisierten Verbrechens,* von Einbruchs- und Erpressergruppen bis zu Drogen- und Waffenhändlersyndikaten und Mafiosi aller Varianten anzusprechen, unter denen sich die Bosse und Planer mit „sauberen" Kragen und Fingern von den Männern fürs Grobe (bis Mord wegen Konkurrenz oder „Sicherheitsrisiko") nur durch differente intellektuelle und instrumentelle Talente unterscheiden.

c) Demgegenüber sind *dominant gesinnungsbestimmte Einzeltäter* (meist mit Eigentumsdelikten wie Betrug, einfachem und schweren Diebstahl, Raub und trotz progressiv härterer Bestrafung und hohem Festnahmerisiko immer wieder selbstzerstörerisch rückfällig) in der Regel Menschen mit erheblichen entwicklungsdynamischen Handicaps (aus desolaten Familienverhältnissen erwachsene Schulschwierigkeiten — Frühkriminalität — Heimerziehung — keine oder abgebrochene Berufsausbildung — Arbeitslosigkeit). Aus einer von ihrer Erlebensrealität her verständlichen subdepressiven resignativen Lebensgrundstimmung — d. h. unter erheblicher Mitwirkung der Dynamik 5 ↑ — entwickelt sich die deliktbereite Gesinnung. Für kurze Phasen kriminell erreichter Besitzbefriedigung mit käuflichen Freunden, Frauen und Statussymbolen nimmt man immer wieder — mehr oder weniger bewußt — lange Gefängnisaufenthalte in Kauf. Hintergründig ist oft das Gefängnis mit seinem vertrauten Personal und Mitgefangenen zur bergenden und tragenden Gemeinschaft geworden, denn die Enthebung von jeglicher Selbstentscheidung und -verantwortung in der Vollzugsanstalt macht diese zu einem innere Ruhe gebenden Lebensraum. In diese zieht es solche Menschen aus den Anforderungen, aus der notwendigen Selbst-Ständigkeit (oft auch aus der Isolation) eines selbstverantwortlichen legalen Lebens in äußerer Freiheit leicht wieder zurück. –

Zur Gruppe der dominant noogenen Delinquenz *abschließend noch diese Anmerkung:*

Es sind – wie schon eingangs gesagt – Täter, welche, da sie „bei Begehung der Tat“ mit bestimmten Vorstellungen des Warum und Wozu handelten, mit ihrer Persönlichkeit und deren Gesinnung hinter der Tat stehen, d.h. personal gehandelt haben. Sie *können* daher – ob sie wollen oder nicht, ist eine andere Frage – in foro zur Rede gestellt, sinnverständlich antworten, sich ver-antworten. Sie sind *verantwortungsfähig*. Und da Gesinnung grundsätzlich wandelbar ist, kann sich diese – im oder durch den Strafprozeß und -vollzug oder hiervon unabhängig – vom Normwidrigen zum Normkonformen ändern, *kann* die geistige Auseinandersetzung mit begangener Tat und erlittener Strafe als „Sühne“ (in alter Wortbedeutung) soziale „Versöhnung“ bewirken. Es sind m. a. W. diese Täter – ob sie wollen oder nicht, ist eine andere Frage – *auch sühnefähig*. Das gilt insbesondere für die dezidierten Ideologie- oder Überzeugungstäter, deren determinativer Schwerpunkt eindeutig in der spezifisch humanen geistigen Dimension liegt.

Es stimmt daher bedenklich, daß vor nicht allzu langer Zeit ein führender Strafjurist und christlicher Politiker (Generalbundesanwalt) mit der Begründung zu großen Steuergeldaufwandes dem Vorschlag eines prominenten Schriftstellers und eines evangelischen Kirchenführers entgegentrat, hochgesichert langjährig einsitzenden RAF-Häftlingen Diskussionen mit Vertretern aus Kultur, Politik und Kirche zu ermöglichen. Zudem, meinte der Jurist, seien diese der Realität entfremdeten Fanatiker doch nicht zu überzeugen, was u.a. das „Scheitern“ des bekannten Gesprächs von Jean Paul Sartre mit Andreas Baader in Stammheim gezeigt habe.

Eine solche Beurteilung von Ideologietätern als dialogunfähig, als geistig unkorrigierbar verschlossen für eine Revision der zum Delikt führenden politischen und persönlichen Gesinnung bedeutet eine *Abschreibung von Menschlichkeit nach der Verurteilung*, die unvereinbar ist mit der – mit vollem Recht erfolgten – *Zuschreibung von Verantwortlichkeit, Schuldfähigkeit und Tatschuld bei der Verurteilung*. Auch ein der sozialen Norm und Realität entfremdeter Fanatiker kann, sofern er nicht im medizinisch-psychiatrischen Sinne krank oder hochabnorm ist, mit Normrealität und Humanität wieder vertraut (gemacht) werden. Er ist und bleibt ein reflexionsfähiger, zur Kritik und Besinnung, d.h. auch zu Selbstkritik und Selbstbesinnung *dispositional* fähiger, d.h. geistig wandelbarer Mensch, der als solcher im Dreiklang von Gegenwarts-, Vergangenheits- und Zukunftsbewußtsein lebt und grundsätzlich ein nicht festgelegtes Wesen ist – mag

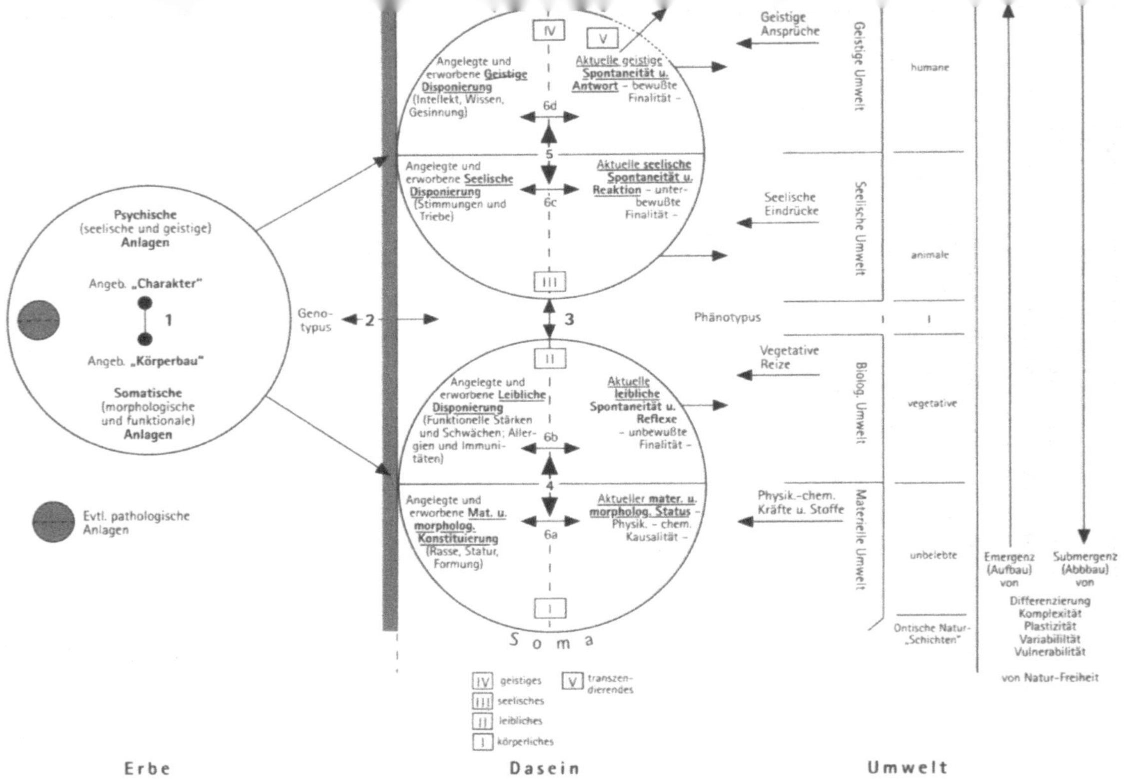

Psychische
(seelische und geistige)
Anlagen
Angeb. „Charakter"
1
Angeb. „Körperbau"
Somatische
(morphologische und funktionale)
Anlagen
Evtl. pathologische Anlagen
Geno-typus
2
Angelegte und erworbene Geistige Disponierung (Intellekt, Wissen, Gesinnung)
Aktuelle geistige Spontaneität u. Antwort - bewußte Finalität -
6d
5
Angelegte und erworbene Seelische Disponierung (Stimmungen und Triebe)
Aktuelle seelische Spontaneität u. Reaktion - unter-bewußte Finalität -
6c
3
Angelegte und erworbene Leibliche Disponierung (Funktionelle Stärken und Schwächen; Allergien und Immunitäten)
Aktuelle leibliche Spontaneität u. Reflexe - unbewußte Finalität -
6b
4
Angelegte und erworbene Mat. u. morpholog. Konstituierung (Rasse, Statur, Formung)
Aktueller mater. u. morpholog. Status - Physik. - chem. Kausalität -
6a
Soma
IV geistiges
III seelisches
II leibliches
I körperliches
V transzendierendes
Geistige Ansprüche
Seelische Eindrücke
Phänotypus
Vegetative Reize
Physik.-chem. Kräfte u. Stoffe
Geistige Umwelt
Seelische Umwelt
Biolog. Umwelt
Materielle Umwelt
humane
animale
vegetative
unbelebte
Ontische Natur-„Schichten"
Emergenz (Aufbau) von
Submergenz (Abbau) von
Differenzierung
Komplexität
Plastizität
Variabilität
Vulnerabilität
von Natur-Freiheit
Erbe
Dasein
Umwelt

ideologische Verirrung und Verbissenheit in ihm ein auch noch so festes Gehäuse revolutionär-aggressiver Doktrinen errichtet haben. Daß *ein* Philosophengespräch aus Baader keinen revolutionärem Terror abschwörenden Paulus zu machen vermochte, spricht doch nicht dagegen, daß fortgesetztes eindringendes Bemühen um ein tieferes mitmenschliches Verstehen terroristischer Ideologie und ein geduldiges Dagegenhalten humaner Antithesen geeignet sein *kann*, auch geistige Mauern zu erodieren und den dahinter befangenen Menschen zu neuer Sicht auf das Leben zu befreien. Gerade auch dem sollte zu geistiger Freiheit verholfen werden, welchem wegen schwerer Tötungsverbrechen (aus „irrendem Gewissen"?) die äußere, bürgerliche Freiheit lebenslang entzogen werden muß.

3. Transzendentaler Aspekt

Nach vorstehender Skizzierung der formalen humanen somatopsychischen Strukturen und ihrer Lebensdynamik soll versucht werden, das „eigentliche" Menschliche am Menschen, die condition humaine, seine *transanimale Konstitution* deutlich zu machen. Sie „auf den Punkt zu bringen" ist indessen schon deshalb menschenunmöglich, weil unserer Selbsterkenntnis die Aporie der Subjektivität des sich selbst zum Objekt machenden Subjektes entgegensteht. Wir können den menschlichen Wesenskern mit den Erfahrungs-, Denk- und Sprachmitteln unserer Zeit immer nur umkreisen und aus ihrer Sicht Aspekte von Menschenwesentlichem zum Ausdruck bringen.

Ein Leit-Satz der Anthropologie unserer Zeit scheint mir das Wort von L. Binswanger, Menschsein heiße „In-der-Welt-über-die-Welt-hinaus-sein". In diesem Satz bedeutet „... -sein" das jedem reifen Menschen zueigene Sich-bewußt-sein der je-meinigen Existenz in der Welt; zugleich aber enthält menschliches Sich- oder Ich-Bewußtsein ein (exzentrisches) Ek-sistieren gegenüber (in Distanz zu) dieser seiner Existenz in der Welt. M. a. W.: Der „geistige" Standort menschlichen Bewußtseins ist außerhalb dieser Existenzwelt, ist ihr gegenüber und macht von dort her sie zum Gegen-Stand, zu einer von mir und anderen Gegenständen (Naturdingen, anderen Menschen und ihren Werken) erfüllten (Er-)Lebenswelt. Weil aber geistig jenseits der somatopsychisch erfahrenen Lebenssituation, jenseits seiner Rolle in der Welt beheimatet, vermag der Mensch sein diesseitiges Leben im Hier und Jetzt als ein mit seinen Inhalten ihm „zufällig" zugefallenes, auf begrenzte Zeit zugewiesenes vor sich zu sehen, kann er eine Welt-Anschauung haben und Gedanken über das Ur-Rätsel: Warum ist überhaupt etwas und nicht nichts?

Wir nennen mit und seit Kant dieses Verankertsein des menschlichen Bewußtseins im Geheimnishintergrund des Weltseins, im Jenseits der konkreten Lebenswelt, seine *transzendentale Konstitution* und die Erscheinung des Menschen in dieser Konstituiertheit seinen *transzendentalen Aspekt.* Ihn im Denken, Sprechen und Handeln unserer Zeit zu beleuchten, ist für das Thema dieser Untersuchung unumgänglich, — nicht zuletzt auch als Vorbereitung einer Antwort auf das von Strafjuristen (vor allem R. Lange) zu hörende Bedenken, eine *nicht* „anthropologisch" fundierte (nur behavioristisch, biologistisch, psychologistisch, psychoanalytisch oder/und soziologisch forschende) Kriminologie bedrohe das — allein menschengemäße — Schuld- und Verantwortungsstrafrecht.

Explizit sei der transzendentale Aspekt des Menschen im Licht einiger Beispiele des philosophischen Denkens unserer Zeit betrachtet (Martin Heidegger, 1927, 1957; Gerold Prauss, 1987; Odo Marquard, 1976—1985) sowie im Licht einer paläoanthropologischen Besinnung von Hans Jonas (1985/86). — Sodann wird hingewiesen auf das *implizite* Beachten der transzendentalen Konstitution (im Verhalten zu- und im Umgehen miteinander) beim praktisch-alltäglichen Geschäft des ärztlichen Handelns (Thure von Uexküll, 1986) und des strafrechtlichen Urteilens.

3.1 Der Mensch im Licht zeitgenössischen Philosophierens

I. MARTIN HEIDEGGER hat *1927* in „Sein und Zeit", dem grundlegenden Buch seines Denkens, keine Anthropologie entwickeln wollen und hat das immer wieder betont. Es ging ihm um die „Seinsfrage", um Ontologie. Um solches Fragen aber von seinem Ursprung und Grund her zu stellen, mußte es ansetzen und erste Antwort suchen bei *dem* Seienden, welches die Seinsfrage stellt — beim Menschen. Damit aber wurde Heidegger — sozusagen ob er wollte oder nicht — zum Anthropologen, der bereits auf den ersten Seiten von „Sein und Zeit" die transzendentale Konstitution des Menschen prägnant deutlich macht. Hören wir einige Heidegger-Texte aus 1927:

„Ausarbeitung der Seinsfrage besagt demnach: Durchsichtigmachen eines Seienden — des fragenden — in seinem Sein... Dieses Seiende, das wir selbst je sind und das unter anderem die Seinsmöglichkeit des Fragens hat, fassen wir terminologisch als *Dasein*" (S. 7). „Das Dasein ist ein Seiendes, das nicht nur unter anderem Seienden vorkommt. Es ist vielmehr dadurch ontisch ausgezeichnet, daß es diesem Seienden in seinem Sein *um* dieses Sein selbst geht..., daß es in seinem Sein zu diesem Sein ein Seinsverhältnis hat. Und dies wiederum besagt: Dasein versteht sich in irgendeiner Weise und Ausdrücklichkeit in seinem Sein... Die ontische Auszeichnung des Daseins liegt darin, daß es ontologisch ist... Das Sein selbst, zu dem das Dasein sich so oder so verhalten kann und immer irgendwie verhält, nennen wir *Existenz*" (S. 12).

Dieser philosophisch intendierte, indessen — wie wir meinen — *empirisch*-anthropologisch festzustellende transzendentale Aspekt unseres Daseins erscheint zwar explizit nur in der jemeinigen Selbst-Besinnung (und damit zugleich Welt-Anschauung). Implizit, d. h. verborgen enthalten, scheint er auf in jedem *Sprechen mit und von sich selbst (dem Ich) und An-sprechen von Mitmenschen (dem Du)*. In anderen Facetten werden wir ihn im — aus ihren professionellen Erfahrungen entwickelten — Menschenbild nachdenklicher Ärzte, Psychopathologen und Richter unserer Zeit wiederfinden.

Hören wir vorerst noch, in welcher Sprache Heidegger 30 Jahre später, *1957* in einem Festvortrag zur 500-Jahr-Feier der Universität Freiburg, menschliches Wesen zum Ausdruck bringt:

„Offenbar ist der Mensch etwas Seiendes. Als dieses gehört er wie der Stein, der Baum, der Adler in das Ganze des Seins. Gehören heißt hier noch: eingeordnet *in** das Sein. Aber das Auszeichnende des Menschen beruht darin, daß er als das denkende Wesen, offen dem Sein, *vor** dieses gestellt ist, auf das Sein bezogen bleibt und ihm so entspricht (S. 22).

---

* Hervorhebung von Ref.

Das Zusammen*gehören* von Mensch und Sein in der Weise der wechselseitigen Herausforderung bringt uns bestürzend näher, daß und wie der Mensch dem Sein vereignet, das Sein aber dem Menschen zugeeignet ist... Es gilt... einzukehren in das, was wir *Ereignis* nennen" (S. 28).

Wieder ist klar ausgesprochen die transzendentale Konstitution, die geistige Distanz zu allem Weltlichen des *im* Sein *vor* das Sein gestellten Menschen. Dies zugleich mit dem Appell, auf das Zusammen*gehören* von Sein und menschlichem Da-Sein zu *hören,* damit uns Zugesprochenes in der Erfüllung des je-*eigenen* Lebensauftrages sich *er-eignen* kann als das, was das Zeitalter von uns und was die je-meinige Lebenszeit von mir will.

II. Weitere 30 Jahre später, ein Jahrzehnt nach dem Tode Heideggers, erscheint 1987 von Gerold Prauss, einem seiner Nachfolger auf dem Freiburger Lehrstuhl, dessen Antrittsvorlesung unter dem Titel „Der Mensch als zweideutige Natur". Es ist eine nun schon direkte anthropologische Besinnung, adressiert von der „Geisteswissenschaft" an die „Naturwissenschaft", um dieser deutlich zu sagen: Wohl ist *auch der Mensch im Vollsinne Natur. Jedoch:* „...empirisch-nichtempirisch zweideutige, als Subjektivität von Intentionalität *verständliche Natur** " und als solche „von jeder eindeutig-empirischen und darin unverständlichen Natur verschieden, und zwar so spezifisch, wie *Natur als Selbstverhältnis des Sich-Wissens und Sich-Wollens eines Geistes** von der übrigen Natur, soweit sie nicht in diesem Selbstverhältnis steht, sich eben unterscheidet" (S. 114).

Die philosophische Anthropologie von Gerold Prauss hebt das den Menschen als solchen Auszeichnende (seine „Subjektivität als Intentionalität", sein „Selbstverhältnis des Sich-Wissens und Sich-Wollens"), m. a. W. seine transzendentale Konstitution von seiner empirisch analysierbaren — biographisch und situativ modifizierten — psychosomatischen Konstitution mit aller Deutlichkeit ab. Er zeigt weiter auf, daß diese seine transzendentale Verfassung auch das alltägliche Menschenleben prägt, indem sie ubiquitär als eine *Bewußtseinsebene* erscheint, auf der ein denkendes, planendes, wollendes und handelndes Verfolgen von Absichten und Zwecken, kurz, die *bewußte Finalität* menschlichen Verhaltens überhaupt erst möglich wird. Auf dieser Ebene eröffnet sich dann auch intersubjektives Verstehen von Mensch zu Mensch: das — nicht immer verbalisierte — *„Gespräch"*, d. h. das sich geistig-kommunikative Verbinden und Verständigen des Menschen mit sich selbst und seinesgleichen.

Als geistiger Mensch (eine Tautologie!) lebt *im Selbstverhältnis des Sich-Wissens und Sich-Wollens* eben nicht nur der Philosoph und der Wissenschaftler, sondern *jeder* selbstbewußt mit Absichten auf Zwecke hin, d. h. *intentional handelnde erwachsene Mensch* — auch ein „kriminell" handeln-

* Hervorhebung von Ref.

der Betrüger, ein Bankräuber und ein emotionalen Antriebsinhalten zweckgerichtet folgender sog. Affekttäter (falls nicht auf einen Aktualreiz hin „besinnungslos“ reflektorisch zuschlagend). Auch sie, die Verbrecher, handeln *„auto“-nom, d.h. selbstbewußt um ihr Tun wissend und es wollend.* Aber: Boden und Ausgang, das Initium ihrer – kriminellen – Intention ist eine ganz andere konkrete Lebens- und Werte-Welt als z.B. die einem naturwissenschaftlich Handelnden vorgegebene! Als auto-nom Handelnde können aber Forscher wie Verbrecher, auf ihr (vielleicht bei beiden gegenüber ihren Familien rücksichtsloses) Tun hin zur Rede gestellt, ihre Intentionen (soweit bewußt bzw. bewußtseinsfähig) offenlegen, d.h. sich ver-antworten. Hätten aber Wissenschaftler wie Verbrecher „zur Zeit der Tat“ anders handeln können, als sie gehandelt haben?

Diese sich hier schon erhebende „eigentliche“ Freiheitsfrage (die m.E. mit Hinweis auf die Auto-nomie des transzendental konstituierten Menschen noch nicht positiv beantwortet ist) bleibe vorerst im Raum stehen. Wir wenden uns ihr erst im Kapitel 5 zu.

III. Als dritter Philosoph unseres Landes und unserer Zeit, dessen Denken in einer Reihe von Vorträgen und Aufsätzen (zwischen 1976 und 1985) Konturen heutiger Anthropologie deutlich macht, sei hier *Odo Marquard* genannt.

1. In einem seiner Aufsätze (welcher spürbar in geistiger Nähe zu G. Prauss steht) „Über die Unvermeidlichkeit der Geisteswissenschaften“ (1985) kennzeichnet Marquard die heutige Lage so: Je mehr der Mensch als individuelles Subjekt in der naturwissenschaftlichen Forschung methodisch eliminiert und mit der von ihr geschaffenen technologisch versachlichten, „entzauberten“ Welt konfrontiert wird, um so mehr fordert diese „challenge“ unvermeidlich eine geisteswissenschaftliche „response“, d.h. hermeneutische Interpretationen. Deren Pluralismus sei als Buntheit und Vielfalt (im Sinne einer Wiedervermenschlichung der Sachwelt und einer Freiheiten schaffenden „Gewaltenteilung“) zu bejahen. Universitär realisiert werde die *Anthropologie von heute* durch das *interdisziplinäre Gespräch.* Bei dem sei kein Verständigungsperfektionismus nötig, nur schlichte Vernunft (d.h. „der Verzicht auf die Anstrengung, dumm zu bleiben“) und ein Lebenkönnen mit offenen Aporien und entschärften Deutungskontroversen.

Ich betone hier bewußt die wohlbegründete jüngere These Marquards von der *Unvermeidlichkeit der Geisteswissenschaft und ihrer besonderen Notwendigkeit heute,* um dem naturwissenschaftlich-technologischen Fortschritt menschlich gewachsen zu sein (ja ihn human unschädlich erst zu ermöglichen).

Kalt berührt demgegenüber der Anhauch einer drohenden Dominanz der apersonalen Naturwissenschaften über menschliche Geisteswissenschaften, des Logos (als Logik) gegenüber dem Mythos (als Intuition und Tradition, Philosophie und Religion)! Spüren läßt ihn z.B. dieser Satz eines – um psychiatrische Grundlagenforschung sehr verdienten — psychiatrischen Kollegen zum Euthanasieproblem (B. Mitterauer, 1984): „Wir glauben, daß man Euthanasie in keinem Forum der Welt nur unter den Gesichtspunkten des Rechts, der Medizin, Psychologie, Soziologie und Philosophie und Religion ... diskutieren darf. Ohne die modernen Erkenntnisse der Hirnforschung (neurosciences) und insbesondere der Biokybernetik sind neue Einsichten für und gegen die Euthanasie nicht zu erwarten." Sollen künftig apparative und testoperationale Hirnfunktionsdiagnosen und Biocomputerprogramme für oder gegen Euthanasie votieren anstatt menschlich errungene Letztentscheidungen vor Letztfragen? — Zum Thema unseres Buches versucht der gleiche Autor 1985 „Die Logik der Handlungsfreiheit" aus „systemtheoretischen Grundlagen zur Beurteilung der Zurechnungsfähigkeit" zu entwickeln und bearbeitet allen Ernstes in einer rational scharfsinnigen Studie (mit s. E. positivem und anwendungspraktikablem Ergebnis) diese Frage: „Was kann der psychiatrische Gutachter von sich ‚ethisch' bzw. ‚moralisch' verhaltenden Computersystemen* lernen, um dem Richter logisch exakt formulierte Grundlagen zur Beurteilung der Zurechnungsfähigkeit eines Delinquenten zu liefern?"

2. Allzu- und Allgemein-Menschliches (und damit kriminologisch und forensisch Relevantes) bringt Marquard (1986 b, S. 247 ff.) vor den Blick mit dem Postulat, daß Vernunft nicht nur eine *„ausschließende"* sein dürfe (das Veränderliche, Endliche, Sinnliche, Vereinzelte, Emotionale, bloß Historische und Zufällige ausschließende), wie in der traditionellen abendländischen Philosophie. Sie müsse eine auch all dieses be-merkende, eine *„merkende"* Vernunft sein, wenn sie der menschlichen Lebenswirklichkeit — eben anthropologisch — gerecht werden will.

Zur Würde des Menschen, zu seinem Erwachsensein gehöre, daß er seine Endlichkeit und Schicksalszufälle anerkennen und illusionslos — amor fati — „das Zufällige leiden kann" (1986 a, S. 132).

Damit aber ist der in transzendentaler Distanz vor die „Unvermeidlichkeit des Unverfügbaren" gestellte Mensch zugleich mit den unvermeidlichen — geschichtlichen und persönlichen — Übeln dieser Welt konfrontiert. D. h. als neuzeitlicher Mensch, der nicht mehr alle Weltübel weil Sünden- und Sündenfall-Folge (zum Alibi Gottes) sich selbst zurechnet, ist er der *Theodizeefrage* ausgesetzt: Si deus, unde malum? Si malum, unde deus? Auch und gerade der säkular-wissenschaftlich mit dem (seit Kain und Abel) in zwischenmenschlicher Kriminalität explizit manifestierten Übel befaßte „Kriminologe" kommt „anthropologisch" heute nicht mehr an diesen Fragen vorbei. Haben wir doch erst in der Neuzeit — d. h. nach Auflösung einer allgemein verbindlichen intakten Religiosität, nach der „Entlastung" Gottes vom Weltübel durch seine (zumindest wissenschaftlich hypostasierte) Nichtexistenz — die Distanz zu autonomer Auseinandersetzung mit dem Theodi-

* Die „ethisch" genannte Maschine ist frei von einem bestimmten Programm, aber für permanente induktive Lernprozesse aus Versuch und Irrtum konstruiert; die „moralische" Maschine muß alle Eingaben gemäß einem vorgegebenen Programm (sozialsittliches System) deduktiv interpretieren und beantworten.

zeeproblem. „Wo Theodizee ist, da ist Neuzeit, wo Neuzeit ist, ist Theodizee" (1986a, S. 14).

3.2 Der Mensch im Licht einer paläoanthropologischen Besinnung (Hans Jonas)

Was ist das Transanimalische, die differentia specifica des Menschen zu allen anderen Lebewesen, auch zu den ihm genetisch am nächsten stehenden Primaten? Diese alte Frage stellt wieder Hans Jonas (1985) und findet Antwort nicht erst in den sprachlich-geistigen Leistungen des „zoon logon echon", sondern paläoanthropologisch schon präverbal in den ur- und *elementarmenschlichen Hervorbringungen des Werkzeugs, des Bildes und des Grabes.*

Der Befund von H. Jonas ist, daß der Mensch transanimal Mensch ist, sobald — in der phylo- und ontogenetischen Evolution — und solange — vor einer eventuellen pathologischen Involution — seine transzendentale Konstitution sich in Haltungen und Handlungen technischen Ersinnens (Werkzeug), ästhetischen Gestaltens (Bild) und kultischer, d. h. metaphysischer Beziehung zu seinen Toten und damit zu Endlichkeit und Tod (Grab) manifestiert. Dabei manifestiert sich geistig — was Jonas in seiner Studie nicht behandelt — immer *auch eine zwischenmenschliche, d. h. soziale Beziehung:* Kein Mensch lebt alleine und stellt Werkzeug, Bild und Grab nur für sich selber her. Durch ihre sozialen Bezüge sind diese paläoanthropologischen Befunde auch nicht ohne Relevanz für psychologisches Verstehen und forensisches Bewerten eines „abweichenden", sog. kriminellen zwischenmenschlichen Verhaltens. Ein Täter, der die Bewußtseinsebene des homo faber, pictor und metaphysicus (= homo sapiens) mit uns teilt, ist kommunikativ im Vollsinne Mensch. Er ist in seinem Tathandeln von anderen prinzipiell verstehbar, ist auf sein Handeln hin zur Rede gestellt verstehbarer Antworten fähig, d. h. ver-antwortungsfähig; und er ist zu selbstkritischer reflexiver Distanz gegenüber seiner Erlebnis- und Handlungsvergangenheit und damit der „Begangenheit" seiner Taten fähig und erfüllt damit eine anthropologische Basisvoraussetzung sozialer Wiederversöhnung, d. h. er ist sühnefähig.

3.3 Der Mensch als begegnendes Subjekt der — „psychosomatischen" — Medizin (Th. v. Uexküll)

3.3.1 Die anthropologische Wende in der modernen Heilkunde

Unbestreitbar sind die imposanten lebensrettenden und -verlängernden Fortschritte rein biologisch orientierter moderner Medizintechnik, welche Humanmedizin auf gleichen Grundlagen der pathologischen Physiologie und Anatomie betreibt wie Veterinärmedizin (und daher eine wesentliche Erfahrungsgrundlage in Tierversuchen hat). Das wissenschaftliche Ziel dieser medizinischen Wissenschaft konnte noch 1930 der namhafte Internist Franz Vollhard dahin formulieren, daß es darum gehe, „die Methode der exakten naturwissenschaftlichen und biologischen Forschung ... zu einer rationalen Therapie zu führen, deren Kriterium und höchste Leistung es ist, daß sie ohne Rücksicht auf den individuellen Kranken, seine Persönlichkeit, seine seelische Verfassung, seine Konstitution mit seiner Krankheit fertig wird" (nach Th. v. Uexküll 1986, S. 149).

In der ärztlichen Praxis allerdings, die ja überwiegend mit beginnenden und nicht unmittelbar lebensbedrohenden, mit chronischen und sog. „funktionellen" (d. h. noch ohne organische Strukturveränderungen einhergehenden) Leiden zu tun hat, wird indessen ein solches biologistisch-reduktionistisches Medizinkonzept kaum „mit den Krankheiten fertig". Die Differenz zwischen sinkender Mortalität (erhöhte Lebenserwartung) und steigender Morbidität (sinkender Gesundheitsstand) wird immer größer. Das Vollhardsche Konzept ist daher heute überholt, denn *die Humanmedizin hat* — vielfach noch unter dem Begriff „Psychosomatische Medizin" — *eine anthropologische Wendung genommen.*

Der heutigen Humanmedizin liegt ein Menschenbild zugrunde, welches in Diagnose und Therapie nicht mehr Soma und Psyche, körperliches und psychisches Leiden dualistisch voneinander trennt und jene einer biologischen und diese einer psychologischen Therapiemethode zuweist. Sie hat psycho→somatische *und* somato→psychische Krankheits- und Therapiebedingungen erkannt und verdankt — worin ich Th. von Uexküll folge (1986, S. 153) — einen überzeugenden wissenschaftlichen Ansatz der von Bertalanffy 1968 entworfenen *allgemeinen Systemtheorie.*

Sie ist das Konzept einer hierarchischen Ordnung organisierter Systeme, die von einfachen über aufsteigende Integrationsstufen zu immer komplexeren Systemen hinführen (vom Atom zu hochmolekularen organischen Verbindungen, von diesen zur Zelle; von der Zelle über Gewebe, Organe und Organverbände zum Organismus und zu der diesen als Einzelglied integrierenden Sozietät). Dabei ist jedes System mehr als die Summe seiner Teile, d. h. auf diese irreduzibel, denn auf jeder Integrationsstufe tauchen sprunghaft neue Phänomene und Eigenschaften auf („Emergenz" i. S. von Popper 1977), denen heute eigene Wissenschaften mit eigener Sprache entsprechen: Physik, Chemie, Biologie, Psychologie, Soziologie.

*Intra*individuell aber können — über die in unserem strukturdynamischen Leitbild II (S. 47) dargestellten Wechselwirkungsmechanismen 3, 4, 5 — zwischen den Systemstufen *„Aufwärts- und Abwärts-Effekte"* (wie das Popper, auch Medawar schon 1977 nannten) zustande kommen, „... können zum Beispiel Vorgänge, die sich in Zellen abspielen, ‚Aufwärts-Effekte' in Organen, in dem Erleben und Verhalten eines Menschen und schließlich in seiner Familie haben" und umgekehrt „Vorgänge im System einer Familie

‚Abwärts-Effekte' in Organen und Zellen eines Familienmitgliedes nach sich ziehen". Es können also „an der Grenze zwischen den verschiedenen Ebenen einer Systemhierarchie ... Übersetzungen von einem Zeichensystem in ein anderes stattfinden", womit „die Systemtheorie ein anderes Interpretationsmodell für den Körper anbietet als das der Maschine" (Th. v. Uexküll, S. 154–156).

So wie auf einfacher Lebensstufe das ortsfeste System *Pflanze* von einer — die aktiv selektierenden Rezeptoren seiner obersten Zellschicht mit anorganischen Reizen und Stoffen kontaktierenden — *„Wohnhülle"* (J. v. Uexküll) umgeben ist und das leiblich mobile Lebenssystem *Tier* in erweitertem Sinne von seiner organismus-spezifisch selektierten *„Umwelt"*(-Wohnung), so ist auf der humanen Systemstufe „jeder Mensch von einer individuellen Wirklichkeit umgeben, die seinen Körper als eine für den außenstehenden Beobachter unsichtbare Hülle wie eine zweite Haut umgibt. Diese zweite Haut baut jeder von uns nach Programmen, die er im Laufe seines Lebens erworben hat, auf. In ihr erlebt er *seine Welt* als ein persönliches, einmaliges Eigentum und Schicksal" (Th. v. Uexküll und Wesiack, 1979). — So, möchte ich formulieren, wohnt und ist zu Hause *jeder* Mensch in *seiner* — genetisch individuell formal angelegten und biographisch individuell inhaltlich geprägten — *„Welt"*-Hülle (des Erlebens, Vorstellens, Denkens und Wollens).

In je-seine Welt ist der Mensch aber nicht — wie das Tier in die Horizonte seiner Umwelt — „ptolemäisch" eingesperrt. Er wird von einer bestimmten Reifungsstufe seines Bewußtseins an fähig (und diskontinuierlich von inneren Einfällen oder äußeren Zufällen aktuell dazu angeregt), die je-meinigen Welthorizonte „kopernikanisch" zu transzendieren. Er sieht und erfährt dann ek-sistierend sich mit *je-seinem* ptolemäischen Weltbezug neben anderen Menschen mit *je-ihren anderen* ptolemäischen Weltbezügen in verschiedenen Welten lebend und insoweit „durch Welten *getrennt*". Er sieht und erfährt sich *zugleich* aber auch — die individuellen Welten kopernikanisch transzendierend — in irdischer Schicksalsgemeinschaft des Auf-den-Tod-hin-in-der-Welt-Da-Seins mit seinen ebenso darum wissenden Mitmenschen *vereint*.

Der an einem solchen transzendental konstituierten Weltbild orientierte Arzt weiß, daß er und der Kranke in verschiedenen Welten leben, in denen beschreibbare Ereignisse, Sorgen und Konflikte, aber auch Worte und Schweigen des Arztes eine ganz verschiedene Bedeutung haben. Mit diesem Wissen und mit Empathie (d. h. der Bereitschaft und Fähigkeit, sich in die Welt des anderen einzufühlen und einzudenken) dem Kranken begegnend, wird der Arzt seine Dia-gnostik, das Durch-Erkennen des ganzen Menschen um das Erfassen geistiger und seelischer „Abwärtseffekte" (Leitbild II, 3 ↓) in veränderten Organ- und Gewebefunktionen ebenso erweitern wie um die Dimension somatopsychischer „Aufwärtseffekte" (3 ↑). Denn es gilt auch: „Das Charakterverhalten ist oft feinster Test veränderter biologischer Situationen, also ein wertvolles klinisches Symptom" (v. Bergmann).

3.3.2 Medizin- und Kriminalanthropologie

Wenn es nun weniger darum geht, ein primär von Ärzten als „psychopathologisch" qualifiziertes norm„*abweichendes*" Sozialverhalten *psychiatrisch* aufzuklären und ärztlich zu behandeln, sondern eher darum, ein primär von Polizei und Staatsanwalt als „kriminell" qualifiziertes norm„*verletzendes*" Sozialverhalten *kriminologisch* aufzuklären und strafrechtlich zu reagieren — sollte da nicht auch eine „anthropologische", d.h. auch den Kriminellen als Mitmenschen untersuchende und präventiv behandelnde Methodik am Platze sein?

Mit Wurzeln im Aufklärungsgeist des 18. und im Wissenschaftsgeist des 19. Jahrhunderts hat in unserem Jahrhundert (jedenfalls im von Politideologien freien bzw. befreiten Raum) eine breite moralisch neutrale kriminologische Strömung eingesetzt, deren — kriminogene Verhaltensbedingungen („Determinanten") herausarbeitende — Forschung zunächst zwangsläufig in ein Spannungsverhältnis zum — das Tatunrecht und die, wie auch immer verstandene, Tatschuld wertenden und vergeltenden — Strafrecht kommen mußte (R. Lange). Wurden doch mit progressiv sich erweiternden und vertiefenden Einsichten in das Bedingungsgefüge kriminellen Verhaltens immer deutlicher gesehen die genetischen, biographischen, psychologischen, sozialen und situativen *Unterschiede* zwischen kriminellen und nicht-kriminellen Gliedern einer bestimmten Population — kurz die *Differenzen* der Schicksalszufälligkeiten i.S. von O. Marquard. Die solche Differenzen systematisch vergleichende Kriminologie (H. Göppinger, 1985) verdichtet den Eindruck, daß Schicksalsunterschiede darüber bestimmen, in welcher Rolle letztendlich in der Verhandlung eines Strafprozesses der Mensch sitzt: als Täter oder Geschädigter, Ankläger oder Verteidiger, als Richter oder Zeuge, als Sachverständiger oder Reporter. Heute ist indessen, meine ich, solche *einäugige* Sicht eines kriminologischen *Determinismus,* der menschliche Schicksalsunterschiede nicht anders sieht als animale (etwa die Schicksale eines Wildlöwen und eines dressierten Zirkuslöwen), geistesgeschichtlich überholt. Zum menschlichen Lebensweg gehört nicht nur die Kette vegetativer, strukturell und biographisch festgelegter affektiv-triebhafter und intellektueller Reaktionen auf die Zufälligkeiten des je-meinigen In-der-Welt-Seins, sondern auch das personale geistige Abgehobensein von meinem Schicksalsweg und von meinem somatischen und psychischen Reagieren auf seine Ereignisse.

Heute stehen — anders gesagt — die Zeichen günstig für eine befruchtende Vereinigung kriminologischer *und* strafrechtlicher Aspekte (von Seins- und Sollenswissenschaft). Hat doch das moderne Strafrecht das Pathos (die Intention) eines abstrakten Gerechtigkeitsvollzugs, einer imitatio dei im Irdischen durch zweckfreie Vergeltung persönlicher Schuld abgelegt und beschränkt sich darauf, an der Idee der Gerechtigkeit ausgerichtet, durch demokratisch legitimierte Normsetzung und -durchsetzung Rechtsgüter mit wert- und gefährdungsbezogen mehr oder weniger gewichtigen Sanktionen zu *schützen*.

Solchen Dienst der Kriminaljustiz an der Rechtsgemeinschaft als Ganzem und an den von einem Normbruch Betroffenen (Opfern und Tätern) kann man heute nach Säkularisierung, Entmythologisierung und Sozialisierung des Strafrechts (J. Baumann) durchaus als eine *soziale Heilkunst guter Richter* neben die *individuelle Heilkunst guter Ärzte* stellen. Und zwar nicht nur deswegen, weil beide ebenfalls eine heilsam-zielführende „Politik" betreiben, Kriminalpolitik die einen, Gesundheitspolitik die anderen.

Eine tiefergehende Konvergenz liegt in der *anthropologischen Wende von medizinischer Wissenschaft und Kriminaljurisprudenz*. Hier wie dort hält man sich nicht nur an die naturwissenschaftlich bzw. kriminalistisch erforschten und diagnostisch bzw. normativ subsumierbaren äußeren „Tatbestände" einer Krankheit bzw. eines Verbrechens. Man geht auf allen „Systemebenen" der individuellen Wirklichkeit eines kranken bzw. kriminell gewordenen Menschen nach — in der Praxis von Sprechzimmer bzw. Verhandlungssaal natürlich fallschwerebezogen mehr oder weniger intensiv. Und hier wie dort sieht man die Klienten (Täter bzw. Patienten) nicht nur als *passiv Erleidende* „kriminogener" bzw. „pathogener" Konstellationen, sondern auch als — aus einer bestimmten Gesinnung, inneren Haltung heraus sozial bewußt bzw. psychosomatisch unterbewußt — *aktive Gestalter* ihrer Tat bzw. Krankheit.

Dies scheint mir die „Wende" zu sein: Hat früher der Arzt den Kranken in der Regel nur als passives Opfer krankmachender organismischer Prozesse und Traumen angesehen, sieht er heute, daß auch geistige Gesinnungshaltungen und innere Entscheidungen — oft verdrängt, aber bewußtseinsfähig — an Krankheitsentwicklungen beteiligt sind. Hat früher der Strafrichter im Verbrecher in der Regel *nur den Akteur* schuldhaften kriminellen Handelns und schließlich asozialer Verdorbenheit angesehen, sieht er heute, daß dieser *auch das Opfer* von Sozialisationsdefiziten, Milieuschäden, leiblichen, seelischen und geistigen Insuffizienzen ist.

Diese Hinweise wollen den Unterschied zwischen Pathologie und Kriminalität, zwischen überwiegend sich selbst schädigender psychosomatischer Krankheit und überwiegend andere schädigendem Verbrechen nicht nivellieren (wenn auch, woran erinnert sei, meine Krankheit nicht nur mich, sondern zugleich andere belastet, mein Verbrechen nicht nur andere, sondern zugleich mich). Sie wollen auch nicht werben für den oberflächlichen Slogan „Heilen statt Strafen" (eher dafür, daß die Möglichkeit eines „Heilens durch Strafe", durch wirklich reinigende versöhnende Sühne, tiefer bedacht wird). Vor allem aber soll versucht werden zu zeigen, daß die Beachtung der *gesamten* (spezifisch-menschlich organismischen, psychodynamisch strukturierten *und* transzendentalen) *Humankonstitution* in jedem Falle notwendiger „Behandlung" eines Mitmenschen (einer ärztlich oder rechtlich korrigierenden), daß *der anthropologische Ansatz ein wissenschaftliches und humanitäres Signum unserer Zeit* ist.

3.4 Der Mensch als begegnendes Subjekt im (schuld)strafrechtlichen Prozeß

Wenn ein Glied menschlicher Gesellungen in mehr oder weniger gewichtiger Weise eine für die soziale Ordnung oder für die Integrität von Lebensgütern anderer relevante (sittliche oder gesetzliche) Gebots- oder Verbotsnorm verletzt, dann kommt es (über die unmittelbare Primärreaktion eines ggf. unmittelbar betroffenen Mitgliedes hinaus) zu einer entsprechend mehr oder weniger intensiven und extensiven *Restitutionsreaktion* (Konfliktbereinigung) der betroffenen sozialen Gruppe (Familie, Verein(igung), Rechtsgemeinschaft) bzw. ihrer Repräsentanten und deren „Ordnungshütern". Das ist biodynamisch analogisierbar dem Vorgang, wie es nach einer leiblichen Verletzung zu je nach Ausdehnung und Schweregrad mehr oder weniger intensiven und extensiven Restitutionsreaktionen von den betroffenen Teilen oder dem Ganzen des Organismus (bzw. von dessen vegetativen Repräsentationszentren und deren peripheren „Ordnungshütern", z. B. den weißen Blutzellen) kommt.

Dieser triviale Vergleich will nicht menschliche Verhältnisse biologistisch reduzieren, sondern nur an *final sinnvolle strukturell-dynamische Gemeinsamkeiten höherer Lebenssysteme* erinnern.

Auf der humanen „Systemebene", also anthropologisch ist festzustellen: Seit der Mensch Mensch ist, d. h. mit Sprache, selbstbewußtem Geist, Vernunft begabt (und damit über interanimale Signallautkommunikation hinaus intersubjektiv mittels Sprache geistig verständigungsfähig), besteht die menschliche, d. h. vom unmittelbar-reflexartigen Reagieren abgehobene (distanzierte) erste Antwort auf eine relevante Normverletzung im Suchen und detektivischen Ansprechen des Täters durch eine – gleich ihm – personale Instanz der Normrepräsentation und -wahrung. So Jahwe in Genesis 3, 9; 4, 9: „Adam wo bist du?", „Kain, wo ist dein Bruder?" Und, nachdem die Täterschaft durch Allwissen des Gottes, durch Geständnis, Zeugen oder Indizien unter Menschen festgestellt ist, besteht die weitere inquisitorische Reaktion der Rechtsordnung darin, daß der Täter auf die Tat hin zur Rede gestellt, nach Hergang und Motiv befragt wird. So Jahwe in Genesis 4, 10: „Was hast du getan?"; in 3, 13: „Warum hast du das getan?"

Mit diesen Fragen ist der intersubjektive forensische Dialog eröffnet, indem nunmehr der Täter antwortet, sich ver-antwortet.

Dabei ist „typisch-menschlich", daß der Mensch sich zunächst von der Tat zu entlasten sucht, sie leugnend, die Schuld von sich auf andere schiebend. So Adam: „Das Weib, das du mir zugesellt hast, gab mir von dem Baum, und ich aß" (Genesis 3, 12); und Eva: „Die Schlange betrog mich also, daß ich aß" (3, 13); und Kain auf Jahwes Frage, wo sein Bruder ist: „Ich weiß es nicht; soll ich meines Bruders Hüter sein?" (4, 9).

Und menschlich ist auch, daß der überführte und dann reuige Täter in der Selbstverantwortung die von ihm allein nicht tragbare Last der Tat und auch die Furcht vor tatschwereadäquater Vergeltung zum Ausdruck bringt. So Kain: „Meine Sünde ist größer, denn daß sie mir vergeben werden möge... So wird mir's geschehen, daß mich totschlage, wer mich findet" (Genesis 4, 13–14).

Der so in den Mythen vom ersten Sündenfall Adams und Evas aus Hybris und vom Urverbrechen Kains aus Lebensneid (Kains Opfergaben waren nicht schuld-, sondern schicksalhaft weniger gottgefällig als die Abels) repräsentativ vorgeführte strafrechtliche Prozeß zeigt uns in seinem Kern wiederum den Menschen in seiner Personalität, in seiner „transzendentalen Konstitution": Als ichbewußt, d.h. bewußt final (intentional) handelndes Subjekt steht er – mit G. Prauss (s.o. S. 51) in Anlehnung an M. Heidegger (s.o. S. 50) gesprochen – im „Selbstverhältnis des Sich-Wissens und Sich-Wollens"; ist unter personal-seinesgleichen „verständliche Natur". So kann er sich selbst und anderen Personen, auch dem Gott, antworten und – in expliziter Weise – sich ver-antworten.

In den letzten Jahren ist es im kriminalrechtlichen wie im forensisch-psychiatrischen Sprachgebrauch zu einem bemerkenswerten – m.E. positiv zu bewertenden – Begriffswandel gekommen, zur Synonymisierung bzw. zur Begriffsverschiebung von strafrechtlicher *„Schuld" und „Schuldfähigkeit"* und (bzw. auf) *„Verantwortung" und „Verantwortungsfähigkeit"*. Es besteht die Tendenz, den strafrechtlichen Schuldbegriff einzuengen und womöglich ganz auf ihn zu verzichten zugunsten des rechtlich unverzichtbaren Verantwortungsbegriffs. Es sei daher schon an dieser Stelle ein Exkurs darüber eingeschaltet, was es erstens heißt, daß ein Mensch *sich verantwortet* (1), und zweitens, welche geistigen (Minimal-)Voraussetzungen erfüllt sein müssen, daß er sich im konkreten Fall verantworten kann, verantwortungs-*fähig* ist (2).

Zu 1: Eine Phänomen- und Begriffsanalyse über „Das Wesen der Verantwortung" hat W. Weischedel schon 1933 vorgelegt (2. unveränderte Auflage 1958). Wir folgen ihr insoweit, daß wir zunächst die Begriffsglieder ver, ant, und worten betrachten: „Worten" bedeutet, daß ein sprachbegabtes, d.h. geistiges Wesen redet, sinnvoll reden kann. Die Silbe „ant" bedeutet, daß es sich um eine Entgegnung, ein Ant-worten, um einen Dialog zwischen einem zur Rede stellenden, fragenden und einem Rede stehenden und Antwort gebenden Partner handelt. Die Silbe „ver" bedeutet, daß der zur Rede Gestellte, der Gefragte sich, seine Persönlichkeit reflektierend ganz hereinnimmt in die Antwort, so wie etwas, was ver-brennt oder ver-nichtet wird, total aufbrennt, total zu Nichts wird. Weischedel drückt das schließlich so aus: „Verantworten besagt: sich offenbarmachen gegen eine Frage. Der

Verantwortende greift auf sich zurück und holt sich her in die Antwort — Reflexion —. Er nimmt sich ganz — bis zum Ende — in das Offenbarmachen hinein und kommt damit weg von der Fraglichkeit" (S. 17).

Es gibt nur drei mögliche Partner eines solchen geistig-dialogischen Verhältnisses und also *drei Grundarten von Verantwortung:* Erstens den sich verantwortenden Dialog mit dem oder den Mitmenschen, wofür als repräsentativ gelten kann das Sichverantworten vor dem Richter: *die soziale Verantwortung.* Zweitens der sich verantwortende Dialog mit Gott als personalem Du im Gebet: *die religiöse Verantwortung.* Drittens das dialogische Verhältnis des Menschen mit sich selbst: *die Selbst-Verantwortung.* — Über das Verhältnis dieser drei Grundarten von Verantwortung zueinander sei hier nur bemerkt, daß Weischedel m. E. recht hat, wenn er sagt, daß die Selbst-Verantwortung fundamental ist gegenüber der religiösen und der sozialen Verantwortung. Muß doch auch der so oder so positiv oder negativ ausgeformte religiöse Glaube primär vor dem eigenen Gewissen bestehen. Gleiches gilt für das Sichverantworten im zwischenmenschlichen Leben, da dessen Gesetze und Normen ja Sekundärprodukte des sozialen Wertens und Wertsetzens von Rechtsgenossen als Einzelpersönlichkeiten sind. Auch muß jeder zuerst vor sich selbst verantwortlich, sich an-sprechend entscheiden, ob er mit seinem Gewissen, seiner Gesinnung vereinbaren kann, bestimmten religiösen und gesetzlichen Normen oder anderen An-sprüchen zu folgen oder nicht.

Halten wir aus diesen phänomenologischen Vorbemerkungen für das Weitere (mit H. Welzel) fest, daß der Mensch von seiner geistigen, sprachbegabten Natur her ein verantwortliches Wesen ist, und daß ihn dieses Kriterium schon existentiell, als homo phänomenon und nicht erst als unter einer bestimmten Idee (wie etwa des relativen Indeterminismus) begriffenen homo noumenon von anderen Lebewesen unterscheidet.

Zu 2: Welche geistige, d. h. spezifisch menschliche psychische Leistung (sfähigkeit) setzt nun konkret einen Menschen instand, sich in bezug auf eine bestimmte Verhaltensweise (Tat) vor einer anderen Person (repräsentativ vor einem Richter) ver-antworten zu können? Was ist Kriterium und Maßstab für *Verantwortungsfähigkeit?*

Sich — forensisch immer retrospektiv! — für ein konkretes Verhalten verantworten zu können, ist *eine zeitlich zweigliedrige menschliche Leistung.* Denn sie setzt „Subjektivität als Intentionalität", d. h. eine insoweit intakte transzendentale Konstitution voraus erstens beim zur Rede stehenden Handeln und zweitens — über die von Gedächtnis- und Erinnerungsvermögen gebildete retrospektive geistige Brücke hinweg — beim konkreten Sich-Verantworten, beim forensischen Verantwortungsdialog über dieses begangene Handeln. Anders gesagt: Wenn die Entscheidung zu (zeitlich formuliert: bei) einer bestimmten *äußeren Handlung* aus einem menschlich-normalen (personalen) *inneren Handeln* folgte (d. h. mittels einer reflexiv-ichbewußten, von der empfundenen Bedürfnissituation distanzierten subjektiven Entschlußbildung) und wenn andererseits in der forensischen Situation des „verantwortlich" Zur-Rede-gestellt-Seins dieses Handeln als ein persönlich ichbewußt gewolltes wieder vergegenwärtigt und retrospektiv nochmals — sei es wiederum bejahend oder jetzt selbstkritisch bereuend — reflektiert werden kann, dann ist der Mensch verantwortungsfähig. Man kann also — ohne die problematische Frage erweisbarer „Willensfreiheit" zu berühren! — verantwortungsfähiges Handeln auch ein *auto-nomes, d. h. von einem* (seiner Lebenssituation gegenüberstehenden, sie transzendierenden) *Selbst bestimmtes und final geleitetes Handeln* nennen.

Im Prozeß richterlich aufgefordert, sein inkriminiertes Verhalten und dessen Motivation erinnerungsmäßig zu reproduzieren, kann (wenn er will!) ein verantwortungsfähiger Täter nun diesem An-Spruch ent-sprechen. Er kann, in gleicherweise ichbewußter Distanz zu seinem jetzigen Aussageverhalten wie zum damaligen Tatverhalten, nicht nur sich ver-antwortend sagen, was und wie er etwas tat, sondern auch, warum er es tat, was er davor, dabei und danach dachte und empfand, was ihn zur Tat veranlaßt oder getrieben hat. Und er kann — und wird oft — auch sagen, wie sich ihm sein damaliges Tathandeln im Licht seiner heutigen Vergegenwärtigung, Reflexion, Besinnung und Gesinnung darstellt. Da jeder Mensch, solange er lebt, auf einem Lebens*weg* ist, *d. h. personal fortschreitet,* sieht er Vergangenes und Begangenes infolge weiterer Geschehnisse, Erlebnisse und „Lernprozesse" in stetig mehr oder weniger veränderter Beleuchtung, Bewertung und Selbstbeurteilung. Insbesondere ein begangener Rechtsbruch steht oft bereits angesichts der unmittelbaren Tatfolgen (auch für ihn, den Rechtsbrecher) alsbald in einem stark veränderten Bewertungslicht des Täters. Es manifestiert sich daher die konkrete forensische Tatverantwortung(sfähigkeit) nicht ganz selten im Verbund mit der Fähigkeit zu retrospektiver Selbstkritik und Verwerfung des Tatverhaltens, zu vertiefter Unrechtseinsicht; d. h. emotiv gesprochen, mit der Fähigkeit zur Reue und zur Akzeptanz einer der Tatschwere angemessenen Strafreaktion.

Dies hinzunehmend läßt sich nunmehr anthropologisch präzisieren: Die transzendentale Konstitution des Menschen zeigt sich nicht nur in seiner sozialen *Verantwortungsfähigkeit* begangener Handlungen, sondern auch in seiner *Revisionsfähigkeit* früherer Gesinnungen und Wollungen. Das bedeutet forensisch die potentielle Rehabilitations- und Versöhnungsfähigkeit mit der verletzten Rechtsgemeinschaft, seine — in germanisch- und christlich-abendländischer Tradition gesagt — *Sühnefähigkeit.*

Wir sind damit zu dem Ergebnis gekommen, daß sich anthropologisch kein Vergeltungsstrafrecht (gemäß einem intersubjektiv feststellbaren Maß willensfrei auf sich geladener persönlicher Schuld) fundieren läßt, wohl aber ein Verantwortungs- und Sühnestrafrecht. *Potentielle Verantwortungsfähigkeit* (auch wenn der Täter in foro faktisch leugnet oder schweigt) und *potentielle Sühnefähigkeit* (auch wenn der Täter sich faktisch von seiner Tat und Tatgesinnung nicht distanziert) sind forensische Manifestationen unserer transzendentalen Konstitution.

Vorstehendes zusammengefaßt lassen sich anthropologisch *fünf Wechselschritte (Antworten) einer „personalen Dialektik" auf dem Weg von der Rechts„verletzung" zur sozialen Rechts„heilung"* idealtypisch etwa so formulieren:

Ausgangssituation: Soziales Trauma und Belastung („Befleckung") eines Täters und der Rechtsgemeinschaft durch eine Kriminaltat

(1) ihr antwortet das den Täter zur Rede stellende, fragende Gericht
(2) ihm antwortet (redend oder schweigend, gestehend oder leugnend, die Tatlast tragend oder sich ent-lastend) der potentiell verantwortungsfähige Täter
(3) diesem antwortet das Gericht gemäß festgestellter und gewogener Tatschuld mit Strafe
(4) auf die Strafe antwortet der potentiell sühnefähige Täter mit Tatsühne (Strafakzeptanz und konstruktive Sühneleistung)
(5) mit der die Sühne akzeptierenden Antwort der Gemeinschaft (Versöhnung) ist ihr Sinn und Ziel erreicht:

Endsituation: Soziale „Heilung" des Traumas und „Reinigung" des Täters und der Rechtsgemeinschaft.

3.5 Leitbild III: Horizonte transzendierender Reflexion
(Geistige Reflexionsebenen oder Transzendenz-Stufen)

Abschließend machen wir den Versuch eines bildhaft-symbolisch zusammenfassenden Aide-mémoire's für das vorstehend Ausgeführte. Indem wir in einem III. Leitbild das Pfeil-Symbol V unseres II. Leitbildes (S. 47) näher explizieren, lassen sich mögliche Bewußtseinshorizonte (= Stufen geistiger Distanzierung bzw. transzendierender Aspekte) ebenfalls symbolisch darstellen. Unterscheiden kann man *fünf Reflexionsebenen:*

A — *des Selbstbezugs* auf die — je-meinige — Existenz mit ihrem Erleben und Werten, ihren Taten und Werken im Zentrum „meiner" Welt
B — *des Umweltbezugs* auf die je-meinigen Umwelt-Inhalte, das innerweltlich „Zu- und Vorhandene" (Heidegger); auf das Miteinander-Existieren
    B 1 mit Mitmenschen, ihrem anderen Erleben und Werten, ihren anderen Taten und Werken;
    B 2 mit dem Tierreich;
    B 3 mit dem Pflanzenreich;

B4 mit unbelebten terrestrischen und extraterrestrischen Naturstoffen und -gebilden

C – *des Weltbezugs* auf das Ganze von allem erforschbaren In-der-Welt-Seienden

D – *der Welt-Anschauung* auf das Welt-Sein (und nicht Nichts-Sein) als solches aus der Distanz des geistigen „In-der-Welt-über-die-Welt-hinaus-Seins“ (L. Binswanger)

E – *des Daseinsbewußtseins* vor und auf den „Geheimnishintergrund der Welt“, vor und auf den Demiurgen, auf „Gott“.

Hieraus folgen *vier sich überhöhende und erweiternde Besinnungs- und Wertungsfelder:*

A–B: Das soziale Feld
A–C: Das wissenschaftliche Feld
A–D: Das philosophische Feld
A–E: Das Feld philosophischen oder religiösen Glaubens

Im Alltag menschlichen Fühlens, Denkens und Handelns bewegen wir uns geistig vor allem *im sozialen Besinnungsfeld A–B* (beim praktischen Existieren mit mir selbst und meiner Umwelt). Relevant für die hier permanent wirksamen Empfindungen und Vorstellungen und die hieraus fließenden Wertungen und Entscheidungen sind jedoch immer auch die auf „höheren“ Reflexionsebenen gewonnenen individuellen geistigen Horizonte. Sei es, daß sie sich menschlichem Fühlen und Denken spontan öffnen, sei es, daß sie sich entwickeln im intersubjektiven geistigen Austausch mit Sprache, Schrift und Kunstwerk.

So kann etwa im Reflektieren auf der Ebene des *Weltbezugs* die für den einzelnen grenzenlose Fülle aller erlebten und erlebbaren, erforschten und erforschbaren Welt-„Inhalte“ spürbar und prägend wirksam werden. Im Be-Fühlen und Be-Denken des *angeschauten Weltseins überhaupt* (und nicht Nichts-Seins) kann die globale Sinnfrage erlebt werden. Und in einem *Daseinsbewußtsein* „darüber hinaus“ ins Ewige und Unendliche können dem einzelnen Antworten eines philosophischen oder religiösen Glaubens zuteil werden, die sein Fühlen, Werten und Handeln im sozialen Alltag entscheidend mitbestimmen.

Innerhalb des sozialen Feldes dominieren durchaus die auf das eigene und mit*menschliche* Dasein und dessen Güter bezogenen Werthaltungen und Handlungen (im Besinnungshorizont A–B 1). Mit tiefem Recht wird aber auch der *Selbst*wert *nicht*menschlicher Entitäten von menschlichen Gesetzen und Gerichten verteidigt. Zum Beispiel durch die Verbote von Tierquälerei und Baumfrevel, durch Gebote des Pflanzen-, Tier-, Landschafts- und Umweltschutzes.

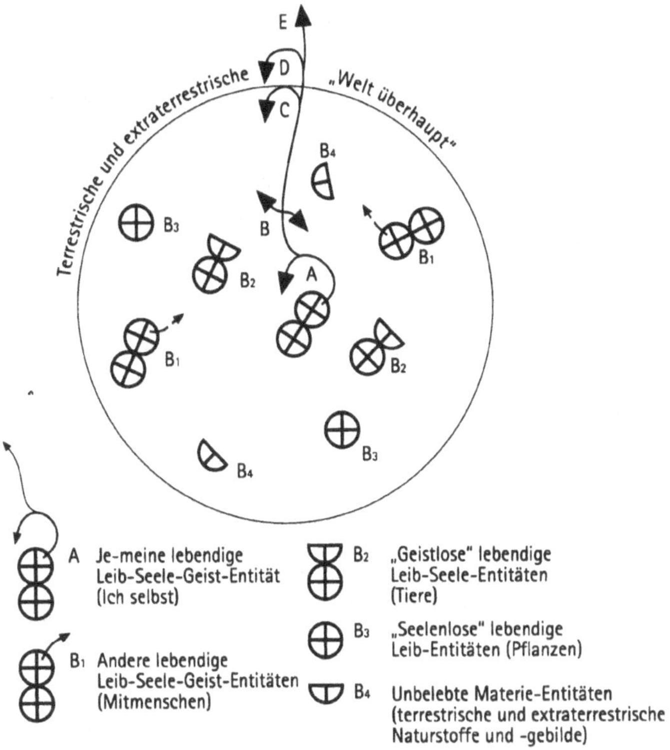

Leitbild III: Horizonte transzendierender Reflexion

4. Aspekt humaner Zeitlichkeit und Endlichkeit

Verstehen kann man das Leben rückwärts;
leben muß man es aber vorwärts.
Sören Kierkegaard

Unsere transzendentale Konstitution impliziert ein bewußtes Verhältnis zur Zeit, dem Medium von Bewegungen, Abläufen und Veränderungen in der Natur, im Geschehen menschlicher Geschichten und Geschichte. „Zeitlichkeit" erfährt der Mensch insbesondere im stets tödlich endenden, „endlichen" Lebensablauf individualisierter Organismen, also auch des eigenen Leibes und des seiner Mitmenschen. Zeitlichkeit „west" unterbewußt im Alltäglichen: im — mehr oder weniger rasch empfundenen — Zeitvergehen, im gegenwärtigen Disponiertsein durch unsere Vergangenheit und im entwerfenden Disponieren unserer Zukunft; im Erleben, Geprägt- und Gestimmtwerden aus der Retro- und Prospektive auf in mehr oder weniger weiter zeitlicher „Entfernung" faktisch geschehenen und potentiell erwarteten Ereignissen: in — immer zeitbezogenen — Stimmungen von Freude und Stolz oder Trauer und Reue (über Vergangenes und Begangenes), in der Vorfreude, Hoffnung oder Furcht im Hinsehen auf wahrscheinlich und möglich Künftiges.

Der Hauptträger unserer „Zeitlichkeit" aber ist das unmittelbar erfahrene eigene und mitmenschliche Leben: Sein unentrinnbares Wachsen, Sichwandeln, Reifen, Welken und Enden; seine individuelle Kürze (vita brevis) bei retrospektiv unvorstellbarer Länge der Generationenfolge; sein uns gegenwärtig sterblich Lebenden als Bevorstand gewisses, aber in seinem Wann und Wie ungewisses Todesende: mors certa, modus et hora incerta.

Wir betrachten den anthropologischen Aspekt von Zeitlichkeit und Endlichkeit hier in einem Sonderkapitel, weil er — ebenso wie der Aspekt menschlicher Freiheit im nachfolgenden Kapitel — eine besondere Bedeutung in kriminellen und strafrechtlichen Situationen hat.

4.1 Die kriminologische Relevanz humaner Zeitlichkeit

Kriminaltaten wie Kriminalstrafen bedeuten weitgehend auch einen mit der Tat dem Opfer und mit der Strafe dem Täter aufgezwungenen Entzug menschlicher Lebenszeit.

Ein Blick auf die *Opferseite* zeigt: Durch Eigentumsdelikte z. B. nimmt der Täter mittels Betrug, Diebstahl oder Raub die durch — unmittelbare oder mittelbare — Leistung (= Lebenszeiteinsatz) erworbenen Güter anderer an sich, eigene Leistung (= Lebenszeitverbrauch) hierzu sich ersparend. Er genießt „unverdient" die Arbeitszeit anderer und belastet sie zusätzlich mit dem Zeitverbrauch für die äußere und innere Verarbeitung und Behebung des materiellen und ideellen Schadens. — Ein Verbrechen an Leib und Leben fügt Mitmenschen nicht nur leiblichen und seelischen Schmerz zu, auch die Lebenszeit des verletzten Opfers wird beschädigt oder vermindert und im Tötungsfall beendet. — Daß Freiheitsberaubung Lebenszeitberaubung ist, scheint evident. Aber auch Beleidigung, Kränkung und Eingriffe in die sexuelle Selbstbestimmung rauben mit der Leidzufügung den Betroffenen frei verfügbare Lebenszeit, denn auch solche Delikte okkupieren sie mehr oder weniger lang zu ihrer Überwindung, d.h. zum Freiwerden von depressiven und lähmenden Nachwirkungen solcher seelischer Traumata für eine davon wieder gelöste Lebensgestaltung.

Auch auf der *Täterseite* zeigt sich, daß fast alle Straf- und Maßregelreaktionen — in gegenüber der möglichen Verbrechensvielfalt einfacherer und durchschaubarerer Weise — das humane Bewußtsein von Zeitlichkeit provozieren und effektive Lebenszeit in Anspruch nehmen. Das gilt für die — Leistungs- und Erwerbszeit gewissermaßen beschlagnahmende — Geldstrafe nicht anders wie für das solche Zeit anderen stehlende Eigentumsdelikt; es gilt für die Lebenszeit beanspruchende Freiheitsstrafe ebenso wie für eine rechtswidrige Freiheitsberaubung; es gilt für die Lebenszeit auslöschende Todesstrafe ebenso wie für den das gleiche bewirkenden Mord.

Der Mensch wäre aber nicht Mensch, wenn dem Opfer aufgezwungene deliktische und reaktiv dem Täter aufgezwungene strafrechtliche Reduktionen von frei verfügbarer Lebenszeit und — bisherigen — Lebensqualitäten stets nur negative, depravierende Ereignisse auf dem Lebensweg sein müßten. Das Trauma einer kriminellen Verletzung und das Trauma einer hierauf antwortenden Sanktion *können* beim betroffenen Opfer wie beim betroffenen Täter auch Anstöße sein für eine Neubesinnung und einen Gesinnungswandel und damit zu einer „besseren“ Lebenszeitnutzung als in der vordem vielleicht anders und weniger „gut“ — etwa mehr an materiellen und Genußwerten — orientierten Lebensphase. Auch schuldstrafrechtlich „vergeltend“ und maßregelrechtlich „sozialtherapeutisch“ gemeinter Freiheitsentzug muß und soll ja kein im „Absitzen“ bzw. Hintersichbringen von Zeit bestehender *quantitativer Lebenszeitverlust* sein, sondern kann und soll sühnend-versöhnender bzw. resozialisierender *qualitativer Lebenszeitgewinn* sein.

Soviel vorerst, um deutlich zu machen, daß Ereignisse auf menschlichen Lebenswegen, die passiv oder aktiv mit Kriminalität und Strafrecht zusammenhängen besonders prägnant — vergleichbar einem Zeit raubenden Krankheitsgeschehen — die „Zeitlichkeit“ menschlichen Daseins hervortreten lassen. Wir meinen jedenfalls, daß eine forensisch angewandte Anthropologie genauer beachten sollte, wie die philosophische Anthropologie unserer Epoche „Zeitlichkeit“ des Näheren bestimmt hat.

4.2 Die Bestimmung von „Zeitlichkeit“ durch Martin Heidegger

Wenn Heidegger auch, wie schon gesagt, mit der „existentialen Analytik“ des Daseins keine Anthropologie entwickeln wollte, sondern „die Fundamentalontologie, aus der alle anderen (Ontologien, Ref.) erst entspringen können" (Sein und Zeit, S. 13), so kann es doch nicht verwehrt sein, die Ergebnisse seiner Daseinsanalytik (da diese ja zugleich eine Analytik der besonderen menschlichen Seinsart ist) ins Anthropologische zu übersetzen. Wir tun das hier möglichst unbefangen, — nicht anders wie z. B. die daseinsanalytische Strömung in der Psychiatrie (L. Binswanger u. a.).

Welche — u. E. auch forensisch relevanten — Aufschlüsse über die Zeitlichkeit des Menschen bietet das Werk von Martin Heidegger?

Der differenziert *entfaltete Befund* Heideggers ist: „Der ursprüngliche ontologische Grund der Existenzialität des Daseins aber ist die *Zeitlichkeit*. Die gegliederte Strukturganzheit des Seins des Daseins als Sorge wird erst aus ihr existenzial verständlich" (S. 234). Die Zeitlichkeit menschlichen Daseins schließt auch seine Endlichkeit ein, den *Tod* als „die Möglichkeit der schlechthinigen Daseinsunmöglichkeit" (S. 250); denn „... wenn Dasein existiert, ist es auch schon in diese Möglichkeit *geworfen*", was „sich ihm ursprünglicher und eindringlicher (als im theoretischen Wissen) in der Befindlichkeit der Angst enthüllt... Das Dasein stirbt faktisch, solange es existiert" (S. 251).

Während „Das alltägliche Sein zum Tode als verfallendes eine ständige Flucht vor ihm (ist)" — „Das Man läßt den Mut zur Angst vor dem Tode nicht aufkommen„ (S. 254) — befreit „das vorlaufende Freiwerden *für* den eigenen Tod ... von der Verlorenheit in die zufällig sich andrängenden Möglichkeiten, so zwar, daß es die faktischen Möglichkeiten, die der unüberholbaren (des Todes, Ref.) vorgelagert sind, allererst eigentlich verstehen und wählen läßt ... und zerbricht so jede Versteifung auf die je erreichte Existenz". Das vorlaufende Vorwegnehmen des ganzen Daseins erschließt so „die Möglichkeit, als *ganzes Seinkönnen* zu existieren" (S. 264).

Vorlaufende Entschlossenheit aber „ist nur so möglich, daß das Dasein *überhaupt* in seiner eigensten Möglichkeit auf sich zukommen *kann*... Das ... auf sich Zukommen lassen ist das ursprüngliche Phänomen der *Zu-kunft*". Das Vorlaufen selbst ist eben „nur möglich, sofern das Dasein ... in seinem Sein überhaupt zukünftig ist" (S. 325). Es gilt aber auch: „Das Vorlaufen in die äußerste und eigenste Möglichkeit ist das verstehende Zurückkommen auf das eigenste Gewesen... Die *Gewesenheit* entspringt in gewisser Weise der Zukunft" (S. 326). Und es gilt drittens: „Die vorlaufende Entschlossenheit erschließt die jeweilige Situation des Da so, daß die Existenz handelnd das faktisch umweltliche Zuhandene umsichtig besorgt ... das handelnde Begegnenlassen des *Anwesenden* ist nur möglich in einem *Gegenwärtigen* dieses Seienden" (S. 326).

Damit ist nun — zusammengefaßt — die folgende Bestimmung von Zeitlichkeit erreicht: „Dies dergestalt als gewesend-gegenwärtigende Zukunft einheitliche Phänomen nennen wir die *Zeitlichkeit*" (S. 326). „Wir nennen daher die charakterisierten Phänomene Zukunft, Gewesenheit, Gegenwart die *Ekstasen* der Zeitlichkeit" (S. 329). Damit aber ist eine tiefere Begründung des Phänomens Sorge gewonnen: „Die ursprüngliche Einheit der Sorgestruktur liegt in der Zeitlichkeit" (S. 327).

Die Zukunft – und das erscheint dem Referenten forensisch-anthropologisch besonders bemerkenswert – wird also an *erster* Stelle genannt, weil sie „in der ekstatischen Einheit der ursprünglichen und eigentlichen Zeitlichkeit einen Vorrang hat", weil sie „allererst die Gegenwart weckt". Denn im „Sein zu seinem Ende existiert das Dasein eigentlich ganz als das Seiende, das es ‚geworfen in den Tod' sein kann" (S. 329). – Vor seine Geworfenheit gebracht wird das Dasein durch seine Gestimmtheit, durch das „wie einem ist", durch die Befindlichkeit; Befindlichkeit „zeitigt sich primär in der Gewesenheit", Stimmungen sind „nicht möglich ..., es sei denn auf dem Grunde der Zeitlichkeit" (S. 340–341).

Das vulgäre Zeitverständnis einer unendlich fortlaufenden Zeit ist *ein aus der Zeitlichkeit menschlichen Daseins abgeleitetes:* „Nur weil die ursprüngliche Zeit *endlich* ist, kann sich die ‚abgeleitete' als *un-endliche* zeitigen" (S. 331).

Ein zusammenfassendes Verständnis von Heideggers Befund menschlicher Zeitlichkeit erlauben schließlich diese Sätze: „Die Einheit der horizontalen Schemata von Zukunft, Gewesenheit und Gegenwart gründet in der ekstatischen Einheit der Zeitlichkeit... Mit dem faktisch Da-sein ist je im Horizont der Zukunft je ein Seinkönnen entworfen, im Horizont der Gewesenheit das ‚Schon sein' erschlossen, und im Horizont der Gegenwart Besorgtes entdeckt... Sofern Dasein sich zeitigt, *ist* auch eine Welt... Die Welt ist weder vorhanden noch zuhanden, sondern zeitigt sich in der Zeitlichkeit... Wenn kein *Dasein* existiert, ist auch keine Welt ‚da'" (S. 365). „Mit der faktischen Existenz des Daseins begegnet auch schon innerweltlich Seiendes." Daß es damit entdeckt ist, „steht nicht im Belieben des Daseins. Nur *was* es jeweils, in *welcher* Richtung, *wie weit* und *wie* es entdeckt und erschließt, ist Sache seiner Freiheit, wenngleich immer in den Grenzen seiner Geworfenheit" (S. 366).

So versuchte Heidegger aufzuzeigen, daß unser Dasein „nicht ‚zeitlich' ist, weil es ‚in der Geschichte steht', sondern daß es umgekehrt geschichtlich nur existiert und existieren kann, weil es im Grund seines Seins zeitlich ist" (S. 376).

4.3 Der anthropologische Gewinn von Heideggers Daseinsanalytik qua Zeitlichkeit

Es liegt weder im Rahmen dieser Untersuchung noch in der Kompetenz des Verfassers, das denkerische Werk Heideggers auf seine „Brauchbarkeit" als praktische Philosophie, Anthropologie oder Sozialethik hin zu untersuchen. Ich habe mich in den vorstehenden Zitierungen beschränkt auf Ausschnitte aus seinem Frühwerk „Sein und Zeit" (bis heute allerdings zumeist als Hauptwerk bewertet), dessen Konzeption in der Mitte der 20er Jahre zudem kaum belastet werden kann mit der in jüngerer Zeit wieder publizistisch aktualisierten politischen NS-Verirrung Heideggers in den 30er Jahren (und, wie manche sagen, noch über das III. Reich hinaus).

Weder die sprachlich schwierige Zugänglichkeit dieses Denkens noch der persönliche politische Irrtum seines Denkers sollten uns darauf verzichten lassen, den u. E. bedeutenden praktisch-anthropologischen Gewinn festzuhalten, den Heideggers Daseinsanalytik qua Zeitlichkeit eingebracht hat, – nicht zuletzt, wie wir meinen und später zu zeigen versuchen, auch für das Menschenbild eines unserer Zeit gemäßen strafrechtlichen Konzeptes.

Die philosophischen Termini Daseins- bzw. Existenzanalytik thematisieren etwas im Grunde ganz Naheliegendes und Einfaches. Nämlich nichts anderes als eine eindringliche, um sprachlich genauen Ausdruck bemühte Besinnung darauf, wie dem menschlichen Bewußtsein – das sich ja immer irgendwann (in der Zeit), irgendwie (in einer Stimmung oder Befindlichkeit) und irgendwo (in einer bestimmten äußeren Situation) vorfindet – sein „Da"- und So-Sein in der – ihm so oder so sich lichtenden – „Welt" erscheint; wie der Mensch, könnte man auch schlicht sagen, die Realität des Lebens, in der er sich (dank seines Existenzbewußtseins) vorfindet, bei genauerem Hin-Fühlen, -Sehen, -Hören und dann Nachdenken „phänomenologisch" erfährt.

Welcher Mensch mit gereiftem Daseinsbewußtsein kennt etwa nicht das besinnungsarme alltägliche „Verfallensein" an das Übliche, was „man" in seiner bestimmten Position und Situation so tut; an Routine im Beruf, Gewohnheiten in der Familie, an das im Grunde „Uneigentliche", weil man nicht das ur-„eigene" Leben lebt; wenn wir nicht *das* unserer „Sorge" anheimgeben, was jeder „eigentlich" aus sich und seiner Situation nach bestem Wissen, Gewissen und Kräften be-sorgen und für wen er sorgen sollte. Allerdings: Oft erst durch Konfrontation mit einer „Grenzsituation" wird das Erwachen zur vollen Bewußtheit unserer endlichen, sterblichen, genau gesehen mit der Geburt schon wieder sterbenden Daseinsweise angestoßen. Und im Lichte dieser Bewußtheit kann dann der Mensch sein Dahintreiben im Uneigentlichen und seine Möglichkeiten zur Eigentlichkeit erfahren. Noch unreflektiert enthüllt sich diese Bewußtheit in der „Angst", die Heidegger wohl zu Recht unsere „Grundbefindlichkeit" nannte, weil sie der menschlichen Realsituation entspricht: im Gewesenen dem Dasein immer etwas schuldig geblieben und damit schuldig geworden zu sein und im „Vorlaufen" in die Zukunft bis zum je-meinigen Ende, in der Todesgewißheit zu stehen. „Sich-vorweg" ist der Mensch zwar auch schon beim nur instrumentell, nicht existentiell bedachten Besorgen des Gewohnten und Üblichen, denn wir leben und agieren auch im Alltäglichen immer intentional mit Absichten, auf Zwecke hin, nach bestimmten *Vor*-stellungen. Erst aber im Sich-vorweg-Sein bis zu meinem und meiner Nächsten Ende, mit dem „Mut zur Angst" vor dem Tod (in Überwindung unserer alltäglichen Flucht vor dem Tod), kann das Erfahren der je-meinigen „eigentlichen" Lebensaufgabe und das Orientieren an ihr einsetzen. Damit „zerbricht jede Versteifung auf die je erreichte Existenz", kommt es zur Befreiung „von der Verlorenheit in die zufällig sich andrängenden Möglichkeiten" des Alltags und wird *menschliches Wachstum* möglich.

Bereits mit dem intentionalen Sich-vorweg-Sein bei jeder bewußten (oft zuvor noch überlegten Alternativen zeitlich vorlaufend in Varianten innerlich durchgespielten, dann erst faktisch besorgten) Alltagshandlung, ausdrücklich aber in der bis zur Möglichkeit unseres jederzeitigen Todes, bis zu unserer Endlichkeit „vorlaufenden Entschlossenheit" erfährt der Mensch das „ursprüngliche Phänomen" seiner *Zeitlichkeit;* erfährt sie in der Einheit ihrer horizontalen „Ekstasen": Zukunft, Gewesenheit und Gegenwart.

Wir halten es für einen tiefen Blick der in Heideggers Fundamentalontologie als Daseinsanalytik „enthaltenen" Anthropologie, daß in der ekstatischen Einheit der Zeitlichkeit *die Zukunft an erster Stelle steht;* daß sie einen Vorrang hat, weil die Gewesenheit ihr „in gewisser Weise entspringt" und weil sie „allererst die Gegenwart weckt". Denn das menschliche *„Subjekt als Intentionalität"* (G. Prauss, s. o. S. 51 f.) und – möchten wir hinzufügen – *als Spontaneität* ist zunächst immer „auf etwas aus", hat etwas *vor,* strebt etwas an, lebt gleichsam geistig *frontal und prospektiv nach vorn:* sei es in die unmittelbare Zukunft der nächsten Minuten, Stunden und Tage oder in die weitere der auf uns zukommenden Monate und Jahre hinausblickend und planend. Dies *ebenso wie unser Leib* mit seinen Sinnesorganen und Gliederfunktionen nach vorne hin organisiert ist und die auf ihn zukommende, ihm begegnende Welt be-schaut, be-geht und be-handelt.

Das „Gewesen" oder die „Gewesenheit" (wie Heidegger auch anthropologisch genau formuliert, weil das Zurückliegende in unserem Leben faktisch keine Ver-gangenheit, kein wirkungslos ver-nichtet, zu Nichts gewordenes Vergangenes ist, sondern als Gewesenes, Erlebtes ja stetig das mitbestimmt, was ich an jedem Punkt meines Lebensweges „schon bin"), – die Gewesenheit also entspringt tatsächlich auch in unserer praktischen Lebensführung „in gewisser Weise der Zukunft": Denn *erst im Licht unserer Zukunftsorientierung,* erst von dem, was wir wünschen, wollen, sollen, zu be-sorgen vorhaben, d. h. als nahe oder ferne Künftiges vor uns haben, *werden aus dem, was wir aufgrund des Gewesenen je schon sind, je-gegenwärtig die noch offenen Möglichkeiten ausgelesen, die wir überhaupt noch zu leben, d. h. zu erleben und zu besorgen vermögen.*

So ist es die Zukunft, welche „allererst die Gegenwart weckt", weil die im entschlossenen Vorlaufen gewonnene Lebensorientierung (das Ziel, auf das wir zustreben) uns die jeweils aktuelle Lebenssituation so erschließt, daß wir im Gegenwärtigen die An-sprüche für unser umsichtiges Besorgen entdecken, denen wir ent-sprechen sollen und können.

Es ist schließlich im Grunde keine „Philosophie", sondern die Realität menschlicher Sicht in der Welt auf die Welt, es ist empirische Welt-Anschauung, daß nur wenn überhaupt menschliches Dasein sich „zeitigt", m. a. W. in die Zeit hineingeboren (-„geworfen") existiert, auch eine Welt „ist"; und daß

„wenn kein Dasein existiert..., auch keine Welt ‚da' ist"; und daß unser Dasein „geschichtlich nur existiert und existieren kann, weil es im Grunde seines Seins zeitlich ist".

Den bedeutenden anthropologischen Gewinn von Heideggers Daseinsanalytik qua Zeitlichkeit sehen wir darin, daß sie eindringlich den *gleichsam horizontal-zeitlichen Parameter der transzendentalen geistigen Humankonstitution* zur Sprache bringt: die Bewußtseinsweisen unserer zwischen Geburt und Tod sich erstreckenden Endlichkeit mit ihren gelebten und erlebten Ekstasen der Zukunft, Gegenwart und Gewesenheit. Denn der in voller Existenzbewußtheit lebende reife Mensch transzendiert nicht nur das Ich mit den Gegenständen seiner Umwelt und Welt *gleichsam „vertikal"-räumlich* nach „oben", „In-der-Welt-über-die-Welt-hinaus" bis zum Geheimnishintergrund des Welt-Seins und nicht Nichts-Seins, bis zu „Gott" (wie das unser Leitbild III, S. 65 zu symbolisieren versucht). Er steht und lebt geistig auch vor der *gleichsam „horizontalen" zeitlichen Erstreckung* seines irdischen Daseins, des gewiß endenden und ungewiß dauernden. Wir versuchen auch dies, insbesondere die – Gegenwärtiges selektierende und Gewesenes provozierende – *Dominanz der frontalen Zukunftsorientierung* symbolisch in einem *Leitbild (IV)* darzustellen.

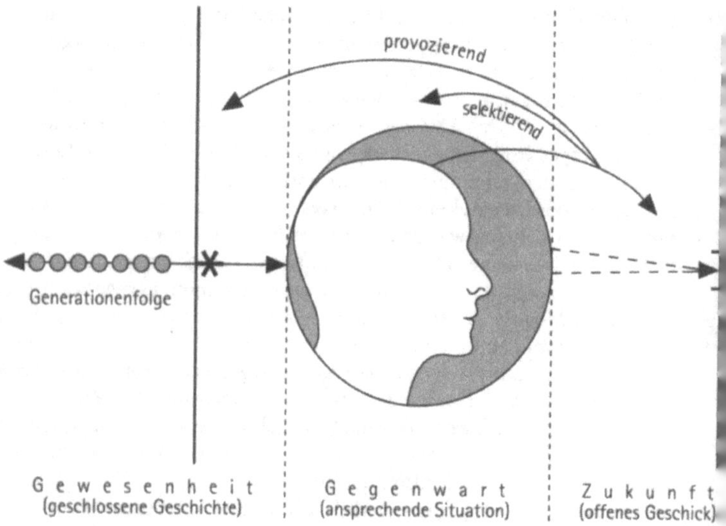

Leitbild IV: Die horizontalen Ekstasen humaner Zeitlichkeit

Als anthropologische Faktizität die Ekstasen unserer Zeitlichkeit *zusammenfassend* läßt sich sagen: Der Mensch im Bewußtsein seiner Zeit- und Endlichkeit erlebt, erleidet und sieht

- *prospektiv die Zukunft als* mit Gewißheit vom Tod begrenztes, nach Dauer und Ereignissen *offenes,* noch unbekanntes, aber meiner freiheitsbewußt wollenden und planenden Aktivität anheimgegebenes, auf sie zukommendes *Geschick;*
- *retrospektiv das Gewesene als* mit seinen mich bedingenden und prägenden Zufälligkeiten, aber auch mit dem von mir selbst handelnd Getanem, Begangenem und Unterlassenem unabänderlich *geschlossene Geschichte;*
- *circumspektiv das Gegenwärtige als* mich *ansprechende* und ein entschlossen besorgendes, „eigentliches" Antwortverhalten heischende je-aktuelle *Situation.*

Auch wenn wir selbst- und weltvergessen — An-Sprüchen an uns entsprechend — in einem körperlichen oder intellektuellen Erleben oder Handeln *„aufgehen"* (in einem ergreifenden Erlebnis oder in den Herausforderungen von Beruf, Wissenschaft oder Kunst, von Spiel oder Sport, im lust- oder leidvollen Umgang mit Mitmenschen oder im Bestehen akuter Lebensnot oder -gefahr), — auch in solchen, uns keine Zeit zur Selbstbesinnung lassenden Lebensumständen zeitigt sich *kontinuierlich-unterbewußt* unsere Zeitlichkeit. In Pausen des Atemholens, der Selbstbesinnung wird sie uns *diskontinuierlich-bewußt.* So lebt und webt der Mensch im Zeitlichen bis er es eines Tages segnet. —

Eine existentiale Besinnung auf den „horizontalen" Parameter der „Zeitlichkeit" humanen Daseins kann, meine ich, schon kommentarlos dartun, daß dieser anthropologische Aspekt auch für den forensisch-richterlichen und sozialtherapeutischen Umgang mit dem Menschen als Kriminaltäter von Belang ist. Noch deutlicher wird dieser „praktische" Ertrag der Daseinsanalytik in ihrem Weiterdenken durch Werner Marx *(1983).* Dieser, auch ein Inhaber des Freiburger Philosophie-Lehrstuhls, suchte nach einem irdischen „Maß" für den neuzeitlichen, nicht mehr in der jüdisch-christlichen Tradition verwurzelten Menschen und fand im Weiterdenken von Heideggers Grundbestimmungen *Möglichkeiten einer nichtmetaphysischen Nächstenethik.* Wir wollen dem im Folgenden nachgehen und im vorletzten Abschnitt dieses Kapitels in einem „Prolegomenon" vorbereitend andeuten, welche Instrumente diese Befunde der existentialanalytischen Anthropologie uns auch zur Bewältigung der Präventions- und Rehabilitationsaufgaben eines zeitgemäßen Kriminalrechts bieten können.

4.4 Humane Zeitlichkeit und Sterblichkeit als „Maß"-gebend für eine nichtmetaphysische Nächstenethik (Werner Marx)

Heideggers Bestimmung der Zeitlichkeit des Daseins wollte weder anthropologische Befunde aufdecken noch ethische Lebensanweisungen geben. Wir konnten dennoch aus seiner Daseinsanalytik unschwer Postulate herauslesen: wie zum Streben nach „Eigentlichkeit"; zur Überwindung einer besinnungsarmen „Verfallenheit" an das Uneigentliche, an das „Man"; zum Mut für die Angst vor dem je-meinigen todbegrenzten „In-der-Welt-Sein"; zur „Lichtung" oder Erschließung des Seins durch „vorlaufende Entschlossenheit" bis zum Ende und damit zum Ganzen des Daseins; zum arbeitenden Besorgen von Zuhandenem, zur Für-Sorge für Mitdaseiende.

Auch tieferes Eindringen in das Gesamtwerk findet – wie W. Marx in seinem Buch „Gibt es auf Erden ein Maß?", 1983 (S. 13–34) ausführlich belegt – bei Heidegger aber unmittelbar kein Maß, welches Orientierung geben könnte für ein mitmenschlich verantwortliches Handeln, für die Unterscheidung von „gut" und „böse" und für eine Motivation, das eine dem anderen vorzuziehen.

Ein solches Maß heute *nicht*metaphysisch, „auf Erden" zu suchen, ist für W. Marx eine dringlich notwendige Aufgabe der Philosophie am Ende unseres Jahrhunderts. Es ist das Ziel seiner Bemühungen, das gegenüber der neuzeitlichen Denktradition „andere" Denken Heideggers „weiterzudenken".

Denn: „In der weitgehend säkularisierten und pluralistischen westlichen Welt empfinden viele schmerzlich und beunruhigt nur noch den Entzug eines Maßes ... ja zunehmend wird der Entzug, das Fehlen eines Maßes überhaupt nicht mehr bemerkt. Dies geschieht in einer Zeit, in der die moderne Technik den Menschen vor immer neue ‚moralische' Fragen stellt, in der ihre Errungenschaften ... ihm die unheimliche Macht verleihen, sich als Gattung – sowie die ihn umgebende Natur – irreversibel zu beschädigen und sogar zu vernichten"; wir stehen vor der Tatsache, „daß die auf der jüdisch-christlichen Tradition beruhende Auffassung einer Nächstenethik und einer ihr gemäßen Sozialethik immer mehr an Wirkungskraft verliert..." (S. XIII–XIV). Nicht um der religiösen Tradition entgegenzudenken oder sie gar zu überwinden, sondern „nur angesichts dieser Not", daß die neuzeitliche Entwicklung „für viele die Dimension des Heiligen verschlossen hat" will Marx die Möglichkeit einer allgemeinmenschlichen Erfahrung aufzeigen, „die den Ausgang für eine Verwandlung zu der Bereitschaft bilden könnte, Maße einer nichtmetaphysischen Nächstenethik in sich wirken zu lassen"; Maße also, die es „auf Erden" gibt und „die den Sachverhalten nach nicht anders als die traditionell aufgefaßte Liebe, das Mitleid und die mitmenschliche Anerkennung sind" (S. XVI–XVII).

Werner Marx findet die maßgebende Grunderfahrung (die auch in Heideggers Existentialanalytik zentrale Bedeutung hat) in der *Erfahrung des je-eigenen Sterblichseins**. Sie habe „die Kraft, eine Nächstenethik zu ‚begrün-

---

* In der fragwürdigen Tendenz, existentielle Erfahrungen zu verwissenschaftlichen, spricht man neuerdings „thanato-psychologisch" von der „ontologischen Konfrontation" (R. Ochsmann und J. Howe, 1991).

den', weil sie einen den Menschen verwandelnden Weg aus der Verdeckung zur ,Wahrheit' fordert" (S. XVII). Denn: „Der Tod ent-setzt die Sterblichen aus ihren vertrauten Gewohnheiten und Beziehungen im Umgang mit den Dingen. Vor allem aber löst er sie aus der alltäglichen Art und Weise ihres ,Mitseins' mit den anderen"; er wirft den Menschen auf sich zurück „als denjenigen, der ihn zeitlebens ohne Hilfe der anderen ertragen muß. Die Gestimmtheit, die dieser ent-setzenden Macht des Todes entspricht, ist die eines veritablen ,Entsetzens', eines Grauens und oft der Verzweiflung" (S. 39). In dieser Gestimmtheit kann es dann zum „Umschlag" in eine Gestimmtheit kommen, „die jenes Entsetzen überwindet und insofern ,heilend' ist", die insbesondere unser Verhältnis zu den Mitmenschen verwandelt von einer intersubjektiven Beziehung in ein „Miteinandersein" (S. 40).

Phänomenologisch beschreibt Werner Marx den Erfahrungsweg vom Entsetzenden zum Heilenden so (S. 41–44): Plötzlich tritt vor den Blick, was sich in dem Satz ausspricht „Ich sterbe fortwährend". Solche „ent-setzend" wirkende Anschauung „reißt den Menschen heraus aus seiner bisherigen Seinserfahrung und der ihr entsprechenden Gestimmtheit" und „zwingt mich meinem ,Sterblichsein' als der ,Wahrheit' meines Seins ins Antlitz zu schauen... Vor allem aber erfahre ich mich auf mich allein zurückgeworfen ... in äußerster Hilflosigkeit... Dieses Bewußtsein ... ist nun das Element, in dem die Gleichgültigkeit gegenüber den anderen als bloß Vorhandenen vergeht und sich langsam und zunehmend mehr in eine Beziehung verwandelt, die sie zu ,Mitmenschen' werden läßt ... (sie) zeigen sich immer deutlicher als solche, die, zumeist freilich ohne dies selbst erfahren zu haben, demselben Schicksal des Sterblichseins anheimgegeben sind, so daß jene, bei denen ich Hilfe suche, doch ebenso der Hilfe bedürfen... Meine langsam erwachsende und ständig zunehmende Gestimmtheit ist die einer ,Solidarität'... Was vorher neutrale und gleichgültige Weisen der ,Interaktion' und der ,Kommunikation' waren, werden immer ,affektbeladener'." So könnte allmählich eine „Gemeinschaft von Freunden entstehen, die Verantwortung füreinander übernehmen ... auf jedes willentliche Sichdurchsetzen Verzicht leisten, wodurch das gewaltlose Verhältnis entstünde". So auf dem „Weg, auf den der ent-setzende Tod schickt ... von dieser Gestimmtheit des Entsetzens geheilt" und ein Sterblicher geworden, „der im Verhältnis zu sich und zu seinen Mitmenschen in der ,Wahrheit seines Seins' lebt, der geheilt im Heilenden wohnt ... (könnte) das Heilende eine Gestalt gewonnen haben, die den Sachverhalten gleichkommt, die die Tradition etwa als Liebe, Mitleid und mitmenschliche Anerkennung bezeichnet hat. Diese Gestalten des Heilenden sind für denjenigen, der verantwortlich handeln will, zu *Maßen* geworden, die sein ganzes Sein tragen...".

Für den, der in diesem Maß „wohnt", ist „unbedingt und ohne weitere Begründung der andere der Geliebte, der Bemitleidete und der Anerkannte. In dieser Absolutheit ... liegt der entscheidende Charakter eines nichtmetaphysisch gedachten Maßes, seine alle und für alles bindende Kraft, seine Verbindlichkeit“ (S. 47). Mit ihm „kann der ‚Sterbliche‘ jederzeit neu ‚maßnehmen‘, kann das, was ihm begegnet von diesem Maß als das ‚Gute‘ oder das ‚Böse‘ ohne jede Reflexion annehmen oder abweisen“ (S. 49).

4.5 Prolegomenon zum möglichen kriminalrechtlichen Ertrag existentialanalytischer Anthropologie

Warum haben wir die Heideggers Daseinsanalytik explizit anthropologisch-phänomenologisch weiterdenkenden Befunde von Werner Marx im Rahmen unserer kriminologisch und forensisch orientierten Studie so ausführlich wiedergegeben?

Wir meinen, daß sie etwas zu sagen haben

(1) der heutigen säkularisierten und pluralistischen *Gesellschaft* in ihren Funktionen als Rechtsgemeinschaft, insbesondere als Kriminalgesetzgeber und als „Volk“, in dessen Namen Strafurteile gefällt und vollzogen werden;

(2) einem kriminell belasteten *„Täter“* auf dem Weg zur Tatverantwortung und -sühne und zur sozialen Rehabilitation;

(3) dem *Kriminalrichter* bei Erfüllung seines Auftrages, strafgesetzliche Normen zwecks Rechtsfrieden- und -güterschutz durchzusetzen und damit zu stabilisieren, zugleich aber dem normverletzenden Mitmenschen durch eine im Rechtsrahmen individualisierende Sanktionsgestaltung eine von ihm und der Gesellschaft akzeptierbare Sühne- und Rehabilitationschance zu bieten;

(4) auch dem *psychiatrisch-psychologischen Sachverständigen* bei Erfüllung seines Auftrags, den Kriminaltäter, damit der Richter ihm auch individuell gerecht werden kann, in seiner Persönlichkeit und der Genese seines Tatverhaltens genau zu untersuchen und dem Gericht zu schildern.

Ad 1: Nachdem in allen Gesellschaften Europas und europäisch-abendländischer Provenienz (zu denen ja neben den australischen, nord- und südamerikanischen Staaten auch die weitaus meisten Volksgruppen der ehem. Sowjetunion gehören) die Verbindlichkeit christlicher Grundmaße „himmlischer“ Offenbarung geschwunden oder im Schwinden sind, wird die Besinnung darauf, ob „auf Erden“ ein den Menschen als Menschen verbindliches Maß für mitmenschliche Solidarität und Nächstenethik gefunden werden kann, für das Denken unabweislich. Wenn es dieses Maß gibt, weil es sich selbst gibt in einer vertieften Bewußtmachung unserer condition humain „Sterblichkeit“ (des Sterbens von Geburt an, weil so und nur so der Mensch als Mensch da ist), können und sollten gesetzliche Normen nicht nur einer christlichen, sondern auch einer *säkularisierten Gesellschaft* angemessen sein. Die aber ist *eine Solidargemeinschaft von Sterblichen*, wenn man will: eine sich ihrer Sterblichkeit hintergründig immer bewußte Menschenfamilie.

Das heißt für *die Gesellschaft als Kriminalgesetzgeber* z. B. konkret — wie im an- und abschließenden Exkurs näher begründet wird —, daß auch ein noch so schwerer und gefährlicher Rechtsbrecher aus der Menschengemeinschaft nicht total „eliminiert", vital ausgestoßen, „exe-kutiert" werden soll, da auch „un-menschlich" handelnden Tätern wie ihren Opfern als Menschen Liebe, Mitleid und Anerkennung ihrer Personenwürde gebührt. Das schließt für den Täter der Tatschwere entsprechende — bei schwerster Tatschuld lebenslange — soziale Straf- und Maßregelsanktionen ausdrücklich ein, ja, es bedingt diese als adäquate Sühne, bzw. Schutz und Hilfe.

Ad 2: Der „normale" Kriminaltäter begeht in der Regel Rechtsverletzungen im Zustand eines selbstbesinnungsarmen, von kurzsichtigen Begehrungen, egozentrischen Affekten und Trieben bestimmten „Maß"-losen und „uneigentlichen" Dahinlebens. Könnte es da nicht eine mitmenschliche — „sozialtherapeutische" — Hilfe sein, ihn über den Weg intensivierten Daseinsbewußtseins, das aber heißt über ein erhelltes Bewußtsein seiner und unser aller Sterblichkeit dahin zu bringen, offen zu werden für die Möglichkeit der Erfahrung eines auch irdisch zu findenden Maßes der Nächstenethik und damit zu einer veränderten „sozialethischen" Haltung?

Ad 3: Könnte nicht auch *der Richter* strenge und doch menschlichere Urteile fällen, wenn er sich bei seinem Auftrag und seinen Einzelentscheidungen der je-eigenen und aller Prozeßbeteiligten Zeitlichkeit und Endlichkeit bewußt ist? Wenn er sich — mit W. Marx gesagt — nach dem Erfahrungsweg vom Ent-setzenden zum Heilenden Maß gebend in Zugehörigkeit, Mitleid und Anerkennung den kriminellen Opfern wie auch den Tätern als Mit-Menschen verbunden weiß?

Ad 4: Das Wort des früheren Kieler Gerichtspsychiaters Hallermann, der Arzt müsse auch in der Begutachtungssituation mitfühlender und hilfsbereiter „Partner der Bedrängten, Leidenden und in Konflikt Geratenen" sein, wird oft für bedenklich und für schwer vereinbar gehalten mit der neutralen nur diagnostischen und prognostischen Aufgabe des *forensischen Sachverständigen**. Sein Auftrag sei allein: die Tatzeitpersönlichkeit des Täters zwecks Beurteilung ihrer „Schuldfähigkeit" rekonstruktiv-diagnostisch zu erfassen sowie seine Aktualpersönlichkeit unmittelbar-diagnostisch zwecks Beurteilung ihrer Kriminalprognose, eventuellen Behandlungsbedürftigkeit und -fähigkeit. Wir meinen dazu, daß auch eine solche gerichtsärztliche und -psychologische Hilfe zur rechtlichen Ein-Ordnung und Subsumtion von Tat und Täter nur dann eine „gute" Ordnungshilfe ist, wenn sie (ohne unreali-

* Von diesem als „Beurteilungspsychiater" hat H. WITTER (1990) den therapeutisch orientierten „Behandlungspsychiater" dezidiert unterschieden.

stisch-optimistische „Menschenfreundlichkeit“ und ohne Alles-Verstehen-und-Verzeihen) mit dem Maß vertieften Bewußtseins einer den untersuchten Rechtsbrecher einschließenden allmenschlichen Solidarität geleistet wird.

4.6 Exkurs: Menschliche Verbrechen und unmenschliche Todesstrafe

Die *Thematisierung* dieses Exkurses will nicht sagen, daß gemeine Mörder „Menschen“ und Befürworter der Todesstrafe „Unmenschen“ sind (wie Kant, der sie entschieden postulierte, Goethe, der sie bejahte und viele Christen unserer Zeit, die sie noch immer für moralisch zulässig, ja geboten halten). Die provokante These will nur zu bedenken geben, daß es menschlich-allzumenschlich ist und wohl immer sein wird, aus Haß, Eifersucht, Habgier, Fanatismus und anderen „niederen Beweggründen“ Mitmenschen zu töten. Es erscheint aber — wie schon die progressive Abolitionsgeschichte zeigt — heute nicht mehr menschlich, aufgrund eines wohlüberlegten, mit juristischer Wissenschaft und psycho(patho)logischer Hilfswissenschaft erarbeiteten Schuldurteils den Rechtsbefehl zu erlassen, zu bestimmter Stunde, in administrativ vorgeschriebenem Ritual und mit technologisch zeitgemäßer Methode einen Menschen (Schuld „gerecht“ vergeltend, zwecks Eliminierung einer Gefahr oder/und zwecks Abschreckung für andere) amtlich zu töten.

„Kriminalität“, d.h. antisoziales Verhalten von den häufigen banalen Rechtsbrüchen bis zu den seltenen Extremvarianten brutaler Angriffe auf Leib und Leben, ist — differenziert nach In- und Extensität und Deliktstypik — ein ubiquitäres Phänomen aller menschlichen Gesellschaften. Sie ist — von den sog. Ideologietätern einmal abgesehen — als eine primär immer von mannigfachen Vitalaffekten und -trieben (des Begehrens und Prestiges, der Sexualität und Eifersucht, von Rache, Haß u. a.) induzierte, alle historischen Zeiten überdauernde Verhaltensweise *allgemeinmenschlich*. Hierauf — als Höchststrafe ideell oder/und kriminalpolitisch-rational begründet sowie normativ codifiziert mit in einem Rechtsverfahren beschlossener und zu bestimmter Stunde an bestimmtem Ort in bestimmter Durchführungsweise inszenierter Tötung des delinquenten Menschen zu antworten, widerspricht jedenfalls dem heute erreichten anthropologischen Selbstbewußtsein und ist damit in unserer Zeit *unmenschlich* geworden. — Soweit meine These.

Zeit- und weltgeschichtlich darf immerhin auf die faktisch zunehmende Humanisierung des maximalen Strafmaßes hingewiesen werden. Wenn auch der letzte noch mittelalterlich-grausame Straf- und Folterkodex der Kaiserin Maria Theresia (die sog. „Theresiana“ von 1768) wenig mehr als 200 Jahre zurückliegt, kann man doch feststellen, daß die — außerhalb von Kriegs- und Revolutionszeiten — gesetzlich vorgesehene und faktisch exekutierte Todesstrafe heute *fast schon zu einem atavistischen außereuropäischen Relikt* geworden ist. Daß unsere westliche „Führungsmacht“, die USA unter christlich-konservativer Regierung die Todesstrafe wieder einführte, Todesurteile auch gegen Jugendliche fällt und sie in Todeszellen monatelang auf Begnadigung hoffen läßt, in anderen Fällen nach jahrelanger, oft ganz kurzfristiger Verschiebung von Hinrichtungsterminen die Todesstrafe — zeitlich weit entfernt vom begangenen Verbrechen — vollstreckt, das ist ebenso bemerkenswert und bestürzend wie u. s.-amerikanische Umfragen (ca. 80 % Befürwortung) und wie in der deutschen Bundesrepublik der 60er Jahre das Eintreten vor allem von christlichen Politikern für die Wiedereinführung des Henkers.

In der großen Linie kann man aber doch, was die kapitale Strafe betrifft, weltweit einen geschichtlich progressiven humanitären Fortschritt feststellen, der mehr auf Philosophie, Anthropologie und Aufklärung als auf strafrechtskulturelle Wirksamkeit christlicher und anderer religiöser Ideologien zurückzuführen ist (deren Fundamentalisten heute wie eh und je auch strafrechtliche Rigoristen sind). „Geschieht nicht bereits“, dürfen wir daher erleichtert mit W. Marx hier fragen, „gewissermaßen unter der Hand“ mit differenzierterer menschlicher Selbstbewußtheit eine allgemeine Anhebung menschlicher Solidarität auch mit dem (kriminellen) „Feind“, so daß es „nur an uns noch ist, philosophierend einzusehen, daß es auf Erden ein Maß gibt“?

Wir wollen uns in diesem Exkurs nicht mit den zahlreich vorgebrachten Pro- und Contra-Argumenten kriminalpolitischer und ideologischer Provenienz auseinandersetzen, sondern nur auf — zumeist wenig beachtete — *anthropologische Aspekte der Todesstrafe* eingehen.

1. Das talionische Gerechtigkeitspostulat Kants, die Forderung, daß „wer Blut vergißt, des Blut wieder vergossen werden soll“ übersieht *die anthropologische Inkommensurabilität von verbrecherischer und gesetzlicher Menschentötung.*

Das Opfer eines Tötungsverbrechens trifft der gewaltsame Tod — von seltenen Ausnahmen abgesehen — nicht als ein unentrinnbar angekündigtes, an bestimmtem Ort, zu bestimmter Zeit, in bestimmter Weise exekutiertes Ende, sondern zumeist als unvorhergesehener Überfall, als tödlicher Ausgang einer tätlichen Auseinandersetzung und selten — etwa bei Opfern von angedrohter Rache, bekanntem Haß oder Attentatsgefährdung — wohl als möglich oder gar wahrscheinlich, dabei aber doch — wie den Soldaten — nicht als sicher und chancenlos. Das Verbrechensopfer erleidet den Tod zumeist vergleichbar dem durch Unfall oder einen krankhaften (etwa Herz- oder Hirnschlag-)Anfall. Es sieht ihm unerwartet und oft nur kurz ins Auge.

Es braucht nicht ausgeführt zu werden, wie ganz anders der exekutierte Tod auf den Delinquenten zukommt, der nach dem Schlag der Urteilsfällung sich an die Begnadigungshoffnung klammert, bis er mit Gewißheit seine Todesstunde und Todesart auf sich zukommen lassen muß. Ein Mensch, der in voller Gesundheit zu seinem von anderen Menschen nach Ort, Zeit und Art bestimmten Tod, zu solchem Ende seiner Zeitlichkeit und Welt „vorlaufen“ muß, lebt und stirbt in absolut unmenschlicher Weise. Als stummes Dokument des psychosomatischen Angstprozesses eines zum Tode Verurteilten ist hier im mikroskopischen Vergleich das Bild vom psychogen greisenhaft abgebauten Keimdrüsengewebe eines nach monatelanger Vollstrekkungsgewißheit hingerichteten jungen Prostituiertenmörders wiedergegeben. Bekam er wirklich, was er „verdient" hat? Nur durch terminiert exekutierte Hinrichtung wird Menschen durch Menschen das genommen, was uns Sterbliche (auch mit Mörder-Opfern) transzendental verbindet: die hora incerta des mors certa.

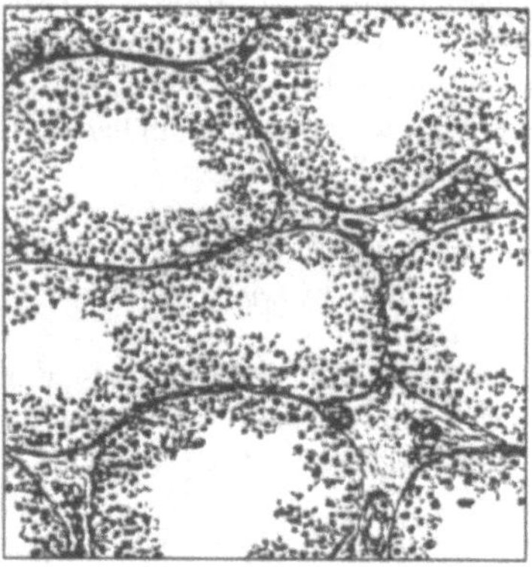

Normaler reifer Hoden.
Hohlräume ca. 0,3 mm Durchmesser, Sertolizellepithel und alle Formen der Samenbildungszellen (Spermatogonien, Reifeteilungen, Spermatiden, Präspermien, Spermien).

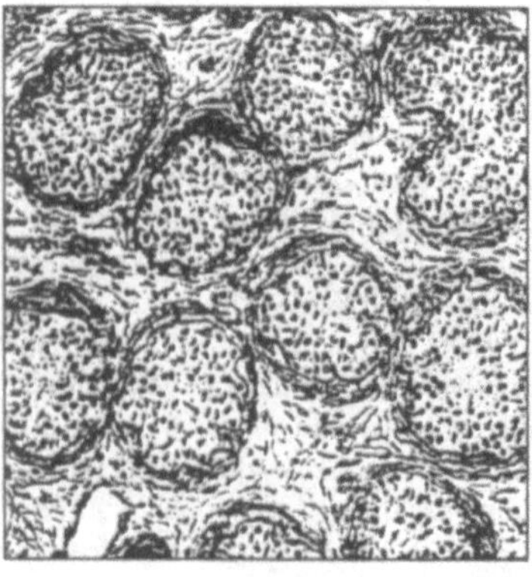

23jähriger Hingerichteter.
3facher Mord, darunter 2 Frauen, mit denen er häufig, zeitweise täglich mehrfach verkehrte. – Nach 24 Monaten Haft hingerichtet; davon 21 Monate Einzelhaft und nächtliche Fesselung, 15 Monate Todesurteil bekannt, 9 Monate Vollstreckungsgewißheit. – Bart-, Achsel- und Schamhaare erheblich reduziert. Beide Hoden wiegen nur 18 g (normal 50 g). Keine Reifeteilung, keine Spermatozoen. Obliterierte Hohlräume. Zwischengewebe vermehrt.

2. Anthropologisch unbedacht ist auch *der Mensch als Henker*, der allein oder in einer Gruppe gehalten ist, ohne persönliche Gründe oder Motive in bestimmter, von „Amts wegen“ festgelegter Weise einen Mitmenschen zu töten. Daß die gesetzliche Todesstrafe zwangsläufig Menschen zu Henkern macht, diese Unmenschlichkeit wird heute ebenso aus dem Sich-Bewußtmachen verdrängt wie im weniger sensiblen Mittelalter der Henker immerhin in persona ins gesellschaftliche Abseits verdrängt wurde. Man kennt ihn nicht oder will ihn nicht kennen, Unheimlichkeit umgibt ihn, er lebt in einer anderen Welt, aus der er „zum Walten seines Amtes“ von Fall zu Fall geholt wird. Und wo man ohne ihn auskommen will, z.B. durch Gruppenvollstreckung des Urteils mittels Erschießen, versucht man durch Blindladung eines der Gewehre (der Schützengruppe unbekannt) jedem der beteiligten Laien-Henker die Denkmöglichkeit zu lassen, persönlich an der Tötung nicht mitgewirkt zu haben, — ein Trick, der die ganze Widernatürlichkeit einer institutionalisierten Menschentötung entlarvt. So wird der Henker anonymisiert und mit der Unmenschlichkeit seines Tuns gleichsam als Sündenbock beladen und in die Wüste geschickt. Warum wurde nie und nirgends bestimmt, daß der das Todesurteil fordernde Staatsanwalt oder der es fällende Richter selbst auf den Knopf zu drücken hat für das tödliche Beil, Gas, Gift, den Strom oder den Strang?

3. *Die Aporie der Unterscheidung zwischen „voll“ und „vermindert“ schuldfähigen Mord-Tätern:* Nur bei schwersten Delikten und bei voller Schuld, d.h. uneingeschränkter Schuldfähigkeit, fast nur bei Mord, soll die Todesstrafe verhängt werden. Das setzt voraus, daß keine „begründeten Zweifel“ an der vollen Schuldfähigkeit des Täters bestehen, da solche nach dem rechtsstaatlich unangefochtenen Grundsatz in dubio pro reo die kapitale Strafe ausschließen würden. Die damit gestellte Unterscheidungsfrage ist aber eine Aporie, d.h. eine als solche unlösbare Frage.

Es ist anthropologische Realität, daß schwerste Straftaten wie Mord nur entweder in normalen äußeren Lebensumständen von abnormen Tätern oder von normalen Tätern in abnormen äußeren Lebensumständen begangen werden.

Auch wenn normativ eine Unterscheidung zwischen erheblichen „charakterlichen Mängeln“ (welche die Schuldfähigkeit nicht einschränken) und schwerer „seelischer Abartigkeit“ (welche dekulpiert) mühsam aufrecht erhalten wird, ist kaum daran zu zweifeln, daß zum „Mord“ (§ 211 StGB) (einer Tötung „aus Mordlust, zur Befriedigung des Geschlechtstriebes, aus Habgier oder sonst aus niedrigen Beweggründen, heimtückisch oder grausam“) unter normalen Lebensverhältnissen nur ein psychisch abartiger bzw. zur Tatzeit krankhaft oder toxisch abnormisierter Mensch fähig ist. Und ebensowenig ist kaum zweifelhaft, daß die meisten Kriegs- und KZ-Verbrecher in normalen bürgerlichen Lebensverhältnissen, d.h. ohne die Indoktrinierung durch die NS-Ideologie und die moralische Depravation durch Kriegs- und KZ-Einsatz nicht zu brutalen Gewalttätern geworden wären.

Bei, wenn es um Leben oder Tod eines Angeklagten geht, gewissenhaftester Prüfung der Norm des § 21 dürfte es kaum einen Fall geben, bei dem „nach bestem Wissen und Gewissen" die das Todesurteil nach dem Schuldprinzip allein ermöglichende uneingeschränkte Schuldfähigkeit zweifelsfrei festgestellt werden könnte.

4. *Euthanasie der Kranken und Dysthanasie der Bösen?* Vor dem gefährlichen Schwerkriminellen besteht ein gleicherweise berechtigtes Individualpräventionsbedürfnis wie vor einem gefährlichen psychisch Kranken oder Abnormen. Für den common sense ist gegenüber dem Mörder das Verlangen nach definitivem Schutz zumeist größer als ein primitives Rache- oder ideell begründetes Schuld-Sühne-Bedürfnis. Im Vordergrund der öffentlichen Reaktion auf ein Tötungsverbrechen steht daher nicht das Verlangen nach subtiler Unterscheidung von „böse" oder „krank", sondern das Verlangen nach Schutz und Sicherheit vor solchen Tätern. Weil aber absolute Sicherheit zum billigsten Preis nur der Tod des Probanden, d.h. seine Tötung gibt, wird diese vom opportunistischen Denken in diesem wie in jenem Fall propagiert.

Die vom Juristen Binding für unheilbar psychisch Kranke bejahte Frage „Gibt es Menschenleben, die so stark die Eigenschaft des Rechtsgutes eingebüßt haben, daß ihre Fortdauer für die Lebensträger wie für die Gesellschaft dauernd allen Wert verloren hat?" würde für ihn gewiß auch für den gemütsarmen Mörder bejaht werden. Und die Meinung des Psychiaters Hoche in der gemeinsam mit Binding 1920 publizierten Schrift „Die Freigabe der Vernichtung lebensunwerten Lebens", daß die „wirtschaftliche und moralische Belastung der Umgebung, der Anstalten, des Staates usw." durch psychisch kranke oder geistig tote „Ballastexistenzen", die „Fremdkörpercharakter" hätten, deren Auslöschung gebiete, würde mehr noch auf den sonst lebenslang zu sichernden Mörder zutreffen. Mit Betroffenheit muß man einer Untersuchung von J. E. Meyer aus jüngerer Zeit (1988) entnehmen, daß die deutsche Psychiatrie sich auch *vor* 1933 mit der menschenverachtenden Programmschrift der Paarung eines prominenten Strafjuristen mit einem namhaften Psychiatrieordinarius kaum auseinandersetzte, — ein Bewußtseinsdefizit, das, wie J. E. Meyer meint, die Frage aufwirft, ob auf dem Boden eines weithin herrschenden Sozialdarwinismus die Mehrzahl der deutschen Psychiater den Gedanken von Binding und Hoche vielleicht gar nicht so ferne stand. Dem entspricht, daß sich weder vor noch nach 1933 Stimmen namhafter Gerichtspsychiater erhoben haben, um als Verletzung des rechtsstaatlichen Schuldprinzips anzuprangern, daß auch den wegen „Geistesschwäche" in Form psychopathisch-neurotischer Abartigkeit gem. § 51 Abs. 2 a. F. vermindert Schuldfähigen aus kriminalpolitischen Gründen (nach 1933 als auszumerzenden „Volksschädling") die Todesstrafe treffen konnte.

Der Unterschied sollte offenbar nur sein, daß der Kranke einer unblutigen, schmerzlosen und ihm verheimlichten *Eu*-thanasie zwecks Ballastentlastung der Gesellschaft verfiel, der Verbrecher einer als Strafübel verhängten blutigen und terminiert angekündigt vollzogenen *Dys*-thanasie zwecks „Sühne" und absoluten Schutz der Gesellschaft. Unmenschlich, weil „anthropologisch", d.h. einer mitmenschlichen Daseinsgemeinschaft ungemäß ist das eine wie das andere.

Die Perversität gesetzlicher Todesstrafe beim heutigen Stand anthropologischen Selbstbewußtseins erhellt die u.s.-amerikanische Ausführungsbestimmung zum Gesetz: Wer hingerichtet werden soll, muß so gesund sein, daß er versteht, was mit ihm geschieht und warum. – Als ein 1985 zum Tode verurteilter Mörder während des – wie in der Regel: jahrelangen – Wartens auf die Rechtskraft des Urteils an einer Schizophrenie erkrankte, standen seine Ärzte vor dem Dilemma, ihm entweder eine erfolgreiche Behandlung zu versagen, oder ihn durch eine solche indirekt zu töten. (Nach Bericht im Dtsch. Ärzteblatt *1990,* H. 48.) Also: Tötung durch Heilung?

5. *Soziale statt vitale Lebensverwirkung als Kapitalsanktion.* Wie wäre statt dessen „menschlich", d.h. anthropologisch angemessen, auf schwerste, Menschenleben vernichtende Gewaltverbrechen zu reagieren, wenn dem Täter trotz psychischer Anomalien ein, wenn auch eingeschränkt schuldfähiges Menschsein, d.h. Verantwortungs- und Sühnefähigkeit nicht abzusprechen ist? Diese Täter haben, meine ich, tatsächlich mit solchen Verbrechen ihr künftiges Leben verwirkt, denn eine versöhnende, d.h. der Tatschuld angemessene Sühne kann nur in der „kompensatorischen" Hingabe ihres eigenen ganzen Lebens für das des Ermordeten bestehen. Wenn dem Mörder das Leben durch Tötung genommen wird, kann er diese Sühne nicht leisten, denn der Tod schneidet jede Sühnemöglichkeit ab. Das Leben des Mörders ist, könnte man sagen, nicht vital, sondern sozial verwirkt. Er hat sein künftiges Leben für das des Ermordeten seinen Mitmenschen hinzugeben als einzig mögliche Form einer ideellen Wiedergutmachung des real Nichtwiedergutzumachenden. Die wirklich (d.h. ohne Rechtsanspruch, nur durch einen Gnadenerweis abkürzbare) lebenslange Sanktion, d.h. die Abforderung einer nach besten intellektuellen und körperlichen Kräften selbstlos für den Getöteten, für die Gemeinschaft, vor allem die Opferangehörigen zu leistenden Lebensarbeit, wäre zugleich ein der menschlichen Solidargemeinschaft – diese sowohl vom Täter her zur Gesellschaft wie von dieser zum Täter hin gesehen – würdiger Sühneprozeß.

6. *Der Feind, nicht der Freund ist Adressat jeder Nächstenethik.* Auch wer noch in der jüdisch-christlichen Tradition verwurzelt, ein „Maß auf Erden" nicht vermißt und nicht zu suchen braucht, und wer aus eigenem Nacherleben der phänomenologischen Begründung von menschlicher Solidarität und Nächstenethik aus unser aller je-eigenen Zeitlichkeit und Endlichkeit nicht zu folgen vermag, wird W. Marx wohl in zwei Feststellungen recht geben: *einmal* darin, daß eine nicht menschlich relativierte soziale

Ordnungsethik zu schrecklichen Ordnungsexzessen führen kann. Nämlich dahin, daß nur noch eine in sozialer Ordnung und biologischer „Reinheit" zu haltende „Volksgemeinschaft" als Wert gesehen wird, aber nicht mehr der Einzelmensch, insbesondere nicht der einer Hilfe vor sich selbst bedürftige a- oder antisoziale Mensch, der „Volksschädling". Man wird W. Marx *zum anderen* auch darin recht geben können, daß die in heutiger Zeit von H. Jonas zu Recht geforderte „vorausschauende" Ethik der *„Fernverantwortung"* (für die Bewahrung unserer planetarischen Lebensräume und -ressourcen vor deletären Folgen eines kurzsichtig gegenwärtige Vorteile anstrebenden „kollektiv-kumulativen-technologischen" Verhaltens), daß diese *Fern*ethik als Bedingung ihrer Möglichkeit eine *Nächsten*ethik zu *präsenten* Mitmenschen zur Voraussetzung hat.

Was bedeutet aber, wen meint, auf wen verweist uns die sei es christlich-religiös, sei es phänomenologisch-anthropologisch fundierte „Nächstenethik"? Mitmenschliche Solidarität selektiert nicht nach Wertschätzung und Zuneigung, sondern allenfalls nach Graden der Hilfsbedürftigkeit. Sie meint wirklich *jeden* Mitmenschen, dem ich als einem hilfsbedürftigen begegne, d. h. „nahe" komme. Und zum anderen meint sie nicht den *„Freund"* oder mir nahestehenden Anverwandten, dem ich liebend und hilfsbereit sowieso zugetan bin, sondern explizit *den* Mitmenschen, der mich grade *nicht* als liebens-„würdig" anspricht, sie meint, den, welchem in „Liebe, Mitleid und menschlicher Anerkennung" (W. Marx) zu begegnen, eben eines sittlichen Postulates bedarf. Das aber ist genuin der *„Feind"*. Nicht nur christlich-theologisch, *auch phänomenologisch-anthropologisch sind Nächstenethik und Feindesliebe identisch*. Denn Freundesliebe bedarf keiner „Ethik".

In unserer bürgerlichen Gesellschaft aber ist der Kriminaltäter *der* Feind par excellence. Er ist der handgreifliche, konkret-ergriffene, festgenommene und durch seine Tat nach Art und Grad definierte Feind. Wie wir, die Gesellschaft und ich, ihm (und auch dem als Feind meiner Interessen gefährlichen oder nur lästigen, belastenden Geisteskranken und Geistesschwachen) begegnen, mit ihm umgehen, erweist menschliche Differenzierung, Bewußtseinshelle und Kultur.

7. Nur die Todes„strafe", nicht der Mord, nimmt dem betroffenen Menschen das Menschlichste unserer Existenz: dem Bewußtsein der mors certa die Gnade des modus et hora incerta. Und der Transzendenz, dem Gott nimmt sie gesetzlich („von Rechts wegen"?) die Alleinbestimmung über das Wo, Wann und Wie unseres Lebensendes.

5. Freiheitsaspekt

Die Freiheit ist ewig in der Welt; sie
will aber stets neu konzipiert werden
Ernst Jünger
„An der Zeitmauer“

Dieser Aspekt ist von besonderer Relevanz im Horizont einer Anthropologie sub specie et ad usum fori criminalis, d.h. in Ansehung des Verhandelns, Beurteilens und Bestrafens einer bestimmten Art von menschlicher Schuld: der strafrechtlich „schuldhaften“ Verwirklichung eines gesetzlich formulierten und pönalisierten Unrechttatbestandes. Wird doch die subjektive Voraussetzung der Strafrechtsschuld, die Schuld-Fähigkeit (= Zurechnungsfähigkeit), gemeinhin als das konkrete Vermögen des Kriminaltäters angesehen, bei Begehung einer unrechten Handlung oder Unterlassung ihren Unrechtscharakter einzusehen und sie dementsprechend zu vermeiden; m. a. W. als die Fähigkeit des Täters sich (normgemäß) anders verhalten haben zu können als er sich (normwidrig) verhalten hat; oder, noch anders gesagt, als die innere Möglichkeit, die Freiheit oder den Freiheitsspielraum zu einem alternativen, nicht rechtsverletzenden Verhalten. Diese Freiheit zur Rechtsverletzung mißbraucht zu haben, begründet, heißt es, die persönliche Schuld eines Kriminaltäters für das Unrechttun und berechtigt das Gericht zum Schuldvorwurf und zur Bestrafung.

Zur Bekräftigung dieses der bundesdeutschen Kriminaljudikatur (nicht unangefochten) mit einem BGH-Urteil vom März 1952 (s. u.) höchstrichterlich vorgegebenen Freiheitsparadigmas hat Eduard Dreher (seit 1960 bis 1986 Koautor eines auf fast jedem Richtertisch benutzten, in zahlreichen Neuauflagen aktualisierten Kommentars des bundesdeutschen Strafgesetzbuches) 1987 eine umfangreiche Untersuchung vorgelegt über „Die Willensfreiheit. Ein zentrales Problem mit vielen Seiten“. Der Autor ist durchdrungen von der Überzeugung, daß „das Freiheitsproblem für den Strafrichter keine Frage (ist), die er umgehen kann, sondern ... die Schicksalsfrage schlechthin“ (S. 59), weil es „ein ‚Straf‘recht, das diesen Namen verdient, nur geben (kann), wenn man die Begriffskette Strafe, Schuld, Verantwortung, Willensfreiheit bejaht“ (S. 59). Nach einer kritischen tour d'horizon über Positionen der deutschen Strafrechtswissenschaft unseres Jahrhunderts, der Philosophie (vor allem seit Kant), der Theologie (vor und nach Luther), der Physik (seit der Jahrhundertwende), der modernen Biologie, Genetik, Zwillings- und Hirnforschung sowie der — eklektisch herangezogenen — Psychopathologie und Psychologie (seit Freud) kommt Dreher (S. 395/96) zu folgendem „allenthalben abgesicherten und tragfähigen Ergebnis“:

Das Verantwortlichkeitsprinzip, „das ein ‚Andershandelnkönnen‘ des Menschen zur Voraussetzung hat und zu den Begriffen von Verdienst und Schuld ... Belohnung und Strafe führt und diese Begriffe erst möglich macht, (ist) ein wesentlicher Bestandteil unserer *erlebten Wirklichkeit,* ... ist selbst ein Stück Empirie, ... ist ein ontisches Strukturelement des Menschen als eines Geistwesens". Eine nicht auflösbare Aporie könne man nur darin sehen, „daß der Mensch auf der normativen Ebene frei erscheint, auf der Seinsebene hingegen als determiniert gedacht werden kann. Eine solche Aporie müßte freilich erst dann akzeptiert werden, wenn sich die bloße Hypothese gedachter Unfreiheit auf der Seinsebene empirisch feststellen ließe. Das aber erscheint ausgeschlossen". Auch dem nach Motiven handelnden Menschen bleibe, von extremen Ausnahmefällen abgesehen, „stets ein Spielraum seines Entscheidens in einer Alternativsituation". — Nach einem umfassenden kritischen Rückblick auf das, was bedeutende Denker aus Theologie, Philosophie und Wissenschaft zum Freiheitsproblem geäußert haben, kommt Dreher letztendlich zur Bestätigung des erwähnten BGH-Urteils aus 1952. Es judiziert, daß der reife Mensch „auf freie, verantwortliche, sittliche Selbstbestimmung angelegt und deshalb befähigt ist, sich für das Recht und gegen das Unrecht zu entscheiden", solange diese Anlage „nicht durch die in § 51 StGB (a. F., Ref.) genannten krankhaften Vorgänge gelähmt oder auf die Dauer zerstört ist" (BGH Str 2, S. 200/201). Schuld, Vorwurf und Strafe sind in diesem Sinne nach Dreher „voll gerechtfertigt", der Strafrichter dürfe nicht nur, sondern müsse „den geistesgesunden Täter guten Gewissens als schuldfähig und schuldig behandeln" (S. 397).

Soweit die normative Fundamentaldogmatik sowohl der höchstrichterlichen Rechtsprechung unseres Landes als auch eines ihrer maßgebenden Kommentatoren. Bevor ich (im Teil II) darzulegen versuche, daß eine solche *praktisch-kriminalrechtliche* Anwendung des Paradigmas Willensfreiheit beim heutigen Stand anthropologischen Selbstbewußtseins überholt und deshalb nicht mehr „zeitgemäß" ist, sei menschliche Freiheit in der Selbsterfahrung (5.1) und in der Fremderfahrung (5.2) betrachtet und sodann der Versuch gemacht, beide Aspekte auf einen zeitgemäßen Begriff zu bringen (5.3). Die Überleitung zum Teil II bildet eine Skizze des eigenen Weges zu einem praktikablen methodologischen Konzept (5.4).

5.1 Meine Freiheit in der pro- und retrospektiven Selbsterfahrung (intrasubjektiver Aspekt)

Ein Freisein von der strengen „animalischen" Verhaltensbindung (an angelegte Instinktstrukturen, an Lust-Unlust-Erfahrungen, an die jeweilige Bedürfnislage und an die aktuellen Reize und Bilder der Umwelt), m. a. W. eine — wie auch immer verstandene — Art von spezifisch humaner Freiheit gehört zu den fundamentalen Selbsterfahrungen menschlichen Existierens. Wir erleben Freiheit in dem primären, unser (ob blitzartig kurz oder monatelang bedachtes) Willkürhandeln begleitenden Bewußtsein, daß mein im Wachzustand stets gegenwärtiges Ich Herr seines Verhaltens ist, — selbst vor dem Lauf einer auf mich (oder mein Kind) gerichteten Pistole, die mich zu einem bestimmten Verhalten (z.B. einem Verrat) zwingen will. Wer in solchem „Notstand" sozusagen normal reagiert und sich dem Zwang fügt, weiß dabei, daß er auch in derartiger Zwangslage *potentiell, dispositionell* die „freie" Selbstbestimmungsmöglichkeit hat, sich oder sein Kind opfernd „anders zu handeln". *Faktisch* könnte er dies aber nur dann, wenn er ein anderer, ein Held, ein Heiliger oder auch nur eine „unmenschlich" hartstolze Persönlichkeit wäre. — Und wer, nach schwierigem inneren Entscheidungsprozeß sich oder/und anderen Lasten aufbürdend, ehrlich fühlt und sagt „Ich stehe hier und kann nicht anders", ist sich zugleich seiner dispositionellen Freiheit bewußt, auch eine andere (ausweichende, leichtere) Entscheidung treffen zu können, — dies aber faktisch ebenfalls nur dann, wenn er bei dieser konkreten Entscheidung anders gestimmt und gesonnen gewesen wäre oder überhaupt ein anderer Mensch mit einer anderen Gesinnung und anderen Lebenszielen.

Es gehört also zur alltäglichen subjektiven Empirie menschlichen Verhaltens, dieses *aktuell und prospektiv* als ein freies, als ein „Willkür"-Handeln zu erleben, — ob es sich um Alltägliches, wie die Wahl zwischen Zuhausebleiben oder Spazierengehen handelt oder — schon folgenschwerer — um ein hartes oder ein freundliches Wort an einen ungeliebten Nachbarn oder um eine einschneidend lebensverändernde Bindungs- oder Trennungsentscheidung mit bzw. von einem Partner.

Wenn nun der Mensch *nach* seiner Handlung (Tat), wie typischerweise im Fall eines sozial mißbilligten oder schon kriminellen Verhaltens, gefragt wird, ob er sich „bei Begehung der Tat" nicht anständiger, rücksichtsvoller bzw. rechtmäßig hätte verhalten können, wird er diese Frage — sich rückblickend seiner damaligen dispositionellen Verhaltensalternativen erinnernd — oft ohne Umschweife zunächst bejahen (insbesondere dann, wenn er sein Verhalten nachträglich selbst bedauert oder bereut). Vertieft man aber „bohrend" die Frage, ob das damalige Tatverhalten in dem *seinerzeit* aktuellen Gesamtstatus des voraufgehenden und begleitenden Gestimmt- und Gesonnenseins wirklich hätte anders ausfallen können (ob „ich" z.B. einen später bedauerten, aus Schmerzangst aber rechtzeitig unterlassenen Zahnarztbesuch zur Zeit der Unterlassung wirklich hätte ausführen, eine später bitter bereute Unterschlagung zwecks Wunscherfüllung bei Begehung des Delikts „tatsächlich" hätte unterlassen können), ob ich seinerzeit eine andere Gesinnung, mehr Mut oder Selbstbeherrschung hätte haben und das „Fehlverhalten" hätte vermeiden können, — dann wird der so vertieft Gefragte, wird der sein tataktuell *gewesenes* Ich rekonstruierende und über *dessen* Freiheit zum Andershandelnkönnen nachdenkende Mensch unsicher werden und zumeist wohl mit einem achselzuckenden „Ich weiß nicht" reagieren. Daß er *sich*, so wie geschehen, *selbst bestimmt* hat, d.h. *auto*nom gehandelt hat, wird der Gefragte dennoch nicht bestreiten. Er kann darum aus der

Erinnerung nicht nur die Fragen nach dem Was und Wie seines faktischen Verhaltens, sondern auch nach dem Warum und Wozu beantworten, er kann sein Tun deklarieren, m. a. W. sich verantworten und fühlt sich für sein Verhalten, seine Taten vor sich und seinesgleichen „verantwortlich". Dieses *spezifisch-menschliche Erleben verantwortlicher Selbstbestimmung* „meines" — d. h. eines personal intendierten und final gesteuerten — Verhaltens bleibt völlig unangefochten von rückblickenden Zweifeln über meine konkrete „Willensfreiheit"; es bleibt unangefochten sogar von der „deterministischen" Überzeugung, ich hätte mich in jenem früheren hic-et-nunc-Status meiner Stimmung und Gesinnung zu gar keiner anderen Verhaltensweise entscheiden und steuern können als ich es getan habe. Auch wenn „ich" rückblickend sehe, daß nach länger pendelnden Motivationsgewichten zwischen Pro und Contra letztendlich ein *über mich kommender* Impuls oder unausweichlicher Entschluß als „la dernière idée" (Voltaire) den übergewichtigen Ausschlag gab, weist der Mensch normalerweise die Verantwortung für all sein früheres Tun und Unterlassen nicht von sich.

Die Selbstbeobachtung kommt damit zu dieser anthropologischen Feststellung: Menschliche Freiheit und Unfreiheit als *intra*subjektive Erfahrungen erscheinen (als „Phänomene") im Medium unserer *Zeitlichkeit*.

Nämlich: beim ins Künftige vorlaufende, *prospektiven* Sichvergegenwärtigen noch offener diverser Wahlmöglichkeiten des je-meinigen Verhaltens erfahre ich meine Freiheit *vor und zu* einer Entscheidung. *Nach* einem — sekundenkurzen bis jahrelangen — Entscheidungsprozeß für ein gewähltes und verwirklichtes Verhalten sehe ich *retrospektiv* mich bestimmt von der — aus dem Komplex meiner, der konkretisierten Handlung voraufgehenden Gesinnung und Stimmung, aus Einflüssen, Einfällen und anderen Beweg-Gründen und Beweg-Impulsen („Motiven") schließlich geborenen — „dernière idée". *Sie* „wollte" dann das faktische Verhalten und verwirklichte es — entschlossen oder auch „halbherzig" — mit den mir zur Verfügung stehenden intellektuellen, körperlichen und instrumentellen Mitteln. Wenn mir so auch *retrospektiv meine Unfreiheit erscheint,* weil ich in der genauen Rück-Sicht keine Freiheit des Andershandeln-Gekonnt*habens* ausmachen kann, sehe und empfinde ich doch zugleich das von meiner Persönlichkeit, ihrem Charakter und Schicksal, ihrer tataktuellen Stimmung und Gesinnung *bestimmte* Verhalten normalerweise als *mein* (d. h. auto-nomes) Tun oder Unterlassen. Und seine sozialen Konsequenzen wie Lohn oder Tadel, evtl. Strafe werden deshalb in der Regel fraglos als *selbst*verdient akzeptiert.

Man kann es auch so sagen: Im — je-gegenwärtigen — Bewußtmachen seiner aktuellen Bedürfnisse und Interessen, seiner Wertvorstellungen und Ideen, kantisch gesagt, seiner „Neigungen" und „Pflichten" transzendiert der Mensch sein komplexes „Determinantengedrängel" (O. Marquard). Und in diesem geistigen Gegenüber zu meiner inneren und äußeren Situation *entscheidet sich* — prospektiv auf etwas Seinsollendes — ein bestimmtes Handeln (oder Unterlassen). Weil man aber auch sagen kann und meist sagt: „...habe *ich mich entschieden*" entsteht der empirisch-retrospektiv falsche Eindruck meiner *faktischen* Willensfreiheit; anders gesagt, der Unabhängigkeit des Michverhalten*habens* auch von meiner aktuell beim Verhalten so oder so determinierten Stimmung *und Gesinnung*.

5.2 Die Freiheit der anderen (intersubjektiver Aspekt)

Einem Menschen begegnen heißt,
von einem Rätsel wachgehalten werden.
Emmanuel Lévinas

Im alltäglichen zwischenmenschlichen Umgang miteinander, in der Familie, in der Berufs- und Bürgergemeinschaft gehört das *sozialethische Bewerten* von einzelnen Verhaltensweisen und „ganzen" Personen zum täglichen Brot. Wir tadeln und loben ein Kind für „böses" und „braves" Verhalten, sprechen aber auch von einem schlimmen und einem guten Kind; wir kritisieren unter uns Erwachsenen ein „schäbiges" und anerkennen ein „anständiges" Verhalten, sprechen aber auch mit Abscheu von einem „üblen", mit Hochachtung von einem „feinen" Kerl. Wenn uns z.B. ein Diebstahl schädigt, verlangen wir, daß der Täter für diese Tat zur Verantwortung und Wiedergutmachung herangezogen, daß er (wie es auch mir bei „Verkehrssünden" mit disziplinierenden Geldbußen geschieht) abschreckend bestraft, ihm möglichst „das Handwerk gelegt wird"; mit „dem" Dieb (falls er z.B. mein Hausangestellter war) wollen wir zumeist nichts mehr zu tun haben. Umgekehrt danken wir einem unverpflichtet hilfreichen Menschen für seine Wohltat, lohnen sie ihm, preisen ihn als Vorbild und sehen ihn gern wieder. Kurz, *wir rechnen* dem einen das sozial „Böse" wie dem anderen das sozial „Gute" *persönlich zu*. Dabei kommen wir kaum je auf den Gedanken, uns zu fragen, ob das, was der eine uns schädigend, der andere uns als hilfreich antat, willensfrei-schuldhaft bzw. willensfrei-verdienstlich erfolgte; ob m.a.W. beide bei ihrem Tun auch anders hätten handeln, ob sie das uns als Opfer oder als Nutznießer betreffende Handeln auch hätten unterlassen können. Und wenn wir selbst im Alltäglichen natürlicherweise Böses mit Bösem (Tadel, Strafe, „Revanche"), Gutes mit Gutem (Lob, Lohn, Rückgeschenk) angemessen „vergelten", bleibt diese Bewertung, Heim- und Rückzahlung meist nur an der sozialen Qualität und Quantität des uns betreffenden Fremdverhaltens *als solchem* orientiert. Wir fragen so gut wie nie danach, ob das „böse" Kind, der „böse" Kriminelle ihre Freiheit schuldhaft mißbraucht und ob die „Guten" sie verdienstvoll wohlgebraucht haben. Wir tadeln und strafen weder unser unmündiges Kind noch einen mündigen Dieb primär, um ein in freier Willensbestimmung sich aufgeladenes Schuldmaß angemessen zu vergelten, sondern, damit Kind wie Dieb durch Tadel und Strafe zur normativen Besinnung kommen, ihnen ein unrechtes Verhalten nachdrücklich bewußt wird und sie künftig „die Finger davon lassen", solches zu wiederholen.

Die erste Feststellung zur „Freiheit der anderen" ist also die, daß es ein *geistesgeschichtlich neuzeitlicher* – auch in der individuellen sozialen Reifung ein später – *Artefakt* ist, *im sozialen Umgang miteinander nach der Freiheit,* nach Freiheitsverlust oder -spielraum eines uns wohl oder wehe tuenden Mitmenschen *überhaupt zu fragen!* Ihre Hauptwurzeln hat die Freiheitsfrage, wenn ich recht sehe, erst im naturrechtlichen Denken des 17. Jahrhunderts. Im christlichen Mittelalter (jedenfalls vor Erasmus und Luther!) wurde die Freiheit zu sündigen – explizit: prägnante „Verbrechen", aber auch Ketzerei und Hexerei zu begehen oder zu unterlassen – als vom Urpaar überkommene Erblast allen Menschen zu eigen, fraglos hingenommen. Und Kinder, Toren und Geisteskranke blieben nur deshalb theologisch wie juristisch von der schuldhaften Zurechnung eines Deliktes verschont, weil ihnen „mens et sensus communis" (B. Carpzow, 1595–1666) fehlte, m. a. W. die reife bzw. allgemeinmenschlich-normale psychische Beschaffenheit von Geist und Gefühl: furiosi sunt, qui mente et sensu communi carent.

Geistesgeschichtlich wirksam bedachten, wenn ich recht sehe, erstmals die Naturphilosophen (nach H. Grotius, 1583–1645, vor allem S. Pufendorf, 1632–1694) unabhängig von der kirchlichen Tradition die anthropologisch-natürlichen Voraussetzungen forensischer Schuldfähigkeit. Daraus ergab sich dann die weitere Frage nach ihrer Festbarkeit bzw. Ausschließbarkeit im konkreten Einzelfall. So schloß Grotius eine Strafbarkeit für „actus inevitabiles naturae humanae" aus, weil zurechenbar nur sei „quod libere fit". Und Pufendorf entwarf erstmals eine Imputationslehre, welche die vom praelucens intellectus, dem voranleuchtenden Verstand (modern gesprochen: der Einsichtsfähigkeit) und vom decernens voluntas, dem bestimmenden Willen (modern gesprochen: der Steuerungsfähigkeit) gebildete actio humana zum Kennzeichen eines zurechenbaren Verhaltens macht. Diese actio sei durch Freiheit im doppelten Sinne ausgezeichnet, durch Freiheit von ... (triebhaft-affektiven Zwängen) und durch Freiheit zu ... (einem Sichleitenlassenkönnen von sittlichen Werten und gesetzlichen Normen). Indem Pufendorf lehrte, Grundlage der Zurechenbarkeit einer Handlung sei, „daß es in der Macht des Handelnden stand, ob er sie vornahm oder nicht vornahm", wurde das methodologische Postulat gesetzt, bei sozial schädlichen („kriminellen") Handlungen die Frage ihrer Zurechenbarkeit als einer schuldhaft und damit strafbar begangenen Tat von einer Untersuchung des Täters hinsichtlich seiner „freien Willensbestimmung" (so im RStGB von 1871) bei Tatbegehung abhängig zu machen. Womit „sozusagen die Debatte über die Kernfrage der Zurechnungsfähigkeit eröffnet wurde: Determinismus oder Indeterminismus" (F. Lubbers).

5.2.1 Der Mensch und seine Freiheit als (bio-psycho-soziologischer) Untersuchungsgegenstand

In menschlichen Gemeinschaften ragen stets einzelne Individuen aus der Menge der mehr oder weniger unauffälligen Kollektivglieder heraus, — sei es durch sozial erwünschte oder unerwünschte Verhaltensweisen und Leistungen. Hierdurch provozieren sie entsprechende gesellschaftliche Reaktionen der Anerkennung oder des Abscheus, der Förderung oder Hinderung, der Verdienst- oder Schuldzurechnung. Und explizit gegenüber den im sozial-positiven oder -negativen Sinne aus dem Durchschnittsverhalten und -leisten herausfallenden Mitmenschen erhebt sich die — im Alltäglichen selten gestellte — Frage nach dem Dafür-Können ihrer Person für ihre Taten und Werke; nach schicksalhafter Notwendigkeit oder freier Wahl ihres So-Seins und -Handelns. Es entstehen Biographien über die großen Täter und Produzenten, welche zumeist nicht nur ihre „Naturen", die etwa schon in früher Jugend auffallenden Anlagen darstellen, sondern dann auch die Ereignisse, die entwicklungsrelevanten Entscheidungen anderer und die psychosozialen Einflüsse (z. B. von Eltern, Erziehern und Lehrern, vom „Milieu" oder vom „Zeitgeist"), welche für ihr besonderes — bewundertes oder verabscheutes — Verhalten und Leisten von steuernder und formender, durch Förderung verstärkender (oder auch durch Widerstand provozierender) Bedeutung gewesen sind.

So sind es zwei „Täter"-Gruppen, die humanwissenschaftlichen Untersuchungen bevorzugt unterzogen werden: Einmal *in relativ wenigen Fällen* und zumeist postum die großen politischen Täter (wie Friedrich II., Napoleon, Hitler) und die genialen Produzenten von Kunst, Wissenschaft, Philosophie durch ihre *Biographen und Pathographen.* Zum anderen werden *in zahlreichen Fällen, institutionalisiert und zunehmend häufiger* die durch ein ungewöhnliches oder dyssozial besonders gravierendes Verhalten aus dem Rahmen bürgerlicher Durchschnittsnorm herausragenden Kriminaltäter durch *forensische „Sachverständige"* im Einzelfall und durch *„Kriminologen"* generell zum wissenschaftlichen Untersuchungsgegenstand gemacht. In den Einzelfällen geht es dabei heute (noch) in erster Linie darum, dem Strafrichter empirische Hilfen zu bieten, um die „Zurechnungsfähigkeit" — als rechtliche Schuld-Fähigkeit — rechtsgleich und rechtssicher beurteilen zu können.

Es sind also zwei äußerst heterogene Gruppen von pro-minenten Mitbürgern, denen vor allem sich ein anthropologisches Interesse und Fragen nach ihrer Freiheit, nach Verdienst und Schuld zuwendet.

5.2.1.1 Die Freiheitsfrage bei erwünschtem und unerwünschtem Sozialverhalten (bei Verdienst- und Schuldzuschreibung)

Es soll zunächst auf die bemerkenswerte Differenz in der persönlich wertenden Zurechnung von sozial erwünschtem und unerwünschtem Verhalten hingewiesen werden. Dies gehört zu unserem Thema insofern, als menschliche Freiheit – in einem wie auch immer verstandenen Sinn – die logisch zwingende Voraussetzung zu sein scheint, um ein sozialbezogenes Verhalten (ausgeführte oder unterlassene Handlungen und Werke) einer Person als verdienstvoll *oder* schuldhaft zuzurechnen, personal zu werten und mit Lob und Lohn *oder* Tadel und Strafe zu „vergelten".

Nichts hält uns davon ab, soziale Wohltaten und Hochleistungen dem der sie erbracht hat persönlich zuzurechnen und zu danken, obwohl es nachweisbar immer starke Abweichungen von der Durchschnittsnorm menschlicher Anlagen, persönlicher (Entwicklungs-)Umstände und sozio-kultureller Umwelten sind, welche die ungewöhnlichen Leistungen (eines Helden oder Märtyrers, eines genialen Künstlers oder Wissenschaftlers) erst ermöglichen. Das soziale Verdienst des großen Menschen wird durch all die bei genauer Betrachtung sichtbar werdenden determinierenden inneren und äußeren Lebens- und Werkbedingungen nicht in Zweifel gezogen; und dementsprechend nicht die Berechtigung und Gerechtigkeit von persönlicher Belohnung und Ehrung. Dem künstlerischen Marktwert, wissenschaftlichen Erkenntniswert oder technologischen Gebrauchswert bestimmter Hochleistungen entsprechende Belobigung ihres Hervorbringers deswegen zu unterlassen, weil dessen Freiheit zum Anderskönnen (bzw. -gekonnthaben), weil seine Unterlassungsfreiheit empirisch sehr fraglich erscheint (womit sein persönliches Verdienst entfiele), kommt – zumindest in einem freiheitlichen Rechtsstaat – fast niemanden in den Sinn.

Ganz anders bei einem eklatant sozialschädlichen, einem „kriminellen" Verhalten. Neben dem kriminal*politischen* Selektieren und Bewerten und dem gesetzlichen Codifizieren von objektiven Unrechtstatbeständen wird in den letzten Jahrhunderten bis heute viel juristischer Scharfsinn und empirische Forschungsmühe von Kriminologen verschiedenster humanwissenschaftlicher Provenienz (Ärzte, Psychiater, Psychologen und Soziologen) darauf verwandt, genauer zu untersuchen, warum, wann und wann nicht, bzw. inwieweit eine objektive gesetzliche Unrechtshandlung dem Täter subjektiv „schuldhaft" (und erst damit strafbar) zuzurechnen ist. Im europäischen Kulturkreis, mit Schwerpunkt im deutschsprachigen Raum, sind so in den letzten 200 Jahren ganze Bibliotheken von strafjuristischen und humanwissenschaftlichen Büchern und Aufsätzen entstanden über Bedeutung und Inhalt der strafrechtlichen Schuld- und Schuldfähigkeits-Begriffe, über ihre gesetzliche Verankerung und rechtspraktische Anwendung.

Es ist indessen leicht verständlich zu machen, warum neuzeitliche Humanwissenschaft in erster Linie Fragen von Grund und Grenze zwischenmenschlicher *Schuldzuschreibung* für sozialschädliches Verhalten behandelt hat und sich kaum für Fragen nach Grund und Grenze von *Verdienstzuschreibung* für sozial nützliches Verhalten interessierte:

Einmal entspricht das Verbrechen (als abzuwehrender und bereinigungsbedürftiger Ausnahmefall sozialen Verhaltens) *vergleichsweise der Krankheit* (als einen abzuwehrenden und heilungsbedürftigen Ausnahmefall des Leibes-Verhaltens). Diese aber verlangt nach Ärzten und medizinischem Wissen über Gründe und Ursachen des krankhaft Devianten, während ein Fragen nach Gründen und Ursachen leib-seelischer Gesundheit, von Konstitutionsdifferenzen und Gesundheitsbeförderungsmöglichkeiten zunächst ferneliegen. Ebenso liegt natürlich die Abwehr und Bekämpfung sozialschädlichen Verhaltens mittels Kriminaljustiz und kriminologischem Wissen näher als die Erforschung und aktive Förderung des sozial Nutzbringenden. — *Zum anderen* ließ das in den letzten drei Jahrhunderten, etwa gleichläufig mit dem medizinischen, *sich anreichernde kriminologische Wissen* um abnorme (bio-psycho-soziologische und situative) Gründe, Bedingungen und Konstellationen für das kriminelle Verhalten Einzelner (anstatt des rechtmäßigen der Mehrzahl) nicht nur schon bald engagierte Proteste gegen die im 18. und 19. Jahrhundert noch harte Vergeltungsstrafjustiz der „Guten" an den „Bösen" aufkommen. Es zwang sachlogisch auch dazu, die Berechtigung, bzw. Inhalt und Bedeutung eines strafrechtlichen Schuld-Verdikts sowohl generell (anthropologisch) genauer zu bedenken, als auch im forensischen Einzelfall (besonders wenn es um kapitale Verbrechen und Strafen geht) sorgfältig zu untersuchen.

Bedenklicher und frag-würdiger als vielleicht „unverdient" Lob, Lohn und Ehrung zu spenden ist es eben doch, „unverdient" einem Mitmenschen Vorwurf, Strafe und Entehrung anzutun!

5.2.1.2. Das psycho(patho)logische Untersuchungsfeld — qua Freiheit? — bei kriminogenen Normabweichungen

Empirische Belehrung über das, was über Willens-, Entscheidungs- oder Verhaltensfreiheit intersubjektiv überhaupt gesagt werden kann, ist also in der sozialen Lebenspraxis in breitem Maße auf dem Feld der Untersuchung von Kriminaltätern zu finden. Denn wenn — wie in unserem Rechtsraum — „die Schuld des Täters Grundlage für die Zumessung der Strafe ist" und ihre zu erwartenden Wirkungen nur „zu berücksichtigen sind" (so nach § 46 Abs. 1 StGB), steht kriminalforensisch ausdrücklich die Freiheitsfrage im Raum. Scheint doch persönliche Schuld ohne die Voraussetzung einer Freiheit (Möglichkeit, Fähigkeit), sie zu vermeiden, ein Unding zu sein. So wird denn auch — worauf näher im Teil II einzugehen ist — diese „Freiheit" vom Strafrecht beim strafmündigen Bürger de lege lata generell *vorausgesetzt*.

Je mehr jedoch mit den Fortschritten empirischer Anthropologie psychologisches und psychiatrisches Wissen über psycho(patho)logische *Einschränkungen* der hypostasierten Freiheit ins allgemeine Bewußtsein dringt und je größer — wo es um schwere Verbrechen und hohe Strafen geht — die richterliche Verantwortung für ein nach bestem Wissen und Gewissen „gerechtes" Schuldurteil ist, — um so häufiger tauchen *begründete Zweifel* an *un*eingeschränkter forensischer Schuldfähigkeit auf. Man sieht, daß Verbrechen (außer in selbst schon kriminell zu nennenden Staatswesen wie dem Stalin- und Hitler-Staat) fast nur von Menschen begangen werden, die — habituell oder unter den situativen Umständen der Tatbegehung — „erheblich" (quantitativ) oder „ganz" (qualitativ) anders sind als der Durchschnittsstaatsbürger.

Um solche Zweifel wissenschaftlich zu beseitigen werden Psychiater und Psychologen als professionelle Seelenkenner, als „sachverständige" Berater vom Richter herangezogen. Sie untersuchen — mit meist ebenfalls der Schwere des Falles entsprechender In- und Extensität — den Täter körperlich und psychisch, um dann unter Hinzuziehung von Aktendaten, evtl. auch von geeigneten Auskunftspersonen, die psychische Verfassung des Täters bei Tatbegehung so gut wie möglich zu rekonstruieren. Können sie damit etwas mehr zur Frage der Schuldfähigkeit qua Freiheit sagen?

Diese Gretchenfrage sei hier noch dahingestellt.

Vorerst soll kurz dargestellt werden, welche kriminogen relevanten Normabweichungen bei solchen Untersuchungen zu finden sind; welche „ganz" (qualitativ) und „erheblich" (quantitativ) andersartigen, d.h. psychischkrankhaften und -abnormen Zustände es *kategorial* überhaupt beim heutigen Stand unseres Wissens gibt.

Dabei halte ich forensisch für weniger zielführend die neueren und neuesten internationalen Klassifikationssysteme (Diagnosenschlüssel). Wesentlicher ist vielmehr bei einer strafrechtsdienlichen Differenzierung psychischer Erkrankungen bzw. „Abartigkeiten" die Voranstellung des Gesichtspunktes, ob sie — falls überhaupt — prinzipiell noch durch soziale Lernprozesse (wie Mißbilligungs- und Straferfahrungen) im Sinne einer sozialen „Besserung" und Rehabilitation beeinflußbar sind, oder nur durch systematische sozial- bzw. psychotherapeutische Behandlung oder ob nach heutigem Wissensstand biotherapeutische (medizinische) Interventionen angezeigt sind.

a) Endogene „Geistes"- und „Gemüts"-Krankheiten. Älteste, schon vorwissenschaftlich im Strafrecht beachtete Erkenntnis ist, daß es *Geisteskrankheiten* gibt, die durch Abbau, Verwirrung oder Wahn die höchsten psychischen Leistungen des Menschen stören bis zerstören: den Intellekt, das Denken, das mit anderen gemeinsame Realitäts- und Bedeutungserleben mit einem entsprechenden, d.h. verständlichen Willensverhalten. Altes Erfahrungsgut ist auch, daß solche Psychosen so wie akut oder schleichend einsetzende, wieder heilende oder auch nicht bzw. nur unvollkommen heilende leibliche Erkrankungen verlaufen. Man weiß auch seit langem, daß es ebenso ablaufende *Gemütskrankheiten* gibt, sei es in Form einer erlebnismäßig unbegründeten (d.h. sinnlosen) depressiven Verstimmung, einer den Betroffenen zwanghaft überfallenden Melancholie oder einer ebensolchen „Besessenheit" von unverständlicher und uneinfühlbarer heiterer Manie und Antriebsenthemmung.

Von Geistes- und Gemütskrankheiten beeinflußtes Verhalten galt und gilt bis heute als ein „unfreies" und deshalb nicht vorwerfbares Verhalten, welches die strafrechtliche Zurechnung ausschließt. Durch solche eindeutig krankhaften — weil ursächlich ungeklärt, „endogen" genannten — Psychosen ist die psychologisch sinngesetzlich entwickelte seelisch-geistige Individualpersönlichkeit und ihr normalerweise prinzipiell intersubjektiv immer verstehbares Erleben und Verhalten durch einen sinnlosen psychopathologischen Prozeß verformt. Äußerungen und Handlungen eines schizophren oder manisch-depressiv Erkrankten sind daher *nicht* mehr psycho-logisch *verstehbar und einfühlbar;* sie wären *nur* durch einen bisher noch unerkannten, wahrscheinlich biologischen, Prozeß *erklärbar.* Erfolgreiche Behandlungen sind bisher vor allem solche mit biologischen Methoden. Dabei dürfen allerdings, soweit psychologisch ansprechbare Persönlichkeitszüge erhalten geblieben sind oder wieder hervortreten, auch sozial- und psychotherapeutische Bemühungen nicht fehlen.

Ob die Aussage, daß ein solches „wirkliches" Krankheitsgeschehen das Verhalten des Betroffenen bestimmt, gleichbedeutend ist mit einer „Falsifizierung" menschlicher Willensfreiheit (H. Witter, R. Luthe) ist eine noch offene Frage der aktuellen Diskussion. Sie wird im Teil II (3.1.1 und 5. A) kritisch behandelt.

b) Somatogene psychische Störungen. Über die durch bestimmte körperliche Erkrankungen bzw. Verletzungen direkt oder indirekt bedingten *Funktionsstörungen des leiblichen Zentralorgans Gehirn* mit korrelierten Persönlichkeitsstörungen und abnormen bis delinquenten Verhaltensweisen, haben wir oben in den Abschnitten 1.3 und 2.2.1 Näheres referiert. Es wurde in den Abschnitten 1.2.7 und 1.4 auch schon zu der damit aufgeworfenen anthropologischen Freiheitsfrage Stellung genommen. Hier sei nochmals besonders hingewiesen auf die sozialethisch depravierende Auswirkung einer gleichwie gearteten, nur genügend ausgedehnten *Stirnhirnschädigung* als Prototyp einer als somatogen genauer definierbaren „moral insanity". — Daß alle oben im Abschnitt 1.3 skizzierten pathosomatisch → pathopsychischen Determinationen auch als eine bestimmte *Art* von Freiheitsverlust interpretiert werden können, ist offenkundig.

Mehr noch als bei den endogenen Geistes- und Gemütskrankheiten ist bei den nachweisbar somatisch bedingten seelisch-geistigen Störungen ihre *quantitative Ausprägung,* aber auch ihre *Qualität* von kriminogener Bedeutung: ob sie z. B. nach dem *Typus des Stirnhirnsyndroms* (s. o. 1.3.1) mehr die normative Einsichtsfähigkeit oder, nach dem *Typus des Stammhirnsyndroms* (s. o. 1.3.2) mehr die einsichtsgemäße Steuerungsfähigkeit beeinträchtigen.

Klassische Beispiele für die hier notwendigen Quantifizierungen sind einmal die u. U. schon nach *leichterer Hirnverletzung* sich verschiedengradig entwickelnde gesteigerte affektive Reizbarkeit, Erregungshöhe und -dauer mit u. U. kriminogener Auswirkung; zum anderen und vor allem die verschiedenen Grade von *Alkoholintoxikation*. Bei letzterer gilt nach neuerer – allerdings umstrittener – BGH-Rechtsprechung der für die Tatzeit bestmöglich quantifizierte Blutalkoholgehalt nicht nur als Hauptindiz von psychischer Leistungs(un)fähigkeit – Verkehrs(un)tüchtigkeit – eines Kfz-Lenkers, sondern auch als gewichtiges, gegenüber Zeugenaussagen über den Trunkenheitszustand in einem bestimmten Blutalkoholbereich sogar prävalentes Indiz für die verminderte Schuldfähigkeit eines alkoholisierten Täters.

c) Affektive Bewußtseins„störungen“. Es ist bemerkens- und nachdenkenswert, daß in den meisten abendländischen Rechtskulturen seit je nicht nur Rechtsbrüche unter dem Einfluß von – nach dem medizinischen Grundmodell – „krankhaften“ Geistes- und Gemütsstörungen der Person des Täters nicht oder nur minder schwer zugerechnet wurden, sondern auch unter dem Einfluß eines starken – aber an sich normalen! – Affektes (einer Bewußtseins„störung“?) begangene Straftaten. Seit je wird beim Strafmaß und Schuldurteil zwischen („kaltblütigem“) Mord und („heißblütigem“) Totschlag unterschieden. Und wie im römischen Recht bestimmte auch der erste große deutsch-mittelalterliche Strafrechtscodex, die Carolina von 1532 in Artikel 137, daß Affekttaten milder zu bestrafen seien. Der im 17. Jahrhundert noch ganz mittelalterlich denkende Hexenverfolger, als Rechtslehrer aber bedeutende Leipziger Strafjurist Carpzow soll gesagt haben: difficilius est iram continere quam miracula facere (Zorn beherrschen ist schwerer als Wunder wirken); seine größere Nachsicht mit Affekttätern als mit Trunkenheitstätern galt vor allem Fällen des „gerechten“ Zorns und dann, wenn kriminogene „Leidenschaft“ vom Opfer selbst oder andern aufgestachelt war. – Auch unsere BGH-Rechtsprechung sieht in der Höchstform eines – normalpsychologischen, d. h. aus der Persönlichkeit des Täters und seiner Tatsituation verständlichen! – affektiven Erregungszustandes eine tiefgreifende Bewußtseins„störung“, welche durch Beeinträchtigung der „Steuerungsfähigkeit“ (m. a. W. auch einer Art von Freiheitsverlust) die Schuldfähigkeit mindert, ja aufheben kann.

Da Affekttaten oft eine längere konfliktbeladene Beziehung zu dem Opfer vorausgeht, in der die strapazierten Selbstbeherrschungskräfte sich schließlich erschöpft haben, verlagern in solchen Fällen heutige strafjuristische Konzepte die schuldstrafrechtlich für obligatorisch gehaltene Freiheitshypothese ins Vorfeld der Tat: gefordert wird, daß der Mensch im Frühstadium eines sich aufbauenden aggressiven Affektes den hier noch gegebenen „Freiheitsspielraum“ nutzt, um die weitere Eskalation aggressiven Affektpotentials zu stoppen und damit die Tat zu vermeiden. Hierauf ist in Teil II, 4.2 näher einzugehen. – Fazit des Untersuchers ist: Zur Affekttat kommt es nur bei einer abnormen Persönlichkeit (einem jähzornig veranlagten, sog. explosiblen Psychopathen) oder in einer abnormen chronischen Konflikt- oder akuten Belastungssituation und nicht selten bei einer fatalen Summierung beider Komponenten (wobei zusätzlich noch biologisch-konstellative Faktoren wie reizbare Erschöpfung, Schlafdefizit, Alkoholkonsum im Spiel sein können).

d) Intelligenzmängel. Daß dem Minderbegabten, dem Schwachsinnigen eine für rechtstreues Verhalten hinreichende *intellektuelle* Fähigkeit zum Erfassen von sozialen Wert- und Gesetzesnormen fehlen kann und ihm *deshalb* Delikte nicht schuldhaft zurechenbar sind, wurde ebenfalls schon in alten Rechtsordnungen berücksichtigt; so im „Sachsenspiegel" (1235), wo es heißt, daß man über ‚Thoren' nicht richten soll, von ihnen angerichtete Schäden aber ihr Vormund zu entgelten habe. Erst psychodynamische Erkenntnisse jüngerer Zeit haben uns darüber hinaus sehen gelehrt, daß wesentlich häufiger als das Nichterfassen strafgesetzlichen Unrechts ein im Inferioritätserleben des Schwachsinnigen wurzelnder sozialer Geltungstrieb zu Straftaten führt. Das — sich dieser Verwurzelung nicht bewußte — Bedürfnis nach Kompensation ihres minderen sozialen Ranges, ihrer geringen beruflichen Leistungs- und Erwerbsfähigkeit und ihres daraus folgenden Minderwertigkeits„komplexes" führt dazu, daß Debile sich leicht in Geld und — in asozialen Kreisen jedenfalls — auch Geltung einbringende Straftaten verwickeln. Ihr Minderwertigkeitserleben ist oft stärker als ihre „Frustrationstoleranz" und führt zu einem unterbewußt-triebhaften Streben nach mehr Selbstbewußtsein und Prestigesteigerung. Hierzu aber bietet sich nicht selten eine instinktiv erfaßte und aus eigener Initiative ergriffene Delinquenzgelegenheit an und häufiger noch das bereitwillige Mitmachen und Risiko-auf-sich-Nehmen bei „imposanten" kriminellen Aktionen intelligenterer Anführer. Bei meist nicht zweifelhaftem (allerdings nur „flachem") Wissen um das kriminelle Unrecht ihres Handelns ist bei einer Gesamtanalyse der Tatzeitpersönlichkeit und des sozialen Umfeldes schwachsinniger Täter nicht zu sehen, daß ihnen noch eine zur Deliktvermeidung hinreichende „Steuerungsfähigkeit", eine alternative Wahlfreiheit für rechtstreues Verhalten, für ein „Andershandelnkönnen" gegeben war. — Das gilt insbesondere dann, wenn, wie nicht ganz selten, *sich Geistes- mit Gemütsarmut paart,* m. a. W. ein intellektueller mit emotionellem Schwachsinn verbunden ist.

e) Charakterliche Anomalien (sog. Psychopathie). Während die Schicksalsnatur varianter intellektueller und künstlerischer Begabungen alte vorwissenschaftliche Erkenntnis ist, wurde erst 1835 durch den englischen Arzt U. C. Prichard — unter dem mißverständlichen Begriff der *„moral insanity"* — wissenschaftlich sorgfältig beschrieben und der forensischen Beachtung nahegelegt, daß manche Menschen das *Naturmerkmal* eines tiefgehenden Mangels an Gemütsentwicklung, an Fähigkeit zu sozialer Bindung, Mitgefühl und Mitleid, zu sozialer Gewissensbildung und Pflichtempfinden haben. Es handelt sich um einen meist aus ererbten emotionellen Anlagemängeln *und* aus fehlender gemütswarmer Zuwendung in den ersten Lebensjahren resultierenden Defekt, dessen Herausstellung als „moral insanity" durch

Prichard zum Ausgangspunkt für den heutigen Begriff des sog. *gemütsarmen Psychopathen* wurde.

Eine solche Verfassung ist keine „kriminelle Anlage", bedeutet auch nicht ein „geborener Verbrecher", zum Verbrechen zwangsläufig bestimmt zu sein. Sie bedeutet keinen Freiheitsverlust im sozialen Umgang, sie kann sogar angesehen werden als ein *innerer Freiheitsgewinn!* Denn wer seelisch frei ist von Mitleid, von Gewissensskrupeln und Gefühlshemmungen, um seine Wünsche und Bedürfnisse (etwa als ein rücksichtslos mit „auszuschaltenden" Konkurrenten umgebener Geschäftsmann) durchzusetzen, hat hierdurch einen dem Mitfühlenden und Rücksichtsvollen nicht gegebenen Freiraum des Handelns gewonnen. Er ist aber auch fähig, d.h. innerlich frei zu krimineller Gewalttat ohne Rücksicht auf Menschenleben, — wenn seine Gemütskälte mit mangelnder egoistischer Klugheit oder/und mit hoher Risikobereitschaft, mit wenig nachdenklicher Impulsivität, mit Triebhaftigkeit oder anderen kriminogenen Teilkomponenten verbunden ist.

Was für den habituell Gemütsarmen gilt, trifft auch für *andere ausgeprägte charakterliche Anomalien* zu, z.B. für einen haltlos labilen Menschen, einen zu fanatischer Verbohrtheit oder zu jähzorniger Impulsivität disponierten oder zu starrsinniger Rechthaberei und damit zur Querulanz neigenden Menschen. Bei biographisch unbelasteter und pädagogisch bedacht gegensteuernder Entwicklung (und bei Verschontbleiben von solche „Schwachstellen" provozierenden Situationen) kann ein Haltschwacher auch ein liebenswürdig angepaßter, der zu Fanatismus Disponierte ein orthodox unerschütterlicher frommer Mensch werden, der impulsiv leicht Aufbrausende ein temperamentvoll Energischer und der Starrsinnige ein Mensch mit festem gradlinigen Durchhaltevermögen. Andernfalls erwachsen aus solchen Konstitutionen familiär und beruflich „schwierige" Menschen mit — schlimmstenfalls — einer entsprechenden Delinquenz. —

Für den „empirischen Charakter" hat also die Aussage, daß *der Mensch ein Produkt aus Anlage und Umwelt* ist, „auch jetzt noch einen guten Sinn, wenn man sich die Zusammenhänge nur genügend kompliziert vorstellt", schrieb die Strafjuristin A.-E. Brauneck 1963. Und um diese Komplexität des humanen Determinationsgefüges sich systematisch zu vergegenwärtigen, versucht unser Leitbild II (S. 47) zur Struktur und Dynamik der humanen Gesamtsituation eine Orientierungshilfe zu geben.

f) Psychogene (Entwicklungs)Störungen, sog. Neurosen. Die relativ jüngste Erkenntnis ist das der Psychoanalyse Freuds und der folgenden tiefenpsychologischen und psychodynamischen Forschung zu verdankende Grundwissen um spezifische psychogene Entwicklungsstörungen (Neurosen). Nichtbewältigte bzw. fehlverarbeitete Erlebnisse oder psychische Dauerbelastungen können unterbewußt zu psychosomatischen Krankheitsbildern, aber auch zu abnormen und ggf. zu kriminogenen Reaktions- und Triebdispositionen führen. Es waren vor allem delinquente abnorme Sexualhandlungen (wie exhibitionistische, sadistische, fetischistische, pädophile, pädohomophile, auch bestimmte rezidivierende Vergewaltigungshandlungen), bei denen die tiefergreifende biographische und Erlebnisanalyse einen evidenten Sinnzusammenhang solcher Handlungen mit abnormen psychosexuellen Entwicklungsbedingungen oder markanten psychosexuellen Traumatisierungen der Täter ergab.

Am Beispiel des — relativ häufigen und harmlosen — *Exhibitionismus* haben wir einen solchen Zusammenhang schon oben (S. 43) exemplarisch dargestellt. Daß bei *sadistischen und vergewaltigenden Sexualhandlungen* nicht ein von Natur aus mißbildeter Trieb sich auslebt, sondern dominant ein erlebnisreaktiv triebstark aufgeladenes Bedürfnis nach totaler Okkupation und Demütigung eines — fast beliebigen — weiblichen Opfers, wurde bei Reihenuntersuchungen bald erkannt. Es stellte sich weiter heraus, daß die abnorme Triebdynamik mit dem Ziel der totaler Bemächtigung und — durch sadistische Handlungen lustvoll bestätigter — instrumenteller Verfügbarkeit über einen anderen Menschen ihre Wurzeln meist in tief eingebrannten — aber vom Selbstwertbedürfnis aus dem Bewußtsein verdrängten — leidvollen *eigenen* Demütigungen und Unterdrückungen hat. Es bedeutet keine globale Dekulpation sexueller Gewalttäter, realistisch zu erkennen, daß nicht selten aus einem als Kind gequälten „Opfer von gestern" der sadistische „Täter von morgen" wird. — Beim delinquenten *Fetischismus* (z. B. Stehlen gebrauchter Damenwäsche von der Trockenleine) ergab die Analyse, daß solche Taten evident als Protest- und zugleich sexuelle Ersatzhandlungen selbstunsicherer Männer (nach überstrenger eigentums- und sexual-moralischer Erziehung) mit psychosexuellen Kontakt- und Potenzschwierigkeiten interpretiert werden können (G. Ewald, 1952). — Der auch durch scharfe Bestrafung und schwerwiegende soziale Folgen nicht aufzuhaltende *Rezidivismus sexualneurotischer Täter aller Spielarten* zeigt an, daß die Penetranz solcher psychodynamisch deformierter Triebe wahrscheinlich unvergleichbar stärker ist, als die selbst eines starken normalen Geschlechtstriebes. Eine — gekonnte — psychotherapeutische Behandlung hat gegenüber purer Bestrafung in vielen Fällen eindeutig die besseren Erfolge.

Entsprechendes gilt für *andere delinquente neurotische Abartigkeiten,* wie z. B. die in jüngerer Zeit wieder viel diskutierten, schon Anfang vorigen Jahrhunderts von Pinel (1801) und Esquirol (1840) richtig gesehenen „Monomanien", häufigst die sogenannte Kleptomanie. Es mag strafrechtlich irrelevant sein, zur Befriedigung *welches* Bedürfnisses jemand stiehlt, ob „normal" aus Bereicherungsbedürfnis um der Beute willen, oder „abartig" zur Befriedigung einer mit dem erregend-riskanten Stehlen abnormal verbundenen Sexuallust; ob zur Abreaktion einer Frustration oder aus einem unbewußten Bedürfnis nach Selbsterniedrigung und -bestrafung, oder aber nach Ehegattenblamage, — kurz, nicht um der Beute, sondern um des Stehlaktes willen (als erregende Situation oder als sozial für den Täter oder/und eine Bezugsperson folgenträchtige Aktion). Zu zweifeln ist heute nicht mehr daran, daß es derartig unterbewußt-„neurotisch" motivierte Eigentumsdelikte gibt, und daß die Strafreaktion in diesen Fällen Rückfälle meist nicht verhindert. Wohl aber vermag Psychotherapie — auch sozial — zu heilen, indem sie den psychodynamischen Mechanismus, den verborgenen Sinn der delinquenten Handlung überzeugend ins Bewußtsein des Täters hebt (mit Freuds Worten gesagt: Ich werden läßt, wo Es war) und so den von abartigen Triebdynamismen „Besessenen" von diesen befreien kann.

g) „Kriminorelevante Konstellationen" (H. GÖPPINGER) *und psychopathologische Komplexstrukturen.* Bereits bei den unter c–f behandelten, im *medizinisch*-psychiatrischen Sinne *nicht krankhaften* Anomalien (abnorme Affektzustände; abnorme intellektuelle, emotionelle u. a. charakterliche Persönlichkeitsartung; entwicklungsbedingt gestörte, „neurotische" Persönlichkeitshaltung) war festzustellen, daß neben außergewöhnlichen aktuellen (Belastungs-, Konflikt- und Reiz-)*Situationen* die beiden anderen Hauptwurzeln solcher Anomalien sind: einmal die angeborene Anlagestruktur *(die psychische Konstitution)*, zum anderen das nachgeburtliche biographische oder Prägungsschicksal *(die psychische Disponierung)*.

Diese drei Hauptwurzeln humanen Verhaltens wurden besonders deutlich bei rein kriminologischen (d. h. nicht spezifisch psycho- oder soziologisch orientierten) Untersuchungen eines unausgelesenen Kollektivs von Häftlingen (H-Gruppe) im Vergleich mit einem ebenfalls unausgelesenen, nur altersgruppengleichen Kollektiv von nicht-straffälligen Bürgern (V-Gruppe), wie sie in außerordentlich gründlicher jahrzehntelanger Forschungsarbeit H. Göppinger (1975, 1983, 1985) durchgeführt hat.

In einem mehrdimensionalen Verfahren wurden beide Gruppen bezüglich ihrer Biographie („Lebenslängsschnitt"), der speziellen Lebenssituation zur Tatzeit („Lebensquerschnitt") und ihrer Interessen- und Gesinnungsprägung („Relevanzbezüge und Wertorientierung") miteinander verglichen. Das Ergebnis war in statistischer Hinsicht u. a., daß die Hälfte der H-Probanden, aber nur ein Zehntel der V-Probanden bereits im Kindesalter mit schwerwiegenden „deliktischen" Auffälligkeiten wie Stehlen, Betrügen, extremer Rauflust u. a. in Erscheinung trat (1985, S. 22). Die H-Gruppe war weiter wesentlich stärkeren Entwicklungsbelastungen ausgesetzt u. a. durch familiäre Armut, Straffälligkeit von Erziehungspersonen, unzureichende Wohnverhältnisse, Unterbringung bei Pflegeeltern oder Heimerziehung; leistungsmäßig über 50 % schafften nicht den Hauptschulabschluß gegenüber nur 10 % der V-Gruppe (S. 18/19). Die Lebenssituation vor der Haftanlaß-Delinquenz war bei über 60 % der H-Gruppe (aber bei keinem der V-Gruppe!) durch „kriminorelevante" Faktoren gekennzeichnet (Vernachlässigung beruflicher, familiärer u. a. sozialer Pflichten, kein Verhältnis zu Geld und Eigentum, ungeordnetes Freizeitverhalten und fehlende Lebensplanung). Das gleichzeitige Zusammentreffen dieser Einzelkriterien führe zu einer *kriminorelevanten Konstellation*, „bei der das Geschehen förmlich zur Straffälligkeit, und hier vor allem zu Eigentums- und Vermögensdelikten, hindrängt" (S. 121). Dies insbesondere dann — so lautet eine andere kriminologische Erfahrung —, wenn derart konstellierte Probanden sich in einer *Gruppe* gleich- oder doch ähnlich gearteter zusammenfinden, in welcher der relativ Intelligenteste und Stärkste zum Anstifter und Anführer wird, dem wegen des gruppendynamischen Effektes der Verantwortlichkeitsentlastung und wechselseitigen Stimulierung (Schumacher 1980) die ganze Gruppe nur allzu bereitwillig (und gegen das materielle oder menschliche Delinquenzopfer meist rücksichtsloser vorgehend als ein Einzeltäter) folgt.

In diesem Zusammenhang gehört auch das Ergebnis einer wichtigen Untersuchung von Stemmer-Lück (einem Mitarbeiter von W. Rasch) über die Behandlungsindikation bei Straffälligen (1980). In einer Berliner Haftanstalt wurde 1976 eine unausgelesene Stichprobe von 397 Strafgefangenen gründlich untersucht. Man fand, daß *ein Großteil der Personen, die als Kriminelle vollverantwortlich be- und verurteilt wurden, erheblich gestört* waren; 54 % waren aufgrund von Testbefunden und Daten aus der Vorgeschichte als behandlungsbedürftig anzusehen. Charakteristisch war auch eine hohe Neigung zu psychosomatischen Störungen, zu Aggressivität, Depressivität, Stimmungsschwankungen, Minderwertigkeitsgefühlen, Selbstunsicherheit und Hoffnungslosigkeit. Teilweise bestand erhöhte Selbstmordgefährdung. Das Ergebnis dieser Untersuchung widerlegt nach Ansicht des Autors die nicht selten fast dogmatisch vertretene Auffassung, daß Straffällige nicht unter ihrem Anderssein leiden.

Schließlich zeigt die nähere Analyse eines bestimmten kriminellen Verhaltens, daß oft eine *mehrdimensionale, d.h. komplexe kriminogene Determinationsstruktur* vorliegt. Hierzu einige eigene Beobachtungen:

So stellt sich z. B. bei *Notzuchtsdelinquenten* heraus, daß intellektueller Schwachsinn des Täters zwar nicht seine *rationale Verbotskenntnis* verhindert, wohl aber eine eigentliche, gesinnungsmäßig *fundierte Einsicht in die Verwerflichkeit* sexueller Gewalt; der einfältig-böse Satz „Frauen wollen ‚genommen' werden", beherrscht in der sexuellen Erregungssituation das Denken solcher Täter. Oft liegen auch Geistes- und Gemütsarmut zugleich vor und ermöglicht letztere dem Täter kein mitfühlendes Empfinden mit dem Opfer. Mit im Spiel sein können soziale Ressentiments und sexuelle Frustration des debilen Täters, sowie aktuell bei Tatbegehung triebenthemmender und sozialethisch zusätzlich depravierender Alkoholeinfluß mittleren Grades.

Bei *Eigentums- und Vermögensdelikten* können neben den von Göppinger herausgestellten dyssozialen Prägungen und Haltungen noch andere kriminogene Faktoren mitspielen. So war z. B. bei einem überdurchschnittlich intelligenten, vielmals vorbestraften Rückfallseinbrecher festzustellen, daß der Mann, unehelich als Kind eines Besatzungssoldaten geboren, von der berufstätigen Mutter notgedrungen zu Pflegeeltern und später ins Heim gegeben werden mußte, dann jedoch eine qualifizierte handwerkliche Berufsausbildung abschloß. Mangelhafte Sozialisation und eine schulisch wie beruflich nicht ausgelastete „Überschußintelligenz" führte um das 20. Lebensjahr erstmals zu einer Serie raffinierter und abenteuerlich gestalteter Diebstähle, die deutlich weniger der Bereicherung als vor allem der Befriedigung und Steigerung seines Selbstwertgefühls dienten (u. a. im geheimen Wissen über das in einer Berghöhle gehortete wertvolle Diebesgut, im Imponieren vor einem Mittäter, später im „Kampf" mit dem Justizapparat, dessen Angehörige er durch geschickte und z. T. erfolgreiche Beschwerden gerne „besiegte" und dem er durch seine Rückfallsdelinquenz den Straf„erfolg" versagte). Zwischen den Deliktserien, mit denen er bevorzugt Behörden und Bibliotheken heimsuchte, bot dem gesellschaftlich entwurzelten und isolierten Einzelgänger der Strafvollzug eine gewisse Geborgenheit und Geselligkeit, weshalb er diesen anstatt zu fürchten eher zu schätzen lernte, zumal es ihm auch dort nicht an Gelegenheiten zu intellektueller Opposition und immer wieder erfolgreichen Mängelrügen fehlte. So bildete sich bald ein aus verschiedenen Motivwurzeln gespeister Teufelskreis von Delinquenz und Strafhaft und erneuter Delinquenz, der zum Lebensstil und Lebensinhalt wurde (und den nur eine gekonnte und längere sozialtherapeutische Behandlung zu ändern vermocht hätte).

Eine ähnlich vielfältige Motivationsstruktur fand ich bei *betrügerischen und hochstaplerischen Rückfallstätern,* deren deliktisches Verhalten weniger von Arbeitsscheu, Habgier und purer Großmannssucht bestimmt wurde als von existentieller Frustration im Kindesalter mit entsprechender Kümmerentwicklung von Empathie und Sozialität. Überlegenheitsbedürfnis zwecks Kompensation von Selbstwertzweifeln und — falls das Spiel von „Vertrauenwecken und Vertrauenbrechen" (wie das ein professioneller Pastorenbetrüger einmal formulierte) früher oder später immer wieder verloren wird — ein unterbewußtes Geborgenheitsuchen im „Knast" sind u. U. weitere determinative Komponenten.

5.2.2 Das globale empirische Untersuchungsergebnis: Intersubjektive Freiheitsagnostik und asymptotische Verdichtung des Unfreiheitsaspektes

Vorstehend wurden Befunde von verschiedenartigen Determinationsstrukturen und -dynamismen bei psychologisch-psychiatrisch untersuchten Kriminaltätern skizziert. Mit solchen Untersuchungen, d. h. einer subtilen Analyse von Täterpersönlichkeit, Tatgenese und -motivation werden immer häufiger und fast ausnahmslos bei schweren Straftaten psychowissenschaftlich Sachverständige beauftragt. Und zwar in erster Linie, um anhand eines genaueren Bildes vom Täter und *seiner* Tat richterlich die forensische Schuldfähigkeit besser beurteilen zu können.

Das globale Untersuchungsergebnis dabei ist nicht nur, daß intersubjektiv über die Freiheit des konkreten Anderen zur Wahl unter verschiedenen disponiblen Verhaltensweisen bei einem konkreten Tun keine wissenschaftliche Aussage möglich ist. Es verdichtet sich vielmehr mit zunehmenden Erkenntnissen über die leib-seelisch-geistigen Bedingungen des konkreten Soseins und So-handelns asymptotisch der Unfreiheitsaspekt menschlichen Verhaltens. — Im Generationenabstand, von durchaus verschiedenen Denk- und Forschungsansätzen aus und mit fast konträren Folgerungen für ihre forensische Beratertätigkeit haben dies zwei deutsche Psychiater besonders prägnant formuliert: Schon Ende der 40er Jahre KURT SCHNEIDER und in den 80er Jahren RAINER LUTHE.

Alsbald nach dem Ende der (an solchen Befunden kaum interessierten) nationalsozialistischen Strafjustiz war es KURT SCHNEIDER, einer der bedeutendsten Psychiater seiner Zeit, der sich aus erkenntniskritischer Verantwortung zu Aussagen veranlaßt sah, die bei den um Erneuerung von Recht und Gerechtigkeit bemühten Strafjuristen starke und weitgehend positive Resonanz fanden. 1946 in einem Heidelberger Vortrag, dann 1948 in einer schmalen Publikation über „Die Beurteilung der Zurechnungsfähigkeit" stellte K. Schneider schlicht fest: Die — im Grundaufbau seit 1933 bis heute (1992) unveränderte — Gesetzesnorm über die Schuldfähigkeit enthalte indirekt die Frage nach der freien Willensbestimmung als Grundvoraussetzung eines Schuldurteils. Ob man sie „von außen", d.h. intersubjektiv beantworten könne, berühre auch die Aufgabe des forensischen Psychiaters. Die Frage nach der konkreten Fähigkeit, gemäß Einsicht in das Unrecht rechtstreu zu handeln, m.a.W. die begangene Tat zu vermeiden, könne indessen „kein Mensch beantworten". Denn, so heißt es in allen bis 1961 erschienenen vier Auflagen der Schneiderschen Schrift: „Einen freien Willen annehmen und annehmen, daß man von außen sein Dasein oder gar die Fähigkeit dazu beurteilen kann, ist aber etwas völlig anderes."

Fast vier Jahrzehnte später hat R. LUTHE eindringlich (wenn auch mit Recht kritisch gegen kurzschlüssige deterministische Schlußfolgerungen) die Primärerfahrung des forensischen Psychiaters bei subtiler Erforschung der inhaltlichen (motivationalen) Determinationsstruktur eines bestimmten kriminellen Verhaltens geschildert (1984, S. 162/163). Dem kriminologischen Untersucher gelinge dann die Aufdeckung der Verkettung von unbewußten und bewußten Beweggründen, „die bis in die Tatsituation hineinreichend alle Auswege abschnitt bis auf den der Tat…, die Aufdeckung des zum großen Teil der normalen Aufmerksamkeit entzogenen Zusammenspiels von Persönlichkeit und Motiven in der Wechselwirkung mit dem sozialen Nahraum und anderen — umfassenderen — Zwängen des jeweiligen Milieus". Während der „Tatbestand" des Juristen „nur die berühmte Spitze des Eisbergs" (ist), mache „der psychologisch-psychiatrische Gutachter — nach der allgemeinen Erwartungshaltung — diesen Wasserspiegel sozusagen transparent". Hieraus resultiere ein Verstehen, „demzufolge wir uns schließlich sagen, daß wir in einer vergleichbaren Situation vielleicht genauso wie der Täter gehandelt hätten". Die Untersuchung führe m.a.W. zum „tout comprendre c'est tout pardonner … demzufolge es zwar noch Verbrechen, aber keine Verbrecher mehr gibt". — Damit hat Luthe — über den Agnostizismus von K. Schneider hinausgehend — im Grunde nur wie schon Kant (s. 5.3.1) den Aspekt der Unfreiheit unseres „empirischen Charakters" dargetan!

Mit diesem, vom Gutachter mehr oder weniger weitgehend ausgeführten Aspekt des Gesamtkomplexes eines konkret-kasuistischen Determinationsgefüges, könne indessen — fährt Luthe fort — das Recht um seine Aufgabe sicher zu erfüllen, nichts anfangen. Sicherheit des Rechts werde „vielmehr gerade dadurch erreicht, daß es bei der Beurteilung der Schuldfähigkeit davon absieht, den — bewußten oder unbewußten — motivationalen ‚Unterbau' eines Tatgeschehens im Zusammenhang mit der Frage der Schuldfähigkeit zu berücksichtigen". Deshalb habe man sich konventionell seit langem darauf geeinigt, „daß man sich bei Rückschlüssen auf die subjektive Seite des

Tatgeschehens sozusagen mit der Eisbergspitze begnügt". Das sei möglich, „ohne daß die Tatsache des Unbewußten im mindesten geleugnet zu werden braucht".

Nach wiederholter Betonung, bei dem empirisch-deterministischen Aspekt handele es sich um die Anfängererfahrung des „jüngeren ... angehenden" Psychiaters, und nach seiner Bekräftigung eines forensischen (nicht wissenschaftlichen!) Erkenntnisverzichts – dem Sichbegnügen mit der „Eisbergspitze" – erinnert Luthe noch daran, daß es Kurt Schneider war, der gerade in der motivationalen Verständlichkeit eines kriminellen Verhaltens ein Kriterium der Schuldfähigkeit gesehen hatte; *forensisch gelte: «Tout comprendre c'est rien pardonner»* (S. 164).

Wir werden uns erst im – speziell forensischen – Teil II (3.1.1.1) kritisch mit den strukturalen *Formalkriterien* psychischer Gesundheit bzw. Krankheit auseinandersetzen, die Luthe als einen, wie er meint, rechtssicher handhabbaren Maßstab strafrechtlicher Schuldfähigkeit empfiehlt, – gewiß die wohl interessanteste und ausgearbeitetste Methodologie des letzten Jahrzehnts.

1985 hat R. Luthe nochmals dezidiert zur Freiheitsfrage in der forensischen Psychiatrie Stellung genommen. Den Freiheitsagnostikern unter Strafjuristen (wie Bockelmann 1963, Strathenwert 1977 u. a.) und unter Psychiatern (wie Leferenz 1958, Witter 1959 und Verf. 1972) stimmt er in dem Sinne zu, daß menschliche Freiheit empirisch nicht zu *verifizieren* ist. Sie sei aber empirisch mit wissenschaftlichem Sachverstand zu *falsifizieren.* Mir stimmt er voll darin zu, daß die retrospektiv-objektivierende Analyse der Determinationsstrukturen einer bestimmten (auch kriminellen) Handlung „mit unerbittlicher Konsequenz" zu der Feststellung führt: „Mit zunehmenden Fortschritten der objektivierenden anthropologischen Erkenntnisse (tritt) der deterministische Aspekt menschlichen Verhaltens immer prägnanter und verdichteter hervor" (so Haddenbrock 1972, S. 882–885). Luthe kritisiert dann aber, daß „Bockelmann und Haddenbrock ständig die *Verifikation* der Schuldfähigkeit im Auge haben und ... die Möglichkeit der *Falsifikation* im Einzelfall unbeachtet (lassen), – für Jurisprudenz und Psychiatrie eine verpaßte Gelegenheit der Begegnung".

1988 schreibt Luthe wiederum über die konkreten Entwicklungslinien eines Tatgeschehens: „Grundsätzlich kann bei ihrer Erforschung, *je weiter sie getrieben wird, desto klarer nur ein vollständig geschlossenes Determinationsgefüge hervortreten,* ohne daß damit das geringste zur Frage der *freien Willensbestimmung* gesagt wäre." Denn diese bestehe „... wenn es sie überhaupt gibt, nur und ausschließlich in der vom inhaltlichen Determinationsgefüge unseres Handelns unabhängigen *Spontaneität des Subjektes*" (S. 246). –

Hierzu an dieser Stelle *zwei Anmerkungen.*

Popper hat bekanntlich in seiner Wissenschaftstheorie für die empirischen Wissenschaften postuliert, daß ihre Erkenntnisse prinzipiell falsifizierbar,

d. h. durch Forschungsfortschritte überholbar sein müssen. Diese Methodologie setzt jedoch voraus, daß wissenschaftlicher Forschungsgegenstand nur sein kann, was *prinzipiell* (immer besser und genauer, immer wahrheitsnäher und richtiger) *erkennbar* ist. Ein solcher möglicher Forschungsgegenstand ist die „freie Willensbestimmung" des Menschen aber gerade nicht! Sie kann deshalb wissenschaftlich *weder verifiziert noch falsifiziert* werden. Die genetische Emergenz menschlichen Geistes mit erwachendem und sich differenzierenden Selbst- und Weltbewußtsein und vom Säugling- zum Erwachsen-Sein zunehmend ichbewußt erlebter Selbst-Bestimmung, wie auch dessen psychopathologische Submergenzmöglichkeit durch Geisteskrankheit und Bewußtseinsstörung berührt nicht die Frage, ob ein personal voll bewußtes (psychisch reifes und „gesundes") Handeln frei ist gegenüber den je-persönlichen und je-aktuellen leib-seelisch-ideellen Determinanten. Diese indessen können sehr wohl ein psycho(patho)logischer, soziologischer, kriminologischer, ethnologischer u. a. Forschungsgegenstand sein. — Und die *„Spontaneität" des Subjektes,* die von dessen Determinationsgefüge unabhängig sein soll, kann, wie E. Dreher (1987) treffend formuliert, nur als die *„erlebte Wirklichkeit"* des menschlichen Geistes, als Erfahrung unserer Intelligibilität aufgewiesen werden, — als eben *die* subjektive humane Bewußtseinserfahrung, welche nicht ein in seiner Freiheit bestimmbarer Gegenstand empirischer Wissenschaft sein kann.

Das *Verhältnis beider Erfahrungswelten,* des uns objektiv unfrei erscheinenden „empirischen Charakters" und des von uns subjektiv als frei erlebten „intelligiblen Charakters" — dieser *anthropologische* Befund ist nunmehr ins Auge zu fassen.

5.3 Der anthropologische Befund: Die phänomenologisch-kognitive Komplementarität (Unbestimmtheitsrelation) menschlicher Freiheit und Unfreiheit

Der in den vorstehenden Abschnitten 5.1 und 5.2 differenziert dargestellte *Aspekt auf das Determinationsgefüge* und damit auf die Unfreiheit des (intersubjektiv) zum Untersuchungsgegenstand gemachten Mitmenschen oder auch (retrospektiv-intrasubjektiv) der eigenen Person, ist nicht die einzig „wirkliche" Erfahrung des Menschen mit seinesgleichen und sich selbst und darf *nicht verabsolutiert* werden! Anthropologie ist mehr als „Wissenschaft" des Menschen von sich und seinesgleichen. Es gibt nicht nur rationale, sondern auch andere, nennen wir sie existentielle oder phänomenologische Erfahrungen des Menschen im Umgang mit sich selbst und anderen Menschen. Sie zeigen ihn als ein geistig sich mit seinem Erleben, Denken und Handeln diskursiv-kritisch sehendes und in diesem Sinne freies, nicht — wie Pflanze und Tier — von seinem individuellen Sosein und dessen Geschick in der Naturumwelt blind bestimmtes Lebewesen.

Diese unsere *transzendentale Konstitution* darf anthropologisch *nicht ausgeblendet* werden, auch nicht im praktischen Umgang der Menschen miteinander, z. B. dem kriminalrechtlichen. Ohne ihre Einbeziehung bleibt Anthropologie Naturwissenschaft ohne Geisteswissenschaft und endet beim Determinismus, Biologismus, Psychologismus, Behaviorismus und — schlimmstenfalls — beim Sozialdarwinismus; Sozial- und Kriminalpolitik aber enden so beim Selektieren und Eliminieren, beim Konditionieren und Manipulieren erwünschter und unerwünschter Verhaltensweisen bzw. ihrer Akteure.

Um nun das Verhältnis des menschlichen Geistes und seiner Freiheit zur Unfreiheit des zum Untersuchungsgegenstand gemachten Menschen zu begreifen — um diese anthropologische *Selbstbestimmung* muß sich wohl jedes Zeitalter menschlicher *Selbstbesinnung* in seiner Weise und Sprache bemühen.

Zum hier unternommenen Versuch im Denken und Sprechen des ausgehenden 20. Jahrhunderts das zu begreifen, was im ausgehenden 18. Jahrhundert Kant mit den Begriffen des unfreien „empirischen" und des freien „intelligiblen Charakters" bereits gültig (aber nicht endgültig) in unser *Selbstbewußtsein* gehoben hat, soll eine Auseinandersetzung mit Kant hinleiten. Ich sehe keinen besseren Weg, als mit Kant über Kant hinaus ein heute zeitgemäßes anthropologisches Konzept zu suchen.

5.3.1 Menschliche Unfreiheit und Freiheit in der philosophischen Anthropologie von I. Kant

Persönliche forensisch-psychiatrische Gutachtererfahrungen und -probleme initiierten nicht nur dieses Buch, sie führten auch unumgänglich zu einer Auseinandersetzung mit Kants Erkenntniskritik und Anthropologie.

a) Kriminalanthropologische Relevanz des fundamental-epistemischen Konzeptes (der „kopernikanischen Wende") von Kant

Wenig ergiebig für die professionellen Aufgaben des Gerichtspsychiaters, die allerdings zwangsläufig mit Grundfragen des Strafrechts in Berührung bringen, scheint prima vista die fundamentale erkenntnistheoretische Neuorientierung zu sein, welche als eine „kopernikanische" Wende durch Kant bezeichnet wird. Seine Einsicht nämlich, daß unsere Erkenntnis mit Sinneserfahrungen anhebt und geformt sowie begrenzt wird durch die a priori dem Bewußtsein des menschlichen Geistes (= dem erkennenden Subjekt) zueigenen Grundlagen und Bedingungen aller Erfahrung überhaupt. Weil die Strukturen unserer Sinne und unseres Bewußtseins den Gegenständen der Erkenntnis ihre Gesetze vorschreiben und so zu Inhalten der menschlichen Erlebnis- und Erkenntniswelt machen, ist unsere Erkenntnis immer eine „phänomenale", d. h. eine von den *Erscheinungen* der Dinge für den Menschen, nie eine vom „Ding an sich". Indem jedoch der Mensch um diese anthropologische Strukturierung und Begrenzung seiner Welt- und Selbsterkenntnis weiß (jedenfalls reflexiv wissen kann), transzendiert er geistig, als homo noumenon, seine Erkenntnisgrenzen als homo phaenomenon. In der Sprache unserer Zeit: Der Mensch ek-sistiert „in der Welt über die Welt hinaus" (L. Binswanger); oder, mit den Worten von M. Heidegger: Menschliches Dasein ist dadurch ausgezeichnet, „daß es in seinem Sein zu diesem Sein ein Seinsverhältnis hat". Oder wieder mit Kant gesagt: Der Mensch ist Bürger zweier Welten, des nur phänomenal erfahrbaren und empirisch begrenzt erkennbaren *mundus sensibilis* und des transzendental sich erschließenden, alle Welt-„Inhalte" relativierenden, Raum und Zeit übergreifenden *mundus intelligibilis.*

Kann diese — wie ich sie nennen möchte — *„fundamental-epistemische"* Einsicht Kants, kann diese erkenntniskritische Bescheidung für das Strafrecht überhaupt eine Bedeutung haben? Ist Erkenntnistheorie für das unser soziales Zusammenleben praktisch ordnende und schützende Strafrecht nicht nur unnötiger philosophischer Ballast?

Ich meine nein. Denn Kant hat mit den skizzierten, in der „Kritik der reinen Vernunft" (1781) vielfältig ausgebreiteten und vertieften Kerngedanken nicht nur einen der größten philosophiegeschichtlichen Marksteine gesetzt, sondern auch wesentliche Züge der *conditio humana* schlechthin ins Licht gerückt. Er hat das beschrieben, was — in unterschiedlichen Differenzierungs- und Bewußtseinsgraden — jeden psychisch reifen und gesunden Menschen als solchen auszeichnet, d.h. zum Menschen macht: seine *transzendentale Konstitution,* sein das (im Hier und Jetzt erlebende und handelnde) Dasein überschreitendes „geistiges" Selbst- und Weltbewußtsein. Denn: Von einer Welt-*Anschauung* aus, d.h. in einem Existenzbewußtsein, das über das reale Dasein in einer Umwelt hinausdenkt und zurückschaut, in dieser *geistigen* Position sucht der Mensch als Mensch Sinn- und Wertorientierung für seine in der vorgefundenen Welt vorgefundene Existenz.

Diese geistige Freiheit des „intelligiblen" Charakters ist — kantisch gesprochen — auch die Bedingung der Möglichkeit von nicht-opportunistischer Werte-Konzeption, von Moralität (z.B. nach einem kategorischen Imperativ), von einer — positiven oder negativen — Sinn- oder Gottgläubigkeit. Aktualisiert wird im konkreten Leben Existenzbesinnung vor allem in sie provozierenden *Konflikt-, Krisen- und Grenzsituationen. Zu solchen gehören explizit auch die Situationen vor und nach einem Verbrechen* — man denke an die Welt- und Selbstbetrachtungen von Dostojewskis Raskolnikow im Entscheidungsprozeß vor und im Sühneprozeß nach seiner Bluttat.

Nur das Strafrecht stellt — in Subkulturen bis heute — mit der Todesstrafe Menschen, nach Ort und Zeit menschlich vorbestimmt, in die *äußerste Grenzsituation,* vor den Tod: Das Opfer hat ihn gesund und mit vollem Bewußtsein zu empfangen. Seine Henker haben ihn herbeizuführen, die Augenzeugen einer Hinrichtung dies unmittelbar mitzuerleben. Und mittelbar sind mit einem rechtlich angeordneten

Menschentod nicht nur Gesetzgeber, Richter und Gnadeninstanz konfrontiert, sondern jeder Denkende, der diese Strafe befürwortet, zuläßt, ablehnt oder bekämpft.

Der menschliche Täter vor menschlichen Richtern, der zur Rede gestellt antwortende, sich ver-antwortende Mensch, der durch Strafe äußerer Freiheit verlustige, auf seine geistige Freiheit verwiesene Mensch, der ent-sühnt mitmenschlich ver-söhnt wieder aufgenommene Mensch — kurz der kriminelle Mensch in seiner vielschichtigen biographischen Ausnahmesituation ist auf besonders prägnante Weise in seiner transzendentalen Konstitution gefordert, d.h. zu vertiefter Daseinsbesinnung heraus- und aufgefordert.

Gilt dies nicht auch für das menschliche Umfeld des Täters, seine Opfer, Ankläger und Verteidiger, seine Untersucher und Richter?

Seine *Opfer,* ihre Verwandten und Freunde stehen vor den Fragen: Warum mußte mir bzw. uns das, warum durch einen Mitmenschen geschehen? Sein *Ankläger* steht vor der Frage: Welches Schicksal (oder personales Verdienst?) hat mich zum Ankläger und welcher Mangel an Schicksalsgnade (oder personale Schuld?) einen Mitmenschen zum von mir Angeklagten gemacht? Sein *Verteidiger* muß sich wohl fragen: Was gibt mir das Recht, einen Schuldigen zu entschuldigen, mich zum Vertreter des Interesses eines Mitmenschen zu machen, für seine Schuld strafrechtlich möglichst wenig entgelten zu müssen? Sein *Untersucher* hat sich die Frage zu stellen: Welches humane Können meint das Recht mit der Schuld-Fähigkeit, über deren eventuellen Mangel oder Minderung bei einem bestimmten Menschen in einer bestimmten Lebenslage ich ein wissenschaftlich begründetes Gutachten abgeben soll? Und sein *Richter* könnte sich fragen: Welche Schuldart, welches Schuldmaß eines Mitmenschen habe ich hier nach Weisung des Gesetzes aufzuklären, festzustellen und zu vergelten? Kann ein Mensch überhaupt, und wenn ja, in welchem Sinne kann er Schuld- und Strafrichter sein?

b) Das autonomie-epistemische Anthropologiekonzept Kants vom „empirischen" und „intelligiblen" Charakter — das Ende des Streits um die Willensfreiheit

Der vorstehende, wenn man will, existenzphilosophische Exkurs führte bereits in den praktisch-rechtlichen Raum. Hier geht es u.a. um die Grenze zwischen dem, was Menschen durch Wissenschaft (wie Humananatomie, -biologie, -psychologie und -soziologie, Humansomapathologie und -psychopathologie) von einander und sich selbst empirisch, z.B. kriminologisch *erforschen und erkennen* können, und dem, was Menschen für sich selbst und andere als „intelligible" Personen nur erlebend *erfahren und bekennen* können.

Damit sind wir bei einer zweiten epochalen Wende durch Kant, die ich im Grunde für die philosophische Überwindung des (mit der Naturrechtsphilosophie begonnenen und trotz Kant bis heute nicht beendeten) Indeterminismus-Determinismus-Streits halte; und zwar durch Kants Einsicht in die *menschliche Daseinsweise als „empirischer" und als „intelligibler Charakter"*. Nur als intelligiblem Charakter, lehrt Kant, eignet dem Menschen die Freiheit der Selbstbestimmung, Autonomie; nur an diese Seite seines Wesens können sich moralische Gebote und das generelle Postulat eines „kategorischen Imperativs" wenden. Der im mundus sensibilis von seinen Anlagen konstituierte und von den biographischen Umständen disponierte, dementsprechend agierende und reagierende empirische Charakter des konkreten Menschen erscheint dagegen als unfrei, heteronom bestimmt.

Diesen anthropologischen Befund ans Licht gehoben zu haben könnte man die *„autonomie-epistemische"* Wende durch Kant nennen. Denn: Im Blick vom transzendenten „Orbit" her mich und andere durchaus verschieden genetisch konstituiert und biographisch disponiert sehend, müssen die in vergleichbaren Situationen verschiedenen Verhaltensweisen als durch die nach Form und Inhalt differenten Einzelschicksale bedingt *erscheinen*. Kurz gesagt: Wie menschliche Erkenntnis überhaupt durch die fundamental-epistemische Wende wird durch die autonomie-epistemische Wende intersubjektive Erkenntnis relativiert.

In der mich und andere vergleichenden, re-flektierenden Sicht von „oben" her (wenn auch zwangsläufig und unüberwindbar mit je-meinen Augen!) sehe ich, daß die als frei erlebte Selbstbestimmung menschlichen Verhaltens faktisch unter den Bedingungen von durchaus verschiedenen Anlagen und Antrieben, Bedürfnissen und Interessen, Gesinnungen und Stimmungen steht und auch vom differenten instrumentalen Können jedes konkreten einzelnen abhängt. — Mit einem solchen autonomie-epistemischen Bewußtsein sollte — jedenfalls für die säkularisierten Humanwissenschaften, zu denen heute doch auch das Strafrecht gehört — der Streit um die „Willensfreiheit" als konkret falsifizierbare oder gar graduierbare Voraussetzung für judikable Schuld endgültig obsolet geworden sein!

Weil dies bis heute nicht der Fall ist und dies, denke ich, nicht zuletzt auf einer ungenügenden Rezeption von Kants Anthropologie beruht, seien hier zwei Belegstellen zitiert.

Aus „Kritik der reinen Vernunft" (1781); nach der Weischedel-Ausgabe 1980, IV, S. 500 (A 550), 501 (A 551) (Fußnote): „In Ansehung dieses empirischen Charakters gibt es also keine Freiheit, und nach diesem können wir doch allein den Menschen betrachten, wenn wir lediglich *beobachten*, und, wie es in der Anthropologie geschieht, von seinen Handlungen die bewegenden Ursachen physiologisch* erforschen wollen.

---

* Im Denken Kants umfaßt das „physiologische" Erforschen und „physische" Erklären alles, was (als nicht „meta"-physisch) den empirischen Humanwissenschaften zugänglich ist. D.h. neben der Physiologie im heutigen Sprachgebrauch auch untersuchbare psychologische, psychopathologische und soziale Einflüsse auf den „empirischen Charakter".

Die eigentliche Moralität der Handlungen (Verdienst und Schuld) bleibt uns daher, selbst die unseres eigenen Verhaltens, gänzlich verborgen. Unsere Zurechnungen können nur auf den empirischen Charakter bezogen werden. Wie viel davon aber reine Wirkung der Freiheit, wie viel der bloßen Natur und dem unverschuldeten Fehler des Temperaments, oder dessen glücklicher Beschaffenheit (merito fortunae) zuzuschreiben sei, kann niemand ergründen, und daher auch nicht nach völliger Gerechtigkeit richten."

Aus „Das Ende aller Dinge" (1794); nach der Weischedel-Ausgabe 1978, XI, S. 178 (A 501 f.):

„Denn welcher Mensch kennt sich selbst, wer kennt andre so durch und durch, um zu entscheiden: ob, wenn er von den Ursachen seines vermeintlich wohlgeführten Lebenswandels alles, was man Verdienst des Glücks nennt, als sein angebornes gutartiges Temperament, die natürliche größere Stärke seiner obern Kräfte (des Verstandes und der Vernunft, um seine Triebe zu zähmen), überdem auch noch die Gelegenheit, wo ihm der Zufall glücklicher weise viele Versuchungen ersparte, die einen andern trafen; wenn er dies alles von seinem wirklichen Charakter absonderte (wie er das denn, um diesen gehörig zu würdigen, notwendig abrechnen muß, weil er es, als Glücksgeschenk, seinem eignen Verdienst nicht zuschreiben kann): wer will dann entscheiden, sage ich, ob vor dem allsehenden Auge eines Weltrichters ein Mensch, seinem innern moralischen Werte nach, überall noch irgend einen Vorzug vor dem andern habe, und es so vielleicht nicht ein ungereimter Eigendünkel sein dürfte, bei dieser oberflächlichen Selbsterkenntnis, zu seinem Vorteil über den moralischen Wert (und das verdiente Schicksal) seiner selbst so wohl als anderer irgendein Urteil zu sprechen."

Vor allem die zuletzt zitierten Worte des 70jährigen Kant, geschrieben in einer Betrachtung, die mit der Bestimmung von „Ewigkeit" (nicht als endlos fortdauernder, sondern — uns unbegreiflich — als aufhörender „Zeit") anhebt, bedürfen wohl keines Kommentars. Sie destruieren endgültig den Pharisäismus einer erkennbaren personalen Fremdschuld und erlösen von der Hoffnungslosigkeit gewiß feststehender personaler Eigenschuld (die dennoch durch das Gewissen appellativ dem je-meinigen intelligiblen Charakter spürbar bleibt). — Durch und nach Kant sollte darum einem Straftäter moralisch abwertendes Schuldstrafrecht nicht mehr möglich sein. Erst in jüngerer Zeit stellte indessen Karl Lackner (1985, S. 248) in einem Übersichtsreferat zum Problemkreis „Prävention und Schuldunfähigkeit" fest, daß (im Sinne der eingangs (S. 86) zitierten Position des BGH von 1952) „in der strafgerichtlichen Rechtsprechung ... das Verständnis der Schuld als ein den Täter treffender höchstpersönlicher sittlicher Tadel bis heute unerschüttert geblieben" ist.

c) Der liberale Rechtsstaat und die Talionsgerechtigkeit Kants

Eine dritte ideengeschichtlich epochale Leistung Kants ist seine Staatslehre, welche den *liberalen Rechtsstaat* konzipiert (als vom monarchischen Souverän regierte Republik). Da mit dieser staatsrechtstheoretischen Abwendung vom absolutistischen Polizeistaat des 18. Jahrhunderts Kants Rechtslehre und seine rigoristische absolute Straftheorie eng zusammenhängen, ist auch hierauf einzugehen.

Um in der Menschengesellschaft die *größtmögliche bürgerliche (= Verhaltens-)Freiheit aller* zu sichern, konstituiert sich nach Kant der Staat als „die Vereinigung einer Menge von Menschen unter Rechtsgesetzen“. Recht aber ist nach ihm „der Inbegriff der Bedingungen, unter denen die Willkür des einen mit der Willkür des andern nach einem allgemeinen Gesetze der Freiheit zusammen vereinigt werden kann“. Im Rechtsstaat ist demnach „Eine jede Handlung ... *recht*, die oder nach deren Maxime die Freiheit der Willkür eines jeden mit jedermanns Freiheit nach einem allgemeinen Gesetze zusammen bestehen kann“ (Die Metaphysik der Sitten, Weischedel-Ausgabe VIII, S. 337 [A 33]). Die im Rechtsstaat bestehende Freiheit bedeutet: „Niemand kann mich zwingen auf eine Art, wie er sich das Wohlsein anderer Menschen denkt, glücklich zu sein, sondern jeder darf seine Glückseligkeit auf dem Weg suchen, der ihm selbst gut dünkt, wenn er nur der Freiheit anderer, einem ähnlichen Zweck nachzustreben, nicht Abbruch tut.“ Damit hat Kant das rechtsstaatliche Prinzip formuliert, wie es mit bemerkenswert ähnlicher Diktion Art. 2 Abs. 2 des bundesdeutschen Grundgesetzes festlegt: „Jeder hat das Recht auf die freie Entfaltung seiner Persönlichkeit, soweit er nicht die Rechte anderer verletzt und nicht gegen die verfassungsmäßige Ordnung oder das Sittengesetz verstößt.“

Der Einsatz des – heteronomen – staatlichen Zwanges strafrechtlicher Sanktionen hat danach den Sinn, die bürgerlichen Freiheitsrechte *aller* zu bewahren gegen willkürliche Übergriffe von *einzelnen* auf ihnen nicht zustehende Rechtsgüter von anderen. Das Strafrecht darf nach Kant über die Konstituierung und Bewährung der freiheitlichen Rechtsordnung durch tatgerechte Vergeltung hinaus allenfalls sekundär, sozusagen als Nebeneffekt, präventiv zweckdienlich sein:

> „*Richterliche Strafe* (poena forensis) ... kann niemals bloß als Mittel, ein anderes Gute zu befördern, für den Verbrecher selbst, oder für die bürgerliche Gesellschaft, sondern muß jederzeit nur darum wider ihn verhängt werden, *weil er verbrochen* hat; denn der Mensch kann nie bloß als Mittel zu den Absichten eines anderen gehandhabt und unter die Gegenstände des Sachenrechts gemengt werden, wowider ihn seine angeborne Persönlichkeit schützt... Er muß vorher *strafbar* befunden sein, ehe noch daran gedacht wird, aus dieser Strafe einigen Nutzen für ihn selbst oder seine Mitbürger zu ziehen.“ (Aus „Metaphysik der Sitten, Rechtslehre“, 1797; Weischedel-Ausgabe 1979, VIII, S. 453 [A 179])

Mit diesem rigorosen Verbot Kants, das Strafrecht in humaner Weise vorrangig als ein Mittel zu präventiven Zwecken zu handhaben, begegnen wir, meine ich, Kant als einem emotional und sozial wenig ansprechbaren, in scharfsinnigen philosophischen Abstraktionen irgendwie auch befangenen „empirischen Charakter“ und als einem Mitträger des noch sehr harten Strafrechts seiner Zeit[A 2]. Denn unter Strafgerechtigkeit versteht Kant allein

---

A 2 s. S. 311.

eine formale Ausgleichsgerechtigkeit – fast möchte man sagen: more geometrico –, nach welcher der Rechtsübergriff in seiner Art und Schwere gleichsam auf den Täter selbst zurückfällt:

„Also: was für unverschuldetes Übel du einem anderen im Volk zufügst, das tust du dir selbst an. Beschimpfst du ihn, so beschimpfst du dich selbst; bestiehlst du ihn, so bestiehlst du dich selbst; schlägst du ihn, so schlägst du dich selbst; tötest du ihn, so tötest du dich selbst. Nur das *Wiedervergeltungsrecht* (ius talionis), aber, wohl zu verstehen, vor den Schranken des Gerichts (nicht in deinem Privaturteil), kann die Qualität und Quantität der Strafe bestimmt angeben; alle andere sind hin und her schwankend, und können, anderer sich einmischenden Rücksichten wegen, keine Angemessenheit mit dem Spruch der reinen und strengen Gerechtigkeit enthalten." (S. 453 f. [A 197 f.])

Die sich aus dem Adäquanzgebot der Strafgerechtigkeit ergebende Unbedingtheit der Todesstrafe bei Mord („Hat er gemordet, so muß er sterben") kann nach Kant nur „aus teilnehmender Empfindelei einer affektierten Humanität" in Frage gestellt werden. Er faßt dies in das vielzitierte Inselbeispiel:

„Selbst, wenn sich die bürgerliche Gesellschaft mit aller Glieder Einstimmung auflösete (z. B. das eine Insel bewohnende Volk beschlösse, auseinander zu gehen, und sich in alle Welt zu zerstreuen), müßte der letzte im Gefängnis befindliche Mörder vorher hingerichtet werden, damit jedermann das widerfahre, was seine Taten wert sind, und die Blutschuld nicht auf dem Volke hafte, das auf diese Bestrafung nicht gedrungen hat; weil es als Teilnehmer an dieser öffentlichen Verletzung der Gerechtigkeit betrachtet werden kann." (S. 455 [A 199])

d) Die ungeklärte Antinomie von Kants intersubjektivem Freiheitsagnostizismus und Schuldvergeltungsrigorismus

Kritisch sollen nun die beiden die Strafrechtspraxis unmittelbar berührenden Positionen Kants betrachtet werden: sein empirischer Täterschuld-Agnostizismus und sein kategorischer Tatschuld-Vergeltungsrigorismus – nach heutigem Rechtsempfinden ein unerträglicher Widerspruch.

Einerseits, aber einseitig, hat Kant epochal das geleistet, was zur Befestigung rechtsstaatlicher Liberalität (die nach ihrem Untergang im NS-Staat uns heute wieder ein dominierender politischer Wert geworden ist) denkerisch getan werden konnte. Indem er die tatvergeltend rechtsgleiche, weil nur vom normierenden Gesetz und objektiven Tatbestand bestimmte und begrenzte Bestrafung zuläßt, bewahrt Kant den Täter vor anderen (bzw. weiteren) individualisierenden, d. h. rechtsungleichen („ungerechten"), weil vom wechselnden generalpräventiven und spezialpräventiven Bedarf und dessen Schätzung abhängigen Strafschärfungen oder -milderungen; er bewahrt Straftäter auch vor schwer limitierbaren (weil weniger von Tatbestandsfakten, sondern vor allem von Individualprognosen abhängigen) und in die Persönlichkeitssphäre eingreifenden „Maßregeln in der Besserung und Sicherung".

Andererseits vermochte Kant zu seiner Zeit (mangels uns heute zur Verfügung stehenden naturwissenschaftlichen und psycho(patho)logischen Grunderkenntnissen) noch keine überzeugende „funktionale" Beziehung darzustellen zwischen dem frei erscheinenden „intelligiblen" und dem unfrei erscheinenden „empirischen" Menschenwesen. Eine befriedigende anthropologische Artikulation beider Aspekte ist wohl erst im 20. Jahrhundert möglich geworden.

Hat uns doch einmal der epochale *naturwissenschaftliche Fortschritt* der sog. klassischen Physik zur Atom-Physik und Quantentheorie gelehrt, in antinomen Naturbeobachtungen weder ein vorläufiges wissenschaftliches Problem zu sehen, das durch Falsifikation der einen oder anderen Ansicht entschieden werden kann, noch einen Widerspruch, der nicht aufgelöst werden könnte in ein konträre Aspekte umgreifendes und vereinendes Konzept. Begriffe der modernen Physik wie Polarität, Komplementarität, Unbestimmtheitsrelation haben heute schon ins allgemeine Bewußtsein getragen, daß die für menschliche Beobachter methodenabhängig antinomen Erscheinungsweisen des Elementarteilchens (als Körper im Raum *und* als Bewegung in der Zeit) zum unzertrennbaren Wesen der uns und unsere Umwelt tragenden Materie gehören.

Ein spekulativer Vergleich drängt sich auf: Vielleicht sind die unzählbaren Menschen, die seit Äonen auf dieser Erde kommen und gehen — vielleicht sind wir „Individuen" auch nur Elementarteilchen, die, wie die Atome, je nach Beobachtungsmethode konträre Aspekte zeigen, so („frei") *oder* so („unfrei") erscheinen; und vielleicht ist unser wohl statistisch berechenbares, in den Einzelakten individueller Spontaneität aber unberechenbares Verhalten ebenfalls vergleichbar mit der Dynamik statistisch, aber nicht im Einzelfall berechenbarer Quantensprünge.

Und steht nicht auch ein *anderes Menschenbild* vor unseren Augen, als Kant es sehen konnte, nachdem die humane Psychopathologie und Hirnforschung um die Wende zum 20. Jahrhundert als gesichertes anthropologisches Faktum die spezifische Leibabhängigkeit auch des menschlichen Geistes erkannt hat? Daß nicht nur Intelligenz, Interessen, Stimmungen, Bedürfnisse und Triebe von angelegten und entwickelten Hirn- und Körper(dys)funktionen abhängig sind; sondern daß vom Leib her auch beeinflußt, abgebaut und gestört werden können — ohne sonstige psychische Mängel! — die individuellen Fähigkeiten zur „Vernunft", d. h. zur kritischen geistigen Selbst- und Existenzbesinnung, zur Gesinnungsbildung, zur Rezeption und zum Sich-leiten-lassen-Können von sittlichen Werten und introjizierten gesetzlichen Normen. (Näheres und einen Beispielsfall s. oben 1.3.1, S. 18–21.)

Das Nichtverfügen über solches Wissen zeigt sich bei Kant im Text des § 48 seiner „Anthropologie in pragmatischer Hinsicht" (Weischedel-Ausgabe 1980, XII, S. 528 f. [BA 143 f.]), wo er für die Frage der forensischen Schuldfähigkeit ausdrücklich die philosophische Fakultät für zuständig erklärt und der medicina forensis — „wenn es auf die Frage ankommt: ob der Gemütszustand des Täters Verrückung, oder mit gesundem Verstande genommene Entschließung gewesen sei — Einmischung in fremdes Geschäfte" vorhält.

Andererseits sieht Kant richtig: „...die Frage: ob der Angeklagte bei seiner Tat im Besitz seines natürlichen Verstandes- und Beurteilungsvermögens gewesen sei, ist gänzlich psychologisch..." — wir würden heute sagen: psychopathologisch. Denn letztlich entscheidet über die Frage der Zurechnungsfähigkeit immer ein psychischer und niemals ein körperlicher, etwa ein Gehirnbefund oder ein ‰-Blutalkoholbefund (so wichtige und unter bestimmten Umständen praktisch hinreichende Indizien somatische Befunde auch sein mögen).

Bei Kant stehen unverbunden, in unaufgelöstem Widerspruch nebeneinander: *Auf der einen Seite* die (z.T. oben zitierten) über Jahrzehnte hin wiederholten Aussagen über die Unerkennbarkeit (die A-gnostik) menschlicher Schuld, weil Ununterscheidbarkeit freien und unfreien Verhaltens. So 1781: „In Ansehung dieses empirischen Charakters gibt es also keine Freiheit und nach diesem können wir doch allein den Menschen betrachten, wenn wir lediglich beobachten"; weswegen „die eigentliche Moralität der Handlungen (Verdienst und Schuld) ... uns daher, selbst die unseres eigenen Verhaltens, gänzlich verborgen" bleibt; und es — so 1794 — „ein ungereimter Eigendünkel sein dürfte, bei dieser oberflächlichen Selbsterkenntnis, zu seinem Vorteil über den moralischen Wert (und das verdiente Schicksal) seiner selbst sowohl als anderer irgendein Urteil zu sprechen".

Auf der anderen Seite steht die aus seiner indeterministischen Konzeption des „intelligiblen" Charakters folgende Forderung der moralischen und gegebenenfalls strafrechtlich vergeltenden persönlichen „Zurechnung"* eines konkreten Verstoßes gegen das Sitten- und Strafgesetz, wie es Kant im Fall einer „boshaften Lüge" exemplifiziert (in foro könnte das ein Betrug, Verleumdung, falsche Anschuldigung oder ein Meineid sein):

„Um das regulative Prinzip der Vernunft durch ein Beispiel aus dem empirischen Gebrauch desselben zu erläutern, nicht um es zu bestätigen (denn dergleichen Beweise sind zu transzendentalen Behauptungen untauglich), so nehme man eine willkürliche Handlung, z.E. eine boshafte Lüge, durch die ein Mensch eine gewisse Verwirrung in die Gesellschaft gebracht hat, und die man zuerst ihren Bewegursachen nach, woraus sie entstanden, untersucht, und darauf beurteilt, wie sie samt ihren Folgen ihm zugerechnet werden *könne*. In der ersten Absicht geht man seinen empirischen Charakter bis zu den Quellen desselben durch, die man in der schlechten Erziehung, übler Gesellschaft, zum Teil auch in der Bösartigkeit eines für Beschämung unempfind-

---

* „Zurechnung (imputatio) in moralischer Bedeutung ist das Urteil, wodurch jemand als Urheber (causa libera) einer Handlung, die alsdann Tat (factum) heißt und unter Gesetzen steht, angesehen wird; ..." (Einleitung in die Metaphysik der Sitten, AB 29, 30).

lichen Naturells, aufsucht, zum Teil auf den Leichtsinn und Unbesonnenheit schiebt; wobei man denn die veranlassenden Gelegenheitsursachen nicht aus der Acht läßt. In allem diesem verfährt man, wie überhaupt in Untersuchung der Reihe bestimmender Ursachen zu einer gegebenen Naturwirkung. Ob man nun gleich die Handlung dadurch bestimmt zu sein glaubt: so tadelt man nichts destoweniger den Täter, und zwar nicht wegen seines unglücklichen Naturells, nicht wegen der auf ihn einfließenden Umstände, ja so gar nicht wegen seines vorhergeführten Lebenswandels, *denn man setzt voraus, man könne es gänzlich bei Seite setzen, wie dieser beschaffen gewesen* (Hervorhebung vom Ref.), und die verflossene Reihe von Bedingungen als ungeschehen, diese Tat aber als gänzlich unbedingt in Ansehung des vorigen Zustandes ansehen, *als ob der Täter damit eine Reihe von Folgen ganz von selbst anhebe* (Hervorhebung vom Ref.). Dieser Tadel gründet sich auf ein Gesetz der Vernunft, wobei man diese als eine Ursache ansieht, welche das Verhalten des Menschen, unangesehen aller genannten empirischen Bedingungen, anders habe bestimmen können und sollen. Und zwar siehet man die *Kausalität der Vernunft* (Hervorhebung vom Ref.) nicht etwa bloß wie Konkurrenz, sondern an sich selbst als vollständig an, wenn gleich die sinnlichen Triebfedern gar nicht dafür, sondern wohl gar dawider wären; *die Handlung wird seinem intelligibelen Charakter beigemessen, er hat jetzt, in dem Augenblicke, da er lügt, gänzlich Schuld; mithin war die Vernunft, unerachtet aller empirischen Bedingungen der Tat, völlig frei* (Hervorhebung vom Ref.), und ihrer Unterlassung ist diese gänzlich beizumessen." (Aus „Kritik der reinen Vernunft", 1781; nach der Weischedel-Ausgabe 1980, IV, S. 503–504 [A 554 f.])

Die Frage, „ob Freiheit der Naturnotwendigkeit in einer und derselben Handlung widerstreite", fährt Kant fort, „haben wir hinreichend beantwortet, da wir zeigten, daß ... das Gesetz der letzteren die erstere nicht affiziere, mithin beide von einander unabhängig und durch einander ungestört stattfinden können". (S. 505 [A 557])

Richtig gesehen und prägnant formuliert hat Kant, daß der Mensch als — sagen wir kurz — Natur- und Geistwesen Bürger zweier Welten ist (der empirischen und der intelligiblen). Der Mensch kann die konkreten Daseinsbedingungen, in die er empirisch unfrei verwoben ist, mit seinem Bewußtsein transzendieren, d. h. sich von seinen Determinanten „intelligibel" freimachen. Diese humane Auszeichnung mit einem freien geistigen Selbstbewußtsein konzipierte Kant aber noch nicht als *reine* Spiritualität, er sah noch nicht *die Machtlosigkeit des – nur formal freien – Geistes* (M. Scheler, 1928, S. 57–65). Denn um unser Verhalten zu lenken, bedarf der Geist ja erst bestimmter, wiederum empirisch (vom Geburts- und Lebensschicksal) bedingter *Inhalte:* von Wertvorstellungen, Ideen und als verpflichtend erfaßten Normen; von Gehalten etwa eines religiösen oder philosophischen Glaubens. Das geistige Bewußtsein bedarf, um wirkungsmächtig zu sein, einer bestimmten Gesinnung. Solche Inhalte erst sind es, welche als unterbewußt kontinuierlich und bewußt diskontinuierlich wirkende, gleichsam „oberste" personale Instanz den einen zu diesem, den anderen in vergleichbarer Lebenssituation zu einem anderen Verhalten motivieren und psychomotorisch steuern.

Kant stellt demgegenüber bereits die von einer gleichsam puren „Kausalität der Vernunft" geleitete „reine Wirkung der Freiheit" (a. a. O. die „Spontaneität des Subjekts") als verhaltensbestimmenden Kausalfaktor mit überlegener Bestimmungsfähigkeit aus der Vernunftebene, als „causa libera" neben und über Determinationen der „Natur", des „Temperamentes", der Triebbeherrschungskräfte, der biographischen Zufälle. Damit gerät ersichtlich ein Bruch (mit Inkonsequenzen und dem Fehler der petitio principii) in seine Ethik und Straftheorie: So z. B. schon in der zitierten Fußnote aus KdrV (S. 501), in der es nach Feststellung der von „niemand" ergründbaren „gänzlichen" empirischen Verborgenheit von Freiheit, Schuld und Verdienst heißt, daß daher niemand nach „völliger" Gerechtigkeit richten könne — als ob die absolute empirische Freiheitsverborgenheit, anstatt konsequent die Unmöglichkeit, nur eine Erschwerung des sittlichen Schuldurteils über andere zur Folge hätte. — Oder im zitierten Text mit dem Lügenbeispiel, wo „vorausgesetzt" wird, daß man bei einem konkreten (sittenwidrigen) Verhalten, wie dem einer Lüge, „es gänzlich bei Seite setzen (könne), wie dieser (der Täter) beschaffen gewesen" und die Tat „als gänzlich unbedingt" ansehen könne: anschließend dann die petitio principii, daß „mithin" (*weil* — unbegründet! Ref. — die Tat dem intelligiblen Charakter zugerechnet wird) „die Vernunft, ungeachtet aller empirischen Bedingungen der Tat, völlig frei" war.

e) Versuch einer komplementären Artikulation anthropologischer Freiheits- und Unfreiheitserfahrungen

Erst in unserer Zeit, meine ich, ist es möglich geworden, eine Anthropologie zu konzipieren, welche die subjektive (geistige) Freiheit des Menschen nicht in einer nur konstellativen Beziehung oder — als „causa libera" — in einem übergeordneten Herrschaftsverhältnis zu seiner empirischen Unfreiheit sieht, sondern hier zwei in sich voll gültige *komplementäre Aspekte menschlichen Daseins* konstatiert. Es ist m. a. W. — wie schon Max Planck bemerkt hat — eine Frage der Beobachtungsweise, ob der Mensch frei oder unfrei *erscheint*. Denn: Ebenso „gänzlich" unfrei wie der Mensch bei wissenschaftlich-objektivierender, d. h. einer „empirisch" eindringenden Betrachtung (z. B. als kriminologischer Untersuchungsgegenstand, zu dem ich mich auch selbst machen kann) erscheint, ebenso „gänzlich" frei vermag er im subjektiven Aspekt seines Selbstbewußtseins alle seine konkreten äußeren und inneren Lebensverhältnisse, ja sein Da-Sein überhaupt „intelligibel" zu überschreiten, sich gegenüberstellend von allen Determinanten *geistig* zu lösen. Zur Freiheit der Daseinsbesinnung (die keine besondere „Intelligenz" erfordert, nur ein reifes und geistig gesundes Menschenbewußtsein) sind alle Menschen unabhängig von ihrer je-einmaligen seelischen Prägung in gleicher Weise fähig (weshalb man sagen kann: die individuelle Seele unterscheidet und trennt, der Geist vereint und verbindet die Menschen).

An vier existenziellen Haltungen sei die Komplementarität menschlicher Freiheit und Unfreiheit exemplifiziert, an der Haltung zum Tod, zur Sinn-, Schicksals- und Freiheitsfrage.

Wir haben alle die gleiche Geistesfreiheit, uns bewußt zu machen und in dieser Bewußtheit die eigenen (= auto-nomen) Entscheidungen zu treffen:

— Einmal und zuerst unsere *Sterblichkeit* (mors certa, modus et hora incerta).

  Aber empirisch determiniert erscheinen die individuellen Erlebens- und Verhaltensantworten. So verdrängt der eine den Tod durch Geschäftigkeit und vielerlei „Engagement", ein anderer mit Lebensgenuß; sieht der eine ihm mit Angst, der andere mit vertrauensvoller Gelassenheit entgegen; fordern einzelne den Tod als „Nervenkitzel" heraus, während andere sich von ihm rufen lassen in die „Eigentlichkeit" des Daseins und in die Solidarität aller Sterblichen (Martin Heidegger, Werner Marx).

— Unser *je-persönliches Sinnsuchen* (nach einem Welt-, Lebens- und eigenem Existenzsinn).

  Aber empirisch determiniert erscheint, daß der eine den Welt- und Existenzsinn in der Glaubensgemeinschaft einer der großen Religionen geboren und geborgen bleibend findet, oder als ein hierzu später „Bekehrter"; ein anderer in einem persönlichen philosophischen Glauben; ein wieder anderer erträgt in rational illusionsloser Haltung und zugleich übersensibel für menschliches und tierisches Leid, hoffnungslos, aber stolz wie der Sisyphos des Albert Camus seine Erdentage; einem wieder anderen genügt — in bewußtem „Atheismus" — als Lebenssinn und bestmögliche Antwort auf das unheimliche „Da-Sein", seine Kräfte, wo und wie er kann, für eine Verbesserung der vorgefundenen Lebensverhältnisse auf dieser Erde einzusetzen.

— Unser gänzlich *ungleiches je-persönliches Schicksal.*

  Denn empirisch determiniert erscheint, daß es die Zufälle der jemeinigen Geburt (in dieser oder jener Zeit, Kultur, Familie oder Nicht-Familie, mit bestimmtem Geschlecht und bestimmten Anlagen) sind, sowie die Kette von eintretenden und ausbleibenden leib-seelisch-geistigen Ereignissen und Einflüssen auf dem je-eigenen Lebensweg, welche — in absoluter ontologischer Ungerechtigkeit — jedem ein anderes Schicksal bereiten.

— Unsere *verschiedenen persönlichen Verhaltensfreiheiten und Unfreiheiten* (nicht wie andere „gut", nicht wie andere „böse" sein zu können).

  Denn empirisch determiniert erscheint, daß die je-meinigen inneren Hemmungen und Bindungen oder Ungebundenheiten und Freiheiten sowie das Eintreten oder Ausbleiben von geistigen Verführungen und provozierenden Situationen darüber entscheiden, ob ein Mensch — wie die meisten — unfähig (unfrei) ist, ein Verbrechen zu begehen, oder ob er zu einem solchen bestimmt, fähig (frei) wird. Auch unser aller „subkriminellen" Vernachlässigungen und Verletzungen von Mitmenschen und geschöpflicher Umwelt erscheinen empirisch bestimmt von den je-individuellen und -situativen Verhaltensdeterminanten.

*

So weit mein Versuch, auf dem Boden heutiger Natur- und Humanwissenschaft mit Kant einen Schritt über Kants Anthropologie hinaus zu tun und zur Artikulation der Phänomene empirischer Unfreiheit und geistiger Freiheit den Begriff der Komplementarität zu empfehlen[A 3]. Im Teil II unserer Untersuchung folge ich dann einem anderen Wort des Königsbergers: „Was aus Vernunftgründen für die Theorie gilt, das gilt auch für die Praxis" (1793). Denn die Praxis, in der alltäglich, öffentlich und säkular über Schuld (weil Freiheit?) und Entschuldigung (weil Unfreiheit?) befunden wird, ist das Kriminalgericht; und der Prozeßbeteiligte, welcher in Zweifelsfällen für fähig gehalten wird, den Richter „sachverständig" zu beraten, ist der Psycho-(patho)loge und sein „Gutachten" über die strafrechtliche Schuld*fähigkeit*.

5.3.2 Gedanken zur Freiheitsdialektik bei drei Philosophen unserer Zeit: N. Hartmann, K. Jaspers, W. Schulz

Hören wir zum Abschluß des Diskurses über menschliche Freiheit noch drei philosophische Anthropologen unseres Jahrhunderts: Nicolai Hartmann, der vom „Aufbau der realen Welt" ausgehend seine Anthropologie und Ethik entwickelte, Karl Jaspers, der als ursprünglich Arzt und Psychiater in sein philosophisches Denken auch psycho(patho)logische Erfahrungen einbeziehen konnte, und Walter Schulz, dessen „Philosophie in einer veränderten Welt" sich u. a. ganz konkret zu Fragen einer zeitgemäßen Strafrechtsreform äußert.

N. Hartmann war im ersten Nachkriegsjahrzehnt ein vielzitierter Autor in strafrechtstheoretischen Arbeiten (vor allem in solchen über die sog. finale Handlungslehre von H. Welzel). Seine Autonomielehre sagt, daß menschliche Freiheit keine Durchbrechung von, kein Widerspruch zur Determination ist, sondern ein Plus an Determination. Nämlich die „Überformung" niederer Determinationsstufen (der materiellen, der vitalen und der seelischen „Schicht") durch geistige – wertorientierte, sinngebende – Akte. Um *welcher* Werte willen jedoch ein humaner geistiger Akt vitale und seelische Antriebe (z. B. der Müdigkeit, des Hungers, des Eros oder des Zornes) überformt, hängt nach Hartmanns Axiom der verschiedenen „Werthöhe" vom Werthorizont, von Wertestaffelung, Wertesicht bzw. Werteblindheit ab, wie sie dem einzelnen aufgrund seiner soziokulturellen Entwicklung gegeben sind. Denn, wie H. Wein (1968) richtig formuliert: „Was immer der Mensch will, und sei es das Verworfenste und Abwegigste, erscheint ihm beim Wollen als Wert." Da m. a. W. auch das bei einer konkreten Verhaltensentscheidung ausschlaggebende Wertraster und Wertgewicht individuell determiniert

---

A 3 s. S. 312.

erscheint, kommt N. Hartmann vor der Frage, woran im konkreten Falle freier vom unfreien Willen zu unterscheiden ist, zu dem — agnostischen — Schluß: „Das Resultat all solcher Bemühungen um ein unterscheidendes Merkmal ist die Einsicht, daß wir tatsächlich keines haben... Wir können auf keine Weise angeben, welcher Wille frei ist und welcher nicht. Der Satz ‚Richtet nicht' hat seinen Sinn keineswegs bloß in der ... Abwehr von Lieblosigkeit oder von tugendstolzer Genugtuung im Aburteilen; er gibt auch der Unmöglichkeit Ausdruck, zu wissen, ob Schuld vorliegt oder nicht, d. h. ob frei gewollt wurde oder nicht" (N. Hartmann, 1949, S. 802–804).

K. Jaspers hat sich nach Abschluß seines bedeutenden Werkes der wissenschaftlichen Psychopathologie (1. Aufl. 1913, 4. Aufl. 1946) ganz der Philosophie, insbesondere der philosophischen Anthropologie zugewandt. 1947 hat er in einem Vortrag, der 1948 in einem schmalen Band „Der philosophische Glaube" veröffentlicht wurde, dieses Menschenbild entworfen:

„Zwei Wege zeigen uns den Menschen; entweder den Menschen als Forschungsgegenstand oder den Menschen als Freiheit" (S. 45). „Jede Erkenntnis vom Menschen läßt, wenn sie sich verabsolutiert zu vermeintlicher Erkenntnis des Menschen im Ganzen, seine Freiheit verschwinden... Der Mensch ist stets mehr, als er von sich weiß. Das gilt sowohl vom Menschen überhaupt, wie von jedem einzelnen Menschen" (S. 49). „Denn soweit wir uns erforschen, sehen wir keine Freiheit mehr, sondern Sosein, Endlichkeit, Gestalt, Beziehung, Kausalnotwendigkeit ... Wenn aber die Freiheit ihrerseits zum Wissensinhalt und Forschungsgegenstand werden soll, so entsteht sogleich eine besondere Form des Aberglaubens ... So ist eine moderne Form des Aberglaubens etwa die Psychoanalyse als Weltanschauung und die Aftermedizin, die sich die Freiheit des Menschen zum vermeintlichen Forschungsgegenstand macht" (S. 53/54).

Wir möchten diese Texte (auf die wir im Teil II, 5. A zurückkommen) hier für sich selbst sprechen lassen und nur soviel bemerken: Wie für die „Agnostiker" unter den heutigen forensisch tätigen Psychiatern und unter maßgebenden zeitgenössischen Strafrechtslehrern und wie für N. Hartmann ist auch für Jaspers als psychopathologischen Empiriker und als Philosophen menschliche Freiheit kein Untersuchungsgegenstand wissenschaftlicher Anthropologie, denn „soweit wir uns erforschen, sehen wir keine Freiheit mehr". Das heißt: Die je-meinige (subjektive, phänomenale) Freiheitserfahrung wird in dem Maße fragwürdig, in dem ein Psycho(patho)loge — sich selbst oder anderen *als Beobachter* gegenübertretend — sie intra- oder intersubjektiv objektivierend empirisch verifizieren will oder auch „nur" falsifizierend eine Freiheitsminderung bis -verlust wissenschaftlich zu bestimmen versucht. Freiheit ist eben auch nach Jaspers überhaupt kein — verifizierbarer oder falsifizierbarer — Gegenstand empirischer Erkenntnis, sondern als ein Phänomen existentiellen menschlichen Erlebens je-meiniger „Glaube", d. h. Ausdruck einer geistigen Gewissens- und Verantwortlichkeitserfahrung.

WALTER SCHULZ geht in seinem bedeutenden Werk „Philosophie in der veränderten Welt“ (1972) im fünften und abschließenden Teil mit dem Titel „Verantwortung“ ganz konkret auf — im Erscheinungsjahr des Buches hochaktuelle — Fragen der Strafrechtsreform ein; und zwar unter der bezeichnenden Kapitelüberschrift „Die Dialektik von Freiheit und Unfreiheit als Grundproblem der Ethik. Zum Verhältnis von Ethik und Wissenschaft“. Vordem hatte Schulz schon 1968 (S. 205) auf neuzeitliche Wandlungen der Begriffe Schuld und Verantwortung hingewiesen und postuliert, diese am Leitfaden der unser ganzes Leben bestimmenden Dialektik von Freiheit und Gebundenheit zu durchdenken.

Wesentlich ist in unseren Zusammenhängen die philosophische Anthropologie von W. Schulz deshalb, weil sie auf einem breiten, auch philosophiegeschichtlichen Fundament (in welches ebenfalls — kritisch behauene — Bausteine aus Kants Anthropologie eingelegt sind) *die Dialektik von Freiheit und Unfreiheit* als die human adäquate Grundlage einer modernen sozialkonstruktiven Strafrechtspflege aufzeigt. Schulz stellt fest, daß im Zuge heutiger „Entmetaphysizierung“ des Rechts die alte Frage, ob es Willensfreiheit „gibt“, hintergründig geworden ist gegenüber einer pragmatischen Haltung, „in der in mehr oder weniger starkem Maße das Bewußtsein lebendig ist, daß Freiheit und Unfreiheit aufeinander bezogen sind“ (S. 758). Denn auch bei Beschränkung „auf die weltlich-soziale Aufgabe des weltlichen Strafrechts, die sozialen Verhältnisse zu ordnen“ (J. Baumann, 1969) wird doch der behavioristische Ansatz (einer nur konditionierenden défense sociale) dem „handelnden und um dies Handeln wissenden Menschen“ nicht gerecht (S. 761). „Nicht nur für den Juristen, sondern für das heutige Handlungsbewußtsein überhaupt ist es notwendig, den Schuldbegriff anzuerkennen im Wissen um seine unlösbare Problematik“ und „Das Leben selbst ist nicht eindeutig, und es ist ein Fortschritt, wenn man dies anerkennt“ (S. 762) schreibt Schulz (übrigens gleichsinnig mit dem Strafjuristen Bockelmann, wie auch mit der aporetischen Formulierung vom „ebenso unverzichtbaren wie undurchführbaren“ strafrechtlichen Schuldprinzip durch H. L. Schreiber, 1981).

Allerdings sei diese Anerkenntnis „nur tragbar, wenn sie im positiven Sinne praktisch ausgerichtet ist...: wesentlich muß es sein, den Straftäter in die Gesellschaft wieder einzugliedern“, fährt dann Schulz fort, ganz im Sinne der eine *positive* Individualprävention fordernden Strafjuristen (wie u. a. Arth. Kaufmann, J. Krümpelmann, G. Blau, H. Achenbach). Bei der realen Dialektik von Freiheit und Unfreiheit im Strafrecht geht es nach W. Schulz um die Resozialisierung eines realen Menschen (S. 763), nicht wie bei Hegels Dialektik einer Auslöschung des Tatübels durch das Strafübel um eine metaphysische Idee der Gerechtigkeit (z. B. des durch seine „gerechte“ Tötung „geehrten“ Mörders). Nach Überwindung des Glaubens, daß der Staat als Träger gottgewollter Obrigkeit fungiert, „ist heute die Ausrichtung am sozialen Leben auch für den Juristen maßgebend". Diese Ausrichtung ist „wesentlich zukunftsbezogen, ... auf mögliche Verbesserungen menschlicher Verhältnisse gerichtet" (S. 764).

Zuvor (S. 752–756) hatte Schulz den allgemeinen anthropologischen Sachverhalt des — heute in wissenschaftlicher Auffächerung — um sein Determiniertsein (und sein Determinierenkönnen!) *wissenden* Menschen deutlich gemacht, m. a. W. seine transzendentale Konstitution. *Die Selbstreflexion* ist in den Prozeß der Wirklichkeit unabdingbar hineingebunden; sie *bestimmt diesen Prozeß ebenso wie sie durch ihn bestimmt wird.* Für den Menschen, der in diesem Lebenszusammenhang steht und handeln muß, „ist das Freiheitsbewußtsein vorgängig", und zwar „als *Zukunftsbewußtsein:* ich lebe, mich sorgend, nach vorne ausgerichtet... Von diesem Handlungsbewußtsein her erscheint die Motivdeutung meines Tuns als nachträgliche Erklärung. Diese Erklärung ist Außenbetrachtung. Als ‚hinterherkommende' ist sie keine Devise, mit der ich leben kann" (S. 754).

Ich halte diesen, von Schulz mehr beiläufig vermerkten *Bezug der Freiheits-/Unfreiheits-Dialektik zur existentiellen Zeitlichkeit des Menschen,* die Temporalität dieser Dialektik, für einen ganz wesentlichen anthropologischen Sachverhalt. Da dieser auch von dezidierter Bedeutung im *praktischen* Problemkreis strafrechtlicher Schuldfähigkeit und Prävention ist, wird hierauf im Teil II (3.3.1) zurückzukommen sein.

5.4 Der eigene Weg zu einem forensisch-psychiatrischen Beratungskonzept (Überleitung zu Teil II)

Der bis hier beschrittene Weg führte vom für Ärzte dominierenden Organismischen Aspekt (1) über den für klinische Psychiater und Psychologen hinzutretenden Somatopsychischen Strukturaspekt (2) zum personalen Aspekt des seiner endlichen Existenz in Welt und Zeit geistig bewußten Menschen (3 und 4), dem damit in einem bestimmten Sinne Freiheit zukommt (5). Anthropologisch unbestreitbar zumindest als die Freiheit, sich seines komplexen (leib-seelisch-ideellen) Determinationsgefüges (und dessen Unfreiheit) bewußt zu werden und sein hieraus bestimmtes Handeln vor sich selbst und vor anderen personalen Existenzen verantworten zu können.

Am Ende dieses ersten Ganges sei, als Überleitung zum II. Teil der Studie, kurz der eigene gedankliche und Erfahrungsweg skizziert, den der Autor in mehr als drei Jahrzehnten zu einem s. E. zeitgemäßen Konzept möglicher forensisch-psychiatrisch „sachverständiger" Richterberatung zurückgelegt hat.

1955 übte ich — *konform* mit K. Schneider, H. Leferenz und H. J. Rauch — Kritik an „gnostischen" Gutachten (wie z. B., daß ein Täter bei Tatbegehung nicht unter derart psychopathologischen Bedingungen gestanden habe, „als daß er ihrer nicht aus eigener Kraft hätte Herr werden und die Tat unterlassen können"). *Gegen* K. Schneider und seine Schule kritisierte ich zugleich deren theoretischen Krankheitsbegriff, welcher forensisch scharf unterscheidet zwischen sinnlos handelnden psychotisch „kranken" und „nur" quantitativ psychisch „abnormen" Tätern, welche in verständlichen Sinnzusammenhängen delinquent handeln. Ich empfahl die Orientierung der Frage strafrechtlicher Zurechnungsfähigkeit an einem *pragmatischen Krankheitsbegriff*, dessen Kriterien sind, ob ein Kriminaltäter dem Sinn und Zweck einer Bestrafung zugänglich ist und, falls nicht bzw. nur eingeschränkt, ob er aus spezialpräventiven Gründen einer psychiatrischen Behandlung und Sicherung bedarf.

1961 hielt ich den mikrophysikalischen Begriff der *„Unbestimmtheitsrelation"* (Heisenberg) für geeignet, auch als Bezeichnungsbegriff für die *unauflösbare Aspektdifferenz menschlicher Freiheit und Unfreiheit* zu dienen, und habe deshalb versucht, ihn als einen *„methodologischen Grenzbegriff"* in die forensische Psychiatrie einzuführen. In der Nachfolge Kurt Schneiders zu einseitig hervorgehoben habe ich damals — und in einer anschließenden literarischen Diskussion gegenüber W. von Baeyer verteidigt — die Unmöglichkeit empirischer Aussagen (eines forensischen Psycho-„Sachverständigen") über die — schuldbegründende — konkrete Freiheit (oder gar über den Unfreiheitsgrad) eines Straftäters zur Tatvermeidung. Vertreten und begründet wurde für das den Richter zur Frage der Schuldfähigkeit beratende Geschäft des forensischen Psychiaters lediglich ein *empirisch-agnostischer Standpunkt:* nur über die psychische Verfassung, juristisch gesagt über den „Geisteszustand" der Habitual- und der Tatzeitpersönlichkeit eines Täters sei retrospektiv eine *diagnostische* (besser gesagt: *„regnostische"*) Aussage möglich. Die Beurteilung der strafrechtlichen Schuldfähigkeit (sofern juristisch verstanden als normativ „unterstellte" Freiheit bzw. Fähigkeit zur Tatvermeidung) einer so beschriebenen Person sei allein Sache richterlicher Wertung gemäß geltenden juristischen Maßstäben.

Mit *prognostischen Aussagen* könne die Psychowissenschaft dem Richter hingegen direkt dienen. So z. B. über voraussichtliche Strafwirksamkeit, über Rückfallsneigung, über psychiatrische, psycho- oder sozialtherapeutische Behandlungsfähigkeit, -willigkeit und Erfolgsaussichten. Auch sei ein psychowissenschaftliches Urteil über die — säkular verstandene — Sühnefähigkeit möglich (im Sinn einer die soziale Versöhnung mit dem Täter vorbereitenden Tatgesinnungsrevision, Vorwurf- und Strafakzeptanz). — Zur konventionellen punktuellen (Rück-)Frage nach der Schuldfähigkeit „bei Begehung der Tat" schrieb ich (S. 150) damals:

„... weder die Erlebniswirklichkeit der Freiheit noch der empirische Aspekt menschlicher Unfreiheit *allein* kann die Grundlage unserer psychiatrischen Arbeit bilden, denn ... der Mensch kann auf *keinen* dieser beiden Aspekte allein festgelegt werden. Beide Aspekte haben Wirklichkeitswert, allerdings von jeweils verschiedenen Beobachtungsstandorten aus. Das heißt: Es besteht hier eine *Unbestimmtheitsrelation* von vielleicht tiefer Analogie zur Unbestimmtheitsrelation des Elementarteilchens, das sich bekanntlich auch der Festlegung auf einen der je nach Beobachtungsweise wechselnden Aspekte („Bewegung“ oder „Materie“) entzieht. – Methodologisch muß nur eine *Verquickung* beider Aspekte des Humanum, die metabasis eis allo genos, vermieden werden: der wissenschaftlich-empirische Aspekt menschlicher Unfreiheit darf nicht gegen den existentiellen Aspekt menschlicher Freiheit ausgespielt werden (das war der Fehler des naturwissenschaftlichen Determinismus des vergangenen Jahrhunderts); und die menschliche Freiheit darf andererseits nicht zum Gegenstand wissenschaftlicher Erforschung gemacht werden, ... dies ist der Fehler der ‚Gnostiker‘.“

1972 habe ich mich in einem Handbuchbeitrag bemüht, neben dem Unfreiheitsaspekt auch den Freiheitsaspekt menschlichen Handelns gleichgewichtig deutlich zu machen, m. a. W. die „Komplementarität“ beider Aspekte klarer aufzuzeigen. Dies geschah durch die Gegenüberstellung des — je nach Beobachtungsmethode alternativ aufscheinenden — „intersubjektiven (‚objektiven‘, retrospektiven)“ und des „subjektiven (‚phänomenologischen‘, prospektiven)“ Aspekts des Freiheitsproblems.

Begrifflich unscharf und, streng genommen, anthropologisch verfehlt war indessen diese Weiterführung insofern, als ich den Freiheitsagnostizismus vor „Abgleiten“ in einen Determinismus mit dem relativistisch-gnoseologischen Argument zu bewahren versuchte, daß „auch eine noch so weit vorgetriebene Täter- und Tatanalyse nicht erlaubt, ... einen zur Verbrechensunterlassung hinreichenden Freiheitsspielraum empirisch auszuschließen“. Die „mit zunehmendem anthropologischen (kriminologischen) Wissen und gesteigerter kasuistischer Untersuchungsintensität ... zunehmende Verdichtung des deterministischen Aspekts“ führe wohl zu einer Wahrscheinlichkeitszunahme der deterministischen Hypothese, liefere aber „niemals aber einen empirischen Beweis für ihre Richtigkeit“. Es sei daher W. v. Baeyer (1963, S. 312) zuzustimmen, daß der Sachverständige „tatsächlich niemals in der Lage (ist), nachzuweisen, daß es so kommen mußte, wie es kam“.

Unabhängig von diesem relativistischen Mangel meines Beitrages aus 1972 stehe ich zu den damals entwickelten — strafrechtsfunktional m. E. angemessenen und dem komplementären Aspekt des Freiheitsproblems gerechtwerdenden — Kriterien strafrechtlicher Schuldfähigkeit: der *Verantwortungsfähigkeit* als normatives (retrospektives und rechtsfunktional vor allem generalpräventives) Kriterium und der *Sühnefähigkeit* (= soziale Versöhnungsfähigkeit) als prognostisches (prospektives und rechtsfunktional vor allem individualpräventives) Kriterium (S. 900–906). — Hierauf ist ausführlich in Teil II (3.3 und 4.1) zurückzukommen.

Heute (1991/92) meine ich, daß zeitgemäße Anthropologie — und gerade eine solche ad usum fori criminalis — gegenüber der Freiheitsfrage nicht in einer bloß „agnostischen“ Position verbleiben darf. Es ist halbe Sache, diese Frage als eine aporetische „auszuklammern“ bzw. sie nur im Hinblick auf die niemals komplette Determinantenkenntnis offenzuhalten. Man kann im Sinn des im vorstehenden Kapitel 5.3 Ausgeführten an Kants Zwei-Welten-Lehre, an der Dialektik von bedingter Natur auch des Menschen und seinem transzendental freien Geist keinen Abstrich machen. Es muß, anders gesagt, Ernst gemacht werden mit der Einsicht in die *uneingeschränkte* Komplementarität menschlicher Unfreiheit und Freiheit.

I. *Mit Kant* klar zu sehen (und forensisch in Rechnung zu stellen!) ist: In Ansehung unseres „empirischen Charakters gibt es also keine Freiheit, und nach diesem können wir doch allein den Menschen betrachten, wenn wir lediglich *beobachten,* ..." (1781). „... und es so vielleicht ein ungereimter Eigendünkel sein dürfte, ... zu seinem Vorteil über den moralischen Wert (und das verdiente Schicksal) seiner selbst so wohl als anderer irgendein Urteil zu sprechen" (1794). Denn 200 Jahre Humanwissenschaft *nach Kant* haben eindrucksvoll bestätigt: bei — immer retrospektiver — Untersuchung eines konkreten (sei es sozial höchst verdienstvollen oder höchst verwerflichen) Verhaltens, d. h. *kognitiv* erscheint der Mensch von seinen somatogenen Bedürfnissen und psychogenen Emotionen, von seinen artistischen und intellektuellen Talenten, seiner biographischen Persönlichkeitsprägung und ideellen Gesinnungsstruktur voll und ganz determiniert; sehen wir jedenfalls, je genauer wir wissenschaftlich hinblicken, um so mehr Unfreiheiten seines persönlichen und je-aktuellen Bedingungsgefüges.

In juristischer Sprache aber bedeutet die wenn auch nur asymptotisch, nie komplett erreichbare Konstatierung eines schicksalhaft anderen, einmalig-besonderen Soseins jedes zum Forschungsgegenstand gemachten Mitmenschen (dessen Verhalten offensichtlich aus diesem Anderssein folgt, denn operari sequitur esse erkannten schon die Scholastiker): auch bei einem „abweichenden", einem kriminellen Verhalten liegt die *Rechtsvermutung* der Unfreiheit näher als die der Freiheit, so daß — wie K. Engisch schon 1963 bemerkte — die *Beweislast* jedenfalls der trägt, welcher Freiheit als strafrechtliche Schuldvoraussetzung *empirisch* begründen will.

II. Und doch — im Unterschied zu allen nichtmenschlichen Lebewesen dieser Erde erfährt sich der im Licht reifen Daseinsbewußtseins existierende Mensch zugleich gegenüber seinen Motiven (seinen Handlungsinteressen, -bedürfnissen, -trieben und -impulsen) voll und ganz frei! Nach mehr oder weniger langem oder kurzem „Nachdenken" wählt er unter ihnen, entscheidet sich und handelt durch ein Tun oder Unterlassen. Diese unserer transzendentalen Konstitution zu verdankende Freiheitserfahrung macht der Mensch im Medium seiner Zeitlichkeit, und zwar allein im je-gegenwärtigen Erleben, Bedenken und inneren Handeln: er läuft geistig zurück ins Gewesene, vergegenwärtigt gemachte und immer irgendwie emotional besetzte Lebens- und Lernerfahrungen und aus diesen gewonnene Wertvorstellungen; er läuft vor ins Künftige, zu als sicher, wahrscheinlich oder nur möglich voraussehbaren Folgen dieser oder jener Entscheidung. Er läuft vor — er kann es jedenfalls — bis zum faktisch sicheren, nur zeitlich unsicheren Ende des eigenen Lebens und bis zum Ende aller Tage in unvorstellbar vorgestellter „Ewigkeit". — Ein derart „wohlbedachtes" Verhalten gewinnt damit — d.h. im Angesicht erlebter Transzendenz — nach Heidegger seine „Eigentlichkeit". In dieser geistigen Freiheit steht jeder Mensch bei voller Entfaltung seines Bewußtseins — unabhängig von seinen individuellen Determinationen — in gleicher Weise. Wir haben das oben bei unserem Bemühen, mit Kant ein Stück über Kant hinauszusehen, exemplarisch darzustellen versucht (S. 116–118).

Gemeinsam mit einem Mitmenschen (warum nicht auch mit einem „Probanden" oder einem „Angeklagten"?) diese Position einzunehmen und sich dialogisch auszutauschen möchte ich — neben der willentlich nicht herbeiführbaren persönlichen Liebesbeziehung — die wesentlichste und wesensgemäßeste Form *zwischenmenschlicher Begegnung* nennen. Weil solidarisch angesichts des gemeinsamen Loses:

— unserer Sterblichkeit und der irdischen Endlichkeit überhaupt;
— unseres Verurteiltseins zum Suchen von Sinn der persönlichen Existenz und des Weltseins und nicht Nichtsseins überhaupt;
— unseres je-einmalig individuellen Lebensschicksals, und damit untrennbar verknüpft
— unserer je-eigenen Verhaltensfreiheiten und -unfreiheiten.

Allmenschlich verbunden ek-sistieren wir solidarisch alle am gleichen „Ort" der Schau auf die Welt und unser besonderes Da-Sein in ihr: als mit geistigen Menschenaugen In-der-Welt-auf-die-Welt-und-über-die-Welt-hinaus-Sehende und so im Hier und Jetzt als Menschen eine Zeitlang Wohnende.

Vor diesem anthropologischen Hintergrund bin ich zu folgendem **positiven Konzept sozialer oder forensischer Schuldfähigkeit** gelangt (ihre in der Rechtsanwendungspraxis allein gefragte *Negation* bzw. Diminution in psychopathologischen Ausnahmefällen ist Gegenstand der im Teil II vorgelegten Untersuchung):

Forensisch „schuldfähig" (besser gesagt: einer Tatschuld*-Zurechnung fähig) ist,

---

* Der tatbestandsmäßig feststellbare Bruch einer strafrechtlichen Norm in einer sozial verwerflichen Gesinnung sollte m.E. als „*Tatschuld*" unterschieden werden von *personaler Schuld*, bei der als Prämisse unterstellt wird, daß der Rechtsbruch und die verwerfliche Gesinnung vom willensfreien Täter vermeidbar waren.

wer geistig frei war und ist (bei Tatbegehung und vor Gericht), so daß er auto-nom* in der Zeitlichkeit seines personalen Daseins ek-sistierend (d. h. seinem zeit- und endlichen persönlichen Dasein geistig gegenüberstehend)

1. *circumspektiv* auf die gegenwärtige Situation sich zu einem bestimmten Verhalten vor Gericht entscheiden kann (ob er – dem An-spruch einer Anklage ent-sprechend – schweigen oder bestimmte Aussagen seiner Wahl machen will), d. h. verhandlungsfähig ist;
2. *retrospektiv* auf ein früheres Tatverhalten dieses als ein unrechtsbewußt ebenso auto-nom gesteuertes sinnverständlich deklarieren, aus seiner gegenwärtigen Sicht reflektieren und bewerten kann, d. h. potentiell verantwortungsfähig** ist;
3. *prospektiv* auf sein künftiges soziales Verhalten offen, d. h. geistig frei (= fähig) ist für das normale (nicht psychopathologisch ver- oder behinderte) lebenslange personale Lernen, Sich-Wandeln und -Revidieren. Im Deliktsfall also nicht unfähig ist zum Verstehen und Akzeptieren der Rechtsstrafe als ein – sozial wieder versöhnendes (= „sühnendes") – Ausgleichen, Wiedergutmachen, Sichreinigen vom verantwortlich begangenen Rechtsbruch (Tatschuld). Forensisch „schuldfähig", d. h. strafwürdig kann m. E. nur sein, wer in diesem Sinne auch potentiell sühnefähig** ist.

*

Schließen möchte ich diese „Wegskizze" mit einem Verweis auf die notwendige Beachtung der Komplementarität humaner Unfreiheit und Freiheit bei juristisch-psychiatrischer Kooperation in einem anderen Rechtsbereich, im *Versicherungsrecht (I)*, sowie mit einem *zeitgeschichtlichen Hinweis (II)*.

Zu I: Erst in jüngerer Zeit hat W. Blankenburg (1991) luzide Ausführungen gemacht zu der berührenden Frage: Suizid und „freie Willensbestimmung". Er geht aus vom Widerspruch zwischen der dominierenden ärztlichen Auffassung, Selbstmord sei (fast) stets der Abschluß einer krankhaften Entwicklung und der davon abweichenden, in der Lebensversicherungsmedizin dominierenden Auffassung, daß in den meisten Fällen der Suizid der bilanzierende Abschluß einer hoffnungslosen Notlage sei (den die Erwartung einer hohen Prämie für die Hinterbliebenen erleichtert), die „freie Willensbestimmung" also nicht aufgehoben ist.

Bei seinem Bemühen um die methodologische Seite des Problems knüpft auch Blankenburg an „die epochale Leistung Kants" an, den Aspekten der Freiheit *und* der

---

* *„Auto-nom"* verstehe ich wörtlich als „sich selbst bestimmend". Die Frage der Freiheit menschlicher Selbstbestimmung bleibt damit noch unberührt.

** *„Potentielle Verantwortungs- und Sühnefähigkeit"* sind m. E. voll kompatibel mit dem strafrechtswissenschaftlich überwiegend als „normative Motivationsfähigkeit" interpretierten Begriffspaar „Einsichts- und einsichtsgemäße Handlungsfähigkeit" im Sinn von §§ 20/21 StGB (eingehende Begründung in II.4.1.).

Unfreiheit menschlichen Verhaltens Rechnung zu tragen: „Als ‚Noumenon' oder ‚transzendentales Subjekt' ist der Mensch frei; als Naturwesen oder ‚empirisches Subjekt' ist er determiniert." Der Mediziner und Psychiater als Empiriker könne „nur über Einschränkungen der ‚freien Willensbestimmung' ... befinden", nur Abhängigkeiten erforschen. Dieser „methodologische Zwang" erschwere die Anerkennung einer „freien Willensbestimmung" (S. 10). Sie „bleibt ein empirisch nicht faßbarer Sachverhalt" (S. 11). Soweit Blankenburg. Ich meine: Was empirisch am Verhalten eines Menschen, der sich selbst — schuldfähig? schuldhaft? selbstverantwortlich? — das Leben nahm, „sachverständig" differenziert werden kann, ist nicht krankhafter Zwang oder „freie Willensbestimmung", sondern allein: ob die Selbsttötung von einer personalen, d. h. geistig reflektierten, besonnenen Entscheidung determiniert war oder von einem — verständlich nachfühlbaren — besinnungslosen Verzweiflungsaffekt oder von einer „endogenen" bzw. cerebral- oder metabolisch-somatogen bedingten Depressionskrankheit. Auf einem anderen Blatt steht, ob im ersten Fall die besonnene Entscheidung zum Suizid (die es gibt) als Ausschlußgrund einer versicherungsrechtlichen Leistung *gewertet* wird.

Zu II: Schon 1929 beendete der große Physiker Niels Bohr einen Vortrag mit einer feinsinnigen Metapher unserer existentiellen Komplementarität. Er sagte, daß die in der Physik vorliegende neue Situation „uns so eindringlich an die alte Wahrheit erinnert, daß wir sowohl Zuschauer als auch Mitspieler in dem großen Schauspiel des Daseins sind". — Bohr hat, denke ich, recht: Als Zuschauer sehen wir andere und uns selbst „empirisch" vom Schicksal der je-meinigen Anlagen und postnatalen Lebenseinflüsse auf Leib, Seele und Geist geformt und zu dementsprechend ganz verschiedenen Lebensschicksalen bestimmt (z. B. Krimineller oder Kriminalist, Psychiater oder Richter, Künstler oder Forscher zu werden); als *zugleich* Mitspieler identifizieren wir uns mit der je-meinigen Rolle, spielen sie nach den uns zu- und einfallenden Stichworten so gut wie möglich und können unsere Rolle(n) erst nach bestimmten Ereignissen bzw. Einflüssen oder/und einem „Sinneswandel" (wenn wir uns mit einer bisher gespielten Rolle nicht mehr identifizieren) ablehnen, ablegen, „uns ändern".

II. Konzept und Methodologie der Schuldfähigkeitsnorm

Zur Funktion der Schuldfähigkeitsbestimmungen im deutschen Strafrecht

1. Forensische Schuldfähigkeit im Licht strafjuristischer Lehre

1.1 Historischer Exkurs über Normen der Zurechnungsfähigkeit*

Wenn im *13. Jahrhundert* der „Sachsenspiegel" (1234) bestimmte, daß man über „Thoren und sinnlose Leute" nicht richten solle und im *16. Jahrhundert* die „constitutio criminalis carolina" (1532), daß „wer wegen Jugendlichkeit oder anderer Gebrechen seine Sinne nicht hat" einem besonderen, sorgfältigen und sachkundigen Untersuchungsverfahren zu unterziehen ist, so war damit schon zwischen Schwachsinn, Irrsinn und psychischer Unreife als diagnostischen Voraussetzungen fehlender oder verminderter Verantwortlichkeit unterschieden. Im *17. Jahrhundert* hat der große sächsische Strafjurist B. CARPZOW (1595–1666) ebenso einfach wie ideologiefrei formuliert, welcher Zustand – prinzipiell – Kriminaltäter rechtlich als schuldunfähig kennzeichnet. Es sind „qui mente et sensu communi carent", also die, denen allgemein menschliches Denkvermögen und Empfinden abgeht; m. a. W. Kranke am – reifen und normalen Mensch als Menschen zu eigenen und sie, vor allem über die Sprache, verbindenden – Geist und Gemüt, Geistes- und Gemütskranke. Es sind Mitmenschen, die man im französischen Sprachraum bis heute wegen dieses (sie aus einem psychisch reifen und gesunden Menschen Gemeinsamen ausscheidenden) Mangels aliénés, Fremde (bzw. Entfremdete) nennt.

Im gleichen Jahrhundert, eine Generation nach Carpzow, wirkte der bedeutende Naturrechtsjurist S. PUFENDORF (1632–1694), dem wir die erste große strafrechtliche Zurechnungslehre (Imputationslehre) verdanken. Sie

* Soweit nicht in neuzeitliche Gesetze und Gesetzentwürfe unmittelbar Einsicht genommen werden konnte, stütze ich mich im wesentlichen auf EBERHARD SCHMIDT, „Einführung in die Geschichte der deutschen Strafrechtpflege" (I. A. 1947, II. A. 1965) und die Dissertation von LUBBERS, „Die Geschichte der Zurechnungsfähigkeit von Carpzow bis zur Gegenwart" (Jena 1938).

sagt, daß die sozial verantwortliche und verantwortungsfähige „actio humana" dem praelucens intellectus und dem decernens voluntas (dem voranleuchtenden, d.h. einsichtsfähig machenden Intellekt und dem entscheidenden, d.h. das Handeln bestimmenden Willen) entspringt und durch Freiheit im doppelten Sinne gekennzeichnet ist: der negativen *Freiheit von* physischen Zwängen (womit triebhafte und affektive gemeint sind) und der positiven *Freiheit zum* Sichleitenlassenkönnen von sittlichen Werten und gesetzlichen Normen. Durch den – rechten oder falschen – Gebrauch der positiven Freiheit wird die actio humana zur actio moralis, die imputiert, d.h. dem Täter als Verdienst oder Schuld zugerechnet werden kann. – Damit war vor 300 Jahren eine auf dem Humanum „Vernunft" und „freier Wille" errichtete indeterministische Zurechnungslehre konzipiert sowie der Sache nach das noch heute geltende forensisch-psychologische Begriffspaar der Einsichts- und Steuerungsfähigkeit.

Betrachten wir kurz die auf diesen und den nachfolgenden geistigen Grundlagen (vor allem von Kant und Hegel) beruhenden *Zurechnungsnormen der wichtigsten Gesetzeswerke neuerer Zeit.*

Zunächst *aus dem 18. Jh. die österreichische „Theresiana" von 1768 und das „Preußische allgemeine Landrecht" von 1794.* – Das Gesetz der Maria Theresia bestimmte die Schuldfähigkeit (in Artikel 3, § 5) positiv und generell, d.h. ohne Bezug auf geistige Krankheit oder Anomalien dahin, daß „eines Verbrechens sich alle und jede ... schuldig machen (können), welche den Gebrauch ihrer Vernunft und freyen Willen haben". – Und ebenso generalisierend, aber negativ und nur auf das Willensmoment abhebend codifizierte das preußische Recht in § 16: „Wer frei zu handeln unvermögend ist, bei dem findet kein Verbrechen, also auch keine Strafe statt." Es formulierte dazu in einer bemerkenswerten – voluntativen *und* cognitiven – Fassung einen generellen Strafzumessungsgrundsatz in § 18: „Alles was das Vermögen eines Menschen mit Freiheit und Überlegung zu handeln mehrt oder mindert, mehrt oder mindert auch den Grad der Strafbarkeit." Bedeutsam ist, daß diese Bestimmung nicht unterscheidet zwischen das freie und überlegte Handlungsvermögen mindernden *inneren* Determinationen und *äußeren* Zwangslagen (z.B. bei Nötigung, Notstand und Notwehr).

Aus dem *19. Jahrhundert* sind noch heute von strafrechtstheoretischem und forensisch-psychiatrischem Interesse die Zurechnungsbestimmungen im (von A. Feuerbach unter dem Einfluß Kants entworfenen) *Bayerischen StGB von 1813* sowie im *Preußischen StGB von 1851 und RStGB von 1871* (mit ihrer jeweiligen Konzeptionsgeschichte).

Das *bayerische Gesetz* von 1813 unterbrach erstmals die Reihe der indeterministisch fundierten Zurechnungsbestimmungen. Sein geistiger Vater, A. von Feuerbach, ging davon aus, daß den säkularisierten Staat allein die Legalität seiner Bürger etwas angehe und er sich mit dem heteronomen Zwang gesetzlicher Strafdrohungen zwecks Rechtsgüterschutz mittels

Abschreckung nur an den determinierten und determinierbaren „empirischen Charakter" wenden dürfe. Da aber Abschreckung durch Strafandrohung Einsichtsfähigkeit voraussetzt, wurde (statt des „freien Willens") in der Zurechnungsnorm jetzt zum entscheidenden Kriterium der „Verstand". So in Art. 120, wonach „insbesondere gegen alle Strafe entschuldigt" sind (neben Kindern unter acht Jahren): Rasende, Wahnsinnige, Gemütskranke und Altersschwache, „welche den Gebrauch ihres Verstandes völlig verloren und in diesem Zustand ein Verbrechen begangen haben" sowie „solche, die durch Blödsinn völlig außerstande waren, die Folgen ihrer Handlungen richtig zu beurteilen und deren Strafbarkeit einzusehen". Im Art. 93 kannte das bayerische Gesetz auch eine verminderte Strafrechtsschuld, wenn „mangels an Unterricht oder aus natürlicher Schwäche des Verstandes" die Gefährlichkeit, die Größe der Unerlaubtheit oder Strafwürdigkeit der Tathandlung nicht „eingesehen" wurde.

In anderen deutschen Partikularstaaten (außer Oldenburg) und auch in der deutschen Strafrechtswissenschaft fand das deterministische Konzept des bayerischen StGB keine Nachfolge. Das Pendel schlug — vor allem unter dem starken Einfluß Hegels — wieder zur dominierenden Beachtung des freien („intelligiblen") Menschenwesens zurück, was sich deutlich bei den Vorentwürfen *(ab 1827)* für ein neues *preußisches StGB* zeigte. So z. B. im 3. Entwurf von *1833*. Hier lautet die Zurechnungsbestimmung positiv* und prinzipiell* formuliert und mit den intellektuellen und voluntativen „psychologischen Merkmalen" (wie sie dem seit 1933 bis heute geltenden Recht entsprechen!): Nur dem könne eine Handlung als Verbrechen *zugerechnet* werden, „welcher die Rechtswidrigkeit derselben einzusehen und die Handlung zu unterlassen imstande war". *1845* faßt ein 5. Entwurf in negativer Formulierung das voluntative und intellektuelle Merkmal zusammen, denn es soll jetzt heißen, daß dem eine strafbare Handlung *nicht zugerechnet* werden kann, bei dem (durch jugendliches Alter oder) „durch einen besonderen Geisteszustand der freie Gebrauch der Vernunft völlig aufgehoben war". — Politisch motiviert kam es schließlich unter dem Einfluß des napoleonischen code pénal im letzten Entwurf *1850* und übereinstimmend damit in § 40 des verabschiedeten preußischen StGB von *1851* zu dieser — man muß wohl sagen: lapidaren, logisch und anthropologisch „schiefen", Krankheitszustände und äußeren Zwang verquickenden — Bestimmung: „Ein Verbrechen oder Vergehen liegt dann nicht vor, wenn der Täter zur Zeit der Tat wahnsinnig oder blödsinnig oder die freie Willensbestimmung durch Gewalt

---

* „Positiv" heißt, daß Zurechnungs*fähigkeit*, „negativ", daß Zurechnungs*unfähigkeit* normiert wird; „prinzipiell" bedeutet, daß keine bestimmten psychischen Zustände (wie Gesundheit, Reife bzw. spezielle psychische Krankheiten, Anomalien, Schwächen) als Voraussetzungen genannt werden, sondern nur die kennzeichnenden Fähigkeiten bzw. Unfähigkeiten als solche.

oder Drohung ausgeschlossen war." Damit fällt, was psychische Störungen betrifft, das Gesetz zurück fast unter das Niveau des „Sachsenspiegels", wo es — klugerweise abgesetzt von Situationen äußeren Zwangs und ohne punktuellen Bezug des psychischen Defekts auf die Tatzeit! — schlicht hieß, daß man „über Thoren und sinnlose Leut" nicht richten soll.

Aus der Entstehungsgeschichte der bis in unsere Zeit — jedenfalls in meine Generation — hinein geltenden Zurechnungsnorm des *RStGB von 1871* sollte der Vorschlag des Tübinger Strafrechtlers Geib von *1861* nicht übersehen werden, welcher (ohne, wie beim bayerischen StGB von 1813, die Patenschaft eines empirischen Determinismus) den ominösen Freiheitsbegriff ausklammern wollte (als einen „vieldeutigen und nebelhaften, mit schwierigsten und bestrittensten metaphysischen Untersuchungen zusammenhängenden", so Geib 1862). Er empfahl als generelles Prinzip, den Täter als zurechnungsunfähig anzusehen, bei dem die Unmöglichkeit besteht, „sei es durch die Aussicht auf Strafe, sei es wenigstens eine solche auf andere, der Strafe im allgemeinen ähnliche Momente, bestimmt zu werden". Hier klingt deutlich schon das „agnostische" Konzept der „normativen Motivations-(un)fähigkeit" an, welches am Ende des 19. Jh. erstmals Franz von Liszt eingehend begründete, und das heute, über 100 Jahre später, noch bzw. wieder von kräftigen strafrechtswissenschaftlichen Strömungen in Deutschland favorisiert wird.

Geibs Vorschlag fand keine Zustimmung. Es wurde vielmehr *1869* im Entwurf eines § 46 in negativer und prinzipieller Formulierung hart das indeterministische Prinzip herausgestellt: „Eine Handlung ist als Verbrechen oder Vergehen nicht zu betrachten, wenn die freie Willensbestimmung des Täters zur Zeit der Tat ausgeschlossen war." Hiergegen nimmt nun — m. W. erstmals in der Gesetzesgeschichte der Zurechnungsnorm — ein *ärztliches Gremium,* die „Wissenschaftliche Deputation für das Medizinalwesen" Stellung: Die rein prinzipielle Formulierung lasse befürchten, daß Mediziner den Begriff der „freien Willensbestimmung" zu weit, Richter dagegen zu eng auslegen; berücksichtigt werden solle nur der Mangel an freier Willensbestimmung *infolge einer „krankhaften Störung der Geistestätigkeit".* Trotz dagegen wiederum erhobener juristischer Bedenken, daß hiermit die Entscheidung über die Zurechnungsfähigkeit zu sehr ins medizinische Gebiet verlagert werde, setzte sich der Vorschlag der Mediziner durch und führte im verabschiedeten *RStGB von 1871* zu der — bis heute beibehaltenen! — *„zweistöckigen" Norm* (oder „gemischten" Methode) und zu der über 60 Jahre (bis 1933) geltenden Formulierung des *§ 51 RStGB:*

„Eine strafbare Handlung ist nicht vorhanden, wenn der Täter bei Begehung der Handlung sich in einem Zustand von Bewußtlosigkeit oder krankhafter Störung der Geistestätigkeit befand, durch welchen seine freie Willensbestimmung ausgeschlossen war."

Nicht durchsetzen konnte sich die weitere Empfehlung der Mediziner, wegen der abgestuften Übergänge von geistiger Gesundheit in Krankheit eine Bestimmung über verminderte Zurechnungsfähigkeit aufzunehmen.

Hervorgehoben sei, daß in der amtlichen Begründung des § 51 RStGB für den Reichstag ausdrücklich betont wurde, mit dem Rechtsbegriff der „freien Willensbestimmung" sei nicht „die Freiheit des Willens im philosophischen Sinn" gemeint. Es solle nur untersucht werden, „ob derjenige normale Zustand geistiger Gesundheit vorhanden sei, dem die Rechtsanschauung des Volkes die strafrechtliche Verantwortlichkeit tatsächlich zuschreibt". War dies die ratio legis? Oder war es, wie in unserer Zeit (1972, S. 89) der Tübinger Strafrechtler Lenckner meinte, „nicht mehr als eine beschwichtigende Geste" der im Gesetzgebungsprozeß siegreichen Indeterministen gegenüber Andersgläubigen?

25 Jahre später, im sog. „Schulenstreit" zwischen indeterministischen Vertretern einer zweckfreien Vergeltungsstrafe und deterministischen Befürwortern einer vergeltungsfreien Zweckstrafe setzte am *4. 8. 1896* ein noch heute lesenswerter Vortrag des um Vermittlung zwischen solchen Fronten und um ein entideologisiertes Strafrecht bemühte Franz von Liszt einen neuen Markstein in der Interpretationsgeschichte strafrechtlicher Schuldfähigkeit. Da weder die „Vernunft" (Unrechtseinsicht) ein hinreichendes Kriterium noch die „freie Willensbestimmung" ein praktikables Kriterium sei, erblickt von Liszt „das Wesen der Zurechnungsfähigkeit in der normalen Bestimmbarkeit durch Motive" (unter denen er das soziale Leben regelnde „Vorstellungen" rechtlicher, sittlicher und vernünftiger Art versteht). „Wer auf Motive in normaler Weise reagiert, ist zurechnungsfähig." Dies nicht zuletzt darum, weil er dann zugänglich ist auch für die speziell durch Strafdrohung und Strafe „bezweckte Motivsetzung". Zugleich plädierte von Liszt für die — ärztlicherseits für das StGB von 1871 vergeblich geforderte — Einführung des Instituts der verminderten Zurechnungsfähigkeit sowie damit verbunden eines Systems behandelnder und sichernder Maßregeln, um den überaus häufigen kriminellen Übergangsfällen zwischen Gesundheit und Krankheit sowohl human als auch kriminalpolitisch gerecht zu werden. — Erst etwa zwei Generationen später sollte diese Saat aufgehen: Die ideologiefreie (agnostische) Ausklammerung des Freiheitsproblems ist ebenso wie die Interpretation strafrechtlicher Schuld(un)fähigkeit als „normative Motivations(un)fähigkeit" heute überwiegende Lehre, jedenfalls der (west)deutschen Strafrechtswissenschaft. Und gesetzlich eingeführt wurden sowohl die sog. „verminderte Schuldfähigkeit" als auch die Zweispurigkeit des Kriminalrechts durch ein neben das Strafsystem gestelltes Maßregelsystem.

Ganz im Sinne von Liszt dürften demnach die beiden Novellierungen der Zurechnungsnorm gewesen sein, die in unserem Jahrhundert *1933 das sog. Gewohnheitsverbrechergesetz und 1975 die große Strafrechtsreform* brachten.

1933 wurde der diagnostische Katalog des § 51 um den — quantifizierenden! — Begriff der „Geistesschwäche“ erweitert. Mit dem Ersatz der „freien Willensbestimmung“ durch das Doppelkriterium* der Fähigkeit zur Unrechtseinsicht und der Fähigkeit zum ihr gemäßen Handeln sollte einem indeterministischen Mißverstehen schon terminologisch vorgebeugt werden (jedenfalls nach P. Bockelmann, 1963). Vor allem aber wurden nunmehr die verminderte Zurechnungsfähigkeit und ein Maßregelsystem eingeführt. — Die Zurechnungsnorm und ihre wichtigsten Rechtsfolgebestimmungen lauteten nunmehr:

§ 51 Abs. 1: Eine strafbare Handlung ist nicht vorhanden, wenn der Täter zur Zeit der Tat wegen Bewußtseinsstörung, wegen krankhafter Störung der Geistestätigkeit oder wegen Geistesschwäche unfähig ist, das Unerlaubte der Tat einzusehen oder nach dieser Einsicht zu handeln.

Abs. 2: War die Fähigkeit, das Unerlaubte der Tat einzusehen oder nach dieser Einsicht zu handeln, zur Zeit der Tat aus einem dieser Gründe erheblich vermindert, so kann die Strafe nach den Vorschriften über die Bestrafung des Versuchs gemildert werden.

§ 42 b Abs. 1: Hat jemand eine mit Strafe bedrohte Handlung im Zustand der Zurechnungsunfähigkeit (§ 51 Abs. 1, § 55 Abs. 1) oder der verminderten Zurechnungsfähigkeit (§ 51 Abs. 2, § 55 Abs. 2) begangen, so ordnet das Gericht seine Unterbringung in einer Heil- oder Pflegeanstalt an, wenn die öffentliche Sicherheit es erfordert. Dies gilt nicht bei Übertretungen.

§ 42 f Abs. 2: Ist keine Höchstfrist vorgesehen oder ist die Frist noch nicht abgelaufen, so ordnet das Gericht die Entlassung des Untergebrachten an, sobald verantwortet werden kann zu erproben, ob der Untergebrachte außerhalb des Maßregelvollzugs keine mit Strafe bedrohten Handlungen mehr begehen wird.

1975 brachte die Strafrechtsreform wichtige weitere terminologische Veränderungen und eine Erweiterung des diagnostischen Katalogs. Anstelle der philosophieverdächtigen „Geistes“-störung und -schwäche traten die psychologienäheren Begriffe „seelische“ Störung und der Schwachsinn; die Kennzeichnung der Bewußtseinsstörung als eine „tiefgreifende“ sollte die Berücksichtigung strafrechtlich relevanter Affektzustände eingrenzen und der hinzugefügte vierte Begriff einer „schweren seelischen Abartigkeit“ entsprach der höchstrichterlichen Rechtsprechungsentwicklung, wonach nicht nur seelische Krankheiten und Schwachsinn, sondern auch schwere psychopathische, neurotische und triebliche Anomalien (weil auch für solche der Betroffene „nichts kann“) die strafrechtliche Schuldfähigkeit mindern, äußerstenfalls auch aufheben können. — Zweifellos entsprach es ferner dem ebenso entschieden präventiv-kriminalpolitischen wie humanen Denken F. von Liszts, daß das Reformgesetz von 1975 für das Maßregelsystem den

* Wie es, der Sache nach, 100 Jahre zuvor der 3. Entwurf (1833) zum Preußischen StGB von 1851 bereits entwickelt hatte.

Akzent vom Zweck der „Sicherung" auf den der „Besserung" verlegte und dieses System zwecks positiver (d.h. weniger repressiver als rehabilitativer) Individualprävention erweiterte. – Die Schuldfähigkeitsnorm und ihre Rechtsfolgenbestimmungen erhielten nunmehr die folgende Fassung:

§ 20 Schuldunfähigkeit wegen seelischer Störungen

Ohne Schuld handelt, wer bei Begehung der Tat wegen einer krankhaften seelischen Störung, wegen einer tiefgreifenden Bewußtseinsstörung oder wegen Schwachsinns oder einer schweren anderen seelischen Abartigkeit unfähig ist, das Unrecht der Tat einzusehen oder nach dieser Einsicht zu handeln.

§ 21 Verminderte Schuldfähigkeit

Ist die Fähigkeit des Täters, das Unrecht der Tat einzusehen oder nach dieser Einsicht zu handeln, aus einem der in § 20 bezeichneten Gründe bei Begehung der Tat erheblich vermindert, so kann die Strafe nach § 49 Abs. 1 gemildert werden.

§ 63 Unterbringung in einem psychiatrischen Krankenhaus

Abs. 1: Hat jemand eine rechtswidrige Tat im Zustand der Schuldunfähigkeit (§ 20) oder der verminderten Schuldfähigkeit (§ 21) begangen, so ordnet das Gericht die Unterbringung in einem psychiatrischen Krankenhaus an, wenn die Gesamtwürdigung des Täters und seiner Tat ergibt, daß von ihm infolge seines Zustandes erhebliche rechtswidrige Taten zu erwarten sind und er deshalb für die Allgemeinheit gefährlich ist.

(Abs. 2: Das Gericht ordnet jedoch die Unterbringung in einer sozialtherapeutischen Anstalt an, wenn die Voraussetzungen des § 65 Abs. 3 vorliegen.)*

§ 67 d Dauer der Unterbringung

Abs. 2: Ist keine Höchstfrist vorgesehen oder ist die Frist noch nicht abgelaufen, so setzt das Gericht die weitere Vollstreckung der Unterbringung zur Bewährung aus, sobald verantwortet werden kann zu erproben, ob der Untergebrachte außerhalb des Maßregelvollzugs keine rechtswidrigen Taten mehr begehen wird. Mit der Aussetzung tritt Führungsaufsicht ein.

Im Überblick dieser Historie ist festzustellen, daß sich die juristischen Bestimmungen von psychischen Zuständen, welche die strafrechtliche Zurechnungsfähigkeit mindern bis aufheben, *zu keiner Zeit auf Geisteskranke beschränkt und in jüngster Zeit zunehmend gerade auf nicht-krankhafte Anomalien erweitert* haben. Schon die mittelalterlichen Codices Sachsenspiegel und Carolina berücksichtigten neben „sinnlosen" Leuten auch Schwachsinnige („Toren") und Jugendliche. Ebenfalls wurde starker affektiver Erregung (vor allem der ira justa) und Rauschzuständen, weil zurechnungsmindernd auch strafmindernd mehr oder weniger Rechnung getragen;

* Das als ein wesentlicher Fortschritt des Reformgesetzes gedachte Institut der „Sozialtherapeutischen Anstalt" (gewissermaßen „zwischen" Strafanstalt und Psychiatrischem Krankenhaus) wurde aus finanziellen und prinzipiellen Gründen nicht realisiert und in den 80er Jahren wieder aus dem Gesetz gestrichen.

und in neuzeitlichen Rechtsordnungen westlicher Hochkulturen zunehmend allen Faktoren, welche den Gebrauch von „Vernunft und freiem Willen" behindern oder unmöglich machen.

Für die letzten 100 Jahre der deutschen Strafrechtsentwicklung ist in diesem Sinne hinzuweisen auf die *drei-stufige Expansion des diagnostischen Katalogs der Zurechnungsnorm:* Von der Urfassung *1871* (Bewußtlosigkeit, krankhafte Störung der Geistestätigkeit) über die Novellierung *1933* (Bewußtseinsstörung, krankhafte Störung der Geistestätigkeit, Geistesschwäche) zum Reformgesetz *1975* (krankhafte seelische Störung, tiefgreifende Bewußtseinsstörung, Schwachsinn, schwere seelische Abartigkeit). Im Einklang damit steht die *Nachkriegsrechtsprechung des BGH,* daß als die Schuldfähigkeit mindernd bis aufhebend in Betracht zu ziehen sind „alle Störungen der Verstandestätigkeit sowie des Willens-, Gefühls- und Trieblebens" (so u. a. in BGHSt 14, 39; Urt. v. 27. 12. 1959). Hier zeigt sich deutlich, daß Gesetzgebung und Rechtsprechung immer weiter über eine „Identität von Geisteskrankheit und Schuldunfähigkeit" (R. Luthe) hinausgegangen sind und einem Kriminaltäter bei der Tatschuld*zurechnung* offensichtlich alles an psychischen Behinderungen (auch stärkere inhaltlich-motivationale und -situative) *abrechnen* wollen, für die er „nichts kann". Besonders klar wird dies an einem BGH-Urteil vom 30. 3. 1962 (in NJW 1962, S. 1779). Dort heißt es (bei Erörterung der Schuldfähigkeit eines Sexualdelinquenten mit „übermäßigem Geschlechtstrieb"), daß die Wahl günstiger Tatgelegenheiten und Zurückhaltung bei Entdeckungsgefahr „noch keinen eindeutigen Schluß auf sein ... Hemmungsvermögen, selbst bei günstigen Gelegenheiten (gestattet)", da „die Furcht vor Entdeckung ... seine Widerstandskraft unterstützt haben kann, während sie allein nicht ausreichte, der Versuchung bei günstigen Gelegenheiten zu widerstehen".

Festzuhalten ist demnach aus Strafrechtsgeschichte, geltendem Gesetz und neuerer Rechtsprechung, daß die bei normalen Normenadressaten unterstellte *forensische Schuldfähigkeit ein strafrechtsspezifischer,* d. h. dem Strafrechtssinn und -zweck dienender *rechtstechnischer Anwendungsbegriff* ist. Allein kompetent für seine nähere Definition und Interpretation sind daher Rechtsprechung und Strafrechtswissenschaft, nicht aber vom Strafrichter gelegentlich bemühte Hilfswissenschaften wie Psychiatrie und Psychologie (welche dem Juristen allerdings — wie hier versucht wird — den Raum und die Grenzen *ihrer* Wissenschaft deutlich machen müssen). Evident ist ferner auch für juristische Laien, daß die — nur ausnahmsweise in Frage gestellte — Schuldfähigkeit ein spezifisch strafrechtlicher *Selektionsbegriff* ist. Er normiert auslesend, auf welche Kriminaltäter die normalen Strafbestimmungen nicht (oder nur eingeschränkt) anzuwenden sind und statt dessen — falls aus Präventionsgründen Freispruch bzw. Minderbestrafung allein nicht verantwortet werden kann — Reaktionen des Maßregelrechts in Betracht kommen.

1.2 Zur Terminologie

Im demokratischen Rechtsstaat, der vor allem Garant der – äußeren – Verhaltensfreiheit seiner Bürger ist (wie ihrer beliebigen räumlichen Mobilität und Berufswahl, ihres freien Versammlungs-, Vereinigungs- und Meinungsäußerungsrechts), ist Zwang (aufgrund des staatlichen Gewaltmonopols) gegen einen Bürger nur zulässig, wenn dieser ein mit Sanktionsandrohung gesetzlich geschütztes Rechtsgut verletzt hat oder gefährdet. Und ist Bestrafung für solche Verletzung oder Gefährdung nur zulässig, wenn ihm dieses Unrecht persönlich „zugerechnet“, als „Schuld“ bzw. Verschulden vorgeworfen, er für das Unrechttun „verantwortlich“ gemacht werden kann.

Das Strafrecht (als öffentliches Recht zu strafen) hat also zwei Voraussetzungen: eine objektive, die Begehung einer als solche gesetzlich bestimmten rechtswidrigen Handlung *(nulla poena sine lege)* und eine subjektive, ihre Begehung in einem psychischen Zustand, der den Täter fähig erscheinen läßt für die Zurechnung der Tat als im Rechtssinne schuldhafte Normverletzung *(nulla poena sine culpa)*. Diese Fähigkeit, m. a. W. die strafrechtliche Verantwortlichkeit für das, was ein freier Bürger tut oder läßt, kennzeichnet den Erwachsenen (mündigen) und psychisch normalen Täter und wird nur in nach §§ 20, 21 StGB gesetzlich bestimmten Ausnahmefällen durch psychische Anomalie oder Krankheit (wenn diese das inkriminierte Verhalten (mit)bedingt hat) als rechtlich relevant vermindert oder aufgehoben erachtet.

Es ist nun bemerkenswert, daß im sonst so begriffssubtilen juristischen Sprachgebrauch (man denke z. B. an die Unterscheidung von bewußter Fahrlässigkeit und bedingtem Vorsatz) diese über Strafe überhaupt und über das Strafmaß entscheidende menschliche „Fähigkeit“ terminologisch durchaus noch nicht einheitlich und eindeutig, klar und unmißverständlich bezeichnet wird. Gesetzlich seit Jahrhunderten bis zur Strafrechtsreform 1975 als *„Zurechnungsfähigkeit“*, dann als *„Schuldfähigkeit“* bezeichnet, im juristischen und forensisch-psychowissenschaftlichen Schrifttum synonym auch als *„Verantwortungsfähigkeit“*, ist leicht zu sehen, daß es etwas tiefgreifend Verschiedenes ist, ob ein Mensch für fähig befunden wird der persönlichen „Zurechnung“ einer bestimmten Tat, oder für fähig, durch sie „schuldig“ geworden zu sein oder für fähig, sich wegen ihr vor anderen Personen „verantworten“ zu können.

Während der seit jeher nur strafrechtstechnisch gebrauchte, axiologisch neutrale, der näheren positiv-rechtlichen Ausfüllung bedürftige und *von der Tat zum Täter gerichtete* Begriff der *Zurechnungsfähigkeit* ausschließlich darauf abhebt, daß der Täter – nach welchen Kriterien auch immer – der persönlich verantwortlichen Zurechnung einer Straftat für fähig befunden wird und für die ihm „zugerechnete“ Tat rechtlich einstehen muß, das heißt deren strafgesetzliche und andere Rechtsfolgen zu tragen hat, läßt der vieldeutige und *vom Täter zur Tat gerichtete* Begriff der *Schuldfähigkeit* sowohl eine enge strafrechtliche (legalistische) wie auch eine weitere sozialethische (moralistische) Interpretation zu; er tangiert unmittelbar das anthropologische Freiheitsproblem, weil er logisch die Wahlfähigkeit eines aktiven Subjekts zwischen Schuld und Nichtschuld impliziert, und er provoziert bis in jüngere Zeit differente ideologische Positionen; so z.B. 1989 zwischen dem Strafjuristen Streng (s.u. Seite 187f.) einerseits und seinem Kollegen Griffel (s.u. Seite 150f.) andererseits.

Allein der Begriff der *Verantwortungsfähigkeit* bezeichnet direkt diejenige spezifisch humane Fähigkeit, welche in der forensischen Situation eines Angeklagten in bezug auf seinen psychischen Zustand bei Begehung des Delikts im genauen Wortsinn angesprochen wird: sein (wegen der Tat zur-Rede-gestellt) sinnverständliches Antwortgebenkönnen. Verantwortungsfähigkeit in der geistigen Vergegenwärtigung des seinerzeitigen Tatgeschehens muß gegeben sein, damit ein auf dieses hin angesprochener Angeklagter dem Gericht verständlich antworten, sich über Grund und Zweck seiner Tat (auch ihrer Nichtunterlassung) äußern, eben sich verantworten *kann.* Diese Fähigkeit setzt sowohl bei Tatbegehung wie beim forensischen Dialog hierüber ein transzendierendes und reflektierendes geistiges Bewußtsein voraus, ein distanziert von der Situation sich zu einem bestimmten Verhalten (Tat oder Nichttat, Antworten oder Schweigen) entscheidendes Personsein. Ideologische Differenzen über Willensfreiheit und personal-sittliche Schuld(fähigkeit) werden von diesem Begriff nicht berührt. Ich meine daher, daß dem Begriff Verantwortungsfähigkeit zur Kennzeichnung eines der strafrechtlichen Schuld*zuschreibung oder -zurechnung* fähigen normalen Normenadressaten der Vorzug gegeben werden sollte. Dies übrigens in Übereinstimmung mit den meisten ausländischen Rechtsordnungen.

Bei der nachfolgenden kritischen Darstellung juristischer Interpretationen der geltenden Gesetzesbestimmung über „Schuld(un)fähigkeit" soll es zunächst jedoch bei der Verwendung dieses seit 1975 auch codifizierten Begriffs bleiben. Einmal wegen seiner gesetzlichen Verankerung im deutschen StGB, zum anderen gerade wegen seines ideologieanfällig mehrdeutigen, unterschiedliche Interpretationen, aber auch methodologische Reflexionen provozierenden Charakters. — Soviel zur Terminologie.

1.3 Juristische Konzepte forensischer Schuldfähigkeit

Vorbemerkung: Wenn ein psychiatrischer Berater von Strafgerichten sich die „Einmischung" in die lebhafte juristische Diskussion nicht nur um den Begriff, sondern vor allem um die Anwendungspraxis und Interpretation des Selektionskriteriums „Strafrechtliche Schuldfähigkeit" erlaubt, wenn er einen Überblick über den derzeitigen Diskussionsstand zu geben versucht und von seiner Profession her etwas zur Klärung von Differenzen beitragen will, dann bedarf solches Unternehmen einer *sachlichen Rechtfertigung*. Ich sehe sie in drei Hauptfakten.

Erstens: Im Jahrhundert zwischen dem deutschen RStGB von 1871 bis zum reformierten StGB von 1975 hat die *Frequenz der Aufträge einer Begutachtung* zur Frage der Schuldfähigkeit an psychiatrische, später (meist zugleich) auch an psychologische Sachverständige *ganz erheblich zugenommen*. Bei ungewöhnlichen, schweren, insbesondere bei Gewaltdelikten ist die Begutachtung heute zur Regel geworden. Das hängt – die 12 Jahre vom Nationalsozialismus denaturierter Strafjustiz ausgenommen — zweifellos mit einem zunehmenden Genaunehmen des Schuldprinzips zusammen, wie das in der vorstehend skizzierten historischen Entwicklung von Gesetz und Rechtsprechung zum Ausdruck kommt.

Denn die angestrebte „Verfeinerung" des Schuldprinzips bedeutet ja u. a. eine progressiv stärkere und differenziertere Berücksichtigung der individuellen Täterpersönlichkeit und aller ihrer evtl. tatrelevanten psychischen Anomalien. Wenn dies auch nicht zur ominösen Bastardfigur des „Richters im weißen Kittel" führen muß, ergibt sich doch aus dieser Entwicklung die Notwendigkeit einmal klarer Kompetenzabgrenzung zwischen Strafgericht auf der einen, Ärzten, Psychopathologen und Psychologen auf der anderen Seite, zum anderen einer unmißverständlichen begrifflichen und sachlichen Verständigung zwischen beiden Seiten. Prinzipieller gesagt: Notwendig ist ein guter Grenzverkehr zwischen den Intentionen und dem Denken der *normativen Anthropologie des Rechts* und den empirischen Methoden und Erfahrungen *anthropologischer Seinswissenschaften*. Daß um einer konstruktiven normativ-empirischen Kooperation willen auch *interdisziplinäre Grenzüberschreitungen erforderlich* sind (wie ich sie von der empirischen Seite her explizit im nachfolgenden begehe), wurde juristischerseits durchaus zugestanden, sogar begrüßt. So — im Hinblick auf die Bearbeitung des Freiheitsproblems durch anthropologische Empiriker — von R. Lange 1979 mit den Worten: „Dieser Schritt ist in der Tat heute notwendig und auf keinem Gebiet notwendiger als in der Frage der Schuldfähigkeit."

Zweitens: Ein selten durchdachtes weiteres Faktum seit überhaupt in der Strafrechtspflege ärztlich-psychiatrische Täteruntersuchungen zur Frage der Zurechnungsfähigkeit eingeführt sind, ist der sich daraus ergebende Umstand, daß *der nichtjuristische Untersucher* aufgrund seiner biographischen Erhebungen, seines mehrwöchigen freien Umgangs mit kriminellen „Probanden" auf Beobachtungsstationen und in stundenlangen Vieraugengesprächen *den „Gegenstand" des Strafrechts, den Rechtsbrecher wesentlich besser kennt als die über ihn urteilenden Juristen* aufgrund ihrer Aktenkenntnis, ihrer Informationen und Beobachtungen in öffentlicher Hauptverhandlung (in der die Richter ihn meist überhaupt erstmals sehen). Schon im 19. Jahrhundert wurde beklagt: Strafrichter wissen immer mehr über die Verbrechen (als subtil differenzierte Tatbestände) und immer weniger über die Verbrecher (die konkreten Täter, ihre Persönlichkeitsentwicklung und -struktur). Daran hat sich bis heute nichts geändert. Allerdings gehört diese „Arbeitsteilung" prinzipiell zu der normativen Methode, mehr einer bestimmten typischen *Fallkonstellation* nach dem Grundsatz Jedem das Gleiche „gerecht" zu werden als der je einmaligen *Täterperson* nach dem Grundsatz Jedem das Seine (was eben dieser an Strafe „verdient" hat bzw. „braucht").

Dennoch ist es, meine ich, ein schwerwiegendes Erfahrungs- und Informationsdefizit, daß praktizierende Strafjuristen und auch universitäre Strafrechtslehrer im üblichen Ausbildungsgang nicht wenigstens in einigen Fällen ihre Klientel selbst unmittelbar so genau kennenlernen wie das regelmäßig beim zur Frage der Schuldfähigkeit gehörten Sachverständigen der Fall ist (jedenfalls sein sollte). Könnte das ebenso bekannte wie umstrittene Wort des bedeutenden Rechtslehrers Gustav Radbruch, ein guter Strafrichter sei nur wer mit schlechtem Gewissen Richter ist, nicht eine Wurzel auch darin haben, daß der Richter oft weder die „Rasse" der Täter, die er verurteilt noch einzelne angeklagte oder verurteilte Sträflinge *persönlich* genauer kennengelernt hat — am wenigsten die, über die er selbst richtet?

Erst in jüngerer Zeit m.W. erheben sich Stimmen, welche — so H. Crist 1980 — eine „kriminologische Praxeologie" schon während des Jurastudiums fordern; auch, um spezifisch ungeeignete Studenten vor verfehlten Berufskarrieren (als Staatsanwalt oder Strafrichter) rechtzeitig abzuhalten.[A 4]

Diese *fundamentale kriminologische Erfahrungsdifferenz (die auch eine „Erlebnisdifferenz" ist!) zwischen Strafjuristen und ihren Psychosachverständigen* wirkt sich besonders kritisch aus, nachdem durch die deutsche Rechtsprechung und Reformgesetzgebung der strafjuristisch relevante Bereich psychischer Anomalien (und dementsprechend die Begutachtungsfrequenz) eine erhebliche Expansion erfahren haben. Denn ca. 95 % der heute begutachteten Kriminaltäter sind bei Tatbegehung nicht geisteskrank gewesen; wohl aber mit mehr oder weniger weit — d.h. quantitativ — von der Durchschnittsnorm abweichenden intellektuellen oder/und emotionellen Anomalien behaftet (oder/und befanden sich in einer abnormen Tatsituation). Der diesbezügliche historische Unterschied gegenüber der Geltungszeit des alten § 51 RStGB, nach dem nur „krankhafte Störung der Geistestätigkeit" und „Bewußtlosigkeit" die „freie Willensbestimmung" ausschließen konnten (und dementsprechend nur selten überhaupt — und wenn, leichter klärbare — Zweifel an der Zurechnungsfähigkeit eines Angeklagten aufkamen), ist evident.

Drittens: Infolge des ersten Faktums, der Expansion psychowissenschaftlicher Begutachtung von Kriminaltätern (dies Hand in Hand mit ebenfalls

---

A 4 s. S. 313.

zunehmender allgemein-kriminologischer Forschung) ist es zu einem dritten Faktum gekommen. Es ist die *vom forensischen Arzt und Psychiater ausgehende*, von der kriminologischen Forschung und forensischen Psychologie vertiefte und heute für alle Prozeßbeteiligten, auch die zuhörende „Öffentlichkeit" unausweichliche Erkenntnis der regelmäßigen — wie ich es nennen möchte — „kriminologischen Koinzidenz" von Schwere und Ungewöhnlichkeit der Tat und der Erheblichkeit und Ungewöhnlichkeit von psychischen oder/und situativen Anomalien der Tatzeitpersönlichkeit bzw. -umstände des Täters.

Diesem *„Koinzidentialparallelismus" von Tatschwere und Anomalie der Täterperson oder/und -situation* wird, wenn ich mir das als Nichtjurist zu sagen erlauben darf, strafrechtstheoretisch noch immer nicht genügend Rechnung getragen. Denn dieses Faktum *macht* (u. a. aus kriminalpolitischen und präventiven Gründen) *ein besonders sorgfältiges Bedenken von Begriff und Inhalt der strafrechtlichen Schuldfähigkeit dringend.* So kann z. B. die Fehlinterpretation von Schuldunfähigkeit und verminderter Schuldfähigkeit als ein Fehlen bzw. Mangeln von Freiheit(sgraden) zum Andershandelnkönnen dazu führen, daß in einem „Paradox von Ideologie und Pragmatik" der Zurechnungsnorm (Haddenbrock, 1967) alle heute auf ihre Tatzeitverfassung und Tatsituation hin sehr genau untersuchten *Schwer*kriminellen eben wegen dieser subtilen Praktizierung des Schuldprinzips *relativ milder* bestraft werden als die große Mehrheit der mittleren und Kleinkriminellen, bei denen derartige Untersuchungen nicht stattfinden (können) und die Freiheitsprämisse ohne genaueres Hinsehen „unterstellt" wird.

Diese drei heutigen Gegebenheiten vor allem sind Gründe, die es mir gerechtfertigt erscheinen lassen, aus der Erfahrungswelt eines forensischen Psychiaters (d. h. eines Vertreters empirischer Anthropologie) heraus den Inhalt der Begriffe strafrechtlicher Schuld und Schuldfähigkeit kritisch näher zu betrachten. Und zwar — in gewiß grober, nicht jedem Autor ganz gerecht werdenden Differenzierung — so, wie sie unter den *Prämissen des (relativen) Indeterminismus (1.3.1), des (hypothetischen) Determinismus (1.3.2) und des (Freiheits-)Agnostizismus (1.3.3)* von der juristischen Wissenschaft im westlichen Nachkriegsdeutschland entwickelt wurden.

1.3.1 Strafrechtliche Schuldfähigkeit unter der Prämisse des (relativen) Indeterminismus

Nach dem Zusammenbruch des nationalsozialistischen Unrechtsstaates war angesichts der zahllosen unschuldigen, minderschuldigen und der nur durch rassistische und zweckpolitisch-drakonische Gesetze „kriminalisierten" Opfer der NS-Justiz die Ablösung einer jeden Art von bloßem *Schutzstrafrecht* (gegen willkürlich definierbare *„Volksschädlinge"*) durch ein *Schuldstrafrecht* (allein gegen — elementare soziale Grundnormen vorsätzlich oder fahrlässig verletzende — *„Schuldige“*) das Gebot der Stunde. Nur wer für eine wirklich „böse“ Tat tatsächlich „etwas kann“, wer sie „vermeiden“ konnte, wer „anders handeln“ konnte und in diesem Sinne eines „Mißbrauchs seiner Freiheit“ schuldhaft handelte, sollte wieder nach dem Maß seiner persönlichen Schuld bestraft werden. Die Strafrechtserneuerung nach 1945 forderte also zweierlei: Einmal die *Rückführung (und Präzisierung) strafrechtlicher Tatbestände* (der Verbots- und Gebotsnormen) auf den Bereich der für den Rechtsfrieden in einer pluralistischen Gesellschaft unverzichtbaren, von jedermann einsichtigen und akzeptablen Rechtsgüter (wie Leben, körperliche Integrität, sexuelle Selbstbestimmung, Freiheit, Eigentum, Ehre, Hausfrieden, Verfassungs- und Staatsordnung); zum anderen die Beschränkung der Bestrafung solcher Rechtsbrüche auf die Täter, denen die Tat *wohlbegründet persönlich verantwortlich zugerechnet,* d.h. zum Vorwurf gemacht werden kann; die zurechnungsfähig im Sinne von strafrechtlich schuldfähig sind. Wer, etwa als unreifes Kind oder im Zustand einer Bewußtseinsstörung, als Schwachsinniger oder Geisteskranker schadet, ohne sich eines Unrechts bewußt zu sein (und bewußt sein zu können) oder ohne, bei vorhandener Einsicht, ihr entsprechend das Unrecht unterlassen zu können, soll nicht bestraft, sondern bei fortbestehender Gefährlichkeit im Verhältnis zu ihrem Grad sichernden und bessernden Maßnahmen unterworfen werden. — Soweit die Grundsätze des (relativ-)indeterministischen Schuldprinzips.

Bei dieser historischen Anknüpfung des indeterministischen Schuldprinzips als Widerspruch und Widerstand gegen ein in der Hitler-Diktatur „krebsartig wucherndes reines Zweckstrafen“ (Arth. Kaufmann 1986, S. 225) wird allerdings oft übersehen, daß die Strafrechtsdoktrin der NS-Justiz (repräsentiert vor allem von R. Freisler, ihrem obersten Denk- und Henkermeister) entschieden die Willensfreiheit jedes strafmündigen und nicht geisteskranken Täters betonte. Der strafjuristische Determinismusstreit galt als überwundenes Dekadenzmerkmal von Aufklärung und Liberalismus. Ihm wurde als Gebot der neuen Zeit ein heroisches „Du kannst, denn du sollst“ entgegengesetzt. In diesem Sinne wird auch dem abnorm veranlagten Straftäter (global: dem sog. kriminellen Psychopathen) uneingeschränkt die Tat und darüber hinaus zum Vorwurf gemacht, daß er seinen Defekt nicht durch erhöhte Anstrengung ausgeglichen hat — ein Postulat, wie das von Münchhausen, sich am eigenen Schopf aus dem Sumpf zu ziehen: dem psychopathisch Abnormen fehlen ja ex definitione sozial hinreichende Fähigkeiten, wie Wert- und Mitempfinden, Selbstkritik und/oder Selbstbeherrschung. — Im kriminalpolitischen Größenwahn der NS-Ideologie, „Volksschädlinge“ unter allen Umständen und mit allen Mitteln unschädlich machen oder ausmerzen zu können, zu dürfen und zu sollen, verstieg sich eine dem hörige Strafrechtslehre zu monströser Alogik und Deprivation rechtlichen Denkens. Hierfür ein Beispiel: Im Unterfangen, die Verhängung der Todesstrafe gegen sog. „gefährliche Gewohnheitsverbrecher" sowohl mit dem Schuld- als auch mit dem Präventionsprinzip begründen zu können, schrieb G. DAHM:

„Soll der Richter bei der Aburteilung eines Angeklagten mit 20 oder 30 Vortaten ernstlich erwägen, ob er dafür kann, was er geworden ist, und die Verhängung der Todesstrafe davon abhängig machen, ob erbliche Belastung oder Persönlichkeitsschuld die eigentliche Verbrechensursache ist? Gerade dann entspricht die Todesstrafe dem Sinn des Gesetzes, wenn der Verbrecher gar nicht anders als kriminell werden konnte. Wie im Falle des Verschuldens die Freiheit, ist gerade hier die Unfreiheit des Verbrechers der Grund der Bestrafung."

(G. DAHM in „Probleme der Strafrechtserneuerung", Berlin 1944)

In der Reaktion auf solche sozialdarwinistische Perversion der Strafrechtsdogmatik erheben sich nach 1945 bis heute mit tiefem Recht immer wieder Stimmen, welche die Würde des Menschen und seine Freiheit auch im Strafrecht unverbrüchlich verankern wollen. Von der Position eines „relativen Indeterminismus" aus wollen Rechtslehrer an der Wurzel einen subhumanen Determinismus abwehren, der kriminelle Gewalt- und Rückfallstäter bei der notwendigen défense sociale gegen sie wie nichtmenschliche „Schädlinge" behandelt und deren soziale Problematik am Leitfaden eines behavioristischen Menschenbildes nach dem „Ratten- und Maschinenmodell" (R. Lange) untersucht. – Fragwürdig bleibt indessen, ob bei dem Versuch einer „normativen Übersetzung" (Th. Lenckner) von psychischen Befunden der Tatzeitpersönlichkeit in (mehr oder weniger eingeschränkte) „Freiheitsgrade" die Restauration eines menschenwürdigen Schuldstrafrechts auf dem richtigen Weg ist.

Außer bei den genannten juristischen Autoren TH. LENCKNER *(a)* und R. LANGE *(b)* verfolgen wir nachstehend die Interpretation und Kriterien strafrechtlicher Schuldfähigkeit unter der relativ-indeterministischen Prämisse bei ihrem markanten Vertreter E. DREHER *(c)* sowie in strafjuristischen Arbeiten aus jüngerer Zeit von A. GRIFFEL *(d)* und B. SCHÜNEMANN *(e)*.

a) Bereits seit Jahrzehnten standen zwei auf den ersten Blick kaum vereinbare gewichtige Aussagen im straftheoretischen Raum: Eine vielbeachtete forensisch-psychiatrische These und eine höchstrichterliche Grundsatzentscheidung für das neue Schuldstrafrecht. U. a. um deren „Versöhnung" bzw. Vereinbarkeit war TH. LENCKNER in einem großangelegten juristischen Beitrag füre das Hdbch. d. forens. Psychiatrie 1972 bemüht.

Es war dies auf der einen Seite die 1948 von dem Heidelberger Psychiater Kurt Schneider erstmals klar formulierte „agnostische" These, daß eine empirisch begründbare (psychowissenschaftliche, kriminologische) Aussage über die Einschränkung oder Nichteinschränkung der „freien Willensbildung", der Unfähigkeit oder Fähigkeit zum rechtstreuen Handeln (d. h. zum Anders-handeln-Können) bei einer begangenen konkreten Straftat nicht möglich ist; „kein Mensch", also auch kein Richter, könne diese Frage beantworten.

Demgegenüber stand auf der anderen Seite der vielzitierte Passus einer Grundsatzentscheidung des Großen BGH-Senats vom März 1952, in dem es hieß, „daß der Mensch auf freie, verantwortliche, sittliche Selbstbestimmung angelegt und deshalb befähigt ist, sich für das Recht und gegen das Unrecht zu entscheiden ... solange die Anlage zur freien sittlichen Selbstbestimmung nicht durch die ... (im Gesetz, Ref.) genannten krankhaften Vorgänge gelähmt oder auf die Dauer zerstört ist ... Wer weiß, daß das, wozu er sich in Freiheit entschließt, Unrecht ist, handelt schuldhaft, wenn er es gleichwohl tut".

Lenckner bekennt sich zunächst ohne Vorbehalt zur Schulddoktrin des BGH. Strafzweck sei zwar ein „durchaus irdisch-rationeller" und das Strafrecht könne „nicht mehr sein ... als ein Instrument im Dienste der Friedensordnung ..., das äußerste, aber unverzichtbare Mittel zum Schutz besonders wichtiger Rechtsgüter gegen besonders verwerfliche Angriffe" (S. 21–22). Die Anwendung des Präventionsmittels „Strafe" sei jedoch durch den Präventionszweck allein nicht zu rechtfertigen, sondern „setzt Schuld und diese die Fähigkeit des Anders-handeln-Könnens voraus" (S. 14). Schuld sei „nicht ohne Freiheit denkbar" (S. 17), womit das Strafrecht vor dem „großen Problem der Möglichkeit freier Selbstbestimmung des Menschen" stehe. Versuche, dieses Problem für das Strafrecht dahingestellt sein zu lassen, seien gescheitert, die Freiheitsfrage könne hier „gerade nicht in der Schwebe gelassen werden, ... obwohl sich der Jurist der Unlösbarkeit des Freiheitsproblems natürlich ebenso bewußt ist, wie der Philosoph, Psychiater und Psychologe". Auch der moderne resozialisierende Straf- und Maßregelvollzug müsse ja davon ausgehen, „daß es möglich sei, durch entsprechende Hilfen die Kräfte der freien und verantwortlichen Selbstbestimmung zu wecken und zu aktivieren" (S. 20). Im normativen – juristischen – Bereich müsse daher trotz der erkenntnismäßigen Aporie eine Wertentscheidung zugunsten der Menschenwürde „Personenautonomie" erfolgen. Das „Wagnis" einer solchen sei normativ „hinreichend legitimiert, wenn sie in der Überzeugung getroffen wird, daß Menschen nur im Bewußtsein von Freiheit und Selbstverantwortung existieren können".

Die Bestimmung über die Schuldfähigkeit ist nach Lenckner „der Ort, an dem sich für das Strafrecht die Frage der Willensfreiheit stellt". Denn es sei „nach wie vor ein jedenfalls relativer Indeterminismus, von dem das Gesetz ausgeht". Allerdings könne eine seinswissenschaftliche Untersuchung der Freiheitsfrage im konkreten Fall „nicht zu einem indeterministischen oder deterministischen, sondern nur zu einer agnostischen Antwort kommen" (S. 95).

Für die Strafrechtspraxis kommt Lenckner schließlich zum sachlich wie in seinen Formulierungen wenig befriedigenden Ergebnis: Bei Anwendung der Bestimmungen über die Schuld(un)fähigkeit sei man gezwungen, „insoweit von einem ‚agnostischen' Standpunkt auszugehen". Damit stimmt also

Lenckner den eingangs zitierten Feststellungen des Psychiaters Kurt Schneider voll und ganz zu! Die psycho(patho)logische Empirie und ihre Agnostik seien indessen für das Recht, seine Normen und Wertentscheidungen nicht maßgebend. Die sog. psychologischen Merkmale der §§ 20, 21 StGB seien nicht deskriptiver Art, die strafrechtliche Schuldfähigkeit überhaupt „ein ausgesprochen normativer Begriff". Die psychischen Befunde der Sachverständigen seien „ins Normative zu übersetzen". Die Frage des § 20 stelle sich dann so: „Kann an den Täter, wenn sein Seelenzustand zur Zeit der Tat mit normalen (ungestörten) seelischen Abläufen verglichen wird, billigerweise noch die Forderung erhoben werden, sich anders zu verhalten ..." (S. 99). — Das bedeute letztendlich nichts anderes, als daß „der Grad der Erheblichkeit der Störung", ihre „Intensitätsstufe" zum Kriterium strafrechtlicher Schuldunfähigkeit gemacht wird. Entsprechendes gelte auch für den vermindert Schuldfähigen; ihm müsse es wegen seines Zustandes „erheblich schwerer als anderen gefallen sein, zur richtigen Einsicht und Steuerung seines Verhaltens zu gelangen" (S. 126). Habe der Richter auf diese Weise die Grenzen der *Zumutung* rechtlichen Verhaltens gefunden, „so ist es das Gesetz selbst, das ihm die weitere Entscheidung abnimmt, ob der Täter zur Zeit der Tat hätte anders handeln können" (S. 100).

Auch 1988 — 16 Jahre später — betont Lenckner nochmals (dezidiert also gegen die Position von R. Luthe, s. u. 3.1.1.1), daß es „letztlich ein rechtlich-normatives Problem ist, wo die Grenzen zwischen dem ‚Normalen' und dem ‚Abnormen' verlaufen"; und zwar deshalb, „weil im Hintergrund immer die Frage steht, welche *Anforderungen** zu normgemäßem Verhalten an den einzelnen legitimerweise gestellt werden dürfen und müssen" (S. 287). Ein wichtiges Indiz *für* die Schuldfähigkeit sei dabei, *„wenn der Täter in einem sinnentsprechenden, für den normalen Menschen nachvollziehbaren Motivationszusammenhang gehandelt hat"*.

Zusammengefaßt läßt sich der Standpunkt von Lenckner so umreißen: Einerseits die Bestätigung des empirischen Agnostizismus in der forensisch für relevant gehaltenen Frage der Willensfreiheit und andererseits die ideologische Solidarisierung mit dem „Wagnis" einer normativen Wertentscheidung des Gesetzgebers für ein Menschenbild der „Personenautonomie".

b) Nicht zufrieden mit solchem Verzicht auf Erkenntnis und dem Rückzug auf Bekenntnis gibt sich RICHARD LANGE. Seit etwa 1970 wendet er sich in zahlreichen Arbeiten und mit eindringlicher Diktion zunächst vehement gegen den s. E. bisher dominierenden kriminologischen Forschungsansatz, kriminelle Verhaltensweisen aus bio-psycho-soziologischen Anlage- und Umweltfaktoren deterministisch und behavioristisch zu erklären. Dabei werde völlig übersehen, daß die moderne, den Menschen auch empirisch

---

* Hervorhebung vom Ref.

aber ganzheitlich betrachtende anthropologische Forschung dahin konvergiert, das zweidimensionale Bezugssystem von Anlage und Umwelt durch die dritte Dimension der Freiheitssphäre des Ichs zu überhöhen. Er beruft sich dabei u. a. auf die Soziologie (A. Gehlen), die Psychologie (V. E. Frankl), die Anthropobiologie (A. Portmann) und in den letzten Jahren besonders nachdrücklich auf die moderne Hirnforschung (Eccles/Popper, Seitelberger, Sperry).

Diese Humanwissenschaftler hätten den Menschen gezeigt als ein Wesen der kulturellen Institutionen, Normen und Selbstzucht; fähig, seine Dispositionen selbst zu disponieren; als seit dem extrauterinen Frühjahr offen für soziale Prägungen, zur Eingliederung von Erfahrungen „und zu freien Entschließungen"; und vor allem für fähig, auf dem neuralen System seines Gehirns zu spielen, wie der Pianist auf dem Klavier. Im Kriminalitätsbereich sieht R. Lange Beweise, zumindest Erweise, Indizien für einen „unwiderleglichen Persönlichkeitsspielraum" in den zunehmenden rationalisierten, geplanten und vorbereiteten Delikten einerseits von Tätertypen, „welche nicht ein hoher Grad von Unfreiheit, sondern ein Mißbrauch größter innerer und äußerer Freiheit kennzeichnet"; und andererseits in der Rätselhaftigkeit (1979), der „kriminologischen Paradoxie" (1983, S. 265) einer unerwartet geringen Kriminalität sozial unterprivilegierter Gruppen, wie der Nachkriegsflüchtlinge, Frauen und anderer Bevölkerungsgruppen. Der Mensch sei das unerkennbare Wesen, und „eben in jener Unerkennbarkeit liegt der Beweis, zum mindesten das stärkste Indiz für einen Freiheitsspielraum" (S. 265).

Wenig überzeugend sind die konkreten Beispiele Langes für Mißbrauch bzw. Wohlgebrauch der als „Freiheitssphäre" und „Freiheitsspielraum" verstandenen strafrechtlichen Schuldfähigkeit.

So stellt Lange bei den bundesdeutschen *Terroristen* der 70er Jahre „zwei psychopathologische Erscheinungen" fest, Verlust der Normorientierung und totalen Realitätsverlust, ein Phänomen, das aller Erklärungsversuche der konventionellen Kriminologie spotte. — Zu fragen bleibt aber: hat nicht gerade seine und meine Generation im Hitlerstaat erlebt, wie ideologische Demagogie als *geistige Determination*, als „Gehirnwäsche" breite Schichten eines alten Kulturvolkes zur normativen Desorientierung, zu Realitäts- und Rechtsblindheit geführt haben? Hätten wir irgendwie fast alle selbst passager davon Betroffene, *seinerzeit* anders fühlen, denken und handeln können?

Die Beurteilung der Schuldfähigkeit eines *Affekttäters* macht der Autor wesentlich davon abhängig, ob lange ertragene Demütigungen und Provokationen einen von sich aus friedfertigen Menschen zermürbt und seine Kraft zur Impulsbeherrschung aufgezehrt haben oder ob er von seiner psychosomatischen Naturanlage her ein aus nichtigem Anlaß zu Gewalttätigkeiten neigender reizbar-explosibler Psychopath ist. Im zweiten Fall entspreche der Exzess „nur" der Persönlichkeit und „störe" ihren Bewußtseinszustand weit weniger. Lange sieht nicht *die empirische Nichtunterscheidbarkeit* dessen, was beim Einzelnen leib-seelisch-geistiges Anlage- und Umwelt-*Schicksal* ist, von dem, was einer (im Rahmen eines unterstellten Freiheitsspielraums) *„aus sich gemacht hat"*.

Das Scheitern von R. Langes langjährigen Bemühungen, die strafrechtliche Schuldfähigkeit als generellen und individuellen Freiheitsspielraum des reifen und gesunden Menschen empirisch-anthropologisch aufzuweisen, wird in fast tragischer Weise in seinen letzten Studien (1985–1988) offenbar. Hier meint er, einmal sich auf *eine „grundstürzende", „säkulare" Erkenntniswende durch die moderne Hirnforschung* stützen zu können, zum anderen auch den „Schlüssel" gefunden zu haben zum Verständnis der erheblichen *Kriminalitätsdifferenz zwischen dem männlichen und weiblichen Menschengeschlecht*.

Daß auch die neuesten Erkenntnisse der hirnphysiologischen und -pathologischen Forschung (entgegen der — keineswegs von den Fachkollegen allgemein anerkannten — Popper/Eccles-Hypothese) weder empirische Argumente für ein indeterministisches noch für ein deterministisches Menschenbild abgeben, habe ich im Teil I dieser Studie über den „Organismischen Aspekt" humanen Daseins (S. 14–16, S. 30–32) eingehend begründet. Der selbstbewußte Geist ist schon insofern nicht freier Herr über sein Gehirn und dessen Leib als *unser Soma als Ganzes* (mit seinem mehr oder weniger geglückten vegetativen Reifungsprozeß und seiner stets gefährdeten biologischen Funktionsgesundheit) die *fundamentale formale Manifestationsbedingung seelischer und geistiger Prozesse* ist. Auch Bewußtseins*inhalte* werden von Leib und Gehirn wesentlich mitbestimmt. *Somatogene* psychische Stimmungen und Verstimmungen, Trieb-, Bedürfnis- und Interessenlagen bestimmen — nicht selten entscheidend — mit über die das Bewußtsein erfüllenden Inhalte, d.h. auch über Handlungsmotive und über normgemäßes oder „abweichendes" Verhalten. — Lange würdigt auch ungenügend, daß sein jüngster medizinischer Gewährsmann, der Nobelpreisträger R. Sperry, dem Popper/Ecclesschen Indeterminismus gerade *nicht* beipflichtet! „Und in diesem Punkt gehen unsere Meinungen völlig auseinander" zitiert ihn Lange selbst (1987, S. 263) und dann noch mit diesen Sätzen: „Vor diesem Hintergrund (der eigenen Gehirntheorie Sperrys) ist die Entscheidungsfindung beim Menschen nicht unbestimmt, sondern selbstbestimmt ... Damit ist jedoch nicht Freiheit von kausaler Determination gemeint. Nach dieser Auffassung kann der Mensch von vielem, was um ihn herum vorgeht, relativ frei sein, *nicht aber von seinem eigenen Selbst*"* (S. 264). — Fazit: Nur die Ablehnung eines *biologischen (neurophysiologischen)* Determinismus ist das Gemeinsame von Popper/Eccles und Sperry, nicht aber eine indeterministische Anthropologie.

Einen Selbstwiderspruch Langes sehe ich schließlich darin, daß er in einer seiner jüngsten Arbeiten (1988) einerseits wiederholt, daß die Kriminalität

---

* Hervorhebung vom Ref.

selbst statistisch „schärfste" Beweise gegen den Determinismus liefere und dafür „in erster Linie" auf den „gewaltigen Unterschied zwischen der Kriminalität des Mannes und der Frau" (übrigens auch der emanzipierten) hinweist. Andererseits bietet Lange sogleich einen „anthropologischen" Schlüssel zur Erklärung dieses Phänomens. Er liege darin, „daß das Recht dem Schutz der Schwachen dient und daß die Frau als die Schwächere mindestens unbewußt für die Wahrung von Recht und Ordnung sein muß, weil sie mit deren Zerstörung oder Schwächung dem Stärkeren, dem Manne, ausgeliefert ist, durch eigenen Rechtsbruch so ihre eigenen Grundlagen und damit sich selbst schädigt" (S. 90). — Dieser Schlüssel — sicher ein richtiger und wichtiger, aber wohl nicht der alleinige zur Erschließung dieses kriminologischen Differenzphänomens — ist, genauer gesehen, aber doch nichts anderes als die instinktive, einem biologisch verankerten Bedürfnis gehorchende *Determination der Frau zum strafrechtlichen Wohlverhalten* zwecks Bewahrung ihres Schutzes in der Friedensordnung des Rechts gegen eine Willkürherrschaft des stärkeren Mannes. Für eine „freie" menschliche Entscheidung zur Wahrung der Rechtsordnung spricht dieses Beispiel gerade nicht!

Zusammengefaßt: R. Lange hat zu Recht für die Strafjustiz einen die transzendentale Bewußtseinskonstitution des Menschen außer acht lassenden einseitigen Anlage-Umwelt-Determinismus abgewiesen und forensisch eine ganzheitliche Anthropologie gefordert, die auch der geistigen Freiheitssphäre des Menschen Rechnung trägt. Scheitern mußten aber seine Versuche, Erkenntnisse und Erkenntnisinterpretationen moderner anthropologischer Seinswissenschaften (wie Human-Biologie und -Hirnforschung; Soziologie, Psychologie und Psychiatrie; Kriminologie und Kriminalstatistik) als *empirische* Indizien mit forensischem Beweiswert für einen „Freiheitsspielraum" des Menschen heranzuziehen und die kasuistisch zu beurteilende individuelle Schuldfähigkeit dementsprechend als *humanwissenschaftlich konkretisierbare* (oder auch nur falsifizierbare) Willensfreiheit zu definieren.

c) Als markanter Vertreter einer indeterministisch fundierten strafrechtlichen Schuldlehre ist EDUARD DREHER, langjähriger Kommentator des bundesdeutschen StGB, 1987 in einer großangelegten Studie hervorgetreten. Auch er argumentiert empirisch-anthropologisch. Seine Argumente liegen aber insofern sozusagen am Gegenpol zu denen von R. Lange, als er sich nicht wie dieser auf seinswissenschaftliche anthropologische Außenerfahrungen stützt, sondern wesentlich auf anthropologische *Innenerfahrungen,* auf die *„erlebte Wirklichkeit"*, auf das von jedermann erlebte und reflektierbare *Freiheitsbewußtsein.*

Wenn wir uns in einer der vielen alltäglichen Alternativisituationen für eine der Möglichkeiten entschieden haben, insbesondere aber während eines schwierigen, länger schwankenden Entscheidungsprozesses „bleibt uns in aller Regel die Überzeugung, daß wir auch anders hätten handeln können" (S. 380). Dem Einwand, dies könnte Selbsttäuschung sein, hält Dreher erkenntniskritisch entgegen: Da die Dinge „an sich" uns nicht zugänglich sind, sondern alle Erkenntnis aus der Wechselwirkung zwischen einem Subjekt und seinem Objekt folgt (welch letzteres in diesem Falle unser eigenes *Freiheitserleben* ist), ist in diesem „geschlossenen System" unsere Willensfreiheit „ein Teil der von uns allen erlebten Wirklichkeit (und) bedarf ... keines Beweises" (S. 383/4). Dieses Bewußtsein der freien Selbstbestimmung („ein dem Menschen auferlegtes Phänomen") verbinde sich mit dem, für seine Entscheidungen auch einstehen, die Verantwortung tragen zu müssen. Sprachbegriffe wie freiwillig und unfreiwillig, Lob und Tadel, Gewissen, Schuld, Sühne und Strafe setzen voraus, „daß der Mensch Herr seines Verhaltens ist". Der im Alltagsleben praktizierte „unreflektierte Indeterminismus" — von Denkern als Determiniertsein zu Indeterminismus (M. E. Mayer) und als Verurteiltsein zur Freiheit (Sartre) hervorgehoben — wurzele darin, daß den Menschen „die Willensfreiheit ... mit ihrem Menschsein mitgegeben" ist (S. 386).

Auf dieser Basis entwickelt Dreher (S. 387) sein Konzept der strafrechtlichen Schuldfähigkeit zunächst konsequent dahin, daß diese nur gegeben ist, wenn und soweit der Mensch fähig ist, sich (*aktiv* also!) durch die rechtlichen Normen motivieren zu lassen und interpretiert in diesem Sinne die normative Motivationsfähigkeit als Willensfreiheit: „In jedem Fall wird an ihrer Fähigkeit, *sich** durch Normen motivieren zu lassen, die Freiheit der Menschen gemessen." Bemerkenswert erscheint mir, daß der Autor schon in den nächsten Sätzen unversehens in eine *passive* Aussageform abgleitet, wenn er schreibt, bei Menschen (wie Geisteskranken, psychisch Hochabnormen oder passager Gestörten), „die durch Normen ... nicht motiviert *werden** können", nimmt man an, daß ihr Verhalten nicht durch einen freien Willen gesteuert wird. Expressis verbis trifft Dreher „diese Unterscheidung zwischen motivier*baren** und nicht motivier*baren** Menschen". — Sollte es mit der zwischenmenschlichen Erkennbarkeit von Willensfreiheit(sgraden) doch nicht so einfach sein? Ist wirklich in der „erlebten Wirklichkeit" so leicht auszumachen, ob *ich mich* — mal von einem starken vitalen Bedürfnis, mal von einer mich stark verpflichtenden Norm — *motivieren lasse* oder ob ich von jenem oder dieser *motiviert werde?* Ob ich meine Motive habe oder die Motive mich haben? Ob ich das entscheidende Motiv wähle oder es mich wählt?

Bei der Motivierung, dieses Buch zu schreiben z. B. wüßte ich diese Frage schwerlich (allenfalls im Sinne einer mir schicksalhaft zugefallenen, mich ergreifenden geistigen Aktivität) zu beantworten.

Der ubiquitären menschlichen Freiheitserfahrung als einer unbestreitbaren „erlebten Wirklichkeit", welche auch die strafrechtliche Schuldfähigkeit und Schuld jedes reifen und geistesgesunden Täters begründet, stellt Dreher auf

* Hervorhebung vom Ref.

den letzten Seiten seines Buches den *Determinismus „als bloßes Denkmodell“* gegenüber. Unter diesem Titel geht Dreher näher ein auf die Aporie eines Widerspruchs der von ihm breit aufgezeigten subjektiven Freiheitserfahrung mit dem asymptotisch sich verdichtenden Unfreiheitsaspekt bei objektivierender seinswissenschaftlicher Untersuchung eines bestimmten, z.B. kriminellen Verhaltens. Wie seine Kritik an Kants Dualismus des unfreien „empirischen“ und freien „intelligiblen“ Charakters (S. 69–75) hält auch die Kritik meines Konzeptes (einer „Komplementarität“ menschlicher Unfreiheit und Freiheit) solche „Denkmodelle“ für einen „eklatanten Widerspruch“, der „auf ‚hölzernes Eisen‘ hinausläuft“, bzw. zum „Aufeinanderprallen zweier geistiger Welten“ führt. Wenn in foro der Richter auf normativer Ebene den normalen Täter als frei und verantwortlich betrachtet, der psychiatrisch-psychologische Sachverständige auf empirischer Ebene aber als determiniert, wäre „das Resultat ... nur Verwirrung“ (S. 389–393). Eine nicht auflösbare Aporie müsse erst dann akzeptiert werden, „wenn sich die bloße Hypothese gedachter Unfreiheit auf der Seinsebene empirisch feststellen ließe. Das aber erscheint ausgeschlossen“ (S. 396).

So gelangt der Autor letztendlich zu uneingeschränkter Bejahung der BGH-Entscheidung von 1952 (s. o. S. 144). „Der Strafrichter und alle sonstigen Organe des Strafverfahrens dürfen den geistesgesunden Täter guten Gewissens als schuldfähig und schuldig behandeln, ja sie dürfen es nicht nur, sie müssen es.“ Die Frage empirischer Nachweisbarkeit eines Anders-handeln-Könnens sei irrelevant, weil das „eine Annahme (ist), die unwiderlegbar darauf beruht, daß der Täter ein Mensch ist“ (S. 397). – *Kritisch ist zu sagen,* daß auch menschliche Unfreiheitserfahrungen „Wirklichkeit“ und nicht „bloßes Denkmodell“ sind. Hätte Dreher auch *diese* – ihm gewiß nicht fremde – Wirklichkeit stets vor Augen gehabt, hätte er sich wohl nicht so leicht getan mit seiner Kant-Kritik und mit seiner Abweisung des von P. Bockelmann als Strafjurist und mir als Psychiater favorisierten anthropologischen Konzeptes einer Komplementarität menschlicher Freiheits- *und* Unfreiheitserfahrungen. Leider kommt er in den „Schlußfolgerungen“ seines beachtlichen Buches nicht zurück auf den letzten Satz seiner Kant-Kritik, in dem er meint, „daß Kants Gedanken von einer Art Doppelnatur des Menschen ... mit einem anderen theoretischen Ansatz ebenso fruchtbar gemacht werden können wie sein Postulat von der Willensfreiheit des in der Gesellschaft lebenden Menschen“ (S. 75). Wir haben uns im Kant-Kapitel (5.3.1) des I. Teils unserer Studie um ein solches Fruchtbarmachen „mit einem anderen theoretischen Ansatz“ bemüht und werden hierauf in Ansehung der strafrechtlichen Schuldfähigkeit in den nachfolgenden Kapiteln 2 bis 5 zurückkommen.

d) Entschiedener noch als Dreher und mit ähnlicher Erkenntnistheorie plädiert A. Griffel (1989) für eine indeterministisch fundierte, von präventiven Begründungs- und Zumessungsgesichtspunkten gereinigte Schuldstrafe.

Seine Argumentationskette ist schlicht und eindeutig: Schuld ist kein spezifisch rechtlicher Begriff. Das Schulderleben (aller „normal entwickelten Menschen") ist ein primäres Unwerterlebnis wegen Verstoßes gegen ein selbst als verbindlich anerkanntes sittliches oder rechtliches Sollen „im Bewußtsein des Anders-handeln-Könnens". Für jede Form von Strafe „ist Schuld unerläßliche Voraussetzung". Strafe unter deterministischer Voraussetzung „muß als Zynismus erscheinen". Verantwortung und Schuld „haben Willensfreiheit zur unabdingbaren Voraussetzung" (S. 193–195). Diese habe ihre Wurzel „in dem unleugbaren ständigen Bewußtsein, nicht unbewußt automatisch vorbestimmt zu handeln, sondern bewußt so oder anders handeln zu können, je nach der bewußten Bewertung der verschiedenen Handlungsmöglichkeiten ... (und) ... für diese bewußte Entscheidung vor uns selbst wie vor ... der Gemeinschaft verantwortlich zu sein". „Es handelt sich hier um den zentralen Punkt für das Selbstverständnis des Menschen" (S. 199/200).

Das forensische Fazit dieser Position von Griffel ist dies: Der vielzitierte Satz Radbruchs, daß nur der ein guter Richter ist, der es mit schlechtem Gewissen ist, sei „eine offenbare Paradoxie", da mit der Anerkennung von Gewissen „im Grunde doch schon Sollen, Freiheit, Verantwortung und Schuld anerkannt (sind)"; die Gewissensleistung des Richters bestehe „in der Verpflichtung, Schuld mit größter Sorgfalt und Genauigkeit zu prüfen" (S. 203). Strafe — nach dem Maß der Schuld — habe Sinn und Berechtigung „unter Umständen auch ohne besondere präventive Behandlung. Sinn und Wirkung der Bestrafung sind wesentlich zu sehen in dem inmitten liegenden Vorwurf gegen den Verurteilten" (S. 205). — *Kritisch ist zu sagen,* daß wie Dreher auch Griffel die Wirklichkeit menschlicher Unfreiheitserfahrungen nicht sieht, zumindest unterbewertet, die sich doch ebenfalls dem differenzierenden und reflektierenden Bewußtsein in der Selbstbeobachtung und in der vergleichenden Beobachtung anderer Menschen (ihrer Persönlichkeitsentwicklung und -struktur und ihres Tuns und Lassens in wechselnden Lebenssituationen) erschließen. Richtig ist natürlich, daß „alle" normal entwickelten Menschen ein mehr oder weniger reflektierendes Ich-Bewußtsein der auch unter äußeren Zwängen eigenen — freien? — Selbstbestimmung und damit der Selbstverantwortung für ihr Handeln und Unterlassen haben (s. Teil I, 5.1). Auch kennen wir alle ein Schulderleben im Rückblick auf ein — schon unmittelbar danach oder nach späterem Gesinnungswandel — bedauertes bis „bereutes" Verhalten. Vor weltlichen Gerichten geht es aber — anders als im Beichtstuhl — nirgends und nie um die öffentliche Reaktion auf persönliche Schuld *als solcher*. „Man (kann) im Grunde nur Taten ‚vergelten', ... nicht jedoch die Schuld" betonte Arth. Kaufmann (1986, S. 228).

Nicht die Unterschiede zwischen *Schuldgraden,* sondern wenn man will, zwischen („privaten" und „öffentlichen") *Schuldarten* sind rechtlich relevant: Z. B. zwischen der eines Richters selbst, etwa durch hartherzige oder vernachlässigende Behandlung von Ehefrau und Kind auf der einen und den Schuldarten eines kleinen Gelegenheitsdiebes und eines vorbestraften Bankräubers auf der anderen Seite. Diese *inhaltlichen* Differenzen sozialer Schuldarten bedeuten Straflosigkeit, geringe oder schwere Rechtsstrafe. Und ebendiese allein forensisch relevanten *Schuldart-Unterschiede* zeigt die Empirie als nicht frei gewählt, sondern *schicksalsbestimmt!* Wir sehen keine „kleinere“ personal-sittliche Schuld bei den „Rechtschaffenen“ und „größere“ bei den „Kriminellen“. Menschliche Schicksalsunterschiede zu sehen und keine menschlichen Schuldmaßunterschiede sehen zu können, aus denen sich die Differenz von mangelnder, geringer und erheblicher Strafwürdigkeit rechtfertigen läßt, bedeutet nicht Determinist zu sein. Es bedeutet Verzicht auf die vergeltende Schuldstrafe im Sinne von Griffel, aber nicht, auf menschliche Tatverantwortung und -sühne zu verzichten und auf kriminelles menschliches Verhalten mit prinzipiell den gleichen — präventiv konditionierenden, disziplinierenden, detendierenden oder eliminierenden — Methoden zu reagieren, wie auf nichtmenschliche „Schädlinge“.

e) Zuletzt soll noch kurz auf den m. E. „nominalistisch“ zu nennenden Indeterminismus eingegangen werden, den B. Schünemann (1984, 1986) bei seinem Versuch vertritt, den strafrechtlichen Schuldbegriff zu differenzieren „in die Schuld i. e. S. (als Anders-handeln-Können im ontologischen Sinne) und in die ‚Verantwortlichkeit‘ als Ausdruck präventiver Notwendigkeit ..., wobei die Angriffe der Agnostiker auf das die Willensfreiheit voraussetzende kasuistische Schuldverständnis mit *sprachphilosophischen Argumenten** zurückgewiesen werden ...“ (1984, S. 67).

Allzu vordergründig erscheint die Behauptung Schünemanns, daß durch die Eigenarten der indogermanischen Sprachen (die Subjekt-Objekt- und Aktiv-Passiv-Strukturen) für den abendländischen Kulturraum jedenfalls die — gerade in diesem Raum seit 400 Jahren umstrittene! — strafrechtliche Relevanz der Frage menschlicher *Willensfreiheit* im positiven Sinne beantwortet sei. Wie die Sprache ausweise, meint Schünemann, sei Willensfreiheit ein Teil „der gesellschaftlichen Rekonstruktion der Wirklichkeit“ (1984, S. 163; 1986, S. 295) und „schon dadurch für das auf der gesellschaftlichen Wirklichkeit aufbauende Strafrecht real“, weswegen „an der Entscheidungsfreiheit eines durchschnittlichen Menschen in einer durchschnittlichen Situation nicht gezweifelt werden“ könne. Das heutige Hauptargument der strafrechtlichen Agnostiker, es gäbe keine wissenschaftliche Methode, die Vermeidemacht eines bestimmten Menschen in bestimmter Situation zu beurteilen (u. a. von Bockelmann, Engisch, Roxin, Krümpelmann, Lackner) hält Schünemann „für unschlüssig, weil die konkrete Fähigkeit, ‚normale‘

* Hervorhebung vom Ref.

Randbedingungen unterstellt, aus der dem Strafrecht vorgegebenen generellen Willensfreiheit eo ipso folgt".

Wir stehen zu dem nominalistisch argumentierenden Plädoyer von B. Schünemann für eine strafrechtliche Rehabilitation der Willensfreiheit wegen ihrer — angeblich — sprachlich tief fundierten Verankerung in der gesellschaftlichen Wirklichkeit, *aus zwei Gründen kritisch:*

Erstens weil hier im theoretischen Ansatz eine (auch sonst in der Diskussion um Schuld und Freiheit nicht seltene) fundamental *bedeutsame Begriffsverwechslung bzw. -kontamination* vorliegt, nämlich die zwischen der *ichbewußten Selbstbestimmung oder Auto-Nomie* als einem anthropologischen Sachverhalt (Erkenntnis) und der *personalen Willens- oder Wahlfreiheit* in der Wert- und Normorientierung und dementsprechender Handlungsfreiheit als einer ideologischen Position (Bekenntnis).

Was anthropologisch über die menschliche Subjektivität oder Personalität, über die transzendentale Auszeichnung unseres Bewußtseins und deren Manifestation nicht nur in religiöser und philosophischer Besinnung, sondern auch im Menschlich-Alltäglichen mit Worten unserer Zeit gesagt werden kann, haben wir im Teil I,3 in ausführlicher Zitierung philosophischer Autoren, paläoanthropologischer Befunde und anthropologisch orientierter Ärzte vergegenwärtigt. B. Schünemann zitiert mit Recht auch die Beiträge moderner Linguistik, welche die Verankerung der condition humaine in den grammatikalischen Sprachstrukturen aufzeigt.

Er meint aber u. E. zu Unrecht, die auch hier aufscheinende „Subjektivität als Intentionalität" (G. Prauss) mit einem strafrechtsbrauchbaren Begriff von Willensfreiheit synonymisieren zu können. Sätze wie: ‚Ich habe geschlagen, ich werde schlagen; ich habe den anderen geschlagen, der andere hat mich geschlagen' bringen zwar ein — nicht gerade freundliches — Miteinanderumgehen von Subjekten zum Ausdruck, besagen aber schon deshalb nichts über deren „Willensfreiheit", weil sie genauso von einem normalen wie von einem geisteskranken Täter gebraucht werden. Und in der forensischen Begegnung eines Rechtsbrechers mit seinem Strafrichter besagt der *formalsprachlich unbehinderte* intersubjektive Dialog zwischen einem tatbezogenen zur Rede stellenden und einem hierauf Rede und Antwort stehenden Menschen noch nichts über seine strafrechtlich schuldfähige Qualifikation als „normaler Normenadressat" (sondern erst dann, wenn er auch sprach*inhaltlich* in *sinnverständlicher* Weise verantwortungsfähig ist).

Zweiter Grund unseres Eingehens auf die Position von B. Schünemann ist, daß aus seinen eigenen weiteren Ausführungen überaus deutlich wird die *praktische Unbrauchbarkeit des Freiheitskriteriums* für die richterlichen Subsumtionsaufgaben bei den Bestimmungen der §§ 20, 21 StGB. Denn an der „prinzipielle(n) Unterscheidbarkeit von freien und unfreien Handlungen" will Schünemann zur Beurteilung der strafrechtlichen Schuldfähigkeit festhalten (1986, S. 296 ff.). Dabei betont er nun, daß es „einen relativ breiten Bereich von Zweifelsfällen gibt"; daß, insbesondere bei den seelischen Abartigkeiten, „ungeheure Subsumtionsschwierigkeiten" bestehen, die sich bei der Frage, ob die Hemmungsfähigkeit ausgeschlossen ist, „noch potenzieren. Denn selbst die kenntnisreichen Ausführungen von R. Lange im Leipziger Kommentar lassen den Leser nahezu ratlos zurück". Es bestünden „enorme" Abgrenzungsschwierigkeiten. „Die angesichts der Kompliziertheit der Materie mit der Auflösung des Gordischen Knotens vergleichbare Aufgabe" steigere sich „geradezu zur Quadratur des Kreises", wenn man die Antinomie des prozessualen In-dubio-pro-reo-Grundsatzes mit dem vom Gesetzgeber gewollten strengen Exkulpationsmaßstab bedenkt. Schünemann spricht weiter von „gewaltigen Schwierigkeiten" und von „der unerhörten Komplexität der Materie" bei Anwendung des § 20 StGB. Es bleibe „dunkel" und werde „weder vom BGH noch vom strafrechtswissenschaftlichen Schrifttum aufgehellt ... woher denn der überforderte Tatrichter die Weisheit für den ihm abverlangten Subsumtionsbeschluß nehmen soll."

Angesichts dieser fast emphatischen Schilderung Schünemanns von den richterlichen Anwendungsschwierigkeiten der geltenden Zurechnungsnorm unter der *indeterministischen Prämisse* wird man doch sehr an Goethes Wort erinnert: „Wer den ersten Knopf verfehlt, kommt mit dem Zuknöpfen nicht zurande."

Sollte die von den zitierten fünf Autoren aus verschiedenen Blickwinkeln für das Strafrecht entschieden verteidigte Prämisse der Willensfreiheit vielleicht doch nicht das richtige fundierende „Knopfloch" sein für eine möglichst gerechte, rechtssichere und kriminalpolitisch-präventiv effiziente Differenzierung strafrechtlicher Schuldfähigkeit?

1.3.2 Strafrechtliche Schuldfähigkeit unter der Prämisse des (hypothetischen) Determinismus

Die im Ausgang des 19. Jahrhunderts für ein „fortschrittliches" Strafrecht weithin allein als „wissenschaftlich" und zeitgemäß geltende deterministische Prämisse wird heute von maßgebenden Strafrechtslehrern nicht mehr vertreten – sie wurde abgelöst von einer jetzt vorherrschend „agnostischen" Einstellung zur Freiheitsfrage, auf die im nächsten Abschnitt einzugehen ist. Bedeutsam bis in unsere Zeit bleibt aber die deterministische Prämisse, weil ihr in fast 200 Jahren von der Aufklärung bis zu den ersten Nachkriegsjahrzehnten bundesdeutscher Strafrechtsreformdiskussion wesentliche Impulse zu einer Rationalisierung, Liberalisierung und Humanisierung unseres Strafrechts zu verdanken sind.

Das beginnt mit dem Aufklärungsjuristen Anselm von Feuerbach, 1775–1833 (a), findet Ausgang des 19. bis zur Mitte unseres Jahrhunderts eine epochale Fortsetzung mit dem großen Strafjuristen Franz von Liszt,

1851–1919 (b) und seinem bedeutenden Schüler GUSTAV RADBRUCH, 1878–1949 (c).

Wenn sich Radbruch auch nicht wie v. Liszt weltanschaulich als Determinist bekannte, so orientierte er sich doch als Strafjurist (und wohl auch als überzeugter und politisch aktiver Sozialdemokrat) am — allein erkennbaren — unfreien „empirischen Charakter" des Kriminaltäters, dessen sittliche Schuld unerkennbar und darum auch unvergeltbar sei; wie seinem großen Lehrer war ihm jedenfalls an einem Schuldvergeltungsstrafrecht nichts, an einem Erziehungs- und Präventionsrecht alles gelegen.

In den ersten Nachkriegsjahrzehnten waren es der viel kritisierte, aber auch unterschätzte hessische Generalstaatsanwalt FRITZ BAUER, 1903–1968 (d) sowie der feinsinnige und als Nestor der Strafrechtslehrer bis in unsere Tage wirkende KARL ENGISCH, 1899–1990 (e), welche strafrechtliche Grundlagen auf dem Boden des — von Engisch ausdrücklich nur „hypothetisch" angenommenen — Determinismus zu entwickeln versuchten. Beide nahmen die humanitäre Tradition der deterministischen Prämisse wieder auf, ihre Arbeiten machten aber auch die Einseitigkeit und anthropologische Unangemessenheit dieses Ansatzes deutlich. Sie fanden keine direkten geistigen Nachfolger und gelten heute (1992) als eher (nachkriegs)historisch bedeutsame Juristenpersönlichkeiten.

a) FEUERBACH, der Begründer eines liberal-rechtsstaatlichen (aber noch nicht sozialen) Strafrechts, greift die kantische Trennung von Legalität und Moralität und die Differenzierung des empirischen und intelligiblen Charakters auf, entfernt sich von Kant aber insoweit, als er Strafgerechtigkeit nicht um ihrer selbst willen postuliert, sondern als Mittel des Staates, um seine Aufgabe als Freiheits- und Rechts-„Schutzanstalt" zu erfüllen. Für den durch und durch liberalen Gesetzesjuristen Feuerbach ist die „bürgerliche Strafe ein vom Staate wegen einer begangenen Rechtsverletzung zugefügtes, durch ein Strafgesetz vorher angedrohtes sinnliches Übel". Dieses wird verhängt, um den Ernst und die abschreckende Wirksamkeit der gesetzlichen Strafdrohung zu sichern. Diese steht im Mittelpunkt der Feuerbachschen Lehre, denn die Strafandrohung soll — generalpräventiv — auf die Bürger einen „psychologischen Zwang" zur Rechtstreue ausüben.

Folgerichtig entwickelt Feuerbach seine *Lehre von der Zurechnungsfähigkeit* aus der Determiniertheit und potentiellen Illegalität des unfreien „empirischen Charakters". Die Strafdrohung soll ja ein determinierender Faktor sein: zurechnungsfähig ist der, auf den die Strafgesetze tatverhindernd zu wirken vermögen. Zurechnungsfähigkeit ist m. a. W. Abschreckbarkeit durch Strafandrohung: „Für den Fall, daß es unmöglich und undenkbar ist, daß es diesen Zweck erreiche, kann also auch das Strafgesetz nicht gegeben sein."

Für die *Strafzumessung* sind in Konsequenz dieser Lehre nicht ein — wie auch immer bestimmtes — Schuldmaß, sondern die aus der Stärke der deliktischen „Triebfedern" sich ergebende Gefährlichkeit maßgebend:

„... je stärker, herrschender und fester die sinnlichen zum Verbrechen hindrängenden Triebfedern sind, desto größer also die Strafbarkeit." Damit aber kommt Feuerbach gegenüber den Grenzfällen psychischer Anomalie, den Geistesschwachen und triebstarken Abartigen in ein Dilemma: diese Täter als nur mit härtesten Strafen, vielleicht aber überhaupt nicht abschreckungsfähig stehen auf des Messers Schneide zwischen Straffreiheit und besonders schwerer Strafe.

Der sich gegen Feuerbach bald regende Widerspruch wandte sich, vom Geist des deutschen Idealismus getragen, mit Pathos dagegen, im Strafrecht *nur* den determinierten „empirischen Charakter" des Menschen zu beachten, sich an den Menschen *nur* als ein abschreckungsfähiges Lebewesen zu wenden.

Das Pendel schlug einseitig in die entgegengesetzte, die indeterministische Richtung aus: die formale Willensfreiheit aller „normalen" Menschen wird allein zur Grundlage strafrechtlicher Schuldzurechnung gemacht, die kantische Differenzierung von Legalität und Moralität wird wieder ebenso verwischt wie die Unterscheidung von Verbrechen und Sünde (in einer Art säkularisierter Theologie oder theologisierter Jurisprudenz). Vergessen blieb wieder über Jahrzehnte hin, was Gustav Radbruch im 100. Todesjahr Feuerbachs (1933, angesichts des aufkommenden nationalsozialistischen Justizterrors) sein dreifaches Verdienst nannte: „... Sittlichkeit und Recht scharf getrennt, die Strafe ausschließlich als Zweckmäßigkeitsmaßregel des Staates gerechtfertigt und sie mit dem Satz nullum crimen, nulla poena sine lege allein auf das Gesetz gegründet zu haben." Und all dies in der Absicht, „das Strafgesetzbuch nicht nur zur Quelle, sondern auch zur Schranke der Strafe zu machen, in ihm nicht nur den Schutz des Bürgers vor Rechtsbrechern, sondern auch des Bürgers vor der Strafgewalt zu verwirklichen; nicht nur den Schutz des Staates vor den Rechtsbrechern, sondern auch den Schutz des Rechtsbrechers vor dem Staat, kurz, den Rechtsstaat im Gebiet des Strafrechts zu verwirklichen".

b) Etwa 50 Jahre nach Feuerbach war es dann Franz von Liszt, durch den im Strafrecht unter der deterministischen Prämisse neben rechtsstaatlicher Liberalität auch sozialstaatliche Kurativität erstmals eine markante Stimme bekam.

Für den sich persönlich als Determinist bekennenden F. v. Liszt sind Strafrechtsschuld und -strafe keine „ethische Brandmarkung" mehr. Es sei nicht Verdienst der unbescholtenen Bürger, daß sie nicht schon längst vor den Strafrichter gekommen seien, es sei nicht Schuld des Täters, daß ihn Veranlagung und Verhältnisse auf die Bahn des Verbrechens getrieben haben. Den Aussätzigen zu verachten, sei ebenso unsittlich wie töricht; als Determinist könne und dürfe man dem Verbrecher gegenüber keine andere Empfindung haben. „Schuld im materiellen Sinne" ist für v. Liszt „der aus der begangenen Tat erkennbare Mangel der für das gesellschaftliche Zusammenleben erforderlichen sozialen Gesinnung." Und in der 24. Auflage seines Lehrbuchs (1922) ist zu lesen: „Schuld im weitesten Sinne ist die Verantwortlichkeit des Täters für die von ihm begangene rechtswidrige Handlung" (womit v. Liszt den heute wieder als ideologisch neutral bevorzugten Begriff „Verantwortlichkeit" statt „Schuld" in den Vordergrund rückte).

Für v. Liszt war die entscheidende Frage, ob das Strafrecht tauglich ist, die Kriminalität zu verringern, einer zielstrebigen Kriminalpolitik zu dienen. Für dieses Ziel sollen alle Funktionen der Strafe tätertypisch differenziert genutzt werden: der *Gelegenheitstäter* soll general- und spezialpräventiv abgeschreckt werden (und evtl. mit einer Bewährungsstrafe davonkommen), der *besserungsfähige Hangtäter* durch Sühnestrafe und Erziehungsvollzug resozialisiert, der *„unverbesserliche Gewohnheitsverbrecher"* durch Sicherungsverwahrung unbestimmter Dauer unschädlich gemacht werden. Da das humane Anliegen v. Liszts aber nicht nur die Optimierung der Verbrechensbekämpfung, sondern auch eine menschlichere Behandlung des Verbrechers war, lehnte er die Todesstrafe ab und äußerte sich über die „unschädlich" zu machenden Täter (in seinem bekannten Vortrag über die Zurechnungsfähigkeit 1896) so: „Das Mitleid werden wir auch dem Unverbesserlichen nicht versagen, den wir ... von dem Angesicht seiner Mitmenschen abschließen. Mag dann noch immer das Zuchthaus von dem Asyl für die ... gemeingefährlichen Kranken äußerlich geschieden werden — derselbe Geist wird dort wie hier lebendig walten: der Geist wohlwollender Milde, fürsorgender Pflege ... Damit tritt auch der Begriff der Strafe zurück hinter der heilenden Besserung und der sichernden Verwahrung."

Zusammengefaßt kann man sagen: Die befreiende Tat v. Liszts war, an die Stelle der polizeistaatlichen Individualprävention des Absolutismus (und fortschrittlich hinausgehend über ein zwar liberales, aber unpersönliches Strafrecht generalpräventiver Tatvergeltung im Sinne Feuerbachs) *ein liberales und soziales Strafrecht* zu konzipieren, welches auch der konkreten Persönlichkeit des Rechtsbrechers Beachtung schenkt (als einem Menschen von bestimmten psychischen Anlagen und sozialen Prägungen und daraus erwachsenden bestimmten kriminellen Verhaltensdispositionen und dementsprechend differenzierter Sanktionsbedürfigkeit).

Die Problematik *strafrechtlicher Zurechnungsfähigkeit* hat v. Liszt in dem erwähnten Vortrag 1896 auf dem III. Internationalen Psychologen-Kongreß beschrieben. Sein (positiver) Begriff von Zurechnungsfähigkeit war die „normale Motivierbarkeit durch (normale, Ref.) Motive" bei Tatbegehung und eine entsprechend normale „Empfänglichkeit für die mit der Strafe bezweckte Motivsetzung". Als Befürworter einer strafrechtlichen Berücksichtigung auch der verminderten Zurechnungsfähigkeit schlägt v. Liszt (1904) vor: erstens den geltenden § 51 StGB durch weitere Absätze zu ergänzen, welche sichernde und bessernde Maßnahmen gegen die zurechnungsunfähigen Straftäter einführen und regeln; zweitens eine ergänzende Bestimmung über obligate Strafmilderung bei erheblich verminderter Zurechnungsfähigkeit zu treffen, sowie sichernde Verwahrungsmaßnahmen ebenfalls bei fortbestehender Gemeingefährlichkeit des vermindert Zurechnungsfähigen einzuführen.

Bemerkenswert ist, daß von Liszt an dem seines Erachtens „verunglückten" gesetzlich positivierten Begriff der Zurechnungsfähigkeit im § 51 StGB als „freier Willensbestimmung" zunächst noch nichts ändern will. Er tolerierte diese Fassung bis zu einer grundlegenden Strafreform, weil es ihm gar nicht darum ging (obwohl persönlich überzeugter Determinist), im sog. „Schulenstreit" über den Indeterminismus zu obsiegen. Er sieht vielmehr schon seinerzeit (1896) das praktisch-strafrechtliche Problem genau so, wie es uns heute schärfer bewußt geworden ist: daß „grundsätzlich, wie im Einzelfalle, die ... Frage nach den Kennzeichen offen bleibt, an welchen Dasein oder Fehlen der freien Willensbestimmung ... erkannt werden soll". Dem Strafrecht werde die feste Grundlage entzogen, wenn „die Entscheidung über Leben und Freiheit, über Ehre und Vermögen des Staatsbürgers hinabgezerrt wird in den uralten, heute noch unausgetragenen Streit der philosophischen Systeme". Für die strafrechtliche Zurechnungsfähigkeit müsse daher eine Fassung gefunden werden, die weder durch den Sieg noch durch die Niederlage der indeterministischen Weltanschauung berührt wird.

c) Gustav Radbruch blieb im wesentlichen auf der Linie des Zweckstrafrechts v. Liszt, hat dieses aber rechtsphilosophisch tiefer verankert und zugleich auf eine höhere Ebene sozialen Strafrechts mit stärkster Betonung des Resozialisierungsgedankens gehoben. Radbruch war einer der glänzendsten Strafjuristen aus der Zeit zwischen den beiden Weltkriegen und sozialdemokratischer Reichsjustizminister von 1921–1923. Sein Strafrechtsreformentwurf aus dem Jahre 1922 wurde — als eine bedeutende persönliche Vorarbeit auch für die Strafrechtsreform — 1952 neu aufgelegt. Radbruchs humanitär-sozialtherapeutischer Impuls war so stark, daß ihm als „fernes Endziel" vorschwebte: „nicht ein besseres Strafrecht, sondern etwas, was besser ist als Strafrecht, nämlich eine rationale Behandlung des Rechtsbrechers i. S. seiner Erziehung und zur Sicherung der Gesellschaft ... Ich meinerseits gestehe, daß mir am Begriff der Strafe gar nichts, aber an einer zweckmäßigen Behandlung des Rechtsbrechers alles gelegen ist" (1932).

Man kann sich keine schärfere Frontstellung denken als zwischen dem (Strafsühne und Tatvergeltung nur als Erziehungs-, Besserungs- und soziales Versöhnungsmittel im Rahmen der kriminalpolitischen Zielsetzung gelten lassenden) *Täterstrafrecht* Radbruchs und dem *Tatstrafrecht der klassischen Schule von* Binding u. a., in dem der Rechtsbrecher der individualitätslose Täter seiner Tat war; wo die Tat mit der „sieghaften Gewalt des Rechts" nur vergolten werden, die Persönlichkeit des Täters aber unberührbar und der Staatsgewalt entzogen bleiben sollte, weil es eine „blasphemische Anmaßung" sei, wenn das Täterstrafrecht „das Innerste der Persönlichkeit dem Zugriff des bürokratischen Apparates öffnet" (Binding). Der Dreiklang des Radbruchschen Werkes: helfende Zuwendung zum Gestrauchelten, das Bewußtsein unserer Erkenntnisgrenzen über die Schuld eines Straftäters und die selbstkritische Bescheidenheit des Richtenden, wird hörbar auch in seinem bekannten Wort, daß nur der ein guter Richter sei, der mit schlechtem Gewissen richtet.

Anthropologisch denkt Radbruch insofern differenzierter als v. Liszt, daß er keinen einseitigen Determinismus vertritt, sondern in der Frage der Willensfreiheit — Kant, Jaspers und auch unserem Konzept nahestehend — sieht, „daß weder der Determinismus noch der Indeterminismus allein das Problem zu lösen vermag" (1914, S. 64). Damit sei aber nicht „der faule Friede des ‚relativen' Indeterminismus oder ‚relativen' Determinismus gemeint", sondern die Einsicht, daß es sich um „methodologisch verschiedene Betrachtungsweisen" handelt (S. 65). Freiheit sei nur „als Erlebnis richtig" und werde unrichtig, „wenn sie sich als Erkenntnis gebärdete" (S. 69). Mache ich andere oder auch mich selbst zum Untersuchungsobjekt, „so bin ich, wie für jeden dritten, so auch für mich selbst, unfrei" (S. 68). — In der Anwendung auf das Recht, welches nur „die Beziehungen des Menschen zu anderen Menschen zum Gegenstand hat, deckt sich diese Freiheitslehre, für die ja der andere immer unfrei ist, mit dem Determinismus". Dieser mache Vergeltung „widersinnig", denn sie und Strafe als sittliches Unwerturteil seien „nur mit dem Indeterminismus verträglich" (S. 71/72). — Wir meinen demgegenüber, daß Radbruchs Ausblendung der humanen Freiheitsdimension aus dem Strafrecht heute nicht mehr haltbar ist, sondern (im Kontext mit Beachtung der „Zeitlichkeit" humanen Daseins) einen neben der empirischen Unfreiheit gleichgewichtigen Platz in einem „anthropologischen" Strafrechtssystem finden muß (worum wir uns im weiteren Gang und Ergebnis dieser Studie bemühen). Vorerst seien noch diese klaren Sätze Radbruchs von der zutiefst humanen Konsequenz der Einsicht in die cognitive Freiheitsverborgenheit hier, fast 80 Jahre nach ihrer Niederschrift, in Erinnerung gebracht:

> „Ist ein jeder also frei nur für sich selbst und ist Freiheit ... die Voraussetzung sittlicher Normen, so wird durch die hier vorgetragene Freiheitslehre nur die sittliche Gesetzgebung und Gerichtsbarkeit *des eigenen Gewissens** gerechtfertigt, wird widersinnig aber jede sittliche Beurteilung anderer ... Zu lieben und zu hassen sind wir zuständig, aber nicht, uns in Lob und Tadel über andere zu erheben. Strenge gegen sich selbst, Duldsamkeit gegen andere ist also die Konsequenz dieser Freiheitslehre" (1914, S. 68).

Zum Problem der *Zurechnungsfähigkeit* ist nicht unwichtig der Hinweis Radbruchs auf den *teleologischen* Charakter des Begriffs Zurechnungsfähigkeit: daß „ihre Abgrenzung im Zweifelsfall aus ihrer Rechtsfolge zu deduzie-

---

* Hervorhebung vom Ref.

ren, daß also der Begriff der Zurechnungsfähigkeit zu ermitteln sei durch *Feststellung des Geisteszustandes des Täters zur Zeit der Tat, bei dem noch zweckvoll gestraft werden kann* ...".

d) Den kriminalpolitischen Spuren Radbruchs – nicht seinem rechtsphilosophischen Tiefgang! – folgte im ersten Nachkriegsjahrzehnt der Bundesrepublik, in der Vorbereitungszeit einer großen Strafrechtsreform, als strafjuristischer Praktiker der seinerzeitige hessische Generalstaatsanwalt Fritz Bauer. Sein 1957 erschienenes Buch „Das Verbrechen und die Gesellschaft" war auch an die Adresse juristischer Laien gerichtet und forderte leidenschaftlich, der Unerkennbarkeit von Freiheit und Schuld durch Verzicht auf alles Schuldstrafen und Vergelten Rechnung zu tragen, sich kriminalrechtlich ganz auf resozialisierende und sichernde Erziehungs-, Behandlungs- und Bewahrungsmaßregeln zu beschränken. Strafrechtliche Basiswissenschaft habe die Kriminologie zu sein, die Erforschung der (ideologischen, sozialen, biologischen, psychologischen, psychopathologischen u.a.) Verbrechensursachen. Hieraus folge die dem Erkenntnisstand entsprechende Kriminalpolitik und gezielte humane Täterbehandlung.

Jedoch: Nur wenn man, wie explizit Fritz Bauer, anthropologisch allein den unfreien „empirischen Charakter" ins Auge faßt, können drei lapidare Sätze in die Feder fließen wie diese: „Kriminalrecht ist Kriminalpolitik, Sozialpolitik, Wirtschaftspolitik und Erziehungspolitik. Es steht der Bekämpfung der Seuchen oder der Regelung des Gas- und Wasserwesens näher als dem, was gemeinhin als Ethik und Moral bezeichnet wird. Strafrechtspflege heißt nicht, das Richtschwert Gottes auf Erden zu führen" (1957, S. 246). – Es ist fast unvermeidlich, daß selbst ein so besonnener Kritiker wie C. Roxin aus dem Mittelsatz eine Rechtsordnung herausliest, welche – auf die Spitze getrieben – „die Delinquenten ... wie im Interesse der öffentlichen Hygiene zu bekämpfende Ratten betrachtete und behandelte ...". Roxin, wie übrigens auch R. Lange, welcher den ominösen Mittelsatz Bauers immer wieder kritisch zitiert, lassen den letzten Satz (daß irdisches Gericht „nicht das Richtschwert Gottes auf Erden zu führen" habe) unbeachtet, der doch erst *den humanen Sinn* des ungeschickten Vergleiches enthüllt: nämlich wie Kant Legalität und Moralität scharf zu trennen, Rechtsgüter gegen kriminelle Verletzungen zu schützen (oder auch mit Kant Verbrechen sozial „gerechterweise" zu vergelten) ohne moralisch, d.h. personalsittlich über den Rechtsverletzer den Stab zu brechen.

e) Karl Engischs kritische Stellungnahme zur „Lehre von der Willensfreiheit in der strafrechtsphilosophischen Doktrin der Gegenwart" (so der Titel seines Buches von 1963, dem 1967 eine Stellungnahme zur Kritik an seiner Kritik folgt) wurde provoziert von BGH-Entscheidungen und dem StGB-Reformentwurf 1960, welche entschieden den sittlichen, d.h. auf einen

* Hervorhebung vom Ref.

Freiheitsmißbrauch des Täters zielenden Vorwurf des rechtlichen Schuld- und Strafurteils betont hatten. Gegen diese Doktrin weist Engisch auf die seit Kant festgestellte und seinswissenschaftlich zur Genüge verifizierte Unmöglichkeit hin, empirisch zwischen einer determinierten und einer freien konkreten Handlung zu unterscheiden, m. a. W. den strafrechtlichen Vorwurf mit der Unterstellung des *faktisch* Andershandelngekonnthabens zu begründen. „In dieser Beziehung müssen wir uns mit Nichtwissen erklären" schreibt Engisch 1963 (S. 26) und nennt sich selbst einen „Agnostiker" (1967, S. 110, Fn. 3). Als Jurist hebt er die Frage der Beweislast hervor: „Ist die Vermutung der Freiheit so stark, daß derjenige beweispflichtig ist, der die Freiheit leugnet ...?" (1963, S. 38). Da nicht nur asozial-egoistische Antriebe, Triebe und Affekte Handlungsdeterminanten sind, sondern auch die „sinngemäße Selbstbestimmung" (H. Welzel) durch ideell und emotionell verankerte moralische Wertvorstellungen und -gefühle „eine Art des Determiniertwerdens" ist (S. 35), spricht *empirisch* alles für die deterministische Hypothese. Das veranlaßt Engisch – hiermit entscheidend über F. Bauer hinausgehend! – „nach einer Versöhnung von Determinismus und Verantwortung Ausschau zu halten" (S. 41), m. a. W. das Schuldprinzip als Straflegitimation und -begrenzung auch unter der deterministischen Prämisse zu bewahren. Seine *Lehre von der Charakterschuld* knüpft „Vorwurf, Einstehenmüssen und Bestrafung an den Charakter, aus dem die verbrecherische Tat geflossen ist" (S. 44).

Engisch beruft sich u. a. auf Schopenhauer, der sagte, daß menschliche Verantwortlichkeit „auf der unerschütterlichen Gewißheit (beruht), daß wir selbst die Täter unserer Taten sind"; er erinnert auch an das scholastische operari sequitur esse – für das esse, für unser Sosein, aber haben wir einzustehen.

Damit akzeptiert und respektiert Engisch die fundamentale Schicksals*un*gerechtigkeit, welche das Dasein aller irdischen Lebewesen, nicht nur der menschlichen, durchwaltet. Und er stellt sich den drei, jetzt unausweichlichen großen Fragen: (1) Ist ein deterministischer Schuldbegriff nicht das Paradox einer unverschuldeten Schuld? (2) Widerspricht dem Determinismus nicht das menschliche Freiheitsbewußtsein? (3) Wie ist Zurechnungsfähigkeit („Schuldfähigkeit") im System eines strafrechtlichen Agnostizismus bzw. hypothetischen Determinismus zu interpretieren? Seine Antworten sind:

Zu 1: Für das Recht sei das Verantwortlichmachen (= strafrechtliche *Schuldzuschreibung*) des in einer Kriminaltat sich manifestierenden Charakters schlicht deswegen sinnvoll, weil und soweit dieser grundsätzlich durch Strafe ansprechbar (normativ motivierbar) ist (S. 59). Denn der – normale – Täter konnte ja insofern anders handeln, als er dies dispositionell, d. h. „seinen allgemeinen Anlagen entsprechend" vermochte (S. 55) und deshalb nach der Tat, gegenwärtig und künftig potentiell (z. B. durch Vorhalt, Tadel und Strafe) zu einem „anderen" (normgemäßen) Handeln motivierbar ist.

Zu 2 zeigt Engisch die Vieldeutigkeit unseres „Freiheitsbewußtseins“ auf, welches zumeist als ein solches der *Handlungs*freiheit erlebt wird, „als Bewußtsein, tun zu können, *was man will*“. Nicht erkennbar sei aber retrospektiv, „ob wir uns wirklich gegen dasjenige Motiv hätten entscheiden können, das für unser Handeln maßgeblich wurde“ (S. 63). Freiheitsbewußtsein sei auch das Erlebnis, „unserer ureigenen Persönlichkeit gemäß gehandelt zu haben“, (was) ... „sich mit dem Gefühl, für das eigene Sosein einstehen, dieses verantworten zu müssen, aufs beste verträgt“ (S. 64).

Zu 3: Strafrechtliche Zurechnungsfähigkeit schließlich versteht Engisch – der heute (1992) rechtswissenschaftlich dominierenden Interpretation vorgreifend – als *normative Motivationsfähigkeit;* einmal in dem Sinne, daß der Täter bei Tatbegehung *dispositionell* normativ motivierbar *war* (s. zu 1), weil „nur unter dieser Voraussetzung die Strafe vom Täter akzeptiert wird“; zum anderen in dem Sinne, daß dieser durch Strafe potentiell *faktisch* normativ motivierbar *ist.* Damit „bedeuten nach unseren Voraussetzungen (Charakter-)Schuldfähigkeit und Straffähigkeit keine Gegensätze“ (S. 58).

1.3.3 Die strafrechtliche Schuldfähigkeit unter der Prämisse des (Freiheits-)Agnostizismus

Karl Engisch, in seinem Selbstverständnis „Agnostiker“, hat nicht eigens zum Ausdruck gebracht, daß diese Haltung einen hypothetischen Indeterminismus ebensowenig ausschließt wie den von ihm behandelten hypothetischen Determinismus, d.h. ideologisch neutral ist. Aber auch im empirischen Bereich (dem allein das Strafrecht und dessen anthropologische Hilfswissenschaften zugewandt sind) treffen wir auf Aspekte des Bestimmten und Bestimmenden *und* des – noch – Unbestimmten, Offenen, zur Disposition Stehenden.

Denn die Voraussetzung des Andershandelnkönnens, ohne welche Schuldzuschreibung, Vorwurf und Strafe sinnlos erscheinen, bleibt bei den exemplarisch genannten Autoren insofern bestehen, als die strafrechtliche Schuld daran anknüpft, daß der schuldfähige Täter „seinen allgemeinen Anlagen entsprechend“ (K. Engisch), d.h. „dispositional“, wie Burkhardt (1983, S. 56) formuliert, anders handeln konnte, daß er m. a. W. „grundsätzlich“ normativ ansprechbar war (C. Roxin 1974, S. 186, 1984, S. 652, 1987, S. 369). Gleichsinnig äußerten sich P. Noll schon 1966 und später H. J. Schreiber 1986.

Die „agnostische Prämisse“, die Erkenntnisunmöglichkeit des *faktisch* Andershandelnkönnens *bei Tatbegehung* (= der konkreten Freiheit bzw. Fähigkeit zur Tatvermeidung = eines Mißbrauchs von Willensfreiheit) ist heute die strafrechtlich vorherrschende Lehre. Das betonen so erfahrene Autoren wie – einverständlich – K. Lackner 1985 und – nicht einverständlich — E. Dreher 1987. Die Feststellung einer „grundsätzlichen" oder „dispositionalen" normativen Motivationsfähigkeit bei Tatbegehung kann dann aber nur bedeuten:

erstens, daß der Täter unter *anderen* als den tatsituativ herrschenden — etwa Bedürfnisse frustrierenden oder aggressive Affekte provozierenden und durch Straferfahrung noch nicht mitbestimmten — motivationalen Lebensumständen (oder ein *anderer* Mensch unter den gleichen Umständen) sich hätte rechtmäßig verhalten können;

und zweitens, daß ein solcher dispositional normativ motivationsfähiger Täter durch Tadel und Strafe für den *begangenen* Rechtsbruch potentiell motivierbar ist zu *künftigem* Wohlverhalten, daß m. a. W. Schuldvorwurf und Strafe bei diesem Täter einen präventiven Sinn haben (für ihn selbst wie für die Rechtsgemeinschaft).

Da sich Theorie und rechtspraktische Handhabung des strafrechtlichen Schuld- und Schuldfähigkeitsbegriffs in den Nachkriegsjahrzehnten bis heute (in fast dem letzten halben Jahrhundert!) zunehmend unter der agnostischen Prämisse entwickelt haben, so daß diese derzeit als „herrschende Lehre" gelten kann, ist es u. E. gerechtfertigt, *dieser jungen strafjuristischen Historie hier ausführlicher nachzugehen.*

Stimmen vor der StGB-Reform 1975:

a) Schon 1951 (gleichlautend 1961) schreibt H. Welzel zwar einerseits: der Schuldvorwurf setzt voraus, daß nicht irgendein Mensch („man") anstelle des Täters, „sondern ganz konkret, daß dieser Mensch in dieser Situation seinen Willensentschluß normgemäß hätte bilden können". Andererseits stimmt er dem Freiheitsagnostizismus des Psychiaters K. Schneider (s. unten S. 205–207) zu und betont, daß die Beurteilung eines Menschen als schuldfähig der empirischen Erkenntnis entzogen ist und ein „rein existentieller, und zwar ein rein ‚kommunikativer' Akt" sei. „Es ist die Anerkennung des anderen als Du, als gleiches, sinnvoller Bestimmung zugängliches und darum gleich verantwortliches Subjekt wie ich selbst bin." Schuldunfähig seien alle, die (wegen Unreife oder geistiger Abnormität) nicht „der gleichen sinnvollen Selbstbestimmung mächtig sind".

b) 1954 bekräftigt auch E. Mezger im großen Leipziger Kommentar zum StGB den Standpunkt K. Schneiders („Und diese Antwort ist richtig"). Anders als Welzel sieht Mezger die juristische Lösung in einem — später auch von anderen Autoren (z. B. H. H. Jescheck) übernommenen und von Arth. Kaufmann so genannten — „analogischen Verfahren". Da es kein empirisches Kriterium der konkreten Freiheit bei einem bestimmten Handeln gibt, müsse im Rechtsbereich gemäß normativen Anforderungen „generalisiert" werden. Zum Schuldspruch genüge, wenn „man" unter den gegebenen Umständen des Täters auch hätte anders handeln können. Das sei bei Geisteskranken zu verneinen und könne nur eingeschränkt bejaht werden bei einem psychisch abnorm konstituierten („psychopathischen") oder abnorm disponierten („neurotischen") Täter.*

c) 1957 hat F. Nowakowski in einer Studie über „Freiheit, Schuld, Vergeltung" den intersubjektiven Freiheitsagnostizismus in seinen strafrechtlichen Konsequenzen gründlich weiter durchdacht. Sein Ergebnis: das Urteil einer rechtlichen oder Kriminalschuld bedeutet nur die Feststellung der „Nichterfüllung eines vom Recht gesetzten Maßes". Das kann aber keine Vergeltungsstrafe (poena vindicativa) rechtfertigen, sondern nur eine appellative, sozial-konstruktive, präventiv im Verhältnis zum Wert des verletzten oder bedrohten Rechtsgutes angemessene (und in diesem Sinne gerechte) Zweckstrafe, d. h. eine für Täter und Gesellschaft heilsame poena medicinalis. — Wenn das Freiheitskriterium zur Unterscheidung von forensisch schuldfähigen und schuldunfähigen Tätern entfällt, gehe es nur um die Angemessenheit und Prognose der Sanktionsart: Strafe ist sinnvoll und potentiell wirksam beim gesunden Täter, eine psychologisch-psychiatrische Behandlung und gefährlichkeitsbezogene Sicherung sinnvoll und präventiv erforderlich beim kranken Täter. — Da jede Art von Sanktion, die wegen einer Kriminalschuld geduldet werden muß, generalpräventiv wirkt, weil spezialpräventiv gesehen die Zweckstrafe „eine Maßnahme eigener Art" ist und weil auch die auferlegte Behandlungs- und Sicherungsmaßregel eine repressive Komponente hat, sei — historisch progressiv — eine gewisse „Einebnung" der Differenz zwischen Strafe und Maßregel festzustellen (die ohnehin in der präventiven Zielsetzung einspurig, nur in den Mitteln zweispurig sind). — Das Vergeltungsdenken sei zeitgeschichtlich „in ständigem Rückzug". Es „überträgt unkritisch das eigene Freiheitserlebnis auf den Mitmenschen, versteht von daher seine Schuld und verlangt dementsprechend Vergeltung". Die Entwicklung, dem Strafen wie in der Pädagogik einen positiven, aufbauenden Sinn zu geben, vollziehe sich „in stiller Selbstverständlichkeit". Die Trennung strafrechtlicher von persönlicher Schuld entziehe pharisäischer Überhebung von Anklägern, Richtern und der Öffentlichkeit den Boden.

d) 1963 distanziert sich ebenfalls P. Bockelmann in einem Vortrag über „Willensfreiheit und strafrechtliche Zurechnungsfähigkeit" von der gängigen Vorstellung, daß strafrechtliche Schuldfähigkeit in der konkreten aktuellen Freiheit zum Vermeidenkönnen einer faktisch begangenen Straftat beruht: „die Freiheitsfrage bleibt vielmehr nach wie vor völlig offen". Kriterium mangelnder Zurechnungsfähigkeit sei, ob ein Mensch zur Mehrheit der Normalen gehört, die, weil sie verstehbar sinngesetzlich handeln, ein rechts-

---

* In der heutigen Diskussion (1990) kaum noch beachtet ist Mezgers wichtiger Hinweis auf die *„Bipolarität" der forensischen Schuldfähigkeit:* sie fehlt bei „inadäquaten Taten", die wegen psychischer Erkrankung zur bisherigen Persönlichkeit fremdartig sind und bei „inadäquaten Personen", die in ihrer Persönlichkeit vom Normalen völlig abweichen.

treues Verhalten erwarten lassen; oder, ob er zur Minderheit von psychisch Gestörten gehört, deren Anomalie, weil sie in unberechenbarer Weise das Verhalten bestimmt, kein normgerechtes Verhalten erwarten läßt. Positiv formuliert: auch nach Bockelmann ist beim zurechnungsfähigen Täter nur von einem *dispositionalen* Andershandelnkönnen zur Tatzeit auszugehen; er wäre m. a. W. potentiell auch zu einem anderen Verhalten motivierbar gewesen und kann daher auch durch Tatschuldzurechnung, Tadel und appellative Strafe — durch spezifisch-humane geistige Einwirkungen im Dialog mit anderen und sich selber — zu einem anderen, künftig normgerechten Verhalten motiviert werden. Ebendeswegen sind auch nach Bockelmann im Normalfall verantwortliche Schuldzuschreibung und Strafe general- und spezialpräventiv sinnvoll.

e) P. Noll (1966/1969) verteidigte in ähnlichem Sinn wie Bockelmann das strafrechtliche Schuldprinzip (als das human adäquate Mittel der Prävention) gegen Strömungen einer rein kriminalpolitisch gelenkten défense sociale, die Rechtsgüterschutz nur durch Konditionierungs- und Sicherungsmaßregeln erreichen will. Fundament und alleinige Legitimation der Rechtsstrafe sei „ihre Notwendigkeit zum Schutze der Rechtsgüter", nicht jedoch die Schuld, weil diese „sich selber vom Schutzzweck der Strafnormen ableitet" (1969, S. 53). — Mit den Formulierungen: „Strafrechtliche Schuld bedeutet nichts anderes als Entscheidung gegen die strafrechtliche Norm trotz normativer Ansprechbarkeit" (1966, S. 232) und „schuldunfähig sind Personen, die generell oder in der gegebenen Situation aus in ihnen selbst liegenden Gründen normativ nicht ansprechbar sind" (S. 225) hat Noll m. W. als erster den Positivbegriff *„normative Ansprechbarkeit bzw. Motivierbarkeit"* zur ideologisch möglichst neutralen Kennzeichnung des schuldfähigen normalen strafrechtlichen Normenadressaten gebildet — ein bis heute vielgebrauchter, aber auch nicht ganz eindeutiger Begriff. So kann seine faktische Unterstellung bei Tatbegehung auch als die faktische Unterstellung des Andershandelnkönnens, m. a. W. der Fähigkeit (Freiheit) zur Tatvermeidung interpretiert werden. (Auf die Vieldeutigkeit dieses Schlüsselbegriffs ist unten — im Abschnitt 1.4 — näher einzugehen.)

f) Aus den 60er Jahren — dem Jahrzehnt heftigen Ringens um die bundesdeutsche Strafrechtsreform zwischen dem noch sehr konservativen Regierungsentwurf 1962 und einem Alternativentwurf der Strafrechtslehrer 1966 — sei schließlich noch J. Baumann kurz erwähnt, der 1969 entschieden für eine *„Sozialisierung, Säkularisierung und Entmythologisierung"* des rechtlichen Schuldbegriffs eintritt. Auch wenn er persönlich „meine, daß der Straftäter sittliche Schuld auf sich lädt", solle „unabhängig von dieser sittlichen Schuld ein sozial-rechtlicher Schuldbegriff gefunden werden ..., der *Schuld als soziale Verantwortlichkeit* umgreift ..." (S. 12/13). —

Als *Resümee der Entwicklung in den ersten eineinhalb Nachkriegsjahrzehnten* kann festgestellt werden, daß Strafrechtswissenschaft und -lehre die während der NS-Jahre unterbrochene, der Aufklärung zu verdankende Säkularisierung (Entideologisierung) und Liberalisierung, Humanisierung und rechtsstaatliche Reaktionsbegrenzung des Strafrechts wiederaufnimmt. Die Strafrechtsdoktrin der BGH-Rechtsprechung (1952) und des Regierungsentwurfs 1962 zur Strafrechtsreform bleiben dagegen einem Denken verhaftet, welches Legalität und Moralität (rechtliche und sittliche Schuld) nicht eindeutig unterscheidet und strafrechtliche Zurechnungsfähigkeit als Willensfreiheit (miß)versteht. – WELZELS Bescheidung, dem zurechnungsfähigen Täter Schuld nur in einem „kommunikativen", d.h. existentiell-brüderlichen Akt zurechnen zu können, die ähnliche erkenntniskritische Zurückhaltung eines Schuldurteils bei MEZGER und BOCKELMANN und der zu Vergeltungsverzicht und präventivem Helfenwollen mit einer poena medicinalis führende konsequente Freiheitsagnostizismus von NOWAKOWSKI, welcher auch die heute markant gewordene „Einebnung" von Strafe (im Behandlungsvollzug) und Maßregel (mit unvermeidbar repressiver Komponente) vorwegnimmt – das sind m.E. wesentliche Marksteine in der jüngeren strafjuristischen Historie unseres Rechtsraumes. – Die Arbeiten von NOLL mit ihrer Bestimmung forensischer Schuldfähigkeit als „normative Ansprechbarkeit" weisen darüber hinaus bereits in die Wegrichtung der 70er und 80er Jahre.

Stimmen z. Zt. und nach der StGB-Reform 1975:

Die Vorbereitungs- und ersten Bewährungsjahre der großen westdeutschen Strafrechtsreform von 1975 sind – soweit ich das als Nichtjurist „von der Seite" sehen kann – hinsichtlich einer zeitgemäßen Bestimmung rechtlicher Schuld und Schuldfähigkeit vor allem mit den Namen C. Roxin, G. Jakobs und Arth. Kaufmann, auch G. Stratenwerth und H.L. Schreiber sowie G. Blau, K. Lackner und J. Krümpelmann verbunden. Wichtige Gedanken finde ich auch in den Arbeiten von P.A. Albrecht und H. Achenbach.

a) In einer für den forensischen Sachverständigen besonders beachtenswerten Weise hat C. ROXIN in seinen zwischen 1973 und 1987 erschienenen Arbeiten unter anderem immer wieder den Begriff (kaum allerdings die psycho[patho]logischen Kriterien) der strafrechtlichen Schuld(un)fähigkeit behandelt. Er geht von der heute allgemein anerkannten Grundlage aus, daß staatliches Strafrecht nicht persönliche Schuld um ihrer selbst willen vergelten will, sondern, auf Präventionsbedürfnisse beschränkt, lediglich die soziale Zweckfunktion des Rechtsgüterschutzes auszuüben hat: punitur quia peccatum est ne peccetur. In dieser rein sozialen Zielsetzung habe das Schuldprinzip nur eine rechtsstaatlich notwendige Strafbegrenzungsfunktion: „... eine durch das Schuldprinzip begrenzte kriminalrechtliche Sanktion (wird) Strafe genannt" (*1973*, S. 321). Damit und weil die Frage des Andershandelnkönnens unentscheidbar ist, entfalle eine vergeltende Schuldbestrafung und verliere der strafrechtliche Schuldbegriff das Moment individualethischen Tadels (so auch J. Krümpelmann 1976). Das Schuldprinzip wirke sich damit nur zugunsten des Betroffenen aus: es verbietet dem Rechtsstaat, den Täter über die Tatschuldstrafe hinaus mit präventiven Sanktionen zu belegen bzw. überhaupt zu kontrollieren.

„Dieses Verständnis von Schuld ist unabhängig davon, ob Schuld und Willensfreiheit empirisch nachweisbar sind. Denn es geht nicht darum, ob der Mensch frei ist, sondern um das nicht auf der Seinsebene liegende Wertpostulat, daß der Mensch *im Recht als frei und verantwortungsfähig behandelt werden soll, soweit er,* was freilich eine empirische Frage und erforderlichenfalls durch Sachverständige zu ermitteln ist, *überhaupt durch Rechtsvorschriften prinzipiell ansprechbar und motivierbar ist;* ist er das nicht, z. B. weil er an einer geistigen Störung leidet, so gilt er als schuldunfähig und kann nicht bestraft werden ..." (C. Roxin, 1979 b, S. 917).

Roxin hat als Merkmal eines schuldfähigen Täters ausdrücklich den Nollschen Terminus der „normativen Ansprechbarkeit oder Motivierbarkeit" aufgenommen. Er definiert dementsprechend die rechtliche Schuldstrafe (*1979 a,* S. 299) genauer als „die präventiv erforderliche Reaktion auf ein Verhalten, das trotz ‚normativer Ansprechbarkeit' gegen die strafrechtliche Norm verstößt". Er will (S. 303) in diesem Sinne entschieden am Schuldbegriff im Strafrecht festhalten (einmal, weil eine vertraute Terminologie nicht ohne Not aufgegeben werden solle; zweitens, weil Schuld als Voraussetzung von Verantwortlichkeit zu verstehen sei und drittens, weil vom Gesetz her (§ 46 StGB) nicht auf die Schuldorientierung verzichtet werden könne). Das Schuldprinzip (NB Schuld als Rechtsanwendungsbegriff, Ref.) „und eine vernünftige Kriminalpolitik konvergieren also in dem Ergebnis, daß es sinnlos ist, jemanden zu bestrafen, der durch Normen nicht motivierbar ist" (S. 297).[A 5]

1987 geht Roxin wiederum von der s. E. heute einhelligen Erkenntnis der empirischen Unbeweisbarkeit aus, daß ein Täter bei Tatbegehung auch anders, und zwar rechtmäßig hätte handeln können (S. 368). Im gleichen Atemzug schließt er sich aber der Auffassung seines Mitarbeiters P. A. Albrecht (1983, S. 19) an, daß „Psychiatrie und Psychologie immer mehr Beurteilungskriterien entwickeln, mit denen die Einschränkungen der Fähigkeit zur Selbststeuerung empirisch nachgezeichnet und in ihrem Schweregrad gewichtet werden können". Erfahrungswissenschaftlich feststellbar ist nach Roxin, „ob der Täter in einer konkreten Situation noch zur Steuerung seines Verhaltens fähig und somit normativ ansprechbar war". Im positiven Fall „nehmen wir an, daß der Täter auch die Fähigkeit hat, sich normgemäß zu verhalten und sich schuldig macht, wenn er keine der ihm prinzipiell zugänglichen Verhaltensalternativen ergreift" (S. 369). — Schuldfähigkeit wird somit als ein „gemischt empirisch-normativer Begriff" definiert: *empirisch*

A 5 s. S. 313.

feststellbar sei die „prinzipielle“ Fähigkeit zur Selbststeuerung, *normativ zugeschrieben* werde die aus diesem Befund abgeleitete Möglichkeit zu rechtmäßigem Verhalten. Zur ‚normativen Setzung‘, daß ein Mensch mit in bestimmter Situation noch intakter psychischer Steuerungsfähigkeit auch frei handeln kann, „fühlen wir uns befugt, weil das unbefangene Selbstverständnis des normalen Menschen auf diesem Freiheitsbewußtsein beruht, und weil eine sinnvolle Ordnung des menschlichen Soziallebens ohne die wechselseitige Zubilligung von Freiheit nicht möglich ist“. Er, Roxin, „neige“ dagegen zur Verneinung der Frage, ob hieraus ein sittlicher Vorwurf gegen den Täter hergeleitet werden sollte (S. 371).

b) 1983 macht P. A. ALBRECHT nähere Ausführungen über die — angebliche — Leistungsfähigkeit der psychologischen und psychiatrischen Disziplinen, mit empirischen Kriterien (der als normative Ansprechbarkeit definierten Schuldfähigkeit) die vor allem im Bereich der Bewußtseinsstörungen und Abartigkeiten liegenden „Unsicherheitszonen des Schuldstrafrechts“ — so sein Thema — zu vermindern. Es erscheint klärend, aus Sicht psycho(patho)-logischer Empirie hierauf näher einzugehen.

Albrechts These ist, daß Psychologie und Psychiatrie „immer mehr“ Beurteilungskriterien entwickeln, mit denen die Einschränkungen „der Fähigkeit zur Selbststeuerung empirisch nachgezeichnet und in ihrem Schweregrad gewichtet werden können“ (S. 193); dies ermögliche einen von Präventionsutilitarismus ebenso wie von Freiheitsmetaphysik abgelösten „pragmatisch-empirischen Schuldbegriff“, der durch fachwissenschaftliche Aussagen für die forensische Praxis transparent gemacht werden könne (S. 215).

Seine Begründungsargumentation krankt einmal von vorneherein an einer methodologisch mangelhaften Begriffsdifferenzierung bzw. unzulässigen Synonymisierung. So wird nicht nur die Fähigkeit zu *„normativer Ansprechbarkeit oder Motivierbarkeit“* gleichgesetzt mit der *„Fähigkeit zur Selbststeuerung“*, sondern auch (S. 194, Fn. 6) mit „dem *faktischen Entscheidungs- und Motivationsspielraum*“ (der allerdings nicht zu verwechseln sei mit dem ungelösten Problem der Willensfreiheit); synonym wird an anderer Stelle (S. 204, Fn. 67 a) auch *„Handlungsfähigkeit“* gebraucht, die wiederum gleichsinnig verwendet wird „mit dem Begriff der ‚*Steuerungsfähigkeit*‘ i. S. der §§ 20/21 StGB“.

Aus dieser begrifflichen Unklarheit folgt ersichtlich, daß Albrecht den erkenntniskritischen (epistemologischen) Agnostizismus forensischer Psychiater gründlich mißversteht (für den der Autor vor allem H. Witter und den Ref. zitiert und der kein anderer ist als der von Roxin und den meisten anderen Strafrechtslehrern heute geteilte). Denn dieser Agnostizismus ist alles andere als „ein Verzicht einer wissenschaftlichen Analyse der psychischen Situation eines Täters“, ist kein „Rückzug“, kein „freiwillig eingeräumter Erkenntnisverzicht“ (S. 204). Er will nur, daß unverwechselt und unverquickt auseinandergehalten werden: anthropologisches *Wissen* und juristisch-normatives *Werten* (H. Witter); daß auseinandergehalten werden: der intersubjektiver Erkenntnis zugängliche (und unfrei erscheinende) „empirische Charakter" und der psychologischer Erkenntnis unzugängliche, subjektiv als frei erlebte und intersubjektiv nur ansprechbare „intelligible Charakter" im Sinne Kants. Und daß dementsprechend auch nicht wieder preisgegeben wird die Differenzierung von sozialer und sittlicher Schuld, von Legalität und Moralität. Psycho(patho)logisch können zwar mit dem psychowissenschaftlichen Fortschritt immer differenziertere *Determinationsstrukturen und -dynamismen* analysiert und als Wertungshilfe dem Richter dargelegt werden, aber auch nur solche und *keine Determinationsgrade* (mit mehr oder weniger großen Freiheits- bzw. Entscheidungs„spielräumen").

Gerade an den — fließend in die Normvarianten von Bewußtseinslage, Intelligenz und seelischer Artung übergehenden — Rechtsbegriffen affektiver „Bewußtseinsstörung", „Schwachsinn" und „seelischer Abartigkeit" läßt sich gut die sachgerechte Kompetenzverteilung zwischen Richter und Sachverständigem und die bedenkliche Kompetenzverquickung aufzeigen, auf welche das methodologisch unklare Konzept von Albrecht hinausläuft, mit dem u. E. die beklagten Unsicherheitszonen des Schuldstrafrechts eher noch vergrößert werden.

Der an anderen Psychiatern und mir hinsichtlich der psychogenen „tiefgreifenden Bewußtseinsstörung" von Albrecht gerügte Standpunkt, „die Affektbeurteilung weitgehend in die Hand des Richters zu verlegen", verträgt sich nämlich durchaus mit der — vom Autor für hierzu inkonsequent gehaltenen — Praxis, „die Affektgenese dennoch von Sachverständigen erläutern zu lassen" (S. 204/205, Fn. 69). Der von Albrecht noch zitierte Psychologe Wegener betont zu Recht die Wichtigkeit, die charakteristische progrediente Genese der Affekttat in den Vordergrund der praktischen Begutachtung zu stellen, um den typisch „fortschreitenden Verlust an Freiheitsgraden der Entscheidung" erfassen zu können. Damit macht Albrecht unversehens selbst deutlich, *daß vertiefte psychologische Empirie retrospektiv* (mit dem Aufweis des individuellen Determinationsgefüges) *immer nur Freiheitsdefizienzen ans Licht bringt,* aber keine Fähigkeit oder Spielräume zur Selbststeuerung.

Das gleiche wie für die „Bewußtseinsstörung" gilt grundsätzlich auch für die beiden anderen quantitativen Anomalien, den „Schwachsinn" und die „Abartigkeit". Zu dem hier noch immer beliebten forensischen Grenzbegriff des *„Krankheitswertes"* ist zu sagen, daß dieser am Referenzsystem grob pathologischer und qualitativ abnormer Psychosen orientierte Begriff forensisch unspezifisch ist, weil beziehungslos zur sozialregulativen (general- und spezialpräventiven) Funktion des Strafrechts.

Forensisch zielführender ist demgegenüber der von medizinisch-psychiatrischen Definitionen abgehobene *„strukturell-soziale" Krankheitsbegriff* von W. Rasch, der einen im Persönlichkeitsgefüge verfestigten Verlust an „sozialer Handlungskompetenz" meint und damit definitorisch gut trifft die zum Bemessen der forensischen Schuldfähigkeit von intellektuell oder seelisch „Abartigen" *geeigneten Kriterien:* Ob und inwieweit z. B. ein schwachsinniger oder emotional bzw. triebhaft abartiger Täter infolge einer festen derartigen Strukturierung unfähig oder nur eingeschränkt fähig ist, überhaupt seinen sozialen Pflichten zu genügen; oder ob er nur unter bestimmten, mit Versagungen oder Versuchungen stark belasteten Lebensumständen ein Delikt beging und Rechtsstrafe als Androhung oder durchgemachte Lebenserfahrung bei einem so gearteten Menschen *präventiv* wirksam sein können.

Das Aufdecken solcher und anderer kriminogener Determinationsstrukturen „abartiger" Täter ist genuines Aufgabenfeld des Sachverständigen. Und diesen Ast, auf dem der forensische Psycho(patho)loge sitzt, sägt nicht, wie Albrecht meint, Bresser damit ab, daß er dem Richter die normative Entscheidung überläßt, bei welchem Grad grober Abweichung vom Durchschnitt die *forensische* Schuldfähigkeit erheblich vermindert oder aufgehoben ist (S. 211, Fn. 106).

Gutachtenaussagen indessen „über den Grad des Ausgeliefertseins an ein Symptom oder ... Dekompensationen in Versuchungs- oder Versagungssituationen", wie sie Venzlaff im Bereich der Abartigkeiten „mit ausreichender Tragfähigkeit" aufgrund klinischer Erfahrung für möglich hält und Albrecht als Jurist begrüßt (S. 213), sind logischerweise wieder Aussagen über *Grade bzw. Verlust von Vermeidungsfähigkeit* des zur Rede stehenden Delikts und haben damit den Bereich möglicher humanwissenschaftlicher Erkenntnis verlassen. Dessen Grenzen zu respektieren, ist keine „psychiatrisch-agnostische Verweigerungshaltung" (S. 213) und steht auch nicht in Widerspruch zu dem von Albrecht S. 217 zitierten und sicher berechtigten Postulat von W. Rasch, daß heute ein „Mehr an Psychologie im Gerichtssaal unvermeidlich" ist.

c) Im humanwissenschaftlichen Erfahrungshorizont, in dem mit anderen anthropologischen Disziplinen (wie Humangenetik, -biologie, -soziologie) der Psycho(patho)loge steht, ist also, wie zu zeigen versucht wurde, die von Roxin und Albrecht gewünschte und zugemutete unmittelbare Hilfe zur Feststellung der forensischen Schuldfähigkeit als *tataktuelle* und faktische „normative Ansprechbarkeit" nicht zu leisten. Der wissenschaftlichen Erkenntnisgrenze besser gerecht wird H. ACHENBACHs „agnostischer Entwurf von individueller Zurechnung, der das unlösbare Freiheitsproblem ungelößt läßt" (1984, S. 150), besser gesagt: im strafrechtlichen Kontext unberührt läßt. Er weist auf die Einschränkungen der Autoren hin: bei der forensischen Schuld gehe es um ein „nicht empirisch ermitteltes, sondern normativ *‚gesetztes'* Andershandelnkönnen" (C. Roxin), um den „Fehlgebrauch eines Könnens, das wir uns wechselseitig praktisch *zuschreiben*" (H. L. Schreiber), es gehe nur um *„soziale"* Schuld (J. Krümpelmann). Damit sei aber „ein ganz entscheidender Schritt von der Tradition des Schuldprinzips weg getan, das nun einmal von seiner indeterministischen Wurzel üblicherweise nicht scharf getrennt wird" (S. 149). Wenn man einen sachlichen Fortschritt will, müsse man daher forensisch „auf das ungenaue und diffuse Wort ‚Schuld' ganz verzichten" (S. 137). Man solle es, was Roxin nur halb getan habe, durch „Verantwortlichkeit" ersetzen.

Primärfunktion staatlichen Strafens ist nach Achenbach die Erhaltung normierter sozialer Werte als Verhaltensorientierung, die sog. positive (nicht nur negativ abschreckende) Generalprävention durch eine — auf die zu verantwortende Tatschwere bezogen — *gerechte* (nur in *diesem* Sinne „vergeltende") Strafe. Unverzichtbare *Sekundärfunktion* des Strafrechts sei die Individualprävention, die Besserung des Täters, „eine wesentliche Zielbestimmung, die den ... Vorgang des Strafens für einen Sozialstaat überhaupt erst verantwortbar erscheinen läßt".

Auf dieser Basis eines „teleologischen Grundprinzips", der Schutzfunktion des Strafrechts, gehe es um die „Suche nach einer gerechten, geläutertes Rechtsempfinden nachhaltig befriedigenden Bestimmung der Grenzen strafrechtlicher Zurechnung" (S. 145). Wo durch die gesetzlichen Entschuldigungsgründe (wie Schuldunfähigkeit, Verbotsirrtum) die individuelle Zurechnung rechtswidrigen Verhaltens ihre Grenzen hat, das will (mit Roxins Wort „ ... es [ist] sinnlos, jemanden zu bestrafen, der durch Normen nicht ansprechbar ist") Achenbach unter *präventiven* Gesichtspunkten bestimmt wissen (S. 146).

d) Es kennzeichnet das bis heute vieldiskutierte Konzept von G. Jakobs (1976/1987), unter der agnostischen Prämisse die soziale Zweckorientierung des Strafrechts auf positive Generalprävention (Erhalt der Normgeltung durch Bestrafung des für einen Normbruch „zuständigen" und *deshalb* rechtlich schuldigen Täters) beschränkt zu haben und dementsprechend die Begriffe Schuld und Schuldfähigkeit zu funktionalisieren.

Als Hauptpfeiler seines Konzepts kann man ansehen die *klare „agnostische Position"* (1983, S. 440) des von Jakobs entwickelten Begriffs strafrechtlicher Schuld. Sie sei zu legitimieren, „ohne daß das Problem Determinismus—Indeterminismus thematisiert werden müßte ... Das Strafrecht kennt die Kategorie nicht, in die das Problem der Willensfreiheit gehört" (1982 a, S. 72, 80). Die strafrechtliche Annahme von Willensfreiheit wäre „nur nötig, wenn mit dem Schuldurteil nicht allein ein sozialer Effekt erreicht werden soll, sondern auch eine Abwertung des Individuums (‚Vorwerfbarkeit')" (1983, S. 397). Der Begriff der Willensfreiheit behalte bei Verwendung zur Legitimation strafrechtlicher Schuldzurechnung „nur noch die Funktion, das Individuum zu denunzieren: Der Willensfreie soll nicht nur soziale Schuld haben, sondern auch individuelle Schuld haben, anders gesprochen, er soll auch sündig sein" (1982 a, S. 81).

Die Rechtsstrafe ist nach Jakobs Mittel zu dem Zweck, die Geltung und sozialpsychologische Effizienz der für den sozialen Friedens-, Ordnungs- und

Güterschutz unverzichtbaren Strafnormen aufrechtzuerhalten, m. a. W. die sog. positive Generalprävention funktionieren zu lassen: Strafe ist *„Demonstration von Normgeltung"*, ihre Aufgabe ist „die Erhaltung der Norm als Orientierungsmuster für den sozialen Kontakt", ihr Inhalt „ein auf Kosten des Normbrechers erfolgender Widerspruch gegen die Desavouierung der Norm", sie erfolgt zur „Einübung in Normanerkennung" (1983, S. 4–9).

Die Schuld nun, die ein solches Strafen legitimiert und zugleich begrenzt, „entsteht" nach Jakobs „per Zuschreibung nach sozialen Notwendigkeiten" (1982 a, S. 72) und besteht in der persönlichen *„Zuständigkeit"* eines Normbrechers für seinen „Mangel an dominanter rechtlicher Motivation" (1983, S. 385); sie hat m. a. W. die Rechtsfunktion „der Kennzeichnung desjenigen Täters, der zu bestrafen ist" (S. 394). Bei der Frage der Schuldhaftigkeit oder Entschuldbarkeit einer Tat gehe es nur darum, *„ob der Täter von der Rechtswidrigkeit seiner Handlung distanziert werden kann"* (S. 395). Bei einer Gewalttat etwa teilweise damit, daß das Opfer wegen seiner Provokation berechtigten Zorns selbst partiell für die Tat zuständig ist; oder damit, daß nach systematischer Erziehung zum Haß ein Teil der Verantwortung dem Verführer angelastet werden kann (S. 396). Diesen generalpräventiven Zweckbezug strafrechtlicher Schuld(zuschreibung) hat Jakobs 1976 zugespitzt in der Definition von Schuld als *„Derivat der Generalprävention"* und etwa sinngleich auch 1983 geschrieben, daß „die schuldadäquate Strafe per Definition die zur Normstabilisierung erforderliche Strafe" ist (S. 400).

Da „wissenschaftlich gewiß nicht bewiesen (ist), daß schuldloses Verhalten determiniert sei, schuldhaftes Verhalten hingegen nicht determiniert" (1983, S. 428), geht es auch bei der Frage der *Schuld(un)fähigkeit* nach Jakobs darum, ob man den Täter wegen eines Befundes im Sinne der psychopathologischen Begriffe von § 20 StGB „von seinem Verhalten distanzieren kann". Sei es, „daß bei der Tat ein ansprechbares, d. h. durch die übertretene Rechtsnorm determinierbares Subjekt überhaupt nicht mehr vorhanden ist" *(Zurechnungsunfähigkeit)*, sei es, daß ein noch ansprechbares Subjekt aus Gründen, für die es nicht zuständig ist, in seiner Motivation zur Normbefolgung so stark belastet war, daß es auf die Genese der Tatmotivation aus ihm fremden Bedingungen verweisen kann und damit die Normbefolgung im Bereich der *Unzumutbarkeit* liegt.

Für die gesamte Schuldfähigkeitsfrage unterstreicht Jakobs nochmals, daß es hier nicht um eine Fähigkeit als psychische Befindlichkeit geht, bei der auch andere Alternativen (als die faktisch kriminell verwirklichte) hätten gewählt werden können, sondern um eine „normativ gesteuerte Zuschreibung" (die positiv ausfällt, wenn der Verweis auf einen „ubiquitären, den Täter nicht von jedermann unterscheidenden Befund" nicht hinreicht, den Konflikt zu erledigen). Es komme also auf die Stärke, Art und diagnostische Klarheit eines Befundes an, den darzulegen allein Sache des Sachverständigen ist (S. 440). — Nicht streng konsequent bzw. etwas unklar zur hier wieder betonten „agnostischen Position“ heißt es einige Sätze weiter, bei der „sogenannten“ verminderten Schuldfähigkeit „ist stets noch ein Subjekt vorhanden, das zur Vermeidung des Delikts fähig ist, d.h. durch die betreffende Norm bei genügendem Nachdruck ansprechbar“.

Die Frage: Worauf lassen sich psychiatrisch-psychologische Sachverständige ein, die mit Strafrechtlern kooperieren? versucht Jakobs unter anderem in einer Studie noch gesteigerter Abstraktion aus 1987 zu beantworten. Ein Spannungsfeld zwischen anthropologischem Sachverstand und Strafrecht ergebe sich zwangsläufig, weil der Sachverständige bei seinen Untersuchungen prinzipiell grenzenlos individualisiert, *Zurechnung aber „immer auch ein Stück Nichteingehen auf den Täter voraus(setzt)“;* denn: „Totale Individualisierung liefe auf die Feststellung hinaus, daß der Täter nun einmal hinreichend zur Tat motiviert war, und bei dieser Feststellung müßte es bleiben, denn alles andere beträfe nicht die Wirklichkeit des Täters“ (S. 276/8). Auf die sich damit stellende Frage, *inwieweit* sich ein Täter entlastend auf seine psychische Konstitution bei Tatbegehung berufen kann, ist Jakobs' Antwort: Schuldunfähigkeit hat etwas mit individueller Sinnlosigkeit zu tun, da ein solcher Täter nicht nur andere schädigt, sondern „nicht einmal eigene Interessen wahrnimmt“. Umgekehrt könne man sagen: *„Schuldfähig ist, wer individuellen Sinn verwirklicht“* und „Individuelle Sinnwahl ohne Normbefolgungsbereitschaft ist Schuld“ (S. 280/281).

Aus humanwissenschaftlicher Sicht erlaube ich mir zum strafrechtlichen Konzept von G. Jakobs einige *kritische Anmerkungen.*

(1) Vor allem gegen die nicht nur an erste Stelle gesetzte, sondern *ausschließlich generalpräventive Strafbegründung* ist mit C. Roxin (1987, S. 365) einzuwenden, daß es damit im Prinzip „zu einer völigen Funktionalisierung der Person des Delinquenten“ kommt, was mit der grundgesetzlich geschützten Menschenwürde schwerlich vereinbar ist. Bestrafung nur zur „Demonstration von Normgeltung“, zur Erhaltung der Norm als soziales Orientierungsmuster, zur „Einübung in Normanerkennung“ bedeutet eine personale Instrumentalisierung, gegen welche Roxin m. E. zu Recht an das Kant-Wort erinnert, daß richterliche Strafe „niemals bloß als Mittel, ein anderes Gute zu befördern ... verhängt werden (kann) ... nie bloß als Mittel zu den Absichten eines anderen gehandhabt ... wowider ihn (den Menschen) seine angeborene Persönlichkeit schützt“.

(2) Daß Jakobs die irgendwie immer mitgegebene, erwünschte, nicht selten erreichte und häufiger noch erreichbare *individualpräventive* Wirkung des Bestrafungsvorgangs so ganz aus dem Blick verliert, in seinem scharfsinnig durchdachten System jedenfalls keinen Platz einräumt, hängt m. E. mit seinem den *Aspekt menschlicher Freiheit* völlig ausblendenden und damit fragmentarischen Menschenbild zusammen. Man stutzt doch bei dem von J. selbst als „radikal“ bezeichneten Satz: „Das Strafrecht kennt die Kategorie nicht in die das Problem der Willensfreiheit gehört.“ Überhaupt nicht? Gilt dieser Satz nicht nur beim bloß rückwärts gerichteten Blick auf die begangene Tat, bei deren Konditional-, Situations- und Motivationsanalyse Freiheit nicht in den Blick kommt, sondern mit zunehmender Untersuchungskomplettierung zunehmende Unfrei-

heit? Soll aber der richterliche Blick auf Tat und Täter nur rückwärts gerichtet sein? Soll er nur den Normbruch und die soziale Erwartungsenttäuschung registrieren, nur durch Analyse der das Tathandeln bedingenden internen und externen Faktoren und „Befunde" die Zurechnungsfähigkeit (qua „Zuständigkeit") des Täters klären bzw. den rechtlichen Zumutbarkeitsgrad (qua partieller Zuständigkeitsentlastung)?

(3) Sympathisch und auch rational zwingend ist der Grundsatz von Jakobs, daß die Zuschreibung von Rechtsschuld und die ihr entsprechende Bestrafung für einen Normbruch ohne die *rechtliche* Unterstellung mißbrauchter Willensfreiheit erfolgt und damit eine sittliche Abwertung des Täters (durch die Annahme auch personaler und nicht nur sozialer Schuld) unterbleibt. Das sich aber allein am generalpräventiv Erforderlichen orientierende *Konzept von Schuldunfähigkeit und verminderter Schuldfähigkeit* (als „Zuständigkeit", von welcher der Täter ganz oder partiell „distanziert werden kann") führt jedoch zu recht vagen und fast beliebig interpretierbaren Kriterien der §§ 20 und 21 StGB, vor allem des letzteren.

Kehren wir die von Jakobs 1987 fast warnend formulierte Frage, worauf sich psychiatrisch-psychologische Sachverständige einlassen, die mit Strafrechtlern kooperieren um zu der Frage: Worauf läßt sich ein mit Psychosachverständigen kooperierender Strafrichter nach der Lehre von Jakobs ein? Man erkennt dann alsbald, daß es nur eine Frage von Ex- und Intensität der Täteruntersuchung, der Interpretation von „Befunden" und der Überzeugungskunst des Gutachters ist, die „Zuständigkeit" für einen tatrelevanten normativen Motivationsmangel vom Täter weg auf ihn determinierende Anlagen + Sozialisierungsbedingungen + Lebens- und Situationsumstände einschließlich biologisch-konstellativer Faktoren zu verlagern. Und so darzustellen, „daß das Mißlingen der Integration von Befolgungsbereitschaft und individueller Sinnwahl nicht an ihm liegt", m. a. W. der Täter von seiner rechtswidrigen Handlung distanziert werden kann. – Nach Jakobs sollen „*ubiquitäre*, den Täter nicht von jedermann unterscheidende Befunde" nicht hinreichen, ihn von seiner Tat zu distanzieren, da es das Recht grundsätzlich als eigene Sache des Adressaten ansieht, für Normbefolgungsbereitschaft zu sorgen. D. h., das Recht versagt dem Täter die Berufung auf seine Persönlichkeit „so wie diese nun einmal konstituiert war". *Wo* aber will der Jurist die vom Psychosachverständigen ja nicht begrenzbare Untersuchungsindividualisierung durch „ein Stück Nichteingehen auf den Täter" abschneiden?

Die Realität ist doch, daß bereits das kriminelle Verhalten als solches kein „ubiquitäres" Verhalten ist; und daß, je schwerer und rücksichtsloser, je „verwerflicher" das Delikt ist, um so weiter sich auch die Täterbefunde (z. B. durch psychopathische Gemütskälte und Triebimpulsivität) bzw. dessen Lebens- oder/und Tatumstände (z. B. durch *un*gewöhnliche neurotisierende Traumen, Sozialisationsbedingungen oder Kränkungen) „von jedermann unterscheiden"; vom Jedermann, der zwar die Fähigkeit hat, Verkehrsdelikte, Steuerhinterziehung, Fundunterschlagung, Schwarzfahrten u. ä. zu begehen, aber kaum die, einen Raubüberfall, Serieneinbrüche oder einen Mord.

Muß man nicht, um hier weiterzukommen, die Frage der Schuldfähigkeit *auch* an der spezialpräventiven Funktion unseres Strafrechts orientieren? *Auch* fragen, welche Sanktionsart *individualpräventiv* angemessener ist (da es ebenso ineffizient wie inhuman ist, jemanden zu bestrafen, der selbst durch die im Strafvorgang ihn unmittelbar spürbar werdende Norm vorhersehbar nicht ansprechbar ist)? Der positiven (wie auch der negativen, abschreckenden) Generalprävention wird ja mit *jeder* Sanktionsart Genüge getan: eine längerfristig oder nichtlimitiert freiheitsentziehende Maßregel, eine kontrollierte Behandlungsauflage oder Lizenzentziehungen (Fahrerlaubnis, Approbation) bestätigen, demonstrieren und erhalten die Norm und schrecken nicht weniger ab (u. U. sogar mehr) als „Strafen". – „Zuständigkeit" als qualitativer und quantitativer Maßstab für Zurechnung und Zumutung im Strafrecht erscheint in humanwissenschaftlicher Sicht jedenfalls wenig geeignet zur folgenschweren Differenzierung von Schuld(un)fähigkeit und damit von Strafwürdigkeit oder/und Behandlungs- und Sicherungsbedürftigkeit eines Kriminaltäters.

e) Mit der Schuldfrage im Strafrecht hat sich auch ARTHUR KAUFMANN in fundierten Arbeiten auseinandergesetzt, vor allem in seiner Monographie „Das Schuldprinzip" (1. Aufl. 1961, 2. Aufl. 1976) und in jüngerer Zeit komprimiert in einem Aufsatz „Unzeitgemäße Betrachtungen zum Schuldgrundsatz im Strafrecht" (1986). Kaufmann hat, wenn ich recht sehe, vor und neben C. Roxin und G. Jakobs die strafrechtliche Grundfrage in besonders eingehender Weise bearbeitet. Zu G. Jakobs vertritt er etwa einen Gegenpol heutiger Schuldlehre im Strafrecht. Und zwar eine Position, welche dem zur Frage der Schuld(un)fähigkeit, oft auch zur Kriminalprognose und zu sozialtherapeutischen Möglichkeiten gehörten Gerichtspsychiater und seinem ärztlichen Denken wegen der von Kaufmann *akzentuierten Individualprävention* sicher näher liegt.

Der menschlich-konkrete Ansatz Kaufmanns wird daran deutlich, daß er zwar mit Jakobs eine Beziehung zwischen Schuld und Prävention bejaht, dies aber nur im Sinne einer *Mit*bestimmung der Schuld vom Strafzweck. Wesentlich ist, daß es bei Kaufmann zu einer Umkehr der Zweckprioritäten kommt: „... ich halte ... nicht die positive Generalprävention für den ersten Zweck der Strafe, sondern die Spezialprävention, also die Resozialisierung bzw. Sozialisierung ... Der Gedanke der Generalprävention, der ja im Kern Vergeltung, Talion bedeutet, hat ... durchaus seine Berechtigung. Nur darf er nicht an der Spitze stehen ... und damit zum ausschlaggebenden Maßprinzip der Strafe gemacht werden. Denn sonst wird ... jedem Mißbrauch, vor allem dem Mißbrauch durch die staatliche Macht, Tür und Tor geöffnet" (1986, S. 229/230). Und schon 1967 schrieb Kaufmann, „... daß es einzig um der Schuld willen gerechtfertigt ist, ... Rechtsgüterschutz durch Strafen zu realisieren, aber auch nur durch solche Strafen, deren Vollzug primär auf die Resozialisierung des Täters gerichtet ist" (S. 558). Vom Schuldprinzip und vom Resozialisierungszweck her gesehen könne „keine Strafe erforderlich sein, die über das hinausgeht, was zur Lösung von der Schuld nötig ist" (1986, S. 229).

So sympathisch es ist, grade auch dem Gerichts*arzt,* daß Kaufmann die „positive" Individualprävention durch resozialisierende Täterbehandlung und durch „Lösung von der Schuld" mittels sozial versöhnender Sühne an die erste Stelle von Strafzwecken setzt (1967, S. 556/557; 1986, S. 229), so problematisch ist seine Lehre, wie denn die Schuld und, als deren Voraussetzung, die Schuldfähigkeit generell zu bestimmen und kasuistisch zu erkennen sind.

Die – nach Kaufmann mit der strafrechtlichen Freiheitsfrage und Schuldfähigkeit identische – Frage der „normalen Motivierbarkeit" lasse sich nämlich „einzig durch ein *analogisches Verfahren*" ermitteln. Das heißt, durch den Vergleich des Täters mit dem Konstrukt eines Durchschnittsmenschen „in der äußeren und inneren Lage des Täters". Da aber auch dieser als Maßstab dienende Typus „mit dem einen Bein in der Welt des Wahrnehmbaren, mit dem anderen in der Welt des Intelligiblen (steht)", lasse sich ein Schuldurteil nie ausschließlich auf Erfahrung gründen, lasse sich Freiheit nicht exakt nachweisen, komme man niemals zu gesicherten, „sondern immer nur zu problematischen Urteilen. Das Schuldprinzip hat *aporetischen Charakter*" (1986, S. 227). – Mit dieser Ungesichertheit und einem Wagnis der Entscheidung müsse man sich in der Menschenwelt begnügen, da unsere Erkenntnis „uns immer nur eine mehr oder weniger große Wahrscheinlichkeit verschaffen kann, nie Gewißheit" (1976, S. 282). – Dabei bleibt aber die Frage im Raum, ob sich der Richter wirklich guten Gewissens mit einem aporetischen (d. h. *ausweglos* widersprüchlichen) Schuldurteil zufrieden geben kann, und – ob er dies überhaupt muß.

Wir sehen nun bei Kaufmann selbst bemerkenswerte Ansätze zu einem Ausweg aus der offensichtlichen Ausweglosigkeit, dem Menschen im Strafrecht auch in seiner Freiheit gerecht zu werden, ohne diese erkennen (oder gar als verminderte Schuldfähigkeit quantifizieren) zu können. So schreibt Kaufmann – ähnlich wie Welzel (s. o. S. 163) –, daß ein Schuldurteil nur zu verantworten sei, „wenn der Richter sich auf die Person des Angeklagten einläßt, mit ihm in eine *personale Kommunikation eintritt*", m. a. W. eine nicht rationalisierbare zwischenmenschliche Begegnung stattfindet. Zum anderen weist er darauf hin, daß zur „Bewährung der Rechtsordnung" (positiv-generalpräventiv) *immer nur Taten vergolten werden können, „nicht jedoch die Schuld"* (so 1986, S. 228). Ferner erinnert er als Mitverfasser des Alternativentwurfs für ein StGB (1966) daran, daß es dort heißt: „Im *Vollzug* ist der Verurteilte auf seine Selbstbestimmung anzusprechen."

Abschließend ein *kritischer Vergleich* zwischen der primär generalpräventiven Lehre *von* G. Jakobs *mit* der primär individualpräventiven von Arth. Kaufmann hinsichtlich ihrer Maßstäbe zur Beurteilung strafrechtlicher Schuldfähigkeit:

M. E. führen sowohl Jakobs' Methode der Analyse von persönlicher „Zuständigkeit" für Verhaltensdeterminanten (mit Ausscheiden von solchen „ubiquitärer" Art) als auch Kaufmanns „analogisierendes" Vergleichsverfahren mit dem „Konstrukt" eines Durchschnittsmenschen zu unbefriedigenden Ergebnissen. Bedenken gegen Jakobs' Lehre habe ich oben schon vorgebracht. Von Kaufmanns Vergleichsfigur eines Durchschnittsmenschen „in der äußeren und inneren Lage des Täters" ist zu sagen, daß sich diese Figur mit zunehmender Analyseakribie der *Gesamtlage* des Täters zunehmend in den Täter selbst verwandelt! Dessen Freiheit bzw. Verhaltensalternativen verschwinden dann aber ebenso progressiv aus dem empirischen Blick wie bei der Methode von Jakobs durch eine Subtilanalyse *aller* Faktoren, für die ein Täter als nicht selbst „zuständig" angesehen werden kann; und die *insgesamt* auch keinen „ubiquitären" Befund ergeben. — Wenn man es aber vermeiden will, infolge eines Allzugenaunehmens beider Methoden wieder vor dem Aspekt eines unfreien „empirischen Charakters" des Täters zu stehen, muß man hier wie dort die Individualisierung (wie?, wo?, wieweit?) einschränken. Denn Zurechnung „setzt immer ein Stück Nichteingehen auf den Täter voraus" (G. Jakobs, s. o. S. 173). Da also bei beiden Methoden im Regelfall die Schuldfähigkeits*zuschreibung* unter *Nicht*beachtung der individuellen *Gesamt*persönlichkeit des Täters erfolgen muß, tritt wieder die Orientierung an Präventionszwecken in den Vordergrund, d. h. nach Jakobs am Gesichtspunkt des positiv-generalpräventiven Zweckes der Normdemonstration und -erhaltung, nach Kaufmann am positiv-individualpräventiven Zweck der „Lösung von Schuld" und Resozialisierung. Anders gesagt: Der Gefahr einer generalpräventiven Instrumentalisierung des Täters und Ausweitung seiner Schuldfähigkeit bei Jakobs (die im III. Reich schon einmal Wirklichkeit war!) steht bei Kaufmann die Gefahr einer individualpräventiven Subjektivierung von Schuld(fähigkeits)zuschreibung und Bestrafung gemäß dem, was der Täter zur Lösung von Schuld „braucht", gegenüber — ein in beiden Fällen nicht recht befriedigendes Ergebnis.

f) G. Stratenwerth (1972–1981) beschränkt und objektiviert die strafrechtliche Schuld als eine „*personale* Entscheidung gegen das Recht" (1977, S. 33) und weist zugleich darauf hin, daß „das Schuldurteil allmählich nicht nur in der Theorie, sondern auch im Bewußtsein einer weiteren Öffentlichkeit die Komponente des moralischen Vorwurfs zu verlieren" scheint (S. 46). Dies damit zusammenhängend, daß die (als intersubjektiv gleiche Wahlfreiheit des Handelns verstandene) „Schuldfähigkeit sich jedem wissenschaftlichen Urteil entzieht" (S. 17). — 1972 schon hatte Stratenwerth lebhaft dafür plädiert, die „reine Tatschuld" zum Maßstab der Strafe zu machen, d. h. auf jede Schuldbewertung der Persönlichkeit (z. B. als Hangtäter) zu verzichten, und zwar „zugunsten der ... Fragestellung, ob und wie man den Täter davor bewahren kann, rückfällig zu werden" (1972, S. 36/37). — Und 1981 schrieb der Autor in seinem Lehrbuch des Strafrechts (S. 18) die bemerkenswerten Sätze: „Je weiter ... die Erforschung der Entstehungszusammenhänge menschlichen Verhaltens, insbesondere des nicht angepaßten, abweichenden Verhaltens, vorangetrieben wird, desto deutlicher zeigt sich, daß der Schuldvorwurf gegenüber einem Großteil der Täter, auch bei schweren Delikten, nicht aufrechterhalten werden könnte, wenn man mit der Individualisierung Ernst machen wollte ... ‚Schuld' im strafrechtlichen Sinne bedeutet daher keineswegs wirkliche Schuld und daher auch keine Legitimation für eine schuldbezogene Strafe."

g) Eingehend hat sich H. L. Schreiber (1977–1986) mit Fragen strafrechtlicher Schuldfähigkeit auseinandergesetzt; zuletzt im Buch von Venzlaff (Hrsg.) „Psychiatrische Begutachtung" umfangreiche „Juristische Grundlagen" beitragend.

1977 legte Schreiber einem nervenärztlichen Gremium dar, was strafrechtliche Schuld heißt und wie der Psychiater bei ihrer Feststellung mitwirken kann. Dabei lehnte er ebenso einen indeterministischen Schuldbegriff (i. S. von Lenckner, s. o. S. 143 f., u. a.) ab wie einen nur präventiv orientierten im Sinne von Roxin und Jakobs (s. o. S. 166 f. und 171 f.). Rechtsschuld will Schreiber „im empirisch-pragmatischen Sinne verstehen als Fehlgebrauch eines Könnens, das wir uns wechselseitig praktisch zuschreiben. Gemeint ist damit nur die Motivierbarkeit durch soziale Normen. Schuld bedeutet das Zurückbleiben hinter dem Maß an Verhalten, das vom durchschnittlichen Staatsbürger erwartet wird" (S. 242). Neben dem Befund der Tatzeitpersönlichkeit soll der Sachverständige den Grad der Abweichung von durchschnittlich Normalen darlegen und sodann *ohne* „normative Abstinenz" in einem Gespräch mit dem Richter die Grenzen rechtlicher Störungs„erheblichkeit" bzw. möglicher Anforderungen an den Täter konkretisieren. Es sei nicht möglich, den Sachverständigen von der Mitbestimmung der Grenzen von §§ 20/21 StGB und von der Mitverantwortung für die Sanktionswahl zu entlasten (S. 246).

1980 (a), S. 133 unterscheidet Schreiber beantwortbare Fragen an den Sachverständigen von Fragen „über die Bedingungen der Möglichkeit ‚der Freiheit'", welche weder Gericht noch Sachverständige beantworten könnten. Er zieht daraus explizit die Konsequenz, daß wegen Unbeantwortbarkeit der Freiheitsfrage „das überlieferte, auf ethische Verfehlung des freien Menschen abstellende Schuldstrafrecht bereits zu Ende (ist)". Jedoch sei „ohne das Prinzip der Verantwortlichkeit im Strafrecht" im pragmatischen Sinne nicht auszukommen (1980 b, S. 290), zumal „die Anknüpfung an Verantwortlichkeit als geeignetes, weil zugleich wirksames und gerechtes Mittel der Prävention" erscheint (S. 288). Hinweggehen könne man wiederum nicht darüber, daß „die sich entwickelnden, vielfältigen Wissenschaften vom Menschen ... immer mehr den Raum für freies Handeln einschränkende Determinanten menschlichen Verhaltens ... zu Tage gefördert" haben (S. 282). – 1981 (S. 51) formuliert Schreiber als Schlußsatz eines statistischen Berichts über die signifikante Zunahme einer Zubilligung verminderter Schuldfähigkeit (vor allem bei Tötungsdelikten!) den bezeichnenden Satz: „Das Schuldprinzip ist aus vielen Gründen heute anscheinend ebenso unverzichtbar wie undurchführbar."

1982 zeigt Schreiber auf, daß im westlichen In- und Ausland wieder stärker auf die Autonomie des Täters abgehoben wird und die Generalprävention vorrangige Bedeutung gewinnt; wohl auch deshalb, weil „sie am ehesten die Position der zweifelhaft gewordenen Vergeltung einnehmen kann" (S. 292). Spezialpräventive Möglichkeiten im Vollzug würden unerprobt verneint. Von sich progressiv dünkenden Kriminologen werde der Behandlungsvollzug als Persönlichkeitsmanipulation und Zwangserziehung, als Verletzung von Autonomie und Menschenwürde denunziert. Derartige Gefahren seien indessen vermeidbar. Die Ablehnung eines Behandlungsvollzugs unter Berufung auf Autonomie würde dagegen zu einer unheiligen Allianz von konservativem Vergeltungsdenken und progressiver „Autonomiewelle" führen, „die vorhandene Ansätze zu mehr Spezialprävention zerstören könnte" (S. 297 f.).

1986, in seiner großen letzten Zusammenfassung, vertritt Schreiber weiter — wie Arth. Kaufmann (s. o. S. 176) und andere — das sog. analogisierende Vergleichsverfahren zur Beurteilung strafrechtlicher Schuld. Sie „wird im Rahmen eines nach präventiven Zwecken ausgerichteten Strafrechts festgestellt" (S. 9) und setzt „unterhalb" der unlösbaren Freiheitsfrage nur „eine normale Bestimmbarkeit ... durch soziale Normen (voraus)" (S. 10). — Agnostizismus sei nur „gegenüber einem auf die Willensfreiheit im indeterministischen Sinne gegründeten Verständnis von Schuld und Schuldfähigkeit berechtigt", nicht aber wenn es um die normative Motivierbarkeit, „um die Frage (geht), ob angesichts des psychischen Zustandes des Täters die Rechtsnorm die Möglichkeit hatte, im Motivationsprozeß wirksam zu werden" (S. 28/29). Die Antwort hänge sowohl von empirischen Gegebenheiten, wie von normativen Anforderungen ab. „Empirie und Normativität sind dabei nicht voneinander zu trennen" (S. 30). Bei der verminderten Schuldfähigkeit gehört „die Quantifizierung psychischer Störungen und ihrer Auswirkungen auf Einsichts- und Steuerungsfähigkeit ... zu den wesentlichsten Aufgaben des psychiatrischen Sachverständigen" (S. 33).

h) Als Richter und Kriminologe hat Günter Blau (1977–1989) in einer älteren Arbeit die Hierarchie der Strafzwecke mit *Vorrang des Resozialisierungsziels* betont (1977, S. 329) und sich gegen eine zu starke Einschränkung der strafrichterlichen Aufgabe auf die Mißbilligungsfunktion gewandt (S. 332). Er weist auf § 46, Abs. 1, Satz 2 StGB hin und hält es für legitim, auch beim vermindert Schuldfähigen mit der Strafzumessung im Rahmenspielraum höher zu gehen, „sofern auf diese Weise die Einweisung in eine Heilanstalt vermeidbar erscheint" (S. 338/9). 1982 legt Blau ein umfassendes Konzept zur strafrechtlichen *Schuld(un)fähigkeit* vor, die „kein philosophischer, anthropologischer oder psychiatrischer Begriff, sondern ein *Rechtsbegriff*" ist (S. 393), mit dem über die Vorwerfbarkeit eines Delikts entschieden wird. Schuldfähigkeit setze Selbstbestimmungsfähigkeit und normale Motivierbarkeit voraus, was Blau (mit Roxin) gleichsetzt einem „Andershandelnkönnen im Sinne einer Bestimmbarkeit durch die Norm". Der schuldfähige Normaltäter sei ein „juristisch-psychologisches Konstrukt, ... eine strafrechtliche Variante des unserem gesamten Rechts- und Verfassungsleben zugrunde liegenden Menschenbildes". Bei ihm setze der Gesetzgeber voraus, daß er sich vom Zwang rechtswidriger Antriebe „in normorientierter Selbstbestimmung befreien kann" (S. 395). Bemerkenswert ist Blaus positive

Bewertung des früher „eher progressiven Einflusses der forensischen Psychiatrie auf die Zurechnungslehre" (die zur Elimination des „meta-juristischen" Bekenntnisses zur Willensfreiheit aus der Urfassung des § 51 und zur Einführung der verminderten Zurechnungsfähigkeit geführt habe). Heute seien die Psychiater ein „eher retardierendes Element" im Sichwehren gegen einen zu weiten juristischen Krankheitsbegriff, gegen eine Entpathologisierung der Zurechnungsnorm (S. 400 f.), die in Extremfällen auch eine Exkulpierung wegen „schwerer seelischer Abartigkeit" erlaubt. Auch 1984 begrüßt Blau *die Erweiterung von Ex- und Dekulpationsmöglichkeiten bei tiefgreifenden Persönlichkeitsstörungen als Kennzeichen eines „im 19. Jahrhundert ... bis auf den heutigen Tag ständig verfeinerten Schuldstrafrechts"* (S. 1/2). 1986 (b) äußert sich Blau zu dem — an sich wichtigen — Bemühen psycho(patho)logischer Empiriker, Schweregrade psychischer Anomalien methodisch zuverlässiger zu *quantifizieren*. Er gibt zu bedenken, daß solche Graduierungen nicht ohne weiteres *strafrechtsfunktionalen* Schwerekategorien (z. B. in §§ 20/21) entsprechen, bei denen auch die speziellen kasuistischen Umstände (wie Deliktsart, Gesamtpersönlichkeit und soziale Belastungssituation des Täters) zu berücksichtigen sind. — Auch 1989 behandelt Blau methodologische Probleme der Schuldfähigkeitsbestimmungen, (a) generell und (b) speziell „die Affekttat zwischen Empirie und normativer Bewertung". Er warnt — in (a) — zu Recht die juristische Seite vor Übernahme eines s. E. „mittels des internationalen Diagnoseschlüssels der WHO in den letzten Jahren weltweit expandierenden Krankheitsbegriffs", mit dem „Persönlichkeitsstörungen aller Art pathologisiert werden ..., auch solche, die bisher als Soziopathie oder Psychopathie zur ‚Normalkost' der Strafrichter gehörten ...". Er fordert die Wiederbelebung eines nunmehr *enger* zu ziehenden eigenen juristischen Krankheitsbegriffs (S. 72/73). Strafrechtlich entscheidungsleitend sei die Frage, ob der Täter „mit seinem konkreten biographischen und situativen Hintergrund sozialen Verhaltenserwartungen ... nicht entsprechen konnte" oder ob ihm dies „trotz seiner Steuerungsschwierigkeiten" *zuzumuten* war. Nicht strittig sollte aber sein, „daß hierüber nur *bei voller Kenntnis aller eruierbaren empirischen Daten* ‚gerecht' entschieden werden kann" (S. 77). — Entsprechendes gilt nach Blau für den Affekttäter (1989, b), bei dem die Frage des Andershandelnkönnens (Willensfreiheit) auf sich beruhen könne. Es komme vielmehr nur darauf an, ob von einem „bewußtseinsgestörten" Täter rückblickend „verlangt werden kann und muß", daß er sich normgemäß verhielte. Kriterien solcher „Verhaltenserwartung" seien nicht nur Art und Stärke des Affekts, sondern auch generalpräventive Erfordernisse, Täter- und Opfer-Vorverschulden, Art und Ausmaß des konkreten Delikts. Die höhere Hemmschwelle bei Verletzung des Tötungstabus sei ebenso in Rechnung zu stellen wie die erhöhte Schutzbedürfigkeit menschlichen Leibes und Lebens (S. 118/119). Problematisch erscheint dem Ref. die strafrechtliche Relevanz eines für den Autor festen

Grundkonsenses, „daß hochgradige Affekte nicht weniger stark verhaltensdeterminierend wirken können wie Psychosen oder ‚schwere andere seelische Abartigkeiten'" (S. 124).

i) 1985 gibt Karl Lackner einen ausgezeichneten und m. W. nach wie vor gültigen Überblick zum Problemkreis der strafrechtlichen Schuld(un)fähigkeit. Sein Spannungsfeld wird eingangs deutlich durch den Hinweis, daß *einerseits* „in der strafgerichtlichen Rechtsprechung ... das Verständnis der Schuld als ein den Täter treffender höchstpersönlicher sittlicher Tadel bis heute unerschüttert geblieben (ist)" und es *andererseits* „nach dem gegenwärtigen Wissensstand keine Methode gibt und wahrscheinlich niemals geben wird, die eine wissenschaftlich nachprüfbare Aussage über die Fähigkeit eines bestimmten Menschen erlaubt, eine bestimmte Handlung in einer bestimmten Situation zu vermeiden"; das werde heute nicht mehr ernstlich in Frage gestellt (S. 248/249).

Nach Zusammenstellung der fünf wichtigsten in unserem Rechtsraum zur Diskussion stehenden Abwandlungen des Schuldbegriffs (Vergleich mit fiktiver Maßstabsfigur, Beschränkung auf „soziale" Schuld, Charakterschuldlehre, Orientierung an „normativer Motivierbarkeit", generalpräventive Schuldherleitung) sind die weiteren Ausführungen Lackners um zwei Brennpunkte zentriert: die Position, daß *Strafrecht „heute nach ganz herrschender Meinung ... im Kern ein Schutzrecht (ist), ...* also vom Staat nur als Mittel zur Gewährleistung friedlichen Zusammenlebens eingesetzt werden (darf)"; und das Postulat, *das Schuldprinzip* in die „instrumentale Zweckhaftigkeit des Rechtsgüterschutzes" so *sinnvoll zu integrieren,* daß es die ihm zugedachte Funktion möglichst erfüllt, die Prävention aber möglichst nicht behindert (S. 255). –

Die (für die Funktion des Schuld*prinzips* fundamentale!) Beurteilung der Schuld*fähigkeit* am psychiatrischen Krankheitsbegriff und seinem Derivat „Krankheitswert" zu orientieren, sei heute „nicht mehr akzeptabel", weil dieser Maßstab „sachfremd" (S. 263). Bei der Suche nach einem andersartigen Maßstab sei angesichts der weitgehenden psychowissenschaftlichen Differenzierung von determinativen Strukturen und Dynamismen, „die Lage hier höchst komplex". Da kriminalpolitisch unvertretbar, in dieser Unsicherheitszone den Grundsatz in dubio pro reo anzuwenden, müsse Schuldunfähigkeit der Ausnahmefall und beschränkt bleiben auf *typisierte* Fälle von derartiger „Beeinträchtigung der Kontrollfunktion des Bewußtseins über die Handlungsantriebe", daß der Betroffene „nach wissenschaftlicher Erfahrung keine Chance hatte, die ihm zugeschriebene Handlung zu vermeiden" (S. 265).

k) Justus Krümpelmann (1974–1987) hat erkenntniskritisch besonders klar und konsequent theoretische und praktische Probleme der strafrechtlichen Schuld(fähigkeit) behandelt, wobei er zu einer ärztlichen Intentionen nahestehenden Position gelangt.

1974 sieht er bei Erörterung der Affekttat dem (angesichts der Tatfolgen und dringenden präventiven Notwendigkeiten) höchstproblematischen Sachverhalt ins Auge: daß nämlich im häufigsten Fall von explosiv-aggressiver Entladung nach einer länger vorausgehenden, zermürbend die Beherrschungskräfte aufzehrenden Konfliktbelastung „das voluntative Schuldmoment ... bei der Affekttat zweifelhaft (wird)"; gerade der Verlust normativer Motivationsfähigkeit (Schuldfähigkeit) werde oft zur Vorbedingung für die Auslösung der Affekttat. Bei solchen Abläufen sei es nicht sinnvoll, danach zu fragen, ob die Tat in höchsten oder minder hohen Graden des Affekts begangen ist. Nur das (Vor-)Verschulden an der zugespitzten Affektlage, ihre Vermeidbarkeit (was aber nach der Regel der tatzeitbezogenen §§ 20/21 StGB nicht beachtbar ist) könne die strafrechtliche Haftung begründen (S. 338–341).

1976 nimmt Krümpelmann die Reform der Zurechnungsnorm zum Anlaß einer weiter- und tiefergehenden Analyse. Er kritisiert, daß es der Neuregelung nicht gelungen ist, Konflikte zwischen Schuldprinzip und Notwendigkeiten der Kriminalpolitik zu lösen. Wenn — angesichts der Weite der diagnostischen Begriffe „Bewußtseinsstörung" und „Abartigkeit" — die sog. „psychologische" Formel (Einsichts- und Motivationsfähigkeit) zum „Generalnenner der Schuld" wird, gehe es nur um die Frage, „ob die Rechtsnorm überhaupt die Möglichkeit hat, im Motivationsprozeß des Täters als faktische Kraft wirksam zu werden". Die agnostische Aussageverweigerung von Sachverständigen bei dieser Frage verdanke ihre Berechtigung „dem individuellen Schuldmaßstab ..., auf den man den Sachverständigen einzugehen zwingt". Empirisch ermitteln lasse sich aber nur, „ob generell Personen in vergleichbarer Situation" die Möglichkeit haben, sich nach der Norm zu richten (S. 12). Der medizinisch-psychiatrische Krankheitsbegriff habe eine „beherrschende Stellung im System des § 20 StGB", weil er weitgehend von der psychologischen Formel entlastet (S. 17). Auf sie verlagere sich demgegenüber das Gewicht der Beurteilung ganz bei der „seelischen Abartigkeit" (S. 19). Nur der triebdynamisch-prozeßhaft verstandene Suchtbegriff sei ein Modell, das der biologischen Formel ihr Gewicht zurückgibt (S. 21). Dem Begriff des „Krankheitswertes" erteilt der Autor eine entschiedene Absage mit dem schlichten aber treffenden Argument, daß „Krankheit" selbst ja vom leichten bis zum schwersten Fall hin graduierbar ist (S. 29).

Krümpelmann kritisiert abschließend die Lösung des Gesetzgebers, (zugunsten des Schuldprinzips) in der diagnostischen „Horizontalen" für alle Anomalien grenzenlos offen zu sein und (zugunsten des generalpräventiv Notwendigen) nur in der „Vertikalen" des Schweregrades die Exkulpationsbegrenzung zu suchen. Der Begriff der seelischen Abartigkeit sei besser aus § 20 wieder zu entfernen, weil er den Ausschluß „von Störungen in der Entwicklung zur Sozialperson" aus den Entschuldigungssachverhalten durchbricht. Deutlich psychopathologische Bilder auch ohne organische

Veränderungen (wie Süchtigkeit oder spezielle Triebstörungen) wären bei der krankhaften seelischen Störung einzuordnen, nicht aber z. B. haltlose Rückfallskriminelle oder explosible Psychopathen.

Die entscheidend neue und vom ärztlich-psychiatrischen Standpunkt nur zu unterstützende Position Krümpelmanns ist sodann — S. 32/33 — diese: „Der Rigorismus dieser Beschränkung verlangt seinen Ausgleich ... Die Schuld im Sinne des generellen Schuldbegriffs verliert das Moment individualethischen Tadels. Der Vorwurf bedeutet ... nicht ... das Urteil, daß er (der Täter) selbst besser hätte handeln können. Seine Bestrafung wird Mittel zum Zweck, Verantwortungsappelle an die Allgemeinheit zu entsenden. Sie gewinnt damit geradezu Aufopferungscharakter ... und muß an der Individualperson ausgeglichen werden ... *Ein sozialer Schuldbegriff fordert ... den Ausgleich durch den Resozialisierungsgedanken* ... Das individuelle Schuldprinzip entfaltet gerade im Verzicht auf seine unmittelbare Verwirklichung normative Funktion, indem es die Resozialisierung zur verpflichtenden Zielsetzung erhebt. *Resozialisierung ist demnach ... auch ein strafrechtsdogmatischer Begriff**. Hier liegt auch der entscheidende Grund, das Schuldstrafrecht nicht in ein Maßregelstrafrecht konvergieren zu lassen" (S. 32/33).

1983 vertieft und festigt Krümpelmann diese anthropologische Dimension des Strafrechts, „das mehr als andere Rechtszweige die Fragwürdigkeit der Beurteilung des Menschen durch den Menschen zeigt" (S. 341). Wegen Unbeantwortbarkeit der Individualschuldfrage, der Freiheitsaporie, bedürfe gerade die generalpräventive Funktion der Strafe einer Rechtfertigung. Und zwar dadurch, daß „wir den Verurteilten als Zweck des Strafens mindestens tendenziell zurückgewinnen, indem wir die Strafe normativ vom Gedanken der Übelszufügung befreien und sie in der Gestaltung unter den Rehabilitationsgedanken stellen". Die Resozialisierung sei als „Leitbild der Sanktionen" und „dogmatisch notwendiges Korrelat" festgelegt, wenn wir uns überhaupt zum Schuldstrafrecht bekennen. In diesem Sinne sei der Verzicht auf die Sozialtherapeutische Anstalt (annullierter § 65 des Reformgesetzes) eine „schwere Niederlage" und eine „schuldtheoretische Regression" (S. 342). — Bei der Schuldunfähigkeit gehe es um die Ausarbeitung von *typischen* Situationen, in denen die normative Motivationsfähigkeit verloren ist. *Die Frage nach dem individuellen Können bleibe ausgeklammert,* denn „eine Konditionierung zum Motivationszusammenbruch (ließe sich) bei entsprechender Explorationsmöglichkeit vermutlich nahezu ubiquitär ‚erklären' ... Straftäter sind bereits eine motivational extrem selektionierte Auswahlgruppe, ... bei welcher der Motivationsspielraum von vorneherein beschränkt und unsicher ist" (S. 347/8). Wo nicht ein *Ausnahme*typus mit *generell* normativer Motivationsunfähigkeit gegeben ist, „setzt sich der

* Hervorhebungen vom Ref.

Verantwortungsappell der Norm durch, und zwar über den Kopf des einzelnen hinweg. Das ist die harte, aber unvermeidliche Konsequenz des sozialen Schuldbegriffs" (S. 348). Für Grenzfälle der Schuldunfähigkeit weist Krümpelmann abschließend hin auf die „Funktionsveränderung des § 21 StGB als Schlüsselvorschrift für die therapierenden Sanktionen", was aber nicht im strengen Sinne zur Schuldfähigkeit gehöre (S. 358/359).

Stimmen aus jüngerer Zeit:

Hören wir schließlich — in alphabetischer Reihenfolge — noch einige jüngere Stimmen, um die Perspektive auf die Hauptrichtung zu ergänzen, in welche die (west)deutsche Strafrechtswissenschaft im ausklingenden 20. Jahrhundert geht.

a) In den Jahren 1981—1987 hat sich u. a. BJÖRN BURKHARDT (in Anlehnung an englische Autoren die kriminalpsychologische Empirie einschließlich des common sense reflektierend) mit dem Schuldprinzip und den Voraussetzungen von Schuldfähigkeit befaßt. Er knüpft an das *Andershandelnkönnen* an, welches — in einem bestimmten Sinn — im allgemeinen Rechtsbewußtsein Schuldvoraussetzung ist und „eine der wichtigsten Implikationen des Schuldprinzips", wenn man es versteht als Kurzfassung der Aussage: der Täter hätte anders handeln können, *wenn er gewollt hätte* (1983, S. 53, 55). Menschliches Können ist zwar immer ein individuell und konstellativ-situativ begrenztes: durch die der handelnden konkreten Person zur Verfügung stehenden geistigen und körperlichen Kräfte sowie durch die äußeren Bedingungen der konkreten Situation. „Demgegenüber gehören *motivationale Faktoren* (wie etwa Bedürfnisse, Einstellungen, Interessen, Werthaltungen) grundsätzlich nicht zu den Bedingungen des Könnens" (S. 57) ist dann der Schlüsselsatz des Autors. Er definiert damit das rechtlich relevante Andershandelnkönnen als ein *dispositionales*, d. h. als Können in einem *Spielraum* von motivations-, willens- und einflußabhängigen Verhaltensmöglichkeiten. In diesem *Rahmen* besteht die Chance, „vermittels Einwirkung auf den Willen durch Tadel und Strafe dazu beizutragen, daß ähnliche Ereignisse in Zukunft nicht mehr vorkommen" (nach G. E. Moore). Das dispositionale Andershandelnkönnen ist wesentlich auch vom *eigenen Spielraumbewußtsein* abhängig: „Was wir tun können, wird davon beeinflußt, was wir glauben tun zu können" (S. 58). Unabhängig von indeterministisch verstandener Freiheit könne jedenfalls gesagt werden, daß zu bestimmter Zeit die individuellen und situativ-konstellativen Bedingungen für die Realisierung auch eines anderen Verhaltens vorlagen. So verstanden sei das individuelle Andershandelnkönnen „sicher keine Fiktion", sondern Voraussetzung des Schuldprinzips. Dieses treffe sich mit einer vernünftigen Kriminalpolitik insofern, als es sinnlos ist, einen normativ nicht Ansprechbaren zu bestrafen; anders gesagt, „das Können eines Menschen (steckt) den Bereich ab ..., innerhalb dessen es sinnvoll ist, antezedente Handlungsdeterminanten zu setzen" (S. 69). — Die *Selbstbestimmung* ist nach Burkhardt insofern Voraussetzung strafrechtlicher Zurechnungsfähigkeit, als sie bedeutet, „daß sich der Mensch seine Ziele selbst setzt" (1987, S. 336/7). Und sie ist eine *„freie"* in dem Sinn, daß der Mensch Ereignisfolgen und künftige Bedürfnislagen sich ebenso *geistig vergegenwärtigen und bedenken* kann, wie seine aktuellen eigenen Wünsche und Überzeugungen. Selbstbestimmung ist „frei" aber auch insofern, als menschliches Bewußtsein alles Künftige „als eine *offene* Zukunft mit realen Möglichkeiten" vor sich hat. —

b) B. Haffke (1975/1984) fordert angesichts der Freiheits- und Schuldaporie anstelle von Vergeltung und Generalprävention eine individualpräventive Ausgestaltung der Strafreaktion. Er sieht einen „intrasystemischen Sachkonflikt" zwischen dem materiellen Schuldspruch und dem im StVollzG (§§ 4, 6, 7) bestimmten Behandlungsvollzug. „Die Tatsache, daß die Rechtsordnung den Straftäter im Schuldspruch als verantwortlich, im Vollzug dagegen als determiniert betrachtet (spiegelt) ... die überzeitliche Gegensatzspannung von Freiheit und Unfreiheit des Menschen wider" (1975 a, S. 40). Fraglich erscheint, ob diese „unentrinnbare anthropologische Antinomie", wie der Autor meint, durch den Verzicht auf das — s. E. nur generalpräventiven Zwecken und der Gewissensentlastung der Gesellschaft dienende — Schuldpostulat sozial bewältigt werden kann. — Das „zähe Festhalten am Schuldpostulat" und die Betonung der „Menschenwürde" von Freiheit, Schuldfähigkeit und Tatverantwortlichkeit steht nach Haffke (1975 b) auch hinter dem Satz des BVerfG (22, 219): „Der Staat hat nicht die Aufgabe, seine Bürger zu ‚bessern'" — eine Liberalität und Humanität, die auf Kosten von Achtung, Zuwendung und (nicht-autoritärer!) Erziehung von behandlungsbedürftigen psychisch abnormen Straffälligen gehe. — Und 1984 zeigt H. — hier gleichsinnig mit Stratenwerth (s. o. S. 177) — die Fragwürdigkeit des in der Regel gesteigerten Schuldvorwurfs gegen Rückfallstäter. Eine empirische Untersuchung würde eher zu dem Ergebnis führen, daß im Regelfall (aufgrund abnormer Psychostruktur oder/und Schwächung der Deliktresistenz im voraufgegangenen Vollzug u. a.) die Rückfallstatschuld geringer sein dürfte.

1991 weist Haffke nachdrücklich auf die „Ambivalenz" der deutschen Bestimmung über verminderte Schuldfähigkeit (§ 21 StGB) hin, die sowohl besondere Strafmilderung als auch unbefristete psychiatrische Unterbringung erlaubt. Und (wie Verf. schon 1976) fordert er nach österreichischem Vorbild eine gesetzestechnische Entkoppelung der §§ 20, 21 und 63 StGB und (wie das hier in 4.5.II vertretene Postulat) eine „rechtsstaatliche Disziplinierung" des freiheitsentziehenden Maßregel- und Unterbringungsrechts.

c) Auch der ausschließlich mit der Psycho(patho)logie von Kriminaltätern befaßte Sachverständige sollte einmal die allgemeine Anthropologie von Legitimation und Begrenzung der Kriminalstrafe bedenken, wie sie jüngst U. Kindhäuser (1989) unter dem unzeitgemäß erscheinenden Titel „Personalität, Schuld und Vergeltung" vorgelegt hat.

Die Rechtsgüter, welche zu schützen anerkanntes Legitimationskriterium strafrechtlicher Normen ist, werden (auf dem Fundament Kants) definiert als „der freien persönlichen Entfaltung dienende Eigenschaften von Menschen, Sachen und Institutionen, die unter dem *Prinzip allseitig vorteilhafter Freiheitskoexistenz* schutzwürdig sind" (S. 496). Das Schutzmittel „Strafe" wird unverblümt so beschrieben: „die Zufügung eines Übels als Ausdruck der Mißbilligung eines vorangegangenen Fehlverhaltens" (S. 493). Sie wendet sich bei Androhung und Verhängung an Menschen als „rationale und moralische Personen", die — was vom Autor *Willensfreiheit genannt* wird — *fähig* sind (S. 500), *„eine Intention aus normativen Gründen anderen (potentiellen) Intentionen handlungswirksam vorzuziehen"* (z. B. Versprochenes oder Normgebote einzuhalten). Dies sei unmittelbare Selbsterfahrung. Sie auf Kosubjekte zu übertragen sei „notwendige Voraussetzung jeder sozialen Kooperation des instinktentbundenen Menschen". Bei gebrochener Verbindlichkeit habe die „moralische Person" für die Pflichtverletzung „als personales Versagen" einzustehen und sich zu ent-schuldigen. Wem dieses Prädikat abzusprechen ist, „ist dann wie ein Kind oder Geisteskranker fürsorglich zu behandeln". Im ersten (Normal-)Fall werde der Pflichtverletzer durch *Verantwortlichkeitszuschreibung* im Sinne Hegels „geehrt", was als Reaktion auf Normbruch „rational, praktisch realisierbar und allseitig vorteilhaft ist" (S. 501). Das vergeltende Strafübel entspreche spiegelbildlich dem Vertrauensvorschuß, den der Täter durch seine personale Anerkennung ex ante erhalten hat. „Erst und gerade der im nachhinein vergeltende Charakter der Strafe ermöglicht es also, dem Täter in vorhinein Freiheit zu gewähren ..." (S. 504). Um das Strafrecht nicht durch Bagatellisierung des Schuldgedankens zu entwerten, sollten „ausschließlich Normen, deren Verletzung ein empörendes Maß an Inhumanität indiziert, durch Strafe sanktioniert werden" (S. 506). Das bringt der Autor auf die Formel: „Schuld ist ein den Gerechtigkeitssinn in empörender Weise verletzendes personales Versagen" (S. 499).

d) H. Schüler-Springorum (1984, 1986), mit R. Musil skeptisch gegen den forensischen Psychiater, der „seine eigene Sendung vergißt ... und ... sich im Gerichtssaal wie ein Reserveengel der Jurisprudenz (benimmt)", schlägt gegen die Krise des Verhältnisses zwischen Jurist und Psychiater eine „Radikalkur" vor: das Gericht allein solle über die Fragen der Schuldfähigkeit (§§ 20/21 StGB) entscheiden und der Gutachter sich ganz auf Prognose- und Behandlungsfragen konzentrieren. „Das *künftige* Schicksal des Delinquenten (sollte) die eigentlich relevante Frage sein", die zwischen Gericht und Sachverständigem verhandelt wird. Dabei könnten beide „in dieselbe Richtung blicken", und die Psychiater „dürften ihr eigentliches Metier endlich auch forensisch einsetzen, nämlich Arzt und Therapeut zu sein" (1984, S. 78/80). — Nicht recht harmonieren will zu diesem möglicherweise utopischen, jedenfalls einem ärztlichen Gutachter sympathischen Vorschlag, daß der Autor 1986 die Wichtigkeit einer reliablen psycho(patho)logischen Quantifizierung von „Schweregraden" der psychischen Merkmale von §§ 20/21 StGB hervorhebt, *ohne* die Gradfragen auf strafrechtlich relevante Fähigkeiten (wie Verantwortungsvermögen, normative Ansprechbarkeit durch Strafdrohung, Vorwurf und Strafe) zu beziehen. In deren Kontext allein sind jedoch die psychischen Abweichungsgrade von rechtlicher, prognostischer und sozialtherapeutischer Bedeutung.

e) F. Streng (1976, 1983, 1989, 1991) kommt auf anderem Weg zu einem letztlich ähnlichen Ergebnis wie Burkhardt (s. oben S. 184). Weitergehend als dieser und sich auf psychoanalytische Erfahrungen stützend will er allerdings das geltende *Schuldstrafrecht* mit „Vergeltungsprinzip und Sühnedenken" abgelöst sehen durch ein „auf das Verantwortlichkeitsprinzip gestütztes, am Zweckgedanken ausgerichtetes ... von den Prinzipien der Willensfreiheit und Schuld, Vergeltung und Sühne losgelöstes *Kriminalrecht*", das „der Rationalität und Humanität verpflichtet" ist (*1976*, S. 77, 89). — In diesem Sinne geht es ihm *1983* vor allem um „die Eliminierung der Freiheitsfrage" aus §§ 20/21 StGB. Die Koppelung der Schuldfähigkeit „an ein gänzlich unbeweisbares Willensfreiheitsdogma" führe dazu, daß „Richter dem Sachverständigen immer wieder die letztlich nicht beantwortbare Frage nach der Steuerungsfähigkeit des Täters bei der Tat stellten" (S. 398) — nach dem Autor ein „pseudoempirisches Entscheidungskriterium" (S. 401). Dessen Eliminierung würde einmal dem inkompetenten Einfluß der Gutachter auf Bestrafung oder Nichtbestrafung den Boden entziehen, zum anderen die „Notwendigkeit, Schuldzuschreibung zu legitimieren" unübersehbar machen (S. 406). Die Frage der Schuldfähigkeit müsse sich daran orientieren, ob psychische Zustände „wegen ihrer evidenten Anormalität keine bzw. nur geringe auf Normbekräftigung abzielende Strafbedürfnisse aufkommen lassen" (S. 408). — *1989* begründet Streng in einer großen Studie tiefergreifend einen spezifisch strafrechtlichen (= funktionalen, sozialen) „*freiheitsabstinenten Schuldbegriff*, (der) Konsequenzen für die Schuldfähigkeitsentscheidung haben muß" (S. 276). Konsens bestehe heute, daß Schuldstrafe kein Selbstzweck ist, vielmehr die generalpräventiv wirksamste Sanktion. Individualprävention durch Sühne könne allenfalls mit der Strafe ermöglicht werden, diese aber nicht legitimieren. „Der Sühnegedanke im ursprünglichen Sinne des Versöhnungsbemühens hat in der Theorie und Praxis staatlicher Strafverhängung und -bemessung ... keinen legitimen Platz" (S. 285). Zentrale These des funktionalen Schuldverständnisses von Streng ist vielmehr, daß Schuldzuweisung und dementsprechende Strafe „Ausdruck von *Selbststabilisierungsbedürfnissen der mit der Tat konfrontierten Mitbürger*" sind (S. 288). Diese Bedürfnisse wiederum sind Reflex einer — wandelbaren — verinnerlichten Werteordnung. Deren Erkenntnisunsicherheit wirkt „der Selbstgerechtigkeit der Urteilenden entgegen" (S. 294) und fordert den Richter auf, „seine Strafbedürfnisse bzw. Gerechtigkeitsvorstellungen hinsichtlich des konkreten Einzelfalles auf ihre Wurzeln hin zu hinterfragen" (S. 296). – Von besonderem Interesse für den psycho(patho)logisch Sachverständigen sind die Ausführungen des Autors über die Autonomievorstellungen bei diesem funktionalen Schuldverständnis. Relevant sei auch im Strafrecht „das normale allgegenwärtige Erleben eigener Freiheitsempfindungen und die entsprechende Interpretation fremden Verhaltens" (S. 298). Man könne aber differenzieren: bei normalen Entscheidungsvorgängen fühle „man sich frei dazu ... *ich-adäquat* zu entscheiden", beim Durchschlagen einer als überwältigend empfundenen Determinante „erlebt man als Betroffener Unfreiheit". Solche Erfahrungen seien „ungefiltert" von Gesetz und Rechtsprechung rezipiert worden. Der wahre Kern liege „immerhin darin, daß es für die Schuldzuschreibung in der Tat auf die *Art der Selbststeuerung* des Täters mit ankommt ... deshalb (vermag) ‚Steuerungsfähigkeit' *im Sinne ich-adäquater Motivationsstruktur* ein zentrales Zurechnungskriterium bei Schuldfähigkeitsdiagnosen zu sein ... Über eine Freiheit, den gegebenen Determinanten zuwider zu handeln, ist damit nichts ausgesagt" (S. 300). Der Gutachter könne „auf die Struktur der Steuerungsmechanismen und den Abweichungsgrad vom Normalen abstellen". Damit träten dann auch keine Konflikte „mit dem etablierten alltagstheoretischen Freiheitsverständnis" auf (S. 301). – Es bleibt für Streng bei einem Plädoyer für das Schuldprinzip *als Verantwortlichkeitsprinzip,* doch will er – entgegen seiner Position 1976 – am eingebürgerten Schuldbegriff festhalten, um nicht „den beunruhigenden Eindruck einer – gar nicht existenten – kriminalpolitischen Wende hervor(zu)rufen" (S. 306).

1991 mahnt Streng in einer breiten Darstellung der Schuldfähigkeit und ihrer Begutachtung nochmals an, „daß es nicht Aufgabe des Gutachters ist, die Frage nach der Steuerungsfähigkeit des Täters zu beantworten", dieser vielmehr sein Gutachten „auf die Struktur der Steuerungsmechanismen ..., die Dynamik der Tatentstehung ..., Besonderheiten des Motivationsgefüges", immer bezogen auf den Zeitpunkt der Tat, abzustellen habe (S. 260/261). Die richterliche Übersetzung dieser Befunde in die Sprache des Gesetzes sei danach das Ergebnis eines Dialogs zwischen Gericht und Sachverständigem.

1.4 Die Vieldeutigkeit des agnostisch verstandenen Schlüsselbegriffs strafrechtlicher Schuldzurechnungsfähigkeit: Normative Motivationsfähigkeit (NMF)

Es ist nunmehr am Platze, etwas genauer den Begriff der Normativen Motivationsfähigkeit bzw. Ansprechbarkeit (NMF) zu betrachten, der nach seiner Kreation (m. W. vor drei Jahrzehnten durch P. Noll) von der deutschen Strafrechtswissenschaft bis heute an erster Stelle empfohlen und gebraucht wird als ein Schlüsselbegriff der – von philosophisch-ideologischen Problemen der menschlichen Willensfreiheit zu distanzierenden – strafrechtlichen Schuldfähigkeit.

Wenn ich als juristischer Laie richtig sehe, knüpft er an die Interpretation strafrechtlicher Zurechnungsfähigkeit durch v. Liszt an, der sie – positiv – kennzeichnet mit einer „normalen Bestimmbarkeit durch Motive; also durch Vorstellungen überhaupt, durch die ... der Religion wie des Rechts, der Sittlichkeit wie der Klugheit insbesondere. Wer auf Motive in normaler Weise reagiert, ist zurechnungsfähig" (S. 219). Dieser normale Zustand schloß für v. Liszt die normative Ansprechbarkeit durch Strafurteil und -vollzug ein: „Zurechnungsfähigkeit bedeutet demnach die Empfänglichkeit für die durch die Strafe bezweckte Motivsetzung" (S. 220). Er sah auch schon klar die Problematik des Grenzraums normaler Motivierbarkeit, einmal beim Affekt- und Triebtäter, zum anderen beim durch Strafe nicht zur Normrespektierung motivierbaren Hangtäter. Diese seien zwar vermindert (jedoch) zurechnungsfähig und gehörten zum „Herrschaftsgebiet der Juristen", in dem sie zwar gemildert zu bestrafen seien, aber, solange weiterhin gefährlich, sichernd zu verwahren.

Gegenüber der *generellen „normalen"* Motivierbarkeit als das Kennzeichen von Zurechnungsfähigkeit bei v. Liszt (welche die spezielle Motivierbarkeit durch soziale Normen, Strafdrohung und Strafe einschließt) engt sich später bei Engisch, Noll und ihren terminologischen Nachfolgern dieses Merkmal ein auf die *speziell „normative"* Motivationsfähigkeit (d. h. die Ansprechbarkeit durch das strafbewehrte Normgebot bzw. im Verletzungsfalle durch die Bestrafung). Während aber Engisch im Rahmen seines hypothetisch-deterministischen Ansatzes sich damit begnügt, für die Tatzeit von einer – auch vom rückblickenden Täter selbst so gesehenen – dispositionellen (potentiellen) Ansprechbarkeit auszugehen (s. o. S. 161), läßt der vielzitierte Satz von P. Noll (s. o. S. 165), „Strafrechtliche Schuld bedeutet nichts anderes als Entscheidung gegen die strafrechtliche Norm trotz normativer Ansprechbarkeit", auch eine indeterministische Deutung zu (legt sie mit den Worten „Entscheidung gegen ..." sogar nahe). Denn da der Täter sich ja faktisch trotz seiner *normativen* Ansprechbarkeit nur hat *normal* motivieren lassen (indem er normativ verbotenen Motiven, z. B. als Überzeugungstäter zu illegalen Aktionen, als Durchschnittskrimineller zu egoistischer Wunscherfüllung, Triebbefriedigung und Affektentladung gefolgt ist), kann man nach Noll unterstellen, daß der Täter zwischen dem normalen Motiv der Normbefolgung und anderen (unmittelbar stärker ansprechenden) normalen Motiven zum Normverstoß frei zu wählen vermochte. Mit Arth. Kaufmann (1986, S. 227) könnte daher mit Recht kritisiert werden, daß so „doch auch wieder nur der Freiheit ein anderer Name gegeben wird" – jedenfalls wenn man die Tatschuld darin sieht, daß der Täter trotz dispositionell ihm gegebener normativer Ansprechbarkeit (= Schuldfähigkeit) sich faktisch nicht normativ motiviert hat bzw. motivieren ließ.

Eine solche indeterministische Interpretation wird noch näher gelegt, wenn Noll die „Legaldefinition der verminderten Zurechnungsfähigkeit" so beschreibt: „... immer dann, wenn die normative Orientierung erschwert, die normative Ansprechbarkeit verringert war, gilt die Schuld als vermindert" (1966, S. 225). Oder darf man dem Wort „gilt" die Einschränkung entnehmen „... für das Strafrecht"?

C. Roxin (s. oben, S. 166 f.) ist ebenfalls ein entschiedener Befürworter des — u. E. ungenügend geklärten — Begriffs der NMF als Kriterium forensischer Schuld(un)fähigkeit. Aber auch seine Interpretation (1987, s. oben, S. 167) läuft u. E. darauf hinaus, kaschiert die Freiheitsfrage doch wieder ins Spiel zu bringen und — sie zur Beantwortung den Psychowissenschaften zuzuschieben. Es heißt zwar in allen Arbeiten Roxins zwischen 1979 und 1987 immer wieder, daß es darum geht, ob der — faktisch bei Tatbegehung von der Norm gerade nicht motivierte — Täter „prinzipiell", „grundsätzlich", „überhaupt" normativ motivierbar war. An anderen Textstellen soll es aber darum gehen, ob er „bei Tatbegehung", „im Augenblick der Tat", d. h. in dem konkreten psychischen Zustand bei Tatbegehung normativ ansprechbar war; genauer: ob er dies aus einem der psychopathologischen Gründe des § 20 StGB nicht oder nur vermindert war. *So* wird aber, genau gesehen, danach gefragt, ob eine im Tathandeln grade nicht gebrauchte Fähigkeit (das Angesprochenwerdenkönnen von der Norm) dem Täter dennoch zur Verfügung stand und er nur — aus freiem Entschluß? — keinen Gebrauch von ihr machte. Bei dieser Interpretation der NMF muß man, meine ich, aber mit Arth. Kaufmann ebenfalls feststellen, daß „wieder nur der Freiheit ein anderer Name gegeben wird". Anders gesagt: neben den beiden von E. Dreher (1987, S. 47 f.) kritisierten Verfahren strafrechtlicher Agnostiker, den fragwürdig gewordenen Schuldbegriff doch zu erhalten (zum einen mit dem generalisierenden bzw. analogisierenden Verfahren von Mezger, Arth. Kaufmann, Jescheck, Krümpelmann u. a., und zum anderen über die Charakterschuld im Sinne von Engisch), versucht Roxin einen dritten Weg: als Kriterium der für ein Schuldurteil zwingenden Voraussetzung forensischer Schuld-Fähigkeit wird die NMF bei Tatbegehung herausgestellt und deren Beurteilung wiederum als Gegenstand psychowissenschaftlicher Erkenntnis dem Sachverständigen zugewiesen. Daß *diese* Brücke vom Empirischen zum Normativen nicht trägt, haben wir oben (S. 168–170) in einem kritischen Referat der Ausführungen von P. A. Albrecht zu zeigen versucht.

Auch H. L. Schreiber (s. oben S. 178 f.), dem wir aus 1986 eine der letzten großen Darstellungen des Komplexes Schuld und Schuldfähigkeit verdanken, vermag m. E. einen von Gutachter und Richter rechtssicher praktikablen Sinngehalt der NMF nicht befriedigend zu klären. Er hebt zwar von der *sittlichen Schuld* (beruhend auf einem Fehlgebrauch von Freiheit) expressis verbis die *Strafrechtsschuld* ab als lediglich „das Prinzip subjektiver Zurechnung normabweichenden Verhaltens"; eine solche Schuldzurechnung werde zwingend gefordert von der (zwecks sozialer Ordnung unabdingbaren) Verhaltenssteuerung mittels Strafsanktion von Normbrüchen (S. 7). Denn die Tat, der „Erfolg“ eines objektiv normwidrigen Verhaltens kann nicht jedermann unbesehen von Art und Grad seiner inneren Beteiligung als gleiche „Schuld“ zugerechnet werden. Deren subjektive Voraussetzung ist vielmehr ein bestimmtes „Dafürkönnen“. Und das heißt (wie bei Arth. Kaufmann u. a.) auch nach Schreiber das „Andershandelnkönnen“ eines „durchschnittlich anderen in einer solchen äußeren und inneren Situation“ (an anderer Stelle: „unter den konkreten Umständen“). Der Autor nennt dies ein — strafrechtlich allein mögliches — „pragmatisches, sozial-vergleichendes Schuldurteil“, dessen Voraussetzung, anders gesagt, „nicht die sittliche Wahlfreiheit, sondern nur die normale Motivierbarkeit durch soziale Normen“, also die NMF ist.

Dekretiert wird indessen, daß nur „außergewöhnliche“ — wie bei Jakobs also: nicht ubiquitäre — Umstände in der Person des Täters, wie sie in § 20 StGB genannt sind, Schuldunfähigkeit (oder verminderte SchF) bedingen, m. a. W. die normale NMF aufheben oder vermindern können. Schreiber bezieht ferner die festzustellende bzw. auszuschließende NMF streng auf die in der Vergangenheit liegende Tat: es sei diesbezüglich — entgegen etwas weitergehenden Vorschlägen des Verf. — eine „Regnose“ der Tatzeitpersönlichkeit zu stellen.

Gegen die von Noll, Roxin, Jakobs u. a. betonte Beziehung (bzw. sogar Herleitung) des strafrechtlichen Schuldbegriffs zu (bzw. von) seiner Präventionsfunktion weist Schreiber auf den „antinomischen Charakter“ von Schuld und Prävention hin: Bei einer rein funktionellen Bestimmung des Schuldbegriffs gehe dessen „eigentliche soziale Leistung“ verloren, die Schreiber darin sieht, die Zuschreibung strafrechtlicher Verantwortlichkeit auf den Bereich dessen zu beschränken, „was für den Täter aufgrund von Handlungsalternativen vermeidbar war“ (S. 10). Dabei geht es, wie er an anderer Stelle sagt, um die Frage, „ob angesichts des psychischen Zustandes des Täters die Rechtsnorm die Möglichkeit hatte, im Motivationsprozeß wirksam zu werden“ (S. 29). Gleichsinnig mit dieser *Passiv-Formulierung* (die den Täter als ein für das Subjekt „Rechtsnorm“ mehr oder weniger empfängliches Reaktionsobjekt versteht) heißt es bald darauf in *Aktiv-Formulierung:* „Zugerechnet bzw. entschuldigt wird nach dem Maß der dem Täter verfügbaren Handlungsalternativen bzw. nach ihrem Fehlen oder ihrer Verminderung“ (S. 30). Der Maßstab sei normativ, die Beurteilung könne aber nur durch Vergleich des konkreten psychischen Bedingungsgefüges des Täters mit dem eines normalen anderen erfolgen. „Empirie und Normativität sind dabei nicht voneinander zu trennen.“

Eine konsequent agnostische Position des psychowissenschaftlichen Sachverständigen rügt Schreiber. Sie würde „prinzipiell das Urteil über die zweite, entscheidende Stufe der Schuldfähigkeit dem rein normativen Belieben überlassen" (mit der zweiten Stufe sind Art und Grad der Auswirkung einer Störung auf Einsichts- oder/und Steuerungsfähigkeit gemeint, Ref.).

Erkenntniskritisch ist zu Schreibers Interpretation der NMF zu sagen:

Erstens: Wenn ihre Bejahung (durch Ausschluß normativer Motivations-*un*fähigkeit bei Tatbegehung) damit identifiziert wird, daß die Straftat aufgrund dem Täter *„verfügbarer"* Handlungsalternativen *vermeidbar* war, so vermag ich darin keine andere Aussage zu sehen als die: dem Täter wird strafrechtliche Schuld zugeschrieben, weil er die Tat hätte unterlassen können (= die Freiheit dazu hatte, = sich auch sittlich schuldig machte).

Zweitens: Ein hinsichtlich der Tatvermeidbarkeit, m. a. W. verfügbarer Handlungsalternativen konsequent agnostischer psycho(patho)-logischer Erfahrungswissenschaftler muß das richterliche Schuldurteil durchaus nicht dem „normativen Belieben" überlassen. Denn er kann aufgrund seiner Untersuchung von Lebensweg und gegenwärtiger Persönlichkeit des Täters differenzierte Aussagen über dessen Entwicklung und Tatzeitpersönlichkeit, über die Motivationsstruktur des Tat- und Nachtatverhaltens machen, auch über seine allgemeine soziale Kompetenz und über die soziale Prognose in der einen oder anderen künftigen Lebenssituation ohne eine und nach dieser oder jener kriminalrechtlichen Sanktionierung. Solches und manches andere für die juristische Schuldfähigkeitsentscheidung, das Schuld- und Strafmaß relevante *Erkenntnismaterial* vermag der Sachverständige beizusteuern. Und dies könnte m. E. dem Richter bei den ihm allein obliegenden normativen Bewertungen und Entscheidungen hilfreicher sein als ein laienhaftes normatives Mitreden des Sachverständigen.

Auch mit völliger „normativer Abstinenz" können psychische Befunde dem Richter hilfreich sein, wenn der Sachverständige sie auf die von Bj. Burkhardt (s. S. 184) in den Vordergrund gestellte Frage hin auswertet, ob dem Täter — abgesehen von der *speziellen* Motivationslage — bei Tatbegehung *generell* auch andere Verhaltensmöglichkeiten *dispositionsfähig* zur Verfügung standen und, durch das Strafverfahren intensiv ins Täterbewußtsein gehoben, künftig zur Verfügung stehen. So gefragt geht es nämlich nicht mehr um die zur Tatzeit konkrete NMF, bzw. um ein *faktisches Andershandelnkönnen* unter den seinerzeit wirksamen motivationalen Determinanten, sondern nur um ein *„dispositionales" Andershandelnkönnen,* zu dem tataktuelle „motivationale Faktoren (wie etwa Bedürfnisse, Einstellungen, Interessen, Werthaltungen) grundsätzlich nicht (gehören)" (1983, S. 57). Das dispositionale Andershandelnkönnen umfaßt alle Möglichkeiten des Verhaltens, die bei einem bestimmten Täter im Rahmen seiner — empirisch beurteilbaren — seelisch-geistigen und körperlichen Potenzen *überhaupt* gegeben und damit grundsätzlich auch normativ ansprechbar sind. In diesem Sinne sei das Andershandelnkönnen im allgemeinen Rechtsbewußtsein Schuldvoraussetzung und „eine der wichtigsten Implikationen des Schuldprinzips" (S. 53). Dieses Können stecke zugleich den Bereich ab,

„innerhalb dessen es sinnvoll ist, antezedente Handlungsdeterminanten zu setzen" (S. 69); denn es sei – mit Roxin (1979) und Noll (1960) – zu betonen, daß es sinnlos ist, jemanden zu bestrafen, der durch Normen nicht ansprechbar ist. – Dieses Konzept spannt einen Bogen strafrechtlicher Beachtung humaner Zeitlichkeit *von der Retrospektive* (auf den Rahmen und Raum rechtlicher Schuldfähigkeit wegen disponibler Normtreue bei Tatbegehung) *zur Prospektive* (auf den entsprechenden Möglichkeitsrahmen individueller Prävention). Dies scheint mir ein sehr beachtenswerter kriminalanthropologischer Ansatz zu sein.

Wie Burkhardt verbindet ebenfalls J. Krümpelmann (s. oben S. 181 f.) in der Schuldfähigkeitsbeurteilung den Rückblick auf das Tatverhalten mit dem Vorblick auf das künftige Sozialverhalten des Täters. Er will sogar beide Aspekte in ihren Rechtsfolgen strafrechtsdogmatisch verschweißen. Eine gewisse Unbestimmtheit hat aber auch bei diesem Autor der Begriff der NMF. Und zwar, wie bei Schreiber, „schillernd" zwischen Kennzeichnung einer *selbstbestimmend aktiven* Fähigkeit des Täters *sich* bei Tatbegehung normativ zu motivieren bzw. sich motivieren zu lassen (oder auch nicht) und der Kennzeichnung eines *passiven* Empfänglich- oder Geeignetseins des Täters zum normativen Motiviert*werden* von Gesetzesgeboten und sozialen Wertnormen.

So verwendet Krümpelmann 1976 (z. B. S. 10, 27, 36) den Begriff „Motivationsfähigkeit" synonym mit dem sog. voluntativen Merkmal des § 20 „Steuerungsfähigkeit"; also mit einem schon in sich recht zweideutigen Begriff, der als solcher offenläßt, ob das Bezugssubjekt durch lenkende Einflüsse oder -griffe wie das Auto *steuerbar* ist oder wie der Autolenker zu *eigenem Steuern und Lenken* (von sich selbst oder von etwas anderm) fähig ist.

1983, S. 338 erklärt sich Krümpelmann mit anderen Autoren darin einig, „daß der Schuldbegriff verlangt, der Täter müsse imstande sein, sich von der Norm zur Pflicht motivieren zu lassen". S. 346/347 heißt es gleichsinnig, der Schuldvorwurf spreche aus: „Der Täter hat sich de facto nicht nach der Norm motiviert", wobei die Prämisse das empirische Faktum sei, „*daß* im allgemeinen sich die Menschen von Normen leiten lassen" (S. 347). Der gleiche Sachverhalt wird aber dann wieder mit der passiv-deterministischen Formel ausgedrückt: Empirische Voraussetzungen seien, daß die Normen tatsächlich „eine motivierende Kraft entfalten können", und daß in bestimmten psychischen Zerrüttungszuständen „Normmotive ihre Wirkung verlieren müssen" (S. 349). Damit wäre wiederum ein von der psychodynamischen Kraft seiner (normativen oder nur normalen, normwidrigen oder abnormen) Motive determiniertes (subjektives) Objekt unterstellt.

Diese etwas unklare Begrifflichkeit ist allerdings bei Krümpelmann insofern irrelevant als er (wie auch andere Autoren) die Unmöglichkeit eines positiven Individualurteils über frei wählbare Handlungsalternativen ausdrücklich betont. Sein Postulat einer dogmatischen Verbindung des im Regelfall „trotzdem“ rechtmäßigen Schuldspruchs mit „deswegen“ zu leistender Resozialisierungshilfe hat für ihn ein hinreichendes Fundament in der Freiheits*aporie*, d.h. -agnostik. Anders gesagt: Krümpelmann genügt das Offenlassenmüssen, die Unentscheidbarkeit der Freiheitsfrage als Grund für die Pflicht der Rechtsgemeinschaft, das Normbstätigungsopfer, welches der möglicherweise schicksalhaft-unfrei handelnde Rechtsbrecher zu erbringen hat (1976, S. 33), mit systematischen Resozialisierungshilfen gleichsam zu kompensieren.

Soweit hier Stimmen einiger Autoren aus den 80er Jahren bundesdeutscher Strafrechtswissenschaft über die weithin als „Schlüsselbegriff“ der forensischen Schuldfähigkeit herausgestellte „normative Motivationsfähigkeit bzw. Ansprechbarkeit“. Er läßt, wie wir sahen ebenso eine deterministische wie eine indeterministische Bedeutungsentnahme zu. Angesichts dieser offenbar sowohl sachlichen wie begrifflichen Aporie könnte man den alten Gedanken von K. Engisch zur Frage der Beweislast aufgreifen (1963, S. 38–40). Dann aber wäre (meinerseits aufgrund ausgedehnter eigener Intensivuntersuchungen von Kriminaltätern) Engisch darin beizupflichten, daß cognitiv (d.h. in der rechtlich maßgebenden Außenbetrachtung) die „Vermutung“ vom Verbrechen als auferlegtes Schicksal weit die vom Verbrechen als frei gewählte Schuld überwiegt. Erfahrungswissenschaftlich wäre also mit Engisch (S. 39) zu sagen: „Beweisbelastet ist der Indeterminismus.“

Wie im Teil I unserer Studien ausführlich dargelegt, geht es jedoch heute m.E. nicht mehr um einen Beweisstreit bzw. eine deterministische oder indeterministische Beweisnot, sondern um die strafrechtliche „Nutzbarmachung“ der Einsicht in die anthropologische Komplementarität menschlicher Freiheit *und* Unfreiheit. Mit Krümpelmann (1983, S. 341, Fn. 21) hatte auch ich mir nicht durch fachphilosophische Warnungen „einen Kant für die Schuldfähigkeitsproblematik unserer Zeit versperren“ lassen wollen (s. Teil I, 5.3.1) und halte es hier nun für weiterführend, auch in der Strafrechtspraxis an Kants Differenzierung unseres ebenso empirisch unfreien wie intelligibel freien „Charakters“ anzuknüpfen.

2. Die strafrechtliche Schuldfähigkeit unter der — anthropologischen — Prämisse der Komplementarität empirischer Unfreiheit und intelligibler Freiheit

Man stößt (oder wird von anderen gestoßen) als „Determinist" auf anthropologische Phänomene der Freiheit, als „Indeterminist" auf solche der Unfreiheit. Beide Anstöße — eine Anstößigkeit! — zu umgehen, versucht die nur agnostisch-pragmatische Haltung, sie will ihnen ausweichen, entkommen. Ich meine, daß uns solche Fluchtversuche nicht weiterbringen, sondern in einem Zirkel von Anstößen, mal da, mal dort, enden. Mein Vorschlag ist, die deterministischen Erfahrungen (mit objektivierend kausalgenetisch analysierten menschlichen Verhaltensrealitäten) und die indeterministischen Erfahrungen (mit subjektiven und intersubjektiv-kommunikativ ausgetauschten Erlebensrealitäten) einmal nicht als Widerspruch, Skandalon, Antinomie oder Aporie zu sehen, sondern als die — wenn man will: artspezifische — *„komplementäre" Struktur humanen Daseins.* Als die komplette Realität von Menschlichkeit, der auch ein heute zeitgemäßes („modernes") Kriminalrecht entsprechen müßte. Hierunter verstehe ich ein nicht (mehr) ideologisch, sondern anthropologisch fundiertes und damit ein in seinen *Grundlagen* nicht mehr nur regionales bzw. nationalstaatliches, sondern menschen- und völkerverbindendes Recht. Ich halte es für eines Versuches wert, die m. W. schon und zuerst von Kant formulierte Differenzierung unseres unfreien „empirischen" und freien „intelligiblen Charakters" voll (d. h. ohne ideologische Versteifung auf eine der beiden und ohne agnostische Ausklammerung beider Erfahrungen) in die kriminalrechtliche Grundlagenbesinnung einzubringen.

Es ist m. a. W. davon auszugehen, daß der geistig reife Mensch (im retrospektiv *intra*subjektiv- und *inter*subjektiv-objektivierenden Aspekt) sich und seinesgleichen ebenso *in* seinem leib-seelisch-geistigen Determinationsgefüge unfrei bestimmt erkennt, wie er (im präsenten Selbstbewußtsein sich geistig vom gegenwärtigen Erleben distanzierend und aus dieser Distanz reflektierend) sich erhaben *über* seinem Da- und Sosein frei und (noch) unbestimmt erlebt.

Wie ist nun *in der Quintessenz die derzeitige Lage strafrechtstheoretischer Bemühungen,* die wir im vorstehenden Kapitel ausführlicher und kritisch dargestellt haben?

Im Vordergund stehen — jedenfalls im westdeutschen Rechtsraum — Konzepte, welche die jahrhundertelang heiß umstrittenen philosophisch-anthropologischen Fragen um die Willensfreiheit aus der Strafrechtstheorie und -praxis endgültig verbannen wollen:

— Sei es, daß man Willensfreiheit als eine unzweifelhafte, weil von jedem reifen und seelisch-gesunden Menschen erlebte und unsere gesamten sozialen und rechtlichen Bezüge durchdringende Wirklichkeit humanen

Daseins für nicht mehr ernsthaft diskutabel hält (so etwa, wie oben referiert, R. Lange, Th. Lenckner, E. Dreher, A. Griffel und B. Schünemann).

– Sei es, daß die genetische und sozialisationsgeformte, die tiefenpsychologische und ideengeleitete, die biologische und situative Bedingtheit humanen Verhaltens als heute humanwissenschaftlich höchstwahrscheinlich gemacht bis gesichert gilt. Freiheit sei daher nur ein Epiphänomen des reifen und gesunden spezifisch-menschlichen (Selbst-, Welt- und Zeit-) Bewußtseins, was soziale Schuld nur im Sinne von Schuld- und Verantwortlichkeits*bewußtsein* (und Strafreaktionen als ein normalerweise geeignetes Mittel sozialer Kontrolle) begründen könne. Die öffentlich festgestellte Rechtsschuld habe jedenfalls eine Funktion nur als „freiheitsabstinente Schuld" (F. Streng), und ein Strafrecht müsse entwickelt werden, das Bestand hat auch unter der Voraussetzung eines „hypothetischen Determinismus" (K. Engisch).

Gegenüber solchen, heute eher vereinzelten Vertretern *indeterministischer und (hypothetisch-)deterministischer Konzepte* gruppieren sich die weit überwiegenden und wohl die z. Zt. vorherrschende Meinung wiedergebenden strafjuristischen Stimmen (die wir *„agnostisch"* genannt haben) um *zwei Brennpunkte:*

Der *eine Brennpunkt* ist, daß über die persönliche Freiheit eines konkreten Täters, das begangene Delikt zu vermeiden (= fähig gewesen zu sein, sich rechtskonform anders zu verhalten) eine rechtlich verwertbare Feststellung nicht möglich ist (beispielhaft Lackner, s. o. S. 181). Darüber hinaus wird von namhaften Autoren gesehen und gesagt, daß ein (Schuld begründender) Freiheitsspielraum um so fragwürdiger und unwahrscheinlicher wird, je genauer ein bestimmtes Tatverhalten individuell unter Ausschöpfung aller humanwissenschaftlichen Erkenntnisse und Untersuchungsmethoden in seinem Bedingungsgefüge untersucht wird (so Schreiber, S. 178; Stratenwerth, S. 177; Jakobs, S. 173; Krümpelmann, S. 183 f.).

Der *andere Brennpunkt* ist, daß trotz dieser, genau genommen nicht nur „hypothetischen", sondern empirisch-phänomenalen Determiniertheit jedes subtil untersuchten faktischen Humanverhaltens kaum ein maßgebender Kriminaljurist heute noch bzw. wieder postuliert, Sanktionsakte zwecks Normbestätigung und Rechtsgüterschutz prinzipiell ebenfalls nur als determinierende Akte zu setzen; das heißt: als pure Abschreckungs- und Konditionierungsstrafen, als zwangstherapeutische und pure Sicherungsmaßnahmen. Man hält als Kern der öffentlichen Reaktion auf Rechtsbrüche an einer spezifisch-humanen Schuldstrafe fest. Deren Wesen wird – *rückbezogen* auf den Rechtsbruch – generell in der Normdemonstration bzw. -restabilisierung und individuell im öffentlichen Tadel des Täters gesehen; und – *vorbezogen* aufs künftige Verhalten des Rechtsbrechers – soll Strafe primär wirken als Appell an seine geistige Werthaltung, als sozial versöhnende

Tatsühne durch Entgeltung (symbolische „Rückzahlung“) des unrechtmäßig genommenen subjektiven Tatvorteils und als resozialisierend ausgestalteter Strafvollzug.

Es besteht also eine Antinomie zwischen der heute wissenschaftlich klarer als je gesehenen empirischen Unfreiheit jedes menschlichen „Täters“ einerseits und der rechtlichen Behandlung eines Kriminaltäters als vor der Rechtsgemeinschaft individuell schuldiger Mensch andererseits. – Dies läßt es an der Zeit erscheinen, auch im Kriminalrecht mit *der* Anthropologie Ernst zu machen, deren Fundamente uns Kant legte (und deren Weiterentwicklung die seit Kant fortgeschrittenen Natur- und Geisteswissenschaften – wie Teil I unserer Studie zu zeigen versucht – möglich machten).

Hierzu liegen bereits einige bemerkenswerte Ansätze vor.

2.1 Das Komplementaritätskonzept des Strafjuristen P. Bockelmann (1965/1966)

Angeregt durch die kantische Differenzierung der empirisch-unfreien und zugleich intelligibel-freien Menschen„natur“ hatte ich 1961 den ersten Versuch gemacht, eine analogisierende Beziehung herzustellen zwischen der „Unbestimmtheitsrelation“ des Elementarteilchens irdischen Seins und der des menschlichen Da-Seins (s. Teil I, S. 122 f.).

1965/66 hatte juristischerseits P. Bockelmann diesen Gedanken aufgegriffen: Da „weder die indeterministische noch die deterministische Perspektive für sich allein das Wesen des menschlichen Willens ganz erfassen kann“, liege es nahe, „den Ausweg aus den Aporien des Freiheitsproblems in einem (der Atomtheorie, Ref.) ähnlichen ‚Spiel‘ mit den ‚Bildern‘ von Freiheit und Unfreiheit und Einführung des Begriffs der Komplementarität zu suchen“ (1965, S. 256/7). In einem weiter ausgreifenden Versuch über „Schuld, Schicksal und Verantwortung des Menschen“ schrieb Bockelmann 1966, daß unser geltendes Strafrecht in seinen theoretischen Grundlagen „das Verbrechen sowohl als Schuld wie als Schicksal des Verbrechers betrachtet“ (S. 103), ferner, daß eine „theoretisch befriedigende Lösung des Problems der Verantwortlichkeit“ vorgezeichnet ist durch die Praxis des alltäglichen zwischenmenschlichen Umgangs, „die ohne logische Skrupel das Handeln der Menschen immer zugleich als frei und als unfrei betrachtet“ (S. 118). Das entspreche auch dem religiösen Fühlen der Gläubigen, welches sich trotz des Glaubens an göttliche Allmacht und Allwissenheit vor dem Gott frei, selbstverantwortlich und schuldfähig weiß. Abschließend fragt Bockelmann: „Ist es zu kühn, Wort und Begriff der Komplementarität auch zur Bewältigung unserer Frage heranzuziehen, ob Schuld oder Schicksal die Verantwortlichkeit des Menschen begründet?“ Das Walten des Prinzips der Unbestimmtheitsrelation in der Physik müsse uns mahnen, auch in den großen Fragen des Menschseins „auf eine Lösung …, die logische Bestimmtheit für sich in Anspruch nehmen dürfte, zu verzichten“.

Soweit die beachtenswerten Gedanken eines namhaften Strafjuristen. Sie fielen nicht überall auf fruchtbaren Boden. So hat, wie oben (S. 150) schon erwähnt, der kommentatorisch langjährig maßgebende Strafjurist E. Dreher (1987) nicht nur bei Kant, sondern auch bei seinen juristischen und psychiatrischen Epigonen wie Bockelmann und mir solche Komplementaritätskonzepte als bloß widersprüchlich, als „hölzernes Eisen", als nur Verwirrung stiftende Strafrechtstheorien kritisiert.

2.2 Elemente des Komplementaritätskonzepts bei anderen Strafjuristen (Arth. Kaufmann, J. Krümpelmann, B. Haffke)

Ansätze der von P. Bockelmann (und ähnlich vom zeitgenössischen Philosophen W. Schulz, s. Teil I, S. 120 f.) vertretenen Komplementarität bzw. Dialektik von Freiheit und Unfreiheit finden sich auch in anderen strafrechtlichen Konzepten unserer Zeit. Beispielhaft sei an Arth. Kaufmann, J. Krümpelmann und B. Haffke erinnert.

Arth. Kaufmann (s. o. S. 176 f.) bescheidet sich in der Freiheits- und Schuldfrage angesichts des konkreten Delikts, m. a. W. eines bestimmten, allein der retrospektiver Außenbetrachtung zugänglichen objektiven und subjektiven „Tatbestandes", mit einem nur analogisierend zu gewinnenden, problematischen und *„aporetischen" Schuldurteil.* Er bescheidet sich mit diesen Voraussetzungen von „Freiheit": etwas nach eigenem Sinn ins Werk setzen, sich kraft seiner Vernunft entscheiden zu können; zur geistigen Selbstbestimmung fähig, eine menschliche Person zu sein. Er kommt (ähnlich wie Schulz, Bockelmann und Schreiber) zu dem Schluß, daß ein Freiheit unterstellendes Schuldurteil immer ein Wahrscheinlichkeitsurteil ist, immer „das Wagnis der Entscheidung" enthält (1976, S. 282). Es sei nur zu verantworten, wenn der Richter mit dem Täter „in eine personale Kommunikation eintritt" (1986, S. 231). — Soweit die — erheblich relativierte, problematische, aporetische — retrospektive Freiheitsprämisse Kaufmanns. Sie wird vollends fragwürdig, wenn man die (empirisch determinierte) Genese der — verhaltensentscheidenden — *ideellen Inhalte* der dem Täter „eigenen" Gesinnung, Vernunft bzw. Person ins Kalkül zieht. — Dialektisch hierzu betont Kaufmann aber zu Recht, daß der unter den Rechtsfolgen der Tat von ihm *prospektiv* favorisierte *Resozialisierungsgedanke* „in der Idee der Freiheit gründet". Er wendet sich an das determinativ für die Zukunft noch nicht festgelegte Menschenwesen, bei dem „es möglich ist, die Kräfte der freien und verantwortlichen Selbstbestimmung zu aktivieren" (1976, S. 280).

Auch in den Explikationen des juristisch heute vordringenden *„sozialen" Schuldbegriffs* läßt sich, jedenfalls bei J. Krümpelmann (s. o. S. 188 ff.), latent die anthropologische Dialektik von Freiheit und Unfreiheit aufzeigen. Denn grundlegend wird auch bei diesem Konzept die „empirische Unfreiheit" in Rechnung gestellt. So, wenn Krümpelmann fordert, im strafrechtlichen Verfahren die Frage der *Individualschuld* auszuklammern, weil sich bei Straftätern („bereits eine motivational extrem selektionierte Auswahlgruppe") bei individueller Intensivuntersuchung eine Konditionierung zum Zusammenbruch normativer Motivation „vermutlich nahezu ubiquitär ‚erklären' (ließe)" (1983, S. 347/8). Das strafrechtliche Schuldmodell sei darum nur durchführbar, „wenn es Unabhängigkeit von anlagebedingten, frühgeprägten oder gesellschaftlichen Determinationsstrukturen gewinnt" (1976, S. 30) und z. B. haltlos-rückfällige und explosibel-gewalttätige Psychopathen trotz ihrer kriminogenen Determinanten nicht exkulpiert. Ein „Rigorismus", der Ausgleich finden müsse einmal darin, daß die „soziale" Schuld des Strafrechts „das Moment individualethischen Tadels verliert", zum anderen darin, daß die präventiv unverzichtbare Tatschuld-Bestrafung (die einen gewissen „Aufopferungscharakter" habe) mit Resozialisierungsbemühungen verbunden wird. Ja, diese fordern läßt als ein zwingendes „dogmatisches Korrelat" zur Bestrafung eines — individuell empirisch betrachtet — womöglich (wahrscheinlich?) Unfrei-Unschuldigen. Soweit bei Krümpelmann die Retrospektive.

Nun die Prospektive: Resozialisierung eines *strafrechtlich* schuldfähigen Täters bedeutet nach heutigem consensus omnium kein bloß abschreckendes, kein nur „verhaltenstherapeutisch" konditionierendes, kein mit „Zuckerbrot und Peitsche" dressierend determinierendes Normtreumachen. Es bedeutet vielmehr ein spezifisch-menschliches Ansprechen, einen „Appell an die Werthaltung", ein normatives Motivieren der Gesinnung des sozialen Daseinsbewußtseins eines geistig freien Wesens. Denn der Mensch ist ja in seiner zukünftigen Zeitlichkeit nicht wie die Tiere durch Anlage- und von Lebenserfahrungen geprägte Strukturen in der je-aktuellen Umweltreizsituation festgelegt. — Das Konzept der im Sinne Krümpelmanns „dogmatischen" Verbindung eines sozialen Schuldbegriffs mit dem Resozialisierungspostulat wird also, wie ich meine, implizite der anthropologischen Struktur einer dynamischen Dialektik (Komplementarität) von Freiheit und Unfreiheit durchaus gerecht.

Auch B. HAFFKE (s. o. S. 185), den wir hier noch erwähnen wollen, sieht die, wie er es nennt, „unentrinnbare anthropologische Antinomie" und „überzeitliche Gegensatzspannung von Freiheit und Unfreiheit des Menschen" (1975 a, S. 40). Er kritisiert — u. E. sehr zu Recht — einen „intrasystemischen Sachkonflikt" zwischen Schuldspruch und Behandlungsvollzug. Und zwar insofern, als die Rechtsordnung den Straftäter im Schuldspruch als frei und darum verantwortlich, im Vollzug dagegen als determiniert betrachtet. Wenn Haffke allerdings dem Gesetzgeber nahelegt, „sich ... auf *allen* Ebenen der Strafverwirklichung für das Prinzip psychosozialer Bedingtheit von Delinquenz zu entscheiden", so ist es m. E. eine Verfehlung der menschlichen „Ganzheit", dem Strafrecht einseitig das Bild des bedingten Menschen zugrunde zu legen. Haffke kann zutreffend nur die *falsche strafrechtliche Plazierung* des Freiheits- und Unfreiheitsaspektes kritisieren: der Schuldspruch, welcher retrospektiv keine Freiheit bei Tatbegehung zu konstatieren vermag, muß sich angesichts des determinativen Bedingungsgefüges mit einem nur sozialen Schuldverdikt begnügen. Der prospektiv ausgerichtete Sozialisierungsvollzug spricht dagegen den im Blick auf künftiges Verhalten geistig freien, für einen normkonformen Gesinnungswandel offenen Menschen an und versucht, ihn „normativ zu motivieren".

3. Strafrechtstheoretische Konsequenzen des anthropologischen Komplementaritätskonzeptes

Die Verständigungsschwierigkeiten zwischen Norm- oder Sollenswissenschaft und Erfahrungs- oder Seinswissenschaft (konkreter: zwischen Jurist und Mediziner, am konkretesten: zwischen Richter und Arzt) wurden oft schon betont und beklagt. Offensichtlich ist auch, daß diese weniger in der verschiedenen Materie, Terminologie und wissenschaftlichen Denkweise begründet sind als in differenten Werthaltungen und Zielen beim Umgang mit individuellen und zwischenmenschlichen Nöten, deren Minimierung ja der *Praxis* beider Fakultäten obliegt. Werttafel des Arztes ist die psychobiologische Gesundung und Gesunderhaltung oder wenigstens Leidminimierung des einzelnen. Werttafel des Richters, speziell des Strafrichters, ist die soziale Gerechtigkeit durch Effizienzerhaltung der sie stabilisierenden Normen mittels Sanktionierung individueller Normverletzung; ihm geht es — vergleichsweise gesagt — um die Gesundung und Gesunderhaltung des überindividuellen „Organismus“ einer Rechtsgemeinschaft mittels Abwehr und Bereinigung individueller Störungs- und Gefährdungsherde von Rechtsgütern, von Rechts- und Friedensordnung. Was *im und für das Individuum* „Krankheit“ ist, ist *durch das Individuum und für die Gemeinschaft* die „Kriminaltat“. Sie wird — im Normalfall — dem einzelnen als „Schuld“ zugerechnet; kriminogene Krankheit wird ihm als „Entschuldung“ abgerechnet.

Dabei ist dies die konventionelle, die heutige Strafrechts*praxis* noch immer beherrschende Logik: Zum einen, daß „Schuld“ die *vorwerfbare* Wahl eines normverletzenden statt eines (dem Täter unter den der Tat voraufgehenden persönlichen Umständen ebenfalls möglichen) rechtstreuen Verhaltens voraussetzt; daß m. a. W. der Täter angesichts von Handlungsalternativen über einen Wahlfreiheitsspielraum verfügte. Und zum anderen, daß es — durch körperliche Krankheit bzw. Funktionsstörungen bedingte oder analog mit solchen zu bewertende — *psychische Ausnahmezustände* (konkret: Geisteskrankheiten und -schwächen, Bewußtseinsstörungen, Anomalien des Willens-, Gefühls- oder Trieblebens) gibt, welche diesen Wahlfreiheitsspielraum aufheben oder erheblich bis unerheblich einengen.

In der Strafrechtswissenschaft besteht nun, wie eingehend belegt wurde, heute weitgehender Konsens, daß diese *theoretisch-indeterministische Konzept* der genauer erforschten Empirie nicht standhält, jedenfalls in der Rechtsprechung nicht unmittelbar und ohne weiteres praktikabel ist. Konsens besteht auch, daß ein *theoretisch-deterministisches Konzept* die Realität des menschlichen Täters in seinen sozialen Bezügen als eines leibseelisch-*geistigen* Wesens verfehlt und ihn prinzipiell nicht anders wie ein (zwar möglichst schonend, aber irgendwie) sozial unschädlich zu machendes Tier behandeln würde.

Wir meinen nun, daß auch ein die Freiheitsfrage ausklammerndes oder als „Aporie" antwortlos in der Schwebe lassendes *theoretisch-agnostisches Konzept* dem Vollbild des (auch im Strafrecht zu beachtenden) *ganzen* Menschen nicht entspricht und wollen daher im nachfolgenden zunächst untersuchen und versuchen, ob uns das *Komplementaritätskonzept* strafrechts*theoretisch* weiterbringt.

3.1 Die Krise des traditionellen Schuldstrafrechts und der forensischen Psychiatrie

Das Postulat der juristischen Gerechtigkeitsidee, „ohne Ansehung der Person" Gleiche und Gleiches gleich zu behandeln, zwingt den Richter dazu, prinzipiell genau zu ermitteln, welche „Fälle" (bei gleicher *äußerer* Rechtsgutverletzung, bei gleich schwerem Tat„erfolg") hinsichtlich ihrer strafrechtlichen Schuld, gemessen an Art und Grad der *inneren* Beteiligung, des Wissens und Wollens des Taterfolgs „gleich" sind. Das führte schon im altgermanischen und dezidiert im römischen Recht zur Unterscheidung von Fahrlässigkeit und Vorsatz (culpa oder dolus), von Rauschtaten und solchen mit klarem Kopf, von im Affekt und kaltblütig begangenen Verbrechen, von solchen eines Jugendlichen oder Erwachsenen, eines „Toren" oder eines „Weisen", eines Irrsinnigen oder Vollsinnigen.

An diesem Grad von Individualisierung strafrechtlicher Zurechnung hatte sich bis vor 100 Jahren sachlich nicht viel geändert. Seitdem durch die Fortschritte der (tiefen)psychologischen und (hirn)psychopathologischen, der erbgenetischen und soziologischen Humanwissenschaften aber sehr viel! Es kam zu der oben (Teil I, S. 102 ff.) schon skizzierten „asymptotischen Verdichtung" des erkannten und — durch generelle Forschungsprogression und durch kasuistische Erforschungsintensivierung — zunehmend differenzierter erkennbaren Determinationsgefüges menschlichen (normgemäßen wie normverletzenden) Verhaltens. Wir verfügen heute schon über eine sehr weitgehende Selbst-Erkenntnis der Abhängigkeiten des menschlichen Bewußtseins, Erlebens und Verhaltens, der Intelligenz- und Gemütsdifferenzierung, der Besinnung und Gesinnung, der Trieb- und Affektpenetranz u. a. von genetischen Anlagen und biographischer Prägung, von der Erlebnissituation und von unserer je-aktuellen biologischen und (auch unterbewußt-) psychologischen Verfassung. — Im Teil I 1 und 2 haben wir das organismische und psychosomatisch strukturale „Skelett" dieses Determinationsgefüges differenzierter dargestellt und reflektiert.

Die jüngste Strafrechtsgeschichte unseres Landes spiegelt diesen anthropologischen Erkenntniszuwachs: Das immer Deutlicherwerden von „Übergangsfällen" zwischen psychischer Gesundheit und Krankheit, zwischen Normal und Anormal führte nach jahrzehntelangen Diskussionen 1933 zur Einführung der sog. „verminderten Zurechnungsfähigkeit" und der Zweispurigkeit des Sanktionensystems mit Strafen und Maßregeln. Die Rechtsprechung mußte (zur Erhaltung des Schuldprinzips) den Katalog von de- und exkulpierenden Zuständen (weil für diese der Betroffene offensichtlich „nichts kann") ausweiten auf alle „Beeinträchtigungen der Verstandestätigkeit, des Willens-, Gefühls- oder Trieblebens", welche die „bei einem normalen und geistig reifen Menschen vorhandenen, zur Willensbildung befähigenden Vorstellungen und Gefühle beeinträchtigen" (so der BGH in einem Urteil vom 27. 6. 1955). Und das jüngste Strafrechtsreformgesetz (StGB von 1975) erweiterte dementsprechend den Katalog der Schuldunfähigkeitsnorm (§ 20 StGB) um den Begriff der „schweren seelischen Abartigkeit". Man wollte damit der — wissenschaftsgeschichtlich und kulturell offenbar zwangsläufig fortschreitenden — „Verfeinerung" des Schuldstrafrechts auch gesetzlich Rechnung tragen.

„Verfeinerung" eines Schuldstrafrechts heißt aber Differenzierung und damit Individualisierung der kriminalrechtlichen Reaktion. Und Individualisierung bedeutet im Schuldstrafrecht das Bemühen um genauere kasuistische Bestimmung der *forensischen Täterschuld.*

Zu wägen und zu bewerten sind dabei, wenn ich als juristischer Laie richtig sehe, drei Komponenten:

a) die *Tatschwere* (der objektive Tat„erfolg" noch ohne Beachtung des Täters),
b) die *Tatgesinnung,* wie sie im objektiven Tatverhalten, dem äußeren Tatbild zum Ausdruck kommt (z. B. einem relativ schonenden oder brutal-rücksichtslosen Vorgehen) und in der — z. B. primitiv-egoistischen oder ideell-politischen — Tatmotivation,
c) die *Schuldfähigkeit* (= Tatschuld-Zurechnungsfähigkeit) des individuell genauer untersuchten Täters als dritte und *subjektive Komponente* der forensischen Täterschuld.

(a) und b) könnte man auch als *objektive Tatschuld* zusammenfassen.)

Tatschwere und Tatgesinnung, die Tatschuld (oder Schwere des begangenen Unrechts) ist als objektivierbarer Tatbestand am Maßstab der codifizierten Strafhöhen und Strafzumessungsregeln relativ leicht vom Richter nach der Beweislage zu bestimmen. Die Schwierigkeit der Täterschuldbestimmung liegt vor allem im Feld einer Beurteilung der *Tatzeitpersönlichkeit* des Täters. Und praktisch (da sicher in über 90 % aller Fälle kein die Schuldfähigkeit *ausschließender* und als solcher relativ leicht erkennbarer psychotischer Ausnahmezustand vorliegt) bei der quantifizierenden Frage ihrer *mehr oder weniger verminderten oder unverminderten* Schuld(zurechnungs)fähigkeit.

Dem trägt, seit nach der NS-Ära in der Bundesrepublik wieder rechtsstaatliche Verhältnisse eingekehrt waren, die Rechtsprechungspraxis vor allem damit Rechnung, daß bei vielen Rückfallstätern (weil nach empfindlichen Vorstrafen, geringem Tatvorteil und hohem Risiko ihre Delinquenz „schwer verstehbar" ist) und fast ausnahmslos bei ungewöhnlichen und Kapitalverbrechen zur Beratung des Gerichts in Fragen der Schuldfähigkeit ein psycho(patho)logisch Sachverständiger hinzugezogen wird.

Das aber hatte kaum zu unterschätzende prinzipielle Folgen!

Denn es kam so, wie es – man könnte sagen: seit Kant vorhersehbar – kommen mußte. Der forensische Auftrag an den Sachverständigen beschränkt sich ja nicht (mehr) auf den Ausschluß oder die Feststellung einer „die freie Willensbestimmung ausschließenden" *krankhaften Störung der Geistestätigkeit oder Bewußtlosigkeit* (so 1871–1933). Die Erfahrungswissenschaft wird (gesetzlich ab 1933 bis heute) befragt, ob und in welchem Maß *psychische Anomalien überhaupt* die tataktuelle Einsichtsfähigkeit ins Unrecht oder die demgemäße Steuerungsfähigkeit (= normative Motivationsfähigkeit) beeinträchtigt haben. Nachdem nun auch zur retrograden Erforschung der Tatzeitpersönlichkeit ein zunehmend verfeinertes psychodiagnostisches Untersuchungsinstrumentarium entwickelt ist, werden bei solchen – gerechtigkeitsbedenklich wegen des Aufwandes allerdings nur „schweren" Fällen vorbehaltenen – Intensivuntersuchungen immer mehr und dichterere Determinanten des menschlichen (hier: des sozial abweichenden) Verhaltens sichtbar. Anders gesagt: Die Unfreiheit des „empirischen Charakters" wird speziell im Bereich der Schwerkriminalität kasuistisch sozusagen durchexerziert. Gegen dieses „Paradox von Ideologie und Pragmatik" (Haddenbrock, 1976) eines auf die Freiheitsprämisse gegründeten Schuldstrafrechts wurden darum auf juristischer wie auf Sachverständigenseite *Abwehrstrategien* entwickelt.

So wird *juristischerseits*, wie z. B. von Noll und Roxin, die Freiheitsprämisse forensisch suspendiert, der Schuldbegriff aber nicht aufgegeben und auf ein normwidriges Handeln „trotz normativer Motivationsfähigkeit" bezogen; die Beurteilung dieser höchst problematischen „Fähigkeit" aber wird der psycho(patho)logischen Wissenschaft überlassen. – Oder es wird (wie – wenn auch in differenten Gesamtkonzepten – von Jakobs, Krümpelmann u. a.) postuliert, die forensische Schuldfähigkeitsfrage nicht individuell, sondern generalisierend zu stellen, die „Zuerkennung" aufgehobener oder verminderter Schuldfähigkeit auf typisierte psychopathologische Zustände zu beschränken und die Berücksichtigung „ubiquitärer" Determinationsstrukturen auszuschließen. – Oder es sei, so Burkhardt, Schuldfähigkeit immer dann gegeben, wenn (die tataktuell motivational wirksamen psychodynamischen Faktoren ausklammernd) bei dem Täter nach seinen habituellen Anlagen und Fähigkeiten ein „dispositionales" Andershandelnkönnen bei Tatbegehung anzunehmen ist. – Oder man begnügt sich, wie Tiemeyer, mit Feststellung einer „relativen Freiheit von ..." (nämlich von den in § 20 StGB gesetzlich genannten Anomalien), um dem Täter eine „relative Vermeidbarkeit" seiner Tat forensisch als Schuld zurechnen zu können. – Auch das „analogisierende" Verfahren, wie es z. B. Arth. Kaufmann, H. H. Jescheck,

H. L. Schreiber empfehlen, umgeht die Frage realer Handlungsalternativen der konkreten Tatzeitpersönlichkeit, indem es – in sich widersprüchlich – einen Durchschnittsmenschen in die äußere und innere „Lage" des Täters projiziert (was, genau genommen, auf Identität hinausläuft).

Und *auf der psychowissenschaftlichen Seite* hat es sich – kurz skizziert – so entwickelt, daß die kriminologischen Untersucher zunächst ganz unter dem Eindruck des (durch Erb- und Sozialisationsforschung, durch biographisch, explorativ und testpsychologisch vertiefte Täteruntersuchungen) progressiv differenzierter und dichter aufgedeckten kriminogenen Determinationsgefüges standen, und zwar eines bei „erheblich" kriminell abweichendem Verhalten auch immer „erheblich" anormalen, jedenfalls nicht ubiquitären. Damit kam zwangsläufig eine – berechtigt kritisierte – Tendenz zu ex- und vor allem dekulpierenden Gutachten auf. Da solche offensichtlich am Sinn und Zweck einer – auch einer humanen! – Strafrechtspflege vorbeizielten, kam es zu einer theoretisch ebensowenig fundierten Gegenbewegung, einer rigoristischen *In*kulpierung aller nicht im medizinisch-psychiatrischen Sinne „kranken" (grob geistes- oder bewußtseinsgestörten) Täter, d.h. der „nur" quantitativ abnormen (psychopathisch-neurotischen) Täter. Dabei spielte auch die institutionelle Abwehr eine nicht geringe Rolle: bei Ab- oder Herabsprechen der Selbstverantwortlichkeit und damit Strafwürdigkeit war ja damit zu rechnen, daß dem psychiatrisch Sachverständigen selbst die Verantwortung für den Untersuchten auferlegt wurde: diesen nämlich bei fortbestehender krimineller Gefährlichkeit in seinem psychiatrischen Krankenhaus aufzunehmen, zu behandeln und zu sichern. – So kam es, jedenfalls ansatzweise, zu einer – übertreibend kritisierten – „repressiven Kriminalpsychiatrie" (T. Moser, 1971).

3.1.1 Divergierende forensisch-psychiatrische Methodologien (im Nachkriegs-Westdeutschland)

An dieser Stelle ist angezeigt, auf einige – zum Teil erheblich abweichende – Konzepte der Psychiatrie zur Beratungshilfe in Fragen forensischer Schuldfähigkeit etwas näher einzugehen. Wir beschränken uns dabei auf die vier Nachkriegsjahrzehnte der deutschen Bundesrepublik.

Nachdenkliche Psychiater, welche ja trotz zunehmender Einschaltung auch von Psychologen in Strafprozesse wegen des psycho*patho*logischen Grundkriteriums die Hauptlast „sachverständiger" Richterberatung tragen, drangen schon bald nach Erneuerung einer deutschen Strafrechtskultur (nach 1945) in tiefere Schichten der Zentralfrage „Schuld(un)fähigkeit".

Zuerst und mit sogleich viel Resonanz 1948 der Heidelberger Psychiater Kurt Schneider mit einer kleinen, nur 24 Druckseiten umfassenden Schrift „Die Beurteilung der Zurechnungsfähigkeit". Seine methodologischen Kerngedanken fanden alsbald auf juristischer Seite überwiegend volle, bei den psychiatrischen Fachkollegen eher geteilte Zustimmung, wurden von einigen auch gründlich mißverstanden.

Schneiders *Hauptthese* ist, daß psycho(patho)logische Erfahrungswissenschaft prinzipiell keine *Erkenntnisse* dazu beitragen kann, ob ein Täter bei Tatbegehung vorwerfbar willensfrei handelte oder nicht, ob er m. a. W. den Rechtsbruch auch hätte unterlassen können oder nicht. Diese methodologische Grundaussage ist heute eine fast einhellig akzeptierte, sowohl auf der juristischen wie auf der Sachverständigenseite. Die Akzeptanz ist nicht so eindeutig für die hieraus folgende Differenzierung: zwischen einerseits der Frage nach *strafrechtlicher Schuld* (= soziale Verantwortlichkeit) und andererseits der — an die Freiheitsprämisse gebundenen — individual-ethischen *„wirklichen" Schuldfrage* (die, so 1948, nach K. Schneider „wir ... ja gar nicht beantworten können"; die „kein Richter abwägen kann", so 1953 und 1956). Diesen — epistemologischen! — „Agnostizismus" für die forensische Psychiatrie deutlich gemacht zu haben halte ich für einen in unserem Rechtsraum und -zeitalter erstmalig und endgültig von Kurt Schneider gesetzten Markstein!

Eine zweite, m. E. bis heute nicht überholte (wenn auch terminologisch wechselnd markierte) *Erkenntnisposition* Schneiders ist die Bestimmung des Hauptkriteriums einer (forensische Schuld*un*fähigkeit begründenden) Geistes- oder Gemütskrankheit als *Aufhebung der „sinngesetzlichen Kontinuität der Lebensentwicklung,* welche dem nicht-krankhaften Seelenleben zu eigen ist, auch dann, wenn es sich um eine abnorme Spielart handelt" (1948, S. 8).

Normalerweise in ungebrochener Kontinuität entfaltet sich menschliches Leben vom ersten Tage an unter dem Einfluß seiner jeweiligen Anlagen, Prägungen, Lernprozesse und Erlebnisse bis zum gegenwärtigen Fühlen, Wissen und Verhalten — in diesem biographischen Sinnzusammenhang von anderen Menschen verstehbar und einfühlbar. Diese Sinnkontinuität, in der wir ebenfalls die eigene Biographie rückblickend sehen, ist die unabdingbare Voraussetzung für alles zwischenmenschliche kommunikative Verstehen- und miteinander sinnvoll Umgehenkönnen, für potentiell geistig wirksames Postulieren und Normieren, Loben und Tadeln, Lohnen und Strafen. Und wenn später und bis heute forensische Psychiater das Kriterium von psychopathologisch bedingter Schuldunfähigkeit anders formulieren — etwa als „Verlust des Realitätsbezugs" (H. Witter), als „Strukturverlust durch Entdifferenzierung oder Desintegrierung des Erlebens" (R. Luthe) oder, direkt strafrechtsfunktional bezogen, als „Verantwortungs- und Sühneunfähigkeit" (S. Haddenbrock), — so ist und bleibt der kleinste gemeinsame Nenner dieser qualitativen Verlust-Formulierungen, daß ein allgemeinmenschlichen Sinngesetzen folgendes Verhalten von derart (dauernd oder vorübergehend) veränderten Mitmenschen nicht zu erwarten ist. Solange die Sinnkontinuität gebrochen ist, sind sie aus den normalsinnigen sozialen Bezügen herausgerückt, „ver-rückt"; sind sie aliénés, Fremdlinge geworden, wie es treffend im Französischen heißt.

Auch Grundvoraussetzung der strafjuristischen Formel einer „normalen", speziell einer „normativen" Motivationsfähigkeit ist die erhaltene Sinngesetzlichkeit menschlichen Erlebens und Verhaltens, die damit — völlig unabhängig von der Freiheitsfrage — als das Mindestattribut eines strafrechtlich normalen Normenadressaten angesehen werden kann.

Und *drittens* bringt K. Schneider in seiner kleinen Schrift klar zum Ausdruck die soziale Notwendigkeit strafrechtlicher Verantwortung trotz des retrospektiv empirischen Aspekts menschlicher Unfreiheit.

Er sieht, daß bei der Tatverhaltensanalyse auch eines zweifelsfrei psychisch gesunden Straftäters „alles ein reines Kräftespiel" von Strebungen und Trieben (S. 16) zu sein scheint, daß ein Sexualverbrecher „nur *das* Unerlaubte (tut), was seinem besonderen abnormen Triebleben entspricht" und daß „zum charakterologischen Wesen vieler ‚Gemütloser' ... ja gerade die Unfähigkeit (gehört), sozial zu bleiben. Aus seinen ethischen Defekten entspringt unmittelbar seine Kriminalität" (S. 23). Er konstatiert, daß man trotzdem — „‚wissenschaftlich' ist das nicht begründbar" — von solchen Menschen das Unterdrücken ihrer gefährlichen Neigungen verlangt und dies „das Fundament des Ganzen" ist (S. 23). Er warnt vor dekulpierenden Gutachten bei psychopathischen Persönlichkeiten, weil sonst „eine, jedenfalls kriminalpolitisch, unheilvolle Lage (entstünde)" (S. 22). —

Das Wesentliche des prägnanten forensisch-psychiatrischen Konzepts von K. Schneider zusammenfassend kann man sagen, daß es — ohne dies philosophisch näher zu reflektieren — der anthropologischen Freiheitsaporie Rechnung trägt; dem empirischen Unfreiheitsaspekt ebenso wie dem Aspekt unserer geistigen Freiheit. Denn K. Schneider erkennt nicht in empirisch auszumachenden Freiheitsindizien, sondern in einem *biographisch sinngetragenen und damit intersubjektiv sinnverständlichen* Handeln das positive Kriterium strafrechtlicher Verantwortlichkeit. Sein empirischer Freiheitsagnostizismus ist also im Grunde — wie bei den meisten heutigen Strafrechtslehrern — ein *moralischer Agnostizismus,* der sieht, daß erkenntniskritisches Bewußtsein keinen Pharisäismus, kein personal-sittliches Urteil der Richtenden über die Gerichteten zuläßt.

Juristischerseits wurden K. Schneiders Hauptgedanken bereits 1951 von H. Welzel positiv aufgegriffen (s. oben S. 163) und finden sich fast 4 Jahrzehnte später bei G. Jakobs wieder, der 1987 (s. oben S. 173) ebenfalls betonte, daß forensische Schuldunfähigkeit etwas mit individueller Sinnlosigkeit zu tun hat, und für schuldfähig hält, „wer individuellen Sinn verwirklicht". —

Es ist wissenschafts- und zeitgeschichtlich bemerkenswert, daß der Nachfolger Kurt Schneiders auf dem Heidelberger Psychiatrielehrstuhl, W. v. Baeyer, in den 50er und 60er Jahren bei Beurteilung der strafrechtlichen Zurechnungsfähigkeit kriminellen Verhaltens (wie auch der sozialrechtlichen Zurechnungsfähigkeit, d. h. Selbstverantwortlichkeit für psychogen-neurotische leib-seelische Beschwerden und Funktionsstörungen) einen zu seinem

Amtsvorgänger konträren „gnostischen" Standpunkt vertrat: Aufgabe eines fachpsychiatrischen Gutachtens sei, zu beurteilen, ob ein psychisch abnormer Delinquent „mit *dieser* seiner Struktur und Motivation in *dieser* seiner Tatsituation imstande gewesen wäre, der Versuchung zum kriminellen Handeln zu widerstehen, oder ob und in welchem Grade sein Willen zum Erliegen bestimmt war ... Denn wer sollte die Schuldfähigkeit, d.h. den Freiheitsgrad des Handelns ... bei derartigen Menschen besser beurteilen können als der Psychiater, der geschulte Kenner und Behandler solcher ‚abartigen' Personen?" (1957, S. 337).

Diese sich „anthropologisch-phänomenologisch" verstehende Lehre weist – so wie in jüngerer Zeit die indeterministisch argumentierenden Strafjuristen E. Dreher (s. oben S. 148 f.) und A. Griffel (s. oben S. 150 f.) – auf das eigene und zwischenmenschlich vermittelbare Daseinserleben hin, in dem der Mensch sich selbst als Ursprung seines Handelns erlebt. Wenn also ein Täter, argumentiert v. Baeyer, glaubhaft mitteilt, er habe aus Selbstverfügung delinquent gehandelt, sei dies ein prägnanter Ausdruck seines Selbstseins und seiner Freiheit. Sie manifestiere sich auch in der Differenz unserer Daseinsstruktur zwischen der Willentlichkeit des Selbst, dem volontaire nach Paul Ricœur (1949) und dem involontaire, dem Unfreiwilligen der dem Selbst vorgegebenen Erlebniswelt mit ihren Reizbildern, Affektbesetzungen und Triebimpulsen. In den aus inneren Auseinandersetzungen zwischen dem volontaire und dem involontaire geborenen spezifisch menschlichen Entscheidungen offenbare sich unsere Freiheit als Grundlage für Verantwortlichsein, für mögliches Schuldigwerden. – Methodisch wird vom „gnostischen" Gutachter nach v. Baeyer auf ein frei gewähltes und gesteuertes Verhalten so geschlossen: einmal aus glaubhaften Selbstschilderungen über das Bewußtsein eines freien Entschlusses zur Tat, zum anderen aus dem Stil des Tatverhaltens (Planung, Warten- und Verschiebenkönnen, Tarnung), ferner aus früher rechtmäßigem Verhalten unter vergleichbaren Umständen und schließlich auch aus der Evidenz von Einblicken in existentielle Entscheidungsakte, die sich gewinnen lassen bei einer kommunikativen Begegnung zwischen dem Sachverständigen und seinem Begutachtungsprobanden.

Methodologiekritisch ist zu diesem freiheits„gnostischen" Konzept W. von Baeyers zu sagen, daß er zu Recht nachdrücklich auf die tranzendentale Konstitution des Menschen hinweist, auf das (auch) unser soziales Verhalten reflektierende und entscheidende, vom affektiv-triebhaften Primärleben abgehobene Selbst-, Welt- und Wertbewußtsein, wie es jeden reifen und psychisch gesunden Menschen bei seinem Tun und Lassen begleitet. (Wir haben diese unsere *geistige* Freiheit im Teil I, Kapitel 3 und 4 näher expliziert.)

Persönlichkeitsdiagnostik, Tatverhaltensanalyse und ehrliche Motivationsschilderungen des Täters führen jedoch nicht hinaus über die Feststellung eines *subjektiven Autonomiebewußtseins* und eines sinnverständlichen (und darum zwischenmenschlich verantwortungsfähigen) Verhaltens. Die Unterscheidung eines *mehr ideell gesteuerten* Handelns (z.B. beim langfristig planend und politisch wohlüberlegt handelnden Überzeugungstäter) von *mehr affektiv oder triebhaft gesteuertem* Handeln beim Eigentums-, Sexual- oder Affekttäter besagt wohl etwas über ein Mehr oder Weniger an differenzierter, rationalisierter bzw. länger reflektierter Motivation (mit entsprechenden Konsequenzen für die Rechtsfolgen), aber nichts über ein Mehr oder Weniger an Freiheit zum Vermeidenkönnen des Delikts. W. v. Baeyer übersieht, daß empirische Humanwissenschaft wohl differente und differenzierte Determinations*strukturen* aufdecken kann, aber keine unterschiedlichen Determinations*grade* untersuchter Mitmenschen; daß wir — wie Nicolai Hartmann in seiner „Ethik" (3. A. 1949, S. 802/804) schrieb — „auf keine Weise angeben (können), welcher Wille frei ist und welcher nicht".

An die Konzepte von Kurt Schneider einerseits und W. v. Baeyer andererseits schloß sich in den 60er Jahren (einer Zeit auch lebhaftester Diskussion des Strafrechtsreformgesetzes von 1969) ein langer und engagierter *„Agnostizismusstreit"* im forensisch-psychiatrischen Lager an (nach Ansicht des Ref. ein thematisch bemerkenswerter *historischer Nachfahr des sog. „Determinismusstreits" um die Jahrhundertwende* im Lager der Strafrechtswissenschaft). Er fand literarischen Niederschlag vor allem in einer Diskussion von 1957 bis 1963 zwischen v. Baeyer auf der einen, H. Witter und dem Ref. auf der anderen Seite in der Zeitschrift „Der Nervenarzt" (1957, S. 337; 1959, S. 221; 1961, S. 145 und 225–228; 1962, S. 509; 1963, S. 120–124). Dabei hob Witter vor allem auf eine methodologisch strenge Unterscheidung von *empirischem „Wissen" und normativen „Werten"* ab.

Mit wesentlichen Beiträgen a.a.O. waren ferner H. Leferenz (1958–1976), H. Müller-Suur (1956) und später H. Ehrhardt (1961–1977), H. P. Kisker (1975) und U. Venzlaff (1977–1986) beteiligt. Kurt Schneider griff nicht in diese Diskussion ein, er war aber — wie er mir in einem persönlichen Gespräch sagte — befriedigt, in den Teich des sich mit ungeklärten konventionellen Usancen beruhigenden kriminalforensischen Gutachterwesens einen Stein geworfen zu haben, der anhaltende Wellen des Nachdenkens bewirkte.

Diese Diskussionen sind hier nicht im einzelnen nachzuzeichnen. Als zwischen beiden „Lagern" mit gedankenreichen Studien vermittelnd sei aber besonders erwähnt H. Leferenz. Er betont einerseits entschieden, das Freiheitsproblem sei auch durch die phänomenologische Anthropologie nicht gelöst, „jedenfalls nicht in *dem* Sinn, in welchem es u. E. ein echtes Schuldstrafrecht zu stellen genötigt ist"; mit gutem Grund könne auch die Meinung vertreten werden, „daß der Wille alle Kraft aus den Antrieben erhält und damit zu einem mehr formalen Faktor wird" — ein Gedanke, den ja schon M. Scheler 1927 vortrug. Andererseits anerkennt Leferenz, daß der phänomenologisch-anthropologische Aspekt der Willenspsychologie „uns erweiterte Einblicke in die Struktur des Wollens erschlossen hat" (1961, S. 651).

Und er sieht gegenüber der „penetranten Tendenz“ der modernen Kriminologie, „das Strafrecht, soweit es echtes, d.h. Schuldstrafrecht ist, aufzuweichen“, den Wert dieser Anthropologie auch darin, „die typisch menschlichen Phänomene gegenüber dem Tierreich abgehoben“ zu haben und uns instand zu setzen, „das Moment der Willentlichkeit im Verhältnis zur Gebundenheit an Antriebe und Strebungen, an äußere Einflüsse, an biologisch-kausale Faktoren psychologisch feiner zu erfassen. Sie bleibt damit aber auf der psychologischen Ebene und vermag das Freiheitsproblem nicht in *dem* Sinne zu lösen, in welchem es ein echtes Schuldstrafrecht stellen muß“ (1962, S. 3/4).

Bemerkenswert ist auch, was Leferenz dem Einwand entgegenhält, daß es ja nicht um eine positive Feststellung von Schuldfähigkeit qua Freiheit gehe, sondern um eine negative, um das Aufweisen von Defizienzen der Schuldfähigkeit, um das „Falsifizieren“ von Freiheit (R. Luthe 1985/1988): Dies erleichtere eine empirisch psycho(patho)logische Konkretisierung von Freiheitsgraden oder -spielräumen auch nicht. „Denn wer empirisch die Freiheit nicht positiv zu fassen vermag, kann auch empirisch nicht feststellen, wo die Unfreiheit anfängt“ (1958, S. 29). Und in einer späteren Arbeit von Leferenz (1976, S. 40/41) findet sich noch eine bemerkenswerte Selbstkorrektur. Er messe „heute“ dem Phänomen unseres Freiheits*bewußtseins* „als anthropologischem Grundzug“ größeres Gewicht bei, weil es ihm „ein Schuldstrafrecht wenigstens erträglich, vielleicht sogar sozial-anthropologisch notwendig erscheinen“ lasse. –

Mit ironisierenden Wendungen und in der Sache widersprüchlich kritisiert H. Ehrhardt 1968 (S. 288 ff.) und 1977 (S. 379) die agnostische Einsicht in verfehlte Konnotationen von strafrechtlicher „Schuldfähigkeit“ mit freier Selbstbestimmung, Selbstverfügung, Willensfreiheit und anderen Begriffen aus Ethik, Theologie und Philosophie. Da heißt es u. a., der Agnostizismusstreit sei „nur eine magische Variante (des Determinismusstreits) zur Fortsetzung des ohnehin endlosen Philosophierens und Pseudophilosophierens um die ‚Grundlagen‘ der Schuldfähigkeitsbeurteilung und insoweit ein Beitrag zur weiteren Irritierung der Gerichtspraxis“. Dabei gibt Ehrhardt selbst mit simplifizierenden Thesen beste Beispiele für die ungeklärte Freiheitsaporie im Strafrecht. So heißt es bei ihm z.B. gleichlautend 1968 (S. 284) und 1977 (S. 373): „Die Tatsache, daß ein ‚normaler‘ Staatsbürger vor der auf Rot geschalteten Verkehrsampel anhalten ‚kann‘, daß er ein Stopsignal keineswegs ignorieren ‚muß‘, kennzeichnet völlig ausreichend diejenige ‚Freiheit‘, die unerläßliche und wissenschaftlich unangreifbare Voraussetzung jeder Rechtsordnung ist“. Daneben liest man, ebenfalls gleichlautend, daß es bei der Begutachtung bzw. Beurteilung der strafrechtlichen Schuldfähigkeit „immer nur um die empirisch faßbaren Bedingungen der Möglichkeit von Unfreiheit (geht)“ (1968, S. 284 und 1977, S. 375). Hierzu ist zu sagen, daß man ebenso von der jedem aus Eigenerfahrung evidenten *Unfreiheit* des normalen Verkehrsteilnehmers in normaler Situation sprechen kann, *eine Rotampel zu überfahren,* wie auch von der — nur anders strukturierten — Unfreiheit des Ausnahmefalls, der — sei es wegen einer dringenden Rettungsfahrt, sei es wegen enthemmendem Alkoholeinfluß, sei es wegen einer gegen andere und sich rücksichtlos-leichtfertigen („psychopathischen") Gesinnung oder anderer abnormer Motivationsstrukturen — dieses Verkehrsdelikt begeht. Und im Regel- wie im Ausnahmefall wäre es ein leichtes, die „Bedingungen der Möglichkeit von Unfreiheit" zu einem anderen als dem faktisch verwirklichten Verhalten zu erfassen.

Widersprüchlich ist wiederum bei Ehrhardt, einerseits (wie auch Ref.) davon auszugehen (1977, S. 374/5), daß in der modernen Anthropologie „das Verhältnis von Kausalität und Freiheit nicht mehr als metaphysische Rivalität, sondern als ontologische Komplementarität verstanden (wird)" und sehr richtig zu betonen, daß „unser diagnostisches Bemühen immer der Determinationsstruktur des Verhaltens eines Menschen (gilt)". Andererseits verkennt Ehrhardt (S. 377/8) den *normativen* Charakter der forensischen Bewertung, von welchem Grade des Einflusses einer (und welcher) Anomalie auf Einsichts- oder/und Steuerungsfähigkeit an eine Verminderung oder Aufhebung der rechtlichen Schuldfähigkeit angenommen wird: „Eine Aufspaltung dieser Frage in einen tatsächlichen und einen normativen Teil widerspricht der Realität des Lebendigen" (1977, S. 377). Dieser Satz übersieht, daß normative Ordnungen und Forderungen zur *Realität unserer geistig-kulturellen* Daseinswelt und nicht zur „Realität des Lebendigen" gehören.

Der grundsätzliche Problembearbeitungen scheuende und solche nur persiflierende Pragmatismus Ehrhardts möchte, daß „einmal ein Schlußstrich unter das endlose Theoretisieren über Schuld und Schuldfähigkeit gezogen" wird (1968, S. 292). Er sieht nicht, daß diesem „endlosen Theoretisieren", daß einer philosophia perennis des Rechts jeder humane Fortschritt der Strafjustiz zu verdanken war und sein wird. —

Im „Antiagnostizismus" einig mit W. v. Baeyer und H. Ehrhardt mißversteht auch U. Venzlaff (1977/1986) (Leiter eines psychiatrischen Krankenhauses mit großer klinischer und forensischer Erfahrung) die erkenntniskritische Position von Kurt Schneider und der ihm weithin zustimmenden Strafjuristen (um sie allerdings, wie ich meine, in seinen näheren Ausführungen unversehens zu bestätigen).

Seinen Satz, daß es bei der forensischen Freiheitsfrage „gar nicht um das metaphysische Problem der Willensfreiheit, sondern um die Frage menschlicher Entscheidungs- und Motivationsspielräume (geht)" (1986, S. 83), könnte man noch als ein wissenschaftliches Sichbescheiden mit dem Bereich „dispositionalen" Andershandelnkönnens im Sinne von B. Burkhardt (s. oben S. 184 f.) verstehen. Diese Spielräume für menschlichen Gesinnungs- und damit Motivationswandel sind ja *in foro* Voraussetzung des Sichverantwortenkönnens in kritischer Reflexion auf eine begangene Tat und *im Resozialisierungsprozeß* Voraussetzung für den Aufbau künftig anderer, nichtkrimineller Verhaltensbereitschaften.

Aus dem näheren Kontext ergibt sich aber, daß Venzlaff mit diesem „Spielraum" den tataktuellen „Freiheitsgrad unserer Selbstverfügung" meint, zu dem s. E. „unterhalb der unlösbaren Alternative Determinismus—Indeterminismus" (1986, S. 86) bzw. „unterhalb der Ebene einer absoluten Willensfreiheit" (1977, S. 255) eine fachwissenschaftlich begründete (jedenfalls Wahrscheinlichkeits-)Aussage möglich sei. Der Kernsatz von Venzlaffs Anthropologie lautet nämlich, daß von einem vollsinnigen (= schuldfähigen) Menschen „im Rahmen eines komplizierten Sozialisationsprozesses ... Denk- und Handlungsdeterminanten erworben (werden), durch die der Mensch eine relative Entscheidungsfreiheit und ein Spektrum von Wahlmöglichkeiten für die Befriedigung von Antriebsqualitäten, aber auch für das Bestehen sozialer Konfliktsituationen unter leidlich normalen Lebens- und Umweltbedingungen erhält ... (und damit) ... ausreichende Fähigkeiten erwirbt, sein Verhalten im sozialen Raum nach bekannten bzw. erkennbaren Normen einzurichten" (1986, S. 86/87).

Venzlaff stellt nun, den grenzenlos weiten „juristischen Krankheitsbegriff" (s. oben S. 203) aufnehmend, grundsätzlich *alle* eine *Sozialisation* primär behindernden oder später wieder aufhebenden bzw. einschränkenden körperlichen und seelisch-geistigen Einflüsse in Rechnung. Denn in einer modernen Psychiatrie seien „biologische, psychodynamische und psychosoziale Faktoren von gleichrangiger Wertigkeit" (1986, S. 84) und es könne kein wissenschaftlicher Beweis dafür erbracht werden, „daß psychotische oder hirnorganische Symptome ihrer Natur nach stärker verhaltensdeterminierend sind als elementare Affektausbrüche, die Auswirkungen abnormer seelischer Entwicklungen, neurotischer Störungen oder Triebanomalien" (1977, S. 255).

Hieraus ergibt sich, wie Venzlaff richtig sieht, logisch zweierlei: einmal *das Primat der sog. psychologischen Auswirkungsbegriffe* (Einsichts- und einsichtsgemäße Handlungsfähigkeit) als Beurteilungskriterium von Schuldfähigkeit und zum anderen, daß nicht die Qualität einer Störung (ob Psychose oder Neurose, Psychopathie oder Reaktion o. a.), sondern allein die *Quantität oder Intensität einer Anomalie* (genauer: ihres tat(mit)kausalen speziellen Auswirkungsgrades auf jene Fähigkeiten) forensisch relevant wird. Da nun evident ist, daß bei den kriminalpolitisch wichtigsten Gruppen (den fruchtlos oft vorbestraften kriminellen „Rezidivisten" und bei der Schwer-, insbesondere Gewalt- und Sexualkriminalität) regelmäßig erhebliche, nicht ubiquitäre Anomalien entweder der Persönlichkeit des Täters oder seines situativ oder/und biologisch belasteten Tatzeitzustandes mit Auswirkung auf das Tatverhalten vorliegen, ist ein methodologisch nach dem Konzept Venzlaffs vorgehender Gutachter in einer schwierigen Lage: Er muß aus seiner Wissenschaft und Kennerschaft des Psychisch-Abnormen Kriterien entwickeln, nach denen der „Grad der Selbstverfügung“ bei Tatbegehung *direkt* zu bestimmen ist.

„Gnostiker“ wie W. v. Baeyer traut Venzlaff letzteres der Psycho(patho)-logie zu. So könne bei einem neurotischen Täter untersucht werden, ob eine so erhebliche „Deformierung oder Desintegration des Ich bei gleichzeitigem Versagen von Abwehr- und Kontrollmechanismen“ vorlag, daß angenommen werden kann, „ein zumutbares Anderskönnen in der Tatsituation (war) nur noch mit Einschränkung oder nicht mehr möglich“ (1986, S. 353). In eklatante Widersprüchlichkeiten verwickelt sich der Autor, wenn er einerseits (1986, S. 87), wie schon erwähnt, primäre und sekundäre Sozialisationsdefekte als Hauptkriterien eingeschränkter Schuldfähigkeit betont, andererseits (S. 357) über „die Begutachtung dissozialer Persönlichkeiten, ... solchen Menschen mit katastrophalen Entwicklungsbedingungen, in deren Rahmen z. T. jede Internalisierung von Normen und Wertbegriffen im Keim erstickt wurde“ schreibt (richtiger wäre: dekretiert): dies heiße nicht, die handelnde Person wäre nicht in der Lage, sich aufgrund des regelhaft vorhandenen Wissens um die Normen sich auch nach ihnen zu richten, „und hierauf alleine kommt es bei Beurteilung der strafrechtlichen Verantwortlichkeit an“. Kaum haltbar ist auch der in diesem Zusammenhang vom Autor gezogene Schluß von der *Anpassungsfähigkeit* solcher Täter „an andere, oft viel rigorosere Normen“ subkultureller Gruppen auf ihre auch *normative Motivationsfähigkeit:* Diese wird ja nach gesicherter kriminologischer Erfahrung gerade dem subkulturell angepaßten abartigen Mitglied durch die Gruppenpsychodynamik noch zusätzlich erschwert!

Resümierend lehrt Venzlaff, zur Beurteilung der Zurechnungsfähigkeit könne „eine umfassende Gesamtschau der genetischen, biologischen und biographisch-tiefenpsychologischen Wurzeln des So-Seins der Täterpersönlichkeit ... unter gleichzeitiger Analyse des situativen Vorfeldes der Tat, mitunter auch einer subtilen Prüfung der Täter-Opfer-Beziehung *die Frage des Grades der ausweglosen Bestimmbarkeit durch die Situation* zu ergründen versuchen“ und damit des *Grades „des Ausgeliefertseins an ein psychopathologisches Geschehen“*. Denn „die heutige Psychiatrie“ könne „aus gesichertem tiefen- und entwicklungspsychologischen Wissen, der Kenntnis um die Dynamik abnormer seelischer Reaktionen und Entwicklungen zu solchen Fragen Aussagen machen“ (1986, S. 90).

Zusammenfassend geht unser *Hauptbedenken* gegen das Konzept von Venzlaff dahin, daß die geforderte „umfassende Gesamtschau“ (nach Bürger-Prinz das Eintauchen in die „ozeanische Unendlichkeit“ des Individuellen) bei Beurteilung der Schuldfähigkeit in eine Sackgasse führt*. Man sieht

* Juristischerseits haben vor dieser gewarnt vor allem J. Krümpelmann 1983 (s. oben S. 183) und G. Jakobs 1987 (s. oben S. 173).

bei derart privilegiert untersuchten Tätern ein immer dichteres Determinationsgefüge, das hierzu korrespondierend einen – von der Freiheitsprämisse des Schuldstrafrechts unterstellten – Freiheitsgrad oder -spielraum schrumpfen läßt. Um nicht im Determinismus zu enden, müssen auf diesem Weg – m. E. eine via falsa – artifiziell Stopsignale gesetzt werden. Venzlaff versucht dies damit, daß er der *„Ich-Instanz"* menschlicher Selbstverfügung die Funktion zuschreibt, bejahend oder verneinend darüber zu entscheiden, ob ein (auch ein unbewußtes) Motiv „handlungsdeterminant werden kann" (S. 90). Erst die ebenfalls zu untersuchenden Gegebenheiten einer „Stabilität oder Instabilität ... Deformierung oder Desintegration des Ich bei gleichzeitigem Versagen von Abwehr- und Kontrollmechanismen" erlaube die Annahme, „daß ein zumutbares Anderskönnen in der Tatsituation nur noch mit Einschränkung oder nicht mehr möglich war" (S. 352/3). – Bei welchen Schwerkriminellen könnte man aber rechtlich relevante „begründete Zweifel" am Nichtvorliegen solcher „Gegebenheiten" jemals ausschließen?

Ich vermag nicht zu erkennen, wie die zuletzt referierten Vorbehalte Venzlaffs einen – zumal unter der Regel des in dubio pro reo fast zwangsläufigen – *psychologistischen Determinismus* aufhalten könnten. Denn auf diesen läuft paradoxerweise die gnostische Intention, Freiheits- oder Spielraumgrade der Selbstverfügung zu ermitteln, bei stringenter Durchführung hinaus (Haddenbrock, 1967).

Konstruktiv und präventiv förderlich sein können allerdings solche *umfassenden Persönlichkeitsdiagnosen* bei der Stellung von Straf- und Sozialprognose, bei der Beurteilung von Resozialisierungsaussichten und der Wahl eines individualpräventiv gezielten Einsatzes dieser oder jener, straf- oder maßregelrechtlichen Sanktion. Und in diesem Sinne kann ich mit Vertretern heutiger Strafrechtslehre (wie z. B. Blau, Krümpelmann, Schüler-Springorum) Venzlaff nur voll darin beipflichten, daß „die wichtigere (! Ref.) forensische Aufgabe des psychiatrischen Sachverständigen ... in der Beratung des Gerichts bei der kriminalpolitischen Aufgabe (liegt), also bei der Erörterung von Prognose und Behandlungsmöglichkeiten"; und mit Witter kann ich Venzlaff auch darin zustimmen, daß diese Aussichten und Möglichkeiten bei der Beurteilung der Zurechnungsfähigkeit nicht unberücksichtigt bleiben sollten (1977, S. 258). –

War für Venzlaff (wie für v. Baeyer und Ehrhardt) das *Freiheitsparadigma* für die Schuldfähigkeitsbeurteilung leitend, so ist es für H. Sass (1983–1988) das – über den somatologisch orientierten Krankheitsbegriff K. Schneiders hinaus – zu einem „psychopathologischen Referenzsystem" entwickelte *Krankheitsparadigma.*

Dieses erweiterte Bezugssystem umfaßt neben den psychischen Krankheiten i. e. S. (mit allen ihren Prodromen und Residuen) und den Schwachsinnsformen auch *alle* Arten von Bewußtseins- und *Persönlichkeits„störungen"*. Bei letzteren, den kriminologisch bedeutsamsten, unterscheidet Saß: erstens als *„Psychopathen"* (in seinem Sinne) Menschen, die wegen ihrer Anomalie selbst leiden oder/und soziale Probleme haben, ohne delinquent zu werden; zweitens *„Soziopathen"*, die darüber hinaus wegen ihrer psychopathologischen Besonderheiten sozial konfliktträchtig sind, auch mit aktiver Delinquenz. Als dritte Gruppe werden *„Dissoziale"* herausgestellt, die wegen bestimmter Charakterstrukturen „eine im gesamten Lebenslauf erkennbare Disposition zu devianten und delinquenten Verhaltensweisen haben *(antisoziale Persönlichkeitsstörung)"*. Zwischen diesen Störungsgruppen (Prägnanztypen) bestehe eine fließende Abstufung und keine deutliche Grenzlinie.

Auf der Basis dieses Referenzsystems geht nun Saß (mit Bresser, s. unten S. 216 und auch m. E. prinzipiell zutreffend) davon aus, daß es bei Beurteilung der Schuldfähigkeit nicht auf einen Determinationsgrad, sondern darauf ankommt, „welche Form von Verhaltensdeterminierung zugerechnet wird und welche nicht" (1985, S. 57).

Saß stellt zur Diskussion, daß die von seinem Konstrukt einer „dissozialen" Charakterstruktur erfaßten Mängel „beim Fehlen anderer psychopathologischer Auffälligkeiten *nicht* zum Kreis derjenigen seelischen Störungen gehören, die zu einer relevanten Einschränkung der Schuldfähigkeit führen". Denn als Hauptanliegen der breit angelegten Studie bezeichnet der Autor „... die Lösung des Psychopathiebegriffs von der bisher nahezu obligaten, oft fehlerhaften Verknüpfung mit Dissozialität, aber auch eine Befreiung des Dissozialitätsbegriffs von der ähnlich obligaten, fehlerhaften Assoziation Abnormität bzw. Krankheit" (1986, S. 125). Und in diesem Sinne *kritisiert Saß eine Verquickung psychopathologischer und soziologischer Gesichtspunkte* sowohl an der bekannten Psychopathentypologie von K. Schneider, wie auch an den modernen internationalen Diagnosesystemen (wie ICD 9, 10 und DSM III), ferner (1985, S. 57) am sozialen Schuldbegriff von Strafjuristen, an der Orientierungsfigur einer „sozial-kulturellen Persönlichkeit" von forensischen Psychologen und ebenfalls am Konzept des „strukturell-sozialen" Krankheitsbegriffs von W. Rasch (s. unten S. 219).

Als *evtl. dekulpierende* „psychopathologische" Züge stellt Saß im einzelnen heraus: Neigung zu hypochondrischen, dysphorischen und depressiven Verstimmungen, zu Drangzuständen, Suizidhandlungen und zur Affektretention, sowie bei der Untersuchung Zeichen von Persönlichkeitsdepravation; und als s. E. *nicht dekulpierende* „dissoziale" Charakterzüge: 1. geringe Introspektion und Selbstkritik, 2. Egozentrizität, 3. Mangel an Empathie; Gefühlskälte, 4. überhöhten Anspruch, 5. paradoxe Anspruchserwartung sowie 6. Unter-, Fehlbesetzung sozialer Normen (1986, S. 55).

Kritisch meine ich, daß der Versuch von Saß nicht gelungen ist, den Begriff „Psychopathie" von einer Konnotation mit Dissozialität *kategorial* zu befreien, und ebensowenig den Begriff „Dissozialität" kategorial vom Odium (und *möglichen* Dekulpandum) des Psychopathologischen — jedenfalls nicht durch die Anbindung allein der psycho- und sozio„pathisch" genannten Persönlichkeitsstörungen an ein „psychopathologisches Referenzsystem". Dieses halte ich nicht für ein geeignetes Kriterium forensischer Schuld(un)fähigkeit. Denn auch die 6 Items des Konstrukts „Dissozialität" haben (gleich wie die von Saß davon als forensisch relevant unterschiedenen psycho„pathischen" Wesenszüge) einen Bezug zur Symptomatik endogener oder organischer Psychosen, sie können qualitativ ebenfalls in das sog. psychopathologische Referenzsystem eingefügt werden. So sind Mangel an Selbstkritik, Gefühlskälte, Egozentrik, Ansprüchlichkeit und normativer Motivationsverlust auch festzustellen bei den sog. Persönlichkeitsveränderungen von bestimmten hirndegenerativ, encephalitisch und paralytisch Kranken (vor allem im Prodromalstadium); einzelne solche Züge kommen auch bei Epileptikern und Hirntraumatikern vor (in nicht durch gröbere Symptome überlagerten Fällen). — Damit wird aber das psychopathologische Referenzsystem als *kategoriales* Differenzierungskriterium von Psychopathie, Soziopathie und Dissozialität ungeeignet. —

Beachtliche Orientierungsmarken in die jüngere Diskussion setzen vor allem: P.H. Bresser (1960–1990), W. Rasch (1964–1991) und H. Witter (1957–1990).

Bresser, der „strengste" dieser Autoren, hatte bei Mitbegutachtung des bekannten Falles Jürgen Bartsch (exzessiv sadistischer Knabenmörder) in den 60er Jahren als für dessen Schuldfähigkeit sprechend darauf verwiesen, daß der Täter bei klarer Einsicht in das Unrecht seiner Taten „jederzeit steuerbare Handlungen" ausgeführt habe; und zwar deshalb, weil er sich stets rational wohlbedacht mit Vorsichtsmaßnahmen gegen Entdeckung und mit Abstandnehmen bei ungünstiger Tatsituation an die äußeren Umstände anpassen konnte (1970, S. 1377). Nach methodologischen Einwänden des Ref. (nicht unbedingt gegen das Votum zur Schuldfähigkeit) schrieb Bresser später, „... daß die Fähigkeit zur Steuerung des Sexualtriebes *nicht* danach beurteilt werden kann, mit wieviel Berechnung, Vorplanung und Situationsangepaßtheit die Tatausführung verbunden ist". Eine empirische Beweisführung sei hier nicht möglich. „Es gibt keine Bemessungsgrundlage für die Stärke eines Triebes oder seinen Determinationsgrad im Gefüge aller Motivationen." Nur wertende Entscheidungen seien möglich, was an Triebbeherrschung dem Menschen zugemutet werden „soll" und „kann" (1976, S. 303). Bresser stimmt mir (1972, S. 885/6) grundsätzlich darin zu, daß nur „die Determinationsstruktur ... empirisch einigermaßen zugänglich (ist), der Determinationsgrad aber nicht" (1976, S. 270).

1978 und 1983 wendet sich Bresser entschieden gegen die — zu einer bedenklichen Kompetenzproblematik zwischen Richter und Sachverständigen führende — *„ungenaue Unterscheidung zwischen einer Beurteilung der Schuld* aus juristischer Sicht mit der Anwendung wertender Aspekte *und einer Beurteilung der Schuldfähigkeit* auf Grund psychiatrischer Feststellungen" (1978, S. 1188). Wie Witter (schon 1959) dringt auch Bresser zu Recht auf eine strikte Unterscheidung von „Wissen" und „Werten" und rät – gegen H. L. Schreiber (s. S. 178) und mit Arth. Kaufmann (1985, S. 1071) – entschieden ab von einer Lockerung der *Sachverständigenpflicht zu „normativer Abstinenz"*. Er betont, darin ebenfalls mit Witter und dem Ref. übereinstimmend, daß nicht nur Schuld- und Schuldmaßbeurteilung rein richterliche Wertungsakte sind. Auch die strafrechtliche Schuldfähigkeit könne nicht von einem Sachverständigen (als voll oder vermindert gegeben) festgestellt oder ausgeschlossen, „sondern nur in einem Wertungsakt zuerkannt oder aberkannt werden" (Witter, 1970, S. 181; Bresser 1978, S. 1188). Diese Kompetenzfrage sei bei (vom Psychiater allein eindeutig diagnostizierbaren) psychischen Krankheiten und Schwachsinnszuständen unproblematisch, ebenso die Konvention, daß solche medizinisch-psychiatrischen Störungen Auswirkungen auf die Schuldfähigkeit haben.

Demgegenüber weist Bresser dann zu Recht auf die sowohl psycho(patho)-logisch-diagnostische Problematik von affektiven „Bewußtseinsstörungen" und neurotisch-psychopathischen „Abartigkeiten" hin, als auch auf die rechtlich ungeklärte Frage, ob es bei unter derartigen inneren Einflüssen handelnden Tätern um eine Bewertung ihrer Schuld oder ihrer Schuldfähigkeit geht. Bresser zeigt warnend auf eine Entwicklung, „daß sich eine weitreichende *Verschiebung zahlreicher Fragen der Schuldbeurteilung in den Bereich der Schuldfähigkeitsbeurteilung* angebahnt oder schon vollzogen hat" (1978, S. 1192).

Beispiele sind die Umwandlung der Schuldfrage bei aus Haß, Eifersucht oder Kränkung geborenen jähen Gewalttaten (wie sie etwa bemessen wird an achtbaren oder „niedrigen" Beweggründen) mittels ihrer Deklarierung als „Affektdelikte" zur Schuldfähigkeitsfrage wegen einer mehr oder weniger „tiefgreifenden Bewußtseinsstörung". Entsprechendes gelte für Rechtsbrüche von asozialen sog. Hangtätern und haltlos willensschwachen Persönlichkeiten, auch generell rücksichtslos-brutalen Gewalttätern, wenn deren Delikte als „Symptom" einer mehr oder weniger „schweren seelischen Abartigkeit" gewissermaßen *psychopathologisiert* werden.

Bresser macht ferner in dankenswerter Weise kriminalanthropologische Grundfragen deutlich. So z. B. die ambivalent beantwortbare, m. a. W. offene Frage, ob ein Kriminaltäter seinem zum Normbruch drängenden Motiv ausgeliefert *ist* oder *sich* ihm ausgeliefert *hat* (1983, S. 434/5). Er greift kritisch den von H. L. Schreiber (1981, S. 48) zustimmend zitierten Satz Venzlaffs (s. S. 212) auf, es gebe „keinen hinreichenden Anhalt dafür, daß etwa eine somatisch begründete Psychose stärker verhaltensdeterminierend wirkt als ... ein hochgradiger Affekt" und betont zu Recht, „daß auch eine Überzeugung, die den Täter zu einer Handlung bestimmt, eine starke ‚verhaltensdeterminierende' Kraft hat". Rechtlich komme es aber „nicht darauf an, welche Determinations- oder Motivationskraft stärker oder weniger stark ist, sondern darauf, welches Determinationsgefüge dem handelnden Menschen zuzurechnen ist und welches nicht" (wobei Bresser allerdings nach wie vor nur psychotisch und somatopathologisch determiniertes Verhalten für nicht zurechenbar hält und – methodologisch inkonsequent – zu der wertenden Unterstellung neigt, daß Affekt- und Hangtäter *sich* ihren Impulsen ausgeliefert haben [S. 434, 439]).

Resümierend ist zu sagen, daß BRESSER im engen klinisch-psychiatrischen Krankheitsbegriff den einzig festen Boden zu eingrenzender Beurteilung strafrechtlicher Schuldfähigkeit sieht und vor einer Pathologisierung von Affekt-, Trieb- und Hangtätern als „bewußtseinsgestört" bzw. „seelisch abartig" warnt, weil damit die Schuldfrage zur Schuldfähigkeitsfrage pervertiert werde. Er tendiert dazu, solchen Tätern ein *Sich*ausliefern an rechtswidrige Handlungsimpulse zu unterstellen und konzipiert demgemäß ihre „Behandlung" als Erziehung zur Selbsterziehung.

Daß diese Position Bressers von einer – m. E. für den von ihm behandelten Gegenstand anthropologischer Empirie problematischen – *indeterministischen Ideologie* getragen ist, erhellt aus seinem jüngeren Beitrag zur „Krise des Sachverständigenbeweises" (1990). Hier heißt es (S. 40/41) lapidar: „Das Strafgesetzbuch setzt ... eine Willensfreiheit des Menschen voraus, sonst würde es auch seine Legitimation verlieren ... Wer die Willensfreiheit ... in Frage stellt, spricht dem Menschen – das ist eine unausweichliche Folgerung – auch die vom Grundgesetz als unantastbar zuerkannte Würde ab". Und weiter meint Bresser, daß die Schwierigkeiten im Umgang mit dem Schuldbegriff daraus erwachsen, daß die „Motivationen (Bewegkräfte und Beweggründe), aber auch die persönlichen Dispositionen (Eigenschaften und Gewohnheiten) *innerhalb* der individuellen Freiheit und die Determinanten der Erlebnisverarbeitung *außerhalb* der Selbstbestimmbarkeit des Menschen ... nicht mehr ausreichend deutlich differenziert (werden)". – Rechtsphilosophisch nachdenkliche Strafjuristen würden über diesen unbefangenen Umgang mit der Schuld- und Freiheitsfrage wohl erstaunt sein.

Andererseits sieht Bresser anthropologische Probleme des Schuldstrafrechts sehr klar. So betont er die „verhaltensdeterminierende Kraft" nicht nur von Affekten und Trieben, sondern auch von Gesinnung, Ideen und Überzeugungen. Woraus für ihn folgt, daß das Freiheitskriterium zur Unterscheidung von zurechnungsfähigen und -unfähigen Tätern ebensowenig taugt wie ein unbegrenzbar auf kriminogene psychische Anomalien jeder Art ausgeweiteter juristisch-psychopathologischer „Krankheits"begriff. –

Fast wie ein Kontrastprogramm zu Bressers Bemühungen, mit einem strengen klinisch-psychiatrischen Krankheitsbegriff den Kreis von psychopathologisch zu beurteilenden und entsprechend zu behandelnden Kriminaltätern *einzuengen*, liest sich das Konzept von W. RASCH. Es *erweitert* diesen, und zwar aus dem ärztlichen Impetus, behandlungsbedürftige Kriminelle auch einer institutionalisierten sozialtherapeutischen Behandlung zuzuführen (1982, S. 129 f.).

Dabei ist auch für Rasch die ratio legis, nur Rechtsverstöße eines „Kranken" nicht mit Strafe zu belegen, und so befürwortet er (wie K. Schneider,

Ehrhardt, Saß und Bresser) die Eichung der Schuldfähigkeitsbeurteilung am Krankheitsbegriff, weil „andere Maßstäbe, die es erlauben würden, diese Beurteilung mit einiger Konsistenz durchzuführen, nicht existieren" (1986, S. 39). Er widerspricht damit Venzlaffs These vom Primat der sog. psychologischen Auswirkungsmerkmale. Nach *entschiedener Ablehnung aber eines organisch und nosologisch orientierten Krankheitsbegriffs* im Sinne von K. Schneider und Bresser, und auch in Dissens zu dem an einer (gegenüber Schneider und Bresser erweiterten) psychopathologischen Symptomatologie orientierten, antisoziale Persönlichkeitsstörungen ausschließenden Krankheitsbegriff von Saß, entwickelt Rasch als Maßstab einen eigenen (m. E. zurecht, aber vielleicht noch nicht entschieden genug, strafrechtsfunktional orientierten) *„strukturell-sozialen Krankheitsbegriff"* (1986, S. 43/44).

Rasch meint damit einen Zustand, der einmal die Struktur von *Krankheit* insofern hat, weil dem Betroffenen nur *typisierte, entindividualisierende Verhaltensweisen* als — wie bei einer Krankheit — charakterisierende Symptome zur Verfügung stehen, und der zum anderen — über die Delinquenz hinaus — *die allgemeine soziale Kompetenz beeinträchtigt* (durch Einengung der Lebensführung, Arbeits- und Kontaktprobleme, Häufung sozialer Konflikte überhaupt, verzerrte Realitätsbeurteilung, Stereotypisierung des Verhaltens u. ä.).

In diesem Sinne „gleichwertig" mit einer Krankheit seien z. B. oft Persönlichkeitsentwicklungen, auf deren Basis es zu schweren Affektausbrüchen kommt. Im gleichen Sinne „krankhaft" müßten auch die (psychopathischen, neurotischen und Trieb-) Abartigkeiten sein, um im Sinne des Gesetzes als „schwer" zu gelten. Überindividuelle Muster des sozial Krankhaften können aufweisen sowohl Delikte „als einmalige schicksalhafte Verdichtung" wie beim Affekttäter, aber auch Delinquenz „als vieljährige Karriere" wie beim sog. Hangtäter (S. 163).

Was die „Steuerungsfähigkeit" betrifft, ist auch Rasch Agnostiker: Der Sachverständige ist mit seiner Methodik „natürlich überfordert, sollte er etwas zur Freiheit des einzelnen Entschlusses sagen. Bei eingehender Analyse einer bestimmten Handlungssituation ermöglicht ihm die Identifizierung der determinierenden Faktoren eher die Aussage, warum die betreffende Persönlichkeit in dieser Situation so handeln mußte, d. h., der Nachweis von Unfreiheit ist eher möglich als der von Freiheit" (1986, S. 61). Allerdings: Eine deplazierte agnostische Haltung, die „zum Vorwand für die mangelhafte psychologische Durchdringung der Täterpersönlichkeit benutzt wird", kritisiert Rasch ebenso wie der Ref. (s. oben S. 168).

Gerade diese Durchdringung — „die gestalthafte Darstellung der zur Tatzeit wirksamen Handlungsdisposition und ihrer Herleitung aus der Biographie" — soll nach Rasch der Kern eines psychologisch-psychiatrischen Gutachtens sein. Das erlaube aber erst dann Rückschlüsse auf Einschränkunkungen der Schuldfähigkeit, „wenn festzustellen ist, daß Strukturen vorliegen, denen Starrheit und Einengung eigen ist, und die mit dem Verlust allgemeiner sozialer Kompetenz einhergehen" (1986, S. 164). Eine andere entscheidende Dimension, die zu berücksichtigen ist, bilde der Verlust des Realitätsbezuges, das Hauptkennzeichen einer Psychose.

Resümierend ist hervorzuheben, daß Raschs forensisch-psychiatrisches Gesamtkonzept vom roten Faden einer kriminal- bzw. sozial*therapeutischen, jedenfalls konstruktiv-individualpräventiven Orientierung* (man kann auch sagen: von ärztlichem Geist) durchwirkt ist.

Er sieht den Kern der einschlägigen Strafrechtsreformbemühungen nicht so sehr in einer Verbesserung des Schuldfähigkeitsfilters, „sondern in dem Versuch, Rückfallkriminalität zu verhindern" (S. 35). Von den beiden „Extrempositionen" (S. 39) des Krankheitsbegriffs (ihn, wie K. Schneider, als organischen Prozeß, oder, wie V. v. Weizsäcker, als ärztliche Hilfsbedürftigkeit zu definieren) steht Rasch ersichtlich in der Nähe v. Weizsäckers. Denn er sieht als „strukturell-sozial" krank die Täter an, welche – ursächlich wodurch auch immer, aber fixiert wie durch eine Krankheit – in erstarrter Weise sozial dekompensiert sind und aus eigener Kraft (auch durch bloße Straferfahrung) nicht korrigierbar und deswegen bei krimineller Rezidivgefahr behandlungsbedürftig sind.

Rasch setzt sich vehement für behandlungsorientierte Institutionen für Straffällige ein, appelliert an forensische Psychiater und Psychologen, sich der eingeschränkt Schuldfähigen auch therapeutisch anzunehmen, ja er hält „die Fortführung einer leerlaufenden, weil letztlich konsequenzlosen Diagnostik und Selektion ... für den Angehörigen dieser Berufsgruppen nicht zumutbar" (S. 30). Ich denke nicht, daß Rasch damit – wie Witter in einer Besprechung dessen Buchs „Forensische Psychiatrie" meint – eine juristisch wie forensisch-psychiatrisch bedenkliche via falsa „vom Tatschuldstrafrecht weg in ein täterbezogenes Maßregelrecht" beschritten hat. –

Bevor das jüngste und psychopathologisch breit fundierte Konzept von R. Luthe in einem eigenen Abschnitt kritisch zu würdigen ist, sei dieses Kapitel geschlossen mit einem Blick auf die Position von H. Witter. Dabei halte ich mich vor allem an seine ausgereiften letzten größeren Arbeiten (1987, 1990) vor seinem Tod im Juni 1991.

Methodologisch ist Witter „Agnostiker der ersten Stunde", denn schon 1957 betonte er gegen W. v. Baeyer u. A. „die methodologische Kluft zwischen Wissen und Werten", zwischen der *Erkenntnis* von Determinationsstrukturen (aber nicht von Determinationsgraden) und dem *Bekenntnis* zur Freiheit bzw. Freiheitsspielräumen menschlichen Wollens. Wie Rasch kritisiert er moralisierende und Ideologie-Einschläge in psychowissenschaftlichen Gutachten. Konsens beider Autoren besteht ferner darin, daß es sich bei den gesetzlichen Fragen nach („wegen" psychischer Mängel bzw. Störungen) aufgehobener bzw. eingeschränkter Unrechtseinsichtsfähigkeit oder ihr gemäßer Handlungsfähigkeit nicht um „psychologische" Merkmale handelt (sondern nach Rasch um normative Merkmale, nach Witter – 1987, S. 38 – um eine „2. Schwelle philosophisch-psychologischer Art"). Wie Rasch ist Witter positiv-methodologisch bemüht um ein generelles psycho*patho*logisches Kriterium mangelnder Voraussetzungen strafrechtlicher Schuldfähigkeit. Auch er sieht nur in einer *strukturell*-psychopathologischen (= krankhaften) Defizienz den allein der ratio legis entsprechenden und hinreichend rechtssicher handhabbaren Maßstab. „Schuldfähigkeit kann nur durch überindividuell einheitliche *Formen* des Erlebens beeinträchtigt oder ausgeschlossen werden." Er folgt dann aber – damit den mit Rasch gemeinsamen Weg verlassend – Luthe (s. S. 228/229) darin, daß individuelle Erlebnis*inhalte*, wie sie im Mittelpunkt psychoanalytischer und soziologischer Persönlichkeitserforschung stehen und Verhaltens*motive* bilden, „Gegenstand für eine Bewertung der Schuld, nicht der Schuldfähigkeit (sind)" (1990, S. 72). Dabei wird allerdings m. E. von Witter wie von Luthe die determinative Wechselbeziehung übersehen, daß formale Fähigkeiten apperzipierbare Inhalte mitbedingen und apperzipierte Inhalte formale Fähigkeiten beeinflussen, z. B. stärken oder verkümmern lassen.

Wesentlich enger als Rasch – und m. E. dem „Gegenstand" der Frage, um den es bei der spezifisch *strafrechtlichen* Schuldfähigkeit geht, nicht voll angemessen – definiert darum Witter in seinem psychopathologischen Konzept die forensisch relevante formale Störung als *Verlust oder Beeinträchtigung der „Realitätserkenntnis" bzw. des „Realitätsbezugs"*. Eine solche Störung liege vor, wenn „der Bezug zur Realität der uns allen gemeinsamen Welt nicht oder nur eingeschränkt hergestellt werden kann" (1990, S. 72). Prototyp eines solchen (etwa der aufgehobenen „Sinngesetzlichkeit" des Erlebens i. S. von K. Schneider entsprechenden) *Verlusts* der normalen Realitätserkenntnis ist das wahnhafte Bedeutungserleben (z. B. einer roten Verkehrsampel als Signal für Weltuntergang); Beispiele für eine *Beeinträchtigung* des Realitätsbezugs sind: die „blind" für die Realität eines bestimmten Mitmenschen machenden Zustände von Verliebtheit oder auch eines in längerer Konfliktdynamik gewachsenen Hasses; eine neurotische Sammelsucht, die wirtschaftliches Vernunftdenken blockiert oder gar zu Beschaffungsdelikten führt; ferner das undifferenzierte Primitiverleben infolge intellektuellen Schwachsinns, psychopathischer Gemütsarmut oder sexualneurotischer Triebstörung.

Wenn es zu einem *Verlust* des Realitätsbezugs kommt, ist damit nach Witter auch die entscheidende *Voraussetzung* eines „freien" Wollens entfallen. Diese schuldstrafrechtliche Prämisse könne daher vom psychopathologisch Sachverständigen *falsifiziert*, m. a. W. die Schuldfähigkeit wissenschaftlich ausgeschlossen werden; hierbei könne es aber „nur um ein Ja oder Nein ... gehen". Bei allen quantitativ abgestuften Beeinträchtigungen des Realitätsbezugs sieht Witter demgegenüber – hier in einer entscheidenden Differenz zum Konzept seines Schülers R. Luthe, s. unten S. 228 – „keine Möglichkeit, dem juristischen Bedürfnis nach einer Unterscheidung von unerheblicher, erheblicher und ausgeschlossener Schuldfähigkeit mit wissenschaftlicher Verbindlichkeit zu entsprechen" (1990, S. 76). Solche Mängel erlaubten niemals einen wissenschaftlich begründeten Ausschluß der dem reifen Menschen „unterstellbaren" und vom Schuldstrafrecht s. E. unterstellten Fähigkeit zum Andershandelnkönnen bei Tatbegehung (= zur Tatvermeidung).

Dieses in den letzten Arbeiten Witters (1987, 1990) zum Ausdruck gebrachte Bekenntnis zu einem Schuldstrafrecht, das Willensfreiheit „unterstellt", verbindet ihn ideell mit (seinem früheren „gnostischen" Gegner) W. v. Baeyer, mit Bresser und Luthe, wie es ihn von W. Rasch und auch dem Ref. (die eine andere Konzeption von Rechtsschuld haben) dezidiert unterscheidet. Denn der empirische „Agnostiker" Witter will im Strafrecht entschieden einen *ideologischen Indeterminismus* gewahrt wissen (1987, S. 49–52). Er schreibt: wenn das Strafübel nicht nur präventiv gerechtfertigt werden, „sondern darüber hinaus auch ‚gerecht' bleiben (soll) im Hinblick auf ein zur Tatzeit bestehendes Andershandelnkönnen, dann ist wiederum die Stellungnahme zur Freiheitsfrage in dem gerade gegebenen konkreten Fall unvermeidlich".

Empirisch müsse zwar jede Motivationsuntersuchung, wenn sie gründlich und richtig ist, „die Tat als zwangsläufige Folge der Verhaltensdispositionen des Täters im Zusammenwirken mit den äußeren Umständen darstellen". Diese „nur deterministisch" mögliche Motivationsuntersuchung sei aber „nicht etwa nutzlos", vielmehr u. a. „der Abschätzung der Zumutbarkeit eines Andershandelnkönnens" dem Richter dienlich.

Es scheint mir ein Grundirrtum Witters zu sein, daß „Gegenstand" der strafrechtlichen Schuldfähigkeit die Frage eines Andershandelnkönnens ist und der Richter vom Sachverständigen Auskünfte wenigstens über dessen „Voraussetzungen" erwartet (1990, S. 33). Ich meine, daß es schlicht darum geht, ob der Täter ein normaler Normenadressat ist, d. h. ein geistig zugänglicher Proband für den Sinn und den Zweck der normalen Strafreaktion auf seinen in einer geistigen Entscheidung begangenen Rechtsbruch.

Sollte Witter – wie Luthe vielleicht beeindruckt vom Faszinosum des Eyschen Bonmots, die Psychiatrie sei „die Pathologie der Freiheit" (s. unten S. 298 ff.) – das *erheblich andere* Realitätserleben aller psychisch quantitativ Abnormen und das *total andere* der qualitativ devianten Psychosekranken doch mit mehr oder weniger weitgehenden Freiheitsverlusten identifizieren? Dies wäre m. E. ein gefährlich falscher Weg, da Freiheitsdeprivation leicht als eine menschliche Deprivation verstanden und zu axiomatischen Urteilen bzw. vormundschaftlichen Haltungen gegenüber allen Erscheinungsformen des – eng oder weit interpretierbaren – „Psychopathologischen" führen kann.

Nicht unerwähnt bleiben darf hier eine kleine, fast vergessene Arbeit Witters aus 1963 über „Verantwortungsfähigkeit und Zeit-Gestalt". Verantwortungsfähigkeit ist für Witter „als Verhältnis des Menschen zu seiner Handlung ein ethischer Begriff". Diesen bringt er m. W. erstmalig mit der humanen Zeit-Gestalt in Beziehung und widerspricht von daher einem psychologischen Determinismus wie Indeterminismus. In beiden Fällen lasse „der Rückschritt aus dem bereits Vollzogenen in seine Antezedentien das Nachher in das Vorher eingehen ...", wogegen „die jeweils einmalige Zeit-Gestalt des Ichs mit der dazugehörigen Handlung ... unwiederholbar und als Wirklichkeit stets nur in der Gegenwart gegeben (ist)". — Damit hat Witter (in anderer Weise als es hier darzulegen versucht wird) ebenfalls die Freiheitsfrage als unlöslich verbunden gesehen mit unserem Erleben und Wissen um menschliche „Zeitlichkeit".

3.1.1.1 Das große Konzept von Rainer Luthe (1981–1991)

(„Freiheit" als formale Bewußtseinsstruktur des reifen und gesunden Menschen — „Freiheits"verlust bzw. -minderung als Strukturverlust bzw. -mangel des psychisch kranken und unreifen Menschen)

R. Luthe will mit „strukturaler Psychopathologie" der Gerichtspsychiatrie ein neues Fundament geben. Er will der methodologischen Anspruchs- und Orientierungslosigkeit der traditionellen Psychiatrie abhelfen als einem Grundübel, das weniger im klinischen Alltag, um so mehr aber in der kriminalforensischen Begutachtungspraxis zum Tragen komme.

Gegen die Kapitulation der Psychiatrie vor einer „tatsächlichen" Beurteilung der Schuldfähigkeit, vor einer — jedenfalls falsifizierend möglichen — Feststellung ihres Verlustes oder graduellen Mangels wendet er sich vehement und begründet die „einzigartige Kompetenz" (1988, S. 234) des psychologisch-psychiatrischen Sachverständigen für die Beurteilung der Schuldfähigkeit mit dem *„Grundfaktum der tatsächlichen Identität von Geisteskrankheit und Schuldunfähigkeit"*.

a) Das System der strukturalen Psychopathologie

Luthe stellt sich mit bemerkenswerter Frische und hoher philosophischer Bildung den damit unausweichlichen Ur-Fragen: Was „ist" der Geist einer „Geistes"-störung oder -krankheit (1), und in welchen Formen und Graden kann der Geist (nicht der Körper bzw. das Gehirn!) erkranken, d. h. durch Zerfall oder Abbau ge- bis zerstört werden (2). Er entwickelt ad 1 eine phänomenologische Konzeption von der *Struktur des — menschlichen — Bewußtseins* (synonym: des Erlebens) und entwirft ad 2 ein „in sich geschlossenes" *System der Psychopathologie,* welches „die Gesamtheit der psychopathologischen Erscheinungen nach ihrem phänomenologischen Stellenwert ordnet" (1988, VIII).

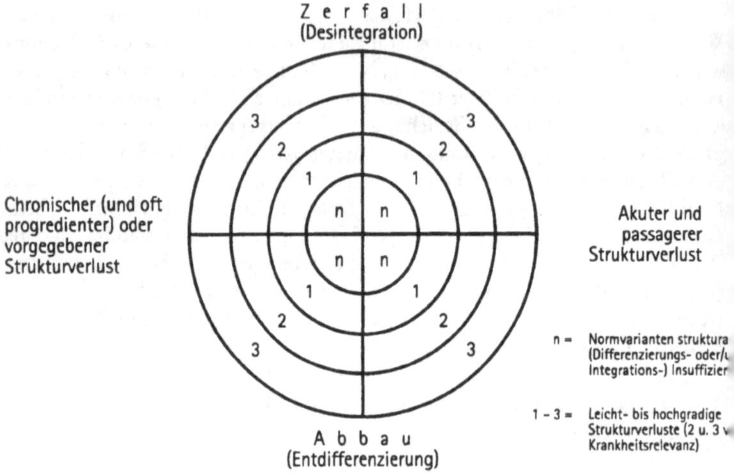

Zerfallsformen
(Uneinheitlichkeit des Erlebens)

Chronische und vorgegebene

n: „Neurotische" Persönlichkeitsakzentuierung
1: „Antisoziale" Persönlichkeitsartung (Subnorm)
2: „Asoziale", infantil-egozentrische Psychopathie
3: Psychosen (Defektverläufe), frühkindlicher Autismus

Akute und passagere

n: Traumerleben
1: Hyperästhetisch-emotioneller Schwächezustand
2: Affektives Durchgangssyndrom vom exogenen Reaktionstyp (Hauptbeispiel: mittlerer Alkoholrausch)
3: Amnestisches und delirantes Syndrom

Abbauformen
(Eintönigkeit des Erlebens)

Chronische und vorgegebene

n: Konzentrations- und Gedächtnisschwäche, Dummheit
1: Leichter Schwachsinn
2: Psychoorganisches Syndrom, mittlerer Schwachsinn
3: Demenz, höhergradiger Schwachsinn

Akute und passagere

n: „Zerstreutheit" z. B. bei interessiertem Denken; Verliebtheit
1: „Monomanien", destruktive und aggressive Affektbesetzungen
2: Affektive Primitiv- und Kurzschlußreaktionen
3: Affektiver Dämmerzustand

Zu 1: Vom Geist, Bewußtsein, Erleben die „Basiswissenschaft" ist die *Phänomenologie* (denn „alles, was wir wissen, sind Phänomene"). Sie findet ein gegenständliches Strukturierungsprinzip der Vielfalt *(differenzierende Gegenstandsfunktion)* und ein „semantisch spontanes Prinzip der Vereinheitlichung" *(integrierende Bedeutungsfunktion).* Im normalen Erleben besteht ein Gleichgewicht von Gegenstands- und Bedeutungsfunktion, bei dem „weder subjektive Bedeutung noch objektiver (dinglicher) Gehalt in der Erlebnisstruktur auf Kosten des jeweils anderen überwiegen". Aus dieser Einsicht in die differenzierend/integrierende Struktur des Erlebens folgt „Kenntnis der überhaupt möglichen Modalitäten des Strukturmangels, krankhaften Seins, des Wesens der Geisteskrankheit" (1988, IX), nämlich *formal* sich entweder in Phänomenen der Entdifferenzierung, des Erlebensabbaues oder in Phänomenen der Desintegration, des Erlebenszerfalles zu zeigen.

Zu 2: Das *„struktural-syndromatologische Schema der Psychopathologie"* (1988, S. 197) sieht danach so aus, daß sich alles — leicht bis schwer — psychisch Krankhafte nach drei Parametern ordnen läßt:

1. Nach den beiden *Arten (Qualitäten) des Strukturmangels* bis -verlustes: Abbau der Gegenstandsfunktion (Differenzierungsmangel) oder/und Zerfall der Bedeutungsfunktion (Integrationsmangel).
2. Nach dem *Grad (Quantität):* ob leicht-, mittelgradig oder schwer.
3. Nach dem *biographischen Einsetzen und Verlauf:* Ob primär gegeben („den Lebenslauf umgreifend") oder im Lebenslauf — akut und passager oder chronisch und progredient — eintretend.

In Anlehnung an seine eigene schematische Darstellungsweise 1982 und unter Berücksichtigung von diagnostisch-begrifflichen Verbesserungen 1988 läßt sich das System in seinen Grundzügen sinnfällig so wiedergeben, wie es die Abbildung auf S. 224 zeigt.

b) Drei forensisch relevante Thesen

Wesentlicher nun als fachpsychiatrische Fragen nach der Stimmigkeit dieser humanwissenschaftlich zweifellos beachtlichen Systematik im einzelnen sind die prinzipiellen Fragen nach der empirischen Haltbarkeit, der forensischen Bedeutung und nach der rechtsgleichen („gerechten") Praktikabilität von drei Hauptpositionen Luthes, die ich hier einmal als Thesen formuliere:

I. *Die Grundthese,* daß die Psychiatrie — nach H. Ey — die Pathologie der Freiheit ist; daß, mit Luthe more forensi gesagt, *die tatsächliche Identität von Geisteskrankheit und Schuldunfähigkeit* (= empirisch falsifizierte Schuldfähigkeit qua Freiheit, = Freiheitsverlust) ein „Grundfaktum" ist.

II. *Die Anschlußthese,* daß *Geistes-Krankheit* (abgelöst von genetisch-dualistischen Fragen nach Anlage- oder Umwelt-Bedingtheit, körperlich-erklärbarer oder seelisch-verstehbarer Verursachung) *phänomenologisch* als ein Strukturverlust des Erlebens vom psychopathologischen Sachverständigen formal *nach Art und Grad rational überprüfbar faktisch festgestellt werden kann;* und daß *damit zugleich Art und Grad der Einbuße an Autonomie, d.h. an strafrechtlicher Schuldfähigkeit wissenschaftlich festgestellt ist* (womit die Psychiatrie nach Luthe eine „einzigartige Kompetenz" für die Rechts-, insbesondere Strafrechtspflege erhält; genaugenommen, sie ihrer normativen Kompetenz enthebt).

III. *Die weitere These,* daß *streng unterschieden werden kann zwischen der* durch nachweisbaren psychischen Strukturverlust des Erlebens (in den beiden allein möglichen Spielarten des Abbaus oder/und des Zerfalls) *erlittenen Einbuße an Schuldfähigkeit* (Einsichts- und Steuerungsfähigkeit) *und dem* (normal oder abnorm motivierten und ggf. kriminellen) *Gebrauch dieser Fähigkeit.*

„Die Beurteilung einer Fähigkeit (ist) etwas ganz anderes als die Beurteilung der Gründe, die zum jeweiligen Gebrauch dieser Fähigkeit geführt haben. Logischerweise kann von einer ‚Fähigkeit' nur dann gesprochen werden, wenn davon auf vielerlei verschiedene ... Weise Gebrauch gemacht werden kann". Es gehöre „zum Wesen der Freiheit", von ihr Gebrauch machen zu können, „den man, aus welchen Gründen auch immer, für richtig hält" (1988, S. 235–237).

c) Zur I. These

Die Grundthese einer „tatsächlichen" Identität von Geisteskrankheit und Schuldunfähigkeit ist in zweifacher Hinsicht angreifbar. Einmal hinsichtlich der *Zuständigkeit der Psychopathologie* für die Definition bzw. Interpretation des genuin-juristischen Anwendungs- (und zwar Selektions-)Begriffs „forensische Schuldunfähigkeit"; zum anderen erscheint die *Wissenschaftlichkeit* der Aussage von H. Ey und nach ihm von Luthe fraglich, daß die Diagnose einer Geisteskrankheit identisch ist mit der „Diagnose" Autonomieverlust im Sinne von Freiheitsverlust.

Zum einen: Im Strafrechtssinne „schuldig" wird man durch ein mit Strafe bedrohtes Verhalten (Unrecht, Straftat) unter der Voraussetzung, daß diese dem Täter persönlich zugerechnet werden kann, daß er „zurechnungsfähig", d.h. *spezifisch strafrechtlich* „schuldfähig", m.a.W. ein normaler Normenadressat ist.

Allein Sache der – sich historisch wandelnden und kulturell immer differenten – *Rechtsordnungen* und der kritisch fortschreitenden *Strafrechtswissenschaft* ist es, positivrechtlich näher zu bestimmen, *welche Merkmale* einen Täter als strafrechtlich voll oder vermindert schuldfähig bzw. schuldunfähig kennzeichnen. Die Rechtsgelehrten bedürfen bei ihrer Arbeit an der Konzeption und Interpretation ihrer Normen allerdings *Informationen von Kollegen der anthropologischen Seinswissenschaften* (wie Psychologie und Psychiatrie, Soziologie und Kriminologie) über den derzeitigen Stand zwischenmenschlicher Erkenntnisse und über empirisch-anthropologische

Erkenntnismöglichkeiten. Von sich aus zu Wort melden, „einmischen" in rechtsgelehrte Diskussionen dürfen, ja müssen sich dann die empirisch-anthropologischen Berater, wenn sie, als „sachverständig" vor Gericht zitiert, grundsätzliche Verständigungsschwierigkeiten haben oder sich insistierend nach dem gefragt sehen, was sie empirisch nicht beantworten können, und nach dem nicht gefragt, was sie beantworten könnten.

Zum anderen: Luthes Kennzeichnung forensischer Schuldfähigkeit als Autonomie- und Freiheitsverlust (und dementsprechend der verminderten Schuldfähigkeit als Autonomie- und Freiheitseinschränkung) nötigt oder verführt den Richter eben dazu, dem Sachverständigen unbeantwortbare Fragen zu stellen! Etwa nach der „Steuerungsfähigkeit" des Täters bei Tatbegehung. Demgegenüber wurde hier schon eingehend dargelegt, daß über die konkrete Fähigkeit („Freiheit") zu einem faktischen Andershandeln in bestimmter Situation keine empirisch differenzierende Aussage möglich ist. Auch keine falsifizierende. Denn auch das Falsifizierenkönnen – nach Popper die Legitimation von Wissenschaft – muß ja die prinzipielle empirische Gegebenheit und Zugänglichkeit des Gegenstandes voraussetzen, der in schrittweise zu verbessernden Annäherungen an die Wahrheit (d. h. asymptotisch) empirisch erkannt werden soll. Das aber ist, wie wir spätestens seit Kant wissen, beim Urteilen über menschliche Freiheit in der Retrospektive auf eine bestimmte Handlung nicht der Fall! Und darum ist auch Luthes Anspruch unerfüllbar, delinquente psychisch Kranke, die wegen Strukturverlust oder -mängeln ihre Freiheit oder Freiheitsgrade eingebüßt hätten, unterscheiden zu können „von sonstigen Rechtsbrechern, die ihre Freiheit nicht verloren, davon aber einen abnormen Gebrauch gemacht haben" (Luthe 1991, S. 240).

Da aber Strukturverlust durch Geisteskrankheit klarerweise die normale Verhaltensmotivation und die normative Motivationsfähigkeit aufhebt (und Strukturmängel sie schwächen), kann man empirisch korrekt wohl sagen, daß ein solcher Zustand *prototypisch* ist für *rechtliche* Schuldunfähigkeit, aber nicht *identisch* mit *personaler* Schuldunfähigkeit qua Freiheits- bzw. Autonomieverlust.

d) Zur II. These

Die Anschlußthese Luthes ist, daß Schuldfähigkeit empirisch-sachverständig und rational überprüfbar ausgeschlossen bzw. im Maß ihrer Defizienz quantifiziert werden kann, da ihr Verlust bzw. ihre Minderung allein vom Ausmaß eines psychopathologischen Strukturmangels abhängen.

Diese These würde, falls zutreffend und strafjuristisch akzeptiert, einen Paradigmenwechsel, eine neue Epoche psychiatrisch-juristischer Kooperation heraufführen. Sie würde in der Tat eine „einzigartige Kompetenz" der Psychiatrie – genauer: der phänomenologischen Psychopathologie – begründen, die dann kaum noch als beratender Gehilfe, sondern eher als

Vorinstanz des Strafrichters fungiert. Denn nach Luthe sind „Ausschluß *und Beeinträchtigung** menschlicher Verantwortungsfähigkeit als Strukturverlust einer Falsifikationsmethode zugänglich und daher nicht bloß konventionell, sondern *mit wirklichem Erkenntnisanspruch** im Einzelfall zu bestimmen" (1988, S. 70). – Dazu ist unseres Erachtens zu sagen:

1. Die phänomenologische Strukturdiagnostik löst nicht das in der juristisch-psychiatrischen Diskussion wichtig gewordene Problem der schuldstrafrechtlichen Relevanz oder *Quantifizierung* von solchen psychischen Störungen und Anomalien, die fließend übergehen in den Bereich von Normvarianten. Durch Luthes nur quantifizierende phänomenologische Methodologie und Systematik (s. S. 224) wird *die forensische Quantifizierungsfrage sogar in den Mittelpunkt gerückt!*

2. Die Lage wird noch schwieriger dadurch, daß – wie Luthe mehrfach zutreffend hervorhebt (so 1988, S. 284) – *die klinische und strukturale Schwere einer Störung oft keineswegs ihrem kriminogenen Gewicht entspricht,* beides sich *eher umgekehrt* proportional zueinander verhält. Die schwereren psychischen Krankheiten und Anomalien bewahren in der Regel gerade vor kriminellen Verhaltensweisen (keine kriminellen Antriebe oder keine zielführende Handlungsfähigkeit), während die leichteren Störungen (wie z. B. Debilität, psychopathische „Subnorm", Sexualneurose und mittelgradige Berauschung) sie bahnen, m. a. W. den Betroffenen kriminogen prädisponieren.

3. Schwerer noch wiegen Bedenken gegen den *Alleinzuständigkeitsanspruch einer auf Formaldiagnostik beschränkten* Psychopathologie für die Beurteilung strafrechtlicher Schuldfähigkeit. Ebensowenig wie das Strafrecht – unter Beifall Luthes (u. a. 1988, S. 244) – sich vom *psychosomatischen Dualismus* „seinen" der Zurechnungsnorm zugrundegelegten Krankheitsbegriff einengen ließ auf somatisch-begründete und -postulierte Psychosen, auf organisch fundierte Persönlichkeitsveränderungen, Bewußtseinsstörungen und Intelligenzmängel, ebensowenig sollte das Recht den der §§ 20, 21-Norm zugrundeliegender Krankheits- und Anomalie-Begriff einengen lassen von *Luthes in anderer Weise dualistischem Konzept.* Nämlich einem aristotelisch-scholastischen, das streng unterscheidet zwischen „Form" und „Inhalt". Dieses kennt ex- bzw. dekulpierende „Geistes"-Krankheit nur als *formalen* Strukturmangel bzw. -verlust (in den beiden Weisen der Entdifferenzierung und Desintegration), d. h. es trennt im Sinne des aristotelisch-scholastischen Form/Inhalt-Dualismus: hier für die forensische Schuldfähigkeit als relevant angesehene *Formalfunktion des Erlebens* und dort diesbezüglich irrelevante *Erlebensinhalte.* Ich sehe darin eine *prinzipielle Frag-Würdigkeit:* Lassen sich Erlebnisinhalte und -formen so säuberlich trennen,

* Hervorhebung vom Ref.

wie es die Lehre von Luthe voraussetzt? *Bestimmen nicht formale Fähigkeiten auch über Inhalte und Inhalte auch über Formen?* Neben den schicksalhaft biographischen und situativen Inhalten (wie Gewährungen und Versagungen, Erziehungs- und Milieueinflüsse, Provokationen bzw. deren Ausbleiben) bestimmen doch einerseits die formalen geistigen Differenzierungs- und Integrationskräfte bzw. -schwächen mitentscheidend darüber, *welche* Erlebensinhalte überhaupt differenziert und integrativ bewältigt (= apperzipiert) werden können. Und andererseits bestimmen die in der individuellen Biographie dem Subjekt „zufällig" gebotenen Inhalte, auch ihr Lernen und Üben, *welche* Entwicklung das formale Differenzierungsniveau sowie die formalen Integrationskräfte nehmen.

So können es gewichtige charakterologische Anlagen und — von ihnen abhängig — biographisch seelisch oder ideell eingeprägte *Inhalte* des Erlebens sein, unter deren — anderen erspartem — Einfluß auch ohne geistigen Abbau oder Zerfallsphänomene (ohne „Krankheit" i.S. von Luthe) die *normative* Einsichts- oder Steuerungsfähigkeit (die *forensische* Schuldfähigkeit) „erheblich" vermindert wird.

e) Zur III. These

Eine für die strafrechtliche Praxis bedeutsame dritte Hauptthese Luthes behauptet die mögliche und fundamental notwendige *Unterscheidung von* (wissenschaftlich quantitativ falsifikationsfähiger) *formaler Schuldfähigkeit* als Fähigkeit zur Selbstbestimmung, Autonomie *und dem* (wie auch immer inhaltlich motivierten) *Gebrauchmachen von dieser Fähigkeit* oder „Freiheit".

In der Praxis ist Luthes scholastischer Dualismus von forensisch relevanten *formalen* Strukturmängeln und irrelevanten biographisch-*inhaltlichen* Belastungen *am konkreten Fall* ebensowenig justiziabel wie seine Intention, reduzierte Schuldfähigkeit vom falschen Gebrauch hinreichend gegebener Schuldfähigkeit unterscheiden zu wollen. Dies zeigt sich bei dem wenig überzeugenden Bemühen, zwischen „asozialer" Psychopathie (als erheblichem Strukturmangel) und „antisozialer" Subnorm (als unerheblicher Strukturinsuffizienz) zu differenzieren, obwohl gerade diese Unterscheidung nach Luthes eigenen Worten „von größter forensischer Bedeutung" ist (1988, S. 284). Er schreibt: Bei antisozialen „wirklich" Kriminellen, den typischen Rückfallsverbrechern, „dort, wo im Sinne eines sozial falschen Gebrauchs Straftäter als abnorm imponieren, (sei) nicht in erster Linie an Unfähigkeit, sondern an einen erziehungs- oder sonstwie milieubedingten Gewöhnungseffekt zu denken ... nicht an die zwangsläufige Folge vorgegebenen Strukturmangels".

Wir müssen zu diesem Satz *erstens* fragen, wieso erziehungs- und milieubedingte Gewöhnungseffekte, denen der Proband ausgesetzt war, nicht auch „zwangsläufig" zu erheblich verminderten Fähigkeiten bis Unfähigkeiten führen können. Und *zweitens,* ob wirklich mit forensisch hinreichender Zuverlässigkeit die höchst bedeutsame Unterscheidung zwischen einem Struktur„mangel" (des asozial-egozentrischen echten Psychopathen) und nur einer Struktur„insuffizienz" (des antisozial subnormalen Kriminellen) getroffen werden kann.

f) Kasuistische Kritik

Daß die formal quantifizierende Strukturanalyse, angewandt auf einem der schwierigsten Felder forensischer Psychopathologie, keine Exklusivmethode zur Schuldfähigkeitsbeurteilung ist, erweist sich an Luthes eigenen, z. T. sehr ausführlich dargestellten *kasuistischen Beispielen zum Psychopathieproblem.* Wir gehen hier kurz auf die (1988, S. 138 ff. und 149 ff.) beschriebenen zwei Fälle W. und „Bauhelfer" ein.

Im Fall W. entwickelte sich der bis zum siebenten Lebensjahr vaterlos, nur unter Frauen und der kranken Mutter in einer Großstadt aufgewachsene Proband zu einem „wilden jungen Burschen". Nach Umzug aufs Land wurde er zu einem Fremdling und Außenseiter, der sich dank überlegener und übend entwickelter Körperkräfte in der Dorfjugend angsteinflößend durchsetzte und dabei Genuß und Selbstbestätigung fand. Der Lebensgang zwischen einer ersten Freiheitsstrafe als 19jähriger und einem schweren Kapitalverbrechen (dreifacher Mord) als 39jähriger ist — abgesehen von Kontakthaltung mit den betagten Eltern und einer knapp zehnjährigen, wegen brutaler Mißhandlungen geschiedenen Ehe — durch vielfachen Aufenthaltswechsel im In- und Ausland und Berufsplatzwechsel (also räumliche, berufliche und zwischenmenschliche Bindungslosigkeit) gekennzeichnet und durch eine polytrope Kriminalität mit Überwiegen von Gewalttaten, vor allem gewalttätigen Sexualdelikten (zahlreiche Fälle von Einzel- und gemeinschaftlicher Notzucht). Eine schon monströs zu nennende Gemütslosigkeit kam nicht nur in den Straftaten als solchen zum Ausdruck, sondern auch in den Details ihrer Ausführungsweise (z. B. bei der Vergewaltigung einer 14jährigen, wobei die Ehefrau zur Beihilfe gezwungen wurde); ferner in dem von seinen Verbrechen unberührten, aber argwöhnisch-querulant aktiven Verhalten in der Haft. Höhepunkt und Abschluß der kriminellen Karriere waren der Raubmord an einem Ehepaar, in dessen Vertrauen er sich eingeschlichen hatte, auf einem Segelturn (um in den Besitz des Bootes zu gelangen); und drei Tage später (!) der Deckungsmord an der nach der Tat mit sich geführten 13jährigen (!) Tochter, um sie als Zeugin des grausigen Geschehens zu beseitigen. — Die Untersuchung ergab, daß der im Sinne einer „moral insanity" schwerste Gemütsdefekt, die extrem antisoziale aggressiv-egoistische Haltung und die Bindungsunfähigkeit bei W. vereint waren mit einer überdurchschnittlichen „cleveren" instrumentalen Intelligenz (bei völligem Mangel an Selbstkritik), einem hervorragenden Gedächtnis und „enormer" Antriebsstärke.

Luthe hebt nun als Differentialdiagnostikum gegenüber einem „echten" Psychopathen (der standpunktlos lebe und nur durch mehr oder weniger zufällige Situationen, wenn überhaupt, zu Straftaten kommt), die *Festigkeit des persönlichen Standpunktes* und die hierauf beruhende Stetigkeit der kriminellen Karriere bei W. hervor, weshalb es sich hier „nicht um ein Strukturdefizit, um ‚Willensschwäche', sondern um die gewollte Devianz der

Willensrichtung (handelt)" (S. 145); die besondere Energie bei dem „durch seinen Werdegang ... tief geprägten" W. zeige die verfestigte antisoziale Einstellung des Probanden an und entscheide darüber, daß eine solche „Abartigkeit der allgemeinen kriminellen Subnorm und nicht der Normlosigkeit der Asozialität zuzurechnen ist" (S. 146).

Demgegenüber habe der S. 149 ff. beschriebene „Bauhelfer" (der aus nichtigem Anlaß bei Straßenverkehrskonflikten seine Gegner rücksichtslos mit Waffen bedroht und einen durch Gasrevolverschuß erheblich verletzt hatte) zwar auch den „bei psychopathischen Persönlichkeiten zentralen Befund" einer Gemütsarmut und Bindungsschwäche. Er erzählte die Vorfälle „auf ungerührte Weise", wobei „ein (eigenes) schuldhaftes Verhalten in seiner Darstellung jeweils vom Fremdverschulden weit überwogen worden (war)". Er lebte weitgehend isoliert, hatte mehrere Ausbildungen nicht zu Ende geführt und war in wechselnden Berufsstellungen unter seinem Intelligenzniveau tätig gewesen. – Seine soziale Randständigkeit beruhe auf Mängeln im affektiven Bereich. Er imponiere als eine „autistisch-egozentrische, gemütsarm unausgewogene, nicht jedoch als primär gesellschaftsfeindliche Persönlichkeit". Hier nimmt Luthe „Psychopathie im Sinn der sog. ‚moral insanity' der alten Psychiatrie als einer primären Schwäche der Teilhabe an sozialer Gemeinschaft" an und konstatiert eine ihm vom antisozialen Kriminellen, wie dem vorstehend beschriebenen W., unterscheidende *„Standpunktschwäche"*. Sie kennzeichne den echten Psychopathen, der sich „auf aberratische Weise situativ ansprechen läßt", aber doch *ohne Nachhaltigkeit und Zielgerichtetheit* handelt. – „Wirklich kriminelles Kaliber, Antisozialität" setze demgegenüber beide Qualitäten voraus, was „regelmäßig" die differentialdiagnostische Abgrenzung von Psychopathie und krimineller Subnorm erlaube (S. 284). –

Vergleicht man als kritischer Leser beide Fälle, so springen zunächst allerdings „Kaliber"-Differenzen ins Auge: nämlich des Gemütsdefektes, der entsprechenden aggressiven Brutalität, der emotionalen Bindungsinsuffizienz und daneben auch die Differenzen des Antriebspegels und der instrumentalen Intelligenz. Soll aber das sich hieraus ergebende größere kriminelle („antisoziale") Kaliber, soll das *größere* Ausmaß des – beim Fall W. sich schon in der Kindheit manifestierenden – emotionalen Defekts ein *geringeres* Maß an Strukturmangel (der Integrationsfunktion) anzeigen, als er dem nur „asozialen", nach Luthe aber echt psychopathischen „Bauhelfer"-Fall zu eigen ist? Und die von Luthe vor allem als – *gegen* echte Psychopathie sprechendes – Differentialkriterium herausgehobene *„Festigkeit des Standpunktes"* wäre einerseits auch beim „Bauhelfer" anzumerken (der unerschütterlich auf seinem vermeintlichen Recht, gegen Verkehrsgegner gewaltsam vorzugehen, bestand) und zeigte sich andererseits bei dem monströs kriminellen Fall W. lediglich darin, unbeeindruckt durch Vorstrafen und das angerichtete schwere mitmenschliche Leid *auf seiner* – interessemäßigen, sozialen, lebens- und weltanschaulichen – *Standpunktlosigkeit zu verharren:* nämlich sich allein von seinen sexuellen, infantilen und Dominanz-Trieben, seinen jeaktuellen Bedürfnissen und Wünschen bestimmen zu lassen.

Wohl einen „Kaliber“-Unterschied, aber keinen Wesensunterschied vermag ich zwischen beiden Fällen zu sehen sowie natürlich ein erheblich unterschiedliches präventives und Schutzbedürfnis: Während — auch nach Luthes Beurteilung der Fälle — der leichter abartige „Bauhelfer“ von mit sozialtherapeutischen Einwirkungen verbundenen Straferfahrungen noch zu kompensatorischen Lernprozessen fähig erscheint, ist dies bei dem schwerst abartigen W. absolut unwahrscheinlich; durch eine lebenslange Strafe bzw. Verwahrung müssen andere und er selbst vor weiterem Leid und todbringenden Aggressionen geschützt werden. Denn — das sollte nicht übersehen werden — solche gemütslosen, bindungsunfähigen und hochgefährlichen Täter steuern ja auch (sich) auf die *Selbstzerstörung* hin: Entweder sind sie zu Dauerflucht und -versteck im Untergrund gezwungen oder sie hätten für ihre Verbrechen früher die grausamsten Todesstrafen zu erleiden oder heute, in strafrechtlichen Subkulturen, einen rascheren — „schmerzlosen“ — Hinrichtungstod; oder — bei Abolition der Todesstrafe in Kulturstaaten — eine lebenslange Strafhaft bzw. Sicherungsunterbringung.

g) Versucht sei schließlich eine *Zusammenfassung* meiner Wertschätzung und meiner Kritik an der beachtlichen forensisch-psychopathologischen Konzeption von R. Luthe.

Zu verdanken ist dem Autor durch seine fundierten phänomenologischen Analysen ein neues und im ganzen überzeugendes Ordnungssystem der Kernsymptomatik (des formalen Dysfunktions„skeletts“, könnte man sagen) psychopathologischer Zustände. Bei der Untersuchung von Probanden auf ihre psychische Verfassung bei einem kriminellen Verhalten läßt das Raster dieses Systems psychisch Abnormes klarer als bei der gängigen Orientierung an unsystematisch deskriptiven Kategorien transparent werden. Nämlich als Ausdruck entweder einer mehr oder weniger unentwickelten, wieder abgebauten bzw. aktuell und passager reduzierten gegenständlichen Erlebensdifferenzierung oder als Ausdruck einer mehr oder weniger unentwickelten, durch Krankheit zerstörten bzw. aktuell und passager gestörten bedeutungsmäßigen Erlebensintegration; oder — in selteneren Fällen — global beide Funktionsprinzipien defizient betreffend. — Die hinreichende Entwicklung, die Ungestörtheit und das Gleichgewicht der Integrations- und Differenzierungsfunktion menschlichen Bewußtseins sind — wie Luthe überzeugend darstellt — *formale* Voraussetzungen für ein sozial bezogenes *personales* Verhalten; Voraussetzungen einer actio humana, die von einer (sprachlich verständlich deklarierbaren) geistigen Sinn- und Zweckvorstellung geleitet ist und Vorbedingung ist auch für soziale Lernprozesse (durch eine an Lebenserfahrungen reifende, d. h. konstruktiv-aktive Persönlichkeitsentwicklung und Gesinnungsbildung).[A 17]

A 17 s. S. 319

Der nach Luthe nun *systematisch* mögliche *Ausschluß* — sofern nicht Feststellung — wesentlicher formaler Strukturmängel der einen oder der anderen Art bei einem Kriminaltäter ist zweifellos auch eine wesentliche Bedingung dafür, daß die normierte normale Tadel- und Strafreaktion auf sein rechtswidriges Verhalten sowohl eine vom Täter einsehbar gerechte und potentiell individualpräventiv effiziente, wie auch generalpräventiv sinnvolle (d. h. der öffentlichen Normbestätigung und -anerkennung dienliche) Rechtsfolge der Tat ist.

Empirische Wissenschaft und psychopathologische Systematik werden jedoch von Luthe verlassen mit seiner These von der Identität von Geisteskrankheit und Schuldunfähigkeit (verstanden als Identität von psychopathologischem Strukturverlust und Freiheitsverlust „in voller Wortbedeutung", wie — 1991, S. 240 — ausdrücklich betont wird). Noch bedenklicher ist die hieraus abgeleitete These einer wissenschaftlichen Unterscheidungsmöglichkeit von *krankhaftem Freiheitsverlust und autonomem Freiheitsmißbrauch*. Dieser, die letzten Arbeiten von Luthe — leider! — wie ein roter Faden durchziehenden Freiheitsideologie vermag ich nicht zu folgen. Sie scheint auch in sich selbst brüchig. Denn Luthe baut seine Psychiatrie als „pathologie de la liberté" (H. Ey) auf einer „Freiheit" auf, die er selbst mit der lapidaren Einschränkung „wenn es sie gibt" in Frage stellt. Und er sieht ganz deutlich, daß bei Berücksichtigung auch der — uns schicksalhaft zufallenden — Erlebens*inhalte*, abhängig von der Gründlichkeit einer Untersuchung der individuellen bio- und psychogenetischen Motivationsbedingungen, zunehmend klarer „ein vollständig geschlossenes Determinationsgefüge" hervortritt (1988, S. 246). — Obwohl sich bereits aus diesen beiden Sätzen konsequenterweise ein agnostischer Ansatz ergibt, blendet Luthe den inhaltlich-determinativen empirischen Aspekt methodologisch wieder aus und hält sich an einen *Dualismus von — forensisch s. E. irrelevantem — Inhalt und — forensisch s. E. allein relevanter — Form*. Er bestärkt mit diesem psychiatrischen Hilfsangebot eine juristisch heute weithin verlassene Auffassung, „wonach Schuld, Verantwortlichkeit und Freiheit den personal-sittlichen Vorwurf gegen den Straftäter implizieren" (1988, S. 235). Er empfiehlt sich damit, pointiert gesagt, einer doch wohl vermessenen richterlichen Intention, „kranke" und „böse" Kriminaltäter unterscheiden zu können.

Luthes forensische Psychopathologie aus *1988/1991* weicht deutlich von dem noch dezidiert agnostischen Ansatz ab, den er selbst (in Übereinstimmung u. a. mit Leferenz, Witter und dem Ref.) *1977* kritisch dem „Anti-Agnostiker" Venzlaff entgegengehalten hatte. Auf dem Weg von da zu seiner derzeitigen Position hat Luthe *1984* den im agnostischen Ansatz, wie wir meinen, enthaltenen *empirisch determinativen Aspekt* menschlichen Verhaltens als die Sicht nur eines „jungen, angehenden", d. h. noch unerfahrenen Psychiaters denunziert. — In der von Luthe *1988* explizierten forensischen Nutzanwendung seiner verdienstvollen psychopathologischen Systematik besteht ein unübersehbarer innerer Bruch oder Widerspruch: Zwischen der jetzt nur beiläufig aufleuchtenden agnostischen Haltung des psychiatrischen Wissenschaftlers („wenn es sie gibt" – die Willensfreiheit) und der entschiedenen Betonung einer forensischen Irrelevanz von die Persönlichkeit prägenden und motivierenden (d.h. empirisch determinierenden) Inhalten. Diese *Ausblendung des Unfreiheitsaspektes und Fokussierung des Freiheitsaspektes* menschlichen Verhaltens steht in einem bemerkenswerten Dissens zu der u.E. wohlbegründeten und in der Strafrechtslehre heute dominierenden agnostischen Ausklammerung der Freiheitsfrage. Von namhaften Strafjuristen wären – mit Varianten freilich – hier zu nennen: H. Welzel, P. Noll, K. Engisch, P. Bockelmann, W. Sarstedt, H. H. Jescheck, C. Roxin, G. Jakobs, J. Krümpelmann und H. L. Schreiber unter den älteren, Bj. Burkhardt, H. Achenbach, J. Tiemeyer unter den jüngeren Strafjuristen. – Einige unter den Genannten, wie P. Bockelmann und J. Krümpelmann, sind angesichts der „Freiheitsaporie" bemüht um eine Versöhnung, eine theoretische bzw. rechtsdogmatische Berücksichtigung *beider* Aspekte menschlichen Seins.

Wir werden im rechtspraktischen Kapitel 4 auf diese strafrechtswissenschaftliche Entwicklung zurückkommen. Denn es ist zu sehen, daß sich durch interdisziplinäre Bemühungen reliable Kriterien der strafrechtlichen „Schuld"fähigkeit (genauer: Tatschuld-Zurechnungsfähigkeit) gewinnen lassen, welche die intelligibel freie transzendentale Konstitution des Menschen nicht übergehen; und die sowohl den freiheitlich-rechtsstaatlichen wie auch den fürsorgend-sozialstaatlichen Grundwerten unserer Rechtsordnung entsprechen und in diesem Sinne konform gehen mit einer Hauptströmung moderner Strafrechtslehre.

3.1.2 Fazit der forensisch-psychiatrischen Methodologien: Krise des Beweismittels zu §§ 20, 21 StGB

Unter den beiden Vorgabebrennpunkten der Nachkriegs-Strafjudikatur zur Restitution eines Schuldstrafrechts von 1952 und 1955 (dem „auf freie sittliche Selbstbestimmung angelegten" normalen Normadressaten einerseits und andererseits der Eignung „aller Beeinträchtigungen der Verstandestätigkeit, des Gefühls-, Trieb- und Willenslebens" zur Minderung oder Aufhebung dieser „Anlage") hat die forensische Psychiatrie, wie im Vorstehenden an einigen Repräsentanten gezeigt wurde, *sehr differente Methodologien* zur beratenden Beurteilung strafrechtlicher Schuldfähigkeit entwickelt. Das konnte nicht zu rechtssicheren, d.h. rechtsgleichen („gerechten") richterlichen Entscheidungen über diese „Fähigkeit" führen. Analog zu den – oben, S. 141–188 resümierten – strafrechtswissenschaftlichen Differenzen über Begriff und Beurteilung von Schuldfähigkeit lassen sich auch die S. 205 ff. ausführlich referierten Konzepte forensisch-psychiatrischer Autoren (bei Außerachtlassung feinerer Unterschiede) nach mehreren Hauptorientierungsgesichtspunkten unterscheiden:

1. *Orientierung am psychopathologischen (nosologischen oder Krankheits-)Paradigma:* in einem engeren Psychopathologie-Verständnis vertreten durch K. Schneider und P. H. Bresser, in einem weiteren durch H. Saß.
2. *Unmittelbare Orientierung am anthropologischen („nicht metaphysischen") Freiheitsparadigma:* vertreten durch W. v. Baeyer, Ehrhardt und Venzlaff.
3. *Mittelbare Orientierung am Freiheitsparadigma:* im Sinne psychopathologisch bei Verlust des „Realitätsbezugs" *qualitativ „falsifizierbarer"* (und bei quantitativen Anomalien nach Wertnormen eingeschränkt „unterstellbarer") Freiheit (= Fähigkeit zum Andershandeln), vertreten durch H. Witter; im Sinne auch *quantifizierbarer Freiheitsverluste* (= Strukturverluste), vertreten durch R. Luthe.
4. *Pragmatische Orientierung mit Problematisierung eines freiheitsbezogenen Schuldstrafrechts:* mehr kriminalpolitisch ausgerichtet vertreten durch H. Leferenz, mehr sozialtherapeutisch orientiert vertreten durch W. Rasch.

(Diese Differenzen auf erfahrungswissenschaftlicher Seite würden noch vermehrt durch die Ansprüche auch forensisch interessierter *Psychologen und Tiefenpsychologen* auf eigene kritische Mitsprache bei Beurteilung von Schuldfähigkeit. Wir haben das hier deswegen außer acht gelassen, weil der Katalog der diagnostischen *Eingangs*begriffe der §§ 20/21 [im sog. I. Stockwerk] immerhin insoweit eindeutig ist, daß er, wenn auch im weiten Sinne, nur Psycho*pathologisches* [Krankhaftes, Störungen, Schwächen, Abartiges] umfaßt. Damit ist und bleibt m. E. die „Federführung" der Psychiatrie in den Fragen dieser Norm bei der Richterberatung klargestellt — wie problematisch auch die letztlich entscheidenden Auswirkungsfragen auf „Einsichts- und Steuerungsfähigkeit" sein mögen.)

Es bedarf angesichts des heutigen Bildes einer konzeptuellen Vielfalt auf der juristischen wie auf der psychiatrischen Seite kaum noch des Hinweises auf die daraus resultierende unbefriedigende bis kritische, jedenfalls mangels eines einheitlichen Maßstabes bzw. -prinzips schwankende und damit „ungerechte" Rechtsprechungspraxis in der Schuldfähigkeitsfrage.

Nur wenige zusammenfassende Bemerkungen noch zu den vier forensisch-psychiatrischen Grundkonzepten.

Zu 1: Im Ansatz völlig sachfremd der Frage nach strafrechtlicher Normalität (= „Schuldfähigkeit") ist m. E. das *Kriterium des psychiatrischen Krankheitsbegriffs,* wie er prinzipiell vorherrschend somatologisch verstanden wird. Die „antidualistische", nicht somatologische, sondern struktural-psychopathologische Definition von „Geisteskrankheit" durch Luthe ändert nichts am m. E. inkompetenten Maßstabanspruch jedes psychiatrischen „Krankheits"begriffs für die Beurteilung von Schuldfähigkeit.

Daß alle Vollbilder psychotisch „krankhafter seelischer Störungen" – aber durchaus nicht grundsätzlich auch Abortiv- und Residualzustände dieser Art – den Betroffenen realitätsentrückt (= ver-rückt) und damit auch von Normgeboten und Normverletzungsstrafen unerreichbar (= normativ motivationsunfähig) erleben und handeln lassen, bedingt zwar einen typischen Fall forensischer Schuldunfähigkeit. Geisteskrankheit als ihr *Prototyp* wird damit aber noch *nicht* (wie Luthe meint) mit ihr „identisch", d. h. zum *Definitionsmerkmal!* Forensische Schuld(un)fähigkeit ist vielmehr – so unsere Gegenthese – vom Strafrecht, von dessen Sinn und Zweck her zu definieren: als die speziell *zur Erfüllung strafrechtlichen Sinns und Zwecks erforderlichen Fähigkeiten* eines normalen, d. h. den Normgeboten (und der Strafandrohung bei ihrer Verletzung) sinnvoll und zweckentsprechend zugänglichen Adressaten; vice versa: als die zu dessen Erfüllung *speziell* unfähig machenden Merkmale des „schuldunfähigen" Täters.

Nur dort, wo es statistisch hochsignifikante Korrelationsparameter zwischen einem gut definierbaren abweichenden Körperzustand und einem normativ motivationsbehindernden bis -unfähig machenden psychischen Status gibt (wie beim heutigen Erkenntnisstand nur bei der Alkoholvergiftung) hat der festgestellte Krankheitsgrad (etwa der ‰-Wert der Blutalkoholkonzentration) die Bedeutung eines *relativ brauchbaren Indizes* für die Minderung forensischer Schuldfähigkeit.

Zu 2 und 3: Die Versuche, den Freiheitsgrad oder -spielraum (oder auch nur dessen „Voraussetzungen") zu einem alternativen anstatt des faktischen Tatverhaltens (d. h. zum Andershandeln, zur Tatvermeidung) zu eruieren, verfehlen bereits im Ansatz die gesetzliche Fragestellung. Denn diese beschränkt sich ja (mit dem Relationsbegriff „wegen ...") auf die Frage nach etwaigen defizienten *Auswirkungen psychischer Anomalien* auf die Motivationsstruktur des Tatverhaltens. Sie ist zudem, wenn sie (in wie auch immer verklausulierten Interpretationen) die Frage nach Einschränkung der „Willensfreiheit" bei einer begangenen Handlung meinen sollte, empirisch eindeutig unbeantwortbar. Denn – wie Leferenz (s. oben S. 209 f.) schon 1958 formulierte – „wer empirisch die Freiheit nicht positiv zu fassen vermag, kann auch empirisch nicht feststellen, wo die Unfreiheit anfängt" (bzw., so könnte man auch sagen: wo sie aufhört). Man kann sie auch nicht zu einer beantwortbaren machen, indem man, wie Venzlaff (S. 212), eine Ebene „relativer" Entscheidungsfreiheit „unterhalb" der philosophisch-anthropologischen Freiheitsfrage konstruiert; oder, wie Witter und Luthe, bei den Möglichkeiten einer „Falsifikation" von Freiheit nur *formale* (entdifferenzierende oder/und desintegrierende) psychische Strukturmängel in Rechnung stellt, *inhaltliche* Determinanten, denen unser Erleben mit prägender Wirkung doch ebenfalls lebenslang ausgesetzt ist, aber unberücksichtigt läßt. –

Ungeachtet dieser Kritik an einer m. E. methodologisch verfehlten Einbeziehung des Freiheitskriteriums in empirische Gutachten zur Frage der

Schuldfähigkeit bei einer konkreten Tathandlung, bleibt aber dies ein wesentliches Verdienst aller juristischen und psychiatrischen Autoren, welche das Freiheitsprinzip im Strafrecht betont haben: *sie besorgten, daß menschliches Richten über menschliche Täter ein Humanum bleibt.* D.h. abgehoben bleibt von general- und individualpräventiver Konditionierung, von einem dressurähnlichen Abschwächen sozial unerwünschter („kriminalisierter") Verhaltensweisen, von einer bloßen défense sociale unseligen Angedenkens gegen „Volksschädlinge". Nur wo die psychiatrische Assistenz beim Praktizieren des forensischen Schuldprinzips sich versteigt, „krankhaftes" = unfreies = unschuldiges Handeln vom „bösen" = freien = schuldhaften Handeln unterscheiden zu wollen, wird der Gerichtspsychiater im Sinne von Robert Musil zum „Reserveengel" einer ideologisch hybriden Strafjustiz.

Zu 4: Von den forensisch-psychiatrischen *Pragmatikern* hat ebenfalls Leferenz (1962) anerkannt, daß die phänomenologische Anthropologie (explizit die des älteren Autors W. v. Baeyer, implizit aber auch die des jüngeren R. Luthe) gegenüber der „penetranten Tendenz" der modernen Kriminologie, das Schuldstrafrecht aufzuweichen, „die typisch menschlichen Phänomene gegenüber dem Tierreich abgehoben" hat. Zugleich aber betont Leferenz, daß diese Intention auf der psychologischen Ebene bleibt und das Freiheitsproblem nicht im Sinne eines „echten" Schuldstrafrechts zu lösen vermag.

Und ebendies, die ewig offene Freiheitsaporie – weil an unserer *geistigen* Freiheit, unserer transzendentalen Konstitution nicht zu zweifeln ist und doch „bei der Analyse einer bestimmten Handlungssituation ... der Nachweis von Unfreiheit eher möglich (ist) als der von Freiheit" (W. Rasch, s. oben S. 219) –, sie wohl hat den Pragmatiker W. Rasch motiviert, sich als Arzt an einen *sozialen* Krankheitsbegriff zu halten und Schuldfähigkeit bei *dem* Täter als vermindert bis aufgehoben zu diskutieren, der „strukturell", d.h. *wie* durch eine Krankheit, ohne therapeutische Hilfe unfähig bzw. vermindert fähig ist, den Mindestanforderungen an Sozialität und damit an „sozialer Kompetenz" für die Normforderungen des Strafrechts zu genügen.

Rasch trifft sich so konzeptuell mit dem Strafjuristen G. Stratenwerth, der die strafrechtlich relevante Willensfreiheit (mit W. Mittermaier, 1912) versteht als „die Fähigkeit, mit den elementaren sozialen Normen unserer Gesellschaft zurechtzukommen" (1984, S. 238); und vice versa meint: „Die Einsicht, daß ein Mensch Hilfe brauchen könnte, um nicht erneut oder immer wieder mit dem Strafgesetz in Konflikt zu geraten, bedeutet zugleich das Eingeständnis seiner faktischen Unfreiheit". Gemeinsamer Nenner neuerer Entwicklungen im Bereich der strafrechtlichen Sanktionen liege „in dem Bemühen, solcher faktischen Unfreiheit entgegenzuwirken ..." und Freiheit als Fähigkeit *zu vermitteln,* sich – im Sinne vom BGH (1952) – „für das Recht und gegen das Unrecht zu entscheiden" (S. 240).

3.2 Ein notwendiges I. Postulat: Akzeptanz des empirischen Unfreiheitsaspektes (mit der Verpflichtungskonsequenz zu positiver Individualprävention)

Es ist sachlogisch zwingend, daß von der *Beurteilung* der Schuldfähigkeit eines Kriminaltäters im Schuldstrafrecht seine *Verurteilung* überhaupt abhängt, m. a. W. die Krise einer rechtsgleichen Schuldfähigkeitsbeurteilung die Krise des Schuldstrafrechts selbst bedeutet. Die vorstehend aufgezeigten Differenzen sowohl der juristischen Konzepte von strafrechtlicher Schuld und Schuldfähigkeit wie auch die differenten Methodologien der forensisch-psychiatrischen Richterberater machen die tatsächliche Krise unübersehbar.

Ein Prägnanzbeispiel auf der juristischen Seite liefert die vorstehend zitierte Studie von Stratenwerth (1984). Hier wird – im Sinne unseres Konzeptes – „Willensfreiheit" im Verständnis eines auf die Tat(zeit) *rückbezogenen Schuldbegründungsmerkmals* denunziert als „eine abstrakte Voraussetzung, die es rechtfertigen würde, nichts als Vergeltung zu üben ..."; statt dessen wird Willensfreiheit als ein *strafrechtliches Rehabilitationsziel* plaziert und identifiziert mit der durch eine konstruktive kriminalrechtliche Sanktion dem Betroffenen erst zu vermittelnde *„Fähigkeit"*, sich *künftig* normativ rechtstreu motivieren zu lassen (in der Sprache des BGH: „sich für das Recht und gegen das Unrecht zu entscheiden").

Unsere Hauptthese ist nun, daß diese Krise nur überwunden werden kann, wenn ein dem heutigen Stand empirisch-anthropologischer Forschung und philosophisch-anthropologischer Besinnung entsprechendes Menschenbild auch im Strafrecht akzeptiert wird.

Und der I. Lösungsschritt ist u. E. damit zu tun, daß nach dem oben (Teil I, 5.3) entwickelten und vom Strafrechtsdenken in Ansätzen (s. S. 197–200) rezipierten *Konzept anthropologischer Komplementarität* die Phänomene des *einen Komplements, der empirischer Unfreiheit* menschlichen Erlebens und Verhaltens, kriminalrechtlich uneingeschränkt, d. h. ohne Ausweichstrategien (deren Stichwort: „relativer" Indeterminismus) gesehen, angenommen und in einem zeitgemäßen Strafrechtssystem berücksichtigt werden. Da dies – wie der Begriff der Komplementarität besagt – *nur der I.* Lösungsschritt, *nur der eine* anthropologische Aspekt ist, der ausdrücklich nicht – wie in „unipolaren" deterministischen Ideologien – verabsolutiert wird, sind Befürchtungen, daß hier doch wieder ein „verkappter Determinismus" am Werk sei (wie sie H. Witter in einer persönlichen Mitteilung äußerte), ebenso gegenstandslos wie Bressers Bedenken, hier könne mit einem Absprechen von „Freiheit" Menschenwürde beschädigt werden.

Wir erinnern daran, daß in der Geistesgeschichte unseres Abendlandes Schicksal *und* Schuld immer wieder nicht als Widerspruch, sondern als untrennbare Existentialien menschlichen Daseins Ausdruck finden: in den sophokleischen Ödipusdramen ebenso wie in theologischen Prädestinationslehren von Luther und Calvin, in der philosophischen Anthropologie von Kant nicht weniger als bei Schopenhauer und

Nietzsche; bei N. Hartmann und K. Jaspers und auch bei zeitgenössischen Philosophen, etwa W. Schulz (s. Teil I, S. 120 f.) und O. Marquard. Keines dieser antiken, theologischen und neuzeitlich philosophischen „Menschenbilder" verstößt mit dem Sichtbarmachen der allgemeinmenschlichen Fatalität gegen Menschenwürde, verzichtet auf sittliche Postulate, stellt Mensch und Tier auf eine Stufe. Sie alle zeigen, daß vom Daimonion und von der Moira des je-eigenen Geschicks jedes Irdischen die spirituelle Freiheit, ideelle Offenheit und personale Verantwortung des reifen Menschen unberührt bleiben.

Im folgenden seien — nach einer kurzen Rückerinnerung an Kant (mit dem wir uns im Teil I, 5.3.1 ausführlicher beschäftigt haben) — *drei Hauptbefunde empirischer Kriminalanthropologie unserer Zeit* kurz skizziert.

Vor 200 Jahren schon hatte Kant unüberholbar (aber doch „nur" als eine *philosophische* Einsicht) formuliert, daß es in Ansehung unseres „empirischen Charakters ... also keine Freiheit (gibt), und nach diesem können wir doch allein den Menschen betrachten, wenn wir lediglich *beobachten* ..." (1781). Hieraus hat er später (1794) ebenso den Schluß eines moralischen Agnostizismus gezogen, wie den auf das im Guten wie im Bösen moralisch Unverdiente (das aber heißt: absolut Ungerechte) des Schicksals jedes einzelnen. Unentscheidbar sei, ob „ein Mensch, seinem inneren moralischen Werte nach, überall noch irgend einen Vorzug vor dem anderen habe, und es so vielleicht nicht ein ungereimter Eigendünkel sein dürfte, bei dieser oberflächlichen Selbsterkenntnis, zu seinem Vorteil über den moralischen Wert (und das verdiente Schicksal) seiner selbst so wohl als anderer irgendein Urteil zu sprechen".

1. Schon 3 Jahrzehnte nach Kant und seiner philosophischen Anthropologie war es eine erste, heute noch bedenkenswerte Erkenntnis *empirischer Anthropologie (auf dem Feld kriminologischer Sozialstatistik)*, als der Belgier Quetelet 1835 auf das statistisch alljährlich etwa gleiche *„Verbrechensbudget"* in menschlichen Gemeinschaften hinwies und zu bedenken gab, ob wir („Nichtkriminelle") vielleicht „nur deshalb nicht Verbrecher wurden, weil andere für uns die schwarzen Lose zogen, die auch unser Teil hätten werden können" (nach Du Bois-Raymond, 1916, S. 101).

Zu den klassischen Befunden der Sozialstatistik gehört auch das ziemlich konstante Verhältnis einer *ca. 10mal höheren Kriminalitätsrate des Mannes* gegenüber der Frau. Während nun A. E. Brauneck (1969) dies (unter anderem) zum Anlaß nimmt, den Begriff der „kriminellen Anlage" zu kritisieren, sich aber auch von indeterministischen Schuldkonzepten im Strafrecht zu distanzieren, hat R. Lange noch in jüngerer Zeit (1988, s. oben S. 148) in diesem kriminalanthropologischen Phänomen einen „schärfsten" statistischen Beweis gegen den Determinismus gesehen — als ob sich die Frauen in freier Wahl entschieden hätten und immer wieder entscheiden, ein gutes, die Männer aber, ein böses Geschlecht zu werden. Demgegenüber dürfte nicht zweifelhaft sein, daß natur- und kultur*geprägt* (und nicht sich selbst so bestimmend) der Mann seit Jahrtausenden das körperlich stärkere und aggressivere, sexuell spontane und aktivere, unmittelbar okkupatorischere und kaptativere, auch selbständigere Geschlecht ist (prototypisch als Soldat, Jäger, Regent, Wirtschaftsführer), in manchen Kulturen sogar das allein öffentlich agierende Geschlecht. Schon hieraus ergibt sich wesentlich mehr „öffentliche" (kriminelle) Delinquenz gegenüber den mehr „privaten", verborgenen und auch mehr privat sanktionierten Bosheiten der Frau (bei welcher zudem fast der ganze Bereich von Sexualdelinquenz fortfällt). Hinzu kommt die von R. Lange hervorgehobene stärkere rechtliche Schutzbedürftigkeit der Frau, welche durch „mindestens unbewußte" (R. Lange) Vermeidung von Rechtsbrüchen das die Schwächeren — auch die Frau gegen den Mann — schützende Strafrechtssystem zu bewahren trachtet. — Der empirischen „Beobachtung" (im Sinne Kants) erscheinen jedenfalls die naturhaft und kulturell determinierten Geschlechterdifferenzen auch als Determinanten der kriminologischen Geschlechterdifferenz.[A 6]

2. Zur *kasuistisch untersuchenden empirischen Anthropologie* im Feld des kriminellen (= verbrecherischen, dissozialen, „abweichenden") Verhaltens, *zur modernen Kriminologie des späteren 19. und des 20. Jahrhunderts:* Was ist das Ergebnis ihrer — nach H. Leferenz — „penetranten Tendenz", das Schuldstrafrecht „aufzuweichen"?

Wir meinen nicht, daß es ihr Ziel war oder gar gelungen ist, wie R. Lange als Strafjurist perhorresziert, menschliches Verhalten, ob kriminell-abweichend oder normkonform, aus Anlage- und Umweltfaktoren, aus formalen Strukturfunktionen und biographischen Inhalten nach dem „Ratten- und Maschinenmodell" deterministisch zu erklären, m. a. W. menschliches („schuldfähiges") auf tierisches („schuldunfähiges") Verhalten zu reduzieren. Wohl aber hat sie in vielfältigen Befunden als wissenschaftliche *Erkenntnis* die kantische *Einsicht* bestätigt, daß keine menschliche Freiheit nachzuweisen ist, „wenn wir lediglich beobachten"; sie hat auch die Aussage von K. Jaspers (1948) erhärtet, daß „so weit wir uns erforschen ... keine Freiheit mehr sehen, sondern Sosein, Endlichkeit, Gestalt, Beziehung, Kausalnotwendigkeit", und daß wissenschaftlicher Irrtum entsteht, wenn „Freiheit ihrerseits zum Wissensinhalt und Forschungsgegenstand werden soll".

Es ist an dieser Stelle nicht im einzelnen zu rekapitulieren, welche wesentlichen Bestimmungsstrukturen und -dynamismen menschlichen Sozialverhaltens die Humanwissenschaften in den letzten 150 Jahren gefunden und gewichtet haben. Erinnert sei nur global:

— *die Erb-, insbesondere die Zwillingsforschung* hat die genetische Penetranz unserer Charakter- und Temperamentsanlagen deutlich gemacht;

A 6 s. S. 314

- *die psychobiologische, insbesondere die Hirnforschung* hat die Abhängigkeit ebenso des emotionalen Fühlens und der Triebimpulse wie auch des sittlichen Wertens, der Gesinnung von der Differenziertheit, Integrität und (hämatogen vom jeweiligen Körperchemismus beeinflußten) Funktionslage bestimmter Hirngewebsbezirke aufgewiesen;
- *der reinen Psychopathologie* sind Erkenntnisse von kriminogenen Auswirkungen des — wie auch immer bedingten — formalen Verlustes an Differenzierungs- oder Integrationsfähigkeit menschlichen Erlebens zu danken;
- *die Tiefenpsychologie und Psychoanalyse* zeigten kriminogene Auswirkungen unbewältigter seelischer Traumen vor allem in Kindheit und Jugend auf;
- *die Entwicklungspsychologie* brachte Erkenntnisse über die sozial deletären Folgen mangelhafter Sozialisation in den beiden ersten Lebensjahrzehnten;
- und was *ideologische Indoktrinierung* in der Jugend und noch im höheren Lebensalter für sozialethisch depravierende und kriminogene Folgen zeitigen kann, steht auch ohne „Kriminologie" jedem, der es sehen will, aus der älteren und jüngsten Geschichte vor Augen (von Kreuzzügen, Hexen- und Ketzerverbrennungen über Rassenversklavung und -pogrome, KZ-Terror und Holocaust bis zum RAF-Terrorismus).

Verwiesen sei an dieser Stelle auch auf die Kapitel 1 und 2 insgesamt im Teil I, wo der organismische Aspekt und der psychosomatische Strukturaspekt humanen Daseins eingehend expliziert wurden, ferner auf die Seiten 40–48 des I. Teils, wo wir von den praktisch wichtigsten kriminalpsychopathologischen Syndromen die determinativen Grundstrukturen und -dynamismen dargestellt haben.

3. Es ist wohl nicht zufällig, daß forensische Autoren unserer Zeit (wie H. Ehrhardt, 1977, S. 373, und H. Witter, 1987, S. 53–56 und 71–73) Grundfragen unseres heiklen, zwischen Sein und Sollen, Empirie und Norm, Arzt und Richter angesiedelten Metiers an *Beispielen aus dem motorisierten Straßenverkehr* abhandeln; an Fällen einer heute fast jedermann zum Täter wie auch zum Opfer machenden, für diesen und für jenen einmal mehr, einmal weniger folgenschweren Delinquenzart.

EHRHARDTs simplifizierende Reduktion der strafrechtlichen Freiheitsfrage auf die „Freiheit" eines Kfz-Lenkers, *vor einer Rotampel zu stoppen oder nicht*, haben wir oben (S. 210 f.) schon kritisch erwähnt.

Im Problemkern und wesentlich differenzierter exemplifiziert WITTER am gleichen hochgefährlichen Elementardelikt unseres modernen Verkehrs sein Konzept: anhand von 2 Beispielsfällen s. E. wissenschaftlich „falsifizierbarer" Schuldfähigkeit und von 3 Fällen s. E. — empirisch gesehen — prinzipiell „unterstellbarer" (und nach Zumutungsnormen juristisch zu bewertender) Schuldfähigkeit.

In den *ersten beiden Fällen* (einer schwachsinnsbedingten Unfähigkeit, die Signalbedeutung überhaupt zu erkennen, und einer wahnbedingten Fehldeutung des Signals) argumentiert Witter, daß die „Feststellung fehlender oder falscher Realitätserkenntnis die Voraussetzungen der ‚Freiheit' zum Anderswollen und Andershandeln aus(schließt)" (S. 54), also falsifiziert. Empirisch korrekter wäre es m. E., die Freiheitshypothese ganz aus dem Spiel zu lassen und sich mit der Feststellung zu begnügen, daß die Täter infolge Schwachsinns bzw. Wahns nicht einmal *dispositional* durch die normativen Signale motiviert (determiniert) werden konnten.

Witters *drei andere Beispielsfälle* der möglicherweise (d. h. je nach juristischer Wertung) *vermindert* schuldfähigen Verkehrsdelinquenten A, B, AB lassen das grundsätzlich Wichtige deutlich werden.

Ihnen gemeinsam ist, daß das Delikt der Rotlichtmißachtung (mit schlimmen Folgen) trotz Kenntnis seiner Bedeutung *in zur Eile treibenden affektiven Ausnahmezuständen* begangen wurde; diese hatten sich im Fall A auf dem Boden einer leichteren, im Fall AB schwereren Persönlichkeitsstörung („Abartigkeit") entwickelt.

Fazit der eingehenden psycho(patho)logischen Untersuchung: Wie immer nach subtiler retrospektiver Verhaltensanalyse sind auch bei diesen 3 Tätern empirisch nicht Unterschiede an Steuerungsfähigkeit oder — richterlich „unterstellbarer" — Freiheit zu Schuld oder Nichtschuld zu sehen, wohl aber *Unterschiede im determinativen Gewicht der individuellen Charakter- und Gesinnungsstruktur im Determinationsgesamtgefüge der* Tat: in den Fällen A und B spielen diese *personalen* Determinanten deutlich eine größere Rolle als im durch einen langen Verzweiflungsaffekt schon stärker entindividualisierten Fall AB; bei dieser Tatzeitpersönlichkeit wäre wohl nicht einmal ein *dispositionales* Andershandelnkönnen anzunehmen (als notwendige Voraussetzung einer präventiv individuell und generell sinnvollen, limitierten Strafsanktion).

Zur Erkenntnis eines für „gerecht" vergeltendes Strafen unverzichtbaren *faktischen* Andershandelnkönnens ergibt die empirische Analyse — wie spätestens seit Kant zu erwarten — in allen 3 Fällen das Gegenteil des Gesuchten: In ihrem Aspekt sind alle 3 Täter nicht willensfrei und schuldhaft, sondern gleicherweise *schicksalhaft* wie ihre Opfer ins Unglück geraten. Denn, wie auch Witter schreibt: „Eine wissenschaftliche Untersuchung, die die Ursachen einer bereits feststehenden Folge zu klären sucht, kann nur deterministisch sein ...". Je sorgfältiger die Untersuchung ist, „desto zwingender muß sie auf die unerlaubte Handlung hinführen" (1987, S. 56). —

Ziehen wir schließlich die ebenso sachlogische wie meist umgangene *Konsequenz aus dem heute anthropologisch unübersehbaren empirisch-deterministischen Komplement menschlichen Verhaltens.* Daraus,

– daß, wie eben referiert, nach WITTER jede retrospektive sorgfältige Untersuchung eines Kriminaltäters „zwingend“ zur Tat hinführt;
– daß nach KANT und JASPERS der „allein“ als Forschungsgegenstand zugängliche „empirische Charakter“ des Menschen immer unfrei erscheint;
– daß von maßgebenden Strafjuristen unseres Jahrhunderts wie von G. RADBRUCH – ohne weltanschaulich „Determinist“ zu sein – ebendieser Aspekt auch für das Strafrecht voll akzeptiert wurde, während andere, ohne ihn in Frage zu stellen (wie im letzten Jahrzehnt so wesensverschiedene Denker wie G. JAKOBS und J. KRÜMPELMANN) vor einem Individualisieren der psychophysischen Bedingungsstruktur eines konkreten kriminellen Verhaltens nur deshalb „warnen“ (bzw. es für rechtlich irrelevant erklären), weil es wegen seines regelmäßigen Endens in der „Freiheitsaporie“ ein zur Bestimmung forensischer Schuldfähigkeit untaugliches Mittel sei; und
– daß, last not least, auch der forensisch „modernste“ Psychiater R. LUTHE gleichsinnig meint, nur die Strukturen der jedermann sichtbaren „Spitze des Eisbergs“ unseres psychophysischen Determinationsgefüges interessieren den Strafjuristen, nicht aber dieses in seiner gesamten Ausdehnung. Deren zu weit gehende kasuistische Erforschung führe zu einem Erklären und Verstehen jedes Verhaltens; demzufolge aber müßten wir sagen, in identischer Gesamtlage wie bei einem Kriminaltäter hätten wir „vielleicht genauso wie der Täter gehandelt“ (1984, S. 163).

Die theoretische Konsequenz aus diesem Sachverhalt kann u. E. nur sein, *festzustellen*, daß jedes faktische, soziale oder antisoziale Verhalten im – intersubjektiv nur retrospektiv möglichen – empirischen Aspekt als schicksalhaft dem Täter auferlegt erscheint; daß die Frage Schicksal, Verdienst oder Schuld zumindest unentscheidbar ist, m. a. W. die „Freiheitsaporie“ vor uns steht.

Und aus dieser festzuhaltenden Feststellung folgt *für das intellektuelle soziale Gewissen sachlogisch* das Postulat, dem offensichtlich schicksalhaft zum Kriminaltäter gewordenen und als solcher gesetzesgerecht zu bestrafenden Rechtsgenossen *mit der Strafe und durch ihre Ausgestaltung zugleich – im Sinne einer poena medicinalis – rehabilitativ zu helfen* (oder, wo nötig, eine lebenslange Strafe im Sinne humaner Bewahrung und intramural möglicher Persönlichkeitsentfaltung durchzuführen). – Ich kann als sich anthropologisch orientierender Psychiater dem auf juristischer Seite m. W. zuerst von J. Krümpelmann (1976, 1983) aufgestellten Postulat nur beipflichten, angesichts der „Fragwürdigkeit der Beurteilung des Menschen durch den Menschen“ sich rechtlich mit einem *sozialen* Schuldbegriff zu bescheiden und das soziale Schuldurteil „strafrechtsdogmatisch“ mit der Verpflichtung zu *positiver,* d. h. rehabilitativer Individualprävention zu verbinden.

3.3 Ein notwendiges II. Postulat: Akzeptanz des anthropologischen Phänomens intelligibler Freiheit (als Bedingung der Möglichkeit von Tatschuldverantwortung und Tatschuldsühne)

Unser Komplementaritätskonzept (kantischer Provenienz) strafrechtlicher Schuldfähigkeit ist fundiert auf gleicherweise uneingeschränkter Akzeptanz des empirischen (d. h. auch kriminologischen) Befundes menschlicher Unfreiheit wie des anthropologischen Befundes intelligibler Freiheit, die sich im Selbst- und Weltbewußtsein jedes *hinreichend reifen und geistesgesunden Menschen* ausmachen läßt. Im das organismische menschliche Dasein behandelnden Kapitel 1, Teil I dieses Buches habe ich nur eine erkenntniskritisch unhaltbare Verquickung beider Aspekte in Entwürfen moderner „Hirnmythologie" zurückgewiesen. Im Kapitel 2, Teil I wurde in ein Bild der somatopsychischen „Gesamtstruktur" menschlicher Existenz die humane geistige Freiheit zunächst formal einbezogen. Im Kapitel 3, Teil I wurde unsere „transzendentale Konstitution" als solche behandelt und im Kapitel 4, Teil I ebendiese in der besonderen Erfahrungsweise humaner Zeitlichkeit und Endlichkeit.

Hier, wo es um die praktische Frage der Beurteilung strafrechtlicher Schuldfähigkeit geht, ist nunmehr darzulegen, daß und wie im gerichtsalltäglichen Bezug von Beurteilern und Richtern auf zu Beurteilende und zu Richtende auch der — retrospektiv empirisch nicht faßbaren — Freiheit eines Kriminaltäters in Gutachten wie Urteilen Rechnung zu tragen ist.

Festzuhalten ist dabei nicht nur die im vorstehenden Kapitel (und an anderen Stellen dieses Buches) näher begründete und wohl als endgültig anzusehende *Überwindung des „klassisch"-indeterministischen Verständnisses forensischer Schuldfähigkeit:* als normativ unterstellbares Andershandelnkönnen, als — s. v. v. — Tatschuldvermeidungsfähigkeit. Darüber hinaus fordert das intellektuelle Gewissen heute, die Augen nicht mehr davor zu verschließen, daß, je sorgfältiger unter der (von einigen Strafjuristen, z. B. Th. Lenckner, s. oben S. 143 ff., noch favorisierten) Leitidee eines „relativen Indeterminismus" kasuistisch-konkret nach der Grenze zwischen Determination und einem — den Schuld*vorwurf* rechtfertigenden — Freiraum des Handelns bei Tatbegehung gesucht wird, sich diese Grenze immer weiter in den hypostasierten Freiraum hinein verschiebt. Diese Suche „relativiert", d. h. minimiert Freiheit immer mehr zugunsten eines immer dichter hervortretenden, von leiblichen und seelischen, sozialen und ideellen Determinanten gebildeten Wurzelstocks menschlichen Verhaltens; sie läßt Unfreiheit, Notwendigkeit und Schicksal immer stärker („asymptotisch") in Erscheinung treten.

Und doch zeichnet den Menschen, den das Schicksal eines Tages auf die Anklagebank geführt hat, im „Normalfall" eine *Freiheit* aus, die (trotz retrospektiv determiniert erscheinendem So-Handeln oder Nicht-Handeln) mehr ist als nur ein erlebtes Begleitphänomen der „Selbst"-Bestimmung, *mehr als ein illusionäres Autonomiebewußtsein.*

Die „intelligible" Freiheit menschlichen Geistes zeigt sich als ein spezifisch anthropologisches Phänomen unübersehbar an unserem von den aktuellen Anmutungen und „Sinneserfahrungen" distanzierten (sekundenkurzen oder stundenlangen) *Über-Denken* unseres Erlebens: von Alltagssituationen über die ganze eigene Lebenslage bis zur Sinnfrage unseres In-einer-Welt-Daseins und dessen Endlichkeit. Sie zeigt sich am stets gegenwärtigen *geistigen Suchen* (mit Vorstellungsblick auf erwünschtes und unerwünschtes Künftiges) nach dem „richtigen", (nützlichen oder/und guten) Verhalten im Kleinen und im Großen. Diese von jedermann erlebte Freiheit ist auch vom retrospektiven Bewußtsein des Determiniertwordenseins durch bestimmte Gefühle, Affekte, Einfälle, Ideen und Überzeugungen zeitlebens nicht und von niemandem aus je-meiner *Geistes-Gegenwart* zu verbannen. Meine gegenwärtige „Lage" (untrennbar verknüpft mit der von näher und ferner stehenden Mitmenschen und -geschöpfen) frei — und mehr oder weniger „hoch" — transzendierend orientiert sich menschliches Verhalten (an wandelbaren Wertvorstellungen) in seinen permanenten spontanen und reaktiven Aktivitäten auf dem Lebensweg vom gegenwärtig Seienden zum in unmittelbarer und fernerer Zukunft Seinsollenden. Dabei fallen die über kurz oder lang getroffenen Entscheidungen zumeist aus dem Zusammenspiel von praktischen und ideellen, egoistischen und moralischen Motiven. Hierzu einige (vom „Sozialen" zum „Dyssozialen" führende) praktische Beispiele:

Bei der *Berufswahl,* z.B. zum Arzt oder Jurist, können verflochten motivieren: Heilen- oder sozialer Gerechtigkeit Dienen-Wollen mit realisitischer Einschätzung derzeitiger Ausbildungs- und materieller Berufschancen und auch der Berücksichtigung evtl. Interesses an Übernahme einer väterlichen Arzt- bzw. Anwaltspraxis. — Bei der *Gattenwahl* können Zuneigung *und* „Einheirat" eine Rolle spielen, beim Entschluß zur Ehescheidung oder -nichtscheidung können außer religiösen Motiven die eigenen, Partner- und Kinderinteressen ein sehr differenziertes Motivationsgeflecht bilden. — Ähnliches gilt für eine *Schwangerschaftsunterbrechung,* wobei hier auch der Respekt oder Nichtrespekt vor strafrechtlichen Normen mitspricht. — Bei der Erwägung kurzer U-Bahn-*Schwarzfahrt* gibt meist eine flüchtige emotionell-ideelle „Mischkalkulation" von Reiz- und Kostenvorteil, Risikogröße und Ehrlichkeitsbedürfnis den Ausschlag; ähnlich kann es bei einer *Steuererklärung* liegen und beim Entscheidungsprozeß für oder gegen ein gewinnversprechendes, aber an den „Tatbestand" eines Betrugs grenzendes oder ihn schon erfüllendes Geschäfts- oder Werbungsmanöver.

Auf ein derart bewußt („vorsätzlich" oder „fahrlässig") personal entschiedenes Verhalten hin von anderen Personen zur Rede gestellt erinnert sich der Mensch nicht nur an das, *was* er tat, sondern auch an das *Warum,* an seine emotionalen und rationalen Motive in damaliger transzendierender geistiger Distanz zu seiner Lage. In der gegenwärtigen des Zur-Rede-Gestellten hat er wiederum die geistige Freiheit — seine jetzt gegenwärtige Situation transzendierend — sich für Schweigen, ehrliche (evtl. inopportune) oder unehrliche (evtl. opportune) Antwort zu entscheiden. Er kann nun wiederum über-denken, ob und wie er (sub specie opportunitatis, socialitatis aut aeternitatis) antworten, sich ver-antworten soll vor anderen Personen gleicher Spiritualität, mit denen ihn das spezifisch-humane Kommunikationsmittel der Sprache verbindet. *Verantwortungsfähigkeit* (im Wortsinne!) erscheint somit als das Signum eines reifen, mit personalem Selbstbewußtsein handelnden und damit vor anderen Personen verantwortlichen Menschen, d. h. im Falle einer strafrechtlichen Tatschuld eines „schuldfähigen" Täters.

Die je-gegenwärtig erlebte und dargelebte intelligible Freiheit des normalen und reifen Menschen erlaubt ihm außer der persönlichen Ver-Antwortung für Begangenes und dessen Beweggründe noch ein Weiteres. Er vermag im Gegenwärtigen stets neu (d. h. auch „sich" ändernd) wertend selbstkritisch Stellung zu nehmen zu dem, was er getan oder unterlassen hat. Er kann es noch immer *für gut und richtig halten*, aber auch als unklug, unhöflich oder kleinlich *bedauern*, als gemein und verwerflich *bereuen* und — falls es sich um eine schädigende Straftat handelt — nun bestrebt sein, sich mit dem oder den Verletzten (und der ganzen Rechtsgemeinschaft) wieder zu versöhnen, indem er diese *„sühnt"*. (Der Sühnebegriff wird hier und im folgenden ausschließlich gebraucht in seiner ursprünglichen — m. W. altgermanischen — Bedeutung *sozialer Versöhnung durch Ausgleichsleistung und Gesinnungswandel des Täters.*) In diesem Sinne ist auch die personale Wandelbarkeit im geistig distanzierten Rückblick auf eigenes Verhalten, d. h. im Fall von rechtlicher Tatschuld die potentielle *Sühnefähigkeit*, das Signum eines schuldfähigen Normenadressaten.

Wir sind damit zu dem Ergebnis gekommen, daß der anthropologische Befund *intelligibler Freiheit* (als das schon von Kant gesehene *Komplement unserer empirischen Unfreiheit*) *den forensisch „schuldfähigen" Menschen positiv kennzeichnet*, und zwar als Bedingung der Möglichkeit zur Verantwortung und Sühne sozialer Tatschuld.

3.3.1 Intelligible Freiheit und Zeitlichkeit des Menschen im Strafrecht

Im Teil I, 4.1, wurde darauf hingewiesen, daß kriminelle Verletzungen wie reaktive kriminalrechtliche Sanktionen neben subjektivem Leid objektiv *Einbußen an Lebenszeit* bewirken (I, S. 66/67) und sich schon hieraus die kriminologische Relevanz humaner „Zeitlichkeit" ergibt. Im nachfolgenden Kapitel 4 des II. Teils wird dieser Aspekt ergänzt werden durch den Hinweis, daß kriminelle Traumata wie die reaktive kriminalrechtliche Repression (auch die Geldstrafe!) sich objektiv auch als *Einbuße an bürgerlicher Freiheit* der „Betroffenen" (Opfer und Täter) interpretieren lassen (s. unten, S. 289–291).

Hier sei anthropologisch etwas tiefer schürfend angeknüpft an das, was im Teil I aus existenzanalytischer Sicht eines Martin Heidegger (S. 67–73) und Werner Marx (S. 74–76) über Erfahrungen humaner Zeitlichkeit und Endlichkeit zu sagen war. Dessen kriminalanthropologische Relevanz hatten wir anschließend bereits in einem „Prolegomenon" deutlich gemacht (S. 76–78) und in einem Exkurs zur — global gesehen heute noch aktuellen — Frage der Todesstrafe (S. 78–84).

Es könnte m. E. kriminalanthropologisch förderlich sein, Heideggers existentialanalytischen Befund der *Priorität von „Zukunft"* (unter den drei „horizontalen Ekstasen" humaner Zeitlichkeit: Zukunft, Gewesenheit und Gegenwart) aufzugreifen. Sie liegt darin, daß der Mensch als Subjekt mit Spontaneität und Intentionalität primär immer „auf etwas aus ist", etwas *vor* hat. Wie sein Leib so eingerichtet ist, daß er mit seinen Sinnesorganen und Gliedern prospektiv und progressiv „nach vorn" lebt, so denkt er auch geistig immer „weiter", sozusagen aufs Künftige zu, wobei „gewesene" (aber nicht ver-gangene!) Erfahrungen ebenso wie gegenwärtige Möglichkeiten vom intentionalen Bezug zur Zukunft „allererst geweckt" werden.

Nehmen wir hinzu: einmal die fundamentale Bedeutung, welche das nur Menschen — mehr oder weniger eindringlich — bewußte Ende der jemeinigen Zukunft, das „Vorlaufen" zum eigenen Tode und damit dessen Präsentwerden für die Weckung menschlicher *„Eigentlichkeit"* hat (Heidegger); und zum anderen, daß es (nach W. Marx) die vertiefte allmenschliche Erfahrung des Sterblichseins ist, welche uns Maße einer *nichtmetaphysischen Nächstenethik* („Liebe, Mitleid, mitmenschliche Anerkennung") zu geben vermag — dann scheint mir die Einbeziehung solcher existentiellen Analysen in eine Kriminalanthropologie heute an der Zeit zu sein.

Fügt sich nicht in dieses Bild menschlicher „Zeitlichkeit", daß wir auch unsere „intelligible Freiheit" stets nur *gegenwärtig* erfahren, *an unserer* mit bestimmten Intentionen auf die noch offene Zukunft hin gerichteten *Lebensfront* (und angesichts der inneren und äußeren Möglichkeiten, welche die ins Künftige fließende Gegenwart jeweils bietet)? Und daß uns auch andere mitmenschliche Subjekte frei nur erscheinen in ihrer von gegenwärtigen Intentionen geleiteten Zukunftsgestaltung, unfrei jedoch, wenn wir retrospektiv untersuchen, wie und wodurch sie zu einem bestimmten Verhalten, einer Tat in der Vergangenheit gekommen sind?

Drei Dimensionen menschlicher „Zeitlichkeit" werden uns — in der geistigen Entwicklung progredient — bewußt:

1. Zunächst die Dimension von *Gegenwart mit Bezügen zur festliegenden persönlichen Vergangenheit und offenen persönlichen Zukunft;* damit zugleich unsere Unfähigkeit (bzw. Unfreiheit), am Vergangenen (und Begangenen!) etwas zu ändern, und unsere Fähigkeit (bzw. Freiheit), im Rahmen vielfältig disponibler Handlungsmöglichkeiten im Gegenwärtigen und Künftigen dies oder jenes, Schweres oder Leichtes, „Besseres" oder „Schlechteres", unmittelbar nahen oder mittelbar ferneren Vorteil für mich oder für andere Bringendes zu tun.
2. Sodann „lernt" der Mensch zeitlich bis zum (Todes-)Ende und bis zum (Zeugungs- und Geburts-)Anfang seiner Existenz vor- und zurückzulaufen, wird ihm *„Zeitlichkeit" als persönliches, mir zugefallenes, ungewiß dauerndes und „in absehbarer Zeit" gewiß endendes Da-Sein* bewußt. (Z. B. am Erleben des Todes eines Nahestehenden, etwa eines der Großeltern und am Erleben des Existenzbeginns eines Geschwisters.)

   Mit dem eigenen Reifen und dem damit in der Regel identischen Älter- und Altwerden erfährt der Mensch das Schrumpfen seiner Zukunft und das Wachsen seiner Vergangenheit, erfährt er auch die menschliche Ohnmacht vor dem eigenen sicheren und jeder-zeitigen Lebensende (= seinem [auch] Weltende).

3. Wird dem erlebenden, schauenden, hörenden und reflektierenden Menschen *die Zeitlichkeit und Endlichkeit, die Geschick- und Geschichtlichkeit alles Seienden* bewußt: Vom ewig Unveränderlichen alles Geschehenen, aller Geschichten und Geschichte in den endlos gewesenen „Zeiten" und im stetigen Vergehen aller lebendigen und auch leblos strukturierten Existenzen in der Ewigkeit von Zeit überhaupt im Weltenraum. –

Aus solcher Welt- und Selbst-*Anschauung* reift im zeitlichen Dasein dem einzelnen die immer einmalig-individuelle „Weltanschauung" im Sinne eines *religiösen oder philosophischen Glaubens.* Einen solchen – bewußt ausgeformt oder nicht – hat jeder überhaupt denkende Mensch „ob er will oder nicht" *als Lebenssinn-Vorstellung,* die sein Handeln – auch ein evtl. „kriminelles" – wesentlich, menschenwesen-tlich mitbestimmt.

Aus existentialanthropologischer Sicht ist daher, meine ich, *auch die forensische Freiheitsfrage aus der Vergangenheit* (vom falschen Platz eines Fragens nach „Willensfreiheit" der Tatzeitpersönlichkeit, nach ihrem bei Tatbegehung Andershandelnkönnen) *zu lösen und in die Gegenwart, d.h. vor die Zukunft des Täters zu plazieren* (praktisch: als Frage personaler Verantwortungs- und Sühnefähigkeit, als Präventions- und Prognosefrage).

Der psychische Zustand des Täters „bei Begehung der Tat" wird darum für die Frage der Schuldfähigkeit nicht irrelevant! Er bleibt insofern von Bedeutung, als die zurechenbare Tat aus dem Täter bewußten (und damit reproduzierbaren) sowie von anderen nachvollziehbaren Gründen und Motiven *willentlich entschieden und begangen gewesen sein muß.* Denn nur ein solches personales Verhalten kann vom Täter in foro sinnverständlich verantwortet, vom Gericht als soziale Verfehlung bewertet, mit einem Appell zur Revision verwerflicher Tatgesinnung vorgehalten und durch die Tatschuldstrafe versöhnend gesühnt werden. Bedeutsam bleibt – anders gesagt – bei Tatbegehung die (nach J. Tiemeyer 1986, 1988) „relative Freiheit" des Täters, d.h. das Freigewesensein *von* psycho*patho*logischen Determinationen im Sinne des § 20 StGB.

Wenn die als „normative Motivationsfähigkeit" interpretierte forensische Schuldfähigkeit vom – alleinigen! – präventiven Sinnprinzip des säkularisierten Strafrechts individualpräventiv sinngemäß genutzt werden soll (nachdem die Generalprävention ja faktisch beim Täter versagt hat), dann ist das sachlogisch in foro nur möglich durch den *prospektiv* strafgestützten appellativen Vorhalt: Du hast *heute und künftig* bei gehöriger Selbstbesinnung („Gewissensanspannung") die wirkliche Willensfreiheit, d.h. die Freiheit der Willenszielsetzung oder des „Willensbenehmens" (Grasnick), das Normgebot zu respektieren. Erkenntniskritisch nicht möglich ist der *retrospektive* Vorwurf: Du konntest wirklich (d.h. auch in Deinem faktischen bio-, psycho- und noogenen Determinationsgefüge bei Tatbegehung) anders handeln als Du gehandelt hast und verdienst deshalb wegen solch „wirklicher", d.h. persönlicher Schuld, auch zwecklos eine vergeltende Strafe.

Zu widersprechen ist der Kritik von E. Dreher (1987) an G. Stratenwerth (1984; s. oben S. 238), daß dann, wenn der Täter sich bei Tatbegehung als faktisch unfrei erwiesen hat, „doch Willensfreiheit in keiner Form als Richtpunkt für die strafrechtliche Einwirkung auf ihn dienen (kann)". Drehers Kritik ist ein klassisches Beispiel für das anthropologische *Übersehen der Zeitlichkeit humanen Erlebens und Erkennens,* für das Verfehlen einer Einsicht, wie sie schon in Nietzsches grobem Wort durchscheint, daß „geisteskrank" sei, wer die Unfreiheit des Willens fühlt, und „dumm", wer sie leugnet. Denn unsere Freiheit ist in jedem vollbewußt und besonnen ge- und erlebten — d.h. *gegenwärtig ins Künftige blickenden* — Moment unseres Daseins unzweifelhafte *Erlebniswahrheit und -realität;* unsere Unfreiheit bei jeder tieferen *Rückbesinnung* auf die bewegenden Bedürfnisse, Gefühle und Gründe unseres *be- d. h. vergangenen* Handelns ebenso unzweifelhafte empirische *Erkenntniswahrheit und -realität.* Mit gutem intellektuellen Gewissen kann man daher heute nicht mehr Mitmenschen für einen „bösen", d. h. bei Tatbegehung erkennbar vermeidbaren Freiheitsmißbrauch schuldvergeltend bestrafen; sondern nur objektivierbare soziale Tatschuld nach normierten Maßstäben dann bestrafen, wenn die Strafe bei einem „schuldfähigen" Täter ein wirksamer Appell sein kann an seinen freien — d. h. noch offenen — Willen zu einem *künftig* „guten", d. h. normtreuen Verhalten.

Strafe kann m. a. W. heute nicht mehr als *gerechte Vergeltung* postuliert werden, sondern nur als *soziale Entgeltung,* als ein „Bezahlen" der (mit der objektiven Tatschwere und dem sozialen Verwerflichkeitsgrad der Tatgesinnung) auf sich geladenen Tatschuld(en). Strafe wird damit ein rationales und sozial konstruktives Mittel, den sühne-, d. h. „entschuldungs"fähigen Täter von seiner sozialen Schuld(en)last wieder zu befreien (so auch im Sinne z. B. von Arth. Kaufmann, s. S. 175). Der mit geleisteter Sühne die bürgerliche Reputation und soziale Freiheit zurückerhaltende, der rehabilitierte Täter ist damit — anders gesagt — wieder vor die Chancen einer neu seiner (von der Tatschuld gelösten) Gegenwärtigkeit anheimgegebenen Zukunft gestellt.

Gegenüber dieser (weil retrospektiv verantwortungs- und prospektiv sühnefähig) *subjektiv-bitemporalen Struktur von Zeitlichkeit des schuldfähigen Täters* kann die Zeitlichkeitsstruktur des wegen erheblicher geistiger Mängel *Schuldunfähigen* als eine *objektiv-monotemporale* angesehen werden. Denn hier ist nur die Prospektive auf eine Beseitigung evtl. fortbestehender Gefährlichkeit sozial relevant (s. auch das Leitbild V, S. 266). Erhebliche geistige Mängel (im Sinne von § 20 StGB) entmündigen den Betroffenen, d. h. er verliert die bürgerliche Freiheitsgarantie des liberalen Rechtsstaats und gewinnt dafür die Fürsorgegarantie des kurativen Sozialstaats, der ihn durch eine *prospektiv an einer Zielerreichung orientierte Maßregelsanktion* heilen und vor künftigem Unheilstiften bewahren will. — Ein freiheitlich-demokratischer Rechts- und Sozialstaat aber wird — im Sinne u. a. von Roxin (s. S. 167) — *zwecks größtmöglicher Freiheitsgewährung Kriminalpolitik soweit wie möglich mit limitierten Strafsanktionen* und nur soweit wie nötig mit unlimitierten Maßregelsanktionen betreiben.

Denn die gemäß kodifizierter Tatschwere und richterlich bewerteter Tatgesinnung bemessene und limitierte Tatschuldstrafe ist die freiheitlichste, berechenbarste, gerechteste und gegenüber der autonomen Persönlichkeit des Täters respektvollste Sanktionsform. Sie schließt ein Behandlungs*angebot* nicht aus, sondern obligat ein, da rehabilitative Hilfsangebote an die „Betroffenen" (Opfer wie Täter) wegen des empirischen Unfreiheitsaspekts, der Freiheitsaporie nach J. Krümpelmann mit gewichtigen Straftaten (und entsprechenden Opferschäden und Täterstrafen) rechtsdogmatisch verbunden sein sollten. –

Es sei schließlich noch auf *die „Zeitlichkeit"*, die circum-, retro- und prospektive Orientierung *der sozialen Strafrechtsfunktion als solcher* hingewiesen:

> ihr Funktions*grund* ist die Wahrung der *zur Tatzeit und gegenwärtig* (= positiv-rechtlich) geltenden sozialen Werte (Normen); ihr Funktions*anlaß* ist eine *be(=ver)gangene* Normverletzung (Rechtsbruch, Straftat); ihr Funktions*zweck und -ziel* ist General- und Individualprävention, d. h. *in der Gegenwart* (durch die permanent aktuelle Strafandrohung) *für die Zukunft* (durch ein publiziertes und in der Regel vollstrecktes Strafurteil) die Rechtsgemeinschaft und den konkreten Täter zur Normtreue zu motivieren.

4. Strafrechtspraktische Konsequenzen des anthropologischen Komplementaritätskonzepts

Die Intention dieser Studie ging von persönlichen Erfahrungen in der forensisch-psychiatrischen Praxis aus. Über 40 Jahre eigene strafgerichtliche Gutachtertätigkeit (1943–1987) (dabei auch kritische, mitunter „streitige" Auseinandersetzung mit Kollegen-Gutachten) waren von 1955 bis 1976 verbunden mit chefärztlicher Endverantwortung für die Behandlung, hinreichende Sicherung und vertretbare Entlassungsempfehlung von zahlreichen gem. § 63 StGB in den psychiatrischen Krankenhäusern Schussenried und Emmendingen untergebrachten (mehrheitlich psychisch „abnormen", nicht i. e. S. kranken) Kriminaltätern. Hinzu kam ein „Schlüsselerlebnis" für die wissenschaftliche Zuwendung zur forensischen Psychiatrie im März 1943.[A7]

Bei der seinerzeit geübten Beschaffung von Vergleichsorganen für ein hirnpathologisches Laboratorium war ich Zeuge der Vollstreckung von 5 Todesurteilen in der Vollzugsanstalt Wolfenbüttel. Zuvor ließ es sich der die Vollstreckung leitende Staatsanwalt nicht nehmen, uns Ärzten noch einige weitere (wegen gewaltloser Pädophilie verurteilte) Delinquenten „vorzustellen", die — ihnen noch unbekannt — für den nächsten der allmontäglichen Vollstreckungsabende vorgesehen waren. Die Akte eines der Opfer, nach dem Urteil ein „Psychopath", wurde uns mitgegeben in der Erwartung, die wissenschaftliche Gehirnuntersuchung könne diese Diagnose erhärten.

In der Meinung, trotz dieses stark eingeprägten Motivationsgefüges nicht zu einem — im Sinne von G. Blau (1991) — „befangenen" Sachverständigen bzw. Autor geworden zu sein, liegt mir daran, an einem *Weg aus der mit ihren Unzulänglichkeiten erlebten und geübten Praxis über die (anthropologisch zeitgemäß fundierte) Theorie zu einer „besseren" Praxis hin* mitzuarbeiten. Dieser Weg scheint mir heute darauf hinzulaufen, die sogenannte positive Generalprävention (die nicht mehr generelle Abschreckung, sondern generelle Motivation zur Rechtstreue bezweckt) durch eine ebenfalls *positive Individualprävention* zu ergänzen (die der Strafe auch beim Täter anstelle von Vergeltung und Abschreckung ein positives, konstruktiv-rehabilitatives Ziel setzt). — Hierzu ist m. E. ein Umdenken des Begriffs und der Kriterien forensischer Schuldfähigkeit notwendig, und zwar zu einem — dem *sozialen Schuldbegriff* entsprechenden — *sozialen Schuldfähigkeitsbegriff*. Dieser erfüllt eine präventive, d. h. zukunftsorientierte soziale Funktion damit, daß er vom *Normalfall* des durch konstruktiv ausgestaltete Bestrafung prinzipiell ansprechbaren Täters den *Ausnahmefall* unterscheidet, welcher, weil zur Tat grob-psychopathologisch motiviert, general- und individualpräventiv bei fortbestehender Gefährlichkeit wohl der Behandlung und Sicherung bedürftig, aber keiner sozial effizienten Bestrafung zugänglich ist.

A7 s. S. 315.

Im nachfolgenden soll (in einem Übergangskapitel von der Theorie zur Praxis) *erstens* untersucht werden, ob die von uns als „positive" Kriterien forensischer Schuldfähigkeit herausgestellten „Fähigkeiten" (zur Tatschuldverantwortung und -sühne) *kompatibel* sind *mit dem Begriffsinstrumentarium der geltenden Schuldfähigkeitsnorm §§ 20/21 StGB* (4.1).

Zweitens soll skizziert werden, wie in der Praxis eine von unseren Kriterien geleitete Beurteilung je nach dem Typus des *psychopathologischen* Katalogs von § 20 ausfallen und sich auswirken würde (4.2).

Drittens werden zwei Vorschläge (bzw. Postulate) formuliert, wie sowohl der sog. Behandlungsstrafvollzug als auch der psychiatrische Maßregelvollzug im Sinne einer *positiven* Individualprävention effizienter gestaltet werden könnten (4.5).

4.1 Zur Kompatibilität der Kriterien Verantwortungs- und Sühnefähigkeit mit der geltenden Schuldfähigkeitsnorm (§§ 20, 21 StGB)

Drei Haupteinwände gegen die Vereinbarkeit unseres bipolaren Kriteriums Soziale Verantwortungs- und Sühnefähigkeit mit den geltenden Bestimmungen des bundesdeutschen StGB über Schuldunfähigkeit und verminderte Schuldfähigkeit werden vorgebracht.

I. Einwand: Die in §§ 20, 21 StGB implizierten empirischen Funktionsfragen zielten nicht auf die – positive – Feststellung bestimmter psychischer Fähigkeiten; sie seien keine direkten Fragen nach bestimmten Potenzen der Tatzeitpersönlichkeit, sondern negative Fragen nach der durch bestimmte psychische Affektionen bedingten Depotenzierung bestimmter Fähigkeiten. Als Positiva werden sie beim normalen Gesetzesadressaten normativ vorausgesetzt.

II. Einwand: Die Fähigkeiten, nach deren psychopathologisch bedingten Minderung bzw. Aufhebung bei Tatbegehung das Gesetz fragt (das Tatunrecht einsehen können und nach dieser Einsicht handeln können), seien allenfalls als Einsichtsfähigkeit und Steuerungsfähigkeit (im österreichischen Sprachgebrauch: als Diskretions- und Dispositionsfähigkeit) handlich substantivierbar, aber nicht übersetzbar oder identifizierbar mit Verantwortungs- und Sühnefähigkeit.

III. Einwand: Verantwortungsfähigkeit sei zeitlich ein auf forensische Verhöre und Verhandlungen bezogener, ein prozeßsituativ *präsentischer* Begriff, und Sühnefähigkeit sei zeitlich ein auf individualpräventive Zukunftserwartungen abhebender *prospektiver* Begriff. – Die Fragen der §§ 20, 21 nach der Tatschuldfähigkeit seien dagegen eindeutig *retrospektiv* nach dem psychischen Zustand der *Tatzeit*persönlichkeit gestellt. Unter dem Gesichtspunkt der Tatbindung gerade des Schuldurteils sei der prospektive Aspekt „unangebracht" (so Streng 1991, S. 258).

Zu I: Wenn im Kodex eines Tatschuldstrafrechts die Gesetzesbestimmung über psychopathologisch bedingte Ausnahmefälle der (normativ dem erwachsenen Täter zugeschriebenen) „Schuldfähigkeit" nach der ratio legis auch negativ formuliert ist, so ergibt sich hieraus (aus der Subtraktion der Negation) doch ohne weiteres das zugrundegelegte Positivbild des normalen Normenadressaten: der zu Unrechtseinsicht und ihr gemäß zum normgerechten Handeln, d. h. bei einem normwidrigen Verhalten auch zu einem Andershandelnkönnen fähige Mensch. Daß das der Schuldfähigkeitsnorm zugrunde liegende Bild des zurechnungsfähigen Täters so zu verstehen ist, hat schon bald nach Konstituierung der Bundesrepublik, ihres Grundgesetzes und ihrer Höchstgerichte (mit Wiederherstellung des rechtsstaatlichen Schuldprinzips nulla poena sine culpa) der Große Senat des Bundesgerichtshofs in der vielzitierten Entscheidung aus dem Jahre 1952 (BGHSt. 2, 194 ff.) mit aller Deutlichkeit bestätigt. Wie einen philosophisch-anthropologischen Lehrsatz liest man hier, daß der Mensch „die Anlage zur freien sittlichen Selbstbestimmung" hat und „deshalb befähigt ist, sich für das Recht und gegen das Unrecht zu entscheiden, sobald er die sittliche Reife erlangt hat und *solange die Anlage zur freien sittlichen Selbstbestimmung nicht durch die in § 51 StGB (jetzt §§ 20, 21 StGB, Ref.) genannten krankhaften Vorgänge gelähmt oder auf die Dauer zerstört ist*" (Hervorhebung vom Ref.).

In der Folgezeit (seit 40 Jahren!) hat dieses indeterministische Positivbild strafrechtlicher Schuldfähigkeit (kaum anders zu verstehen als das ehrwürdige philosophische Metaphysikum der „Willensfreiheit") als höchstrichterlich verordnetes Leitbild zur Feststellung oder Ausschließung einer krankhaften „Lähmung" oder „Zerstörung" der Freiheits-„Anlage" (NB: beim konkreten Täter zur Tatzeit!) die richterliche Wahrheitsfindung m. E. in die Irre geführt.[A 8]

Die Unpraktikabilität des Freiheitsparadigmas veranlaßte zum verklausulierten Ausweichen auf andere Kriterien, zum Sich-Halten an Konventionen, führte zur Erosion des Schuldprinzips durch Kriminalpolitik und zum Eindringen weltanschaulicher Subjektivismen in die psychowissenschaftlichen Gutachten ebenso wie in richterliche Entscheidungen. Das kritische Resultat also: mit den Gerichten und mit den psychowissenschaftlichen Gutachten erheblich schwankende Schuldfähigkeitsbeurteilungen der gleichen Kasuistik, insbesondere bei der Schwerkriminalität.

Die persönliche Konfrontation als Sachverständiger mit differenten forensischen Interpretationen gleichartiger Sachverhalte durch Psychogutachter und ihre ungleiche („ungerechte") Bewertung durch die Gerichte hat mich versuchen lassen, anstelle des empirisch unpraktikablen (m. E. auch — trotz

---

A 8 s. S. 315.

Kant! — Legalität und Moralität wieder verquickenden) indeterministischen „model of man" des BGH, ein anderes zu setzen, welches *die* beiden spezifisch-menschlichen Fähigkeiten herausstellt, deren Defizienz kriminalrechtlich und -politisch relevant und auch empirisch reliabel erkennbar ist. In der Diktion des BGH formuliert würde meine Gegenthese etwa so lauten:

„Der innere Grund des kriminalrechtlichen Schuldvorwurfs liegt darin, daß der sprachbegabte und in Gemeinschaften lebende Mensch darauf angelegt ist, sein Verhalten sozial zu verantworten und im Falle begangenen Unrechts dieses sozial versöhnend abzugelten (zu sühnen), sobald er die psychische Reife erlangt hat und solange die Verantwortungs- und Sühnefähigkeit nicht durch die in §§ 20, 21 StGB genannten krankhaften oder abnormen Zustände aufgehoben oder erheblich vermindert ist."

Zu II und III:

a) Die erste Frage, ob unser Kriterium (pathogen defizienter) *Verantwortungsfähigkeit* auch das gesetzliche Merkmal (defizienter) *Einsichtsfähigkeit* abdeckt, erfordert ein Eingehen auf den Begriff „Verantworten". Er gehört in den Raum menschlichen Sprechens, explizit in den der kommunikativen Funktion von Sprache als differenziertes wechselseitiges Informationsinstrument. Das Präfix *„ant-"*(worten) bringt speziell ein geistiges Sich-Stellen und Reagieren auf einen personalen *An*-Spruch durch ein anderes personales Wesen zum Ausdruck. Ant-worten gehört m. a. W. zur dialogischen Existenz des Menschen, zum Gespräch, zur Trias interpersonaler Dialektik: mit sich selbst, mit Mit-Menschen und (für den Gläubigen) mit Gott als im Gebet ansprechbarer Person. Der Ant-wort heischende An-spruch kann eine schlichte elementare Frage sein („Adam, wo bis Du?") oder auch ein eindringliches Zur-Rede-Stellen („Warum hast Du das getan?"). Ver-Antworten aber heißt — analog dem radikalen Bedeutungscharakter der Vorsilbe „ver-" in Begriffen wie ver-brennen, ver-gehen, ver-zweifeln, verkommen —: erschöpfend, ganz sich öffnend Antwort geben; oder wie W. Weischedel es 1958 formulierte: „Verantworten besagt: sich offenbar machen gegen eine Frage. Der Verantwortende greift auf sich zurück und ... nimmt sich ganz — bis zum Ende — in das Offenbarmachen hinein und kommt damit weg von der Fraglichkeit".

Übertragen auf die forensische Situation des auf eine Tat hin zur Rede gestellten und Rede stehenden (bzw. stehen könnenden) Angeklagten setzt das Sich-Verantworten(-Können) eine kommunikativ sinnverständliche („gesunde") geistige Aktivität des Gefragten voraus. Und zwar zum einen die (von der Frage provozierte) *aktuelle* Reflexion auf das, was er von seinem vergangenen („begangenen") Handeln und dessen Motiven erinnerungsmäßig weiß und dem Fragenden sagen kann; sowie zum anderen, daß er *damals* bei seinem Tathandeln („bei Begehung der Tat") ihm bewußt gewordene, erlebte Gründe, Motive, Antriebe und Absichten hatte.

Letzteres aber ist m. a. W. die „Einsicht" in die Bedeutung der Tat: als Wert für den Täter selbst (z. B. als eine Bedürfnisbefriedigung oder affektive Entspannung) *und* als sozialer Unwert („Unrecht") für den oder die von der Tat Betroffenen (durch ideellen, materiellen, leiblichen oder seelischen Schaden).

Verantwortungsfähig ist also nur ein *bei Begehung* bedeutungsbewußt gewesenes Tathandeln von einem in foro hierauf erinnerungs- und reflexionsfähigen Probanden. Verantwortungsfähigkeit ist demnach das Vermögen zu einer *zeitlich zweigliedrigen* psychischen Leistung: zur *Tatzeit* muß Einsichtsfähigkeit in die soziale (Unrechts-)Bedeutung der Tat bestanden haben und zur *Verantwortungszeit* Erinnerungs- und Ausdrucksfähigkeit hierfür.

Wir kommen damit zu dem Ergebnis, daß der — mit oder ohne Sachverständigenhilfe erhobene — richterliche „Befund", einen (evtl. eingeschränkt) verantwortungsfähigen Beschuldigten vor sich zu haben (auch wenn dieser über die Tat schweigt oder sie leugnet), *einschließt, daß dieser bei Tatbegehung nicht unfähig (evtl. vermindert fähig) war, das Unrecht der Tat einzusehen.* Kurz: Verantwortungsfähigkeit impliziert und indiziert Einsichtsfähigkeit „bei Begehung der Tat".

Und weil darüber hinaus faktisch verantwortungs*un*fähig nicht nur der *bei* Tatbegehung psychisch relevant gestört *gewesene* (z. B. in „tiefgreifender Bewußtseinsstörung" handelnde) Täter ist, sondern auch der erst *nach* der Tat psychisch erkrankte und deswegen zu einer in foro sinnvollen Tatreflexion und -verantwortung unfähig *gewordene,* scheint es mir einem spezifisch strafrechtlichen (rechtsfunktionalen) Schuldbegriff durchaus zu entsprechen, wenn auch im zweiten Fall dem Täter die *strafrechtliche* Schuldfähigkeit aberkannt wird. Andernfalls bedürfte es einer doch etwas gezwungenen dogmatischen Argumentation, um einen für die Tat(zeit) als schuldfähig zu beurteilenden Täter, nur weil infolge nachträglicher psychischer Erkrankung aktuell verantwortungsunfähig und „strafunfähig" geworden (genauer: strafkonzeptions- oder strafverarbeitungsunfähig), freizusprechen.

War vielleicht der Gesetzgeber des „Sachsenspiegel" 1234 besser beraten, als er ohne Beschränkung auf die Tatzeit bestimmte: „Über Toren und sinnlose Leut soll man nicht richten"?

b) Nun zu der weiteren Frage, ob das von uns vorgeschlagene zweite Kriterium *„Sühnefähigkeit"* dem zweiten gesetzlichen und Haupt-Kriterium, einer psychopathologisch beeinträchtigten Fähigkeit zum einsichtsgemäßen Handeln („Steuerungsfähigkeit", „Dispositionsfähigkeit") widerspricht oder ob beide in einem inneren Zusammenhang stehen; ob Sühnefähigkeit — wie Verantwortungsfähigkeit eine komplexe Leistung — die *Steuerungsfähigkeit bei Tatbegehung* (im dispositionalen Sinn von Andershandelnkönnen) ebenfalls impliziert.

Einer Antwort auf diese Frage ist ein Blick auf die heutige rechtliche Bedeutung des Begriffs „Sühne" voranzustellen (1), sodann zu überlegen, ob und in welchem Kontext er für das Strafrecht noch bzw. wieder eine

Bedeutung haben kann (2). Schließlich ist zu untersuchen, welche psychischen Potenzen und Leistungen menschliche Sühnefähigkeit im konkreten Fall zur Voraussetzung hat (3).

1. In Lehrbüchern des Strafrechts wird der Begriff „*Sühne*" als ein nicht judikabler, innerer persönlicher Vorgang (im Sinne eines sittlichen Läuterungsprozesses, der rechtlich weder auferlegt, noch kontrolliert werden kann), meist nur gestreift, um davon den Rechtsbegriff der „Strafe" als eine soziale Reaktion abzuheben und zu verdeutlichen (im Sinne einer Schuld repressiv-ausgleichend vergeltenden, positiv-generalpräventiv die verletzte Norm restabilisierenden oder/und [andere und] den Täter abschreckenden, auch appellativ-erziehenden Einwirkung). Während so aus modernen Strafrechtstheorien der Sühnebegriff weitgehend eliminiert und — etwa synonym mit „Buße" — an einen Platz in moraltheologischen Lehrbüchern und der Tragödiendichtung verwiesen ist, war das altgermanische Rechtswesen vom *Sühne- als Versöhnungsgedanken* entscheidend geprägt. Die Ahndung einer Missetat (genauer: des durch sie verursachten Schadens) war zwar als sozialer Vorgang ursprünglich dem privaten Genugtuungs- bzw. Racheverlangen des Geschädigten und seiner Sippe anheimgegeben, ideell ging es aber um die kompensatorische Wiederherstellung des Rechtsfriedens, war Versöhnung (u.a. durch ein „Kompositionensystem" von unterschiedlichen Bußgeldern) das eigentliche Ziel und war — bei schwersten Taten — die unversöhnliche „Friedloslegung" des Täters schlimmste Strafe. In unserer Zeit hat juristisch der Sühnebegriff in seiner ursprünglichen Sinnbedeutung gesetzlich nur in einer Nische des Strafprozeßrechts (§ 380 StPO) und im bürgerlich-rechtlichen Raum als eine zur Versöhnung zwischen Täter und Geschädigten bzw. den Prozeßparteien führende und sie bewirkende menschliche Leistung (der Gegner wie des Vermittlers) überlebt. Denn die rechtlichen Begriffe eines Sühneverfahrens und Sühneversuchs (jetzt „Güteversuch" nach § 279 ZPO) im bürgerlichen Rechtsstreit, in Ehesachen und auch in § 380 StPO meinen ja keine Straf- oder Buß-, sondern unmittelbare Versöhnungsverfahren.

2. Könnte, möchten wir fragen, nicht auch im modernen Kriminalrecht der — NB: anthropologisch, nicht moraltheologisch verstandene! — Sühnebegriff wieder einen prominenten Platz finden? Würde er nicht durchaus „passen" zu einem Strafrechtsdenken, das in Straf- und Strafvollzugsgesetzen neben der generalpräventiv notwendigen Bewährung von Rechts- und sozialer Wertordnung (als ersten Brennpunkt des Sanktionssinnes) die konstruktiv-rehabilitative, sozialtherapeutische Einflußnahme auf den Täter (als zweiten Brennpunkt) konzipiert und damit das Strafverfahren doch auch als ein Ausgleichs- und Versöhnungsverfahren *und* in *diesem* Sinne als einen Sühneprozeß zwischen Täter, Opfer und Gesellschaft versteht? Damit aber wäre unser heutiges säkularisiertes, auf eine weltanschaulich pluralistische Gesellschaft bezogenes Strafrecht auch ein *anthropologisch* fundiertes: eines, das

sich an allgemein akzeptable menschliche Merkmale und Leistungsmöglichkeiten (wie der Verantwortungs- und Sühnefähigkeit) hält.

Daß dies nicht außerhalb der Trends unserer Zeit liegt, zeigen die in Kanada und den USA aufgekommenen Konzepte und erste praktische Erfahrungen mit sog. *„Mediationsprogrammen"*, die statt (oder neben) der Strafe Versöhnungsprozesse zwischen Täter und Opfer anstreben und Hilfen hierzu institutionalisieren (K. D. Bussmann, 1986). Auch die heutigen Tendenzen zur außerstrafrechtlichen Sozialkontrolle durch *„Diversion"* favorisieren vor dem klassischen Strafverfahren den versöhnenden Ausgleich durch tatkompensatorische Leistungen des Täters.

Ebenfalls hat die *strafrechtstheoretische Entwicklung* in den Nachkriegsjahrzehnten – kurz zusammengefaßt – dahin geführt, daß die aus dem 19. Jahrhundert stammenden (indeterministischen und deterministischen) ideologischen Einschläge zunehmend überwunden werden. Obsolet sind sowohl ein Strafrecht mit der Intention, am Verbrecher dessen persönliche Schuld vergelten zu wollen, als auch eine anethische, apersonale sozialbiologistische défense sociale, die generalpräventiv potentielle und spezialpräventiv faktische Rechtsbrecher dressurartig durch Übelandrohung und -zufügung zur Normrespektierung konditionieren will. Auf dem Wege, an deren Stelle zu treten ist, wenn ich recht sehe, ein *anthropologisch fundiertes Verantwortungs- und Sühnestrafrecht*. Es maßt sich nicht mehr an, eine in Freiheit auf sich geladene persönliche Schuld des Rechtsbrechers auch nur annäherungsweise erkennen und vergelten zu können. Es stellt aber diesen als einen verantwortungsfähigen Mitmenschen auf das hin, was er an Tatunrecht begangen hat (bzw. nach Anklage haben soll) zur Rede, gibt ihm so öffentliche Gelegenheit, antwortend sich zu verantworten, rechnet die Tat ihm gegebenenfalls und nach genauerer Erwägung ihres – auch an der Tätergesinnung zu messenden – sozialen Unwertes dann zu und belegt den Täter mit der normierten, limitierten, die Tatschuld ausgleichend *ab*geltenden (nicht Personalschuld *ver*gelten wollenden!) Strafe, d. h. einer sozial versöhnenden Sanktion.

Welche Bedeutung könnte nun in der modernen Kriminalrechtskultur eine Renaissance des Sühnebegriffs haben? Ihr scheint entgegenzustehen, daß „Sühne" nach herrschender Ansicht die Versöhnung des Rechtsbrechers mit der Gesellschaft durch dessen *eigene* Bejahung und *freiwilliges* Aufsichnehmen des Strafübels bedeutet, was aber am wenigsten gerade vom schwer delinquent gewordenen Täter erwartet werden könne (Streng 1976, S. 85). Andererseits liest man in Strafurteilsbegründungen nicht selten, daß die verhängte Strafe angemessen erscheine als die „für die begangene Tat erforderliche, aber auch hinreichende Sühne". Sie wird dem Täter – in diesem Sinne – auferlegt als die Tatschuld kompensierender Tatausgleich, mit dem die verletzte Ordnung ideell wiederhergestellt wird. F. Streng rügt nun, daß so „zwischen Vergeltung und Sühne häufig gar nicht oder doch nicht sauber unterschieden wird" und selbst in höchstrichterlichen Urteilen Sühne und Vergeltung verwechselt werden (z. B. BGHSt. 6, S. 125 ff.; BVerfGE 20, S. 323 ff.).

Aus anthropologischer, d. h. nicht nur juristischer Sicht sollte, meine ich, *nicht gerügt, sondern begrüßt* werden, daß in solchen Synonymisierungen und „Verwechslungen" die Sinnkomponente des Strafrechts als ein nach sozialen Konflikten *auch* wieder versöhnendes „Sühnerecht" (wenn man will: Friedenwiederherstellungsrecht) überlebt hat! Wenn auch angesichts einerseits der in und nach der Strafverbüßung bleibenden Rechtsfeindlichkeit vieler Täter und des hohen Maßes an Rückfallsdelinquenz, andererseits der oft unversöhnlichen Haltung der „rechtschaffenen" Gesellschaft und der — viktimologisch nicht ganz selten mitschuldigen — Tatopfer gegenüber Strafentlassenen das als Chance zum versöhnten Neuanfang verstandene Sühneprinzip kaum mehr (aber auch nicht weniger!) ist als eine Utopie, so ist diese doch m. E. eine richtungweisende (d. h. richtige).

Der Sühnebegriff kann und will in einem anthropologisch fundierten, d. h. in einem — gegenstandsgerecht — personalen Sinn humanen Strafrecht den Strafbegriff nicht ersetzen, er will aber den bloßen Negativcharakter einer Kriminalstrafe (als Übel, das auf Unrecht folgt, mit dem — im Hegelschen Geist — Unrecht zu negieren und damit das Recht wieder zu positivieren ist oder der Täter in Kompensation für das von ihm verschuldete Normverletzungsübel Strafe als ein Normstabilisierungsübel zu dulden hat) durch eine sozial konstruktive und zugleich personale Komponente ergänzen. Nur diese hebt die Straffunktion über ein bloßes general- und individualpräventives Konditionierungsinstrument hinaus und humanisiert sie. Die Strafe vermenschlichen aber heißt, sie menschengemäß, menschenwürdig machen (was nicht identisch ist mit „humaner" Milde anstatt „inhumaner" Strenge). Denn man könnte sagen: Der Strafe als einem *heteronomen Passivum* korrespondiert — auch sprachlich — die Sühne als ein *autonomes Aktivum; Strafe* als solche kann nur *erlitten, Sühne* als solche kann nur *geleistet* werden. Strafe ist eine — immer repressive — mögliche Antwort auf Tatschuld, Sühne ist eine — immer konstruktive — mögliche Antwort auf Strafe.[A9]

Unsere Überlegungen haben damit nochmals zu dem *Weg einer personalen Dialektik* geführt, deren Prozeßschritte bereits in Teil I, S. 63 skizziert wurden.

3. Nun zur Frage der *individuellen Sühnefähigkeit* (deren Implikat u. E. auch die sog. normative Motivations-, Dispositions- oder Steuerungsfähigkeit ist, so daß diese von jener indiziert wird).

Wie Antworten, Ver-Antworten ist Sühnen nur Menschen möglich, hat etwas mit seiner Personalität, mit seinem „Geist", seinem Existenzbewußtsein zu tun. Welche besonderen anthropologischen Voraussetzungen aber hat, so ist jetzt zu fragen, die Sühneleistung *für* ein — und das heißt ja doch *nach* einem — Delikt bzw. die Fähigkeit zu ihr? Sodann: haben diese Voraussetzungen etwas die Schuldfähigkeit *bei* dem Delikt zu tun? Genauer, mit dem sog. voluntativen Merkmal unserer §§ 20, 21 StGB, der Fähigkeit

---

A9 s. S. 315

zum einsichtsgemäßen Handeln, der Steuerungs- bzw. Dispositionsfähigkeit; mit der „normativen Motivationsfähigkeit"?

a) Erste Voraussetzung für die Fähigkeit, ein bestimmtes (Fehl-)Verhalten zu sühnen, ist, daß der Täter sich mit diesem Verhalten (vorsätzliche oder fahrlässige Tat oder Unterlassung) identifiziert. Daß er es rückschauend vor sich sieht als so wie geschehen von „mir" verursacht, als „meine Tat". Diese *Selbstzuschreibung* wird normalerweise auch bei einem Affektdelikt, wie es § 213 StGB beschreibt („gereizt und hierdurch auf der Stelle zur Tat hingerissen"), nicht anders sein als bei einem (nach „ob" oder „nicht") lange erwogenen, (nach „wie" und „wann") sorgfältig geplanten und schließlich mit ruhigem Blut u. U. kompliziert ausgeführten Verbrechen. An der Selbstzuschreibung fehlt es in der Regel ebenfalls nicht bei den Schadensfolgen eines bewußt fahrlässigen Verhaltens (wenn „ich" bewußt z. B. ein Tempolimit überschritt und es dann doch „nicht gutgegangen" ist) und beim „Und-wenn-schon"-Inkaufnehmen (einer zwar nicht beabsichtigten, aber als möglicherweise eintretend hingenommenen schlimmen Tatnebenfolge), beim dolus eventualis. Auch ein zur Tat disponierender, sie erleichternder oder überhaupt erst ermöglichender körperlicher Ausnahmezustand (wie Reizbarkeit und Beherrschungsschwäche in Rekonvaleszenz, nach Überlastung und Schlaflosigkeit oder unter leichter bis mittlerer Alkohol-, Medikamenten- oder Drogenintoxikation) ändert an der Selbstzuschreibung nichts, wenn das auch vor mir selbst oder/und vor anderen als „schuldmindernder" Umstand gelten mag.

b) Zweite Voraussetzung der Sühnefähigkeit ist, daß dem Ich-habe-das-getan ein *frei-willig* hinzugefügt werden kann. Daß der Täter ebenso wie sein aktuelles Alltagstun auch sein (damaliges) Tatverhalten nicht als ein ihm von außen unausweichlich aufgezwungenes oder von innen her zwanghaft-automatisch abgelaufenes vor sich sieht, nicht als eines, zu dem es für ihn keine Alternativen gab. Sondern, wie es dem normalen Begleitbewußtsein beim alltäglichen Selbsthandeln entspricht, als ein in letzter Entscheidung von mir allein abhängiges und in diesem Sinne frei-williges, nicht ohn-williges, ohnmächtiges Verhalten (auch wenn es ggf. ein unwilliges oder widerwilliges Handeln war unter einem gewissen, aber nicht absolut zwingenden äußeren oder inneren Druck). Solche *Frei-Willigkeit* ist nicht dasselbe wie *Willens-Freiheit*! Sie bedeutet zwar Auto-Nomie, d. h. Ich- oder Selbstbestimmung, läßt aber das alte Freiheitsmetaphysikum unberührt; Frei-Willigkeit läßt offen, ob das ἀυτος, das je-meinige Selbst als solches freier Herr über seine jeweiligen Interessen, Motive, Gesinnungen und Stimmungen sein kann, ob es diese meta-physisch — gleichsam von „oben" her — frei von leiblichen, seelischen *und geistigen* Determinanten ordnen und verwalten kann. Das Philosophenrätsel (ob der Mensch willensfrei „ist", Willensfreiheit „besitzt", ob es sie „gibt") steht auf einem ganz anderen Blatt als das empirisch unstreitige Erlebnis (Bewußtsein) der Freiwilligkeit des normalen, verantwortbaren Handelns und Gehandelthabens im Unterschied zum unfreiwilligen in äußeren oder inneren Zwangssituationen (wie in Notstand und Notwehr oder unter bestimmten abnormen, z. B. drogentoxisch oder neurotisch bedingten und zwanghaft erlebten inneren Antrieben).

Das Erlebnis bzw. Bewußtsein der Frei-Willigkeit eines (damit nicht nur verantwortbaren, sondern auch potentiell sühnbaren) Tatverhaltens meint etwa das gleiche wie das, was juristischerseits Bj. Burkhardt (1981, 1983, s. oben S. 184) als die *„dispositionale"* Deutung des Andershandelnkönnens für die Rechtfertigung des Schuldprinzips herausgearbeitet hat. Burkhardt betont, daß ein auf die Unterstellung dispositionalen Andershandelnkönnens gestütztes Zurechnen bzw. Vorwerfen eines deliktischen Verhaltens nicht zwingend eine indeterministische Position in der Frage menschlicher Willensfreiheit zur Voraussetzung hat. Die Feststellung eines Andershandelnkönnens im judikablen (d. h. intersubjektiv empirisch zugänglichen) Raum sei vielmehr in dem Sinne zu verstehen, daß der Proband *anders gekonnt, wenn er anders gewollt hätte;* m. a. W., daß es im Spielraum seiner *generellen* persönlichen Bedingungen und Möglichkeiten (z. B. seiner Geistes- und Körperkräfte) wie auch in den Möglichkeiten der konkreten Tatsituation bzw. Konstellation gelegen hätte, eine andere Entscheidung zu treffen und zu verwirklichen. Er handelte im Rahmen dieses disponiblen Spielraums so, wie er wollte, d. h. so, wie er gerade (nach seiner tatzeitaktuellen Antriebs- und Bedürfnislage, Triebstruktur und Gesinnung, nach seinen Interessen und Zielen) motiviert (retrospektiv: determiniert) war, und er hatte ein Bewußtsein von dieser Frei-Willigkeit; hatte das Bewußtsein von einem Auchandershandelnkönnen (sei es klar und dezidiert wie bei der Langzeitentscheidung eines Raskolnikow fürs Verbrechen, sei es mehr kurz und gefühlsmäßig aufleuchtend wie bei der Sekundenentscheidung für eine Affekttat). Kurz: Die zweite anthropologische Voraussetzung einer sühnbaren Tat, eines sühnefähigen Täters ist, daß das inkriminierte Verhalten „bei Begehung der Tat" (§§ 20, 21) als ein frei-williges, d. h. von meinen Motiven unter Alternativen gewähltes, gesteuertes und verwirklichtes zustande gekommen ist und so von mir auch gesehen, erlebt, empfunden wurde. –

Neben der Ichhaftigkeit (Selbstzuschreibung) und Frei-Willigkeit (dispositionales Andershandelnkönnen) als tatzeitbezogene Bewußtseinsvoraussetzungen eines sühnefähigen Täters sind *zwei weitere Merkmale* innerer Haltung herauszustellen, die weniger tatzeitgebunden, sondern in der Regel solche der Entwicklung eines sühnefähigen „Nachtat-Bewußtseins" sind.

c) Es ist einmal das – mehr oder weniger tiefgehende, belastende, rationale und/oder emotionale – *Unwerterlebnis des Tatverhaltens.* Gemeint ist eine selbstkritische sozialethische Negativbewertung, die *über* das bei Tatbegehung schon bewußte normative Unrecht des Deliktes (das Wissen um seine Illegalität und um die schädlichen Folgen für den oder die Tatbetroffenen) *hinaus* nun auch das eigene Tun bzw. sich selbst als Täter selbstkritisch sozial negativ bewertet. Die tataktuelle Bewußtheit „Ich (und kein anderer) handelt(e) frei-willig (ohne unüberwindlichen Zwang)" erweitert sich um die Bewertung „und so wie ich (auch von mir her gesehen) eigentlich nicht hätte handeln sollen". Oder – kürzer – „*ich* hätte *anders* handeln können *und sollen*".

Man könnte es ein *Verwerflichkeitsbewußtsein* nennen, welches nicht nur die Tat, sondern auch sich selbst (die eigene tatbestimmende Gesinnung, die Tatentscheidung und -ausführung) vor sich selbst kritisiert, m. a. W. *ein – vages bis klares – Sichdistanzieren vom eigenen Tatverhalten* ist. Dabei mag als schwer judikabel feststellbar bzw. psychodiagnostizierbar offenbleiben, ob das Verwerflichkeitsbewußtsein Ausdruck eines „schlechten Gewissens" bei bzw. „echter Reue" nach der Tat ist, ob es eine selbstehrliche Revision der tatbedingenden Gesinnung bedeutet oder nur Ausdruck sog. „Tatfolgenreue" angesichts der faktisch eingetretenen Tatauswirkungen auf das oder die Opfer oder/und auch auf den Täter selbst (und etwa seine mitbetroffenen Angehörigen).

d) Das Verwerflichkeitsbewußtsein impliziert bereits, mehr oder weniger eigens herausgehoben, eine weitere Sühnevoraussetzung, nämlich die eines Bewußtseins bzw. Erlebens von der *Unabänderlichkeit* dessen, was durch mich (a), freiwillig (b), an verwerflichem Verhalten (c) geschehen ist. Man möchte sein Tatverhalten und dessen Folgen ungeschehen machen, weiß aber zugleich, daß alles Geschehene (und damit auch alles von mir Bewirkte und Begangene) nicht – nie und von niemandem – ungeschehen gemacht werden kann. Das humane Existenzial der *„Zeitlichkeit"*, das hintergründig menschliches Erleben stetig mittragende Wissen (Bewußtsein) um unser Existieren im unumkehrbaren Zeitstrom (und unsere individuelle Endlichkeit, Sterblichkeit in ihm) läßt im Blick zurück alles bewußtseinsfähige Vergangene und Begangene mit dem Ewigkeitsstempel des Unabänderlichen gegenwärtig sein. (Ebenso wie unsere Zeitlichkeit im Blick nach vorn über die Gegenwart hinausgreift in das faktisch noch offene und ungewisse Künftige und dies bereits gegenwärtig anwesend sein läßt als Wunsch oder Wille, als Hoffnung oder Befürchtung.)

Nur Menschen ist bewußt, daß vorsätzlich oder fahrlässig Angerichtetes als solches unabänderlich ist, eine unauslöschliche Realität ist und bleibt, ob dies eine körperliche oder seelische Verletzung ist (keine heilt ohne Narben aus), ob ein zeugend hervorgerufenes oder tötend abgebrochenes Menschenleben oder ein Diebstahl, an dem auch die Rückgabe des Gestohlenen nichts ändert. Aus der *Irreversibilität jeder Handlung und ihrer Folgen,* jedes Vergehens und Verbrechens folgt, daß die Bereinigung, die Kompensation, die versöhnende Sühne („Wiedergutmachung") des so oder so leicht- oder schwerwiegend Angerichteten nur als eine zwar ideell möglichst tatbezogene, möglichst wertangemessene, aber doch *immer andersartige Ausgleichslei-*

stung vom Täter selbst freiwillig erbracht oder gefordert und erzwungen werden kann. Wie z. B. bei Eigentumsvergehen durch Abbezahlen oder Ableistung des direkten Schadens plus „Aufschlag" für die Vertrauenserschütterung; beim klassischen Mord durch lebenslange soziale Hingabe der eigenen Existenz und ihrer Entfaltungsmöglichkeiten für die vernichtete Existenz und deren Entfaltungsmöglichkeiten. –

Wir sind damit zu folgendem Ergebnis gekommen: Sühnefähigkeit als zweites Kriterium strafrechtlicher Schuldfähigkeit ist anthropologisch eine dem psychobiologisch reifen und gesunden Menschen (als Normenadressaten) zukommende komplexe Bewußtseinsfähigkeit, deren vier Komponenten sich in dem Doppelsatz zusammenfassen lassen: *„Ich (a) habe frei-willig (b) gesetzwidrig gehandelt, und zwar etwas persönlich Verwerfliches (c) unabänderlich (d) getan."* Daraus ergibt sich zugleich die *mögliche* Bereitschaft (*potentielle* Sühnefähigkeit): „Hierfür habe ich eine die Rechtsordnung wieder herstellende, den angerichteten Schaden ideell ausgleichende, sozial versöhnende, auch mich wieder heilende und reinigende Sanktion (‚Sühne') zu leisten."

Schematisierend läßt sich abschließend das Ergebnis unserer Bemühungen etwa so darstellen:

Täter/Tat-Beziehung als anthropologische Sühne(fähigkeits)voraussetzung

Bewußtsein bei Tatbegehung:

1. Personales Handeln	(Ichhaftigkeit, Autonomie; „Zuständigkeit" [G. Jakobs], Selbstzuschreibung)
2. Frei-Willigkeit	(Motivierte Entscheidung angesichts faktischer und erlebter Handlungsalternativen; „dispositionales" Andershandelnkönnen im Sinne von B. Burkhardt)

Bewußtsein meist erst nach Tatbegehung sich entwickelnd:

3. Verwerflichkeitsbewußtsein	(Tat mit „schlechtem Gewissen"; Tatgesinnungsrevision; echte oder Tatfolgenreue)
4. Unabänderlichkeitsbewußtsein	(Erlebtes Perfekt der begangenen Tat als irreversible Realität menschlicher „Zeitlichkeit")

Zusammenfassung: Die moderne Rechtswissenschaft ist ebenso bemüht um ein *Strafrecht ohne Metaphysik* wie um ein humanes, d. h. ein dem Leib-Seele-Geist-Wesen Mensch gemäßes, ein *anthropologisches Strafrecht.* In einem solchen Recht muß auch der die strafrechtliche Zurechnung legitimierende *Schuldbegriff* ein säkularisierter, ein nur-sozialer Begriff sein. Die zwecks sozialer Prävention an eine personale Gemeinschaft generell und an die Person des Täters speziell appellierende Strafe braucht den *rechtlichen* Schuldgedanken (P. Noll): im Sinne der persönlichen Verantwortlichkeit und „Zuständigkeit" (G. Jakobs) für einen unrechtsbewußt, frei-willig und in einer sozial verwerflichen Gesinnung begangenen Normbruch (Tatschuld).

Angesichts eines solchen strafrechtsfunktionalen Schuldbegriffs (der in den letzten Jahren terminologisch signifikant zunehmend durch den der Verantwortlichkeit ersetzt wird) erscheint es nur sachlogisch, die Beurteilung *strafrechtlicher Schuld(un)fähigkeit* — u. E. eindeutig besser: Zurechnungs(un)fähigkeit — an Defizienzen der spezifisch-humanen Potenzen anzuknüpfen, welche den Menschen normalerweise befähigen, auf den anklagenden Vorhalt einer Tat sinnverständlich zu antworten, *sich zu ver-antworten;* zugleich aber auch befähigen, sich von einer delinquenten Handlung wieder zu distanzieren und — da unabänderlich — dafür eine (das Ver- und Geschuldete abgeltende und damit oft schon re-sozialisierende) Strafe *als versöhnende Sühne (Ausgleichsleistung) zu akzeptieren.*

Ganz abzusprechen ist solche Verantwortungs- und Sühnefähigkeit — außer florid Geisteskranken, erheblich Schwachsinnigen oder tataktuell organisch stärker bewußtseinsgestörten Tätern — nur Menschen mit allerschwerster „seelischer Abartigkeit" und fast keinem Affekttäter (der aus anderen Gründen Milde verdienen mag). Darum würden diese Kriterien zu einer *restriktiveren Anwendung der Schuldfähigkeitsnorm* führen als deren Orientierung am Krankheits- oder Freiheitsparadigma. Sie sind mit dem Tatzeitbezug und den normativen (Auswirkungs-)Merkmalen der geltenden Norm (Einsichtsfähigkeit ins Unrecht und demgemäße Handlungsfähigkeit) deswegen kompatibel, weil Verantwortungs- und Sühnefähigkeit als *zweigliedrige* geistige Fähigkeiten auch ein personales Erleben und Sich-Entscheiden „bei Begehung der Tat" voraussetzen: ohne *tataktuelle* „Einsicht in das Unrecht" des Tatverhaltens — zentralbewußt z. B. beim Überzeugungstäter und „Berufs"-Kriminellen, randbewußt z. B. beim Affekttäter — ist am Gerichtstag keine sinnverständliche potentielle Verantwortungsfähigkeit gegeben. Und ohne *tataktuelle* personale Selbststeuerung, ohne ein sich selbst (autonom) bestimmendes, frei-williges Handeln „gemäß dieser Einsicht" wäre keine potentielle, zur sozialen Versöhnung führende Sühnefähigkeit des in foro und durch die Strafverhängung appellativ angesprochenen Täters möglich. Kurz: Sühnefähigkeit impliziert und indiziert personale Selbstbestimmung „bei Begehung der Tat".

Ein — leugnend oder schweigend — sich (noch) nicht Verantworten*wollen*, ein die Tat (noch) nicht Sühnen*wollen* schließen natürlich die — allerdings die Präsenz einer geistig gesunden, d. h. intelligiblen Täterperson auch am Gerichtstag voraussetzende — *potentielle* Verantwortungs- und Sühne*fähigkeit* nicht aus!

4.2 Die Schuldfähigkeitsbeurteilung bei den Kategorien normativ-psychopathologischer Tätertypisierung gem. § 20 StGB

Vorausgeschickt sei eine *kurze historische Rückblende* auf die oben (S. 129–136) detaillierter referierte Entwicklung der Schuldfähigkeitsnorm in der jüngeren Neuzeit. Von den *prinzipiellen* Formulierungen der Theresiana (1768), des Preußischen allgemeinen Landrechts (1794) und mehrerer Vorentwürfe für das Preußische, später Reichs-StGB (1833, 1845, 1869), welche teils positiv auf ein intaktes Vermögen, teils negativ auf ein Un-Vermögen der „Vernunft" oder des „Verstandes" oder auch der „freien Willensbestimmung" direkt abhoben, führte der Weg zur seit 1871 bis heute geltenden sog. *„gemischten" Methode* („Zweischwellenverfahren" nach H. Witter). Danach sollen nur aus bestimmten *psychopathologischen* Gründen aufgehobene (oder reduzierte) spezifisch-humane „Fähigkeiten" (1871: der „freien Willensbestimmung", seit 1933: der „Fähigkeit, das Unrecht der Tat einzusehen oder nach dieser Einsicht zu handeln") *straf*rechtliche Relevanz haben.

Von fundamentaler Bedeutung für die *heutige Rechtslage* ist die — S. 136 hervorgehobene — *Expansion des diagnostischen Katalogs der Zurechnungsnorm* (welcher die Eingangspforte oder I. Schwelle zur eigentlichen Prüfung forensischer Schuldfähigkeit bildet): von der Urfassung 1871 (krankhafte Störung der Geistestätigkeit, Bewußtlosigkeit) über die Novellierung 1933 (krankhafte Störung der Geistestätigkeit, Bewußtseinsstörung, Geistesschwäche) zum Reformgesetz 1975 (krankhafte seelische Störung, tiefgreifende Bewußtseinsstörung, Schwachsinn, schwere seelische Abartigkeit). Auch dieser heute geltende psycho*diagnostische* Katalog ist zwar durchweg ein psycho*pathologischer* („krankhaft", „Störung", „Schwach"-sinn, „Abartigkeit"). Er ist aber der Rechtsprechung (wie BGHSt. 14, 39 aus 1959) folgend nunmehr so weit gefaßt, daß, wie schon oft festgestellt, *qualitativ* die psychischen Zustände vieler Täter der mittelschweren und fast aller der schweren Kriminalität unter eine der vier Kategorien (zumeist der Bewußtseinsstörung und der seelischen Abartigkeit) subsumiert werden können.

Damit hat sich der Schwerpunkt der Beurteilung einmal auf eine *Quantifizierung* von psychischen Mängeln der Tatzeitpersönlichkeit verlagert, vor allem aber auf die *Auswirkungsmerkmale im sog. 2. Stockwerk* der „gemischten" Norm.

Der historische Ring von 200 Jahren kriminalanthropologischer Arbeit an einer Zurechnungsnorm schließt sich offenbar wieder insofern, als der erneute Rekurs auf ein strafrechts*funktionales Prinzip*, auf ein kriminalanthropologisch relevantes *generelles humanes Vermögen* heute unausweichlich erscheint. Und zwar auf ein Vermögen, welches *unabhängig von den Verursachungsgründen* seiner Defizienz (oder Diminuierung) beurteilt und normativ gehandhabt werden kann.

Wir sehen dieses reliabel bestimmbare humane „Vermögen“ heute aber nicht mehr wie im 18. Jahrhundert in der „Vernunft“, im „Verstand“ oder im „freien Willen“, sondern in *den* spziellen Fähigkeiten, welche dem normalen Normenadressaten tatsächlichen gegeben sind, so daß im forensischen Dialog ihm eine Strafsanktion (auch Wiedergutmachungspflicht) einsichtig begründet werden und diese an ihm potentiell ihren sozialen Zweck erfüllen kann. Es sind die Fähigkeiten, sich vor anderen sinnverständlich für sein Handeln *verantworten und* dieses – falls es ein sozial schuldhaftes Handeln war – durch Strafe oder Wiedergutmachungsleistung versöhnend sozial ausgleichen (= *sühnen*) *zu können.*

Die – wie unter 4.1 gezeigt – schlüssige Interpretation der Leitbegriffe unserer Schuldfähigkeitsnorm (Einsichts- und Steuerungsfähigkeit; in Österreich: Diskretions- und Dispositionsfähigkeit) als Verantwortungs- und Sühnefähigkeit harmoniert und konvergiert mit den international sich ausweitenden Tendenzen einer „opferbezogenen Strafrechtspflege“ (u. a. Rössner, D., und R. Wulf, 1984). Sie plädiert dafür, „die anerkannten Strafzwecke der Repression im Interesse der Gesellschaft und der Prävention im Interesse des Täters und der Gesellschaft ... um das *Element der Restitution* im Interesse des Opfers und des Täters zu erweitern“ (S. 83). – Denn nur wer sinnverständlich verantworten und, weil zu einer Änderung der Tatgesinnung fähig, sühnen kann, was er an krimineller Schädigung angerichtet hat, ist zum sozial versöhnenden Täter-Opfer-Ausgleich fähig, m. a. W. mündiges Subjekt einer opferbezogenen Strafrechtspflege.

Der strafrechtliche Präventionszweck sollte nun bei *jedem* Täter (ob normativ-dogmatisch als „normal“, „abnorm“ oder „krank“ kategorisiert) nicht nur – sofern und soweit wie möglich – seine humane transzendentale Konstitution im Verantwortungs- und Sühneprozeß ansprechen, sondern auch – sofern überhaupt und soweit wie nötig – relevanten kriminogenen Mängeln seiner psychobiologischen Konstitution Rechnung tragen. Letzteres heißt: den präventiv Therapiebedürftigen (-fähigen und -willigen) einer Behandlung zuführen, dem präventiv Behandlungsunfähigen, aber Sicherungsbedürftigen, bewahrenden Schutz vor weiterer Schädigung gewichtiger fremder (und eigener) Rechtsgüter gewähren. Und zwar nach dem „Prinzip allseitig vorteilhafter Freiheitskoexistenz“ (Kindhäuser 1989, S. 496) dem Grundsatz folgend, *soweit wie möglich* mit (tatschuldbezogen limitierter) *Strafe* und Wiedergutmachungsauflage zu reagieren und *soweit wie nötig* mit (tätergefährlichkeitsbezogen limitierter) bessernder und sichernder *Maßregel.* – Ich versuche in einem Diagramm (Leitbild V, S. 266) dieses Prinzip zu verdeutlichen.

Können nun diese Prinzipien im Rahmen unseres *geltenden Strafrechtssystems* verwirklicht werden?

Dieses System mit seinem „zweispurigen“ Sanktionenkonzept sei in Bezug zur psycho(patho)logischen Empirie seines kriminellen Zielkollektivs hier ebenfalls bildhaft dargestellt (s. Leitbild VI, S. 267).

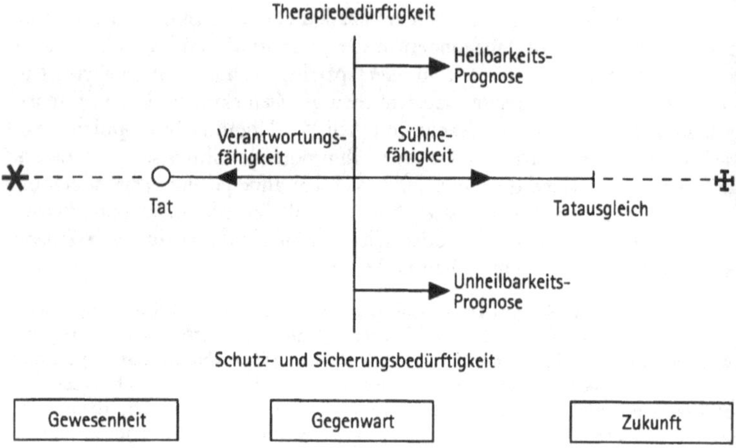

Leitbild V: Zur Beurteilung forensischer Schuldfähigkeit

Horizontale: Humane Dimension („Intelligible Freiheit")

Vertikale: Psychobiologische Dimenion („Empirische Unfreiheit")

In der *Humanen Dimension* sind (retrospektiv) Verantwortungsfähigkeit und (prospektiv) Sühnefähigkeit in unserer intelligiblen Freiheit und Zeitlichkeit fundierte Potenzen, welche forensische Schuld- oder Zurechnungsfähigkeit („normative Motivationsfähigkeit") begründen.

In der *Psychobiologischen Dimension* liegen die forensische Schuldfähigkeit einschränkenden bis aufhebenden Determinanten, welche in bestimmter („pathologischer") Qualität oder/und Quantität Therapie- und Schutz- bzw. Sicherungsbedürftigkeit bedingen. — Hier ist nur die *Pro*spektive (Prognose) relevant.

„Verantwortungsfähigkeit" ist die Fähigkeit (= geistige Freiheit), *retrospektiv* zur Rede gestellt über ein aus — sinnverständlichen — rationalen Gründen oder/und emotionalen Motiven „begangenes" Verhalten (Tat oder Unterlassung), dieses erinnernd, hierzu sinnverständlich Rede stehen zu können; zu diesem intersubjektiv gefragt ant-worten, in foro sich ver-antworten zu *können*. — *„Sühnefähigkeit"* ist die Fähigkeit (= geistige Freiheit), *prospektiv* jederzeit von einem früheren und dabei oder später als normwidrig (verwerflich) eingesehenen Verhalten sich — unter ideell korrigierenden Einflüssen oder Einfällen — selbstkritisch distanzieren, demgemäß dessen repressiv-ausgleichende Rechtsfolgen akzeptieren und damit den eigenen Beitrag zu sozialer Versöhnung („Sühne") leisten zu *können*.

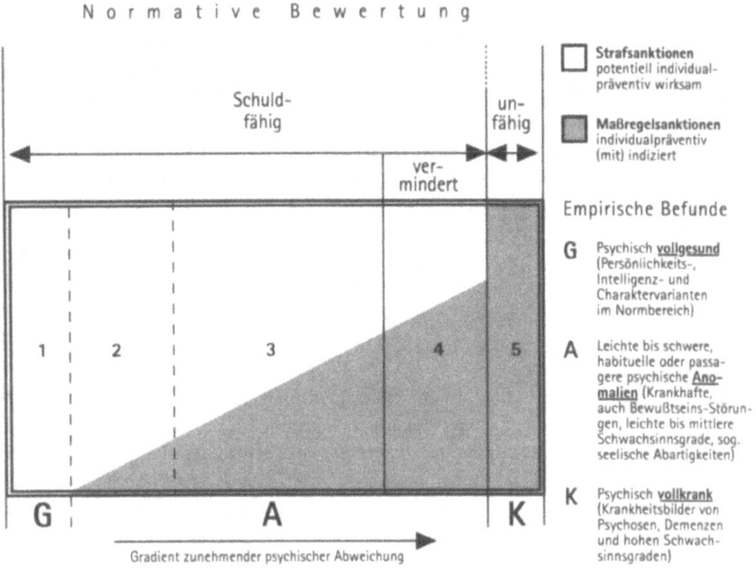

Leitbild VI: Zum „zweispurigen" Sanktionensystem des deutschen Strafrechts

Wenn man von (immer diskutablen und sich wandelnden) psychodiagnostischen Rubrizierungen absieht, besteht heute Einigkeit, daß psychische Verfassungen der Menschen von solchen voller Gesundheit (G) fließend über leichte bis schwere Anomalien (A) in solche übergehen, die in „verrücktem" Denken und Verhalten, in grober intellektueller Defizienz oder in sinnlos unverständlicher Depression oder Manie als eine psychische Vollerkrankung (K) anzusehen sind.

Und man kann es wohl als ein kriminologisches Grundfaktum bezeichnen, daß außerhalb von kollektiven Ausnahmesituationen — Katastrophenlagen, Krieg, Revolution, totalitäre oder rassistische Regime — in einer abendländisch-bürgerlichen Rechtsgemeinschaft bei einer Gesamtstatistik der sozusagen überzeitlichen Kernkriminalität (wie Betrug, Diebstahl, Raub, Körperverletzung, Tötungsdelikte, Brandstiftung, sexuelle Gewalt- und Nötigungsdelinquenz einschl. Kindermißbrauch) sowohl Täter in der Verfassung voller psychischer Gesundheit (G) wie auch die psychisch i. e. S. Kranken (K) die relativ kleinsten Gruppen (1 und 5) stellen. Die Mehrzahl aller „echt" Kriminellen delinquieren in einer leicht bis schwer abnormen psychischen Verfassung (A, 2–4): Sei es, daß diese ihnen schwachsinnig- bzw. „psychopathisch"-konstitutionell oder „neurotisch"-dispositionell zu eigen ist; sei es, daß sie unter abnormen psychischen Entwicklungsbedingungen individuell oder als Glied eines ideologisierten Kollektivs dyssozial geprägt wurden; sei es, daß sie bei Tatbegehung psychogen (Affekt!) oder somatogen (Alkohol!) in einem vorübergehenden psychischen Ausnahmezustand waren. Und in diesem großen Bereich A dürfte wiederum die *relative* Mehrzahl von Tätern gestellt werden, deren Anomalie an emotioneller oder/und intellektueller Insuffizienz, an sozialer oder/und sexualer Fehldisposition bzw. während eines psychogenen oder somatogenen Ausnahmezustandes sich in *mittleren* Graden bewegt (Gruppe 3). Denn volle psychische Gesundheit (1) wie auch das Vollbild einer Geisteskrankheit (5) bewahren weitgehend vor Delinquenz, und die schweren Anomalien (Gruppe 4) sind glücklicherweise ebenso relativ selten wie die zumeist nur von solchen Tätern verübten schweren Verbrechen.

Wenn nun infolge einer psychischen Störung höheren Grades (Gruppen 4 und 5) strafbare Handlungen begangen werden, besteht ebenfalls Einigkeit darüber, daß bei einem kranken Täter (5) ein rechtliches Reagieren mit der normalen Strafsanktion ebenso ungerecht wie höchstwahrscheinlich präventiv unwirksam wäre, und daß bei einem hochabnormen Täter (4) wegen seines erheblichen psychosozialen Handicaps die alleinige volle Bestrafung nach dem Schuld- und Gerechtigkeitsprinzip ebenso unangemessen ist wie nach dem individuellen Präventionszweck einer Strafe von vorhersehbar oder — bei solchen Rückfallstätern — erwiesen unzureichender Wirkung.

Diesen Grundeinsichten wollen die forensische Schuldfähigkeit ausschließenden bzw. differenzierenden Normen (§§ 20, 21 StGB) Rechnung tragen. Mit ihnen setzt in dem Bereich, wo empirisch-psycho(patho)logisch fließende Übergänge von sozialen Schweregraden psychischer Störung zu konstatieren sind, das Strafrecht normativ zwei Grenzen: *eine qualifizierende Grenze* zwischen trotz einer psychischen Störung bei Tatbegehung prinzipiell noch „schuldfähigen" und — aus kategorial gleichen Gründen — bereits „schuldunfähigen" Tätern; und *eine quantifizierende Grenze* zwischen „erheblich" und nichterheblich von psychischer Gestörtheit zur Tatbegehung beeinflußten Tätern; d.h. zwischen denen in der A-Kategorie, die als „vermindert schuldfähig" (Gruppe 4) gelten, und den Gruppen 2 und 3, die rechtlich noch als voll schuldfähig bewertet werden. Somit unterliegen vom Gesetz her die Tätergruppen 1 bis 3 der normalen Strafzumessung und deren Regelung gem. § 46 StGB, ist Gruppe 4 nach den Bestimmungen des § 21 StGB zu verurteilen und Gruppe 5 nach denen des § 20 StGB von Strafe freizusprechen (und, falls erforderlich, rein maßregelrechtlich zu behandeln).

Bei aller Verpflichtung zu diesen normativen Grenzziehungen beim Subsumtionsgeschäft sollte der Strafrichter doch *die Lebenswirklichkeit des kontinuierlichen Übergangs* von noch relativ irrelevanten psychischen Normvarianten (Gruppe 2) über die zunehmend hinsichtlich der Wahl von angemessenen Straf- *und* Maßregelsanktionen beachtenswerten Gruppen 3 und 4 bis zu den klinisch und psychosozial Kranken vor Augen haben. Er muß ja versuchen, in *jedem* Urteil dem immer irgendwo auf dem *Gradienten* zwischen gesund, abnorm und krank einzuordnenden „Fall" menschenmöglich gerecht zu werden.

*

Welche Beurteilungen würden sich nun praktisch mittels unserer Kriterien bei den *vier normativ differenzierten psychopathologischen Mustern der §§ 20/21 StGB* ergeben?

1. Die „krankhafte seelische Störung" wird — unbeschadet noch offener oder kontroverser psychowissenschaftlicher Ätiologiefragen — forensisch zumeist und u. E. zu Recht als eine psychische Störung verstanden, welche (durch die Merkmale: aktutes bis schleichendes Einsetzen, heilbarer bis unheilbarer Verlauf und sicherer bis höchstwahrscheinlicher Ausschluß einer psychoreaktiven Genese) den formalen Charakter einer körperlichen Krankheit hat. Dies auch insofern, als der von einer „Psychose" Betroffene dieser passiv ausgeliefert ist; nicht anders als z. B. einer akuten Blinddarmentzündung, einer an- und abschwellenden rheumatischen Erkrankung oder einer chronisch progredienten Muskeldegeneration. Machtlos mit Vernunft und Willen gegenüber der Kernsymptomatik wird der im „Besitz" einer Psychose Befindliche zum „Besessenen", zum aus der Bandbreite motivisch verständlicher und einfühlbarer Verhaltensweisen herausgerückten „Ver-rückten", zum „aliené", welcher in einer *ganz* anderen „Realität" lebt als der allen nichtpsychotischen Menschen im Grundstock gemeinsamen.

Unter der — u. E. anthropologisch einseitigen — Voraussetzung des Freiheitsparadigmas bedeutet die Diagnose des psychotischen Vollbildes einer „krankhaften seelischen Störung" (z. B. eines schizophrenen oder melancholischen Wahns) die „wissenschaftliche Falsifikation" einer entscheidenden „Voraussetzung" von Willensfreiheit (H. Witter), bzw. sie ist, wegen der — nach R. Luthe — „tatsächlichen Identität" von Geisteskrankheit und Schuldunfähigkeit, die wissenschaftliche Diagnose von Schuldunfähigkeit (qua Strukturverlust = Freiheitsverlust).

In unserem Konzept, das es mit K. Jaspers (s. Teil I, S. 119) für irreführend hält, menschliche Freiheit zum Forschungsgegenstand zu machen, bedeutet die Diagnose eines psychotisch motivierten Delikts (z. B. der Gewalttat gegen im paranoiden Wahn für gefährliche Verfolger gehaltene Straßenpassanten oder des sog. erweiterten Suizidversuchs einer krankhaft depressiven Mutter) nur die — forensisch hinreichende — Feststellung, daß der Täter sein Verhalten nicht generell sinnverständlich motivieren kann, daß er im Wortsinne verantwortungsunfähig ist (was psycho-logisch Sühneunfähigkeit, d. h. individuelle Unerfüllbarkeit von Strafsinn und -zweck einschließt). Unser Votum auf forensische Schuldunfähigkeit wird m. a. W. in der *Humanen*

Dimension mit Verantwortungsunfähigkeit begründet und in der *Psychobiologischen Dimension* mit einer so starken pathologischen Determination, daß psychiatrische Therapie- und Schutzbedürftigkeit angezeigt sind. Anders gesagt: das Delikt kann nicht der Person, sondern muß der Krankheit „zugerechnet“ werden.

Historisch angemerkt sei, daß in der von 1871–1933 geltenden Urfassung unserer Zurechnungsnorm ausschließlich *„Geistes“kranke* privilegiert werden sollten. Denn der allein danebengesetzte Begriff der „Bewußt*losigkeit*“ konnte nur die einer solchen Krankheit gleichkommenden Zustände *vorübergehender* — toxischer, traumatischer, evtl. auch hypnotischer — *Geistesabwesenheit* abdecken, aber z.B. keine qualitativ normale Bewußtseins*einengung* in noch so starker affektiver Erregung.

Während auch bei differenten theoretischen Konzepten die Beurteilung von psychotischen Vollbildern praktisch übereinstimmend und unproblematisch ist, wird es bei einigen besonderen Konstellationen schwieriger. Einmal dann, wenn eine „krankhafte seelische Störung“ bei Tatbegehung zwar gesichert, aber nur schwach ausgeprägt oder nur mit einer Teilsymptomatik vorlag (a). Zum anderen dann, wenn die kriminogene krankhafte Störung vom Täter selbst (fahrlässig oder bereits verbotenerweise) herbeigeführt wurde, wie sehr häufig durch übermäßigen Alkoholkonsum (b) oder, heute nicht mehr selten, durch Drogenmißbrauch (c).

Zu a: Nur in lebenszeitlich relativ kurzen „Schüben“ oder „Phasen“ ist das Ich von einer schizophrenen oder manisch-depressiven Psychose völlig überflutet. Zumeist sind es nur Teilbereiche der Persönlichkeit und hat der psychiatrische Arzt (wenn keine Vollheilung möglich ist) die Aufgabe, dem Patienten zu einem sozial angepaßten Umgang mit einem Rest krankhafter Erlebnisphänomene zu verhelfen, um ihn nach klinischer Akutbehandlung möglichst wieder zu einem Leben in bürgerlicher Freiheit zu rehabilitieren. Forensisch heißt dies, daß z. B. eine schizophren stigmatisierte Persönlichkeit, ein nicht allzuschwer wesensveränderter Hirntraumatiker, ein leicht manischer Patient nicht eo ipso für alle dyssozialen Verhaltensweisen verantwortungsunfähig, daß auch er in bestimmten sozialen Bereichen normativ motivationsfähig ist. Die alte pessimistische Formel semel furor semper furor ist ebenso obsolet wie die noch bis vor etwa einem halben Jahrhundert dominierende Konvention, die Diagnose einer endogenen oder organischen Psychose und die forensischer Zurechnungsunfähigkeit zusammenfallen zu lassen. Es sind vielmehr — wie es W. Blanckenburg (1985, S. 42) formuliert hat — vom forensisch beurteilenden *und* vom sozialtherapeutisch behandelnden Psychiater Sensibilität und diagnostische Kriterien dafür zu entwickeln, welche *„Autonomie-Heteronomie-Relation“* bei einem bestimmten Sozialverhalten eines Probanden bzw. Patienten anzunehmen ist. (Dabei versteht Blanckenburg — wie ich meine, nahe dem hier vertretenen Konzept — unter AutoNomie die Humane Dimension des Verhaltens „eines Selbst mit Ich-Qualität, das sich die Gesetze seines Handelns selbst gibt, zumindest dafür verantwortlich zeichnet“ (S. 43), und unter Hetero-Nomie die Psychobiologische Dimension von die Personalität *mehr oder weniger* reduzierenden oder zwingenden [z. B. somatopsychischen] Determinanten).

Auch z. B. ein somatopsychisch abnorm affektiv reizbar gewordener Hirntraumatiker kann sozialtherapeutisch, u. U. aber auch durch konstruktiv verarbeitete Straferfahrungen dahin gebracht werden, kritische Situationen zu vermeiden, aus einer solchen unvorhersehbaren sich alsbald zu entfernen, seine Pathologie steigerndem Alkohol absolut zu entsagen u. a.; er ist — wenn auch eingeschränkt — verantwortungsfähig, wenn er solche Vorsorge unterläßt. — Ein paranoid residualschizophrener Patient ist schuldunfähig, wenn er wähnt, aus harmlosen Reden seines Nachbarn diffamierende Äußerungen herauszuhören und hierauf seinerseits mit verbaler oder tätlicher Erwiderung reagiert; er ist aber voll verantwortungsfähig, wenn er *aus den gleichen Motiven wie andere* delinquiert, z. B. über eine benachbarte Grenze gewinnbringenden Schmuggel betreibt.

Kurz: es bedarf immer einer differenzierenden Untersuchung und tatbezogenen Beurteilung, ob ein „krankhaft seelisch gestörter“ Täter nicht doch in *dem* Erlebensbereich, in den das Tatgeschehen fällt, die *dispositionale* Fähigkeit hatte, „eine Intention aus normativen Gründen anderen (potentiellen) Intentionen handlungswirksam vorzuziehen“. Das nennt zwar neuerdings Kindhäuser (1989, S. 500) „Willensfreiheit“, beschreibt aber damit nichts anderes als das Humanum, überhaupt Bedürfnisbefriedigungen hinter akzeptierten normativen Pflichtgeboten zurücktreten lassen zu können und dies auch alltäglich immer wieder zu tun.

Aus unseren Konzept ergibt sich, anders gesagt, die These, daß in der heutigen Begutachtungs- und Rechtsprechungspraxis die forensische Schuldfähigkeit eines (nicht allzuschwer!) *psychisch Kranken* oft ebenso *unterschätzt* wird, wie die eines *„schwer seelisch Abartigen“* oft *überschätzt* wird. Die Beschränkung auf eine Beurteilung im Sinne von § 21 StGB auch bei einem qualitativ psychotisch Leichtkranken würde (bei voller individuell fallangemessener Ausschöpfung aller heutigen Möglichkeiten einer „zweispurigen“ Verbindung von — gemilderter, evtl. auch ausgesetzter — Strafe mit therapeutischen und schützenden Maßregeln) diesem einmal *soweit wie möglich die Selbstverantwortung belassen*, zum anderen *soweit wie nötig Rehabilitationshilfen geben.* Die hierin zum Ausdruck kommende *„Einebnung“ der Differenz zwischen Strafe und Maßregel* bewerte ich im Sinne des namhaften österreichischen Strafjuristen F. Nowakowski (s. S. 164) als historisch zwangsläufig und positiv.

Zu b: Die weitaus häufigste „krankhafte seelische Störung“, welche „bei Begehung der Tat“ kriminogen eine Rolle (mit)spielt, ist die mehr oder weniger erhebliche *Alkoholisierung.* Es ist eine alte, man kann fast sagen Menschheitserfahrung, die bei jedem rechtsmündigen Bürger vorausgesetzt wird, daß übermäßiger Alkoholkonsum affektiv-triebhafte Impulse „enthemmen“ kann, gesinnungs- und gesittungsmäßig depravierend und entdisziplinierend wirkt, Rücksicht und Aufmerksamkeit herabsetzt; daß andererseits Alkoholika in Maßen genossen stimmungshebend, kontaktfördernd und sozial aufschließend wirken können, was den Wein und andere „edle Tropfen" zu Kulturgetränken gemacht hat.

Dies vorausgeschickt, seien die *drei forensisch wesentlichen Alkoholkonstellationen* betrachtet: einmal das alkoholinduzierte Handeln im skizzierten *allgemeinen Vorwissen* um die Wirkung alkoholischer Getränke; sodann das Handeln des Täters mit *Individualerfahrung* von Vorstrafe wegen alkohol(mit)bedingter Kriminaltat; und drittens das Handeln nach *gezieltem Konsum* von Alkohol zwecks subjektiver Erleichterung einer vorgefaßten Tat.

Ein durch keine persönliche Alkohol-Delinquenz angereichertes *generelles Wissen* um die möglichen dissozialen und Leistungsauswirkungen einer alkoholtoxischen „krankhaften seelischen Störung" setzt der Gesetzgeber einmal voraus bei der speziellen Verbotsnorm aktiver Teilnahme am motorisierten Straßenverkehr nach A.-Konsum überhaupt oder ab bestimmtem Höchstmaß. Ansonsten ist beliebiger A.-Konsum (bis zum Vollrausch) als solcher nicht verboten (im Unterschied zum Konsum von Rauschdrogen), solange nicht unter seinem Einfluß Strafnormen verletzt werden.

Ist dies der Fall, wird der Täter, wenn er in einem *die Schuldfähigkeit ausschließenden Vollrausch* gehandelt hat (auch wenn ihm solches bisher noch nie „passiert" ist!), nach § 323 a StGB bestraft. Das Wissen um die potentielle Gefährlichkeit eines stark alkoholisierten Zustandes wird generell vorausgesetzt. Er wird nach einem schon sehr alten Rechtsgrundsatz nicht unmittelbar propter delictum, sondern propter ebrietatem bestraft. Oder, mit unseren Worten, deshalb, weil er das bewußt-fahrlässige Herbeiführen eines gefährlichen Zustandes von krankhafter seelischer Störung normalerweise ja auch tatsächlich ver-antworten kann. Dabei ist im Verlauf der Trinkphase bis zu einem — individuell verschiedenen — bestimmten level psychopathologisch ein umgekehrt proportionaler *Gradient von sich abschwächender Verantwortungsfähigkeit und ansteigender kriminogener Gefährlichkeit* festzustellen. — Unter einem Vollrausch liegende *mindere Grade von Angetrunkenheit* können nach der Norm des § 21 StGB beurteilt werden, was fast regelmäßig Beweisschwierigkeiten gibt. Das hat in jüngerer Zeit eine Grundsatzdiskussion ausgelöst, ob man sich für die Annahme sog. verminderter Schuldfähigkeit (analog der Fahruntüchtigkeit im Verkehrsrecht) nicht auch an einen bestimmten Grenzwert des Blutalkoholspiegels halten soll (näheres, auch Literaturhinweise, in MschKrim 1988, S. 402 ff.; ferner aus neuerer Zeit: JR 1990, S. 291).

Es kann nicht Sache des Psychiaters sein, in die laufende juristische Grundsatzdiskussion über solche Fragen, etwa über die Vereinbarkeit des § 323 a mit dem Schuldprinzip, erfahrungswissenschaftlich einzugreifen. Er kann nur kriminalanthropologisch darauf hinweisen, daß sich ein (im Nüchternzustand psychisch normaler) Mensch in der Regel für eine Rauschtat als *seine* Tat in *seinem* Rausch verantwortlich fühlt. Insofern werden die Bestimmungen des § 323 a im deutschen StGB (und noch strengere Bestimmungen, z. B. im italienischen StGB) der Humanen Dimension auch *indirekter Selbstverantwortlichkeit* offenbar gerecht.

Dies trifft in besonderem Maße auf den zweiten Fall zu, wenn bereits eine *Individualerfahrung mit alkoholbedingtem kriminellen Handeln* vorliegt. Wenn sich der Täter eine alkoholische „Entgleisung“ und die strafrechtliche Reaktion hierauf „nicht hat zur Warnung dienen lassen“, so kann er personal noch eingehender be- und ver-antworten (und auch „sühnen“), warum und daß er sich erneut in einem kriminogenen Ausmaß betrunken hat. — Anders liegen die Dinge bei einem alkohol*süchtigen* Trinker. Die Sucht ist psychobiologisch oft so stark verankert, daß dann beim Trunkenheitsdelikt gleichsam *zwei* krankhafte Störungen zu berücksichtigen sind: der akute Rausch und die Sucht. Letztere kann dann Schuldunfähigkeit für Verletzung des § 323 a bedingen, Strafe sinn- und zwecklos machen und therapeutische und schützende Maßregel notwendig.

Klar liegt schließlich der dritte Fall eines *vorsätzlichen Sichbetrinkens zwecks Erleichterung einer vorgefaßten Straftat.* Die selbst herbeigeführte „krankhafte seelische Störung“ ist dann nichts anderes als ein vom Täter gehandhabtes *inneres Tatwerkzeug,* über dessen Wahl er voll verantwortungsfähig ebenso Rede und Antwort stehen kann wie über die Ausführung, die Gründe, Motive und Ziele der Tat überhaupt.

Zu c: Daß ein nach längerem Gebrauch *von vor allem sog. harten Drogen (wie Heroin u. ä.) Abhängiger* mit einer „krankhaften seelischen Störung“ behaftet ist (zugleich auch einer „körperlichen“!), ist nicht zweifelhaft. Vom Alkoholiker unterscheidet sich der Drogenabhängige vor allem in der *Intensität der biopathologischen Verankerung* einer Drogen-Sucht, bewiesen durch massive vegetative Funktionsstörungen und erhebliche Beschwerden beim Entzug (bzw. Nachschubmangel) der Droge. Ein zweiter wesentlicher Unterschied besteht darin, daß es unter starker Drogenwirkung zwar psychopathologisch zu psychoseähnlichen Rausch- und Dämmerzuständen kommen kann, aber weniger zu einer affektiv-triebhaften Verhaltens-„Enthemmung“, wie sie für den mittelschweren Alkoholrausch charakteristisch ist.

Aus beiden Unterschieden ergibt sich, daß die *Drogen(user)-Kriminalität* vor allem durch *Beschaffungsdelikte,* die *Alkoholkriminalität* (abgesehen von Verkehrsdelikten) vor allem durch *Aggressionsdelikte* gekennzeichnet ist.

Die Beurteilung der Schuldfähigkeit eines Drogenkranken muß — in Übereinstimmung mit der BGH-Rechtsprechung des letzten Jahrzehnts (s. NJW 1989, S. 2336) — davon ausgehen, daß nicht nur der unter *akuten und schweren Entzugserscheinungen* Stehende bei einem Beschaffungsdelikt so stark psychobiologisch determiniert ist, daß normative Motive daneben keine steuernde Wirkung haben können. Eine ähnliche innere Lage kann, vor allem nach Drogenmangel-Vorerfahrungen, die *Angst vor dem Entzug* bewirken. Der BGH hat deshalb „in Fällen, in denen eine solche Angst den

Heroinabhängigen unter ständigen Druck setzt und zu Beschaffungstaten treibt, die Vorschrift des § 21 StGB ... für anwendbar gehalten" (so im BGH-Urteil vom 6.6.1989, NJW s.o.).

Verantwortungs-(und sühne-)fähig wäre beim Drogenkranken nur der Erstgebrauch einer Droge und das „bewußt-fahrlässige" Hineinschlittern in die Abhängigkeit — ein personales Versagen, zu dem es meist bei unreifen, labilen und/oder konfliktbelasteten Persönlichkeiten kommt, sowie bei milieubedingtem Kontakt mit einer Drogenszene.

Daß Therapie- und Schutzmaßregeln bei dieser Krankheitsgruppe im Vordergrund stehen, ist eindeutig, sie sollten auch Vorrang haben bei einer Bestrafung nach § 21 StGB (die sehr wohl in der Humanen Dimension einer vom Täter akzeptablen *Verantwortlichkeit und „Zuständigkeit" für seine Defektlage* im Sinne von G. Jakobs entspricht).

II. Die „tiefgreifende Bewußtseinsstörung" — seit 1933 ohne, seit 1975 mit dem einschränkenden Adjektiv an Stelle der „Bewußtlosigkeit" (des § 51 im RStGB von 1871) stehend — nimmt einen Platz in der Zurechnungsnorm ein, der ursprünglich echte Geistesstörungen lediglich *vorübergehender* Art meinte: wie z.B. eine flüchtige exogene schock- oder hirntraumatische Desorientierung, ein Fieberdelir, das kurze Exzitationsstadium einer Vergiftung, seltene Zustände aggressiv gestimmter Schlaftrunkenheit. Nachdem heute alle diese *bio*pathologisch bedingten Bewußtseinsstörungen vom Begriff „krankhaft" abgedeckt sind, werden jetzt fast ausschließlich *psychoreaktive, d.h. affektive Ausnahmezustände* unter einer „Bewußtseins"-störung verstanden. Es geht m.a.W. um die Frage, wie „tiefgreifend" ein emotionaler Erregungszustand als solcher (oder in Verbindung mit belastenden biologischen, sog. „konstellativen" Faktoren) das Bewußtsein eines Affekttäters „gestört" hat.

Es besteht demnach strafjuristisch eine — vor allem nach 1945 zunehmende — Tendenz, auch „reine" Affektdelikte nicht nur nach ihrem *Schuld*gehalt zu differenzieren (wie das z.B. generell bei Tötungsverbrechen durch die Unterscheidung eines nach §§ 212 und 213 StGB mehr oder weniger schwer schuldhaften Totschlags vom Mord — § 211 StGB — geschieht), sondern auch nach dem Grad von *Schuldfähigkeit*. Das ist eindeutig seit einem BGH-Urteil vom 10.10.1957 (BGHSt 1958, 11, 20). Es bestimmt, daß auch die Höchstform eines nichtkrankhaften und nicht durch konstellative biologische Faktoren komplizierten Erregungszustandes eine „Bewußtseinsstörung" im Sinne der Schuldfähigkeitsnorm sein kann.

Das ist eine grundsätzlich sehr bedeutsame — wie ich meine, auch bedenkliche — Entscheidung, eine Wegmarke der strafrechtlichen Entwicklung in der Bundesrepublik, die in der Folge zu einer breiten juristischen, wie auch psychiatrischen und psychologischen Literatur über die Kriterien der Schuldfähigkeit bei „reinen" und bei durch „Krankhaftes" oder „Abartiges" am Täter komplizierten Affektdelikten geführt hat.

Ich erwähne nur: juristischerseits J. Krümpelmann (1974, 1983, 1987, 1990), v. Winterfeld (1975) und aus jüngerer Zeit auch G. Blau (1989); von den Psychiatern W. Rasch (1964, 1980, 1986), Bresser (1978, 1983), Saß (1983, 1985), aus jüngerer Zeit Witter (1987) und — sehr beachtenswert — Schorsch (1988); länger zurückliegend die Psychologen Thomae (1961, 1964), H. D. Schmidt (1966), U. Undeutsch (1974) und H. Wegener (1981). Es ist hier nicht der Platz für eine Auseinandersetzung mit den z. T. schroff divergierenden Positionen. Einiges dazu habe ich im Hdbch. d. for. Psychiatr. 1972, S. 926–935 geschrieben. Der dort dezidiert vertretene Standpunkt war, daß die durch eine konstellative, somatogen-„krankhafte" Vorbelastung (wie Alkoholeinfluß, schwerer neurasthenischer Erschöpfungszustand, physische Erkrankung u. ä.) *nicht komplizierte* Affekterregung zwar mit einer ihrer Stärke entsprechenden, aber an sich *normalen Bewußtseinseinengung* (einer Fokussierung und Fixierung auf das Reizobjekt bei Ausblendung der Bewußtheit sozialer Normen und Werte) verbunden ist, daß dies aber *niemals eine Bewußtseins„störung"* darstellt, nichts Psycho*patho*logisches ist. Die juristische Interpretation des reinen Hochaffekts als B.-„Störung" bildet m. E. einen Fremdkörper im Rahmen der Schuldfähigkeitsnorm (was im StGB der früheren DDR von 1968 durch die Sondervorschrift des § 14 vermieden wurde).

Diesen Standpunkt halte ich auch heute noch für richtig, mit einer Einschränkung: Die beim typischen Aggressionsaffekttäter (Prototyp: „Tötung des Intimpartners", wie 1964 von Rasch beschrieben; Fall Howit von Witter, 1987, S. 187) regelmäßig länger voraufgehende und schließlich zur „Tatbereitschaft" führende seelische Zermürbungsperiode bewirkt, anders gesagt, psychoreaktiv eine *Persönlichkeitsstörung* (wenn man will: eine „Neurose"), welche normativ unter den — terminologisch leider verunglückten — Begriff der *seelischen Abartigkeit* zu subsumieren ist (wie das Witter auch tut). Erst diese, den schließlichen tätlichen Affektausbruch (meist aus banalem Provokationsanlaß) fundierende *Persönlichkeitsstörung* macht diesen zu einem pathologischen Geschehen, zu einer mehr oder weniger „tiefgreifenden" Störung. Ob auf dem zeitlichen Weg dorthin, wie juristischerseits Krümpelmann postuliert, vom potentiellen Täter ein rechtzeitiges Vermeiden weiterer Eskalation (bis zur „Tatbereitschaft") gefordert werden, m. a. W. der Schuldvorwurf vorverlegt werden kann, ist empirisch schwer zu untermauern: anfangs muß der konfliktbelastete Täter noch nicht mit seinem Ausbruch rechnen, später behindert die hohe Affektbesetzung bereits eine Zeitlang vor der Tat die normative Orientierung und die Rücksicht auf das Opfer und sich selbst. Es käme m. a. W. darauf an, zwischen beiden Stadien empirisch ein „Fenster" für den Vermeidbarkeitsvorwurf aufzuweisen.

Eine — entweder konstitutionell-„psychopathisch" oder psychoreaktiv-„neurotisch" — den Aggressionsaffekt komplizierende Persönlichkeitsstörung führt dann auch dazu, daß der Täter nicht oder nur eingeschränkt fähig ist, seine Tat zu ver-antworten und zu sühnen: ratlos steht er selbst vor dem Tatgeschehen, jedenfalls vor dem *Ausmaß* des von seiner Hand Geschehenen. –

Mit dieser Einschränkung muß aber prinzipiell darauf bestanden werden, daß unser Affekthandeln („besinnungslos" vor Wut oder Eifersucht, „blind" vor Haß, Angst, Jagdfieber oder Geschwindigkeitsrausch) als eine *emotionale Verstrickung* ebenso zu menschlich-allzumenschlichen Verhaltensweisen gehört wie Aggressionshandlungen aus *ideeller Verstrickung*, z. B. bei einem sog. Überzeugungstäter. Die Bluttat eines aus einfühlbaren und verständlichen Motiven und Gründen hocherregten Affekttäters und der mit kühlem Kopf aus fanatisch-ideologischen Motiven verübte Terroranschlag eines Überzeugungstäters sind u. E. sogar *Prototypen verantwortungs- und sühnefähiger, d. h. schuld- oder zurechnungsfähiger menschlicher Verbrechen* — so viele Zweifel auch nach subtiler psychobiologischer Untersuchung dieses *und* jenes derartigen Falles an der Freiheit zur Tatvermeidung des einen *und* des anderen aufkommen. Daß der *forensische Schuldgehalt* von Tat und Tatgesinnung beim persönlichen Affekt- und beim unpersönlichen Überzeugungstäter sehr unterschiedlich (und kaum ohne kriminalpolitische Gesichtspunkte) *bewertet* werden kann, steht m. E. auf einem ganz anderen Blatt als die Frage ihrer *Schuldfähigkeit*!

Beim Affekttäter besteht auch in der Regel keine Therapie- oder Schutzbedürftigkeit, wohl aber (in der meist schon kurz nach der Tat — und durch sie! — eingetretenen *emotionellen Wandlung* und geistigen Distanz zum Tatverhalten) ein oft sehr ausgeprägtes Sühnebedürfnis. (Beim — ebensowenig therapie- und schutzbedürftigen, eher humanisierungsbedürftigen — Überzeugungstäter setzt Sühnebereitschaft demgegenüber eine, wenn überhaupt, oft nur schwer zu erreichende *ideelle Wandlung* voraus.)

Zur Diskussion stelle ich diesen *Vorschlag*: Könnte man — bei gleichzeitiger Korrektur der schweren „Abartigkeit" in schwere „Persönlichkeitsstörung" — in der Schuldfähigkeitsnorm *auf den Begriff der „Bewußtseinsstörung" nicht ganz verzichten*? Denn entweder ist eine solche organisch (somatogen) bedingt, und damit sachlogisch eine „krankhafte seelische Störung". Oder sie ist das Symptom einer (akut zu Schreck-, Schock- oder Panikreaktionen, protrahiert ggf. zu affektiver „Tatbereitschaft" führenden) psychoreaktiven Persönlichkeitsveränderung, die bei forensisch relevanter Gradausprägung unter die „schwere Persönlichkeitsstörung" zu subsumieren wäre. Für kaum praktikabel halte ich allerdings quantifizierende Unterscheidungsbegriffe wie passagere „Zerstörung" oder nur „Erschütterung" des Persönlichkeitsgefüges; „psychoseartig" oder noch nicht; „krankheits-(gleich)wertig" oder noch nicht.

III. Der „Schwachsinn" (gemeint ist — anders als vor der StGB-Reform mit dem juristischen Begriff „Geistesschwäche" — nur die intellektuelle

Minderbegabung) ist im Viererkatalog des § 20 StGB wohlbedacht nicht mit einem quantifizierenden Adjektiv versehen. Denn bei diesem Mangel sind es die leichten und mittleren Grade, welche — oft in Verbindung mit einer zusätzlichen „Persönlichkeitsstörung" — sowohl kriminogene Bedeutung haben als auch Zweifel an der (vollen) Schuldfähigkeit aufkommen lassen.

Nur selten bedingt der Schwachsinn als solcher einen Verbotsirrtum bzw. die Unfähigkeit, bei Tatbegehung das Unrecht als solches einzusehen. Wohl aber behindert er die Einsicht in das soziale Gewicht begangenen Unrechts. Zu einem Verbotsirrtum infolge Schwachsinns kann es allerdings bei weniger geläufigen Tatbeständen kommen, z. B. durch Unwissenheit über die Altersgrenze strafbarer Verführung von Minderjährigen.

Der psychodiagnostisch ermittelte *Intelligenzquotient* ist sicher keine unmittelbar geeignete Methode zur Beurteilung schwachsinnsbedingter Schuldfähigkeitsmängel. Wichtiger ist das — anamnestisch zu ermittelnde — soziale Leistungs- und Anpassungsprofil, das Bild der *„sozialen Kompetenz"* i. S. von Rasch. Denn von forensischer Bedeutung ist vor allem, wie ein Minderbegabter mit seinem intellektuellen und damit sozialen Minderwertigkeits*erleben* fertig wird. Ist doch mit diesem oft das Bedürfnis nach Anlehnung und Sichbestimmenlassen von intellektuell Überlegenen verbunden, was Debile zu leicht verführbaren Mittätern macht. Zum anderen besteht ein Kompensationsbedürfnis der sozialen Leistungs- und Chancenschwäche beim Erwerb von Geld und Geltung, was dazu führt, diese Werte und damit eine Selbstwerterhöhung sich durch Eigentumsdelikte und — einer subkulturellen Gruppe imponierende — kriminelle Kraftakte zu verschaffen.

Zu u. U. hochgefährlicher Kriminalität disponiert die nicht ganz seltene *fatale Verbindung von intellektueller und emotioneller Insuffizienz,* von Geistes- *und* Gemütsarmut, von „Schwachsinn" *und* „Abartigkeit"; besonders dann, wenn dem Täter noch ein überdurchschnittlicher psychomotorischer Antrieb (Hyperthymie) oder/und sexuelle Triebhaftigkeit zu eigen ist. Da in diesen Fällen den kriminogenen Hauptfaktor die „Abartigkeit" bildet, ist erst bei dieser Kategorie hierauf zurückzukommen.

Die Beurteilung der Schuldfähigkeit wegen Schwachsinns sollte sich, wie gesagt, weniger an einem getesteten IQ-Wert als am biographischen Bild sozialer Kompetenz des Probanden im beruflichen, familiären und gesellschaftlichen Bereich orientieren. Denn es darf nicht übersehen werden, daß auch intellektuell undifferenzierte Menschen in Hilfsarbeiterberufen durch Körperkraft, Ausdauer und Fleiß Gutes leisten und sich auch in ein familiäres Gefüge geachtet einpassen können. Und wie bei den affektiven Reaktionen sollte bei den Intelligenzgraduierungen die Bandbreite des (noch) Normalen nicht unterschätzt werden.

Wenn es — wie meist — soziale Ressentiment-Haltungen durchschnittlicher Charaktere oder/und kriminelle Verführung infolge der Leichtbeeinflußbarkeit eines Schwachsinnigen sind, die zur Delinquenz geführt haben, so sind solche Täter doch in foro durchaus in der Humanen Dimension ansprechbar: sie können sich bei (ihrem Niveau angepaßten) Vorhalt über Umstände, Gründe und Motive der Tat verantworten, sich von eingesehenem Unrecht geistig distanzieren, sind auch fähig, Strafe als versöhnende Sühne zu akzeptieren und abzuleisten. Denn *auch ein nicht allzu hochgradig Schwachsinniger ist nicht geist-los,* die humane „transzendentale Konstitution" ist nicht nur ein Privileg des intelligenten oder gar nur des intellektuell philosophierenden Menschen!

In der Psychobiologischen Dimension darf wiederum nicht übersehen werden, daß — von den selteneren Fällen eines reversiblen „Verwahrlosungsschwachsinns" abgesehen — die *mangelhafte Intelligenzdifferenzierung ein psycho-organisch determinierter Befund* ist, der Lernprozesse nur in Grenzen und mit besonderer pädagogischer Hilfe ermöglicht. Das schließt wiederum nicht aus, daß ein so elementares „Lernen" wie die präventive Verarbeitung einer Strafreaktion i. a. kein höheres Intelligenzniveau voraussetzt, als es zum Begehen der Straftat erforderlich war; allerdings — unabhängig von diesem — eine hinreichende emotionale Empfänglichkeit für sozialen Tadel und das Straf„übel". Die mehr von der Persönlichkeit als vom IQ eines Schwachsinnigen abhängige Sühnefähigkeit sollte nach dem Prinzip „allseitig vorteilhafter Freiheitskoexistenz" (U. Kindhäuser) durch *Nicht*aberkennung von Schuldfähigkeit und einen Regelvollzug (mit sozialtherapeutischer Unterstützung) ausgeschöpft werden, bevor nach trotzdem relevanten Rückfällen „zweispurig" auch Maßregelsanktionen ins Auge gefaßt werden.

IV. Die „schwere andere seelische Abartigkeit", mit welcher in die Norm neu eingefügten Kategorie 1975 der Reformgesetzgeber dem von Strafrechtslehre und Rechtsprechung konsequent vertretenen Schuldprinzip folgt (das fordert, einem Kriminaltäter alles zugute zu halten, wofür er „nichts kann"), ist ebenso ein Kernelement der Reform, wie bei Juristen und forensischen Psychiatern bis heute umstritten — nicht nur, wie zurecht, terminologisch.

Als Antilogik z. B. wird kritisiert, daß der Adressatenkreis, welcher — im Unterschied zur unbemüht und ungemahnt normtreuen Bürgermehrheit — strafrechtlicher Androhungen und Reaktionen bei Normbruch überhaupt bedarf, nämlich die kriminell disponierten abartigen „Psychopathen", durch De- bis Exkulpation wegen dieser ihrer kriminogenen Eigenart dem Strafrecht paradoxerweise wieder entzogen werden. U. a. haben Th. Lenckner (1972) schon vor Inkrafttreten der reformierten Norm und kurz danach J. Krümpelmann (1976) Bedenken gegen die Aufnahme der „Abartigkeit" in den § 20-Katalog geäußert. Dabei meldete Krümpelmann prinzipielle Bedenken an gegen ein Begrenzungssuchen (fast) nur in der „Vertikalen", d. h. beim Schweregrad jedweder psychischen Anomalie. Lenckner empfahl damals gegen eine Ausuferung von Dekulpationen eine in der Hand des Juristen bleibende restriktive „Übersetzung (der empirischen Befunde, Ref.)

ins Normative". Krümpelmanns Konzept ging dahin, die unvermeidliche Härte bei restriktiver Interpretation bzw. überhaupt einem Verzicht auf die Berücksichtigung von „Abartigkeiten" (also bei einer Begrenzung in der forensisch-diagnostischen „Horizontalen") auszugleichen durch eine strafrechtsdogmatisch verankerte Verpflichtung des Rechts- *und* Sozialstaats zu sozialtherapeutischen und rehabilitativen Hilfen für verurteilte Straftäter überhaupt (s. oben, S. 183 f.).

Zugespitzt könnte man sagen: „Wie hältst du's mit der ‚Abartigkeit'?" ist die Gretchenfrage unserer Strafrechtskultur.

Der um sie in heute zeitgemäßen Formen Bemühte muß sich theoretisch und praktisch mit dieser Quintessenz wissenschaftlicher Kriminologie auseinandersetzen: der heute nicht bezweifelbaren *Koinzidenz vom Schwere- und Abartigkeitsgrad krimineller Tatbestände und der Schwere des Abartigkeitsgrades ihrer Täterperson oder/und -situation.* Oder, das gleiche auch hier mit anderen Worten gesagt: er muß sich stellen der heute im Kriminalitätsbereich nahezu abgeschlossen vorliegenden wissenschaftlichen Bestätigung des kantischen Befundes von der Unfreiheit unseres empirischen Charakters, der ja allein einer kriminologischen Analyse zugänglich ist.

Die – schlichter gesagt – regelmäßigen Befunde schwerer (psychopathischer, neurotischer oder/und Trieb-) „Abartigkeit" bei den Tätern schwerster und scheußlichster Verbrechen (man denke an die Serientäter sadistischer Sexualdelikte, an brutale Räuber und Geiselnehmer, an fanatische Überzeugungstäter, Hitler nicht ausgenommen) müssen theoretisch in Einklang gebracht werden mit einem Schuldstrafrecht, das soweit wie möglich an der persönlichen Verantwortung für Tat und Tatgesinnung festhält. Ich sehe diese Möglichkeit nur nach Abstreifen aller Relikte eines straftheoretischen Indeterminismus und bei Skepsis gegenüber psychologisch-psychiatrischen Beratern, die wähnen, auf dem Boden einer als „Pathologie der Freiheit" verstandenen Psychiatrie Expertisen liefern zu können zur Frage einer pathologisch mehr oder weniger geminderten bis zerstörten Freiheit (bzw., terminologisch versteckter: Fähigkeit) zur Unterlassung einer begangenen Tat.

Auf der Suche nun nach einem „freiheitsabstinenten" Parameter zur Beurteilung der Schuldfähigkeit von persönlichkeitsgestörten („abartigen") Tätern ist m. E. W. Rasch (1982, 1991) auf dem richtigen Weg mit seinem Konzept eines *„strukturell-sozialen" Krankheitsbegriffs.* Dieser, welcher kaum auf „Krankheit", sondern wesentlich auf eine (sich auch außerhalb von Delinquenz manifestierende) strukturell verfestigte Insuffizienz der *„sozialen Kompetenz"* abhebt, ist aber forensisch noch zu unspezifisch, zu wenig strafrechtsfunktional.

Kriminalrechtlich geht es ja um die *spezielle* Motivationsfähigkeit durch *strafrechtliche* Normen, um die, wenn man will, *„normative Kompetenz".* Denn auch ein wegen schwerer Persönlichkeitsstörung *sozial* (z. B. beruflich oder/und familiär) Scheiternder kann normativ kompetent, d. h. auf Rechtstreue hin ansprechbar sein, und umgekehrt kann es wegen einer solchen Störung bei genereller Sozialbewährung nur in einem speziellen Bereich (z. B. des sexuellen Verhaltens) an der Ansprechbarkeit durch rechtliche Normgebote fehlen.

Es geht also — wie auch die Wendung „bei Begehung der Tat" sagt — im konkreten Fall um die *deliktspezifische normative Motivationsfähigkeit.*

Diese kann, meine ich, empirisch „freiheitsabstinent" daran bemessen werden, ob und inwieweit der in foro mit seiner Tat konfrontierte Täter ebendiese intersubjektiv ver-antworten, d. h. als eine personal entschiedene nach Gründen und Motiven deklarieren *kann.* Anders gesagt, daran, *inwieweit er in der Humanen Dimension ansprechbar ist.* Nämlich: retrospektiv sinnverständlich Antwort geben kann (nicht muß!) auf den fragenden Anspruch: Warum hast du das getan, Was hast du dir dabei gedacht, Was hat dich dazu veranlaßt oder getrieben?; und prospektiv positiv antworten, d. h. ent-sprechen kann (nicht muß!) dem appellativen An-spruch von Tadel und Strafe zur Revision der Tatgesinnung, zu versöhnender Sühne.

Die normative Motivationsfähigkeit in *diesem* Sinne ist abhängig von Tiefe und Festigkeit der Verankerung der Persönlichkeitsstörung in der Psychobiologischen Dimension und empirisch zu ermitteln. Und die Relation von humaner Ansprechbarkeit und der Penetranz abnormer psychobiologischer Determinanten verweist zugleich auf *die Relation angezeigter Straf-oder/und Maßregelsanktionen.*

Es ist *ein Relikt einseitig indeterministischer Straftheorie,* bei Tätern mit Persönlichkeitsstörungen (psychopathisch-neurotischen Determinanten) prinzipiell die Strafe zu mildern, weil bei ihnen der „Freiheitsspielraum" für rechtstreues Verhalten verringert sei, bzw. es solchen Tätern „schwerer fällt", das Normgebot zu respektieren. Und es wäre *ein Relikt einseitig deterministischer Straftheorie,* bei solchen Tätern — um ihnen unschädlich machende Maßregeln zu ersparen — prinzipiell die Strafe zu verschärfen, weil sie dies zu ihrer hinreichenden Abschreckung „brauchen". Und es ist *ein Argument von münchhausenschem Nonsens,* Persönlichkeitsstörungen seien deshalb strafrechtlich unbeachtlich, weil von solchen Tätern wegen ihrer Anomalie „vermehrte Anstrengungen" zur Rechtstreue zu fordern seien, m. a. W. sie sich am eigenen Zopf aus dem Sumpf zu ziehen hätten.

Ich meine demgegenüber, daß die *Intensität einer kriminalrechtlichen Gesamtreaktion* immer zu orientieren ist an der *objektiven Tatschuld* (= sozialer Unwert von Tat und Tatgesinnung), und daß nur *die Relation von Strafe oder/und Maßregel* abhängt von der *subjektiven Struktur des Täters,* wobei dessen Ansprechbarkeit in der Humanen Dimension mittels Tadel und Strafe Vorrang hat vor einer behandelnden und sichernden Maßregel in der Psychobiologischen Dimension. Also: Beschränkung auf eine tatschuldangemessene *Strafreaktion, sofern (und soweit wie) möglich, Maßregelreaktion, sofern (und soweit wie) nötig.*

Hierzu einige typisierte Beispiele:

a) Als Grenzfall einer schweren Persönlichkeitsstörung kann *der ideologisch indoktrinierte „Überzeugungstäter"* angesehen werden. Von Rechtsprechung und Wissenschaft anerkannt (z. B. im Fall Stachinski vom BGH mit Zustimmung von G. Jakobs, 1982 b) gilt die Zumutbarkeit der Normbefolgung bei ihm als (im Sinn von § 21 StGB?) vermindert. Man könne ihn „von seinem Verhalten distanzieren", weil er ja nicht in persönlicher „Zuständigkeit" handelte, so „wie er nun einmal konstituiert war", sondern auf eine Tatmotivation aus ihm fremden Bedingungen verweisen kann (G. Jakobs, s. oben S. 172).

Ich halte diese Argumentation für bedenklich, da es nur eine Frage der Subtilität der Analyse jedes empirischen „Charakters" ist, um einen Täter von seinem Tatverhalten personal zu „distanzieren". Richtig ist, daß von einer normalen Persönlichkeitsentwicklung bei einseitiger und intensiver Jugend„erziehung" durch ein totalitäres (konfessionelles, politisches oder subkulturelles) Regime nicht gesprochen werden kann. Ein derart geprägter und später noch einer Intensivschulung in ideeller Notwendigkeit von kriegsartigen Kommandoeinsätzen unterzogener Attentäter oder Terrorist kann auch als mit einer „schweren Persönlichkeitsstörung" behaftet angesehen werden. Das gilt für KGB-Agenten, Gestapo- und KZ-Schergen nicht weniger als für Mafiosi, IRA- oder RAF-Täter. Und bei biographischer Subtilanalyse aller Stationen bis zur Tat wird die eigene „Zuständigkeit" (Fähigkeit oder Freiheit) für Selbstbefreiung von ideologischer Prägung und Tatunterlassung immer zweifelhaft erscheinen.

Nicht zweifelhaft ist dagegen die diese Tätergruppe sogar explizit kennzeichnende Fähigkeit, die ideologischen Gründe und Motive ihres Tatverhaltens eingehend zu deklarieren, d. h. zu ver-antworten; und, da auch eine verfestigte Ideologie spirituell reversibel ist, ein solcher Mensch unter anderen geistigen Einflüssen wieder „ein ganz anderer" (vom „Saulus" zum „Paulus") werden *kann,* erscheint ebenfalls ihre Sühnefähigkeit nicht zweifelhaft, ist also u. E. ihre forensische Schuldfähigkeit zu bejahen. (Ihre personale Schuld steht auf einem anderen Blatt.)

Dies gilt nur für die intelligenten „echten", in „irrendem Gewissen" wenn man will, überzeugten und habituell normalen Ideologietäter[A 10], nicht für ihre nicht selten minderbegabten oder/und gemütsarm-psychopathischen Mittäter. Solche dienen den geistigen Köpfen einer aggressiven Ideologie oft nur zu gern als gefällige Werkzeuge ihrer Aktionen und sind wegen ebendieser psychobiologisch verankerten Abartigkeiten eher als vermindert schuldfähig anzusehen.

b) Im — sozusagen — strafrechtlichen Alltag sind es einmal die trotz normaler Intelligenz „unverbesserlichen Hangtäter" von Eigentumsdelikten,

A 10 s. S. 316

die *„Rezidivisten" als Diebe, Einbrecher und Betrüger* (auch nach empfindlichen und zunehmend geschärften Freiheitsstrafen), welche begründeten Verdacht auf wegen „schwerer Abartigkeit" eingeschränkte Schuldfähigkeit wecken. Zum anderen sind es die „unmenschlich" *kaltblütig-grausam handelnden Gewalttäter.*

Bei den hartnäckig *eigentumsdelinquenten Rückfallstätern* liegt die Vermutung einer schweren Persönlichkeitsstörung dann nahe, wenn zwischen Tatrisiko und Tatchance sowie zwischen der Opferschädigung und der Selbstschädigung ein grobes Mißverhältnis besteht, wenn es sich, anders gesagt, um eine *pointiert sozial selbstzerstörerische Delinquenz* handelt.

Ich denke aus eigener Beobachtung an einen überdurchschnittlich intelligenten Serieneinbrecher (als Einzeltäter), der bei (mit zwei abgeschlossenen gehobenen Lehrberufen) guten wirtschaftlichen Lebenschancen über Jahrzehnte nicht aus dem Teufelskreis zwischen immer längeren Freiheitsstrafen und — trotz intensiver Entlassungshilfe — immer kürzeren Rezidivintervallen herauskam. Infolge einer gleichlaufenden querulatorischen Entwicklung in banalen Streitereien mit Vollzugsbeamten und Vollstrekkungsrichtern hatte sich — unterbewußt-„neurotisch" — eine selbstzerstörerische Trotzhaltung entwickelt, der die Demonstration des Versagens der Strafjustiz am eigenen Fall wichtiger (vielleicht auch bequemer) war als der Wiederaufbau eines selbständigen Lebens in der freien Sozietät. —

Ähnlich lagen die Dinge bei einem immer wieder rückfälligen Betrüger, der für einige Wochen mäßig einträglicher Coups langjährige Freiheitsstrafen verbüßte, um alsbald nach Haftentlassung das Treiben fortzusetzen. Dieses ein Überlegenheitserleben vermittelnde Spiel von — wie er selbst formulierte — „Vertrauengewinnen und Vertrauenbrechen" verschaffte ihm suchtartig eine derartige Befriedigung, daß er hierfür praktisch seine soziale Reputation und bürgerliche Freiheit opferte. — Ein abgewandelter, aber ähnlicher psychodynamisch-neurotischer Mechanismus war bei einer von mir begutachteten „Königin der Taschendiebe" festzustellen und findet sich häufig bei echt „kleptomanen" rückfälligen Ladendiebinnen (deren Verlustbilanz meist in einem grotesken Mißverhältnis zu Tatchance und -vorteil steht).

Bei trotz guter Intelligenz *ebenso primitiv motivierten wie brutal handelnden Gewalttätern* sind es meist — im engeren Sinne von R. Luthe — *„psychopathische" Gemütsdefekte mit zwischenmenschlicher Empathie- und Bindungsunfähigkeit,* welche zu mitleidlosem Handeln aus „niederen Beweggründen" disponieren. Beispielhaft sei hier auf den (oben S. 230 f.) von mir kritisch beleuchteten, von R. Luthe (1987, S. 138 ff.) detailliert dargestellten Extremfall W. verwiesen. Bei solchen Tätern keine „schwere" seelische „Abartigkeit" oder Persönlichkeitsstörung zu diagnostizieren und nur von einer kriminellen „Subnorm" zu sprechen, geht ebensowenig an, wie nicht zu leugnen ist, daß ein Motivationszusammenhang zwischen ebendieser Abartigkeit und dem grausamen Tatverhalten besteht. In diesem Sinne ist auch vom BGH mehrfach betont worden (so BGH *16,* 364; GA *86,* 36; StV *86,* 340 L), daß Erscheinungen schwer psychopathischer Abartigkeit nicht zugleich als „niedrige" Beweggründe (im Sinne von § 211 StGB) belastend und im Sinne von §§ 20, 21 StGB entlastend bewertet werden dürfen. Allerdings blieb damit das hierin liegende Grundproblem eines (wie zu verstehenden?) Schuldstrafrechts ungelöst (Beispielsfall in NStZ 1982, S. 379–380).

Wie würde nun bei diesen beiden strafrechtspraktisch zentral wichtigen Täterkategorien sich nach unserem Konzept die Beurteilung der forensischen Schuldfähigkeit orientieren?

Leitender Gesichtspunkt ist auch hier, daß *das Tatschuldmaß* (objektive Tatschwere und sozialer Gefährlichkeitsgrad der Tätergesinnung) das Maß der präventiven *Gesamtreaktion* mit Strafe oder/und Maßregel bestimmen sollte, und daß nur die *Relation* des Einsatzes der einen oder anderen oder beider Komponenten unseres — sozialanthropologisch wohlbegründet — zweispurigen Systems sich an der *„Schuldfähigkeit"* des konkreten Täters orientiert.

Da es sich in beiden hier typisierten Fällen, dem — meist neurotisch verstrickten — Rezidivisten[A 11] und dem psychopathisch gemütlosen Gewalttäter um Menschen handelt, die nicht — wie ein florid Geisteskranker — völlig herausgerückt sind aus zwischenmenschlicher Sinnkommunikation, ist auch ihre Ansprechbarkeit in der Humanen Dimension nicht als „ausgeschlossen" anzusehen. Sie sind in der Regel gemäß § 21 StGB zu beurteilen. D. h. eine Strafreaktion sollte nicht unterbleiben, nur zurücktreten im Maß der Behandlungs- und Schutzbedürftigkeit wegen „schwer"abartiger Determinanten in der Psychobiologischen Dimension.

Kriminalanthropologisch jedenfalls *verfehlt* wäre es in diesen Fällen ebenso, den psychopathologischen Determinanten lediglich — weil „dekulpierend" — mit einem *Strafrabatt* Rechnung zu tragen, wie sie — unter Hinweis auf „Einstehenmüssen" auch des Psychopathen oder auf ausgleichend-schuldsteigernde Tatumstände — strafrechtlich *unberücksichtigt* zu lassen. Beides wäre sowohl inhuman wie präventionsfeindlich.

Was die Art der Maßregel„komponente" (F. Nowakowski, s. S. 164) betrifft, besteht ein *wesentlicher Unterschied zwischen eigentumsdelinquenten Rezidivisten und gemütlosen Gewalttätern* darin, daß bei jenen, weil kategorial behandlungsfähig, eine Therapie, bei diesen, weil kategorial behandlungsunfähig, Schutz und Sicherung(sverwahrung) im Vordergrund stehen — letzteres zumal bei Tötungsverbrechen. Bei solchen ist — wie wir meinen und oben in einem Exkurs über die Todesstrafe (S. 83) begründet haben — in der Regel, vor allem bei Mord i. S. von § 211 StGB, durch die verbrecherische Vernichtung eines mitmenschlichen Lebens die bürgerliche Freiheit zur Selbstverwirklichung des eigenen Lebens ohnehin verwirkt (d. h. von Ausnahmefällen abgesehen, nur einem späteren Gnadenakt anheimge-

---

A 11 s. S. 316.

stellt). Denn weder ist beim schuldfähigen Mörder durch eine zeitlimitierte Strafe eine adäquate Sühne möglich, noch ist beim schuldunfähigen Mörder das geringste einschlägige Risiko sozial erträglich.

c) Eine große, dem männlichen Geschlecht vorbehaltene und fast immer „abartigkeitsverdächtige" Gruppe sind *die (Sexual-)Triebtäter.* Auf sie hat sich die kriminologische und forensisch-psychopathologische Forschung besonders konzentriert. Eine ihrer Grundeinsichten ist, daß es *nur selten* eine konstitutionell bedingt oder frustrationsgestaut übermäßige und darum schwer beherrschbare *Triebstärke* ist, die zu aggressiver Entladung und Verletzung der sexuellen Selbstbestimmung einer Frau (oder auch eines Kindes) treibt, evtl. auch zu delinquenten Ersatzhandlungen (wie Exhibitionismus oder fetischistische Diebstähle). *In der Regel* wurzeln sexuelle Triebtaten vielmehr in *Triebschwäche,* intrapsychischer Kontakt*hemmung* und in psychodynamisch aufklärbaren, also sexualneurotischen Trieb*perversionen.* (Vergewaltigung, oft alkoholinduziert, Gruppennotzucht und derartige Ausschreitungen z. B. einer aggressiv enthemmten Soldateska stehen auf einem anderen Blatt und sind kein Problem spezifischer Abartigkeit.)

Eine weitere Grundeinsicht ist, daß die Sexualdelinquenz *meist wie ein Fremdkörper* im sonst sozial unauffälligen Erscheinungsbild der — nicht selten gutsituierten — Täter angesiedelt ist: ich denke aus eigenen Begutachtungen an einen exhibitionistischen Buchhändler, einen pädophilen Architekten und sadistische Sexualverbrechen eines Studenten aus gutem Bürgerhaus.[A 12]

Es ist hier nicht der Ort zum detaillierten Eingehen auf den breiten Fächer von Formen der Sexualdelinquenz: von — wie beim exhibitionierenden „Unhold" — relativ harmlosen Formen bis zu den unvorstellbar grausam-sadistischen Taten von sexuell motivierten Mehrfachmördern wie Bartsch und Haarmann. Während für letztere wohl das gelten muß, was vorstehend überhaupt über schwer abartige Mörder und Totschläger zu sagen war, ist andererseits generell als eine dritte Grunderkenntnis für die sexuellen Perversionen hervorzuheben, daß bei ihnen eine *überwiegend psychoreaktiv-neurotische Genese* aufgedeckt werden konnte (in Deutschland vor allem von Mitarbeitern und Schülern des forensisch verdienstvollen Hamburger Psychiaters Bürger-Prinz; ich nenne nur H. Giese, W. Rasch, R. Wille und in den letzten Jahren besonders fruchtbar G. Schorch). Dementsprechend bestehen bei diesen Tätern heute keine schlechten Heilungschancen, wenn sie frühstmöglich einer gekonnten und hinreichend intensiven psychotherapeutischen (nicht unbedingt psychoanalytischen!) Behandlung zugeführt werden. Wir haben hierauf in anderen Zusammenhängen schon oben hingewiesen, näher am Beispiel des Exhibitionismus (Teil I, S. 43).

A 12 s. S. 316.

Die auf Traumen und schwere Belastungen bzw. Versagungen im besonders prägbaren Kindes- und frühen Jugendalter (bei mitsprechender Sensibilitätsanlage) zurückgehende (d. h. erlebnisreaktiv-neurotische) Disposition zu einem abweichenden Sexualverhalten *zeigt sich oft erstmals schon in der (Vor-)Pubertät:* z. B. in sadistisch gefärbten sexuellen Manipulationen an jüngeren und schwächeren Gespielen. Unbehandelt kann dies später einen progredienten und suchtartigen Verlauf nehmen.

Dieser Krankheits*charakter* besagt aber nicht, daß solche Täter strafrechtlich *nur* als „Kranke“ und ausschließlich maßregelrechtlich behandelt werden sollten. Sind sie sich doch in der Regel auch selbst ihrer personalen Mitverantwortung für ein nur der eigenen abnormen Bedürfnisbefriedigung dienendes und andere schädigendes Sexualverhalten bewußt. Sie stehen aber *ratlos vor der unnatürlichen Art ihres Triebes* und sind unfähig, zu be- und ver-antworten, warum sie Triebbefriedigung nur in abnormen, persönlich kommunikations- und liebe-losen, ja destruktiven Formen suchen und finden. Sie stehen damit m. E. *normativ im Grenzraum eines verantwortungs- und sühnefähigen Verhaltens,* sie sind — als „vermindert“ schuldfähig bzw. schuldig — *begrenzt auch in der Humanen Dimension ansprechbar* und sollten durch Tadel- und Strafakzeptanz (= Sühne) dementsprechend ihren *personalen* Beitrag zur sozialen Versöhnung erbringen.

Das bei Triebtätern andererseits ganz im Vordergrund stehende *Faktum der abartig-krankhaften sexuellen Determinanten in der Psychobiologischen Dimension* sollte gerade bei dieser Täterkategorie aus zwei Gründen in erster Linie die Sanktionswahl und -intensität bestimmen: Einmal *zwecks Individualprävention,* weil sich gezeigt hat (nach breiterer Eigenerfahrung z. B. bei Fällen von nicht tolerablem hochfrequenten Exhibitionismus vor Frauen und älteren Kindern), daß auch geschärfte Rückfallstrafen weitere Rückfälle nicht verhindern, wohl aber eine die konkrete Psychodynamik des Falls aufklärende Psychotherapie alsbald erfolgreich sein kann. Zum anderen ist *aus humanitären Gründen* soweit wie möglich Behandlung und soweit wie nötig sichernder Schutz m. E. deswegen geboten, weil hier *oft der Täter von heute das Opfer von gestern* ist. So sind es bei Exhibitionisten tiefkränkende, blamable und demütigende Widerfahrnisse von weiblicher Seite, welche beim betroffenen Mann reaktiv einerseits Kontakthemmung, andererseits unterbewußt das Bedürfnis nach „Rache“kränkung und primitiver Männlichkeitsdemonstration erzeugen, das sich durch das schockierende Gliedeindringen ins optische Sinnesfeld einer Frau aus der Distanz befriedigt. Und bei sadistischen Triebtätern haben Untersuchungen ergeben, daß mütterliche Kälte, Lieblosigkeit, Mißhandlungen und Angsterzeugen (z. B. durch Fesseln und Einsperren ins Dunkle) oder auch der Gefühlsdefekt und die Kontaktunfähigkeit einer schizophren veränderten Mutter als die Hauptdeterminanten einer reaktiv gefühlskalt-sadistischen Sexualentwicklung derart exponierter Kinder anzusehen waren.

Drei Schlußbemerkungen zur Beurteilung der Gesamtkategorie seelischer „Abartigkeiten“.

Erstens: Es besteht eine simplifizierende Neigung, bei gesicherter *qualitativer* Diagnose einer endogenen oder organischen Psychose die erheblichen *quantitativen* Varianten solcher „krankhaften seelischen Störungen“ zu übersehen: Eine leichte und stabile Psychose oder Demenz kann dem Betroffenen einen größeren Spielraum an Motivations-, Verantwortungs- und Sühnefähigkeit (d. h. sozialer Schuldfähigkeit) lassen als eine schwere Psychopathie, Neurose oder Triebstörung.

Zweitens: Erinnere ich daran, daß es bei der Strafrechtsreform-Diskussion auf des Messers Schneide stand, durch eine sog. „differenzierende Lösung“ bei solchen Tätern generell nur die Annahme des § 21 StGB (nicht aber des § 20) *zuzulassen*. Wir meinen, daß die Annahme von § 21 in den meisten Fällen *geboten* ist, wenn man die Bestimmung der sog. verminderten Schuldfähigkeit *konstruktiv* versteht. Nämlich mit D. Krauß (1976) als die Bestimmung einer Schuld*zumessung*, die sich „zweckgerichtet und zweckbewußt orientieren (soll) an einem die Folgen der Straftat überwindenden Sozialprogramm, das Täter und Gesellschaft in gleicher Weise angemessen ist“; die — weil der Täter nicht schuld*un*fähig ist — an sich verwirkte Strafe soll am Leitfaden der Milderungs-Kannvorschrift des § 21 auf ihre personale und soziale Tauglichkeit überprüft und im Kontext mit anderen Sozialisierungsmitteln zur Disposition gestellt werden. — Dieser strafjuristischen Interpretation entspricht weitgehend auch unser Konzept. Denn nach D. Krauß ist im Bereich des § 21 StGB (s. E. nicht des § 20!) der von mir als *ein* Kriterium forensischer Schuldfähigkeit herangezogene Gesichtspunkt, ob der Täter durch Strafe normativ motivierbar (in diesem Sinne „sühnefähig“) ist, ein Gedanke, „dem zum Durchbruch zu verhelfen ist“.[A 13]

Drittens: Heute ist die Lage die, daß es leider nach wie vor am Konsens fehlt über die Beurteilungskriterien für strafrechtliche Entscheidungen einer Annahme von

— *präventiver Selbstverantwortlichkeit (1) des abnormen Täters* (der damit allein der normativ bemessenen und begrenzten Strafe ausgesetzt bleibt), oder
— *präventiver Psychiatrieverantwortlichkeit (2) für den abnormen Täter* (der dann zur Besserung und Sicherung gem. § 63 StGB prinzipiell unlimitiert „unterzubringen“ ist), oder
— *präventiver Justizverantwortlichkeit (3) für den abnormen Täter* (der bei gegebenen Tatbestandsvoraussetzungen zur Sicherung gem. § 66 StGB in einer Justizanstalt maximal bis zu einer gesetzlichen Höchstfrist zu „verwahren“ ist).

A 13 s. S. 316.

Ein typischer Fall des § 21 StGB flottiert – bei gravierenden Straftaten – nicht selten (je nach ideeller „Befangenheit" von Sachverständigen bzw. Richtern?) zwischen 1 und 3!

Unter 4.5 (S. 294 ff.) soll im nachfolgenden ein Vorschlag gemacht werden, bei dessen Annahme eine *konstruktive* Unterbringung gem. § 63 StGB auch bei „abartigen" Tätern künftig öfters ins Auge gefaßt werden könnte, um damit einerseits sozialtherapeutische Lücken des Regelvollzugs zu kompensieren, andererseits in geeigneten Fällen die am wenigsten konstruktive Maßregel einer „Verwahrung" gem. § 66 noch zu vermeiden.

4.3 Prozessuale Anmerkung: Das anthropologische Hexagramm des Kriminalprozesses

Die große Kriminalverhandlung ist heute eine solche zwischen *sechs* Hauptbeteiligten; mit einem politisch 1990 aktuellen Begriff genauer gesagt: eine 2 + 4-Verhandlung. (Die kleine, 2 + 3-Verhandlung ohne Psychosachverständigen, ist, wenn man will, ein anthropologisches Pentagramm, in dem der Richter die Persönlichkeits- und Motivationsstruktur von Täter und Tat aus eigener Menschenkenntnis für rechtlich hinreichend aufklärbar erachtet.)

Den Anfang – sachlich wie zeitlich – macht die „Tat", die als ein crimen Schädiger („Täter") und Geschädigte („Opfer") produziert. *Beide* sind (wenn mit der persönlichen Freiheitsfrage die persönliche Schuldfrage auszuklammern ist) *die zwei Unglücklichen,* neutraler formuliert: die „Betroffenen", im Prozeß: das Opfer unglücklich durch die Tat, der Täter unglücklich durch die ihn erwartenden Tatfolgen. (Anwesend im Prozeß ist *virtuell* das

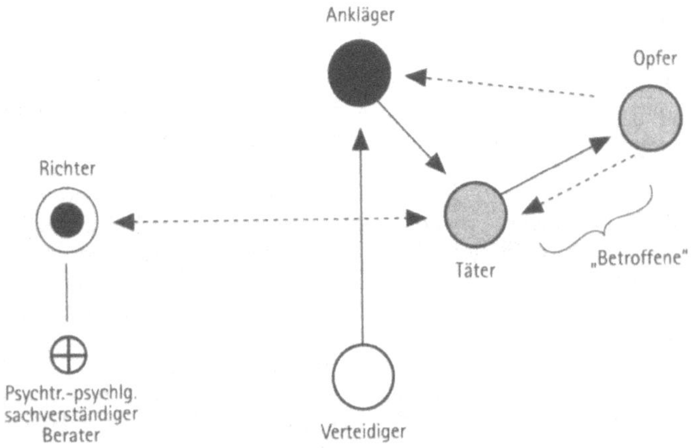

Das anthropologische Hexagramm des Kriminalprozesses

Opfer — auch als geschädigte juristische Person — immer, personell oft auch als sog. Nebenkläger.)

Um diese 2 unmittelbar Betroffenen sind 4 Funktionsträger des Kriminalprozesses gruppiert: Ankläger und Verteidiger, Psychosachverständiger und Richter des Täters, deren Reihung sich aus dem Funktionsablauf ergibt: eine Anklage eröffnet die Beweisaufnahme, das Plädoyer der Verteidigung (mit letztem Wort des Täters selbst) beendet sie. Der Sachverständige (ein neutraler Berater des Gerichts) fungiert als Adjunkt des Richters, bietet kriminologische Aufklärungshilfe der normalen, abnormen oder kranken Persönlichkeits- und Motivationsstruktur des Täters und seiner Tat (hilft gegebenenfalls auch viktimologisch zur Aufklärung kriminogener Elemente im Opferverhalten) und hat das letzte und ein entscheidungsgewichtiges Wort in der Beweisaufnahme. Und der Richter, dessen Urteil den Gesamtprozeß entscheidet und beendet, ist die den sozialen Konflikt „bereinigende" letzte Hauptperson und mit der den Konflikt „bewirkenden" ersten Hauptperson, dem Täter sozusagen in einer den dramatischen Reigen schließenden coincidentia oppositorum verbunden.

Über die 2 Betroffenen und die 4 Akteure im Hexagramm des Kriminalprozesses sollte hier — cum grano salis — dies einmal gesagt werden dürfen: den beiden unglücklichen „Betroffenen" stehen (sitzen) die strafrechtlichen Funktionsträger zwar nicht als vier unbedingt Glückliche gegenüber, aber doch zum einen als solche, welche das Schicksal, Opfer oder Täter zu werden (vorerst) verschonte; und sie haben zudem das „Glück", ihre berufliche und wirtschaftliche Existenz der *Kriminalität,* konkret den Kriminellen und ihren Opfern als ihren Mandanten bzw. „Klienten" ebenso zu verdanken wie der Arzt seinen Beruf und Verdienst der *Pathologie,* den Krankheiten und seinen — mehr oder weniger — unglücklichen „Patienten" verdankt. Nicht zu vergessen sind die sekundären, mitunter wenig honorigen Vorteilsnehmer von Kriminalprozessen: indiskrete Gerichtsreporter, ihre Medien und die sich mit den realen und erfundenen „Krimis" prickelnd und womöglich pikant unterhaltende Öffentlichkeit, wobei auch das Selbstwertgefühl als „rechtschaffener", gemeint moralisch weit über dem Verbrecher stehender Bürger auf seine Rechnung kommt.

Legt die nüchterne empirische Analyse dieses Szenarios nicht den Gedanken nahe, die Unbetroffenen könnten die soziale Pflicht zur Kompensation fundamentaler Schicksalsungerechtigkeiten, zu einer Art Lastenausgleich mit dem Duo der „Betroffenen", mit Opfer *und* Täter haben? (Wobei übrigens nicht immer das „Opfer" der hilfsbedürftigere Teil ist — man denke an wertniedrige Ladendiebstähle naiver Jugendlicher oder von Konsumangeboten und -reizungen des Westens überforderter labiler Ost-Besucher.)

Ich meine, in dieser — rhetorischen — Frage auch mit juristischen Autoren unserer Zeit einig zu sein, so mit J. Krümpelmann (s. oben S. 183), B. Haffke (s. S. 185) und anderen Vertretern eines ebenso säkularisiert-zweckrationalen wie sozial-konstruktiven und — nicht nur im anthropologischen Sinn — humanen Strafrechtssystems.

4.4 Soziologische Anmerkung: Die kriminalrechtliche Maximierung bürgerlicher Freiheit

(a – durch das rechtsstaatliche Postulat limitierter präventiver Strafsanktion gegen den Täter und

b – durch das sozialstaatliche Postulat schadenbegrenzender und rehabilitativer Hilfe für Opfer und Täter)

a) Kaum ein strafrechtlicher Autor vertritt heute noch die Lehre, daß Tatschuldvergeltung geübt werden müsse als sublimiertes Relikt von Rachebedürfnis, als irdische Vorbereitung göttlicher Gerechtigkeit (imitatio dei) oder (mit Hegel und den juristischen Hegelianern des 19. Jahrhunderts) um dem Gerechtigkeitsprinzip als Wert an sich bestmöglich Genüge zu tun. Es ist vielmehr ein klar schon von Kant (s. Teil I, S. 111) ausgesprochenes Grundgesetz des liberalen Rechtsstaats, daß eine strafend vergeltende (u. E. besser gesagt ent-geltende) Reaktion auf asoziale Übergriffe einzelner sein muß *um der größtmöglichen Freiheit aller willen.*

Es wird oft vergessen: die meisten Delikte sind verschiedenartige Freiheitsdelikte, und alle Strafarten sind heute direkte oder indirekte Freiheitsstrafen.

Nicht nur wer einem anderen die (räumliche Bewegungs-)Freiheit unmittelbar raubt, sondern auch wer ihm durch eine Körperverletzung die Schmerzfreiheit nimmt, ihn in einen Verband oder ans Bett fesselt oder gar ein Sinnesorgan oder Glied verstümmelt, nimmt ihm Erlebens-, Bewegungs- und Handlungsfreiheit oder engt gar Möglichkeiten seiner Berufs- oder Partnerwahl ein. Ebenso beraubt mich der Eigentumstäter — von der ideellen und emotionellen Schädigung abgesehen — mit den entwendeten Vermögenswerten um die Vermittler von Freiheit: verkleinert meine Möglichkeiten zu reisen, wohin ich will, nach meinem Geschmack mich zu kleiden, zu wohnen und zu essen, kurz — engt den Radius meiner Wahlfreiheiten ein (sei es auch nur die Wahl der Beruhigung, durch Nichtgebrauch meines Vermögens über ein Potential zum jederzeitigen und meinem beliebigen Gebrauch zu verfügen). — Entsprechendes gilt für Sexualdelikte, die dem Betroffenen die Freiheit zur Selbstbestimmung des Ob, Wer, Wann und Wie eines sexuellen Kontaktes durch Verführung, Nötigung oder Vergewaltigung einschränken oder nehmen. Und daß vice versa nicht nur Gefängnisstrafe — auch hier vom Ehrenschaden einmal abgesehen — ein Freiheitsverlust ist, ebenso — in milderer Form — eine unter Zwangsandrohung zu befolgende gerichtliche Auflage oder Weisung, und daß auch die Geldstrafe nichts anderes als bürgerliche Freiheitseinbuße bedeutet, erscheint evident.

Die Freiheit im modernen Straßenverkehr ist heute wohl wieder das eklatanteste Beispiel eines *Rechtsgutes,* das „unter dem Prinzip allseitig vorteilhafter Freiheitskoexistenz schutzwürdig" ist (U. Kindhäuser, s. oben S. 186) und die Straßenverkehrsordnung ist dementsprechend das klassische Beispiel von *rechtlichen Bedingungen*, unter denen — nach Kant — „die Freiheit der Willkür eines jeden mit jedermanns Freiheit nach einem allgemeinen Gesetze bestehen kann". Gäbe es hier keine strafbewehrten Normen (generelle Maximen, wie § 1 StVO, und spezielle Ge- und Verbote), welche den Fahrverkehr, in Städten auch den Fußgängerverkehr, mit dem Ziel einer Maximierung *allseits* gesicherter Bewegungsfreiheit regeln, wäre alsbald ein Verkehrskampf aller gegen alle, ein mörderisches Chaos bzw. der Verkehrsinfarkt perfekt und kämen schlimmstenfalls — nach dem „Recht" des Stärksten — alle Widerstände überrollende gepanzerte Kettenfahrzeuge voran. Für die allseitige Freiheitsmaximierung auf unseren Straßen unabdingbar ist daher ein Regelungsprinzip, welches Verkehrsverstöße limitiert und in differenzierter Höhe bestraft je nach ihrer Gefährlichkeit für die sichere Freiheit im Verkehr: Geschwindigkeitsüberschreitungen nach Ort und Grad unterschiedlich, Stopsignal- und Vorfahrtsmißachtung wiegen schwerer als Parken im absoluten Halteverbot, solches wiederum schwerer als gleiches im relativen Parkverbot usf. Räumliche Aufenthalts- bzw. Bewegungsfreiheit als Rechtsgut aller auf begehrten Plätzen und Straßen zeigt sich auch an den hier erhobenen Park- und Mautgebühren, welche durch zeitliche bzw. räumliche Gebrauchskosten für den einzelnen wiederum der Freiheit aller dienen sollen.

Nach diesem Modell eines Systems allseitiger Freiheitsmaximierung kann man m. E. auch *die Kriminalstrafe i. e. S. in ihrer präventiven Funktion* ansehen. Nur nach dem Wert des verletzten Rechtsguts *relativ begrenzte*, öffentlich angedrohte und „ohne Ansehen der Person" verhängte Kriminalstrafen können *allseits* Freiheit maximieren: indem sie generalpräventiv möglichst wirksam die Normgeltung und -respektierung bewahren und zugleich dem Täter nur limitiert Freiheit — durch Geldbuße (nach individuellen Tagessätzen!) bzw. Haftstrafe — entziehen als gerechte *Ent*geltung der von ihm unrechtmäßig herausgenommenen und anderen genommenen Freiheitsrechte — eine Reaktion, die, wie der Strafzettel am Auto, auch individualpräventiv wirksam ist und damit dem Täter durch und nach seinem „Bezahlen" die ihm zustehende Freiheit wiedergibt.

In Extremfällen kann allerdings die rechtliche Schutzpflicht allseitiger Freiheit dazu führen, daß einem Täter, der durch vorsätzliche Tötung einem Mitmenschen die Lebensentfaltung überhaupt genommen hat, zwecks (primär) adäquater General- und (sekundär) Individualprävention die Freiheit selbst lebenslang entzogen wird. Denn der „Preis" für ein Menschenleben kann nur die Hingabe des eigenen sein; früher — und jetzt noch in rechtskulturellen Entwicklungsstaaten — durch Erleiden der Todesstrafe, in kultivierten Rechtsgemeinschaften heute durch Inanspruchnahme des Täterlebens zur hingebenden, symbolisch für das ausgelöschte Opferleben Ersatz leistenden Tätigkeit für andere — wenn möglich mittelbar für die Angehörigen seines Opfers. —

Soweit das *rechtsstaatliche* Postulat prinzipiell tatschwerebezogen *limitierter und präventiv auf allseitige Freiheitsoptimierung zielender Strafsanktion*. Es kann konzeptuell durchaus abstinieren von der Prämisse einer schuldstrafrechtlich zu „unterstellenden" Willensfreiheit.

b) Weil der moderne demokratische Rechtsstaat sich zugleich als ein *Sozialstaat* versteht – m. E. einer der wenigen echten historischen (= humanistischen) Fortschritte, wurde neben dem allseitiger Freiheitsoptimierung seiner Bürger dienendem Strafsystem ein System sozialer Hilfen entwickelt. Sie sollten im Kriminalfall m. E. *beiden* „Betroffenen", also vor allem (schadenbegrenzend) auch dem persönlich geschädigten Opfer gewährt werden, da in der Regel der in erster Linie zur Wiedergutmachung verpflichtete Täter solche nur unzureichend oder nur symbolisch und als ein Teil versöhnender Tatsühne leisten kann.

Dem Täter – gegebenenfalls in, neben und nach der Rechtsstrafe – sozial zu seiner Resozialisierung bzw. Rehabilitierung mit individuell-adäquaten Maßnahmen zu helfen dient nicht nur der Freiheitsmaximierung (durch Unfreiheitsminimierung) des evtl. vorzeitig enthaftbaren und vor Rückfallsdelikten bewahrten Täters. Solche Hilfe, die jedenfalls statistisch erfolgreich ist, mindert auch wirtschaftliche (= indirekte Freiheits-) Verluste der Gemeinschaft und reduziert die Zahl künftiger Opfer.

Grund und ersten *Ansatz* aber haben Resozialisierungshilfen der Gemeinschaft für den Täter im „empirischen Charakter" des Täters. Es *allein* bei der rechtsstaatlichen Strafreaktion gegen den – auch! – „armen Sünder" bewenden zu lassen verbietet der Gemeinschaft dessen empirische Unfreiheit. Sie ist der *Grund* für Resozialisierungshilfen als ein sozialstaatliches und rechtlich „dogmatisch notwendiges Korrelat" (J. Krümpelmann) der rechtsstaatlichen Tatschuldstrafe.

Daß alle Formen sozial rehabilitativer Hilfe (sei es eine pädagogische, psychotherapeutische oder medizinisch-psychiatrische) ihren *Ansatz* in der empirisch erforschten Determinationsstruktur des Täters haben und das Ziel, dessen soziale Kompetenz zu verbessern, kann heute als allgemein anerkannt gelten. Der „reine", bloß tadelnde und strafende „Appell an die Willensfreiheit" in der prospektiven humanen Dimension bleibt eben dann meist ein Ruf ins Leere, wenn nicht persönliche Befassung mit dem Täter darum bemüht ist, daß dieser Ruf zu künftig sozial besseren, die auto-nome Selbstbestimmung normkonform leitenden *Motiven* führt.

4.5 Zwei Postulate zur positiven Individualprävention im Straf- und Maßregelvollzug

Aus unserem Konzept folgen für den Vollzug von Freiheitsstrafen und freiheitsentziehenden Maßregeln zwei praktische Postulate:

1. im *Strafvollzug* einer *sozialstaatlichen* Verpflichtung zu entsprechen, die ich in der aktiven Förderung eines zu sozialer Versöhnung führenden

Sühne- und Rehabilitationsprozesses des Häftlings sehe (= positive Individualprävention);

2. im *Maßregelvollzug* einer *rechtsstaatlichen* Verpflichtung zu folgen, auch die mit gesetzlich unlimitiertem Freiheitsentzug verbundenen Behandlungs- und Sicherungsmaßnahmen *im Regelfall* nach dem Verhältnismäßigkeitsprinzip richterlich *von vornherein* zu begrenzen.

Zu 1: Die Lage im Strafvollzug ist ja heute so, daß nach dem Strafvollzugsgesetz zwar ein „Behandlungs"-Vollzug und die Aufstellung eines Behandlungsplans bestimmt ist mit dem Ziel, den Gefangenen als einen (re)sozialisierten Bürger zu entlassen; für den schwierigen Neuanfang sind ihm auch Starthilfen zu geben.

Unklar ist aber, *was* unter der „Behandlung" eines schuldfähigen Täters durch und in Strafhaft zu verstehen ist. Meint man damit eine individuelle Sozial-, d. h. letztlich Psychotherapie, würde dies auf eine Privilegisierung von Minderheiten hinauslaufen, speziell geschultes Personal voraussetzen, evtl. auch Sonderabteilungen. Das kann mit dem Auftrag, den Strafvollzug überhaupt als einen „behandelnden" auszugestalten, kaum gemeint sein. — Oder ist Behandeln heute nur ein Euphemismus für das, was man früher ehrlicher Disziplinierung zu Zucht und Ordnung nannte, die ein Krimineller in erster Linie nötig habe? Oder ein anderes Wort für Strafpädagogik, für „Erziehung", die beim Namen zu nennen man sich angesichts der Problematik einer Erwachsenenerziehung heute ebenfalls scheut?

Soweit ich durch Gespräche mit Begutachtungsprobanden und Vollzugsbeamten sowie Gefängnisbesuche Einblick habe, läuft gegenwärtig eine (über das systemimmanente Durchsetzen einer hausordnungsgemäßen Lebensführung hinausgehende) „Behandlung" in der Realität des Vollzugs auf — sicher notwendige und dankenswerte — Bildungs- und Berufsförderung, Klärung von finanziellen und Familienproblemen durch Sozialdienste und zeitknappe menschliche Kontakte mit überlasteten Bewährungshelfern hinaus. Der therapeutische Einsatz von Anstaltspsychologen erfolgt zumeist zwecks Klärung und Bewältigung von abnormen Haftreaktionen und besonderen disziplinären Problemen. Die Ausgangsstraftat wird nur selten überhaupt und noch seltener vertieft im Strafvollzug angesprochen.

Für einen *Fortschritt im Strafvollzug* würde ich es demgegenüber halten, wenn man sich mehr auf Grund und Zweck einer *spezifischen* Behandlung im und durch *Straf*vollzug besinnt.

Behandlungsgrund ist ja die konkrete Straftat eines konkreten Menschen, und ihr Zweck ist, ebendiese Tat in einer bestimmten Tatzeitgesinnung ebendieses Täters durch einen sozial versöhnenden Kompensationsprozeß, einen konkreten Sühneprozeß sozial auszugleichen. Behandlung im und durch Strafvollzug sollte darum vor allem dies sein: eine konkrete und individualisierende, d. h. *täter-, tat- und opferbezogene Rehabilitationshilfe,*

Hilfe zu und in einem echten, d. h. resozialisierenden und damit sozial versöhnenden Sühneprozeß.*

Strafvollstreckung so verstanden und praktiziert ist ein zur auslösenden Tat in einem *dialektischen* Verhältnis stehender Vorgang. Aber *nicht mehr im vergeltungsdialektischen Sinn von Hegel,* daß durch die *poena vindicativa* ein (Tat-)Übel durch ein anderes (Straf-)Übel ausgelöscht, daß durch die Negation einer Negation wieder eine intakte (Rechts-)Position hergestellt werden könnte. Die vom StVollzG jedenfalls in der Vollzugsweise intendierte *poena medicinalis* will demgegenüber das *malum des Täters* – sozusagen *heilungsdialektisch* – prinzipiell mit einem *bonum des Staates* beantworten, welches dem Täter Gelegenheit gibt und ihm hilft, sein malum konstruktiv zu kompensieren.

Dieses Prinzip bedeutet praktisch, den Strafgefangenen *auch und gerade im Vollzug auf seine Tat hin human anzusprechen.* Nicht mit permanentem Vorhalt und sittlichem Vorwurf, sondern mit Hilfen zur Selbstergründung und zu einem Sichstellen den Gründen und Abgründen, die zur Tat hinführten. Und dies wiederum im stetigen Umblick und Vorblick menschlicher Zeitlichkeit auf die Gegenwart und in die Zukunft des Gefangenen, um ihn auch bei deren Gestaltung nicht ohne Rat und Hilfen zu lassen.

Kurz: die im Strafprozeß *formal* festgestellte Ansprechbarkeit in der Humanen Dimension (= normative Motivationsfähigkeit, = forensische Schuldfähigkeit) sollte im Strafvollzug dazu genutzt werden, den Verurteilten in dieser Dimension *faktisch und inhaltlich* anzusprechen: d. h. seine Fähigkeit, die Tat zu ver-antworten zu tiefergehender tatbezogener Selbsterkenntnis hinzuführen, um auf dieser Grundlage die Vollzugsmonate oder -jahre zur Zeit eines echten Sühneprozesses werden zu lassen.[A 14]

Hierzu gehört nicht zuletzt auch eine opferbezogene Vollzugsgestaltung, wie sie mit anderen R. Wulf (1985) fordert. Er bedauert, daß die Straftat – wenn überhaupt – meist erst in einer späten Vollzugsphase (z. B. zur Ablehnungsbegründung von Vollzugslockerungen) angesprochen wird (S. 67). Die tat- und opferorientierte Vollzugsgestaltung sollte jedoch von vornherein als „besondere Behandlungsmaßnahme" im Sinne von § 7 Abs. 2 Nr. 5 StVollzG mit dem Ziel des Täter-Opfer-Ausgleichs in den Vollzugsplan aufgenommen werden.

* Eindrucksvoll hat W. Hofmann (1987, S. 43), ein in besonderer Weise kompetenter Autor (weil in mehrjährigem Strafvollzug selbst „Betroffener"), die Inhumanität zum Ausdruck gebracht, die darin liegt, den Strafgefangenen im Vollzug anstatt als verantwortlich Sühnenden ernstzunehmen, als einen sozial Kranken soziotherapeutisch „heilen", umkonditionieren zu wollen. Solches Behandeln kann eine echte Sühneleistung des Täters eher behindern, die ja bedeutet, den „Geist" (die Gesinnung), aus dem die Tat geboren wurde, selbst geistig (als Gesinnungswandel) zu revidieren.

A 14 s. S. 317.

Zu 2: Die Lage im Vollzug der Unterbringungsmaßregel gem. § 63 StGB in einer geschlossenen psychiatrischen Krankenanstalt hat sich, was die *äußeren Lebensumstände und therapeutische Betreuung* betrifft, im letzten Jahrzehnt in der Bundesrepublik vielerorts entscheidend *gebessert:* Es wurden forensische Sonderabteilungen eingerichtet und damit die für beide Seiten problematische gemeinsame Unterbringung mit nichtkriminellen mehr und weniger schwer Geisteskranken beendet; es wurden engagierte therapeutische Teams gebildet und auf bestimmte Tätergruppen zugeschnittene Behandlungsprogramme entwickelt. Beispielhaft und überzeugend wurde die systematische Arbeit auf einer solchen Abteilung im März 1990 bei einer Fragen des psychiatrischen Maßregelvollzugs gewidmeten Tagung im Psychiatrischen Krankenhaus Emmendingen von der dort tätigen Dipl.-Psychologin Lange-Joest und dem Psychiater Dr. Müller dargestellt (F. St. Müller, 1990).

Nicht befriedigend ist demgegenüber nach wie vor *der Rechtsstatus* eines unbefristet zur „Besserung und Sicherung" psychiatrisch untergebrachten Täters — zumeist ist es ja kein psychotisch-geisteskranker, sondern ein „nur" psychopathisch-neurotischer, suchtkranker oder triebgestörter Patient.*

Sein *Sozialstatus* ist schon belastet mit dem Etikett, „kriminell" *und* „geisteskrank" zu sein — in den Augen der unaufgeklärten Öffentlichkeit ein Signum besonderer Gefährlichkeit. Weiter ist sein *Patientenstatus* belastet mit dem Umstand einer Zwangsaufnahme in einem geschlossenen Krankenhaus, also eines zunächst womöglich widerwilligen Behandeltwerdens in unfreier Situation. Diese Problematik kann durch eine vortherapeutische Motivationsarbeit zumeist entschärft werden.

Ein im Kern kritischer, aber m. E. juristisch verbesserungsfähiger *Rechtsstatus* ist, daß die einem psychiatrisch untergebrachten Kriminaltäter ganz oder teilweise aberkannte Selbstverantwortung als *zeitlich unbegrenzte Fremdverantwortung Ärzten und Pflegern auferlegt* ist, deren behandelnder und sichernder Obhut der Untergebrachte anvertraut ist. Diese Fremdverantwortung erstreckt sich ja nicht nur auf die kunstgerechte Behandlung *und* eine hinreichend sichere Be-, d. h. Ver-wahrung im Krankenhaus, sondern auch auf die laufend zu stellende Diagnose von eintretenden oder nicht eintretenden Behandlungsfortschritten mit entsprechender sozialer Verhaltensprognose: d. h. auf die angemessene Fortdauer oder Lockerung von Sicherungsmaßnahmen, evtl. Urlaubserprobung und schließlich eine insoweit gebesserte Prognose, daß die *Empfehlung* einer Aussetzung der Unterbrin-

* Nach Abschluß des Manuskripts traf ich auf juristische Überlegungen und Vorschläge für „Wege aus dem Maßregelvollzug im psychiatrischen Krankenhaus" von K. Laubenthal (1990), mit denen ich weitgehend übereinstimme.

gung nach bestem Wissen und Gewissen „verantwortet werden kann" (§ 67 d, Abs. 2 StGB).[A 15]

Wenn auch die Entscheidung über eine Unterbringungslockerung und -aufhebung *formal ein richterlicher Akt* normativer Bewertung aller pro libertate des Untergebrachten und pro securitate der Gesellschaft sprechenden Umstände ist, so hat *materiell das größte Gewicht* bei diesem Kalkül doch *das Sachverständigengutachten.* Und dementsprechend wird im Falle einer neuen schweren Straftat des Entlassenen die Verantwortung für diese von der Gesellschaft vor allem dem behandelnden und prognostizierenden Psychiater angelastet.

Es ist und bleibt also m. a. W. die *Psychiatrieverantwortung* für Rückfälle von gem. § 63 StGB Untergebrachten die Crux allein *dieser* Maßregel. Jedenfalls gegenüber der *Selbstverantwortung* aller aus Strafhaft entlassenen „normalen" Rückfallstäter und gegenüber der vom Gesetzgeber übernommenen *Justizverantwortung,* falls nach Ausschöpfung der Höchstfrist einer justizeigenen Sicherungsverwahrung gem. § 66 StGB ein schweres Rückfallsverbrechen erfolgt.

Bei dieser Lage ist unvermeidlich, daß eine schlechte oder gute Entlassungsprognose aus unlimitierter Psychiatrieunterbringung weitgehend von der Risikophilie oder -phobie des Prognosegutachters abhängt: hat doch eine *falsche schlechte Prognose* „nur" die unspektakuläre Folge, daß einem Menschen unnötig weiterhin die bürgerliche Freiheit entzogen bleibt, während die *falsche gute Prognose* in einem neuen Verbrechen spektakulär zutage tritt und dann vor allem dem — für zu gutgläubig, leichtfertig oder sachunverständig gehaltenen — Psychiater angelastet wird.

Für einen *rechtsstaatlichen Fortschritt,* der solche Subjektivismen bei prognoseabhängigen Entlassungsentscheidungen zumindest begrenzt, würde ich es halten, wenn *das Verhältnismäßigkeitsprinzip,* das ja für Intensität und Dauer einer Maßregel bestimmend sein soll, *normativ konkretisiert* wird. Für die verhältnismäßige Größe der von einem — aus welchen Gründen auch immer — potentiell rückfälligen Straftäter ausgehenden Gefahr kann der Strafrahmen des Ausgangsdeliktes als Maßstab gelten. Nach diesem Maßstab könnte und sollte u. E. in der Regel die Maximaldauer einer psychiatrischen Unterbringung gem. § 63 StGB im Strafurteil eines vermindert schuldfähigen Täters gerichtlich festgesetzt werden.

(Ich beschränke meinen Vorschlag auf *gem. §§ 21 und 63 StGB Untergebrachte,* d. h. auf die fast ausschließlich von intellektuell, emotionell oder/ und sexuell psychisch gestörten Tätern gebildete Gruppe. Sie sollte als grundsätzlich [wenn auch vermindert] schuldfähig auch maßregelrechtlich einen Sonderstatus haben gegenüber schuldunfähigen, wegen einer Geisteskrankheit gefährlichen Tätern, für deren Behandlung und Sicherung ohne-

---

A 15 s. S. 318.

hin die außerstrafrechtlichen Unterbringungsgesetze die angemessenere Norm bilden.)

Der Tenor einer solchen Anordnung im Erkennungsurteil könnte nach meinem (juristischen Laien-) Erachten etwa so lauten:

„Im Hinblick auf die von N.N. begangene Straftat und die hierfür vorgesehene Freiheitshöchststrafe von ... (z.B. 2 Jahren) ... kann bei Beachtung des Verhältnismäßigkeitsgrundsatzes (§ 62 StGB) nach einer Behandlungsdauer von maximal 24 Monaten in einem psychiatrischen Krankenhaus (§ 63 StGB) verantwortet werden zu erproben, ob der Untergebrachte außerhalb des Maßregelvollzugs keine rechtswidrigen Taten mehr begehen wird (§ 67 d, Abs. 2)."

Eine solche Regelung wäre m.E. ein *rechtsstaatlicher Fortschritt mit humanitären und individualpräventiven Vorteilen und ohne kriminalpolitische Nachteile* aus folgenden Gründen:

1. würde sie dem Betroffenen, der als (vermindert) schuldfähig (aufgrund der *Kann*-Vorschrift einer Strafmilderung) auch der vollen Strafdrohung ausgesetzt ist, dementsprechend den Rechtsstatus eines prinzipiell tatbezogen limitierten Sanktionen ausgesetzten Bürgers belassen.
2. Indem der Bezug der Maßregelausdehnung auf die Tatschuldschwere gewahrt bleibt, kann der Betroffene bei der Behandlung seine Duldungs- und Kooperationspflicht als seinem Delikt angemessen, d.h. gerecht(fertigt) einsehen, was seine Behandlungsmotivation — u.U. erfolgsentscheidend — verbessert. Demgegenüber begünstigt die zeithorizontlose Unbestimmtheit eines (wie auch ein intellektuell oder/und charakterlich defizienter Patient leicht erfaßt) von Subjektivismen seiner Ärzte und anderer Betreuer mitabhängigen Freiheitsentzugs therapiefeindliche resignative und oppositionelle Haltungen. Das führt nicht selten zu einem circulus vitiosus zwischen dysprognosebedingter sozialer Oppositions- oder anderer Fehlhaltung und fehlhaltungsbedingter Dysprognose.
3. Überhaupt erreichbare Behandlungserfolge (= Besserung der Kriminalprognose) dürften fast immer in einem von der Tatschuld begrenzten (das aber heißt *therapiefördernd limitierten*!) Zeitraum erreichbar sein. Der Kriminalstatistik kommt dabei auch zugute, daß die raren Therapieplätze für mehr Anwärter genutzt werden können.
4. Es wäre nicht nur ein humaner, sondern auch ein kriminalpolitischer Fortschritt, wenn es bei einer „Entschärfung" der § 63-Maßregel durch ihre Limitierungsmöglichkeit zu mehr § 21- + § 63-Verurteilungen *im Sinne einer konstruktiv-therapeutischen (und weniger nur „dekulpierenden" und „sichernden") Entscheidung* kommen würde. Denn auch bei (nach Ausschöpfung des Zeitlimits) nicht unbedingt guter Entlassungsprognose dürfte diese *relativ* besser sein als ohne eine spezielle therapeutische Bemühung um „abartige" Täter.
5. Auch für das Behandlungsteam würde die rechtsstaatliche Unterbringungslimitierung eine erhebliche psychologische Entlastung bedeuten gegenüber

dem gegenwärtigen Status eines prinzipiell lebenslangen Ausgeliefertseins eines (vermindert) schuldfähigen Patienten an dessen Prognostik.

6. Nur beim Tötungsdelikt, auch wenn dieses nicht im Sinne von § 211 StGB als Mord qualifiziert wurde, sollte die Limitierung einer psychiatrischen Unterbringung im Erkennungsurteil unzulässig sein. Für Lockerung und Aussetzung einer Unterbringung (sofern diese im Hinblick auf maximale Gefährlichkeitsindizien der Tat überhaupt diskutabel ist) kann in diesen Fällen auf sorgfältige und qualifizierte Expertisen nicht verzichtet werden.

Zu dem von ärztlicher Seite gegen die Limitierung einer Behandlungsmaßregel (und auch gegen die Begrenzung einer angeordneten Behandlung im Strafvollzug auf dessen Dauer) vorgebrachten Einwand, die erfolgsorientierte Therapiedauer sei prinzipiell nicht zeitlich fixierbar (W. Berner, 1984) ist zu sagen: Dieses Prinzip trifft zu für das *medizinische Modell* einer Therapie und Prognose von *Krankheitsverläufen,* aber nicht für das *kriminologische Modell* einer Behandlung und Prognose *menschlichen Sozialverhaltens*. Dem Arzt W. Berner wurde das in einer österreichischen Grundsatzdiskussion m. E. zu Recht von dem Vollzugsjuristen W. Gratz (1986) entgegengehalten.

Diese Differenz betrifft wiederum den prinzipiellen Unterschied der *Krankheitsbehandlung* eines schuldunfähigen gefährlichen Geisteskranken und der *Sozialtherapie* eines (vermindert) schuldfähigen psychisch abnormen Rechtsbrechers. Denn dieser ist ja trotz seiner Defizienzen (in der Psychobiologischen Dimension) *auch* auf Verantwortung und Sühne seines Rechtsbruchs hin in der Humanen Dimension ansprechbar. Und ist nach der Entlassung aus Strafe oder/und Maßregel ansprechbar für seine Sozialgesinnung zum Guten oder Schlechten hin wandelnde und prägende geistige Erfahrungen. Diese *Geistesfreiheit,* d. h. spirituelle Offenheit eines (wenn auch intellektuell, emotionell oder sexuell psychisch belasteten) Menschen für ideelle Einflüsse, für Zufälle und Einfälle zum sozial Guten oder Bösen ist es, welche jede zwischenmenschliche Prognose, auch die psycho(patho)logisch bestmögliche, zu einer Wahrscheinlichkeitsaussage relativiert. Die immer *nur präsente* spirituelle Freiheit *zum und im Künftigen* (und nicht eine „Willensfreiheit") ist es, die *jedes menschliche Verhalten* — im Unterschied zum aus Instinkt und Dressur berechenbaren tierischen — *unberechenbar* macht.

Welcher Mensch als mich Liebender oder Ablehnender, als zu Werten Führender oder zu Unwerten Verführender begegnet mir nicht oder begegnet mir morgen oder in Jahren und in welchem Grade meiner Empfänglichkeit auf solche An-Sprüche (oder ihr Ausbleiben)? Welcher eigene Unfall oder Krankheit oder Tod eines Nächsten bleibt mir erspart oder bringt mich morgen oder später in Todesnähe und wie antworte ich existentiell auf *diesen* An-Spruch (oder sein Ausbleiben)?

Solches sind die Offenheiten und Freiheiten jeder menschlichen Zukunft in ihrer persönlichen Zeit- und Endlichkeit.

Damit müssen Strafrecht und Kriminologie, Straf- und Maßregelvollzug leben — damit muß die menschliche Gesellschaft leben.

5. Philosophisch-anthropologische Schlußanmerkungen

A. Zwei Thesen und ihre Folgen

1975 formulierte und begründete der namhafte französische Psychiater H. Ey die These: Psychiatrie est la pathologie de la liberté. Sie wurde in Deutschland u. a. von W. Blanckenburg (1978) und dezidiert in jüngerer Zeit von R. Luthe (1988, 1991) aufgegriffen. Luthe fügte ihr ad usum fori criminalis hinzu die Anschlußthese einer „tatsächlichen Identität" von Geisteskrankheit und Schuldunfähigkeit, mit der wir uns oben (S. 223–234) eingehend auseinandergesetzt haben.

In einer Schlußanmerkung sei auf die fatalen Konsequenzen hingewiesen, welche eine Fundierung auf diese Thesen für die psychiatrische Wissenschaft (a) hat, für die kriminalforensische Begutachtung (b) und für die soziale Bewertung von psychisch Kranken (c).

Auch eine (als Pathologie) Freiheit „nur" falsifizierende (nicht verifizierende) Psychiatrie erhebt in forensischer Anwendung den Anspruch, delinquente psychisch Kranke, die infolge von Strukturverlust oder -mängeln nachweislich ihre Freiheit oder Freiheitsgrade eingebüßt hätten, unterscheiden zu können „von sonstigen Rechtsbrechern, die ihre Freiheit nicht verloren, davon aber einen abnormen Gebrauch gemacht haben" (R. Luthe 1991, S. 240).

a) Zur wissenschaftlichen Validität nun dieses Anspruchs ist zu sagen: Wenn Luthe meint, eine solche Unterscheidung mit den Kriterien des von ihm in so überzeugender Weise entwickelten strukturalen Systems der Psychopathologie (s. S. 224) leisten zu können, erweist er der Wissenschaftlichkeit seiner eigenen beachtlichen Befunde einen schlechten Dienst. Denn *so richtig seine empirische Beobachtung ist* — daß es durch Anlageinsuffizienzen zu primären Strukturmängeln der Differenzierungs- oder/und Integrationsfunktion des Bewußtseins (z. B. Schwachsinn oder Psychopathie) kommen kann und durch spätere (akute und chronische) Prozesse zu sekundären Strukturverlusten (mit anderen psychischen Abbau- und Zerfallsphänomenen) — *so falsch sind seine theoretischen Behauptungen,* daß *nur* derartige Mängel bzw. Verluste eine Geistes-„Krankheit" definieren*, und daß aufgrund der „Identität" von Strukturverlusten mit Freiheitsverlusten zugleich

* Luthe irrt m. E. theoretisch darin, daß es weitere psychopathologische Störformen (als Differenzierungs- und Integrationsmängel) „aus logischen Gründen nicht geben (kann)" (1991, S. 246). Pathologische Antriebs- und Stimmungsverschiebungen z. B. können ebenso ohne Strukturmängel einhergehen wie psychoreaktive perverse Fehlprägungen des Sexualtriebs und auch andere, u. U. kriminogene, Neurosen. Luthe selbst hat 1974 die psychopathologische Reichweite seines „binomen Systems" noch insoweit eingeschränkt, als er es „einseitig" nannte und einer Ergänzung durch die Psychopathologie der Antriebsstörungen und der abnormen Reaktionen bedürftig (S. 311).

mit solchen (und nur so!) wissenschaftlich verbindlich Verminderungen bis Verlust der forensischen Schuldfähigkeit festgestellt sind.

Da Schuld(un)fähigkeit ein axiologischer und normativer *Bewertungsbegriff* ist, Strukturverlust aber ein empirisch-psychopathologischer *Befund,* bedeutet Luthes Identitätsthese eine Verquickung von Wissen und Werten, eine *Ver*-Wertung von Wissenschaft.

b) In der kriminalforensischen Begutachtung wäre es ein großer restaurativer Schritt zurück, wenn empirische Anthropologie (wie Psychologie und Psychiatrie) sich der Strafjustiz heute wieder — wie vor 200 Jahren noch vereinzelt — empfehlen würde mit Methoden einer forensischen Psychopathologie, die geeignet seien, die Unfreiheit bzw. verminderte Freiheitsgrade (und damit Unschuld bzw. verminderte Schuld) eines Rechtsbrechers „wissenschaftlich" festzustellen. Auch mit solchen „Falsifikationen" wird logisch zwingend *die Prämisse gesetzt,* daß normalerweise, d.h. gesunderweise der Straftäter einen Freiheitsspielraum mißbraucht (und damit empirisch erwiesen *auch sittlich* schuldhaft handelt). Es ist eindeutig, daß mit dieser Prämisse die Kompetenz empirischer Anthropologie in den Raum axiologischer Anthropologie, d.h. Ideologie, hinein überschritten ist.

Denn wenn z.B. Luthe (1991, S. 245) auch betont, es gehe in der forensischen Praxis *„gerade nicht"* darum, zu zeigen, daß jemand in einer gegebenen Situation auch anders hätte handeln können, als er in Wirklichkeit gehandelt hat, so hält dieser Autor doch andererseits nur den für einen kompetenten Sachverständigen, der *„auch wirklich weiß"*, worin sich psychisch kranke Rechtsbrecher von normalen nichtkranken unterscheiden, „die ihre Freiheit nicht verloren", davon aber einen abnormen, rechtsverletzenden Gebrauch gemacht haben (1991, S. 240). —

Ich vermag nicht zu sehen, worin sich die Aussage, ein Mensch hat seine *Freiheit* mißbraucht, unterscheidet von der Aussage, er hatte die Freiheit (oder die Autonomie, die Steuerungsfähigkeit, das Können), auch anders zu handeln; oder eben kürzer: er „hätte" bei Tatbegehung auch anders handeln können.

Die welche Grenzen menschlichen Erfahrungswissens respektiert sehen wollen, sind nicht, wie Luthe meint, „diejenigen ..., die ein freiheitliches Menschenbild und, damit unlösbar verbunden, das Schuldstrafrecht ablehnen" (S. 242). Denn erkenntniskritische Bescheidung schließt keineswegs aus, das „freiheitliche Menschenbild" unseres Grundgesetzes und, damit verbunden, ein von der sozialen Tatschuld begrenztes Straf-Recht des Staates zu bejahen, da doch ebendieses unsere *bürgerliche* Freiheit und Selbstbestimmung optimiert (die allerdings nicht verwechselt werden darf mit der von [Geisteskrankheit *und anderen*] Determinanten einschränkbaren und immer irgendwie eingeschränkten menschlichen Erlebens- und Verhaltensfreiheit). —

Auch das Wahrnehmen eines „natürlichen" Schutzbedürfnisses von psychisch Kranken vor Gericht durch den forensischen Psychiater wird nicht dadurch in Frage gestellt, daß er den schutzbedürftigen psychisch abnormen Kriminaltäter durch andere, empirisch weniger problematische und spezifisch strafrechtsfunktionale „Unfähigkeiten" (ich meine: die Verantwortungs- und Sühneunfähigkeit) definiert als durch strukturellen „Freiheitsverlust". Ob und warum jemand schuldunfähig ist, kann einem Sachverständigen sehr wohl auch anhand anderer Kriterien „aufgehen" (S. 243). Und die juristischen Begriffe der Einsichts- und Steuerungsfähigkeit können statt mit

Akkomodation und Assimilation, mit Differenzierung und Integrierung (S. 246) auch mit den von mir empfohlenen Kriterien zur Deckung gebracht werden (wie ich S. 252 ff. hier zu zeigen versuchte).

In der zweiten Hälfte unseres Jahrhunderts hat *die Strafrechtswissenschaft* auf breiter Front die kantischen Einsichten in den Unfreiheits*aspekt* unseres *empirischen* Charakters ebenso rezipiert, wie sie der geistigen Freiheit unserer Intelligibilität Rechnung trägt. Denn an diese zu appellieren, soll Sinn und Zweck positiver Individualprävention sein, wohl mit Tatschuldvorhalt und -strafe, aber einer rehabilitativ ausgestalteten poena medicinalis.

In diesem Sinne äußern sich u. A. F. Nowakowski (s. o. S. 164), C. Roxin (s. o. S. 166 f.), G. Jakobs (s. o. S. 171 f.), Arth. Kaufmann (s. o. S. 176), G. Stratenwerth (s. o. S. 177), H. L. Schreiber (s. o. S. 178), G. Blau (s. o. S. 180), J. Krümpelmann (s. o. S. 183) und H. Schüler-Springorum (s. o. S. 186).

Es ist also festzustellen, daß die jüngstgeschichtliche Entwicklung der Kriminaljurisprudenz weithin ein Konzept hinter sich gelassen hat, „wonach Schuld, Verantwortlichkeit und Freiheit den personal-sittlichen Vorwurf gegen den Straftäter implizieren" (Luthe 1988, S. 235). Dem entspricht ebenfalls die legislatorische und judikatorische Erweiterung von Dekulpationsmöglichkeiten gem. §§ 20/21 über den Kreis von „wirklich" Kranken hinaus — einmal zur Wahrung des Schuldprinzips, zum anderen, um „zweispurig" präventive Behandlungsmöglichkeiten stärker auch für „Abnorme" zu eröffnen. Es ist schlechthin falsch zu sagen, für Sachverständige gelte, „daß die ratio legis den Schutz der §§ 20/21 ausschließlich den *wirklich* psychisch Kranken vorbehält" (Luthe 1991, S. 240). Gerade *das* ist *nicht* die ratio legis, welche zu bestimmen übrigens allein in die Kompetenz von Rechtsprechung und -lehre fällt.

Und wenn Witter (1987, S. 45/46) einerseits „hohe Sympathie" bekundet für ein nur präventiv orientiertes Strafrecht, das sich mit einem sozialen Schuldbegriff begnügt, d. h. sittliches Be- und Verurteilen eliminieren will, andererseits aber „Bedenken" äußert, da man im Strafrecht den sittlichen Vorwurf als Appell an die Verantwortlichkeit brauche und darum „Verständnis" hat für Lösungen, „die an dem persönlichen strafbegründenden Vorwurf, der vom Andershandelnkönnen ausgeht, festhalten", so ist hierzu m. E. dies zu sagen: Den Appell an Verantwortlichkeit und Strafakzeptanz, d. h. versöhnende Sühne, hört der Täter eher durch Vorhalt und sittliche Verurteilung seiner *Tat,* von der er sich distanzieren kann; er hört ihn weniger, wenn durch den Vorwurf eines Mißbrauchs seiner Freiheit zur Tatunterlassung seine *Person* sittlich verurteilt wird, von der er sich nicht distanzieren kann (und mit deren Freiheit zum Andershandelnkönnen er zwar prospektiv etwas anfangen kann, aber nicht retrospektiv).*

* So etwa schon F. Bacon (1561–1626), der in einem Essay über den Strafrichter schrieb: „Die Tat soll er mit strengem Blick, den Täter aber mit gnädiger Milde ansehen".

c) Die Konsequenzen der Freiheitspathologie-These von Ey und der Identitätsthese von Luthe *für die soziale Bewertung psychischer Krankheit, d. h. von psychisch Kranken* erscheinen besonders bedrückend, wenn man sie sich heute, 50 Jahre nach Abwertung und Abwurf dieser Kranken als „Ballastexistenzen", vor Augen hält. Da Freiheit, Autonomie, Personalität — wie auch immer verstanden — den Menschen zum Menschen machen, d. h. Personenwürde definieren, büßt diese Würde sachlogisch derjenige ein, der aufgrund von „Strukturverlust" ebendieser Freiheit — „in voller Wortbedeutung" (Luthe 1991, S. 240) — verlustig gehen soll. Diese Konsequenz hat Luthe ganz deutlich gezogen mit dem Satz (1988, S. XIV): „Geisteskrankheit als ‚Pathologie der Freiheit' wird nicht willkürlich als diskriminierend *definiert*, sondern diskriminiert tatsächlich; *heißt* nicht nur, sondern *ist* Ausschluß aus der Gesellschaft, für die persönliche Autonomie und Verantwortung in gemeinsamen Werthaltungen die Grundlage individueller Freizügigkeit sind".

Ich zweifle nicht im geringsten daran, daß ein so hochgebildeter und feinsinniger Autor wie Rainer Luthe weit davon entfernt ist, inhuman mit psychisch Kranken umzugehen, deren besondere Schutzbedürftigkeit er selbst immer wieder betont. Vielleicht ist er aber gerade wegen seiner *persönlichen* Humanität wenig aufgeschlossen für die *theoretische* Inhumanität seines *wissenschaftlichen* Konzeptes. Dessen systemimmanente Logik spricht, wie dieser Satz deutlich sagt, dem psychisch Kranken menschliches Niveau ab, diskriminiert ihn „tatsächlich" und schließt ihn aus der Gesellschaft aus. Ein solcher Satz hätte vor 70 Jahren Binding und Hoche ein nur zu erwünschtes „wissenschaftliches" Argument geliefert für ihre bis zur Eliminierungsempfehlung gehende Ausgrenzung chronisch psychisch Kranker aus der Gesellschaft (J. E. Meyer, 1988).

Dieser schlimme Satz ist auch *evident falsch*. Schon W. Blankenburg, obwohl er ebenfalls der Eyschen These zustimmt, hat daher die — wenn auch spezifisch eingeschränkte — relative Verantwortlichkeit und Freiheit von psychisch Kranken ausdrücklich betont (1978, S. 143–145). Wer, wie Ref., als Anstaltsarzt jahrzehntelang eine Vielzahl von schizophrenen und anderen „wirklich" psychisch Kranken in allen Stadien und Varianten betreut hat, mit ihnen unter einem (Anstalts-)Dach gelebt und mit sog. Hauspatienten alltäglich privaten Umgang gepflegt hat, weiß zumindest dies: außer in floriden Verwirrtheits- und Erregungszuständen und in Endstadien manifestiert sich auch in psychotisch (oder dement) Kranken eine menschliche Persönlichkeit, die z. B. Versprechen und notwendige Hausordnungsnormen halten oder brechen, die Dank und Anteilnahme, Gefühle und Interessen (wenn auch oft verschrobene) zeigen kann. Der Kranke argumentiert und agiert zwar — wahn- und halluzinationsbedingt — aus einer ganz anderen Erlebenswelt heraus, er unterliegt, empirisch gesehen, einer *ganz anderen Determinationsstruktur und -dynamik wie nicht-psychotische Menschen*. Er ist aber kein Wesen ohne Persönlichkeit, ohne Menschlichkeit und ohne *seine* Freiheiten und Unfreiheiten.

Zusammenfassend ist festzustellen, daß die als Freiheitspsychopathologie in die kriminalforensische Begutachtung zur Frage der Schuldfähigkeit eingeführte Falsifikationsmethode erkenntniskritisch unangemessen menschliche Freiheit zu einem empirischen Forschungsgegenstand gemacht hat.* Das entwertet die Wissenschaftlichkeit derartiger Gutachten, denunziert sittlich den nicht psychisch kranken und daher seine Freiheit vermeintlich nachweisbar mißbrauchenden Kriminaltäter und diskriminiert sozial den vermeintlich „wissenschaftlich“ erwiesen ohne die Menschenwürde Freiheit existierenden psychisch Kranken.[A 16]

B. Freiheit und Schuld(fähigkeit) im Licht neuzeitlicher Theodizee

a) Selbst Theologen tun sich heute schwer mit einer Begründung der Weltübel (der natürlichen wie Krankheit und Tod und der menschlichen wie Verbrechen und Krieg) durch eine frühmenschliche Ur- und Erbsünde. Damit steht der neuzeitliche Mensch permanent vor der Theodizeefrage, was der Philosoph O. Marquard, den wir schon zu Wort kommen ließen (Teil I, S. 52–54), eindringlich formuliert hat: „Wo Theodizee ist, ist Neuzeit; wo Neuzeit ist, ist Theodizee“.

Auf die Theodizeefrage – si deus unde malum?, si malum unde deus? – eine Antwort zu suchen bleibt keinem Nachdenkenden erspart. Leibniz hat sie bekanntlich beantwortet mit dem Satz von der „bestmöglichen“ aller Welten, die der Schöpfer mit der unsrigen zu schaffen vermocht hätte. Marquard hält entgegen, daß die Leibnizlösung „mindestens eine Frage unbeantwortet (läßt): Wenn die bestmögliche Schöpfung ... unvermeidlich Übel einschließt, warum hat Gott das Schaffen dann nicht bleiben lassen?“ (1986, S. 17). Eine Entlastung Gottes von diesem Dilemma habe im 19. Jahrh. das Mythologem vom Ende Gottes versucht: „Die einzige Entschuldigung für Gott ist, daß es ihn nicht gibt“ sagte Stendhal. Dies, „eine Art Atheismus ad maiorem dei gloriam“ (S. 18), wirft aber den Menschen auf sich selbst zurück, „autonomisiert“ ihn, macht *ihn* zum Angeklagten einer „Tribunalisierung, die auch noch und gerade die Gegenwart fundamental durchherrscht“ (S. 13).

b) Auf der Suche nach „Entlastungen“ vom Schuldigsein an den Weltübeln kommt es nach Marquard „zum großen Vorgang der Entübelung der

* Genauer ist ihr Anspruch: Es könnten durch die psychopathologische Wissenschaft die individuellen psychischen Voraussetzungen dafür falsifiziert werden (auch graduell), Freiheit normativ zu „unterstellen“.

A 16 s. S. 318.

Übel" (S. 21): einmal durch „Malitätsbonisierung", da Übel auch Gutes bewirken bzw. überhaupt dessen Voraussetzung sind (wie die felix culpa Luthers, das wissenschaftliche Sichemporirren nach Popper, die Entdeckung der Schönheit im Häßlichen u. a.); zum anderen durch Hinweis auf „Kompensation" der Übel durch Weltfreuden, auf eine „Balance von ‚maux' und ‚biens'" (S. 25). – Und was das Übel eigener Schuld und Schuldgefühle betrifft, gibt es „die Dauerflucht aus dem Gewissenhaben in das Gewissensein ... Man entkommt dem Tribunal, indem man es wird" (1981, S. 57).

c) Mit diesem Gedanken ist wieder das Strafrecht berührt, das paradigmatische Tribunal von Menschen über Menschen. Wie stellt sich — so unsere letzte Frage — forensische Schuld und Schuldfähigkeit („Freiheit") im Licht neuzeitlicher Theodizee dar?

Mit Luther wissend, daß wir Menschen non possumus non peccare und mit Kant, daß Verbrechen als Schicksal des unfreien empirischen Charakters erscheint, wissen wir weiter heute durch die moderne kriminologische Forschung, daß die kantische Einsicht sich statistisch und kasuistisch bestätigen und differenzieren läßt. Damit stehen wir im Strafrecht dezidiert und permanent vor der Theodizeefrage. D. h. vor einer unlösbaren metaphysischen Frage, „die so viele Antworten produziert, daß sie einander wechselseitig neutralisieren, und gerade dadurch ... die Probleme offenläßt" (S. 29). Und das ist — auch darin stimme ich Marquard zu — „für Menschen ... schon viel".

d) Wir müssen aber auch im Licht der mit dem Schicksalsaspekt in Theodizee mündenden Schuld(fähigkeits)frage forensisch *handeln,* müssen auf Verbrechen reagieren, können uns nicht mit dem Trost begnügen, daß sie indirekt auch Gutes bewirken können, daß felix culpa dem Reuigen zur Seligkeit verhilft. Das präventiv unumgängliche Handeln und Reagieren auf Verbrechen und ihre Täter kann aber, meine ich, im Licht neuzeitlicher Theodizee nur *durch eine andere Art von „Malitätsbonisierung" geleitet sein: nicht* mehr durch ein (präventiv möglichst effizientes und zugleich die Tatschuld möglichst „gerecht" vergeltendes) Beantworten des Tatübels mit dem „verdienten" Strafübel, *nicht* durch eine, wie man auch sagen könnte, *Malitätsduplikatur,* die, wie Hegel wähnte, Gerechtigkeit wiederherstellt. Sondern durch das Beantworten des malum des Verbrechens mit dem bonum einer — tatschuldbezogenen — poena medicinalis, die versöhnende Sühne bedeutet, die im Sinne J. Krümpelmanns mit rehabilitativen Hilfen rechtsdogmatisch verbunden ist, d. h. *positiv* general- *und* individualpräventiv, d. h. sozial konstruktiv ausgebildet ist.

Daß gerade bei Menschen, die — auch als Opfer! — mit Straftätern näheren Kontakt hatten, mit Akzeptanz eines solchen konstruktiven, nicht (nur) vergeltenden Strafrechtskonzepts gerechnet werden kann, legen sozialpsychologische Untersuchungen (wie z. B. von Abele und Nowack, s. Anmerkung A 4) durchaus nahe.

Daraus ergibt sich, wie schon mehrfach zum Ausdruck gebracht wurde (S. 201; Teil I, S. 58 f.), *die professionelle Verwandtschaft zwischen einem modernen Strafrichter und einem modernen Arzt.* Sie liegt nicht nur darin, daß Prävention (Prophylaxe) für beide vorrangiges Ziel ist, und daß im Deliktsfall der Richter den Rechtsbruch ebenso „heilen" will wie im Verletzungsfall der Arzt den Knochenbruch (und hier wie dort eine restitutio ad integrum streng genommen nicht möglich ist). Sie liegt auch darin, daß *der moderne Arzt* die personale Mitverantwortlichkeit des Kranken an Krankheitsentstehung und -verlauf, d. h. *die Humane Dimension des Patienten ebenso mitsieht* und in seinen Heilplan einbezieht, *wie der moderne Richter* die sozialen und leib-seelisch-geistigen Determinanten des Verbrechens, d. h. *die Psychobiologische Dimension des Täters mitsieht* und in die Sanktionsgestaltung und -wahl einbezieht. Natürlich differieren die Behandlungsziele beider fundamental darin, daß es dem Richter primär um generellen Rechtsgüterschutz und sekundär um die Sozialisierung des Täters geht, dem Arzt primär um das individuelle Wohl und sekundär um das der Gesellschaft (z. B. durch Schutz vor Ansteckung oder psychotischer Aggression). Gemeinsam ist aber wiederum beiden, daß in dieser unvollkommenen Welt die Remedia und Prophylaktika des Arztes und des Richters nicht nur wohltun, sondern als oft bittere und einschneidende „Behandlungen" auch wehe.

6. Zusammenfassung

Drei theoretische Tragpfeiler des vorgelegten Konzepts seien als Thesen formuliert und zwar zunächst in zu Einfachheit und Klarheit zwingender lingua latina.

*Tria praecepta**

I. De boni et mali scientia
si ultra posse nemo obligatur
(quid homines singuli re vera facere aut non facere potuerint, post factum cognosci non potest)
et si valet in dubio pro reo esse iudicandum, dolus et culpa vel personalis vel moralis
(si quidem ex libero arbitrio nascitur)
occulta sunt ideoque iudicari non debent.

II. De iure puniendi
solum quia delictum est
(id est propter dolum et culpam criminalem vel socialem)
et ne delinquatur, punire licet.

III. De doli et culpae capacitate in foro
puniendus (ad praeventionem generalem positivam)
et fraterniter corrigendus (ad praeventionem individualem positivam) est,
qui motivas delicti declarare, ita ut intellegantur
(ideoque in ius vocari) potest
et qui scelere expiando se purgare
(ideoque expiari) potest.

Zu deutsch:

I. Über die Erkenntnis von Gut und Böse
Wenn niemand über sein Vermögen hinaus verpflichtet werden kann
(was die einzelnen Menschen tatsächlich zu tun oder unterlassen vermochten, ist rückblickend nicht erkennbar)
und wenn gilt, daß im Zweifel zugunsten des Angeklagten zu richten ist, dann sind persönliche oder moralische Bosheit und Schuld
(als einem freien Willen entsprungen)
verborgen und gerichtlich nicht beurteilbar.

---

* Herrn Professor Dr. phil. Blänsdorf, Mainz, danke ich herzlich für philologische Korrekturen meines experimentum lingua latina.

II. Über das Recht zu strafen
Nur weil ein Verbrechen begangen wurde
(das heißt wegen einer vorsätzlichen oder fahrlässigen Kriminal- oder Sozialschuld)
und damit keine Verbrechen begangen werden, darf gestraft werden.

III. Über forensische Schuldfähigkeit
Strafbar (zwecks positiver[1] Generalprävention) und
brüderlich zu korrigieren (zwecks positiver[1] Individualprävention) ist, wer die Motive seines Delikts verständlich darlegen kann[2]
(das heißt gerichtlich verantwortungsfähig ist)
und sein Verbrechen sühnend[3] sich von ihm zu reinigen vermag[2]
(das heißt sühnefähig[3] ist).

Der so nochmals skizzierte Weg von erkenntniskritischer Philosophie (I) über Strafjurisprudenz (II) zum — menschliche Fähigkeiten und Unfähigkeiten untersuchenden — psychiatrischen Arzt und Psychologen (III) will zugleich deutlich machen, daß eine zentral unser Umgehen miteinander bestimmende Frage wie die der sozialen Zurechnungs- bzw. Schuldfähigkeit eines Menschen (d. h. des forensischen In- und Exkulpierens, aber auch des alltäglichen Be- und Entschuldigens) anders als *„anthropologisch", das heißt „interdisziplinär"* nicht behandelt werden kann.

Mit der hier vorgelegten Untersuchung wenigstens vom richtigen Ansatz her eine kleine Wegstrecke zu gehen, war meine Absicht. —

*

Die rechtlichen Vorgaben und meinen Versuch eines Beitrags *zur Praxis der Beurteilung sozialer oder forensischer Schuldfähigkeit* fassen abschließend *10 kurze Leittexte* zusammen.

I. Seit dem RStGB von 1871 über die Novellierung von 1933 bis zum Reformgesetz von 1975 hat *(die (Schuld-)Zurechnungsfähigkeitsnorm* der §§ 51 bzw. 20, 21 StGB begrifflich eine *zunehmende Expansion und Psychologisierung (Depathologisierung)* erfahren.

II. Durch die NS-Justiz und -Jurisprudenz wurden als „Volksschädling" etikettierte Täter mit ideologischer Begründung und unter Suspendierung der Schuldfrage entweder abschreckend-konditionierend oder mit dem Todesurteil eliminierend „bestraft", richtiger unschädlich gemacht. — Nach Restitu-

[1] „Positiv" heißt: nicht (nur) zur Abschreckung, sondern zur Demonstration und Restabilisierung der Norm und ihres sozialen Wertes, zur Sozialisation und Rehabilitation des Täters.

[2] Genauer: wenn diese Fähigkeit nicht auszuschließen ist.

[3] „Sühne" nicht moralisch oder theologisch, sondern sozial gemeint: als *versöhnender* Tat-Ausgleich durch Strafakzeptanz und Wiedergutmachung am Opfer und der Gemeinschaft (meist nur indirekt möglich).

tion des Schuldprinzips im Strafrecht der deutschen Bundesrepublik wird *1952 vom großen Senat des BGH die Schuld„fähigkeit" des normalen Normenadressaten im Geist des deutschen Idealismus indeterministisch festgeschrieben:* „Innerer Grund" des Schuldvorwurfs ist des Menschen „Anlage zur freien sittlichen Selbstbestimmung", die ihn „befähigt, sich für das Recht und gegen das Unrecht zu entscheiden, ... sobald er die sittliche Reife erlangt hat und solange die(se) Anlage nicht durch die in § 51 StGB (jetzt § 20 StGB, Ref.) genannten krankhaften Vorgänge vorübergehend gelähmt oder auf die Dauer zerstört ist" (so BGHSt. 2, 200/201).

III. Bis 1962 bekräftigen drei — auch für das Reformgesetz von 1975 maßgebende — BGH-Urteile diese ideelle Grundentscheidung dadurch, daß 1. ein normal motivierter, nicht durch biopathologische Faktoren oder Persönlichkeitsanomalien komplizierter *Hochaffekt eine Bewußtseins„störung"* i.S. von § 20 StGB sein kann (so 1957 in BGHSt. *11*, 20); daß 2. dekulpierend relevant überhaupt „alle Störungen" sein können, welche die „zur Willensbildung befähigenden Vorstellungen und Gefühle beeinträchtigen ... (gleichgültig) ..., ob es sich um Beeinträchtigungen der Verstandestätigkeit, des Gefühls- oder Trieblebens handelt"; so in NJW, 1955, 1726. D.h. *Entgrenzung des sog. juristischen Krankheitsbegriffs.* Und daß 3. nach einem Urteil vom 30.3.1962 (NJW 1962, 1772) die Nutzung günstiger Tatgelegenheiten und die Zurückhaltung unter ungünstigen Umständen kein hinreichendes Kriterium des „Hemmungsvermögens" ist, da Entdeckungsfurcht „die Willenskraft des Angeklagten unterstützt haben kann, während diese allein nicht ausreicht, der Versuchung bei günstigen Gelegenheiten zu widerstehen". D.h. *Schuldfähigkeitsrelevanz der Tatsituation.*

IV. Nachdem das zu 2) zitierte Urteil mit dem Satz schließt „Entscheidend ist daher, ob eine so geartete Persönlichkeit nach Lage der Sache die zur Tat treibenden Kräfte gleichwohl hätte überwinden können" und bis in jüngste Zeit die Frage der „Steuerungsfähigkeit" (zu Tatvermeidung) immer wieder im Mittelpunkt von Revisionsurteilen steht (so z.B. im Urteil vom 21.3.1989; JR 1990, S.297) ist festzustellen:

Die deutsche Rechtsprechung versucht heute wie vor 40 Jahren, die Frage forensischer Schuldfähigkeit *ebenso ideell indeterministisch wie methodisch empirisch* — bei Zweifeln mit psychowissenschaftlicher Sachverständigenhilfe — zu entscheiden anhand von psycho(patho)logischen Indizien, die für und gegen hinreichende „Steuerungsfähigkeit" des Täters bei Tatbegehung zur Tatunterlassung sprechen.

V. Diese Methode ist methodologisch nicht haltbar, weil Freiheit („Steuerungsfähigkeit") im humanen Dasein nur subjektiv, nur als präsentprospektiv erlebte Wirklichkeit unseres Daseins erfahren wird. Objektiv, in den retrospektiv erkennbaren Bedingungen humanen Verhaltens, sehen wir bei uns selbst und anderen nur die Unfreiheit des konkreten individuellen (leib-seelisch-geistigen) Determinationsgefüges. – Wenn aber Menschen sich nur prospektiv als frei erleben, retrospektiv jedoch sich und andere als unfrei erkennen, kann man als einen anthropologischen Befund festhalten: *Es besteht im Raum humaner Zeitlichkeit eine Komplementarität von Freiheit und Unfreiheit;* es entscheidet m. a. W. (analog unserer mikrophysikalischen Erfahrungsmöglichkeit) anthropologisch die Methode (Erleben oder Erkennen) darüber, welcher Aspekt humanen Daseins („phänomenologisch") hervortritt.

Kriminologie als Individualforschung macht zwangsläufig – in asymptotisch zunehmender Verdichtung – den determinativen *Aspekt* eines dyssozialen menschlichen Verhaltens sichtbar.

VI. Intersubjektiv erkennbar, d. h. gerichtlich feststellbar sind:
zum einen die *Tatschuld,* d. i. der Bruch einer strafrechtlichen Norm in einer sozial mehr oder weniger verwerflichen Gesinnung (nicht aber die personale Schuld, welche unterstellt, daß Rechtsbruch und verwerfliche Gesinnung vom „willensfreien" Täter vermeidbar waren);

zum anderen die *geistige Freiheit* des Täters, vor und bei Tatbegehung sein Verhalten – sekundenkurz oder lange – sinnverständlich reflektiert zu haben und dementsprechend vom Gericht präsent zur Rede gestellt, (schweigen, leugnen oder) Rede stehen, retrospektiv Gründe und Motive seiner Tat deklarieren zu *können,* d. i. im Wortsinne *verantwortungsfähig* zu sein.

Geistige Freiheit bedeutet zugleich, in seiner biographisch geformten Gesinnung mit ihrer sozialen Werthaltung durch das lebenslang permanente Erleben, Besinnen und Denken wandelbar zu sein; so auch, im Sanktionsprozeß präsent und prospektiv seine Tatschuld als solche und ihre Rechtsfolgen sinngemäß erleben, reflektieren und -„sühnen" zu *können; in der etymologisch alten Bedeutung* von Rechtsfrieden wiederherstellender Versöhnung, *sühnefähig* zu sein. – Fazit: *Im Raum humaner Zeitlichkeit definieren Verantwortungs- und Sühnefähigkeit den vor (irdischem) Gericht sozial schuldfähigen, genauer: den der Tatschuld zurechnungsfähigen Täter.*

VII. Nicht nur somato- und endogene psychische Krankheiten, auch „Abartigkeiten" (wie Sexual-, Sucht- und andere Neurosen, Schwachsinn und Psychopathie) können, je nach Gradausprägung und Anteil an der Tatmotivation, die soziale Schuldfähigkeit mindern bis aufheben. – *Strafrechtlich relevant ist prinzipiell nicht die Diagnose,* sondern die Motivationsstruktur der Tatzeitpersönlichkeit, sowie die strafrechtliche Ver- und Behandlungsfähigkeit (im Sinn der StPO und des StVollzG) der Prozeß- und Strafzeitpersönlichkeit des Täters.

VIII. Empirische Kriterien forensischer (= sozialer) Schuldfähigkeit können nicht zwischen mehr oder weniger determinierten Tätern, nicht zwischen

Schicksalszwang und Freiheitsspielraum *differenzieren;* sondern nur *zwischen strafrechtsfunktional mehr oder weniger ansprechbaren* (= normativ motivierbaren, = verantwortungs- und sühnefähigen) *Tätern.* – Prototypen i. d. R. schuldfähiger Täter sind z. B.: der bewußt fahrlässige Verkehrsdelinquent, der Wirtschaftskriminelle, der organisierte Verbrecher, der politische oder religiöse Ideologietäter; aber auch der transparent motivierte Affekttäter (der oft aus anderen Gründen Milde verdient).

IX. Das *Krankheitsparadigma* („Krankheitswert") ist kein strafrechtsspezifisches, das *Freiheitsparadigma* („Steuerungsfähigkeit") überhaupt kein justitiabeles Kriterium forensischer Schuldfähigkeit. Das vorgeschlagene *„noetische" Paradigma* orientiert sich an der nur-menschlichen geistigen Potenz, soziales Verhalten vor sich und seinesgleichen verantworten und gffs. mit sich und anderen versöhnend sühnen zu können. – *Jeder* Täter sollte *soweit wie möglich in dieser seiner humanen Dimension angesprochen und,* tatbezogen ein vertieftes Bewußtsein des verletzten Wertes weckend, *limitiert bestraft* werden; und nur soweit wie nötig – gefährlichkeitsbezogen ebenfalls limitiert – maßregelrechtlich behandelt werden. – Gern ist der Psycho-(patho)loge Gehilfe solcher Kriminaljustiz eines freiheitlichen Rechts- *und* fürsorgenden Sozialstaats.

X. Mit Verbrechen, Tod und Krankheit befaßt stehen Strafjurist und Arzt sozusagen professionell vor der Theodizee-Frage: si deus – unde malum?. Sie sind Sisyphos-Verwandte im ewigen Kampf gegen diese Urübel des Daseins. – Vom anderen lernen kann der Arzt, daß es („psychosomatisch") auch für und im Kranksein Schuld und Verantwortung gibt. Und der Strafjurist vom Arzt, daß es heute nicht mehr zeitgemäß ist, mit Hegel *vergeltungsdialektisch* (durch „Malitätsduplikatur") das Tatübel mit dem „gerechten" Strafübel auslöschen zu wollen; besser ist, *heilungsdialektisch* (durch „Malitätsbonisierung", O. Marquard, 1986) *die Tatschuldstrafe mit Rehabilitationsbemühungen zu verbinden* (im Sinne unseres StVollzG von 1976). – Denn angesichts der Freiheitsaporie fordert die Schuldstrafe „den Ausgleich" durch Resozialisierungshilfe; diese ist zur präventiv unverzichtbaren Strafe ein „dogmatisch notwendiges Korrelat" (J. Krümpelmann, 1983).

Anmerkungen

A 1 (S. X)

Daß mit einem ungeklärten (indeterministischen?) Freiheitsbegriff sowohl auf juristischer wie auf psychiatrischer Seite bis heute bei der Schuldfähigkeitsbeurteilung operiert wird, zeigen Aufsätze aus 1990 des Tübinger Strafjuristen J. Renzikowski und des Göttinger Psychiaters B. Bron.

Der Jurist Renzikowski gesteht (S. 2907) zu, daß die Frage der Willensfreiheit oder „Steuerungsfähigkeit" durch psychowissenschaftliche Gutachter nicht zu beantworten ist, da die wissenschaftliche Untersuchung der Ursachen für eine bereits feststehende Folge „zwangsläufig nur deterministisch sein (kann)". Er fährt fort: „Für den Strafrechtswissenschaftler ist dagegen eine indeterministische Position zwingend. Sollen moralische Normen einen Sinn haben, setzen sie die Annahme von Willensfreiheit voraus." Denn die Zurechnung sei – nach Kant – „das Urtheil, wodurch jemand als Urheber (causa libera) einer Handlung, die alsdann That ... heißt und unter Gesetzen steht, angesehen wird". Der Autor übersieht, daß Kant an der zitierten Stelle ausdrücklich von „Zurechnung (imputatio) in moralischer Hinsicht" spricht (MS, AA Bd. VI, S. 227), diese moralische Hinsicht aber nicht die des Strafrechts ist. –

Der Psychiater Bron gesteht (S. 485) – mit U. Venzlaff, 1986 – ebenfalls zu, daß es forensisch nicht um das „metaphysische" Problem der Willensfreiheit geht. Es gehe „um die Frage menschlicher Entscheidungs- und Motivationsspielräume". Vom Psychiater sei die Frage nach den empirisch faßbaren Bedingungen zu untersuchen, „die eingeschränkte oder aufgehobene Freiheit möglich werden lassen". –

Es ist leicht zu sehen, daß mit solchen Konzepten (die juristischerseits Legalität und Moralität, Erkenntnis und Bekenntnis, Wissen und Werten verquicken, die psychiatrischerseits sich zwar von „Metaphysik" distanzieren, methodologisch aber auf Fragen nach eingeschränkten oder aufgehobenen Entscheidungs- und Freiheits-„spielräumen" einlassen) niemals eine rechtsgleiche und rechtssichere Kooperation des Strafrichters mit einem psychologisch-psychiatrischen Berater bei Beurteilung der forensischen Schuldfähigkeit zustande kommen kann.

A 2 (S. 111)

Zu Kants eigenem „empirischen Charakter": Kant war, wenn wir die menschlichen Grenzen seiner großen Persönlichkeit zu skizzieren versuchen, wohl ein genialer und unermüdlicher Denker äußerster Scharfsinnigkeit, wenn auch nicht immer durchgehaltener Konsequenz (wie wir – hierin mit E. Dreher 1987, S. 74 f. übereinstimmend – zu zeigen versuchen). Er war ein Mensch gewissenhaftester Pflichterfüllung, auch ein taktvoll-sensibler, aber kein warmherzig-gütig zu nennender Mensch. Und so wie in der Lebenspraxis Kant „sich bei seinen Beziehungen zu seinen Mitmenschen nicht von Gefühlen, sondern von den Geboten der Pflicht leiten" ließ und „eine gefühlvolle Beziehungsart ablehnte", so erwartete und forderte er das auch von anderen (W. Klinke 1962, S. 58–61).

Die konkrete Lebenserfahrung von Kant war eine begrenzte, die kaum mit den psychologischen, psychopathologischen und sozialen Realitäten des „Volkes", geschweige denen von Rechtsbrechern in Berührung gekommen ist. Er hat bekanntlich seine Geburtsstadt Königsberg kaum verlassen, war unverheiratet, hatte häuslichen Umgang nur mit einem Diener. Seine geistigen Kontakte erstreckten sich auf Lektüre, auch von Tageszeitungen, auf gelehrte Korrespondenzen und eine fast tägliche intellektuelle Tafelrunde. So fehlte seiner Sitten- und Rechtslehre gleichsam die real-soziale und -psychologische Komponente und seiner Vergeltungsgerechtigkeit der Blick (und das Gefühl) für den tragischen Status auch eines kapitaldelinquenten Kriminaltäters, des „Verbrechers". Muß dieser doch – ohne daß, gerade nach Kant, seine Freiheit zum Anders-handeln-Können erkennbar ist – durch das möglicherweise nur schicksalhafte, personal-unschuldige Erdulden harter Tatvergeltung der Gerechtigkeit Genüge tun; modern gesagt: zwecks positiver Generalprävention durch Erdulden des Strafübels eine normbestätigende Funktion erfüllen.

Exemplarisch für die rigoristische Enge und Strenge Kants ist der Aufsatz des 73jährigen „Über ein vermeintliches Recht, aus Menschenliebe zu lügen". Hier verteidigt er gegen den französischen Philosophen B. Constant aufs entschiedenste seinen Standpunkt, daß auch die Lüge gegenüber einem Mörder, der fragt, ob unser von ihm verfolgter unschuldiger Freund in ein bestimmtes Haus geflüchtet ist, ein Pflichtverstoß gegen das unbedingt geltende Wahrhaftigkeitsgebot ist. Hätte Kant also, in unserer Zeit lebend und abstrakte Wahrheitsliebe über konkrete Menschlichkeit stellend, auch die verfolgte Anne Frank bedenkenlos in den Tod verraten?

A 3 (S. 118)

Dem hier vorgelegten Kant-Verständnis und -Weiterdenken steht eine Untersuchung von Bielefeldt (1990) nahe. Sie verteidigt die Aktualität der strafrechtsphilosophischen Überlegungen Kants gegen die falsche Annahme, es sei Kant mit inhumanem Rigorismus um die strafrechtliche Verwirklichung „absoluter" Gerechtigkeit gegangen. Seine Position sei vielmehr gegen zwei „komplementäre" Mißverständnisse kritisch gerichtet: „... einerseits gegen einen falschen, den Menschen als sittliches Freiheitswesen verkürzenden Relativismus und andererseits gegen alle die Endlichkeit des Menschen implizit verleugnenden Absolutheitsansprüche" (S. 109). So habe er den utilitaristischen Strafrechtslehren seiner Zeit entgegengehalten, daß Strafe niemals *bloß* zu präventiven Zwecken verhängt werden dürfe, sondern dies nur sekundär, d. h. unter der Voraussetzung, daß der Täter auch *strafwürdig* ist. Strafwürdig (= forensisch schuldig) ist der Täter in dem Maße, in dem seine willentliche, d. h. sich selbst bestimmende personale Entscheidung an der Tat beteiligt war; d. h. wenn und soweit sie „ihm als *Verantwortungssubjekt* zurechenbar ist" (S. 114). Hier sei die Unterscheidung möglich und – gegebenenfalls mit Hilfe der modernen empirischen Humanwissenschaften – zu treffen zwischen forensischen Schuldarten (Vorsatz, bedingter Vorsatz, Fahrlässigkeit) sowie zwischen verschiedenen Graden forensischer Schuldfähigkeit (S. 117). – Strafrechtliche Schuld sei in diesem Sinn ein *Analogon* sittlicher Schuld, mit ihr aber nicht identisch.

Die strikte vergeltende Bindung von Strafe an die verwirklichte Tat und an deren Grad willentlich autonomer Verwirklichung und die damit erlangte Strafwürdigkeit

— dies habe Kant um der Gerechtigkeit des strafrechtlichen *Gleichbehandlungsgebotes* willen gefordert und um die personale Freiheit des Täters vor präventiven Zweckmanipulierungen zu schützen. Kant betonte ausdrücklich, daß „Herzenskündiger" — der Herzenskundige — allein Gott ist, habe also streng zwischen strafrechtlicher und moralischer Schuld unterschieden.

„Konkret: ... der irdische Richter (darf) sich niemals anmaßen, selbst als ‚Herzenskündiger' die innere moralische Gesinnung eines Mitmenschen zu beurteilen" (S. 110).

Ich würde hier ergänzen: ... sich niemals anmaßen, die faktische Willensfreiheit zur Unterlassung eines konkreten (d. h. unter bestimmten inneren und äußeren Umständen von einem in bestimmter Weise konstituierten und disponierten Menschen begangenen) Rechtsbruchs beurteilen zu können. — Mit Befriedigung stelle ich im übrigen fest, daß das — nach Bielefeldt — von Kant bekämpfte „komplementäre" (relative und absolute) anthropologische Mißverständnis sich wie ein photographisches Negativ zu meinem „komplementären" Positiv verhält: Zu dem positiven Befund, daß der Mensch sowohl empirisch-retrospektiv jederzeit seines Lebens von seiner aktuellen leib-seelisch-geistigen Konstitution und Disposition *unfrei bestimmt* erscheint, als auch im gegenwärtig-bewußten ins Künftige blickenden Erleben jederzeit — intelligibel seine Bestimmungen transzendierend — in geistiger Freiheit *sich selbst bestimmend.*

A 4 (S. 140)

Bemerkenswert in diesem Zusammenhang: Von Abele und Nowack (1978) wurde in zwei differenzierten operational-psychologischen Untersuchungen die Erfahrungshypothese geprüft und bestätigt, daß direkter Kontakt, auch als Opfer, mit Kriminaltätern, d. h. individuelles Kennenlernen zu einer positiveren, verständnisvolleren Einstellung führt. Daraus muß nicht ein milderes oder „weicheres", wohl aber ein sozial konstruktiveres Reagieren folgen.

A 5 (S. 167)

Auch in seinem großen neuen Lehrbuch aus 1992 wird das Konzept von C. Roxin über Begriff und Beurteilung forensischer Schuldfähigkeit nicht ganz klar. Er bemerkt hier (S. 566–567) zunächst, es gebe „keine Beweise dafür, daß psychoseabhängige Motive verhaltensdeterminierender sind als hochgradige seelische Abartigkeiten". — Kritisch zu diesem Argument hatte der Psychiater P. Bresser schon 1983 (S. 434) darauf hingewiesen, „daß auch eine Überzeugung ... eine stark ‚verhaltensdeterminierende' Kraft hat, die sogar stärker als die eines hochgradigen Affektes sein kann". Und der Strafjurist G. Jakobs hatte im gleichen Jahr 1983 (S. 428) die Determinationsfrage überhaupt aus der Welt (strafrechtlicher Beweiserhebung) geschafft mit der lapidaren Bemerkung, daß es „wissenschaftlich gewiß nicht bewiesen (ist), daß schuldloses Verhalten determiniert sei, schuldhaftes Verhalten hingegen nicht determiniert".

Wenn nun Roxin in seinem gewichtigen neuen Buch weiter argumentiert, daß es bei der entscheidenden Prüfung der Merkmale „Einsichts- und Hemmungsfähigkeit" nicht um eine sachverständige „Äußerung zur Willensfreiheit oder auch nur zum individuellen Andershandelnkönnen" gehe, sondern nur um ein Urteil darüber, ob und ggf. inwieweit der Täter im Tatzeitpunkt normativ ansprechbar war ... ‚ob die Rechtsnorm überhaupt die Möglichkeit hatte, im Motivationsprozeß des Täters wirksam zu werden ...'", so hält er *dies* m. E. unzutreffend für eine „prinzipiell empirische Fragestellung, zu der die moderne Psychiatrie und Psychologie durchaus etwas sagen kann"; es wäre sogar nach Roxin „ein das Schuldprinzip sinnlos machendes wissenschaftliches Armutszeugnis, wenn sie dies nicht könnten" (S. 567).

Diese Argumentation übersieht m. E., daß die von Roxin für möglich gehaltene Feststellung, ob ein Täter trotz seines faktisch rechtsbrechenden Verhaltens, trotz der faktischen Unwirksamkeit der Rechtsnorm in seinem Motivationsprozeß, trotz des faktisch nicht normativ Angesprochenseins im Tatzeitpunkt, er dennoch *potentiell* hätte angesprochen werden können, die Rechtsnorm *möglicherweise* hätte wirksam werden können — daß ein dies bejahendes (bzw. nicht ausschließendes) Gutachten logisch eben doch eine positive Aussage zum individuellen Andershandelnkönnen beeinhaltet; m. a. W. eine camouflierte Aussage zur Willensfreiheit des Täters wäre.

Und mein (von Roxin zur Bekräftigung seines Standpunktes herangezogener) Hinweis auf die Fortschritte wissenschaftlicher Kriminologie (in einer Kontroverse mit P. Bresser 1979, S. 1236) bezieht sich ausdrücklich nur auf die *kriminogene* Bedeutung klar diagnostizierbarer neurotisch-psychopathischer Fehlentwicklungen, nicht aber auf wissenschaftliche Methoden, die *potentielle* normative Ansprechbarkeit eines *faktisch* bei Tatbegehung normativ nicht angesprochenen Täters aufweisen zu können (was prinzipiell unmöglich ist).

Für besonders bedenklich halte ich einmal die zitierte Aussage Roxins (S. 567), daß ein psychowissenschaftlicher Agnostizismus bzgl. des „ob und ggf. inwieweit" der Täter im Tatzeitpunkt normativ ansprechbar war, ein das Schuldprinzip „sinnlos" machendes wissenschaftliches Armutszeugnis wäre; und zum anderen die Aussage auf S. 568: „Im Ergebnis kommt es immer auf die fehlende Steuerungsfähigkeit an ...".

Denn: der heute — auch vom BGH! — vielgebrauchte Begriff der *„Steuerungsfähigkeit"* für das sog. voluntative (End-)Merkmal einsichtsgemäßer Handlungsfähigkeit in § 20 StGB ist ein völlig ungeklärter, vieldeutiger Begriff. Z. B. interpretierbar als *Aktivum* eines sich selbst (frei wählend?) normgerecht oder normwidrig steuern könnenden Ichs; aber interpretierbar auch als *Passivum* eines von der Rechtsnorm steuerbaren Ichs. Zumeist wird er *uneingestanden* (da man mit der „Willensfreiheit" im Gerichtssaal möglichst wenig zu tun haben will) doch im Sinne von BGHSt. 2, S. 200 (1952) indeterministisch aufgefaßt als die (krankhaften Defizienzen ausgesetzte) „Anlage zur freien sittlichen Selbstbestimmung". Damit aber liegt er eindeutig jenseits empirisch-qualitativer („ob") und -quantitativer („inwieweit") Bestimmbarkeit.

Es wäre m. E. ein „Armutszeugnis" für das — rechtsstaatlich unbedingt zu verteidigende! — strafrechtliche Schuldprinzip, wenn dieses „sinnlos" würde mit einer erkenntniskritischen Klärung der Grenzen des Raums empirisch-psycho(patho)logischer *Befunderhebung*. In dem *dahinter* liegenden Raum normativ-gesetzlicher und -richterlicher *Befundbewertung* („schuldunfähig"; „schuldfähig", evtl. vermindert) kann der empirische Anthropologe grenzüberschreitend nur beraten.

A 6 (S. 240)

Die geschlechtsspezifische Kriminoresistenz bei Frauen ist auch nach Luthe und Witter (1990, S. 275) „kein Verdienst, sondern ein Geschenk" (S. 282). Zum Verständnis dieses Faktums empfehlen sie wiederum ihren Weg psychopathologischer Formalisierung. Er führt sie — im Rahmen des von Luthe (s. o. 3.1.1.1) entwickelten „binomen" Systems der differenzierenden und integrierenden Bewußtseinskonstitutiven — zu der These, „daß Frauen Konflikte eher durch Bevorzugung der integrativen Komponente lösen, während Männer im allgemeinen eher die differenzierende Lösung bevorzugen" (S. 278). Da der integrative Denkstil eine gemeinsamkeitsbewahrende Funktion hat, sei damit die generell kriminoresistente Disposition des weiblichen Geschlechts „einem besseren Verständnis zuzuführen".

Theoretische Fundamente dieser Interpretation sind: 1. daß jede normale Persönlichkeitsentwicklung auf mitmenschliche Gemeinsamkeit zielt, 2. daß Psychopathologie und Kriminalität zum gleichen, nämlich Gemeinsamkeit zerstörenden Ergebnis führen und 3., daß es sich bei Kriminalität „jedenfalls um den Ausdruck einer gewollten Mißachtung dieses Ziels der Gemeinsamkeit (handelt)" und damit um eine schuldhafte Form, bei psychopathologisch bedingten Rechtsbrüchen aber um die nicht-gewollte und damit auch nicht schuldhafte Form (S. 277/278).

Kritisch zu fragen wäre,
erstens, warum nicht dem unverdienten Schicksals-„Geschenk" genereller Kriminoresistenz an die Frau vice versa die ebenso unverdiente Schicksalsbelastung der Männer mit genereller Kriminalitätsdisposition gegenübergestellt wird (womit zumindest eine *statistische* Schuldlosigkeit an der geschlechtsspezifischen, „ungewollten" Komponente männlicher Kriminalität dargetan wäre, m. a. W. der Fluch, zum „bösen" Geschlecht zu gehören);
und zweitens, ob nicht die simple Unterscheidung eines gewollten (= schuldhaften) Rechtsbruchs *krimineller* Täter und eines ungewollten (= nicht schuldhaften) Rechtsbruchs *psychisch kranker* Täter zu dem — unhaltbaren — Schluß führen kann, im Wollen als solchem ein Differentialkriterium von psychisch gesund oder krank, von Schuld oder Nichtschuld zu sehen.

A 7 (S. 251)

Durch das — heute in Europa Gott sei Dank nicht mehr mögliche — unmittelbare Miterleben justizförmig exekutierter Menschentötung empfindet Verf. die besondere Verpflichtung (vielleicht auch Kompetenz), die Frage der Todesstrafe im Rahmen seines anthropologischen Konzepts mitzubedenken. Daher der „Exkurs" in Teil I, 4.6 (S. 78–84).

A 8 (S. 253)

Ich erinnere: Erfahrene und nachdenkliche Strafjuristen und Psychiater bringen heute übereinstimmend das *forensisch* Obsolete der Frage Verhaltensfreiheit oder -determination zum Ausdruck. So ist für G. Jakobs die strafrechtliche Hervorhebung dieser Frage „kategorial schief" (weiteres s. Anm. A 5). Und Bresser wies 1983 (S. 434) nicht nur auf die Determinationskraft von Überzeugungen hin, sondern betont wie Ref. und andere (z. B. H. Witter schon 1957 und H. Ehrhardt 1977), daß allein über die Determinations*art* (-struktur und -dynamik) eines Täters wissenschaftlich begründete Aussagen gemacht werden können, nicht aber über den Determinations*grad* (1976, S. 270).

A 9 (S. 258)

In ähnlichem Sinn hat G. Nass schon 1957 von der „zweifachen archaischen Wurzel der Strafe" gesprochen: von der triebhaft verankerten ‚Vergeltung' als psychophysischer Komponente und der — auf Resozialisation zielenden — ‚Sühne' als geistiger Komponente. — In meiner Terminologie wäre ‚Sanktion' (sprachlich naheliegend:

sozialer ‚Heilungs'-Akt) der Oberbegriff und wären ‚Strafe' (als das Tatübel repressiv ausgleichendes Passivum des Täters) und ‚Sühne' (als rehabilitierendes geistiges Aktivum des Täters) die beiden schon in frühgeschichtlichen Kulturen aufscheinenden „archaischen" Wurzeln sanktionierender (und damit sanierender) sozialer Antworten auf menschliche Verbrechen bzw. Tabuverletzungen.

A 10 (S. 281)

Die genauere Untersuchung von RAF-Terroristen (jedenfalls ihrer Lebensläufe im Verein mit kritisch gesicherten Informationen von beruflichen und privaten Bezugspersonen, da diese Täter selbst eine psycho(patho)logische Untersuchung regelmäßig verweigerten) hat gezeigt, daß der „reine" Ideologietäter selten ist. Zumeist handelt es sich – wie bei Hitler – um beruflich-sozial Gescheiterte mit schon vor ihrer politischen Aktivität deutlichen neurotisch-psychopathischen Persönlichkeitszügen; diese meist verbunden mit hoher intellektueller und demagogischer Begabung.

A 11 (S. 283)

Gerade der im Pendeln zwischen Kriminalität und Knast seine soziale Selbstzerstörung betreibende klassische Rückfallstäter, an dem die konventionelle Strafpädagogik offensichtlich gescheitert ist, sollte Zielgruppe für ein psychologisch-psychiatrisches Behandlungsteam sein, das nicht nur diagnostizieren, sondern auch therapieren, nicht nur erkennen, sondern auch – Kriminalität hier *wie* eine Krankheit bekämpfend – dem einzelnen *und* der Gesellschaft helfen will.

A 12 (S. 284)

W. Rasch hat hierzu treffend angemerkt, daß eine genauere Kenntnis solcher Triebtäter und ihrer Biographie zeigt, daß von ihnen nicht lediglich Triebwünsche ausgelebt werden, die andere beherrschen. „Das Erleben und Erleiden des Durchschnittsbürgers liegt weit außerhalb jener speziellen Verläufe und Handlungen, deren Bekanntwerden als abscheuliche Verbrechen selbstgerechte Empörung erregt" (1986, S. 122).

A 13 (S. 286)

Gleichsinnig hatte schon 1972 G. Kaiser betont, daß die Ausdehnung des Dekulpationsbereichs keine Freistellung von Sanktionen bedeutet, sondern zu „alternativen Konfliktlösungen" führt mit – durch Einschaltung von Sozialpädagogen und Ärzten – möglichst besseren Erfolgschancen als durch bloße Bestrafung. Dieser „Prozeß der Verwissenschaftlichung justizförmiger Sozialkontrolle" müsse aber selbst kontrolliert bleiben zur „Wahrung von Humanität, Freiheit, Verhältnismäßigkeit und Gleichheit". – Auf dieser Linie liegt auch ein Hinweis von H. Göppinger (1983), daß der heute breiter aufgefächerte Sanktionenkatalog „eine sinnvolle Ergänzung der jetzigen Strafrechtspraxis bezüglich des § 21 StGB ist" (gemeint ist dessen zunehmende Anwendung, – nicht im Sinne eines „Strafrabattes", sondern als Anmahnung einer spezifischen Behandlungsbedürftigkeit des Verurteilten). Dem entspricht wiederum der „strukturell-soziale" Krankheitsbegriff von W. Rasch (1986), der ebenfalls auf eine rehabilitativ konstruktive Interpretation und Anwendung des § 21 StGB zielt.

A 14 (S. 293)

Behandlungsvollzug im hier postulierten Sinn bedarf kein „therapeutisch“ geschultes Personal, sondern eine hinreichende Zahl von — auch ehrenamtlichen — nicht unintelligenten und lebenserfahrenen Helfern, die an der Rehabilitation von Strafgefangenen interessiert sind und mit realistischem Optimismus und einem regelmäßigen Zeitaufwand zu Gesprächen und kleinen praktischen Hilfen für ihre Klienten bereit. Dabei wäre wohl zunächst zu versuchen, dem Täter vertiefte Einsicht in die Genese seines Tatverhaltens (ohne Aufdrängung der eigenen Meinung) zu vermitteln — ein Thema, das sich ja schon von der Aktualsituation des Gefangenseins her ergibt. Hieran kann sich meist zwanglos auf dem geistigen Niveau des Betreuten ein „Philosophieren“ anknüpfen über Lebenswerte, -sinn und -ziele. Das wiederum führt naturgemäß hin auf eine Reflexion über mit den eigenen Lebenswerten, -interessen und -rechten kollidierende Interessen und Rechte anderer, insbesondere der vom Täter konkret Geschädigten.

Die in der Haftsituation kaum ausbleibenden kleineren und größeren Konflikte mit Personal und Mitgefangenen bilden ein naheliegendes soziales „Übungsmaterial“, ebenso die Klärung, evtl. Bereinigung und Erhaltung von Außenbeziehungen des Klienten mit Bezugspersonen in der freien Sozietät. — Bei Langzeitgefangenen würde das Schwergewicht liegen auf Gesprächen über Möglichkeiten und Hilfen zur Sinnerfüllung eines menschlichen Lebens auch in der „klösterlichen“ Isolation, Enge und Strenge einer Vollzugsanstalt.

Entscheidende Momente jeder „behandelnden“ Zuwendung im Strafvollzug müssen wohl sein: dem Betreuten zu vermitteln, daß er auch als „(Schwer)Krimineller“ aus der mitmenschlichen Solidarität (aller „Sterblichen“) nicht ausgeschlossen ist und auf der kritischen Lebenswegstrecke im Gefängnis nicht ohne eine teilnehmende Begleitung.

Schließlich: Es sollte zum Beruf des Strafvollzugsbeamten neben den — sicher fundamentalen — Sicherungs- und Ordnungsaufgaben ebenso die resozialisierende Behandlungsfunktion gehören wie zum Maßregelvollzugsbeamten, dem psychiatrischen Arzt und Pfleger (neben dessen etwa gleichen Sicherungs- und Ordnungsaufgaben)! Verfolgen doch beide Berufe bei ihren Klienten und Patienten das gleiche Resozialisierungsziel mit nur im biologischen Bereich dem Arzt vorbehaltenen, im übrigen aber ähnlichen bis gleichen Mitteln.

Beachtenswert ist die Anregung von W. Naucke (1990, S. 90–93), zu untersuchen, ob nicht die von der Naturwissenschaft ausgegangene und fruchtbar auf soziale und individuale Human„systeme“ übertragene *Chaos-Theorie* für Kriminologie, Kriminalpolitik und sozialtherapeutische Behandlungsansätze fruchtbar gemacht werden könnte. Wenn man kriminelles Verhalten mit seinen unmittelbaren und mittelbaren Folgen als soziale Entordnung (Chaos) betrachtet, Chaos aber als den Zustand, „der für Neues offen ist“ (S. 90) und nach einer neuen Ordnung tendiert; und wenn man zugleich davon ausgeht, daß es offenbar „nicht-lineare“, nicht aus der Wechselwirkung von bestimmten Anlagen und bestimmten Umwelteinflüssen ursächlich folgende Vorgänge sind, die Kriminalität (Entordnung) und Sozialisation (Ordnung) bedingen, dann können sich ganz neue kriminologische und poenologische Fragestellungen ergeben. Wie z. B., ob es nicht fruchtbar sein könnte, dem *Sinngehalt* nachzugehen, den eine konkrete kriminelle Tat mit ihrer persönlichen Vorgeschichte und ihren gesamten Folgen als die „Geschichte eines Ereignisses in der Zeit“ (S. 91) in der Biographie des

Täters hat. *Hieran* anknüpfend wäre dann zu versuchen, dem Bestraften im Vollzug zu einer sozial geordneten Sinnerfüllung, zu einem nicht-chaotischen „neuen" Lebensabschnitt zu helfen – wohl wissend, daß kein Menschenleben vor weiteren Zufällen („Ereignissen in der Zeit") bewahrt werden kann, welche die Ordnung wieder in Chaos übergehen lassen und umgekehrt.

A 15 (S. 295)

Als – dehnbare – Faustregel kann dabei gelten, daß die (immer bedingte!) Aussetzung dann verantwortet werden kann, wenn das sachverständig und gewissenhaft kalkulierte Rückfallrisiko mit einer der Unterbringungstat gleichen oder gleichschweren Straftat nicht größer ist als im Durchschnittsfall eines wegen gleichartigen Delikts nach voller Verbüßung der „normalen" Strafe entlassenen „normalen" (= schuldfähigen und nicht die Voraussetzungen der Sicherungsverwahrung erfüllenden) Täters.

A 16 (S. 302)

Teile dieses Textes wurden (zusammen mit Repliken von Luthe und Witter) in der Zeitschrift „Juristische Rundschau" (1991, S. 225) publiziert. Dazu nahm als Strafjurist W. Grasnick am gleichen Ort (1991, S. 364) Stellung. Sie zeigt, daß es nicht leicht zu sein scheint, die Alternative Determinismus – Indeterminismus aufzugeben. Denn Grasnick kritisiert auf hohem Niveau letztlich mich doch wieder nur als einen „Determinist", der den Schuldgrundsatz unseres geltenden Strafrechts übersieht und konsequenterweise sich und seine publizierenden Gegner als „unter Schreibzwang" Handelnde ansehen müsse.

Ist es wirklich so schwer, in unserer menschlichen Zeitlichkeit diese *komplementären Erfahrungen* zu akzeptieren?: Daß ich mich (im Sinne einer, nach E. Dreher, „erlebten Wirklichkeit") *sowohl* als frei erlebe in jedem bewußt gelebten gegenwärtigen Augenblick meines in prospektiver (finaler) Orientierung auf ein Seinsollendes hin dieses oder jenes Tun oder Unterlassen wählenden Lebensweges;
als auch retrospektiv, im *re*flektierenden Aspekt auf das faktisch begangene Verhalten, Werk oder Tat mein leib-seelisch-geistiges Bedingungsgefüge (oder auch das eines anderen) sehe, aus dem ein bestimmtes Verhalten, auch Berufsweg und Familienleben, Werke, Wohl- und Missetaten geboren wurden.

Ist es so schwer, das *ganz andere* Bedingungsgefüge aus Erbanlagen und Lebensgeschichte (mit ihren biographisch hochkomplexen leiblichen, seelischen und geistigen Wechselwirkungen und Prägungen) zu sehen, aus dem in der aktuellen Gegenwärtigkeit eines Strafprozesses auf der einen Seite der konkrete Ankläger, Verteidiger und Richter, auf der anderen Seite der konkrete Täter hervorgegangen sind?

Muß nicht allerseits und immer beides gesehen werden: *in der Gegenwart und zur Zukunft hin* unsere erlebten differenten Freiheiten, Fähigkeiten und Möglichkeiten; *zum Vergangenen und Begangenen hin* unsere erkannten differenten Schicksale aus Anlagen, biographischen Zufällen und Prägungen?

Ich meine: Wir leben heute im Zeitgeist einer sich ausbreitenden Bewußtheit der *Gesamtwirklichkeit* humanen Daseins. Angesichts ihrer müssen wir auch eine zeitgemäße Kriminaljustiz betreiben. Die wäre dann eine solche, welche, präventiv notwendig, den verantwortungs- und sühnefähigen (= sozial „schuldfähigen") Täter nach seiner – am begangenen Unrecht und der dabei gezeigter Gesinnung bemessenen – *Tatschuld* bestraft; aufgrund der Freiheitsaporie (= retrospektiv empirischer Unfreiheitsaspekt) sich aber ein Urteil über dessen personal-sittliche Schuld („Freiheitsmißbrauch") versagt und statt dessen dem Verurteilten *rehabilitativ hilft,* von seiner intelligiblen Freiheit im jetzt und künftig Gegenwärtigen rechtstreuen Gebrauch zu machen.

A 17 (S. 232)

Eine wichtige Anmerkung sei (während der Drucklegung) nachgeholt: Ein Erweis für die fundamentale Bedeutung und die prinzipielle Stimmigkeit des binomen *psycho-(patho)logischen* Integration/Differenzierung-Systems von Luthe ist dessen Korrelation mit dem fundamentalen organismischen (neural-zentralorganischen) Befund eines *physio(patho)logischen* Integration/Differenzierung-Systems. Verf. hatte dieses schon 1960 (in einer kritisch-theoretischen und -praktischen Abhandlung über „Psychochirurgie") dargestellt, d. h. ganz unabhängig von der wesentlich späteren Konzeption Luthes. – Hier ist das organismische Integration/Differenzierung-System augenfällig im Leitbild I (S. 33) und deutlicher noch in dessen komprimierter Ergänzungsskizze (S. 25) wiedergegeben.

Glossar
wesentlicher Leitbegriffe

Autonomie:
Wird hier anthropologisch als selbstbestimmtes, d. h. der jeweils handlungsleitenden persönlichen *Gesinnung* und Wertewahl (nach „sekundenkurzer“ oder „monatelanger“ *Besinnung*) entsprechendes Verhalten verstanden. Autonomes Verhalten ist ein verantwortliches, weil intersubjektiv verantwortungsfähig (s. d.). Es begründet im Fall einer Rechtsverletzung justitiable Tatschuld (s. d.). – Autonomie ist nicht „Willensfreiheit“, deren Mißbrauch einem Rechtsverletzer zum (sittlichen) Vorwurf gemacht werden könnte.

Determinationsart und -grad:
Eine in der strafrechtstheoretischen und psycho(patho)logisch erkenntniskritischen Diskussion prinzipiell notwendige Differenzierung! Psycho(patho)logische Befunde der Tatbegehungsverfassung und -motivation können mit dem Fortschritt empirischer Humanwissenschaften immer differenzierter die Determinations*art* (-struktur und -psychodynamik) eines bestimmten delinquenten Verhaltens aufklären (z. B. die Autonomie-Heteronomie-Relation), können damit aber nichts beitragen zur Bestimmung eines Determinations*grades* (zur Freiheits-Unfreiheits-Relation).

Freiheitsparadigma:
Denkmuster eines schuldstrafrechtlichen Konzepts, welches unterstellt, daß der normale (reife und gesunde) Straftäter deswegen schuldhaft handelt und vergeltende Strafe verdient, weil er die begangene Straftat auch hätte unterlassen können, m. a. W. seine Freiheit mißbraucht hat.

Funktionstopologische Reduktion:
Biologische Befundauswertung, die zeigen kann, daß ein einzelnes zelluläres Organ (wie das Gehirn) allein durch den Funktions*ort*, an dem es mit seinen Elementen und deren Signalverbindungen im Gesamtorganismus positioniert ist, *gesamt*organismische Integration und Differenzierung, Antriebs- und Steuerungseffekte bewirkt. Von Funktionsvarianten und -störungen in diesem „Zentralorgan“ ist dementsprechend die *gesamt*leibliche Funktionslage betroffen. Mit ihr korrelieren nach dem Gesetz des psychophysischen Koinzidentialparallelismus (s. d.) psychische Entsprechungen.

Koinzidentialparallelismus:
a) psychophysischer: Begriff für das biopsychologische Korrelationsgesetz, nach welchem (innerhalb einer qualitativen und quantitativen Bandbreite individueller

Spielräume) mit einem gesamthaften leiblichen (vegetativen) Zustandswandel, einer organismischen Umstimmung immer auch eine psychische (emotionale) parallel geht und umgekehrt. — Beispiele: Mit einem hungernden oder gesättigten, einem frischen oder erschöpften, einem alkoholhaltigen oder alkoholfreien Leib korrelieren entsprechend differente psychische Zustände; mit selbstbewußter oder beschämter, freudiger oder trauriger, friedvoller oder wütender seelischer Gestimmtheit korrelieren differente leibliche Funktionslagen.

b) kriminologischer: Begriff für die kriminologische Regel, daß mit der Schwere und Ungewöhnlichkeit eines kriminellen Verhaltens Schwere und Ungewöhnlichkeit von Anomalien der Täterperson oder/und ihrer Tatzeitverfassung oder/und der Tatumstände bzw. -situation korrelieren.

Komplementarität:

Dieser von der mikrophysikalischen Forschung gewonnene Zentralbegriff heutiger Physik besagt, daß — abhängig von der Beobachtungsmethode — unvereinbar-gegensätzliche, aber untrennbar-essentielle Eigenschaften des Elementarteilchens in Erscheinung treten (Körper „und" Welle zu „sein"). — Analog nun dem von der naturwissenschaftlichen Empirie für den *ontisch elementarsten Gegenstand menschlicher Beobachtung* erzwungenen Verzicht auf Objektivierbarkeit zugunsten phänomenologischer Bescheidung auf komplementäre Aspekte, zwingen die Humanwissenschaften heute zum gleichen Objektivierungsverzicht und Bescheidung mit antinomer Komplementarität für den *ontisch komplexesten Gegenstand menschlicher Beobachtung:* für die „anthropologischen" intra- und intersubjektiven Erfahrungen des Menschen mit sich selbst und seinesgleichen. Ihnen werden weder Determinismus noch Indeterminismus gerecht, sondern nur die Akzeptanz einer *Komplementarität von Freiheit und Unfreiheit.* Denn im *erlebenden,* d. h. zeitlich gegenwärtig-prospektiven Selbstbewußtsein erfahren wir unsere *„intelligible Freiheit".* Im *erkennenden,* d. h. zeitlich retrospektiven Bewußtmachen eines faktisch verwirklichten Verhaltens von uns selbst und unseresgleichen erfahren wir unsere *„empirische Unfreiheit"* durch das sich immer deutlicher und dichter zeigende bio-, psycho- und noologische Bedingungsgefüge einer konkretisierenden Handlung (NB: Auch Überzeugungen und Gesinnungen sind empirisch von Anlagen und Einflüssen, Zu- und Einfällen, von der nicht in unserer Selbstverfügung stehenden geistigen Spontaneität des Individuums determiniert und determinieren ihre Träger).

Wenn aber anthropologische Forschung zunehmend *Schicksalsdifferenzen* zwischen sozial „guten" und „bösen" Menschen aufweist, d. h. immer weniger *Schulddifferenzen* festzustellen erlaubt, — dann bestätigt moderne Wissenschaft empirisch nichts weniger als das biblische Gebot, Schuldvergeltung allein der Transzendenz anheimzugeben (5. Mose 32, 35; Psalm 94, 1; Römer 12, 19; Hebräer 10, 30).

Krankheitsparadigma:

Denkmuster von strafrechtlichen und forensisch-psychiatrischen Konzepten forensischer Schuldfähigkeit dahingehend, daß diese beim strafmündigen Täter nur durch psychische Krankheit aufgehoben werden kann. — Dabei wird „Krankheit" entweder nach dem medizinischen Modell als — wie bei Hirnprozessen und -vergiftungen — erwiesen oder — wie bei den endogenen Psychosen — hypothetisch-wohlbegründet *somatologisch* definiert (K. Schneider); oder sie wird *rein bewußtseinspsychopathologisch* als psychisch entdifferenzierender oder desintegrierender Strukturverlust definiert (R. Luthe). – Beide Krankheitsbegriffe sind theoretisch konzipiert (dualistisch-somatopathologisch der eine, struktural-psychopathologisch der andere) und orientieren die Beurteilung forensischer Schuldfähigkeit nicht rechtspraktisch zielführend an spezifisch strafrechtsfunktional relevanten humanen Fähigkeiten und *deren* Defizienz.

Motivationsfähigkeit, normative:
Jetzt strafrechtswissenschaftlich vorherrschende Kennzeichnung forensischer Schuldfähigkeit, um deren Fehlinterpretation als — nicht justitiable — „Willensfreiheit" bzw. „Andershandelnkönnen" (als delinquent gehandelt wurde) abzuwehren. — Da aber auch diese „Fähigkeit" auf evtl. Defizienzen hin gemäß der Norm der §§ 20/21 StGB zu beurteilen ist, impliziert deren Ausschlußdiagnose sachlogisch, daß der *faktisch* nicht normativ motiviert gewesene Täter *potentiell* bei Tatbegehung normativ motivationsfähig war. Der hieran anknüpfende Schuldvorwurf tadelt dann entweder doch wieder retrospektiv den Fehlgebrauch einer dem Täter *bei Tatbegehung* zu Verfügung gestandenen „Fähigkeit" (Freiheit?) zur rechtstreuen Selbstbestimmung oder er kann nur prospektiv als Appell zu *künftig* rechtskonformer Nutzung potentiell gegebener Motivationsfähigkeit verstanden werden.

Noetisches Paradigma:
Das Denkmuster des hier vertretenen Konzepts sozialer oder forensischer Schuldfähigkeit. Es ortientiert sich an *den* in unserer transzendentalen Konstitution (s. d.) begründeten „geistigen" Fähigkeiten, welche strafrechtsfunktional relevant sind. So an der Fähigkeit, sein soziales Verhalten – gesinnungsgeleitet sich kurz oder lange besinnend – autonom entscheiden und retrospektiv dementsprechend intersubjektiv sinnverständlich ver-antworten zu können. Sowie im Falle einer Rechtsverletzung an der Fähigkeit, in geistiger Antwort auf Tadel und Strafe prospektiv zu einem sozial versöhnenden Gesinnungswandel, d. h. zur Tatsühne fähig zu sein. – Psychopathologische Defizienzen dieser geistigen Fähigkeiten dekulpieren und provozieren statt (bzw. neben gemilderter) Strafsanktion sozialtherapeutische Maßregelsanktion.

Ontologische Ungerechtigkeit:
Faßt als generellen Sachverhalt zusammen die absolut zufällig erscheinende „ungerechte" Verteilung menschlichen Leids. Sie trifft – *empirisch* gesehen – ebenso zufällig und unverdient Kriminalopfer direkt, wie Kriminaltäter indirekt; wie andere das Geschick von Armut, Krankheit oder frühem Tod trifft, andere mangelhafte intellektuelle, charakterliche oder ästhetische Anlagen und wieder andere ein kollektives Kriegs- oder Katastrophen-Geschick. – Die *ganze* Theodizee-Frage ist daher: si deus – unde malum, unde iniustitia?

Personalschuld, sittliche bzw. sündige (= Freiheitsmißbrauch):
Theologischer und philosophischer Gegenbegriff nichtjustitiabler menschlicher Schuld, die nur als Gewissensschuld erlebt oder/und als metaphysische Schuld religiös oder philosophisch geglaubt werden kann. (↔ Tatschuld, s. d.)

Sanktion (Straf-, Maßregel-S.):
Der vom lateinischen sacer (= heilig, unverbrüchlich) hergeleitete Begriff (für eine Anordnung mit Gesetzeskraft) verbindet die beiden Pole unseres „zweispurigen" kriminalrechtlichen Reaktionssystems: Strafe (bei schuldfähig begangenem Rechtsbruch) und Maßregel (bei vermindert oder nicht schuldfähig begangenem, falls fortbestehende Gefährlichkeit Schutzbedürfnis [s. d.] und möglichst Therapie des gefährlichen Zustandes indiziert). — Bemerkenswert ist, daß etymologisch sanctio und sanatio (Heilung) wahrscheinlich auf die gemeinsame Wortwurzel „sa-" (zufrieden, wie in satis, = genug) zurückgehen. Das empfiehlt den Sanktionsbegriff um so mehr, da die sozial befriedende „Heilung" eines Rechtsbruchs gemeinsames Ziel von Straf- und von Maßregelsanktionen sein sollte.

Schutzbedürftigkeit der — und vor! — psychisch Kranken und Hochabnormen:
Bedingt soziale Verpflichtung gegenüber denen, die unter erheblicher psychischer Krankheit oder Anomalie selbst leiden oder/und in deren Auswirkung andere leiden machen. M. a. W. wenn „Dyssozialität" zu sich selbst oder/und zu andern besteht, die durch die normalen sozialen Regulative und Kontrollen einschließlich Strafreaktionen nicht präventiv hinreichend beeinflußt werden kann.

Sühne (Sühnefähigkeit):
Hier ausschließlich gemeint in der etymologisch ursprünglichen Bedeutung. Sie ist (nach J. und W. Grimm, WB. dtsch. Sprache, Bd. 10, S. 1012) die von „compositio, concordia, amicitia, pax; nur ahd. überwiegend judicium; beilegung, versöhnung; genugtuung, wiedergutmachung, wergeld, strafe; entsühnung; landschaftlich begrenzt kusz". Nach R. His (Das Strafrecht des deutschen Mittelalters. 1920, S. 296, 301) bedeutet Sühne im eigentlichen Sinne „die Versöhnung, den Friedensschluß des Missetäters und seiner Sippe mit der verletzten Partei". — In der nationalsozialistischen Strafrechtsdepravation bekommt Sühne die Bedeutung von bloß repressiver („gerechter") Vergeltung. So deutlich z. B. im Änderungsgesetz zum RStGB vom 4. 9. 1941, wo es heißt: „Der gefährliche Gewohnheitsverbrecher und der Sittlichkeitsverbrecher verfallen der Todesstrafe, wenn der Schutz der Volksgemeinschaft oder das Bedürfnis nach gerechter Sühne es erfordern." — In diesem Buch versuche ich u. a. einen Beitrag zur Renaissance des alten explizit *sozial konstruktiven* Sühnebegriffs.
Die individuelle *Sühnefähigkeit* eines Straftäters setzt retrospektiv vertiefbare Einsichtsfähigkeit ins begangene Unrecht und prospektiv geistige Entwicklungsfähigkeit, Vermögen zu sozialen Lernprozessen und zu einem Gesinnungswandel voraus, in dem auch versöhnliche Strafakzeptanz *möglich* ist.

Tatschuld, soziale (= forensische):
Die rechtlich wägbare Schwere sozialer oder forensischer Schuld, welche sich ergibt
einmal aus dem — am codifizierten Strafrahmen ablesbaren — generellen sozialen Schuldgewicht des verwirklichten Unrechttatbestandes,
zweitens aus der — den Grundsätzen der Strafzumessung aus § 46, Abs. 2 StGB zu entnehmenden — normativen Gewichtung von sozialer Verwerflichkeit der Tatgesinnung und
drittens aus Beurteilung unverminderter oder verminderter forensischer Schuldfähigkeit nach § 21 StGB. (↔ Personalschuld, s. d.)

Transzendentale Konstitution (geistige Reflexionsfähigkeit):

Terminus für das in sich selbst und dialogisch von anderen Menschen erfahrbare spezifisch Menschliche des Menschen: das Bewußtseinsniveau spiritueller Reflexionsfähigkeit, welche die konkrete innerweltliche Daseinssituation mit ihren Fragwürdigkeiten, Freuden und Nöten „übersteigt". Sie ist jedem insoweit reifen und psychisch gesunden Menschen zu eigen, der, wenn auch in einfachsten Formen, nach Maximen seines Handelns, nach dem Sinn von Welt-Sein und eigenem endlichen Da-Sein in ihr, von gewissem Leid, Not und Tod fragen kann und dann so oder so antworten muß. – Provoziert wird transzendierende Besinnung vor allem in persönlicher Krise. In solcher stehen explizit Kriminalopfer und -täter, – auch der kalte kriminelle Profi zumindest als Verfolgter oder Gefangener und sozialer Außenseiter. Freisein von „Geistes"krankheit, m. a. W. eine intersubjektiv ansprechbare transzendentale Konstitution ist Minimalvoraussetzung potentieller Verantwortungs- und Sühnefähigkeit (sozialer Schuldfähigkeit).

Verantworten (Verantwortungsfähigkeit):

Wie in I, S. 60 f. und II, S. 254 f. näher begründet, werden diese Begriffe hier ausschließlich in ihrer ursprünglichen semantischen Bedeutung verstanden und verwendet: auf ein bestimmtes Verhalten (Handlung oder Unterlassung) hin zur Rede gestellt, Rede stehen (zu können). D. h., dieses Verhalten in seinem Wann und Wie (Ablauf, Hergang), seinem Warum und Wozu (Grund, Motiv, Zweck) sinnverständlich zu deklarieren, deklarieren zu *können* (auch wenn der Gefragte schweigt, leugnet oder lügt). – Verantwortungs*fähigkeit* ist eine wesentliche psychologische Voraussetzung dafür, daß ein Verhalten persönlich „verantwort*lich*" zugerechnet werden kann. Sie ist aber nicht synonym mit forensischer „Zurechnungs"fähigkeit (die m. E. im prospektiven Aspekt auch Sühnefähigkeit voraussetzt); sie ist schon gar nicht sinngleich mit forensischer „Schuld"fähigkeit, falls diese unterstellt, daß ein vom willensfreien Täter vermeidbares delinquentes Verhalten von diesem nicht vermieden wurde. – Verantwortungsfähigkeit indiziert – bei hinreichender Erinnerung an das befragte Verhalten – eine gesinnungsgeleitete selbstbestimmte Entscheidung bei, d. h. zu diesem Verhalten.

Ein großes, über mehr als eineinhalb Jahrtausend hinweg uns noch heute berührendes Beispiel radikalen Sich-Verantwortens sind die – von sich selbst und von seinem Denken und Handeln zu sich selbst, zu seinem Gott und zu seinen Mitmenschen sprechenden – Confessiones des Aurelius Augustinus (geschrieben 397/398).

Zeitlichkeit:

Dieser, der Daseinsanalytik von Martin Heidegger entlehnte Begriff meint das besondere Bewußtsein des Menschen von seinem eigenen (je-meinigen) „zeitlichen", d. h. endlichen Da-Sein. Es ist damit auch das – mehr oder weniger diskontinuierliche – Bewußtsein menschlicher, d. h. je-meiner Sterblichkeit: vita brevis – mors certa, modus et hora incerta. – Zeitlichkeit steht aber auch in einem besonderen Bezug zur Freiheitsfrage: *Im nur zu erlebenden Vorblick* auf die Zukunft und unser Wollen zu ihr hin erfahren wir uns im Spielraum real möglicher Verhaltensalternativen frei zur Wahl von dieser oder jener; *im nur erkennenden Rückblick* auf ein von mir oder einem anderen verwirklichtes Verhalten, exemplarisch einer Straftat,

vermögen wir allein das Bedingungsgefüge von leiblichen, seelischen und geistigen Determinanten auszumachen, die mich oder einen anderen zum konkretisierten Verhalten bestimmt haben.
Humane Zeitlichkeit und in ihrem Raum die differenten Aspekte menschlicher Freiheit und Unfreiheit auch in die Konzeption forensischer Schuldfähigkeit einzuführen, ist ein wesentliches Anliegen dieses Buches.

Namenregister

FSC
www.fsc.org
MIX
Papier | Fördert gute Waldnutzung
FSC® C083411

Kolibri 360 GmbH
Ferdinand-Jühlke-Straße 7
99095 Erfurt, Deutschland
produktsicherheit@kolibri360.de